国家"985工程"(二期)哲学社会科学创新基地重大成果
第三届中国出版政府奖图书奖　第三届三个一百原创图书出版工程奖

学术版

中国佛教通史

第二卷

赖永海　主编

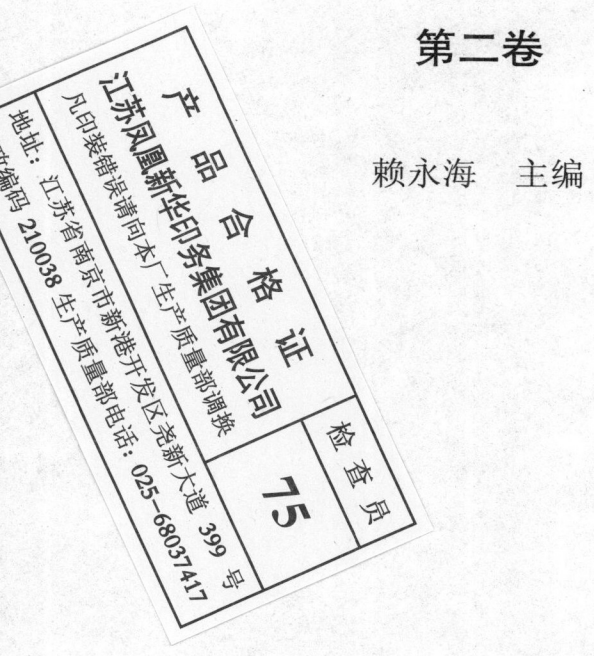

江苏人民出版社

图书在版编目(CIP)数据

中国佛教通史. 第二卷/赖永海主编.
—南京:江苏人民出版社,2010.9(2021.10重印)
ISBN 978-7-214-06479-0

Ⅰ.①中… Ⅱ.①赖… Ⅲ.①佛教史—中国
Ⅳ.①B949.2

中国版本图书馆 CIP 数据核字(2010)第 185051 号

书　　　名	中国佛教通史(第二卷)
主　　　编	赖永海
策划编辑	府建明
责任编辑	张晓薇
装帧设计	吴赵铎　许文菲
责任监制	王　娟
出版发行	江苏人民出版社
地　　　址	南京市湖南路 1 号 A 楼,邮编:210009
照　　　排	江苏凤凰制版有限公司
印　　　刷	江苏凤凰新华印务集团有限公司
开　　　本	652 毫米×960 毫米　1/16
总 印 张	549.25　插页 62
总 字 数	7100 千字
版　　　次	2010 年 11 月第 1 版
印　　　次	2021 年 10 月第 2 次印刷
标准书号	ISBN 978-7-214-06479-0
定　　　价	2280.00 元(全 15 卷)

(江苏人民出版社图书凡印装错误可向承印厂调换)

本卷主要撰稿人（以姓氏笔画为序）

李 勇

哲学博士。现为辽宁大学哲学与公共管理学院教授。主要著作有《三论宗佛学思想研究》。

撰写内容：第三章。

杨维中

哲学博士。现为南京大学哲学系（宗教学系）教授、博士生导师。主要著作有《心性与佛性》、《中国佛教心性论研究》、《中国唯识宗通史》等。

撰写内容：第二、四、五章。

谭 洁

文学博士。现为山东师范大学文学院教授。主要著作有《兰陵萧氏家族文化研究》、《南朝佛学与文学——以竟陵"八友"为中心》等。

撰写内容：第一章。

目 录

第一章　南北朝佛教与王朝世族　1

　第一节　南北朝佛教的社会文化背景　1

　　一、南朝佛教的社会文化背景　1

　　二、北朝佛教的社会文化背景　6

　第二节　南朝帝王的佛教信仰及其佛教政策　9

　　一、刘宋诸帝与佛教　9

　　　1．武帝刘裕与佛教　9

　　　2．文帝刘义隆与佛教　11

　　　3．孝武帝刘骏与佛教　18

　　　4．明帝刘彧与佛教　21

　　　5．顺帝刘准与佛教　23

　　　6．刘宋诸王与佛教　23

　　二、南齐诸帝与佛教　25

　　　1．高帝萧道成与佛教　26

　　　2．武帝萧赜与佛教　27

　　　3．东昏侯萧宝卷与佛教　28

　　　4．南齐诸王与佛教　29

　　三、梁代诸帝与佛教　37

　　　1．武帝萧衍与佛教　37

  2. 简文帝萧纲与佛教　38
  3. 元帝萧绎与佛教　41
  4. 昭明太子与佛教　45
  5. 梁代诸王与佛教　47
 四、陈代诸帝与佛教　49
  1. 武帝陈霸先与佛教　50
  2. 文帝陈蒨与佛教　51
  3. 宣帝陈顼与佛教　53
  4. 后主陈叔宝与佛教　54
  5. 陈代诸王与佛教　57

第三节　北朝帝王的佛教信仰及其佛教政策　59
 一、北魏诸帝与佛教　59
  1. 道武帝拓跋珪与佛教　59
  2. 明元帝拓跋嗣与佛教　61
  3. 太武帝拓跋焘与佛教　62
  4. 文成帝拓跋濬与佛教　66
  5. 献文帝拓跋弘与佛教　69
  6. 孝文帝元宏与佛教　70
  7. 宣武帝元恪与佛教　74
  8. 孝明帝元诩与佛教　76
  9. 孝庄帝元子攸与佛教　78
  10. 北魏诸王与佛教　79
 二、东魏孝静帝元善见与佛教　83
 三、北齐诸帝与佛教　85
  1. 文宣帝高洋与佛教　85
  2. 武成帝高湛与佛教　90
  3. 后主高纬与佛教　92
  4. 北齐诸王与佛教　93
 四、西魏诸帝与佛教　95
  1. 文帝元宝炬与佛教　95
  2. 恭帝元廓与佛教　97
 五、北周诸帝与佛教　99
  1. 明帝宇文毓与佛教　99

2. 武帝宇文邕与佛教　101
第四节　梁武帝其人及其佛学思想　103
　一、梁武帝的佛教信仰及其奉佛活动　103
　　1. 梁武帝的佛教信仰　104
　　2. 梁武帝的奉佛活动　110
　二、"真神论"与灵魂说　126
　三、梁武帝对中国佛教发展方向之影响　143
第五节　南朝世族与佛教　148
　一、琅玡王氏与佛教　149
　二、陈郡谢氏与佛教　155
　三、吴国张氏与佛教　164
　四、庐江何氏与佛教　170
　五、吴郡陆氏与佛教　172
　六、汝南周氏与佛教　174

第二章　西行求法高僧及其贡献　180

第一节　两晋西行求法高僧　180
　一、竺法护、康法朗　181
　二、于法兰、于道邃、竺佛念　184
　三、慧常、进行、慧辩、昙猛　187
　四、法领、法净、慧叡　190
第二节　法显大师西行及其贡献　195
　一、法显大师生平　195
　二、法显大师西行的过程　202
　　1. 由长安西行至沙河　203
　　2. 西域记游　203
　　3. 天竺记游　204
　　4. 师子国记游　209
　　5. 海路归国　209
　三、法显大师对中国佛教义学、律学的贡献　210
第三节　法显的同行者　213
　一、慧景、道整、慧应、慧嵬　213
　二、智严、宝云　217

　　　　三、慧简、僧绍、僧景、慧达 224

　　第四节　南北朝时期的西行求法高僧 227

　　　　一、智猛、道嵩、昙纂等 227

　　　　二、昙无竭、僧猛、昙朗 234

　　　　三、竺法维、释僧表 236

　　　　四、法盛、慧览 239

　　　　五、道普、法献 241

　　　　六、道药、宋云、惠生、法力 243

第三章　大乘般若学的传入与流行 252

　　第一节　鸠摩罗什与两晋般若经典的传译 252

　　　　一、《道行般若经》、《放光般若经》的翻译 252

　　　　二、鸠摩罗什其人 258

　　　　三、鸠摩罗什的译经活动 260

　　　　四、鸠摩罗什的著述 265

　　　　五、鸠摩罗什的佛学思想 265

　　　　　　1．空与中道 265

　　　　　　2．智慧与慈悲 268

　　　　　　3．法身与净土 271

　　　　　　4．大乘与小乘 273

　　　　六、罗什的弟子 278

　　　　七、僧叡生平及其佛学思想 279

　　　　　　1．般若学 280

　　　　　　2．般若与禅定 283

　　　　　　3．般若与佛性 284

　　　　八、鸠摩罗什与中国佛教 289

　　第二节　般若经典的基本内容与主要思想 290

　　　　一、《摩诃般若经》的基本内容与主要思想 290

　　　　　　1．大乘与小乘 291

　　　　　　2．一切皆空 294

　　　　　　3．六度 300

　　　　二、《金刚经》的基本内容与主要思想 304

第三节　两晋时期的般若学者与般若学流派　309
　　一、两晋时期的般若学者　309
　　二、六家七宗　311
　　　　1. 本无宗　312
　　　　2. 本无异宗　314
　　　　3. 即色宗　315
　　　　4. 心无宗　320
　　　　5. 缘会宗　322
　　　　6. 识含宗　322
　　　　7. 幻化宗　323
第四节　僧肇及其佛学　324
　　一、僧肇的生平　324
　　二、僧肇的著述　325
　　三、僧肇的佛学　326
　　　　1. 物不迁论　326
　　　　2. 不真空论　329
　　　　3. 般若无知论　332
　　　　4. 涅槃无名论　341
　　四、僧肇与中国佛学　347

第四章　南北朝时期的佛典翻译　351
第一节　刘宋时期的佛典翻译　352
　　一、竺难提、沮渠京声的佛典翻译　354
　　二、佛驮什、伊叶波罗的佛典翻译　359
　　三、求那跋摩、僧伽跋摩的佛典翻译　360
　　四、沙门畺良耶舍、沙门昙摩蜜多的佛典翻译　370
　　五、求那跋陀罗的佛典翻译　379
　　六、沙门功德直、释道严等的佛典翻译　389
第二节　萧齐时期的佛典翻译　392
　　一、昙摩伽陀耶舍、摩诃乘的佛典翻译　392
　　二、僧伽跋陀罗的佛典翻译　393
　　三、达摩摩提、求那毗地的佛典翻译　395
　　四、释昙景、释法化的佛典翻译　399

第三节 梁、陈时期的佛典翻译 399
一、曼陀罗的佛典翻译 400
二、僧伽婆罗的佛典翻译 402
三、王子月婆首那、沙门须菩提的佛典翻译 405

第四节 真谛的佛典翻译 407
一、真谛的生平及其译经活动 408
  1. 真谛所学及来华经过 408
  2. 富春译场 410
  3. 重归建康设译场 413
  4. 颠沛流离遇萧勃 413
  5. 由豫章至晋安设译场 415
  6. 至梁安郡设置译场 418
  7. 复返广州设译场 423

二、真谛翻译的经论以及著述 425
  1. 真谛翻译经论以及著述总数 425
  2.《佛性论》 428
  3.《遗教经论》 430
  4.《决定藏论》、《无相思尘论》、《解捲论》 434
  5.《无相论》 435
  6. 苏公望补充的八种 437

三、真谛译籍、注疏编年 440

第五节 北魏、东魏的佛典翻译 441
一、释昙曜、沙门吉迦夜、昙摩流支的佛典翻译 442
二、菩提流支的佛典翻译 444
三、勒那摩提的佛典翻译 454
四、佛陀扇多的佛典翻译 459
五、瞿昙般若流支的佛典翻译 462
六、毗目智仙的佛典翻译 466
七、释法场、达摩菩提的佛典翻译 470

第五章 两晋南北朝时期流行的经典 472
第一节 《维摩诘经》的汉译及其基本内容 472
一、《维摩诘经》的汉译本 472

二、《维摩诘经》经题的含义及其结构　478
三、《维摩诘经》的核心内容　486
    1. 无住为本　486
    2. 如来种　488
    3. 不二法门　491
    4. 唯心净土　493

第二节　《楞伽经》的汉译及其基本内容　496

一、《楞伽经》的汉译本　496
二、《楞伽经》经题的含义及其结构　499
三、《楞伽经》的唯识思想　504
    1. 诸识生灭　504
    2. 藏识境界　509
    3. 五法差别　513
    4. 就五法相辨三自性　516
    5. 就阴界入辨二无我　517
四、《楞伽经》的如来藏思想　518
    1. 立如来藏的因由　519
    2. 五性差别　520
    3. 别辨一阐提　523
    4. 如来藏与八识　524
五、《楞伽经》的涅槃思想　527
    1. 涅槃差别　527
    2. 驳外道涅槃　529
    3. 如来"非常非无常"　530

第三节　《大乘起信论》的翻译及其基本内容　532

一、《大乘起信论》的翻译　532
    1. 隋唐经录关于《大乘起信论》译者的记载考辨　533
    2. 《大乘起信论序》的真伪　540
    3. 转引《四论玄义》之说质疑　549
二、《大乘起信论》的结构　552
三、一心·二门·三大　554
四、本觉与本不觉　559
五、真如无明互熏与体用合一　564

人名索引　567

第一章 南北朝佛教与王朝世族

第一节 南北朝佛教的社会文化背景

东晋偏安一隅,定都建康(今南京),中国疆土分裂为南北两部分。420年,刘裕废东晋恭帝,建国号为宋,中国历史进入南北朝时期。南方先后经历宋、齐、梁、陈四朝共172年,史称南朝;而北方魏太武帝灭北凉,实现统一,后又分裂为东魏、西魏,此后又分别为北齐、北周取代,最后北周灭北齐,此统称北朝。581年,隋灭北周,又灭南朝陈和后梁,统一了全国。

南北朝时期是中国战乱频仍的历史阶段,统治阶级内部斗争激烈、统治阶级与被统治阶级的矛盾尖锐,加之战乱连年,终于导致南北分崩、经济残破、社会动荡、政治混乱的局面,历史上把这一时期看成是强盛的汉、唐之间的低谷。

一、南朝佛教的社会文化背景

南朝门阀制度下,世家大族享有政治、经济、文化特权。政治上,世家大族生而富贵,凭借世资,"平流进取,坐至公卿"①。魏立九品铨序之法,已成高门操政之利器②。而寒门子弟,求宦无门。士庶之隔,有如天壤,乃所谓"上品无寒门,下品无世族"。南朝官职有清浊之分,有些官职如黄门侍郎,品级虽不高,却是清选,只有世家大族才能充任,寒族则不能担当。国家法律亦偏袒世族,如宋、齐、梁三代有"甲族以二十登仕,后门(寒门)以过立(30岁以上)试吏"③的规定。世家大族倾向于担任高尚轻闲的文职,嫌憎事务繁重的实际公职。如"台郎"一职,为其所鄙;而秘书郎和著作佐郎,因职闲廪重,地望清美,多为世家子弟仕进之阶梯。为保持门第之高贵,世家大族除了"宦"有等级差别,"婚"亦相当谨慎。他们为避免"婚非所类",或联姻帝室,或相互联姻。而语言、服饰,皆是门第之象征。优游的生活方式使世家大族虽位居高职,却不乐世事,"治官则不了,营家则不办"④,成为高官厚位上的傀儡,"殉国之感无因,保家之念宜切"⑤,日趋腐朽。

在这样的政治背景下,南朝寒素崛起。寒素活跃于南朝历史舞台,约始于宋齐,成于萧梁⑥。他们出身低贱,然文通经术,武达军功,加之勤于庶务,勇于攀附,深得皇帝和贵族信赖,从而执掌机要。在中央,寒素频居"中书通事舍人"之职,此职地处枢要,直接受命于皇帝,人地虽寒,官品虽卑,而权任极重;在地方,寒素多被委任为"典签",代替幼小的皇子处理政务,职务虽低,实权却大,"威行州郡,权重蕃君"⑦。为能跻身特权阶层,这些暴贵者极力效仿世家大族的生活方式,或营建高宅大院,或努力附庸风雅,有的还冒注士族籍贯,甚至冀望联姻高门,但是门阀贵族

---

① ⑤ 《南齐书》卷二三《王俭传》论,第438页,北京,中华书局,1972。
② 王伊同:《五朝门第》第3章,第28页,香港,香港中文大学出版社,1978。
③ 《梁书》卷一《武帝纪》,第23页,北京,中华书局,1973。
④ 王利器:《颜氏家训集解》卷四《涉务篇》,第324页,北京,中华书局,1993。
⑥ 参见程章灿《陈郡阳夏谢氏 六朝文学士族之个案研究》,《魏晋南北朝文学论集》,香港中文大学中国语言文学系主编,第556页,台北,文史哲出版社,1995。
⑦ 《南史》卷七七《吕文显传》,第1933页,北京,中华书局,1975。

却对他们的表现冷眼相待,轻视甚至漠视。因此掌权后的寒素,"他们的最高愿望不是打破这种士庶等级区别,相反的是想挤入士族行列,乞求承认,并且转而以之自傲,甚至同样坚持士庶区别观点"①。结果是,寒素队伍越扩大,作为皇权统治基础的赋役征发对象越缩小;士庶之间的界限越模糊,国家土地所有制和门阀士族的特权的削弱和衰落越明显。但是寒素毕竟人数有限,在国家政权中的作用也有限,南朝世家大族仍然是政治权威,王朝的统治基础。

经济上,世家大族操纵经济命脉,构成社会经济基础。王仲荦先生指出:"他们这种政治地位的优越,未尝不是以他们庄园经济基础的优越为前提的。"②自魏晋"九品官人法"实施以来,世家大族各依贵贱等级,广占山川湖泽。除在京城及近郊兴建庄园别墅,广营豪华宅院,他们还有历代荫封赏赐的领地,以致形成典型的"大土地所有"。世家大族依据土地零散分布、地形多变的区域特点,采取多元化经营,形成错落有致的田园景致,以满足他们游山玩水、舒适享乐的情趣;且庄园大规模地生产出各项农产品,在保证自给自足的前提下,又极大地满足了出售求利的需要。钱币成为南朝最为活跃的交换媒介,放高利贷更是有经济实力的士族乐于经营的产业。世家大族聚敛钱财,压榨人民,无疑加深了统治阶级与被统治阶级之间的矛盾。

国家土地大量为世家大族、暴贵者以及寺院所侵占。与官品占田制及荫客制的特权相联系,南朝世家大族在经济上享有免除税役的特权,僧尼也享受免除徭役、不输租调的特权,"寸绢不输官库,升米不进公仓"③,故赋税征收成为"纵富督贫,避强侵弱"④。各地百姓不堪苛捐重税,不惜自残躯命,斩绝手足,纷纷逃亡或出家。而南朝政府为防止民众

---

① 唐长孺:《南朝寒人的兴起》,载《魏晋南北朝史论丛》(外一种),第561—562页,石家庄,河北教育出版社,2000。
② 王仲荦:《魏晋南北朝史》第6章,第401页,上海,上海人民出版社,1980。
③ 道宣:《广弘明集》卷二四《谏仁山深法师罢道书》,《大正新修大藏经》(以下简称《大正藏》)第52卷,第278页中。
④ 《魏书》卷四《世祖纪》,第86页,北京,中华书局,1974。

逃亡以避役,采用"编户"方式,推行"吏民亡叛制"。吏民亡叛制即"什伍连坐制",原本兵制,始于春秋战国时代,方法是在间里中编组什伍,以"五家为伍,伍长主之;二五为什,什长主之;十什为里,里魁主之"①,实行连坐治罪,目的是稳定户籍,禁止逃亡②。逃入大土地所有者领土的赤贫者以及拥有少量土地的自耕小农,他们既要承担国家繁重的田租、户调等赋役,以及无条件的兵役;还要忍受特权阶层的欺压和盘剥。特权阶层拥有大批荫附人口,过着奢华生活,而国家户口衰耗严重,影响了政府赋役、力役征发,以及税收征入,也干扰了国家经济的正常发展。

文化上,南朝是儒、释、道三种思想文化交流、融合、发展的历史阶段。儒家的纲常名教仍然是巩固政权的正统思想,其中,孝亲观念得到极大张扬;民间道教经过葛洪、陆修静等的"清整",其神仙学说在上层阶级获得流行;而佛教自东晋"玄佛合流"以后,以玄解佛、说佛证玄趋势明显,极大地推动了佛教融入本土文化。世家大族既是文化传统的继承者,又是时代文化的创造者。他们本具有渊博的家学和独特的家风,积淀的文化底蕴是他们成为高门的基础,也是他们获得政治特权的资本。但频繁的政权更替和血腥的镇压杀戮,使他们畏惧陷入纷争漩涡,而以"止足"自警,形成"重文轻武"的社会风尚。世家大族舞文弄墨,热衷山水游历和玄佛清谈,出现了由政治重心趋向于保持文化优势的转型。

就南朝佛教的具体情况而言,由于帝王的大力扶持和贵族文人士大夫的虔心信奉,南朝佛教发展迅猛:义学师说兴起,专经专论研究,信奉者激增,寺院经济发达,僧团势力扩大。南朝奉佛的帝王不少,如宋文帝、宋明帝、梁武帝、简文帝等,都是有名的崇佛者。虽然帝王崇佛有其"坐致太平"的政治目的,然他们支持佛经翻译、礼敬供养僧人、组织编撰佛典类书、举办弘法大会的实际举措,起到促进佛典大量传译,以及佛教

---

① 《宋书》卷四〇《百官志》,第1258页,北京,中华书局,1974。
② 参见杜正胜《周代封建解体后的军政新秩序——编户齐民的研究之二》,第102—109页,史语所集刊,第五十五本第一分。

义理广泛传播的客观效果。皇室诸王中如刘宋的彭城王刘义康、萧齐的文惠太子萧长懋和竟陵王萧子良、萧梁时的昭明太子萧统等,也是虔诚的信奉者。这些皇室贵胄或著述灵验故事、或抄写经文、或宣讲佛理,既扩大了佛教的影响层面,又促使佛教的三世轮回、因果报应学说普及朝野。另南朝后妃中信佛者亦众,兹不一一赘言。

南朝奉佛的主力军是世家大族及其子弟,如琅玡王氏、陈郡谢氏、吴郡陆氏、庐江何氏、汝南周氏、吴国张氏等,自东晋以来信佛者就很多。他们长于玄学和佛理,交接高僧,崇尚清谈,使南朝佛教发展呈现出不同于北朝佛教的"玄学化"特色。这些世家大族子弟通晓佛理,知识面较广,积极参与辩论和注疏佛经,改变了早期对佛教"不辩其理之所在"[①]的缺憾,促进了佛教与中国传统思想文化的融通,为隋唐时期"三教合一"的趋势奠定了思想基础。且理论的发展又促使他们虔诚信仰,从而对礼佛、斋僧、建寺、立像等修道实践更加热衷;他们还将佛理渗透到精神世界,注重落实佛教的现实精神,把信仰激发为对生命的关注和对人生的思考,自觉地在社会生活中实践佛法的慈悲理念,完善心性,从而为最终形成有影响力的士大夫佛教铺就了阶梯。

南朝佛教涅槃学说盛行,与之而来的佛性问题,伴随神灭与否的争论,备受关注。这其中关涉众生有无佛性,不灭的灵魂是否就是"佛性",众生如何成佛,成佛有无捷径,以及有无佛国净土等众多理论,但究其实质,则是人性问题的大探究:人是生而善还是生而恶,善心何来,人如何修养内心才能弃恶从善等等。辩论者结合儒家心性学说所进行的对"佛性"的探讨,促使儒释理论进一步交融;而道教模仿"佛性"大谈"道性",也反映出文化融合的积极取向。南朝佛教义学发达,成为隋唐时期形成宗派佛教的滥觞。而无论是以传统文化来解说佛典,还是以佛典附会传统文化,这种相互交融,无疑极大地推动了佛教"中国化"进程。

---

① 余嘉锡:《世说新语笺疏》,第 227 页,上海,上海古籍出版社,1993。

此外,南朝佛教的快速发展,导致寺院激增,佛教势力扩张,从而不可避免地与世俗地主阶级的政治、经济利益,以及中国传统文化,包括道德观念发生冲突。因而出现了不少反佛、排佛言论,如刘宋时期丹阳尹萧摩之、周朗,梁武帝时的郭祖深、荀济都是著名代表。他们反佛、排佛的理由综合而言,集中在以下方面:反对僧人参政,以防患于未然;要求僧人致敬王者,维护王者尊严;限制建寺造像,节约国家资源;力主沙汰僧尼,整肃佛门清规;主张僧尼还俗务农,以增加政府赋税收入;掀起佛道、黑白、夷夏之争,指斥佛教与传统文化相违之处等。从总体上说,魏晋南北时期的儒释道关系,既有对立和斗争,又有交会与融合。但从发展趋势上看,"三教交融"逐渐成为思想文化的主流。

二、北朝佛教的社会文化背景

北方建立魏国的鲜卑族原为漠北游牧民族,世代以射猎为生,崇尚勇武,民俗淳朴,文化简易。东汉初年,鲜卑人逐渐南迁。东晋淝水之战后,其拓跋部成为塞北主要势力。398年,鲜卑族的拓跋珪扫荡北方,建国号为魏,称道武帝,定都平城(今山西大同),此后连年征战。在其定都前后,曾两次大规模徙民,强制山东六州民众大规模北上,此举不仅促进了南北民族大融合,而且将汉人先进的生产技术、思想文化传播至平城。

然武力的征服不代表人心的征服。鲜卑族在与汉族的接触过程中,逐渐意识到两种民族文化之间存在着差异,产生出"渐慕诸夏之风"的心理。为巩固政权,控制被统一的地区,道武帝采取联合汉族世家大族,利用儒学纲常名教的治国方针。他注重搜罗汉族优秀人才,"苟有微能,咸蒙叙用"[①],并令其制定官制、礼仪和律令。北方士族的领袖人物如清河崔宏、崔浩父子,赵郡李孝伯、李安世等,均得其重用。又置五经群书博士,增国子太学生员两千余人,以振兴儒学。

---

① 《魏书》卷二《太祖纪》,第28页。

421年,明元帝拓跋嗣与南方刘裕的政权建立外交关系,这本该为南北交流打开通途,但不久刘裕驾崩,两国关系破裂,南北交流至此又被阻断。423年,拓跋焘即位,史称太武帝,他占领夏,灭掉北燕,降伏北凉,横扫整个华北。太武帝继续执行重用汉人政策,他征召儒者范阳卢玄、渤海高允等,又令州郡各举才学;并选拔儒学优长者为中书博士,教授鲜卑贵族,学习汉族文化。而北凉兴盛的佛教文化也通过战败被掳掠的僧众,进入平城。

471年,拓跋宏册立为皇帝,史称孝文帝。他推崇中原文化,于太和十八年(494)力排众议,迁都洛阳,诏立国子、太学、四门小学,大兴儒学。并实行系列改革:禁止使用鲜卑语;改胡服为汉服;诏改拓跋复姓为元姓;定姓族品第,推行"以贵承贵,以贱袭贱"①的门阀统治;禁止鲜卑同姓相婚,令鲜卑贵族与汉人著姓通婚;依汉族官僚机构厘定官制。这些无疑加速了鲜卑族的汉化,也加深了拓跋部的矛盾。陈寅恪先生指出:"故自宣武以后,洛阳之汉化愈深,而腐化乃愈甚,其同时之代北六镇保守胡化亦愈固,即反抗洛阳之汉化腐化力因随之而益强。"②激烈的政治分裂冲突,削弱了北魏的强势。

北魏南迁洛阳原因很复杂,其中包括孝文帝向往"中夏正音"的重要因素。入主中原的鲜卑族在学习汉族先进的技术、多元的文化的同时,也承袭了其腐朽没落的门阀制度和享乐思想。孝文帝按照祖宗官位将郡姓分为甲、乙、丙、丁四等,以皇室元氏门望最高,规定穆、陆、贺、刘、楼、于、嵇、尉"八姓"为鲜卑著姓,与北方汉族大族卢、崔、郑、王相当,并据此制定了清浊分明的官僚品第。鲜卑族的贵族大姓享受特权的同时,其生活也日益奢侈、放荡和堕落。故王夫之批评北魏统治者:"自迁洛以

---

① 《魏书》卷六〇《韩麒麟传》,第1343页。
② 陈寅恪:《隋唐制度渊源略论稿》,第42页,北京,中华书局,1963。

来,涂饰虚伪,始于儒、滥于释,皆可谓沐猴而冠者也。靡天下于无实之文,自诧生平之象,强宗大族,以侈相尚,而上莫之,于是而精悍之气销矣,朴固之风斫矣。"①北魏迁都后带来的变化,导致了政权的衰亡。

北魏统治者强迫所掳掠的汉人成为"依附户"。孝文帝太和九年(485)实行"均田制",分配农民殖拓荒地,又以"三长制"即五家立邻长、五邻立里长、五里立党长的方式,监护其在固定的土地上从事农耕,交纳租调。鲜卑贵族则享有朝廷俸禄,成为他们享受豪奢生活的物质保障。

北朝的思想文化在其发展过程中,多学习南朝文明,并与汉族文化相交融,但毕竟南北各有发展轨迹,致使北朝思想文化还是表现出鲜明的地域特色。如学风方面,南朝"儒释兼综"的玄学盛行;北朝好《老》、《庄》者有之,但并未形成风尚,故而出现了"北人学问,渊综广博"、"南人学问,清通简要"②的差异。《隋书·儒林传》记载为:"南人约简,得其英华;北学深芜,穷其枝叶。"③而儒学发展方面,北朝的儒学皆遵汉儒旧注,而南朝儒学则用魏晋新著。《隋书·儒林传》云:"江左《周易》则王辅嗣(弼),《尚书》则孔安国,《左传》则杜元凯(预)。河、洛《左传》则服子慎(虔),《尚书》、《周易》则郑康成(玄),《诗》则并主于毛公,《礼》则同遵于郑氏(指郑玄)。"④至于佛、道二教,在北朝统治者的支持下各有发展。

北朝道士寇谦之吸收儒家文化和佛教思想,对天师道的"三张伪法,租米钱税,及男女合气之术"⑤加以改革,从而使道教理论体系及其斋戒祭祀仪式更加完善,而他因此成为北朝道教领袖。在左光禄大夫崔浩的引荐下,寇谦之受到北魏太武帝的重用,为其起天师道场和道坛,太武帝登坛受符箓。太武帝灭佛,佛教遭受重创,道教则得到发展。北魏明元帝和太武帝一样,也好黄老。北周武帝虽对三教定下儒道佛先后次序,

---

① 王夫之:《读通鉴论》,第576页,北京,中华书局,1975。
② 杨勇校笺:《世说新语校笺》卷上《文学篇》,第193页,北京,中华书局,2006。
③ 《隋书》卷七五《儒林传》,第1706页,北京,中华书局,1973。
④ 同上书,第1705—1706页。
⑤ 《魏书》卷一一四《释老志》,第3051页。

但他毁佛却与偏重道教有关。因此,北朝道教发展与佛教发展呈此消彼长关系。

如果说北魏先祖对"浮图之教"尚处未知状态,则南下的北魏统治者在接受中原文化的过程中,逐渐接触并接受了佛教。北魏道武帝拓跋珪、明元帝拓跋嗣均崇敬佛法,供养高僧、营建寺院。文成帝拓跋濬、孝文帝元宏并对佛教给予扶奖。而宣武帝元恪则笃好佛理,尤长释氏义,亲讲经论。东魏只经孝静帝元善见一代,他曾对佛教中的佛性、法性问题感兴趣。北齐文宣帝高洋崇佛,曾下诏禁断道教,一心奉佛,故其统治时期邺城佛教发展兴盛:大张讲席,广建佛寺。后主高纬时国势已衰,但他仍大兴佛教建筑。西魏历时虽短暂,但文帝元宝炬作为傀儡,却虔诚地皈依佛教。北周佛教在权臣的实际统治下,也出现过发展高峰。

南北朝僧人为了弘法,不知疲倦地穿梭于各国境内,不顾危险地行走、航行在边境线上。这对于了解各国的风土人情,以及宗教、哲学、文化、艺术等,均有重要影响,也增进了各国人民的友谊。当时交流的通道既有海路,也有陆路,僧人充当着文化使者的角色,佛教起到了重要的文化交流作用。

第二节 南朝帝王的佛教信仰及其佛教政策

一、刘宋诸帝与佛教

刘宋从420年至479年,共历八帝,60年。这一时期佛教的发展得到帝王的支持,特别是宋文帝元嘉年间,雅重文教,思弘儒术,赞扬佛法,佛教深得上层人士推重,建寺造塔日益增多,成为南朝佛教的兴盛时期。

1. 武帝刘裕与佛教

420年,刘裕废掉东晋恭帝,以禅让形式登上帝位,改元永初元年(420),建国号为宋,标志着历史上新王朝的到来,史称"宋武帝"。刘裕布衣出身,有雄才大略,登基前与僧人有过往来,对佛教表现出善意。

412年刘裕讨伐荆州刘毅,对被长安鸠摩罗什教团摈斥而逃难的佛驮跋陀罗和慧观,曾给予倾心接待;刘裕追讨卢循设帐于桑尾处,有人进言慧远与卢循深有交情,刘裕不以为意,云"远公世表之人,必无彼此"①,并派遣使者持书信向慧远表示敬意,赠送钱米。此外,刘裕篡权前参与平定由天师道兴起的农民叛乱——孙恩之乱,并举兵讨伐颁布"众僧沙汰"、镇压佛教教团的桓玄。

416年,刘裕讨伐长安,僧人慧义制造出刘裕当为天子的传言。正如镰田茂雄所指出的,"武帝与佛教的关系,最值得大书特写的是,武帝即帝位之前,昭告出现圣天子的佛教祥瑞"②。释慧义,本姓梁,北地人。有关此事的具体情况,在《高僧传》卷七中有一段详细记载,云冀州有法称道人,临终语弟子普严说:"嵩高灵神云:江东有刘将军应受天命,吾以三十二璧镇金一饼为信。"③据资料记载,后果于嵩高山掘得此物,慧义因此受到刘裕的重视,刘裕继位后对其礼遇甚隆。另据《南史》卷一《宋本纪·宋高祖纪》中记载:武帝曾游京口竹林寺,独卧讲堂前,上有五色龙章④。可知刘裕地位不高时,已有祥瑞出现。

时随军的释慧严也为刘裕知重。慧严,本姓范,豫州人,师事鸠摩罗什,后还京师住东安寺。《高僧传》卷七记载刘裕伐长安时,邀请他同行,慧严以"贫道事外之人,不敢闻命"⑤婉拒,但刘裕苦苦邀请,不得已随行。他是否也参与了制造佛教祥瑞的活动,因史料阙如,难以断定。但他不愿随军,表明了对世俗纷争的厌恶。他其后还深受宋文帝刘义隆的赏识。

刘裕登基前与长安僧团的僧导有着非同一般的关系。释僧导,京兆人,10岁出家,18岁时已通达众多经典。深得后秦姚兴钦重。著有《成

---

① 慧皎:《高僧传》卷六《义解篇·慧远传》,《大正藏》第50卷,第359页中。
② [日]镰田茂雄:《中国佛教通史》第3卷,关世谦译,第93页,台北,佛光出版社,1986。
③ 慧皎:《高僧传》卷七《义解篇·慧义传》,《大正藏》第50卷,第368页下。
④ 《南史》卷一《宋高祖纪》,第1页。
⑤ 慧皎:《高僧传》卷七《义解篇·慧严传》,《大正藏》第50卷,第367页中。

实三论义疏》及《空有二谛论》等,在关中享有盛名。义熙十三年(417),刘裕平定长安,久闻僧导大名,邀与相见①。其后刘裕东还建康,为巩固人心,任命其第二子刘义真为雍州刺史,加都督;并以太尉谘议参军京兆王修为长史,深相托付。据记载,刘裕还把刘义真托付给了僧导,"临别谓导曰:'儿年小留镇。愿法师时能顾怀'"②。不久,大夏的赫连勃勃发兵攻打长安,刘义真大军溃败,为夏兵苦苦追赶。据传,危急之时,僧导率弟子数百人挡在路中,为刘义真阻挡追兵,致使其成功脱逃。为此,刘裕特怀感激,令子侄内外悉师事僧导,后又为其立寺于寿春,即东山寺。

刘裕登基当年,在内殿设斋。沙门释道照陈词云:"百年迅速,迁灭俄顷,苦乐参差,必由因召,如来慈应六道,陛下抚矜一切。"③为其称帝歌功颂德。斋宴完毕,刘裕赐钱三万。另《古今图书集成·释教部汇考》卷一还载刘裕为宋公时,以京口故宅为普照寺,称帝后,尝手写戒经,口诵梵本,造灵根法王等四寺,又建东山寺④。

刘裕在位时颇重佛法,但曾有过沙汰沙门的诏令。《广弘明集》卷二四《僧行篇》有其《沙汰僧徒诏》,云:"门下,佛法讹替,沙门混杂,未足扶济鸿教,而专成逋薮。加以奸心频发,凶状屡闻,败道乱俗,人神交忿,可付所在与寺者长,精加沙汰,后有违犯,严其诛坐,主者详为条格,速施行。"⑤这主要是对佛教界鱼龙混杂,僧人犯戒,甚至危害社会表示不满,于是颁布诏令,要求寺院长老用心考察本寺弟子,将假冒伪劣分子清除出僧团。诏令具体颁布的时间不详,但从中可知武帝对佛教态度的另一面。

2. 文帝刘义隆与佛教

永初三年(422),刘裕病死,长子刘义符继位,改元景平元年(423),

---

①② 慧皎:《高僧传》卷七《义解篇·僧导传》,《大正藏》第50卷,第371页中。
③ 慧皎:《高僧传》卷一三《唱导篇·道照传》,《大正藏》第50卷,第415页下。
④ 《古今图书集成·释教部汇考》卷一,《卍新纂续藏经》(以下简称《续藏经》)第77册,第4页中。
⑤ 道宣:《广弘明集》卷二四《僧行篇·沙汰僧徒诏》,《大正藏》第52卷,第272页中。

史称"少帝"。其行为乖张,溺于享乐,"于华林园为列肆,亲自酤卖,又开渎聚土,以象破冈埭,与左右引船唱呼,以为欢乐"①。又于景平二年(424),杀皇弟刘义真于新安。辅佐的大臣傅亮、徐羡之等以此为由将其废掉,立武帝第三子刘义隆为帝,改元元嘉元年(424),史称"宋文帝"。

宋文帝在位30年间,依靠具有声望的贵族辅佐,政治安定,庶民收入有所增加,地方官吏较为尽职,百姓都得以享受较为安宁的生活,此时是刘宋的极盛时期,号称"元嘉之治"。

宋初有影响的僧人慧义,仍然受到文帝和贵族官僚的追捧。范泰延请慧义居住在自己所立的祇洹寺中,并受其戒法。时人借用印度舍卫国须达长者为舍利弗在祇陀太子的园林建造寺院的故事,将慧义喻为"舍利弗",范泰喻为"须达长者"。祇洹寺因为有了释慧义,引来众多士庶归依。其中有吴国钱塘姓偶的,后出家法号慧基者,慧义嘉其神彩,上启宋文帝求度出家,文帝敕于祇洹寺设会出家,时"舆驾亲幸,公卿必集"②。

祇洹寺僧众依据《僧祇律》的规定。此律有关饮食的规定甚多③,实行偏坐踞食。此食法引起了争议:先是郑道子致书慧义,表示此法与中国礼法有违,"踞食之教,义无所弘。进非苦形,退贻慢易,见形而不及道者,失其恭肃之情,而启骇慢之言"④。范泰也就踞食发表看法,他在《与王司徒诸人书论道人踞食》中,认为踞食是印度的特殊习俗,是一国偏法,非天下通制;且道安时代此食法已传来,但道安却思而未变。作为回应,慧义写有《答范伯伦书》。他以寺中五十僧众的名义,提出"夫沙门之法,正应谨守经律,以信顺为本。若欲违经反律师心自是,此则大法之深患,秽道之首也"⑤。认为如来立戒,是划一之制,正可谨守而行,岂容以意专辄改作。并指出范泰是求不异之和,贪和之为美,然和不以道,是求

---

① 《南史》卷一《宋少帝纪》,第31页。
② 慧皎:《高僧传》卷八《义解篇·慧基传》,《大正藏》第50卷,第379页上。
③ 佛驮跋陀罗:《摩诃僧祇律大比丘戒本》,《大正藏》第22卷,第554页上、中。
④ 僧祐:《弘明集》卷一二《郑道子与禅师书论踞食》,《大正藏》第52卷,第77页中。
⑤ 僧祐:《弘明集》卷一二《释慧义答范伯伦书》,《大正藏》第52卷,第78页上。

同非求和也,并表示甘受宣戒之罪,也不会改变踞食习惯。

范泰又著述《与生观二法师书》,就此问题与道生、慧观辩难。书中指出外国之律非定法,今之奉法白衣,绝不可作外国被服沙门,何必苦守偏法。他还拟有《论踞食表》呈现宋文帝,表中列举东晋的帛尸梨蜜多罗、道安、罗什等,以及近世道生、慧严均未踞食,以资佐证,后又上《重表》。不过,此事没有最后结果。慧义的坚持,恐不只是维护僧祇律,主要目的还在于提高其个人权威,并证明祇洹寺教团存在的价值。

宋文帝与来华从事翻译的僧人昙无谶、畺良耶舍、求那跋陀罗、求那跋摩等均有交往,并致以礼接,供给隆重。元嘉八年(431),罽宾僧求那跋摩到建业,文帝引见,劳问殷勤。他自称,弟子常欲持斋不杀,迫以身殉物,不获从志,以此向法师请教。求那跋摩的回答甚是高明,他说,道在心不在事,法由己非由人。且帝王与匹夫所修各异。匹夫人轻言微,所以需克己苦躬,持斋不杀;而帝王统领四海,爱民如子,其嘉言善政即可使谷物丰收、国泰民安,如此持斋不杀,才是大德,怎可为保全一禽之性命的小事所困①。文帝听后大为感叹,认为求那跋摩的话开悟明达,可与之言天人之际,勅其住祇洹寺,供给隆厚。求那跋摩在寺开讲《法华》及《十地》,公王英彦,莫不宗奉。

刘宋时期,佛法传入已有年头,其教稍广,经诰充积,训义深远,别为一家之学;出家人数增多,有声望的贵族崇佛者不少;而与佛教有关的寺塔的建造呈华丽增长趋势,使相关的材竹铜彩物质损耗过多。元嘉十二年(435),丹阳尹萧摩之上奏,启请对造寺及佛教雕像加以限制。奏书云:

> 佛化被于中国,已历四代,形像塔寺,所在千数,进可以系心,退足以招劝。而自顷以来,情敬浮末,不以精诚为至,更以奢竞为重。旧宇颓弛,曾莫之修,而各务造新,以相挎尚。甲第显宅,于兹殆尽,

---

① 慧皎:《高僧传》卷三《译经篇·求那跋摩传》,《大正藏》第50卷,第341页上。

材竹铜彩,糜损无极,无关神祇,有累人事。建中越制,宜加裁检,不为之防,流遁未息。请自今以后,有欲铸铜像者,悉诣台自闻;兴造塔寺精舍,皆先诣在所二千石通辞,郡依事列言本州;须许报,然后就功。其有辄造寺舍者,皆依不承用诏书律,铜宅林苑,悉没入官。①

宋文帝对此未置可否。此前有释慧琳著《白黑论》,设白学先生、黑学道士之问答,论孔、释之异同。释慧琳,本姓刘,秦郡秦县人,释道渊弟子,出家住建业冶城寺,善诸经及《庄》、《老》,俳谐好语笑,长于制作,注《孝经》及《庄子·逍遥篇》,有《文集》十卷传于世。为人性傲诞,颇自矜伐。少帝时,慧琳周旋于朝廷,与好文籍的庐陵王刘义真、名士谢弘微等均有往来。时刘义真与谢灵运、颜延之,以及释慧琳情好,尝许诺得志之日,以谢灵运、颜延之为宰相,慧琳为西豫州都督②。少帝景平二年(424),刘义真被废,颜、谢均被黜,慧琳或亦出都。至元嘉十年前后,慧琳著《白黑论》,其中多有诋呵释教之语。如其指斥佛教申幽冥之途,来生之化,以愚百姓。叙地狱则民惧其罪,敷天堂则物欢其福。致天下之人不思量如何修身养性,反倒寄望于虚无飘渺的来世幸福:

要天堂以就善,曷若服义而蹈道,惧地狱以敕身,孰与从理以端心。礼拜以求免罪,不由祇肃之意,施一以徼百倍,弗乘无吝之情。美泥洹之乐,生耽逸之虑,赞法身之妙,肇好奇之心,近欲未弭,远利又兴,虽言菩萨无欲,群生固以有欲矣。甫救交敝之氓,永开利竞之俗,澄神反道,其可得乎。③

且道本在无欲,而佛教以有欲相邀,致普通民众非利不动,如此教化,只能使朴质之风日益驰荡:

乃丹青眩媚彩之目,土木夸好壮之心,兴糜废之道,单九服之

---

① 《宋书》卷九七《夷蛮传》,第 2386 页。
② 《宋书》卷六一《武三王传》,第 1636 页。
③ 《宋书》卷九七《夷蛮传》,第 2390 页。

财,树无用之事,割群生之急,致营造之计,成私树之权,务权化之业,结师党之势,苦节以要厉精之誉,护法以展陵竞之情,悲矣。夫道其安寄乎。①

衡阳太守何承天亦著《达性论》,两者并相指斥佛教。永嘉太守颜延之和太子中舍人宗炳,则从奉佛的立场,各著万余言加以驳斥。其中,何承天与宗炳、颜延之辩难的首要问题是神灭与否。因为轮回报应之说,是佛教根本大义,这就是当时有名的白黑论之争和形神因果之论。众僧认为慧琳贬黜释氏,欲加摈斥,然宋文帝见论赏之,使之免"波罗夷"。慧琳有才华,宋文帝赏爱之,元嘉中使其参政,"朝廷大事,皆与议焉。宾客辐凑,门车常有数十两。四方赠赂相系,势倾一时"②。文帝每召见慧琳,常升独榻。颜延之表示不满,以"昔同子参乘,袁丝正色,此三台之坐,岂可使刑余居之"③相讥。

因萧摩之上书,文帝召集侍中何尚之、吏部郎中羊玄保等进行商议。何尚之举前辈时贤如王导、周顗、庾亮、王濛、谢尚、郄超、王坦、王恭、王谧、郭文、谢敷、戴逵、许询及何充、何准、王元琳昆季、范汪、孙绰、张玄、殷顗等为例,指出他们"或宰辅之冠盖,或人伦之羽仪,或置情天人之际,或抗迹烟霞之表,并禀志归依,厝心崇信"④。认为佛教之说契合理奥,若能奖赞佛教,则其必将在国家治理中发挥非同一般的作用:

> 百家之乡,十人持五戒,则十人淳谨矣;千室之邑,百人修十善,则百人和厚矣。传此风训,以遍寓内,编户千万,则仁人百万矣。此举戒善之全具者耳,若持一戒一善,悉计为数者,抑将十有二三矣。夫能行一善,则去一恶,一恶既去,则息一刑,一刑息于家,则万刑息于国,四百之狱何足难措?雅颂之兴理宜位速,即陛下所谓坐致太

---

① 《宋书》卷九七《夷蛮传》,第2390页。
② 同上书,第2391页。
③ 《宋书》卷七三《颜延之传》,第1902页。
④ 慧皎:《高僧传》卷七《义解篇·慧严传》,《大正藏》第50卷,第367页下。

平者也。①

何尚之还指出,西域各国奉行佛法,很少有大国兼并小国的现象。自五胡乱华以来,生灵涂炭,冤横死亡者,不可胜数。石虎受佛图澄的影响,其残暴杀戮的情形大减;苻坚和沮渠蒙逊均因受到佛教感化,改恶从善。但是谤佛者对此只字不提,相反批评僧尼绝子绝孙,塑像造寺浪费金铜土木,却忘记了佛教争取和平,造福于民的大好处!何尚之的言论也得到了羊玄保的赞同②。

此后宋文帝逐渐信佛,开始致意佛经,常与释慧严、慧观等讨论佛教义理。刘宋初,顿渐之义盛行,竺道生力倡大顿悟,颇有影响。其元嘉十年(433)卒于庐山后③,文帝尝述此义,问慧观:"顿悟之义,谁复习之?"慧观说:"有竺道生的弟子道猷。"文帝于是敕临川郡发遣至京,延入宫内,大集义僧,令道猷申述顿悟义。时沙门释僧弼者皆设巨难,攻诘者甚众,道猷积思参玄,宗源有本,乘机挫锐,往必摧锋,文帝抚几称快。

文帝重视文教,思弘儒术,元嘉十六年(439)前后立四学,以丹阳尹何尚之主玄学,著作佐郎何承天主史学,司徒参军谢元主文学,雷次宗主儒学。其中,何尚之是赞扬释氏者,雷次宗乃东晋名僧释慧远的弟子。由于当朝的贵族士大夫,如王弘、何尚之、范泰、谢灵运等均信奉佛教,文帝刘义隆统治的元嘉时期,佛教有较大发展。

宋文帝礼接竺道生、慧严、慧观、慧义、道渊、僧弼、道猷、法瑗、玄畅、慧基、慧璩、法愿、慧览、法恭、僧亮等高僧。《高僧传》卷七《竺道生传》记载,宋文帝尝设斋会,竺道生与众人参与。"下食良久,众咸疑日晚。帝曰:'始可中耳。'生曰:'白日丽天。天言始中,何得非中?'遂取钵便食,

---

① 僧祐:《弘明集》卷一一《何令尚之答宋文皇帝赞扬佛教事》,《大正藏》第52卷,第69页下。
② 同上书,第70页上。
③ 汤用彤认为竺道生卒于元嘉十一年(434)。参见汤用彤《汉魏两晋南北朝佛教史》第16章,第439页,北京,北京大学出版社,1997。

于是一众从之,莫不叹其枢机得衷"①。另据《宋书》卷四六《张邵传》载,江夏王刘义恭尝就文帝求一义学沙门,会张敷将还江陵入辞,文帝令以其车载沙门往,张敷不奉诏,上甚不悦②。可知宋文帝礼接僧人,还令朝臣延款。

宋文帝还与慧严"情好尤密,每见弘赞问佛法"③。颜延之著《离识观》及《论检》,文帝请慧严与之辩论其中异同,往复探讨竟达终日。文帝称赞他们不逊于支遁和许询。慧严学识渊博,何承天以博物闻名,文帝曾向他们请教天竺的历法,后婆利国人来,果然证实慧严之说。慧严著有《无生灭论》及《老子略注》等。

文帝与慧观相识较早。武帝伐司马休之至江陵时与其相遇,倾心待接,并将儿子刘义隆引见给慧观。此后两人交游甚密。慧观,本姓崔,清河人,有文才。元嘉初年三月三日曲水宴会,这本是文人墨客的风雅聚会,在曲折的流水中,将斟满美酒的杯子放入,让其随流而下,围坐者必须在酒杯尚未流过自己面前时及时赋诗,然后取杯饮酒。宋文帝临驾,命慧观与朝士赋诗,史载慧观"即坐先献,文旨清婉,事适当时"④,琅玡王僧达、庐江何尚之赞不绝口。慧观精通佛理,善解疑难,时评为"通情则生(道生)融(道融)上首,精难则观(慧观)肇(僧肇)第一"⑤。慧观既妙善佛理,探究《老》《庄》,又精通《十诵》,博采诸部,因此向他求法问道者,络绎不绝。

慧严于宋元嘉二十年(443)卒于东安寺,宋文帝下诏,赞扬他识见渊远,为学界和道德的巨匠,并给钱五万,布五十四。慧观于元嘉二十二年(445)或元嘉二十三年(446)年左右卒于道场寺⑥,其所著《辩宗论》、《论顿悟渐悟义》以及《十喻序》、《赞》、《诸经序》等,均流传于世。

---

① 慧皎:《高僧传》卷七《义解篇·竺道生传》,《大正藏》第50卷,第366页下。
② 《宋书》卷四六《张邵传》,第1395—1396页。
③ 慧皎:《高僧传》卷七《义解篇·慧严传》,《大正藏》第50卷,第367页中。
④⑤ 同上书,第368页中。
⑥ [日]镰田茂雄:《中国佛教通史》第3卷,第110—111页。

宋文帝在位时间较长,对佛教又抱支持态度,其所在的元嘉年间是南朝佛教发展的高峰期之一。

3. 孝武帝刘骏与佛教

元嘉三十年(453)正月,文帝长子刘劭构逆,其第三子刘骏率众讨伐。二月,宋文帝崩于合殿。四月,刘骏平定刘劭,即皇帝位,史称"孝武帝"。孝建元年(454)六月,刘骏将造反的刘义宣赐死。

称帝当年,刘骏即召集群臣举行八关斋。《宋书》卷八九云:"孝建元年,世祖率群臣并于中兴寺八关斋。中食竟,愍孙(指袁粲)别与黄门郎张淹更进鱼肉食。尚书令何尚之奉法素谨,密以白世祖。世祖使御史中丞王谦之纠奏,并免官。"①所谓"八关斋",指的是斋日奉行八戒,如戒杀生、戒悭贪、戒淫邪、戒妄语、戒饮酒,不著华香脂粉,不为歌舞倡乐;不卧好床,捐除睡卧,思念经道;过中不食等。刘骏将不守戒律的袁粲和张淹免官,可知他支持持戒,站在维护佛法这一边。范晔元嘉中谋反被诛,牵连甚多,其门遭十二丧,无人前去营理,释昙迁因曾与之游狎,于是"抽货衣物,悉营葬送"。刘骏知后很是叹赏,对徐爰说:"卿著《宋书》,勿遗此士。"②孝武帝又令改治新亭寺,以释法颖学业兼明,敕其为都邑僧正。

孝武帝还遣使迎接僧导。僧导被宋武帝敕住寿春东山寺,他在此寺收留了从北方战乱中逃亡而来的沙门数百人,悉给衣食,对于死去的僧众,则设会行香,进行哀悼,而长安佛教也因此传入江南。由于孝武帝的迎请,僧导移居建康中兴寺,并在瓦官寺开讲《维摩诘经》,孝武帝躬亲临幸,王公大臣一时聚集。僧导登上高座说法,因感叹佛教之衰颓而潸然泪下③。他对孝武帝说:"护法弘道,莫先帝王,陛下若能运四等心,矜危劝善,则此沙石瓦砾,便为自在天宫。"劝导孝武帝支持佛教,以佛教慈悲喜舍的四无量心,怜悯邪恶,劝诱善良,孝武帝听后表示赞同。僧导后辞

---

① 《宋书》卷八九《袁粲传》,第2229页。
② 慧皎:《高僧传》卷一三《经师篇·昙迁传》,《大正藏》第50卷,第414页上。
③ 慧皎:《高僧传》卷七《义解篇·僧导传》,《大正藏》第50卷,第371页中。

还寿春,卒于石涧,时年九十六。

孝武帝礼遇中天竺僧人求那跋陀罗。求那跋陀罗为婆罗门种,幼学五明诸论,天文、书算、医方、咒术,靡不该博,且博通三藏,语言机智。孝建元年,刘义宣等谋反,胁迫求那跋陀罗随军同行。时王玄谟督战梁山,孝武帝下勅军中,若得摩诃衍,则送至京城。由于所截获的求那跋陀罗与刘义宣的书疏中并无片言谈及军事,故孝武帝对其益加礼遇,安排其在后堂休息,供给衣物、车乘。后又敕其住中兴寺。值东府燕会,王公毕集,孝武帝敕令传见求那跋陀罗。时求那跋陀罗已老,满头白发,孝武帝待其上台阶时,迎问道:"摩诃衍不负远来之意,但唯有一在。"求那跋陀罗应声说:"贫道远归帝京垂三十载,天子恩遇,衔愧罔极,但七十老病,唯一死在。"①孝武帝赞赏他的机辩,敕其近御而坐。求那跋陀罗善咒术。大明六年(462),天下亢旱,孝武帝请求那跋陀罗求雨;求那跋陀罗往北湖钓台,烧香祈请,不复饮食,默而诵经,密加秘咒,果连日降雨。

大明六年(462),东阿慧静弟子小山法瑶受敕入京,与竺道生弟子道猷同止新安寺,使顿、渐二悟,义各有宗。道猷承生公学说,倡导顿悟,而法瑶则与之相左,主张渐悟,所讲部分内容,今《大经涅槃经集解》中有载。释法瑶(《高僧传》云法珍),本姓杨,河东人。宋景平中来游兖、豫,贯极众经,旁通异部,后听东阿静公讲法,众屡请复述,静感叹不已。元嘉中过江,吴兴沈演之特深器重,请还吴兴武康小山寺,首尾19年,自非祈请法事,未尝出门。居于武康,每岁开讲,三吴学者,负笈盈衢。著《涅槃》、《法华》、《大品》、《胜鬘》等义疏。瑶戒节清白,道俗归之,宋元徽中卒,年七十六。时多宝寺复有静林法师,亦善《大涅槃经》,为宋孝武所敬重。

孝武帝一方面信重沙门,另一方面又企图对沙门进行控制。大明二年(458),羌人高阇与道人昙标者谋反。孝武帝欲沙汰不法沙门,下诏

---

① 慧皎:《高僧传》卷三《译经篇·求那跋陀罗传》,《大正藏》第50卷,第344页下。

云:"佛法讹替,沙门混杂,未足扶济鸿教,而专成逋薮。加奸心频发,凶状屡闻,败乱风俗,人神交怨。可付所在,精加沙汰,后有违犯,严加诛坐。"①于是设诸条禁,自非戒行精苦,并使还俗。但是这项诏令却由于诸僧尼出入宫中,与后妃们相交游,未能付诸实施,可见当时佛教势力已经渗透到后宫。

庐陵内史周朗的上书,表明佛教在发展过程中,出现了鱼龙混杂的现象:"假精医术,托杂卜数,延姝满室,置酒浃堂。"②故周朗要求申严佛律,禅重国令,将造成恶劣影响的沙门全部罢遣。对于那些有特殊艺能的和尚,则制定另外的条例。提出禅义、经诵,沙门能通其一,并要求沙门食不过蔬,衣不出布。

大明六年(462)九月,孝武帝又下达了一项要求沙门致敬人主的诏令。沙门向例不跪拜王者,因与中国礼法不合。故自东晋以来,常有令其致敬之争议。晋成帝时,庾冰始创议,令沙门致敬,由于尚书令何充、仆射褚昱、诸葛恢等反对,未能实施;后桓玄又与慧远书,要求礼敬,慧远著《沙门不敬王者论》五篇以示反对。此次孝武帝再使有司奏议,令僧拜王者事,有司答以"臣等参议,以为沙门接见,比当尽虔礼敬之容,依其本俗,则朝徽有序,乘方兼遂矣"③。主张沙门致敬王者。

从《广弘明集》卷六《辨惑篇》中所描述的"世祖以大明六年,使有司奏议令僧致敬,既行刳斲之虐,鞭颜皴面而斩之,人不胜其酷也,且僧拜非经国之典,亦不行之"④来看,这项诏令曾经严厉地被执行,但最终还是未能贯彻到底。它遇到的阻力之一来自僧界。当时应召居住在新安寺的僧远表示强烈不满。新安寺是孝武帝为纪念宠姬殷贵妃(新安王子鸾的生母)而立,孝武帝勅选三州招延英哲,僧远与小山法瑶、南涧的显亮

---

① 《宋书》卷九七《夷蛮传》,第2386—2387页。
② 《宋书》卷八二《周朗传》,第2100页。
③ 《宋书》卷九七《夷蛮传》,第2387页。
④ 道宣:《广弘明集》卷六,《大正藏》第52卷,第126页上。

俱被征召,而僧远被推举为新安寺寺首。僧远即日谢病退隐上定林寺,直到宋明帝时,他才重回新安寺。而这项诏令,到前废帝初,就废止不行。

4. 明帝刘彧与佛教

大明八年(464),孝武帝驾崩,长子刘子业继位,史称"前废帝"。他对佛教抱持的恶意与对孝武帝不满的发泄有关。刘子业以在东宫为太子时,不为孝武所爱为由,对殷贵妃得宠事意有不平,即位后令人杀掉新安王子鸾,毁弃新安寺,并将住寺的僧众流放,把中兴寺、天宝寺等也毁掉。刘子业还残虐地杀害叔父刘义恭,以及柳元景、颜师伯,令内外百官惶恐。故宋文帝第十一子刘彧与心腹密谋,杀掉前废帝,继承大统,史称"宋明帝"。

明帝继位前,也出现了"湘州出天子"(《宋书》卷二七《符瑞志》)的传言。刘彧称帝后,下令重新修建被毁弃的寺院,并召集原来的僧人各还其寺,恢复了对佛教的支持态度。

他礼敬高僧求那跋陀罗、僧覆、僧瑾、道猛等。求那跋陀罗泰始四年(468)卒,明帝深为痛惜,慰赙甚厚,公卿会葬,荣哀备焉。僧覆是昙亮弟子,学通诸经,蔬食持咒,他被宋明帝敕为彭城寺主。

释僧瑾,本姓朱,沛国人,少善《老》、《庄》及《诗》、《礼》,后又游学内典,博涉三藏。孝武帝时,释僧瑾就被敕为湘东王刘彧之师。刘彧即位后,勅僧瑾为天下僧主,给法伎一部,亲信二十人,月给钱三万,冬夏四时,赐并车舆吏力。宋明帝晚年疑心重,颇多忌讳。凡诸死亡凶祸衰白等语,皆不得以对,因之犯忤而致戮者,十有七八。僧瑾为人正直,每以匡谏,恩礼遂薄。时汝南周颙入侍帷幄,僧瑾力劝周颙利用机会,对明帝说因果报应之事,以期阻止明帝滥杀无辜。周颙遂为明帝说鬼神杂事,明帝害怕遭到报应①,于是原宥了那些被抓起来的人。僧瑾元徽中卒,时

---

① 慧皎:《高僧传》卷七《义解篇·僧瑾传》,《大正藏》第50卷,第374页上。

年七十九。

释道猛,本西凉州人,少时游历燕、赵,后止寿春,精通大小数论,而《成实》一部,最为独步。明帝为湘东王时,就对道猛深相崇荐。即位后备加礼接,赐钱三十万,以供资待。泰始之初,明帝创寺于建阳门外,勅猛为纲领。明帝认为,人能弘道,道藉人弘,遂将该寺命名为"兴皇寺"。又勅道猛于寺开讲《成实论》。并下诏赞其风道多济,以之为宾友,月给钱三万、令吏四人、白簿吏二十人、车及步舆各一乘。

宋明帝以故宅起湘宫寺,大开讲肆,妙选高僧,敕法瑗充当法主。释法瑗,本姓辛,陇西人,为慧观弟子,善谈顿悟义,使顿悟之旨重申宋代。何尚之闻而叹曰:"常谓生公殁后,微言永绝,今日复闻,象外之谈,可谓天未丧斯文也。"①明帝请弘充为寺内纲领。释弘充,凉州人,通《庄》、《老》,解经律,善于问难。每讲《法华》、《十地》,听者盈堂。弘充注有《文殊问菩提经》及《首楞严经》。齐永明中卒,时年七十二。宋明帝还请慧隆在湘宫寺开讲《成实》。释慧隆,本姓成,阳平人。少而居贫,学无师友,卓然自悟。年二十三出家,宋泰始中出都止何园寺。慧隆善于清论,王侯贵胜,屡招其讲说。著《实法断结义》等。宋明帝还在湘宫寺设会,释昙光的唱导令其称善,勅赐三衣瓶钵。昙光后卒于寺中,时年六十五。

湘宫寺费极奢侈,史载宋明帝以孝武庄严刹七层,欲起十层,不可立,分为两刹,各五层;并将文帝所造的金箔圆光像,从彭城寺移到湘宫寺。明帝以修建此寺是大功德,然虞愿指斥道:"陛下起此寺,皆是百姓卖儿贴妇钱,佛若有知,当悲哭哀愍。罪高佛图,有何功德!"②《高僧传》所载略有不同,云虞愿曰:"此寺穿掘伤蝼蚁,砖瓦焚虫豸,劳役之苦百姓筋力,贩妻货子呼嗟满路。佛若有知,念其有罪;佛若无知,作之何益!"③

---

① 慧皎:《高僧传》卷八《义解篇·法瑗传》,《大正藏》第50卷,第376页下。
② 《南史》卷七〇《虞愿传》,第1710页。
③ 道宣:《广弘明集》卷六,《大正藏》第52卷,第127页下。

宋明帝礼敬比丘尼。他对普贤寺的宝贤尼赏接弥崇,泰始元年(465)勅为普贤寺主,泰始二年(466)又勅为都邑僧正。宋明帝还延请众造寺僧敬尼,勅住崇圣寺。泰始三年(467)明帝又以寺敕净秀尼,并根据她召集的众人均以禅定为业,认为宜命名为"禅林寺"。

5. 顺帝刘准与佛教

泰豫元年(472)四月,明帝驾崩于景福殿,长子刘昱继位,史称"后废帝"。此君残暴成性,他杀尽孝武帝之子,并经常穿着小袴,外出扰民。有白棓数十,各有名号,钳凿锥锯,不离左右,为击脑、槌阴、剖心之诛,日有数十。天性好杀,见卧尸流血,然后为乐。若左右人见有嚬眉者,则令其正立,以矛刺洞之,又与右卫翼辇营女子私通。刘昱还往青园尼寺滋事,晚至新安寺偷狗,与昙度道人煮之饮酒。他的残酷荒唐很快就把自己推上了绝路,元徽五年(477),拥有军事实权的武臣萧道成将其杀死,拥立明帝第三子刘准为帝,史称"宋顺帝"。

宋顺帝刘准从僧璩受"五戒",属佛门弟子。释僧璩为僧业弟子,本姓来,吴国人。他总锐众经,尤明《十诵》,兼善史籍,颇制文藻。孝武帝敕其为僧正悦众,居于中兴寺。后卒于庄严寺,时年五十八。

顺帝在位三年,即被萧道成以禅让方式篡位。刘宋佛教的兴盛期是元嘉宋文帝时,此后因政权更迭频仍,其发展已跌入低谷。

6. 刘宋诸王与佛教

刘宋时期除了帝王,不少王公贵族也常与僧人交接。如临川烈武王刘道规及其子刘义庆、庐陵孝献王刘义真、彭城王刘义康、江夏文献王刘义恭、南谯王刘义宣、衡阳文王刘义季、建平宣简王刘宏、宏子刘景素、晋平刺王刘休祐、巴陵哀王刘休若、豫章王刘子尚等。

临川王刘道规,字道则,高祖少弟。他从唱导师道照受"五戒",尊其为门师。其子刘义庆对僧道的出家甚表赞同;元嘉八年(431),邀请僧伽达多至广陵(今扬州);并著有《宣验记》三十卷、《幽明录》二十卷,记录众僧及诸多灵异事迹。

庐陵孝献王刘义真,武帝之子。聪明爱文义,而轻动无德业。幼年曾得释僧导保护;又与善文的释慧琳关系密切,曾许诺自己得志之日,当以慧琳为西豫州都督①。

彭城王刘义康,武帝第四子。他与南谯王刘义宣均师事中天竺的求那跋陀罗。刘义康对释慧叡深表钦慕,以其为师,受其戒法,并赠以貂裘②。又礼敬天竺僧人僧伽跋摩,崇其戒范;月支僧释昙迁巧于转读,有无穷声韵,其梵制新奇,特拔终古,刘义康与范晔、王昙首一起与之游狎。刘义康后因谋反入狱,文帝派释慧琳视之,义康问:"弟子有还理不?"慧琳说:"恨公不读数百卷书",事载《宋书》卷六八。元嘉二十八年(451),刘义康被赐死,但他不肯服药,理由是佛教认为自杀者不能再世为人,遂被掩杀之,死时年四十三。

江夏王刘义恭,武帝第五子。他敬重弘充、慧益、昙颖等僧人。其中,释慧益崇仰《法华经·药王菩萨本事品》的教示,有心修焚身供养。他于大明七年(463)四月八日,在钟山准备焚身。临死前,提出愿以此度20人出家。孝武帝、包括刘义恭在内的诸王、还有妃后,并亲临现场。刘义恭还归依过尼师,他对竹园寺的慧濬尼非常崇敬,常供给衣食。

南郡王刘义宣,武帝第六子。他与求那跋陀罗来往密切。446年,刘义宣镇守荆州,邀请求那跋陀罗、慧璩同行。他为求那跋陀罗新建房殿,请其译经并开讲《华严经》。此事《出三藏记集》卷九《八吉祥经后记》有载,云"元嘉二十九年(452)正月三日,求那跋陀罗于荆州城内译出此经,至其月六日竟。持节、侍中、都督荆湘雍益梁宁南北秦八州诸军事、司空、荆州刺史、领南蛮校尉南谯王优婆塞刘义宣为檀越"③。孝建元年(454),刘义宣谋反,亦使求那跋陀罗随军东下。刘义宣在荆州时,亦受

---

① 《宋书》卷六一《武三王传》,第1636页。
② 慧皎:《高僧传》卷七《义解篇·慧叡传》,《大正藏》第50卷,第367页中。
③ 僧祐:《出三藏记集》卷九《八吉祥经后记》,《大正藏》第55卷,第68页上。

戒于慧远弟子释僧彻,僧彻卒于元嘉二十九年,刘义宣为其造墓。

衡阳文王刘义季,武帝第七子。元嘉十六年(439),他镇守荆州,求觅意理沙门,共谈佛法。时江陵长沙寺有昙光,享有声名,刘义季亲自到禅房相请,给车服、人力,月供一万。他还劝说昙光为斋会导师,昙光于是制作《忏悔文》,自任唱导,深得道俗倾慕景仰。

建平宣简王刘宏,字休度,文帝第七子。他重视释昙瑶,昙瑶善《净名》、《十住》,及《庄》、《老》,又工草隶。①

建平王刘景素,对昙斌敬以师礼,咨其戒范。释昙斌,本姓苏,南阳人。先后师事道祎、静林法师、法瑶、南林法业。后还止樊、邓,开筵讲说。孝建之初,出京止新安寺,讲《小品》、《十地》,并申顿悟、渐悟之旨。宋元徽中,昙斌卒于庄严寺,时年六十七。

晋平剌王刘休祐,宋文帝第十三子。他以"备穷经律"的释僧隐为师,《高僧传》卷一一《僧隐传》记其与长史张岱,并向僧隐"谘禀戒法"。然休祐性格暴戾,又贪财好色,显然未得佛法真要。

巴陵哀王刘休若,宋文帝第十九子。他与建平王刘景素,曾去僧隐的禅房,"屈膝恭礼"②。

豫章王刘子尚,字孝师,孝武帝第二子。他对"学兼内外,又律行无疵"的僧璩特别钦重,崇之为"法友"③。

二、南齐诸帝与佛教

南齐从479年至502年,共历七帝,24年。其间不少帝王虽也扶奖佛教,但真正发挥积极作用的却是王公贵族,特别是齐武帝的二儿子竟陵王萧子良。他笃信佛教,招徕人才,从事了许多佛教活动,致使南齐佛教在他当政时达到极盛。

---

① 慧皎:《高僧传》卷七《义解篇·法珍传》,《大正藏》第50卷,第374页下。
②③ 慧皎:《高僧传》卷一一《明律篇·僧隐传》,《大正藏》第50卷,第401页中。

1. 高帝萧道成与佛教

昇明三年(479),权臣萧道成夺取刘宋江山,建立南齐政权,改元建元元年(479),史称"齐高帝"。萧氏祖籍东海兰陵县中都乡中都里(今山东南部),渡江后,侨居晋陵武进县东城里(今江苏丹阳市境内),改称"南兰陵"。萧道成13岁受业于大儒雷次宗,此人乃东晋名僧慧远的弟子,明晓佛理,这种师承关系颇能为萧道成接触佛教创造契机。现存于德国的两件由萧道成具衔题记的残页,经唐长孺先生考证,为写于宋昇明元年(477)的《普门品》之类的供养经①,表明至迟刘宋时期,萧道成已与佛教结下因缘。

萧道成刘宋时期因屡建军功,地位日高,深怀不测之忧,遂与释法愿相交。法愿通晓世间杂技、占相等,有预测能力。后萧道成称帝,果如法愿所料。萧道成和其子萧赜均以释法愿为师②。

萧道成即位前,也有佛教祥瑞,此事的始作俑者是释玄畅。他于建元元年(479)四月二十三日在四川建刹立寺,名曰"齐兴"。听说齐高帝萧道成授命建齐,于是致书镇守四川的傅琰,认为这是嘉瑞自显,神应必彰,并作《赞》一首。傅琰随即上表,齐高帝萧道成敕蠲百户以充俸,供给玄畅。

萧道成即位之际,入山造访释僧远,僧远以自己老病作为推辞。萧道成殷勤慰问,而僧远不为所动。僧远蔬食五十余年,涧饮二十余载,游心法苑,缅想人外,高步山门,萧然物表。于齐永明二年(484)卒于定林上寺,时年七十一。

萧道成在位期间,临幸安乐寺。敕封释法颖为僧主。法颖本姓索,敦煌人,研精律部,博涉经论。刘宋元嘉末年,居止新亭寺,孝武帝时勅其为都邑僧正,后还住多宝寺,时开律席。萧道成时,复敕为僧主,资给

---

① 参见唐长孺《南北朝期间西域与南朝的陆道交通》,《魏晋南北朝史论拾遗》,第190—192页,北京,中华书局,1983。
② 慧皎:《高僧传》卷一三《兴福篇·法愿传》,《大正藏》第50卷,第417页上。

四事,有倍常科。又敕释僧盛为荆州僧主。萧道成还派释昙超往辽东,弘赞禅道,也许潜意识是为了安抚民心,巩固统治。

2. 武帝萧赜与佛教

建元四年(482),萧道成病逝,长子萧赜继位,史称"齐武帝"。萧赜刘宋时期已与佛教结下因缘:他在宋末举兵起义失败,避难揭阳山,在山上累石为佛图,恐有求庇祐之意。

萧赜即位后,改元永明元年(483)。永明二年(484),释僧远病卒,武帝致书法献,自称"弟子"。释法献,本姓徐,西海延水人,律行精纯。永明年间,他与显示佛教祥瑞的长干寺玄畅,同被齐武帝萧赜敕为僧主,分任南、北两岸。他们在武帝时期,开创了沙门同皇帝对话,不必自称贫道,开自称己名叙事的先例。时中兴寺的僧钟在乾和殿与武帝相见,武帝听他自称"贫道",于是就此询问尚书王俭。王俭指出,汉魏时代,佛法未兴,不见有这方面的记载。但自后赵时期,佛法隆兴时,都自称贫道,也准许预坐。东晋初期还是如此。但到了中叶,由于庾冰、桓玄等,欲使沙门尽敬,朝议纷纭,因而事寝。刘宋中叶,也有沙门致礼之说,但亦未见施行。此后,僧人多预坐,且自称贫道。武帝于是允许僧人自称名号,此后中国沙门皆可在帝王面前自称名号。镰田茂雄认为,"对待僧人,在天子面前准许自称名号,是武帝对于僧众人格的承认"①。

齐武帝对释法匮也颇崇敬。法匮本姓阮,吴兴于潜人,是京师枳园寺法楷弟子,传说有分身的特异功能,死时出现灵异现象。武帝听说后,亲自临幸,为其设供。其时另一有神异功能的和尚宝志,却与武帝相处尴尬。宝志,本姓朱,金城人,他长相怪异,行头陀禅,居止无定,饮食无时,发长数寸,常跣行街巷,执一锡杖,杖头挂剪刀及镜,或挂一两匹帛,可以数日不食,与人多为谶记,江东士庶皆共事之。武帝说他妖言惑众,将其收监,但他显现分身的神异,又预言武帝的儿子文惠太子萧长懋和

---

① [日]镰田茂雄:《中国佛教通史》第3卷,第130页。

竟陵文宣王萧子良会给他送吃的,后果如其言。齐武帝迎其居于宫殿后堂,他又显现分身神异。宝志还予齐武帝神力,使其见高帝于地下常受锥刀之苦,武帝自是永废锥刀。武帝后来常于华林园召请宝志。

齐武帝在位时曾兴造释迦佛像,建造禅灵寺、集善寺,并立规"御膳不宰牲",表示对佛教不杀生的戒律的支持。时有丹阳尹沈文季奉道排佛,建义符僧局,责僧属籍,欲沙减僧尼。天宝寺释道盛为僧主,上书武帝,以孔子有徒三千为例,说明僧众中确实存在鱼龙混杂现象,恳请武帝将不法沙门就其所在寺进行惩戒。武帝于是使僧正法献、玄畅东往三吴,沙简僧尼。齐武帝临终留下遗言:"显阳殿玉像诸佛及供养,具如别牒,可尽心礼拜供养之。应有功德事,可专在中。自今公私皆不得出家为道,及起立塔寺,以宅为精舍,并严断之。"①表明他对佛教的态度。

3. 东昏侯萧宝卷与佛教

永明十一年(493)七月,武帝病重,宫廷发生争斗,长孙萧昭业继位。这是有名的荒淫昏君,善于伪装。他为南郡王时,其父文惠太子萧长懋禁其起居,节其用度。他对豫章王妃庾氏说:"阿婆,佛法言,有福德生帝王家。今日见作天王,便是大罪,左右主帅,动见拘执,不如作市边屠酤富儿百倍矣。"②萧昭业称帝后,与其父宠姬霍氏淫通,下人劝其长留宫内。于是声称已度霍氏为尼,暗地里以他人代之。

隆昌元年(494),权臣萧鸾发动兵变,废掉萧昭业,立其弟萧昭文,史称"海陵王",同年七月改元延兴元年(494)。昭文只是傀儡,真正掌权的是宣城郡公萧鸾,海陵王的起居,皆咨而后行。同年十月,萧鸾废掉萧昭文,取而代之,改元建武元年(494),史称"齐明帝"。十一月萧昭文莫名其妙病死。这一年竟然改了三次年号!

齐明帝对佛教未表现出兴趣。史载其"潜信道术"③,出门先占利害,

---

① 《南齐书》卷三《武帝纪》,第62页,北京,中华书局,1972。
② 《南齐书》卷四《郁林王纪》,第73页。
③ 《南齐书》卷六《齐明帝纪》,第92页。

与巫觋颇有往来。齐明帝生前诛杀齐高帝、齐武帝诸子,每一行事,辄焚香哭泣,然后大开杀戒。

永泰元年(498)七月,齐明帝驾崩于正福殿。其子萧宝卷继位,史称"东昏侯"。这也是一位昏君,言语不多,喜怒无常,性格怪异。他出宫不说地方,东西南北,无处不驱人。晚出昼返,火光照天。召集黄门为骑客,又选无赖小人追之,奔走往来,不暂停息。视人命如草芥,郊郭四民,皆令废业,樵苏路断,吉凶失时,乳妇婚姻之家,移产寄室,或舆病弃尸,不得殡葬。有关他的种种恶行,实在罄竹难书。

东昏侯在位时,大肆破坏佛寺的建筑装饰。永元三年(501),其为宠姬潘妃建造神仙、永寿、玉寿三殿,穷极绮丽。为装饰金壁,他令人剥取庄严寺的玉九子铃和外国寺的佛面,以及禅林寺塔的宝珥等。他视僧众如同草芥,尝游猎至蒋山定林寺,射杀因病隐匿于草丛的沙门。

南齐末年,佛教的发展出现停滞状态。毫无疑问,与当时残暴成性的帝王有一定的关系。

4. 南齐诸王与佛教

南齐诸王如豫章文献王萧嶷、其子嗣萧子范、萧子显、萧子云、萧子晖,以及临川献王萧映、长沙威王萧晃、宜都王萧铿、文惠太子萧长懋、竟陵王萧子良、其子巴陵王萧昭胄、始安王萧遥光、晋安王萧子懋等,均崇信佛教。

豫章文献王嶷,齐高帝第二子。他为荆州刺史时,与释玄畅往来。萧嶷还礼敬释法通。法通,本姓褚,河南阳翟人。出身衣冠世家,尤擅长讲《大品》、《法华》,学徒众多,白黑弟子七千余人。豫章文献王嶷和竟陵文宣王子良均亲承顶礼。萧嶷还对开善寺释智藏深怀钦悦,爰请其安居,常叹相知恨晚。智藏,本姓顾,吴郡吴人。出身官宦之家,师事上定林寺僧远、僧祐、天安寺弘宗等。他通晓经典,善于讲论,深得竟陵文宣王子良重视,后成为梁代有名的三论师之一。萧嶷还与慧绪尼有深交:刘宋昇明末年(478),萧嶷镇守荆、陕,为慧绪尼在荆州建造三层寺,并与眷属皆从其禅法。萧嶷病故后,武帝聚集其财货为之建造集善寺,此寺的住持就是慧绪尼。萧嶷对佛教很虔诚,临终前遗言:"后堂楼可安佛,供养外国二僧,余皆如旧。与汝游戏后堂船乘,吾所乘牛马,送二宫及司徒,服饰衣裘,悉为功德。"①

其子嗣萧子范(萧嶷二儿子萧子恪的六弟)尝居于招提寺,后在僧寮中去世;萧子显(子恪的八弟)有文才,梁代时官侍中,国子祭酒。中大通五年(533)二月二十六日,梁武帝萧衍在同泰寺宣讲《大般若经》,萧子显写有序文,题为《御讲金字摩诃般若波罗蜜经序》,他采用大量华丽夸张的辞藻,盛赞萧衍高超的佛学修为,以及法会场面的热烈壮观。萧子云(子恪的九弟)也仕于梁代,曾谏言梁武帝萧衍,将郊庙歌辞中有关供奉牺牲的唱辞全部改换。他于梁代天监十七年(518)撰有《玄圃园讲赋》。侯景之乱,他逃往晋陵,饿死在显云寺的僧寮中。其弟萧子晖,亦有文才,性格恬静,在重云殿听梁武帝萧衍讲《三慧经》,后写作《讲赋》一文呈上,甚为武帝称赏。

临川献王萧映和长沙威王萧晃,均礼事湘宫寺的释昙准。昙准,本姓弘,魏郡汤阴人,先住昌乐王寺,出家从智诞法师受业,善《涅槃》、《法华》。他后为竟陵文宣王萧子良礼请,移居湘宫寺。

齐高帝第十六子宜都王萧铿,3岁丧母,颇有孝心,因思念母亲,自愿守持素食以表哀悼。尝梦见一妇人,与其母容貌、衣着无异,众皆以孝感。延兴元年(494),齐明帝诛杀齐高、武帝诸子孙,使吕文显赐送毒药,时萧铿正依据佛教礼仪,行八关斋,他取药一饮而尽,年仅十八。萧铿与道士陶弘景交好,情谊非同一般。据传他死前托梦陶弘景,陶为之写有《梦记》。

文惠太子萧长懋礼敬僧钟、僧柔等。僧钟,本姓孙,鲁郡人,擅长讲论《成实》、《三论》、《涅槃》、《十地》等。永明初,魏使李道固来聘,齐武帝

---

① 《南齐书》卷二二《豫章文献王嶷传》,第417页。

敕其酬答。往复移时,言无失措。文惠太子和竟陵文宣王多次邀请他讲经说法。僧钟永明七年(489)卒,时年六十。僧柔,本姓陶,丹阳人,弘称弟子,他严守戒律,熟知佛教大小部经典,德高望重,故文惠太子萧长懋、竟陵文宣王萧子良均伏膺入室,以其为师。萧长懋又以释法献为戒师。法献,本姓徐,西海延水人,博通经律,曾于宋元徽三年(475)西行求法,获佛牙一枚,舍利15粒,并《观世音灭罪咒》及《调达品》,又得龟兹国金锤鍱像。因律行精纯,王公贵族皆崇其戒训。

始安王萧遥光和竟陵文宣王萧子良,均礼敬被称为"北山二圣"的释法度和释法绍,恭以师礼,资给四事。其弟曲江公萧遥欣之子萧几,晚年亦专心归依佛教。萧几为新安太守时,郡多山水,为其所好。他经常适性游览,并为之记。

晋安王萧子懋,字云昌,武帝第七子。年七岁时,其母阮淑媛尝病危笃,请僧行道,有献莲花供佛者,众僧以铜罂盛水渍其茎,欲使花朵不枯萎。子懋流涕礼佛说:"若使阿姨因此和胜,愿诸佛令华竟斋不萎"①。七日斋毕,花更鲜红,竟然还长出些许根须。阮氏的病不久就痊愈,世人以此盛赞萧子懋的孝心。

南齐崇佛的诸王中,最值得一提的是齐武帝的二儿子竟陵文宣王萧子良。他刘宋时出仕,为邵陵王刘友(宋明帝第七子)左军参军,宁朔将军;转主簿,安南记室参军;迁邵陵王友,安南长史;再迁辅国将军,会稽太守。萧道成立国,萧子良封闻喜县公。为征虏将军,丹阳尹。萧赜继位,萧子良封竟陵郡王。隆昌元年(494)卒,年三十五。谥号"文宣王"。萧子良历仕宋、齐两代,对佛教怀抱热烈、虔诚的信仰,致力于弘扬佛法,是南朝崇佛的王公贵族的代表。

早在刘宋昇明三年(479),萧子良为会稽太守时,已与僧人慧约、智秀、昙纤、慧次往来。汤用彤先生指出,"计其所敬礼之僧尼见于《高僧

---

① 《南史》卷四四《齐武帝诸子·晋安王子懋传》,第1110页。

传》、《比丘尼传》者极多。其最有名者有玄畅、僧柔、慧次、慧基、法安、法度、宝志、法献、僧祐、智称、道禅、法护、法宠、僧旻、智藏等。齐、梁二代之名师，罕有与其无关系者"①。建元四年(482)，齐高帝逝去，萧子良铸造释迦像一尊以示供养，沈约为之写有《齐竟陵王题佛光文一首》。

萧子良以大乘玄理为本，尤重讲肆。与其兄文惠太子萧长懋一起召集义学沙门，累讲经论。永明元年(483)，萧子良聚集名僧，"置讲席于上邸，集名僧于帝畿，同集于邸内之法云精庐。……演玄音于六宵，启法门于千载，济济乎实旷代之盛事"②。永明五年(487)，萧子良移居鸡笼山西邸，又"集学士抄《五经》、百家，依《皇览》例为《四部要略》千卷。招致名僧，讲语佛法，造经呗新声，道俗之盛，江左未有也"③。萧子良组织学士抄撰儒家学说，既是时代趋势和社会潮流的反映，也与其会通儒释，"弘洙泗之风，阐迦维之化"④的思想旨意紧密相连。兰陵萧氏门第不高，自萧道成登基后，倡导儒家礼教以佐王道政治，形成"家寻孔教，人诵儒书"的兴盛局面。萧子良接受的是传统经学教育，为人以"仁义为本"，与人以"五教是劝"；而又笃信释氏，故于儒、释两种思想文化均给予扶持。

永明七年(489)十月，萧子良召集京师硕学名僧五百余人，请定林寺释僧柔、谢寺释慧次等诸论师，于普弘寺迭讲；又请释僧祐、安乐寺释智称，更集尼众二部名德七百余人，续讲《十诵律》；并令柔、次等诸论师，"抄比《成实》，简繁存要，略为九卷，使辞约理举，易以研寻"⑤，由周颙作序，将其写成百部流通。《成实论》本小乘经典，然宣扬诸法性空，旨近大乘，且言精理赡，颇具玄趣。萧子良借此学说弘扬般若之学，为学人构架通达大乘之津梁。

---

① 汤用彤：《汉魏两晋南北朝佛教史》，第324页。
② 道宣：《广弘明集》卷一九《齐竟陵王发讲疏并颂》，《大正藏》第52卷，第232页中。
③ 《南齐书》卷四〇《竟陵文宣王子良传》，第698页。
④ 《全梁文》卷四四《齐竟陵文宣王行状》，《全上古三代秦汉三国六朝文》(严可均辑)，第3205页，北京，中华书局，1958。
⑤ 僧祐：《出三藏记集》卷一一《略成实论记》，《大正藏》第55卷，第78页上。

永明十年(492),萧子良请释僧祐三吴(吴兴、吴郡、会稽)讲律,试简五众,更申受戒之法。僧祐,本姓俞,彭城下邳人,先后师事僧范、法达、法颖,精通律部。入梁后,深为梁武帝萧衍器重。年老有脚疾,梁武帝特许其乘车进入内殿,为六宫受戒。梁代崇其戒范,尽师资之敬者很多,如开善寺的智藏、法音寺的慧廓,以及梁临川王萧宏、南平王萧伟、陈郡袁昂、永康定公主、贵嫔丁氏等,均在其列,白黑门徒一万一千余人。僧祐于天监十七年(518)五月二十六日卒于建初寺,时年七十四。所著《三藏记》、《法苑记》、《世界记》、《释迦谱》及《弘明集》等,皆行于世。

另还有一些年代不详的法会,如《出三藏记集》卷一二有萧子良的《西州法云小庄严普弘寺讲并述羊常弘广斋》共卷、《抄成实论述并上定林讲》共卷、《会稽荆雍江郢讲记》一卷、《布萨并天保讲》一卷,是其组织宣讲的记录。

萧子良受菩萨戒,自号"净住子"。所谓净住,就是"布萨"之意。佛教的布萨,指出家僧众每月两次聚集告白罪行忏悔,或在家信众守持八戒,邀集僧众供养饮食,开说佛法;而"子"是佛子之意。"净住子"就是守持戒律、清净三业的佛子,可知萧子良以佛法传人自况。萧子良还自开讲席,注释经论,抄写佛经。其所著梁时集录十六帙,共一百十六卷。永明八年(490),其著《净住子净行法门》二十卷,这是其佛学思想的代表作。全书会通儒释,议论佛理,多征引儒书,目的在于弘扬佛法。萧子良提出"内外之教,其本均同",即儒学与佛教虽有内、外名称之别,但在重视心性修养,教化民众之功用方面,全无二致。永明年间,萧子良组织朝臣众僧对范缜的《神灭论》进行驳斥,在无法令范缜理屈后,又使王融传话,"神灭既自非理,而卿坚持之,恐伤名教",这亦表明萧子良看重佛教的教化功能。

作为在家布萨仪的经典,《净住子净行法门》着重涉及了佛教的忏悔。如提出学佛首先要立信,在心中树立佛道是最上胜者,要将立信与自觉持戒、成就智慧相联系。因为立信守戒是"入圣之初门,出俗之正路"。只有发心立信,才能自觉持戒,否则心志浮虚,无法守戒。又提出修行之要,在自克责、自校检。主张"克责心口,是入正之路;检察身行,是解脱之踪"。具体落实到日常修行,则要求树立恭敬心,保持外形的端正清洁,谨慎言语,小心行为,且时刻自我反省。再者还表示"在家者罪重,出家者罪轻"。认为出家人辞亲割爱,舍弃荣华富贵,断绝六情,守戒无为,潜心修炼自我,忍常人所不能忍,是大功德,因此,佛、法、僧"三宝"都值得世人敬重。相比之下,未出家者为女色及其他所缚,故提倡积极修行,以获解脱。后世在佛教忏法上占有重要地位的《梁皇忏》,就是摘取此书的要目而成,因此,《净住子净行法门》在佛教忏法上的意义是不言而喻的。

随着佛教在中土的传播和发展,用以赞叹佛德的赞呗引起了士人的极大兴趣。华梵发音上存在的"梵音重复,汉语单奇。若用梵音以咏汉语,则声繁而偈迫;若用汉曲以咏梵文,则韵短而辞长"[1]的不同,激励着信徒将之变成汉语转读。而经过加工后的唱诵,在经师的发挥下,颇具艺术感染效果。据说能令鸟儿忘记飞翔,马儿停止奔跑,更不用说人听了之后心情之鼓舞感动。

萧子良热衷佛教赞呗,永明五年(487)移居鸡笼山西邸时,曾组织名僧,造经呗新声;永明七年(489)二月二十日,他又召集京师善声沙门龙光普知、新安道典、多宝慧忍、天保超胜及僧辩等集第作声,斟酌旧声,诠品新异,制《瑞应四十二契》。为了不使美妙的音声失传,萧子良还令释慧微、释僧业、释僧向、释超明、释僧期、释道猷、释慧旭、释法昙、释慧满、释僧胤、释慧象、释法慈等四十余人,就多宝寺慧忍受学。今《出三藏记集》卷一二有萧子良《赞梵呗偈文》一卷、《赞呗序》一卷、《转读法并释滞》一卷的记录。在萧子良等的支持下,宋、齐年间已存声三百多,惜其后多散落遗失。

---

[1] 慧皎:《高僧传》卷一三《兴福篇·论》,《大正藏》第50卷,第415页上。

萧子良还延请在东山讲《摩诃僧祇律》的释慧祐来都城,入居闲心寺。当时有名的律师释智称,也在萧子良邀请之列。智称,本姓裴,河东闻喜人,专精律部,大明《十诵》,又诵《小品》一部。萧子良尝请于普弘寺讲律,到场的僧众数百,皆执卷承旨。智称永元二年(500)卒,时年七十二。所著《十诵义记》八卷,盛行于世。僧祐对其评价极高,认为他是"七众之宗师,两代之元匠"。多宝寺的律师释法颖,萧子良也与其多有往来。而持戒精严的禅林寺净秀尼和僧念尼,也受到萧子良的礼遇。由于对戒律的重视,萧子良还制定僧制。《出三藏记集》卷一二记有其《僧制》一卷、《清信士女法制》三卷、《与僚佐书并教诫左右》一卷、《教宜约受戒人》一卷、《示诸朝贵法制启》二卷、《守戒并弘法式》一卷等。

作为不同于晋、宋名士的新一代注重修道实践的佛教信徒,萧子良多次举办斋会,史载其"敬信尤笃,数于邸园营斋戒,大集朝臣众僧,至于赋食行水,或躬亲其事,世颇以为失宰相体"①。在《出三藏记集》卷一二《齐太宰竟陵文宣王法集录》中有其《述羊常弘广斋》、《华严斋记》、《述放生东宫斋》、《八日禅林寺斋并颂》、《华龙会并道林斋》的记录。萧子良还供养佛牙,进行造像、斋僧、礼佛、舍身等实践活动。今其法集录中有《佛牙记》一卷、《佛牙并齐文宣王造七宝台金藏记》、《宝塔颂并石像记》一卷、《僧得施三业施食法》共卷、《竟陵文宣王福德舍记》、《竟陵文宣王造铁磐布施记》、《竟陵文宣王僧得施文》、《竟陵文宣王三业施文》、《竟陵文宣王施食供养书》、《礼佛文》二卷、《舍身记》一卷等,记录了他所参与的修道实践。

萧子良有着强烈的慈悲意识。他为官期间,深悯民瘼,多行救济。建元二年(480),开私仓赈济属县贫民;永明九年(491),京邑大水,他又开仓赈救贫病不能立者,于第北立廨收养,给衣服及药品。虽然萧子良此举不排除为自家社稷考虑之因素,但他作为皇室贵胄,能以民为重,确

---

① 《南齐书》卷四〇《竟陵文宣王子良传》,第700页。

实值得肯定。

萧子良主张戒"杀"。佛教"五戒"之中，首重"杀"戒。萧子良认为动物和人一样，都是爱惜自己的生命的。针对齐武帝好射雉，萧子良屡次上谏，指出乱杀无辜，伤仁害福，菩萨不杀，寿命得长；让周围万物都安乐，自然就无可恐怖，不触怒众生，自身就没有烦恼。虽然齐武帝不尽采纳，但因此也稍有收敛。孔稚珪负责修律，萧子良亦下意多使从轻。萧子良强烈的"戒杀"观念与其来自武将之家，自小在战乱中长大，有过命悬一线的惊险历程，以及成年后目睹社会丑恶有着极大关系；在无休止的皇室纷争中，萧赜误杀儿子萧子响，萧长懋谋害萧嶷等悲剧，均给萧子良留下了深刻印象。特别是其后他卷入政治纷争，位居高职，遭人主猜忌，徒增忧惧。所以，他的重生戒杀观念，是他对社会残酷现实的反省和批判，在当时具有积极的伦理意义。

萧子良提倡斋戒，主张蔬食。他认为养生虽离不开衣食，然所需缯纩皮革，无不损生残命，且贪婪者徒害万物性命，与畜兽无异。时精信佛法的何胤沉迷于滋味享受，食必方丈，不乏活物。其门生钟岏提出车螯蚶蛎这类无知觉者，宜长充庖厨，永为口实，萧子良闻后大怒。今《出三藏记集》卷一二有《与何祭酒书赞去滋味》一卷的记录，当与此事有关。

萧子良不排斥道教，但积极劝说道教徒信佛。史载其让道士孟景翼礼佛，送《十地经》与之；又与书"积世门业，依奉李老"的孔稚珪，劝其学习佛理，得其认为"两者通源"的答书后甚是高兴。这一时期佛、道，或者儒、佛、道还存在斗争，在斗争中交流融合，三者"理本归一"、各有妙用的思想意识，在贵族士大夫中具有普遍性，至唐宋时期，终于形成"统合三教"的思想潮流。

萧子良的儿子萧昭胄对佛教也相当虔诚。他礼接庄严寺释僧旻，尝请僧旻赴会惜别宴，因其不来而下令取消；又供养招明寺法宣尼。他有《法集》，僧祐为之作序。此法集记录了萧昭业所写的与佛教有关的诗文、赞文、赋、颂等，并记录了他注过罗什的《百论》，抄写过《法华经》、《维摩经》《无量寿经》《金刚般若经》《请观世音经》《八吉祥经》《般若神咒》等佛典。

三、梁代诸帝与佛教

梁代自502年至557年,历六帝、56年。这是南朝佛教发展到鼎盛的历史时期。开国皇帝梁武帝萧衍在位52年,自称"皇帝菩萨",大力弘扬佛法,不仅亲自讲经、自制佛经讲疏,而且敕令众多僧人讲经,编撰佛典。继承其位的儿子,如简文帝萧纲、梁元帝萧绎亦崇佛,故这一时期的佛教发展极为兴盛。

1. 武帝萧衍与佛教

东昏侯的暴行激起众怒,梁王萧衍率义军攻破建康,杀掉东昏侯,立明帝第八子萧宝融为帝,史称"齐和帝",改元中兴元年(501)。年幼的和帝是权臣萧衍的傀儡,不久,即以禅让方式让位给了萧衍。由于沈约的进言,年仅15岁的和帝被杀害,南齐政权为萧梁政权所取代。萧衍建国号为"梁",改元天监元年(502),成为梁代开国皇帝,史称"梁武帝"。

南朝佛教的兴盛期在梁代,而此一时期的佛教多与梁武帝萧衍有关系。在其统治的50年间,政治较为安定,文化各方面都得到了一定的发展。特别是佛教,在萧衍的积极扶持下,更是获得迅猛发展。据《辨正论》卷三记载:齐代佛教寺院2 015所,僧尼32 500人,而梁代佛教寺院2 846所,僧尼82 700余人。两相比较,佛教寺院增加了800余所,僧尼增加了50 000余人。这与梁武帝"溺于释氏"分不开。汤用彤先生指出,南朝佛法之隆盛,约有三时。一在元嘉之世,以谢康乐为其中巨子,谢固文士而兼擅玄趣;一在南齐竟陵王当国之时,而萧子良亦并奖励三玄之学;一在梁武帝之世,而梁武亦名士笃于事佛者[①]。

---

① 汤用彤:《汉魏两晋南北朝佛教史》,第292页。

关于梁武帝的佛教信仰,以及他所从事的佛教活动,后面有专门章节阐述,兹不赘及。

2. 简文帝萧纲与佛教

梁武帝统治的末年,遭遇"侯景之乱"。台城被叛军长期围困,外援不至,城内军民死伤惨重,缺粮少食,遂成孤城。太清三年(549),台城陷落,被困在城内的梁武帝仍不废斋戒,口苦索蜜不得,忧愤崩于净居殿,时年八十六,可谓以身殉教。其第三子萧纲继承皇位,改元大宝元年(550)。这位由侯景拥立的傀儡皇帝,在位一年多就被杀害。

萧纲,字世赞,小字六通,昭明太子母弟。天监二年(503)十月生于显阳殿,五年(506)封晋安王。幼而聪睿,6岁能属文。及长,读书十行俱下,辞藻艳发,博综群言,善谈玄理。累迁都督、雍州刺史。中大通三年(531)四月,昭明太子薨,萧纲被立为皇太子。

受其父梁武帝崇佛的深刻影响,萧纲与佛教多有因缘。据传他出生日,梁武帝曾遣使问神僧宝誌,宝誌合掌说:"皇子诞育幸甚,然冤家亦生。"后推寻历数,与侯景同年同月同日生。这显然是宣扬佛教的因果报应。宝誌善为谶语,齐武帝以其惑众,将之投入大狱。然萧衍立国后,对其甚是恭敬,不仅礼接,而且下诏允许他随意出入宫廷。两位帝王对宝誌截然不同的态度,间接地表明了他们对佛教的态度。

萧纲有文才,弘纳文学之士,赏接无倦。雅好赋诗,自序"七岁有诗癖,长而不倦"。然其文伤于轻靡,时号"宫体"。其著述涉猎广泛,有《昭明太子传》五卷、《诸王传》三十卷、《春秋发题》一卷、《春秋左氏传例苑》十八卷、《礼大义》二十卷、《老子私记》十卷、《庄子讲疏》二十卷、《长春义记》一百卷、《法宝连璧》三百卷、《谢客文泾渭》三卷、《玉简》五十卷、《光明符》十二卷、《易林》十七卷、《灶经》二卷、《龟经》十四卷、《沐浴经》三卷、《马槊谱》一卷、《棊品》五卷、《弹棋谱》一卷、新增《白泽图》五卷、《如意方》十卷、《文集》一百卷,并行于世。

其中，成书于中大通六年(534)的《法宝联璧》是一部大型的佛教类书，是萧纲为皇太子时，自阅佛经，指定科域，命诸学士编撰，又名《法宝集》。《广弘明集》卷二〇收录梁元帝萧绎所撰《梁简文帝法宝联璧序》，其中云"无不酌其菁华，撮其指要，采彼玳鳞，拾兹翠羽，……皆仰禀神规，躬承睿旨，爰锡嘉名，谓之联璧，联含珠而可拟，璧与日而方升。以今岁次摄提星在监德，百法明门于兹总备，千金不利，独高斯典，合二百二十卷，号曰《法宝联璧》。"①可知这部著述原是二百二十卷，其取名有从佛典中撷取精华，以辉煌佛光之意。

《梁简文帝法宝联璧序》为我们提供了这些编撰者的姓名，分别是南兰陵湘东王萧绎，以及萧子显、萧子范、萧瑱、萧几、萧子开、萧滂、萧清、萧恺；南琅玡王循、王规、王稚、王许、王训、王籍；彭城刘溉、刘孺、刘遵、刘孝仪、刘蕴、刘孝威；河南的褚球、褚沄；陈郡谢侨、谢禧、袁君正、谢嘏、殷劝；东海徐喈、徐摛；吴郡陆襄、陆罩、张孝总；还有沛国刘显、京兆韦棱、范阳张绾、南郡庾肩吾、颍川庾仲容等，共38位②。

萧纲对佛理很有研究。《广弘明集》卷二一记载，他为晋安王时，昭明太子召集众僧如南涧寺慧超、招提寺慧琰、栖玄寺昙宗、灵根寺僧迁、中兴寺僧怀、宋熙寺慧令、兴皇寺法宣、光宅寺法云、灵根寺慧令、湘宫寺慧兴、庄严寺僧旻、宣武寺法宠、建业寺僧愍、光宅寺敬脱等讲"二谛义"，时萧纲与王规、罗平侯萧正立、衡山侯萧恭、始兴王第四男萧映、吴平王世子萧励、始兴王第五男萧晔、程乡侯萧祗等参与其中，与各位高僧反复辩难。

梁代芳林苑、玄圃园内讲席甚盛。在《答广信侯书》中，萧纲向始兴忠武王萧憺之子萧暎，述说了以往开善寺听讲《涅槃经》，游历山水，流连忘返的欢愉。在《与广信侯书》中，萧纲又述说了昔日参加华林讲席，终

---

① 道宣：《广弘明集》卷二〇《法义篇·梁简文帝法宝联璧序》，《大正藏》第52卷，第243页中。
② 同上书，第243页中、下—244页上。

朝竟夜,沐浴妙言,席罢携手登临,切磋经文,谈笑风生的愉悦。根据萧暎的答复:"殿下曳鸟宝云,或从容而问道,施裾博望,乍折角而解赜。于时谬齿末筵,预闻清论,亲奉话言,数陪颜色。至于今者讲席,殿下限同分陕,谬颁天奖,犹及下官。谁不钦仁,宁无恋德,倾心东注,恒以系仰为先。"①可知晋安王萧纲是其中主角。萧纲善谈玄理,"文翰纷纶,终朝不息,清论玄谈,夜分乃寐"②,可知其所讲论的内容亦不脱玄学宗旨。

普通四年(523),晋安王萧纲徙为使持节、都督雍、梁、南、北秦四州,郢州之竟陵,司州之随郡诸军事、平西将军、宁蛮校尉、雍州刺史。时释法聪在襄阳伞盖山白马泉旁筑室为宅,萧纲承风前来拜问。法聪会法术,萧纲请其消除境内虎患,并施舍供养。又上表奏闻,梁武帝下敕为之造禅居寺,又敕徐摛就聪所住处造灵泉寺。

另据《弘赞法华传》卷六记载,萧纲与释智登关系友好。此僧住匡山大林道场,诵《法华经》,晓夜不息三年,而后有灵验。远近称传,求受归戒者无数。晋安王萧纲普通七年(526)从雍州下还都时,累信启请,对其申弟子之礼。

萧纲写下了大量与佛教相关的诗、文、表、颂类作品,《广弘明集》卷一五、卷二〇、卷二八、卷三〇有收录。如《上菩提树颂启》、《菩提树颂并序》、《梁简文唱导佛德文》(十首)、《梁简文谢佛事启》(十首)、《上大法颂表》、《大法颂并序》、《上皇太子玄圃讲颂启》、《玄圃园讲颂并序》、《庄严旻法师成实论义疏序》、《成实论序》、《八关斋制序》、《为人做造寺疏》、《谢敕赍纳袈裟启》(三首)、《请为诸寺檀越疏》、《答湘东王书》、《与琰法师书》(二首)、《谢敕为建涅槃忏启》、《六根忏文》、《悔高慢文》、《望同泰寺浮图诗》、《咏五阴识支》、《蒙华林园戒诗》、《预忏直疏诗》、《出兴业寺讲诗》、《正月八日燃灯诗》、《游光宅寺诗》、《被幽述志诗》等。在这些作品中,他赞美了梁代佛法大兴的盛况,阐述了自己学佛的心得体会,表达

---

①② 道宣:《广弘明集》卷二一《法义篇·与广信侯书》,《大正藏》第52卷,第252页中。

了对佛、法、僧"三宝"的真诚归依。

萧纲的忏悔意识值得一提，他的《六根忏文》从眼根、耳根、鼻根、舌根、身根、意根入手，忏悔六根业障，冀望成就清净。他的《悔高慢文》，表示愿起弘誓，从今日始乃至菩提，于诸出家悉表虔敬，方欲削除七慢，折制六根。这种强烈的忏悔意识，是从佛教教理的角度加以阐释和理解的，与沈约的《忏悔文》中自觉悔己之过的立场尚有区别。

萧纲初即位，欲制年号曰"文明"，以外制强臣，取《周易》"内文明而外柔顺"之意。恐侯景察觉，乃改为"大宝"。即便时事艰难，萧纲仍然引诸儒论道说义，披寻坟史，未尝暂释。他在大宝元年下诏度人出家，亲制愿文，题为《四月八日度人出家愿文》，见载于《广弘明集》卷二八。文中自称"弟子"，云"愿一切六道四生，常离爱欲，永拔无明根，削遣暗惑，心修习波若慧，……戒因清白，后报尊重，所有果业皆悉胜出，受持法藏为佛真子"①。刚经历了父丧以及亡国之痛的萧纲，在这篇愿文中表现出了对佛教显而易见的虔诚。

萧纲被侯景幽系于永福省的太清五年（551）八月，尝作《被幽述志诗》，云"恍忽烟霞散，飕飗松柏阴。幽山白杨古，野路黄尘深。终无千月命，安用九丹金。阙里常芜没，苍天空照心。"言语之无奈，心情之茫然，跃于纸上！他还有《连珠》三首、诗四篇、绝句五篇，文并凄怆。不久，这位奉佛皇帝就被侯景派人杀害，他临死之前自序："有梁正士兰陵萧世赞，立身行道，终始若一，风雨如晦，鸡鸣不已。弗欺暗室，岂况三光？数至于此，命也如何！"②自叹天运不济，有此悲惨下场。

3. 元帝萧绎与佛教

建康京城被侯景围困，梁武帝诸子不仅未能联合起来解救父王，相

---

① 道宣：《广弘明集》卷二八《启福篇·四月八日出家度人愿文》，《大正藏》第52卷，第324页中－下。
② 《南史》卷八《梁本纪下》，第234页。

反却在外围展开厮杀,争权夺利。萧纲在建康即位,改元大宝元年(550),萧绎认为其受制于侯景,拒绝承认这个皇帝哥哥。他在江陵征兵湘州刺史河东王萧誉,萧誉拒命,萧绎借此遣兵讨伐,攻克湘州,斩誉。雍州刺史岳阳王萧詧趁混乱,举兵进攻江陵,因其军中出了叛将,遂遁走,自称"梁王",蕃于西魏。萧绎在江陵苦苦支撑梁朝的局面,他传檄四方,悬赏能捉拿侯景者,封万户开国公,绢布五万匹。并欲与西魏结盟,以其子为人质,魏人还其子,与之结为兄弟。

太清六年(552)三月,王僧辩带兵平侯景,传首江陵。四月,与萧绎争夺皇位的益州刺史太尉武陵王萧纪在蜀称帝,年号天正,并假借讨伐侯景的名义率军东下,欲抢先占领建康。西魏的尉迟迥抓住机会,乘势攻下成都。十月,简文帝被害,萧绎在江陵被众臣奉表劝进,于十一月继位,改元承圣元年(552)。

萧绎字世诚,小字七符,武帝第七子,史称"元帝"。元帝在位期间,国内叛乱不断,他的皇位是在动乱中度过的。萧绎好学,博及群书。为荆州刺史,起州学宣尼庙。尝置儒林参军一人,劝学从事二人,生三十人,加廪饩。萧绎工书善画,自图宣尼像,为之赞而书之,时人谓之"三绝"。他与裴子野、刘显、萧子云、张缵及当时才秀为布衣之交,常自比诸葛亮、桓温。其性好矫饰,多猜忌,微有胜己者,必加毁害。尝妒刘之遴,使人鸩之。如此者甚众,虽骨肉亦遍被其祸。

萧绎性爱书籍,因患目疾,多不自执卷,令左右读书给他听。即使睡下了,那些读书的人仍然不得停下来。如果读书人有读失次第,或偷卷度纸,萧绎必然惊觉,令其追读,并加以捶楚。虽处战乱,萧绎仍在承圣三年(554)秋九月于龙光殿述《老子》义,并于同年十一月西魏兵至栅下时,犹赋诗无废。他自称"我韬于文士,愧于武夫",论者以为得言。这种对学术、文艺的爱好,是承袭南朝贵族文人之风而来。萧绎著述不少,如《孝德传》、《忠臣传》各三十卷,《丹阳尹传》十卷,注《汉书》一百十五卷,《周易讲疏》十卷,《内典博要》一百卷,《连山》三十卷,《词林》三卷,《玉韬》《金楼子》《补阙子》各十卷,《老子讲疏》四卷,《怀旧传》二卷,《古今全德志》《荆南地记》《贡职图》《古今同姓名录》各一卷,《筮经》十二卷,《式赞》三卷,《文集》五十卷。

其中,《内典博要》实际上是湘东王记室虞孝敬所撰。关于此书卷数,《出三藏记集》《大唐内典录》记为三十卷,《法苑珠林》记为四十卷。据《续高僧传》卷一记载,此书"该罗经论,条贯释门,诸有要事备皆收录,颇同皇览类苑之流"①,可知为大型佛教类书。

萧绎与佛教有关的著作,还有如前所述《法宝联璧序》,以及《内典碑铭集序》。在《内典碑铭集序》中,他自云:"余幼好雕虫,长而弥笃,游心释典,寓目词林。顷尝搜聚,有怀著述,譬诸法海,无让波澜,亦等须弥,归同一色,故不择高卑,惟能是与,傥未详悉,随而足之,名为《内典碑铭集林》,合三十卷。"②表白了自己出于对文学的爱好,热衷阅读佛教典籍,同时希望将有代表性的碑铭撰集成册,流芳百世的愿望。

萧绎为多名高僧制有碑铭。僧旻普通八年(527)二月一日卒,时为湘东王的萧绎与皇太子萧纲并制碑铭;智藏普通三年(522)九月十日卒,湘东王萧绎亦为之制碑铭;慧超普通七年(526)五月十六日卒,湘东王萧绎与陈郡谢几卿并制碑铭;僧副普通五年(524)卒于开善寺,湘东王萧绎受令撰制碑文。

萧绎批评现世文章存在的诸多弊病,认为"夫世代亟改,论文之理非一;时事推移,属词之体或异。但繁则伤弱,率则恨省,存华则失体,从实则无味。或引事虽博,其意犹同,或新意虽奇,无所倚约,或首尾伦帖,事似牵课,或前后博涉,体制不工"。提出文章要成为"菁华",须"能使艳而不华,质而不野,博而不繁,省而不率,文而有质,约而能润,事随意转,理逐言深"③。故研究梁代文坛,不可忽视萧绎的文学才能。

---

① 道宣:《续高僧传》卷一《译经篇·僧伽婆罗传》,《大正藏》第50卷,第426页中。
② 道宣:《广弘明集》卷二〇《法义篇·内典碑铭集序》,《大正藏》第52卷,第245页上。
③ 道宣:《广弘明集》卷二〇《法义篇·内典碑铭集序》,《大正藏》第52卷,第245页上。

在《与刘智藏书》里,萧绎说自己久厌尘世,心怀人外之想,加上服膺释氏,故欲与山水松泉为伴,然限于公务,无由达成,徒然太息怀想①,表达出对山居禅悦生活的向往之情。

萧绎赞同蔬食持戒。在《与萧谘议等书》中,他说:"困于酒食,未若过中不餐;螺蚝登俎,岂及春蔬为净。欲吾子三日洁斋,自寅至戌一中而已。自有米如玉锐,盐类虎形,云梦之芹,辽东之藻,十斤之梨,千树之橘,青笋紫姜,固栗霜枣,适口充肠,无索不获。"②

大同十年(544),萧绎迎请有瑞相的佛像至江陵,祈福放光,12年还返发像至寺,放光三日乃止。

萧绎交接僧人法聪、惠成等。太清元年(547),湘东王萧绎迁为镇西将军、都督、荆州刺史,为释法聪于江陵造天宫寺,迎以处之,法聪后遂终此寺。释惠成,湘东王萧绎承风迎请,为建禅众。另《续高僧传》卷七载有阙名法师,俗姓宗氏,南郡人,世袭衣冠,事梁,为元帝深见礼待。释道穆,居荆州神山三十余载,声名远播,湘东王萧绎钦德经过,于挂锡之所建台一区,立碑叙胤,简文为颂,立碑在于山顶。

值得注意的是居士陆法和。他会道术,非常时期梁元帝以其为都督、郢州刺史,封江乘县公,带兵作战。法和不称臣,其启文朱印名上自称"居士",后称司徒。梁元帝以法和功业稍重,遂于承圣三年(554)加司徒,都督、刺史如故。陆法和部曲数千人,通呼为"弟子",唯以道术为化,不以法狱加人。法和雄辩无敌,善为攻战。他自称是求佛之人,不希释梵天王坐处,只皈依空王佛所。后梁元帝败灭,陆法和入北齐。

承圣三年(554)冬十月,归顺西魏的萧詧与西魏军会合,攻打江陵。

---

① 道宣:《广弘明集》卷二八《启福篇·与刘智藏书》,《大正藏》第52卷,第326页中。
② 道宣:《广弘明集》卷二七《诫功篇·与萧谘议等书》,《大正藏》第52卷,第304页中、下。

江陵失陷,元帝被杀。临死前求酒饮之,制诗四绝:其一曰"南风且绝唱,西陵最可悲,今日还蒿里,终非封禅时。"其二曰:"人世逢百六,天道异贞恒,何言异蝼蚁,一旦损鹍鹏。"其三曰:"松风侵晓哀,霜雰当使来,寂寥千载后,谁畏轩辕台。"其四曰:"夜长无岁月,安知秋与春?原陵五树杏,空得动耕人。"①愍怀太子萧元良及始安王萧方略等,皆见害。

元帝后继位的是萧绎第九子方智,字慧相,小字法真,史称"梁敬帝"。承圣三年江陵陷落,时为江州刺史的萧方智被太尉扬州刺史王僧辩、司空南徐州刺史陈霸先等逢迎还京,主持大事,改元绍泰元年(555)。其时,梁朝已是名存实亡,掌握实权的大将陈霸先接受禅让,趁机夺取了梁代的江山。

4. 昭明太子与佛教

昭明太子萧统(501—522),字德施,小字维摩,萧衍长子。天监元年(502)十一月,立为皇太子。其生而聪睿,年幼参与狱官审案,有加刑罚者多宽纵,天下皆称赞其仁厚。善为文,引纳才学之士,赏爱无倦,恒自讨论坟籍,或与学士商榷古今,继以文章著述,率以为常。于时东宫有书近三万卷,名才并集,文学之盛,晋、宋以来未之有。又性爱山水,与朝士名素者游其中。出宫二十余年,不蓄音声。

其母丁贵嫔受戒奉佛,通佛理,尤精《维摩诘经》。梁武帝所立经义,皆得其指归。且摒绝滋腴,长进蔬膳,所受供赐,悉以充法事。普通七年(526)十一月,丁贵嫔有疾,昭明太子悉心侍奉,及母亡,步行还宫;至殡,水浆不入口,每哭则恸绝。武帝数次使人传旨,勿灭性自毁,萧统乃强自进食,日止麦粥一升,不尝菜果之味,性至孝。

昭明太子崇信"三宝",对佛教义理特有兴趣。他遍览众经,又于宫内别立慧义殿,专为法集之所,招引名僧,谈论不绝。据《广弘明集》卷二一昭明太子《解二谛义令旨并问答》、《解法身义令旨并问答》记载,时光

---

① 《南史》卷八《梁本纪下》,第245页。

宅寺释法云上表请昭明太子开讲,昭明太子自称"弟子",应邀就"二谛义"和"法身义"与诸多高僧往复回答。就"二谛义"而言,萧统认为,"二谛"一指真谛,二指俗谛。真谛亦名第一义谛,俗谛亦名世谛;真谛、俗谛以定体立名,第一义谛、世谛以褒贬立目。若以次第言说,应云一真谛、二俗谛。一与二合,数则为三。真既不因俗而有,俗亦不由真而生,正可得言一真一俗。真者是实义,俗者即是集义。第一义者,就无生境中别立美名,言此法最胜最妙无能及者,世者以隔别为义,生灭流动无有住相。二谛立名差别不同,真俗世等以一义说,第一义谛以二义说,正言此理德既第一,义亦第一。世既浮伪更无有义,所以但立世名,谛者以审实为义,真谛审实是真,俗谛审实是俗。真谛离有离无,俗谛即有即无。即有即无,斯是假名,离有离无,此为"中道"。真是中道,以不生为体,俗既假名,以生法为体。总之,真谛以明非有,俗谛以明非无;真俗不二,即是圣谛第一义。

就"法身义"而言,萧统认为法身虚寂,远离有无之境,独脱因果之外,不可以智知,不可以识识,当然也不是论辩所能把握的,但是为了显理,还得言说,因此有"法身"之谓。法者,轨则为旨;身者,有体之义,轨则之体故曰"法身"。就其体而言,法身是常住身,是金刚身;但从性而言,所谓常住,本是寄名,名称金刚,本是譬说。虽谈实体,性同无生。因此《涅槃经》说,如来之身非身,是身无量无边,无有足迹,无知无形,毕竟清净。因此,所谓"法身"是妙有,而非真有,离无离有。从以上观点可知,萧统对"二谛"、"法身"确实有着深刻见解,无怪乎史书赞其"自立二谛、法身义,并有新意"[①]。

中大通五年(533),傅大士使弟子致书梁武帝,即来游,昭明太子请其论义,于是傅大士与梁武帝等就佛理进行了辩难。傅大士法号善慧,是位对佛教义理很有见解的居士。在他给梁武帝的书信中,提出善有上

[①]《梁书》卷八《昭明太子传》,第166页。

善、中善、下善三种。上善以虚怀为本，不著为宗，无相为因，涅槃为果；中善以治身为本，治国为宗，天上人间，果报安乐；下善指护养众生，胜残去杀，普令百姓，皆禀六斋。他在佛教史上是个具有传奇色彩的人物。

萧统心存慈善，颇能体恤民情。普通中，大军北侵，都下米贵。太子因命菲衣减膳。每霖雨积雪，则遣左右周行间巷，视贫困家及有流离道路者，以米秘密赈赐，每人十石。又出主衣绵帛，年常多作襦袴，各三千领，冬月以施寒者，且不令人知。遇到那些死亡无以殓者，则为他们准备棺木。萧统听说远近百姓赋役勤苦，辄敛容变色。中大通二年(530)春，武帝诏发吴郡、吴兴、义兴三郡人丁就役，开漕沟渠以泻浙江。太子以吴兴被水，请权停此役，武帝优诏报之。

萧统与佛教有关的诗有《梁昭明太子开善寺法会》，以"兹地信闲寂，清旷唯道场。玉树琉璃水，羽帐欝金床。紫柱珊瑚地，神幢明月珰。牵萝下石磴，攀桂陟松梁。涧斜日欲隐，烟生楼半藏"①，描述了开善寺作为道场的开阔和清净。在《昭明太子讲席将讫赋三十韵依次用》中，萧统用一系列的佛教术语，表达了自己体悟佛理、真诚归依的信念。他还有《钟山解讲诗》，今存陆倕、萧子显、刘孝绰、刘孝仪的奉和之作。能文的萧统还著有《文集》20卷，又撰古今典诰文言为《正序》10卷，五言诗之善者为《文章英华》20卷，以及《文选》30卷。

这位信佛又有才华的昭明太子最终未能继承大统。他卒于普通三年(522)四月，时年三十一。其死与"蜡鹅事件"有关②，牵涉道士教其压祷道术，以此为梁武帝所疑，又无从表白，加之落水受惊吓，遂惭愧而卒。

5. 梁代诸王与佛教

梁代宗室中，高祖五王如临川王萧宏、南平王萧伟、鄱阳王萧恢、始兴王萧憺，以及长沙王萧业及其弟子萧韶、衡阳王萧元简、桂阳王萧象、

---

① 道宣：《广弘明集》卷三〇《统归篇·梁昭明太子开善寺法会》，《大正藏》第52卷，第353页上。
② 参见林大志、卢盛江《"蜡鹅事件"真伪与昭明太子后期处境》，《文学遗产》2004年第6期，第117—119页。

太宗之子建平王萧大球、武陵王萧纪等,均信佛。

临川王萧宏,梁太祖第六子。齐宣武之难,其兄弟皆被杀,萧宏被道人释惠思藏匿,得免。萧宏与南平王萧伟、陈郡袁昂、永康定公主、丁贵嫔等,尊崇释僧祐,对其事以师礼。僧祐是法颖弟子,精通律部,且性有巧思,光宅摄山大像、剡县石像,均经其规划。僧祐深得梁武帝赏识,凡僧事硕疑皆敕就审决;年衰脚疾,敕听乘舆入内殿,为六宫受戒,见重如此。萧宏还对正观寺扶南沙门僧伽婆罗接遇隆重。僧伽婆罗是求那跋陀罗弟子,梁天监年间被召,专事翻译。其不蓄私财,所施用以成立住寺。天监年间梁武帝下敕众臣议论神灭与否问题,萧宏与建安王萧伟、长沙王萧业俱有答书。

南平王萧伟,梁太祖第八子,天监元年封建安王。少好学,晚年崇信佛理,尤精玄学,著《二旨义》,别为新通。又制《性情》、《几神》等论,释僧宠及周舍、殷钧、陆倕并名精解,而不能屈。梁天监年间,释僧护镌造十丈石佛事受阻,梦中三道人告其可向时在病中的建安王萧伟求助。萧伟启禀梁武帝,武帝敕遣僧祐律师专任像事。天监十五年(516)佛像成,坐躯高五丈,立形十丈,龛前架三层台;又造门阁殿堂,并立众基业,以充供养。自像成后,建安王的身体也得到康复。萧伟以释僧祐为师,有《神不灭》的答书。

鄱阳王萧恢,梁太祖第九子。幼聪颖,及长,博涉史籍。有孝性,初镇蜀,其母费太妃在京城有疾,萧恢梦中所感,为之忧遑而废寝食。萧恢曾患目疾,请道人慧龙疗眼,空中忽见圣僧,及慧龙下针,豁然开朗,咸谓精诚所致。他还对释道仙躬礼受法。

始兴王萧憺,梁太祖第十一子。他也对释道仙敬以师礼。天监十四年(515),萧憺都督荆、湘、雍、宁、南梁、南、北秦七州诸军事,为镇右将军、荆州刺史,同母兄安成王萧秀薨,他前去奔丧,第二年携释明达还荆州。萧憺为官颇能体恤民情,封郡王后励精图治,广辟屯田,减省力役,存问兵死之家,供其穷困,深得民心。天监六年(507),州大水,江溢堤坏,萧憺亲率府将吏,冒雨修筑,并组织人员,救助被困灾民,遭水死者给棺槥,失田者与粮种。天监七年(508),萧憺因母丧还朝,百姓为之歌曰:"始兴王,民之爹。赴人急,如水火。何时复来哺乳我?"①表达了对他的难舍之情。另萧憺第四男萧暎与第五男萧晔均有《谘二谛义旨》,载《广弘明集》卷二一。

长沙王萧业,高祖长兄萧懿之子。幼聪敏,性敦笃,深信因果,笃诚佛法,梁武帝每嘉叹之。其弟萧猷之子萧韶镇郢,为刺史,对释洪偃闻风叙造。洪偃本姓谢,会稽山阴人,其貌、义、诗、书,号为"四绝",为世人所推。

衡阳王萧元简,高祖第四弟萧畅之子。天监三年(504),萧元简迁会稽太守,到郡对法宣尼深表敬慕,请为母师。又召请释昙斐讲说。

桂阳王萧象,长沙宣武王第九子,对释慧澄闻风钦悦,延请入第,顶礼归依。后出镇南岳,又请其与之同行。

建平王萧大球,因受祖父梁武帝归心释教的影响,7岁六时礼佛便也云:"凡有众生应获苦报,悉大球代受。"②可知,诸王幼时已受宫内佛教之影响。

武陵王萧纪与僧人宝海交接,对其敬爱无已。宝海居蜀谢镇寺。萧纪每就海宿,清谈玄理,乃忘昼夜。天亮日影初出,萧纪说:"日晖粉壁,状似城中。风动刹铃,方知寺里。"有车盖迎接萧纪,其马嘶鸣,宝海说:"遥看盖动,喜遇陈思。忽听马鸣,庆逢龙树。"两人欣笑而出。萧纪上车对驭从说:"听海法师言词,令我盘桓而不能去。"③其深相礼敬之意,由此可知。

四、陈代诸帝与佛教

陈代自557年至589年,历五帝,共33年。据《辨正论》记载,陈代寺

---

① 《梁书》卷二二《始兴王憺传》,第354页。
② 《梁书》卷四四《建平王大球传》,第618页。
③ 道宣:《续高僧传》卷九《义解篇·宝海传》,《大正藏》第50卷,第492页下。

院1232所,其中,国家新寺17所,百官造者68所,郭内大寺300余所;僧尼32 000人;译经11部。虽然比不上梁代,但考虑到"侯景之乱"后,佛教曾遭受重创,恢复到这样的状况,已是陈代帝王扶持的结果。

1. 武帝陈霸先与佛教

梁元帝萧绎被杀后,敬帝萧方智即位,这也是一位傀儡皇帝,他不久就以禅让形式,让位给了掌握实权的陈霸先。陈家世低微,以武力预勋,废掉旧主,成立新朝,史称"陈武帝"。如同刘宋帝王喜欢借神话登基一样,陈武帝也制造了与佛教有关的事件。他于永定元年(557),行幸钟山,参拜蒋帝庙,并"诏出佛牙于杜姥宅,集四部设无遮大会,高祖(指陈霸先)亲出阙前礼拜"[1]。只是这颗佛牙来历蹊跷:据《高僧传》卷一三以及《法苑珠林》卷一二记载,释法献元徽三年(475)西行求法而返,曾获佛牙一枚、舍利15身,并《观世音灭罪咒》及《调达品》,以及龟兹国金锤鍱像。法献珍视佛牙,一直默默供奉,后送给竟陵文宣王萧子良。萧子良制造宝台和宝藏供养,后还给定林寺保管。然梁普通三年(522)正月的一个夜晚,一伙来历不明的人假托临川王之奴叛乱,入寺抢走了佛牙。日本学者镰田茂雄认为,抢走佛牙的就是陈霸先。至于《陈书》所载梁天监末,佛牙为摄山庆云寺沙门释慧兴保藏,慧兴临卒前,将其托付给弟弟释慧志,承圣末年,慧志密送给陈霸先云云,《高僧传》全无记载,恐不足信。[2]

陈霸先的登基有普降甘露的祥瑞。永定二年(558),武帝幸大庄严寺,其夜又降下甘露,琅玡颜晃为之献《甘露颂》。据《陈书》卷二记载,永定二年五月辛酉,武帝舆驾幸大庄严寺舍身;壬戌,群臣表请还宫;八月辛未,诏临川王陈蒨西讨,以舟师五万发自京师,舆驾幸冶城寺亲送;冬十月乙亥,舆驾幸庄严寺,发《金光明经》题;十二月甲子,舆驾幸大庄严寺,设无碍大会,舍乘舆法物,群臣备法驾奉迎,即日舆驾还宫[3]。陈霸先

---

[1]《陈书》卷二《高祖纪》,第34页,北京,中华书局,1972。
[2] 参见[日]镰田茂雄《中国佛教通史》第3卷,第249页。
[3]《陈书》卷二《高祖纪》,第37,38页。

即位后频频光顾寺院,举行法会并舍身。

陈武帝组织僧人讲经说法,致使一度中断的传法活动又得以开展。永定元年(557)春,武帝延请释安廪,受其戒法,敕其住钟山耆阇寺,请其宣讲。安廪,本姓秦,性好《老》、《庄》,早达经史,善太一之能,并解孙吴之术。永定二年(558)十一月,武帝又敕请释法朗入京居兴皇寺,宣讲《华严》、《大品》、《四论文言》等。法朗,本姓周,徐州沛郡沛人,师事释宝诲、彖律师、南涧寺仙师、竹涧寺靖公、止观寺释僧诠等。法朗是《三论》的宗师,陈代《三论》兴起,与帝王的支持是分不开的。武帝还敕请释警韶入都,承其戒范,优礼弥隆。永定三年(559)夏,武帝又请释宝琼在重云殿讲《大品》。

据《续高僧传》卷二四记载,陈武帝还在庄严寺举办仁王斋席。召集众僧与释慧乘辩论,竖"佛果出二谛外义",慧乘辩才无碍,武帝赏以袈裟,时陈桂阳王尚书毛喜、仆射江总等,并对其表示敬意。慧乘,本姓刘,徐州彭城人,陈时任广陵大僧正,善《成实论》与《涅槃经》。

武帝扶持佛教,做过一些有益于佛教的事。除了上述的组织讲经,武帝还将梁代遭"侯景之乱"被焚荡殆尽的700余所寺院,悉皆修复,并在扬州造东安寺,于其治下又兴建兴圣、天居等四寺,并写一切经12藏,造金铜像100万躯,度僧7 000人,治故寺32所①。据《续高僧传》卷九《慧弼传》记载,常州安国寺亦为陈武帝所营。此寺隋灭陈时遭到毁坏,慧弼修缮后,真观法师曾制寺碑云:"花砖锦石,更累平阶。夏藻秋莲,还庄涑塔。月临月殿,粉壁照于金波;云映云台,画梁承于玉叶。"②

2. 文帝陈蒨与佛教

武帝在位三年即病逝,继承大统的是始兴昭烈王长子陈蒨。他少沉敏,有识量,留意经史,举动方雅,造次必尊礼法,深得武帝喜爱,武帝称

---

① 法琳:《辨正论》卷三《十代奉佛上篇·陈高祖武皇帝》,《大正藏》第52卷,第503页中。
② 道宣:《续高僧传》卷九《义解篇·慧弼传》,《大正藏》第50卷,第495页上。

其"吾宗之英秀"①。武帝讨伐王僧辩时,亦召集陈蒨为谋,寄以重托,可知他能文能武。陈蒨继位,改元天嘉元年(560)。

有关陈文帝的佛教活动,《陈书》卷三记载为:天嘉四年(563)夏四月辛丑,设无碍大会于太极前殿。《南史》卷九则记为:有设无碍大会于太极前殿舍身。

文帝任命释宝琼为京邑大僧正,并与僧人释洪偃交接。洪偃天嘉之初出都,讲于宣武寺。讲隙则游钟山开善寺和定林寺,并引笔赋诗。他称赞帝德,才词宏逸,文帝很赏识他的才华,赏赐甚多,敕令统接宾礼。著有《成实论疏》数十卷,被认为是"剖发精理,构思深剧"之作。

文帝于天嘉五年(564)邀请大禅众寺的释慧勇在太极殿大开讲肆,讲席上聚集了百官和佛教信众。慧勇讲《法华》、《涅槃》、《方等》、《大集》、《大品》各20遍,《大智度论》、《中论》、《百论》、《十二门论》各35遍。文帝还邀请释安廪入昭德殿,开讲《大集》。

据《广弘明集》卷二八记载,陈文帝撰写了很多忏文,如《妙法莲华经忏文》、《金光明忏文》、《大通方广忏文》、《虚空藏菩萨忏文》、《方等陀罗尼斋忏文》、《药师斋忏文》、《娑罗斋忏文》、《无碍会舍身忏文》等。在这些忏文中,文帝一方面自称为"菩萨戒弟子",另一方面又在忏文中表达了皈依佛门,弘扬释教的心愿。如其《妙法莲华经忏文》中声称:"弟子……凭心七觉,系念四勤,住菩萨乘,显无三之教,学如来行,开不二之门,汲引群迷,导示众惑。"②其《金光明忏文》中又称:"弟子……方愿归依三宝,凭借冥空,护念众生,扶助国土。"③其《大通方广忏文》中亦称:"弟子……菩萨行处,皆愿受持,诸佛法门,悉令如说"④等等。

文帝修习这么多忏法,应是对佛教有着虔诚信仰的人。他的《无碍

---

① 《陈书》卷三《世祖纪》,第45页。
② 道宣:《广弘明集》卷二八《启福篇·妙法莲华经忏文》,《大正藏》第52卷,第333页中。
③ 道宣:《广弘明集》卷二八《启福篇·金光明忏文》,《大正藏》第52卷,第333页中。
④ 道宣:《广弘明集》卷二八《启福篇·大通方广忏文》,《大正藏》第52卷,第333页下。

会舍身忏文》是为七庙的圣灵和皇太后而作,文中他声称将自身的乘舆、法服、玉几、玄裘、绀马、璎珞等平生玩好宝饰,均施舍出去。文帝在祠堂灵庙进行大舍,具有很重要的意义,"这意味着一向用儒教方式祭祀,改用佛教的祭祀礼仪来取代,同时也是表示佛教礼仪已经进入到帝室的祭祀领域之内,这也是佛教渗透到中国帝室内部的一项证据"①。

据《辨正论》卷三记载,陈文帝还有如下与佛教有关的活动:修治故寺60所,写一切经50藏,度僧尼3 000人。

3. 宣帝陈顼与佛教

文帝天康元年(566)四月既殁,其嫡长子陈伯宗继位,史称"陈废帝"。伯宗字奉业,小字药王。这位皇帝仁弱无人君之器,因此始兴昭烈王的第二子陈顼取代他继承皇位,改元太建元年(569),史称"宣帝"。

宣帝亲近佛教,敕令释昙瑗弘扬律学。昙瑗为金陵人,有纵横才术,博通史籍,以文华自处。其讲习《十诵》,专精律部,听其讲说的有二百余人。时宣帝下诏国内:命初受戒者,夏安居未满五夏者,皆需聚集到讲律的道场。因而在都邑大寺广置道场,敕令昙瑗监察僧尼,明示科举,并给以衣食。昙瑗选拔深达教义的僧众二十余人,请他们开示教法,前来学习者受益匪浅,学成后各还本寺。宣帝以昙瑗为国之僧正,令住光宅寺。在《广弘明集》卷二七中收录了昙瑗的书或答文,题名《与梁朝士书》、《与瑗律师书》、《瑗律师答》。

太建五年(573)北伐前,宣帝在太极殿以龟来占卜吉凶,时龟纹断裂,众皆失色,以为不祥。宣帝随即召请百僧举行斋会。光宅寺的释慧明认为,龟纹破裂,表示千里道路通达,说明行动顺利。后果如慧明所言,军队初期顺利推进。

北伐旷日持久,齐兵又有北周相援。太建十年(578)陈军大败,司空无明彻及其将卒以下均被俘。为了补充兵力,朝廷准备雇用众僧上阵。

---

① [日]镰田茂雄:《中国佛教通史》第3卷,第256—257页。

然遭到扬都奉诚寺大律都的释智文的冒死进谏,他认为国家不应该劳苦僧众,担当行役之务。宣帝于是下敕停止征招僧兵。

宣帝特别器重释智顗。太建七年(575)智顗决心进入天台山,徐陵流涕不舍,宣帝有诏《陈宣帝敕留不许入天台》,此诏收录在《国清百录》卷一。然智顗仍然前往天台山。太建九年(577),宣帝下诏供给物品,将始丰县的供租税以及两户民众的使役都提供给天台僧众。太建十年(578),宣帝敕智顗在天台山的道场为"修禅寺"。此寺隋代赐号"国清寺",亦即现在的天台山国清寺。智顗在天台山怜悯海里的鱼类被大量捕杀,特立放生池,此事惊动宣帝,下诏严禁捕杀,周围河海永为放生之池,并敕国子祭酒徐孝克为之立碑,题为《天台山修禅寺智顗禅师放生碑文》。

宣帝时期,讲经活动得到支持。太建四年(572),释慧暅被敕主讲东安寺;太建十年(578),释慧弼受敕于长城报德寺讲《涅槃》、《法华》;太建十二年(580),释僧猛受敕住大兴善寺,宣讲《十地》;太建十三年(581),智顗受敕讲《金光明经》。

对于持戒的士大夫徐孝克,宣帝也颇表赞叹。徐孝克是南朝崇佛的士大夫徐陵之子。徐陵与释宝志、释慧因、释智顗、释真观均有往来。梁代"侯景之乱"后,许多贵族家庭陷入困顿,徐孝克为了奉养母亲,不得不遣妻,并剃发为沙门,改名"法整",乞食以养母。后虽还俗,但仍然持斋,守菩萨戒,过着简单素朴的生活。

据《辨正论》卷三记载,宣帝做了如下对佛教有益的事情:于扬州禁中为始兴昭烈王孝太妃造太皇寺,寺内造七级木浮图;太建二年(570),又造崇皇寺,并重为始兴昭烈王孝太妃竖立灵刹。又造金铜像等2万躯,修治故像130万躯,写一切经12藏,修补故寺50所,度僧尼1万人。

4. 后主陈叔宝与佛教

太建十四年(582)正月,宣帝驾崩,其子陈叔宝继位。太建十三年(581),释法朗卒,陈叔宝为之作铭颂。其即位后的四月下诏:"僧尼道士,挟邪左道,不依经律,民间淫祀祆书诸珍怪事,详为条制,并皆禁绝。"①要求僧尼守持戒律,并表示禁断民间淫祀与邪教活动。光显寺释真观为此致书徐陵,《广弘明集》卷二四见录,题为《与徐仆射述役僧书》。书中真观反对皇帝所令僧籍中没有名字的僧人就着令还俗,他认为这些人一心修道,从事了大量功德事,应该"许其方外之礼,不拘域中之节"②。至于那些俗化的僧人,倒是不该入住寺院。后主知道后很有感触,管制僧众的事就此停顿。受此影响的仁山深法师,他本准备罢僧还俗,徐陵致书劝谏,得止。

陈叔宝即位后也从事了与佛教有关的活动,如九月景午,设无碍大会于太极殿,舍身及乘舆御服,大赦天下③;第二年改元至德元年(583),敕释慧暅为京邑大僧都,至德二年(484)又转其为京邑大僧正,并将释智琳补为南徐州僧都讲,敕释智聚于太极殿讲《金光明经》;至德三年(585)十一月,舆驾幸长干寺,大赦天下。

在位期间,北方边境受到隋军威胁,陈叔宝沉湎于酒色享乐,不恤政事。南朝从庶族起家的帝王已全然没有了武功军事才能,"重文轻武"的社会风尚已把这些武人的后代改造成了贵族文人。

至德二年(584),后主于光照殿前起临春、结绮、望仙三阁,并以金玉装饰,华丽无比,又因之造假山水池,植以奇树异花。后主自居临春阁,又带领后宫众多嫔妃流连此处,"每引宾客对贵妃等游宴,则使诸贵人及女学士与狎客共赋新诗,互相赠答,采其尤艳丽者以为曲词,被以新声,选宫女有容色者以千百数,令习而歌之,分部迭进,持以相乐"④。这里的"狎客",据《南史》卷一〇记载,指的是江总、孔范等十人⑤。君臣酣饮,朝政荒废。

---

①③《陈书》卷六《陈后主纪》,第108页。
② 道宣:《广弘明集》卷二四《僧行篇·与徐仆射领军述役僧书》第52卷,第277页中。
④《陈书》卷七《后主张贵妃传》,第132页。
⑤《南史》卷一〇《陈本纪下》,第306页。

后主最宠爱兵家女张贵妃。《陈书》卷七记载:"后主怠于政事,百司启奏,并因宦者蔡脱儿、李善度进请,后主置张贵妃于膝上共决之。"①此女特聪慧,才辩强记,善候人主颜色,且容色端丽,飘若神仙。又好厌魅之术,假鬼道以惑后主,置淫祀于宫中,聚诸妖巫使之鼓舞,宠冠后庭。后主即位之初就禁断淫祀,而此时因宠幸贵妃,却听任宫内妖巫鼓舞。

后主所做与佛教有关的事,实有消灾祈福的功利心理。当时智𫖮名声很大,后主对其颇为仰慕,于至德二年(584)至至德三年(585)多次敕迎智𫖮。据《国清百录》卷一记载,有《至德三年陈少主敕迎》与《智开阳门舍人陈建宗等宣少主口敕》二书。前者凡有五敕,后者收录有12道敕命②。后主派遣使臣赵君卿去天台山,迎请智𫖮下山,遭智𫖮婉拒。后主又派龙宫寺释道昇和东阳刺史永阳王敦请,智𫖮不得已随使者至京,敕住至敬寺。后主又为之修灵曜寺,并敕给金像、释论、机、麈尾、香炉等物,以及夏服、绢布、米、钱3 000文等生活用品,智𫖮虽一再婉辞,但终未获许。后主请求其在太极殿开仁王会,于光宅寺讲《仁王经》,并敕令修复光宅寺。至德四年(586)正月十五,后主又于崇正殿设千僧斋,请智𫖮为皇太子深授菩萨戒。《国清百录》卷二《少主皇太子请戒疏》文中皇太子自名"渊",而《南史》、《陈书》中皆名"深",恐因请戒改此名。祯明元年(587),智𫖮又受敕于光宅寺讲《法华经》。

后主对智𫖮表示尊敬,与皇后之父沈君理以及皇后均有关系。沈君理,字仲伦,吴兴人。他美风仪,博涉经史,有识鉴,娶陈武帝女会稽长公主为妻,位仪同,皈依智𫖮受菩萨戒。宣帝时,沈君理邀请智𫖮住瓦官寺,开《法华经》题。《国清百录》卷二有《陈仪同公沈君理请疏》文,自称"菩萨戒弟子"③。其女为皇后,亦皈依智𫖮。皇后性端静,寡嗜欲,聪敏强记,涉猎经史,工书翰。她由于失宠于后主,反倒一心向佛。《国清百

---

① 《陈书》卷七《后主张贵妃传》,第132页。
② 参见[日]镰田茂雄《中国佛教通史》第3卷,第262页。
③ 灌顶:《国清百录》卷二《陈仪同公沈君理请疏》,《大正藏》第46卷,第801页上。

录》卷二有《少主后沈手令书》,沈皇后自称"妙觉",乞请智𫖮赐其菩萨名。智𫖮赐给她"海慧菩萨"的名号。沈皇后表示以后将月供给光宅寺,"熏陆、沈檀各十勉,黄屑一斗,细纸五百张,烛十挺,赤松涧米五石,钱一千文"①。她的日常生活,《陈书》卷七形容为"居处俭约,衣服无锦绣之饰,左右近侍才百许人,唯寻阅图史、诵佛经为事"②。可知她贵为皇后,却只有靠念诵佛经打发时光,这使她成为比后主虔诚得多的佛教信徒。

5. 陈代诸王与佛教

陈代诸王中与佛教有关系的不少。据《辨正论》卷三记载,"陈鄱阳王、陈豫章王、陈衡阳王、陈桂阳王、陈义阳王、陈新蔡王,右六王并渔猎坟典,游戏篇章,崇奉释门,研精妙理,书经造像,受戒持斋,每事悲田,相仍檀舍。"③此外,还有晋安王陈伯恭、永阳王陈伯智、新安王陈伯周、始兴王陈叔陵等。

鄱阳王陈伯山,字静之,文帝第三子。他钦重释智脱,与仆射王克、中书王固等,对其敬仰惟深,并伸北面。智脱,本姓蔡,济阳考城人,法颖弟子。陈至德中,为后主延请,入内讲经。陈伯山还与释智聚交往。智聚,本姓朱,住苏州虎丘东山寺,武丘胤法师弟子,汝南周弘正曾赞美其为"释门之瑚琏"④。陈伯山与新安王陈伯周、新蔡王陈叔齐,并延请其敷说。

晋安王陈伯恭,字肃之,文帝第四子。年十余岁,便留心政事,官曹治理。太建十四年,出为安南将军、湘州刺史。他对释慧觉深加礼异,并请讲众,南行弘演。慧觉是兴皇朗法师弟子,止于栖霞寺。时吏部尚书毛喜、护军将军孙玚,并对其鞠躬顶礼,左卫将军傅绎学通内外,亦前来与之相见,高谈阔论,流连不已。

---

① 灌顶:《国清百录》卷二《少主后沈手令书》,《大正藏》第46卷,第800页上。
② 《陈书》卷七《后主沈皇后传》,第130页。
③ 法琳:《辨正论》卷三,《大正藏》第52卷,第504页下。
④ 道宣:《续高僧传》卷一〇《义解篇·智聚传》,《大正藏》第50卷,第502页下。

永阳王陈伯智,字策之,文帝第十二子。他虔诚奉佛,自称"少奉正真,长而弥笃"①。据《国清百录》卷二的有关收录,如《陈永阳王手自书》、《永阳王解讲疏》、《永阳王手书属真观惠裴二法师》等,可知他与天台智𫖮、真观、惠裴等法师均有联系。特别是智𫖮,两者关系颇为密切:太建十三年(581),永阳王请智𫖮讲经。另据《续高僧传》卷一七记载,永阳王还与其眷属就天台山请戒,智𫖮建七夜方等忏法,陈伯智昼则理治,夜便习观。后来陈伯智因狩猎,堕马受重伤,智𫖮门人智越率众为其作观音忏法,陈智伯自述愿文,称"菩萨戒弟子",尊智𫖮为"阇梨"②。至德二年(584),陈伯智出镇东阳,致书三请智𫖮,法师遂至郡为之讲经。陈智伯后又替后主担当说客,成功邀请智𫖮下山。

桂阳王陈伯谋,字深之,文帝第十三子。他钦重释吉藏的风采,对其礼接;又与尚书毛喜、仆射江总等,对释慧乘表示由衷的敬慕。桂阳王当与智𫖮也有接触,在《国清百录》卷二徐孝克所撰的《天台山修禅寺智𫖮禅师放生碑文》中有对桂阳王的评价,云其"皇枝之贵,思懋间平,情崇孔释,吐悬河之旨,击节证明,示半月之形,深心随喜"③,从中可知桂阳王对佛教的崇仰之心。

始兴王陈叔陵,字子嵩,宣帝第二子。他与释智𫖮也有往来,《续高僧传》卷一七记载,他出镇洞庭,公卿饯送时,却回车至瓦官寺与智𫖮谈论,为其谈论所倾倒。陈叔陵太建元年(569)封始兴王,四年(572)迁都督湘州刺史,出守洞庭。他东临禹井,请释真观以同行。真观,本姓范,吴郡钱塘人,其对佛理见解深刻,时人评论为"钱塘有真观,当天下一半"④。太建十年(578),陈叔陵生母彭氏卒,葬于梅岭,叔陵自称刺血写《涅槃经》。从《南史》对他的记载来看,他是一个严以律人、宽以待己的

---

① 灌顶:《国清百录》卷二《陈永阳王手自书》,《大正藏》第46卷,第800页中。
② 灌顶:《国清百录》卷二《永阳王解讲疏》,《大正藏》第46卷,第800页中。
③ 灌顶:《国清百录》卷二《天台山修禅寺智𫖮禅师放生碑文》,《大正藏》第46卷,页802上。
④ 道宣:《续高僧传》卷三〇《杂科声德篇·释真观传》,《大正藏》第50卷,页702上。

人。他与僧人交往,但显然未受佛教的影响,因为他骄奢淫逸的生活作风与佛教信众所要求守持的戒律相去甚远。

新蔡王陈叔齐,字子肃,宣帝第十一子。如前所述,新蔡王陈叔齐与鄱阳王陈伯山、新安王陈伯周,并对释智聚表示尊重,延请讲经。

第三节　北朝帝王的佛教信仰及其佛教政策

一、北魏诸帝与佛教

4世纪初,鲜卑族拓跋部在北方建立代国,其后为前秦苻坚所灭。386年,拓跋珪称王,重建代国,改国号为魏,史称"北魏"。北魏共历14帝,149年。不少皇帝均与佛教有关系,在他们的支持下,北魏佛教发展兴盛,造像事业发达,闻名的云冈石窟、龙门石窟都是这一时期的杰作。而杨衒之的《洛阳伽蓝记》,亦为了解北魏佛教的繁荣发展提供了素材。

1. 道武帝拓跋珪与佛教

元魏拓跋氏的先祖建国于北朔,风俗淳一而守无为之道,且与西域处于隔绝状态,没有交通往来,"故浮图之教,未之得闻,或闻而未信也"①。一直到神元帝(力微)与魏晋交通,尔后文帝(沙漠汗)久住洛阳,昭成帝(什翼犍)又至襄国,才有机会研究南中夏的佛法。

神元皇帝力微曾派遣其子沙漠汗去洛阳,与汉族交通,但沙漠汗归国途中为晋朝征北将军卫瓘所杀。329年,什翼犍作为人质,又被派往襄国。他在襄国和邺住了十年左右,此时正是佛图澄在后赵大弘佛法的时期。佛图澄是深受石氏尊崇的大和尚,他不仅替石勒占卜军事,成功抓获前赵的刘曜,帮助其建立后赵,而且在后赵开展佛教活动,建造893所佛寺,有信众一万余人,这其中就包括残暴的石勒之子石虎。石虎后来受其点化,自愿皈依佛门。当时的中书郎王度有奏书《废佛论》,对大兴佛教带来的弊端

---

① 《魏书》卷一一四《释老志》,第3030页。

提出批评,石虎不仅未能接受,相反诏令准许人民奉佛与汉族人可以出家。东晋太元元年(376),什翼犍被前秦苻坚俘虏,带到长安学习文教。苻坚对佛教有兴趣,他攻打襄阳得到佛图澄的弟子释道安。《魏书·释老志》云什翼犍有机会研究南中夏的佛法,大抵与这些经历有关。

398年,昭成帝的嫡孙代王拓跋珪扫荡北方大地,定都平城(山西大同),即帝位,改元天兴元年,史称"道武帝"。在其定都之前,曾采取强制性的移民。据《魏书》卷二记载,拓跋珪398年自中山巡幸常山之真定、赵郡之高邑、邺等地,由于担心自己走后山东有变,遂置行台于中山,诏左丞相、守尚书令、卫王拓跋仪镇中山,抚军大将军、略阳公元遵镇渤海之合口,并"徙山东六州民吏及徒何、高丽杂夷三十六万,百工伎巧十万余口,以充京师"①。这里的山东是指太行山脉以东的地域。七月,拓跋珪迁都平城后,又将六州十二郡的守宰、豪杰、官吏、庶民等二千余家,移民至代都(平城)。这两次移民,将汉人的生产技术、思想文化传播到平城,对北魏经济、文化的发展起了积极作用。

魏道武帝护持佛、道二教,好黄老,颇览佛经。据《魏书·释老志》记载,"太祖平中山,经略燕赵,所径郡国佛寺,见诸沙门、道士,皆致精敬,禁军旅无有所犯。"②时有沙门僧朗,与其徒隐于泰山之昆仑谷。道武帝遣使致书,赠以"素绢二十端,白毡五十领,银钵三枚"③。这里提到的沙门僧朗,京兆人,专以讲说为任,德行远播。苻坚、晋武帝曜、后燕成武帝慕容垂、魏太祖道武皇帝、南燕慕容德五帝均向其致书,进行供奉。另据《续高僧传》卷二五《魏太公朗公谷山寺释僧意传》记载:谷山"寺有高丽像、相国像、胡国像、女国像、吴国像、昆仑像、岱京像,如此七像并是金铜,俱陈寺堂。"④可知当时法朗所在的谷山寺拥有来自各地的佛像,表明

---

① 《魏书》卷二《太祖纪》,第32页。
② 《魏书》卷一一四《释老志》,第3030页。
③ 念常:《佛祖历代通载》卷七《竺僧朗传》,《大正藏》第49卷,页528中。
④ 道宣:《续高僧传》卷二五《感通篇·魏太公朗公谷山寺释僧意传》,《大正藏》第50卷,第647页上。

各国佛教不乏交流。

拓跋珪还召请赵郡"戒行精诚"的沙门法果至京,敕其为道人统,统摄僧众,赏赐丰厚。在沙门是否致敬王者的问题上,法果认为皇帝即是当今如来,沙门宜致敬礼拜。他说:"能鸿道者人主也,我非拜天子,乃是礼佛耳。"①如果说帝王崇佛,是对佛教法门的皈依,则如法果这样将帝王抬高至"佛",亦可看为出家人对世俗皇权的"皈依"。这种将世俗权威与宗教权威合而为一的做法,是"国家佛教"形成的基础。

拓跋珪弘扬佛教。即位之初,下诏敕有司,"于京城建饰容范,修整宫舍,令信向之徒,有所居止"②。据《魏书·释老志》记载,拓跋珪下令在平城营造五级浮图、耆阇崛山及须弥山殿,分别加以装饰,又构建讲堂、禅堂及沙门座。

魏道武帝除了大弘佛法,还服食养生。据《魏书》卷二记载,魏道武帝服寒食散,自太医令阴羌死后,药数动发,晚年逾甚,于是举止怪异,喜怒乖常,杀人以手殴击,死者陈天安殿前,而朝政纲纪因此大乱③。这是典型的服食不当,导致身体、心理异常。关于魏道武帝本人是否信佛,尚难以有确切证据证明,但他在世时,对佛教给予扶奖,确不容置疑。

2. 明元帝拓跋嗣与佛教

天赐六年(409),道武帝崩于天安殿,时其子清河王绍谋反,长子拓跋嗣诛之,于当年冬十月继位,改元永兴元年(409),史称"明元帝"。

据《魏书·释老志》记载,"太宗(即拓跋嗣)践位,遵太祖之业,亦好黄老,又崇佛法,京邑四方,建立图像,仍令沙门敷导民俗"④,一如太祖拓跋珪时的做法。明元帝对沙门释法果弥加崇敬,永兴中,前后授其以辅国、宜城子、忠信侯、安成公的名号,法果均予以辞谢。据《魏书·释老志》的记载,法果四十始为沙门,有子曰"猛",法果泰常中卒后,太宗诏令

---

① 《魏书》卷一一四《释老志》,第3031页。
②④ 同上书,第3030页。
③ 《魏书》卷二《太祖纪》,第44页。

猛承袭法果的爵位。

　　明元帝在位期间,多次四处巡幸。这是因为在北魏的周围,先后兴起了冯跋的北燕国、慕容德的南燕、姚兴的后秦、赫连勃勃的夏,明元皇帝用巡幸方式,表示着对开疆拓土的向往。其临幸广宗(河北威县)时,路遇百岁沙门释昙澄,赐给果物,还加封"老寿将军"的名号。佛教讲无常、讲轮回,而渴望长寿、成仙,往往是道教的信仰,给僧人这样的封号,似乎可以印证前所述明元帝好黄老的事实。

　　明元帝与后秦姚兴有来往。永兴五年(413)春,姚兴遣使来聘。神瑞二年(415)十月,明元皇帝纳后秦西平公主为后,两国联姻。姚兴在位期间,曾迎请高僧鸠摩罗什入长安。此时鸠摩罗什已逝,但他的弟子继承衣钵,仍然十分活跃,且有名者不少。不久,刘宋的刘裕北伐,俘虏姚兴之子姚泓,后秦灭亡;又于417年占领长安,第二年长安又被赫连勃勃占领。战乱使长安僧众纷纷逃离,有的逃到江南,如释智严;有的则到了北魏,这些僧众对北魏佛教的发展发挥了作用。

　　泰常六年(421)九月,已称帝的刘裕遣使朝贡,与北魏正式建交。如前所述,刘裕对佛教亦持扶持态度。422年,刘裕病逝,北魏乘机发动战争,入侵刘宋,向洛阳进发。泰常八年(423)四月,明元帝至洛阳,观《石经》,显示出对洛阳文化的兴趣,这与《魏书》卷三《太宗纪》对他的评价:"帝礼爱儒生,好览史传,以刘向所撰《新序》、《说苑》于经典正义多有所阙,乃撰《新集》三十篇,采诸经史,该洽古义,兼资文武"①相符。不过,明元帝不可能接受太多的洛阳文明,因为这年十一月,他驾崩于西宫,时年三十二。

3. 太武帝拓跋焘与佛教

　　世祖拓跋焘,太宗明元帝长子。天赐五年(408)生于东宫,体貌瑰异,太祖对之寄予厚望。泰常七年(422),拓跋焘封泰平王,五月,为监

---

① 《魏书》卷三《太宗纪》,第64页。

国。泰常八年(423)十一月继位,改元始光元年,史称"太武帝"。拓跋焘没有辜负祖父的期望,他称帝后四处征讨:始光四年(427),讨伐赫连勃勃之子赫连昌,占领了其所在的统万城;太延二年(436),讨伐北燕冯文通,冯文通遣使求贡遭拒,被迫流亡高丽,后被高丽所杀,北燕灭亡;太延五年(439),又西讨由沮渠蒙逊建立的北凉,北凉王沮渠牧犍降服,其所在的姑臧成为北魏的领土。这一年,鄯善、龟兹、疏勒、焉耆、高丽、粟特、渴盘陀、破洛那、悉居办等国并遣使朝贡。至此,拓跋焘统一了华北。

据《魏书·释老志》载,太武帝拓跋焘即位后有过奉佛的表现:"世祖初即位,亦遵太祖、太宗之业,每引高德沙门,与共谈论。于四月八日,舆诸佛像,行于广衢,帝亲御门楼,临观散花,以致礼敬。"①太延四年(438)三月,太武帝又有诏,罢沙门年五十已下。

拓跋焘平统万城,俘获释昙始。此僧人称"白足和尚",晋孝武太元之末,他赍经律数十部,往辽东宣化,义熙初复还关中。据传他有刀枪不入的神异功能,进入平城后,受到太武帝拓跋焘和民众的礼敬。昙始后来于太延年间,在八角寺中斋洁端坐圆寂。

平城的佛教发展与北凉关系密切。北凉建立者沮渠蒙逊崇佛,凉州又是东西交通的要道,很多西域僧都路过此地,前往他处传法,故凉州佛法极盛。有罽宾沙门昙无谶,习诸经论,在姑臧与沙门智嵩等译《涅槃》诸经十余部。他通晓术数、禁咒,曾预测他国安危,多所应验,深得蒙逊尊敬,蒙逊每以国事咨之。太武帝命蒙逊送昙无谶至平城,蒙逊不情愿,于是杀掉了昙无谶。时智嵩亦以新出经论在凉州教授,他著有《涅槃义记》,戒行峻整,逃难途中因不肯食肉破戒,饿死在酒泉之西山。当时有不少高僧居住在姑臧,他们均为北凉佛教的发展做出了贡献。

据《魏书·释老志》云:"凉州自张轨后,世信佛教。敦煌地接西域,

---

① 《魏书》卷一一四《释老志》,第3032页。

道俗交得其旧式,村坞相属,多有塔寺。太延中,凉州平,徙其国人于京邑,沙门佛事皆俱东,象教弥增矣。"①太武帝拓跋焘平姑臧,收其城内户口二十余万,及不可胜数的仓库珍宝,并徙凉州民三万余家于平城,这其中就包括释僧朗、释玄高等众多沙门。毫无疑问,北魏太武帝讨伐凉州,掳掠大量沙门东归平城,对北魏佛教的发展产生了重大影响。

僧朗被迫随军事件,《续高僧传》卷二五《僧朗传》中有记载。云魏军东还之际,掳掠沙门与之俱还,僧朗也在其中,后伺机逃脱。释玄高也被北魏军带入平城。据《高僧传》卷一一《玄高传》记载,玄高,本姓魏,名灵育,冯翊万年人。母寇氏,信外道②。玄高12岁辞亲入中常山,坚求出家。聪敏好学,专精禅律。师事浮驮跋陀禅师,妙通禅法。后隐居于麦积山(甘肃天水东南),率领徒众跟随外国禅师昙无毗受法。然为沙门所谗,玄高和其徒众三百余人被河南王驱逐到河北的林阳堂山。后因释昙弘的引荐,又被河南王迎请回到西秦国,自此崇为国师。玄高后游历凉州,沮渠蒙逊深相敬事。时西海有僧印,从玄高受学。太武帝拓跋焘之子晃师事释玄高。在玄高的辅佐下,身为太子的拓跋晃消除了拓跋焘对自己的误解,稳固了地位。据《魏书·释老志》记载,拓跋晃为太子监国时,素敬佛道。其子拓跋濬继位,他被追封为恭宗景慕皇帝。

太平真君五年(444),玄高和慧崇同时被捕,然后处死。太武帝连下两诏:其一,不准王公以下,至于庶人,私养沙门。过期不出者,沙门身死,主人门诛。其二,不准私立学校。违者,师身死,主人门诛。这两项诏令一是限制沙门等,不准他们出入普通人户;二是禁止私立学校,好似与沙门无关,但实际上是消解了佛门所具有的"敷导化俗"的社会作用。此二诏均见载于《魏书》卷四《世祖纪》中。太平真君六年(445)九月,卢水之胡的盖吴叛乱,自号"天台王",置百官。太武帝平

---

① 《魏书》卷一一四《释老志》,第3032页。
② 汤用彤先生认为其母或信道教,参考《汉魏两晋南北朝佛教史》,第350页。

叛西至长安时,在寺院内发现有大批藏匿的弓矢矛盾,以及僧人淫乱的密室,遂大怒,下令杀戮沙门,查抄寺院财产,于是整个北魏开始全面推行毁佛措施。

时对佛教敬信的拓跋晃以太子监国的身份持事国政,屡次上奏请求不要杀戮沙门,请求保留寺院建筑及佛像,但没有奏效。太平真君七年(446)三月,太武帝下诏,禁止事胡神,及造形像、泥人、铜人,否则诛灭家门,"有司宣告征镇诸军、刺史,诸有佛图形像及胡经,尽皆击破焚烧,沙门无少长悉坑之"①。

尽管拓跋晃将宣诏的时间暂时予以稽压,并放出太武帝灭佛的消息,使得四方沙门多得以逃亡隐匿,在京城的沙门全部得救。寺院的金银宝像或诸经论,多被秘密收藏起来。但土木宫塔这些无法搬运的建筑,则全部遭到毁坏。朝廷"分遣军兵烧掠寺舍,统内僧尼悉令罢道,其有窜逸者,皆遣人追捕,得必枭斩。一境之内无复沙门"②。由于太武帝毁灭性的打击措施,许多沙门被迫遁入深山或逃出魏境。如在崇高山行头陀禅的僧周,听说将灭佛,遂带领弟子共入寒山,此山在长安西南四百里,溪谷险阻,非军兵所能至,僧周一行人卜居于此。又如常山寺的慧芬,南逃至京城白马寺;再如法朗等,则向西逃到了龟兹。原来从凉州掳掠沙门至平城并发展起来的北方佛教,一时遭到重创。

不久,太武帝对自己的行为感到后悔。崔浩失宠,并因著书魏史事,于太平真君十一年(450)被诛杀。而早在448年,寇谦之就去世了。伴随着这两个人的离世,朝廷对佛教的弹压政策随之宽松起来。时太子拓跋晃已暗中行动,欲重兴佛教,太武帝亦佯装不知。故笃信之家得以秘密奉事沙门,虔诚的信徒偷著法服,诵经习禅,只是依然不能在京城明目张胆地信奉罢了。

---

① 《魏书》卷一一四《释老志》,第3035页。
② 慧皎:《高僧传》卷一〇《神异篇·昙始传》,《大正藏》第50卷,第392页中。

4．文成帝拓跋濬与佛教

太武帝拓跋焘正平二年(452)三月崩于永安宫,其孙拓跋濬十月继位,改元兴安元年,史称"文成帝"。

文成帝由于其父拓跋晃素对佛教抱持好感的影响,继位当年十二月即下诏恢复佛法。此时距离其祖父拓跋焘在太平真君七年(446)下诏毁佛,已有七年,期间与太武帝拓跋焘一起弹压佛教的主角寇谦之、崔浩均已过世。此诏书收录在《魏书·释老志》中,大意是继承大统,思述先志,重新振兴佛教:"今制诸州郡县,于众居之所,各听建佛图一区,任其财用,不制会限。其好乐道法,欲为沙门,不问长幼,出于良家,性行素笃,无诸嫌秽,乡里所明者,听其出家。率大州五十,小州四十人,其郡遥远台者十人。各当局分,皆足以化恶就善,播扬道教也。"①

由于有了文成帝的支持,往昔所毁佛寺,都得到修复。京师沙门师贤,本罽宾国王种人,从小入道,东游北凉,北凉灭后来到平城。拓跋焘下诏罢佛时,师贤假为医术还俗,但守道不改。听说文成帝修复佛道,即重新成为沙门,文成帝亲自为他以及同辈五人落发。师贤仍然担任"道人统",至此由于毁佛废弃的沙门僧制也得到恢复。

"道人统"亦称"沙门统"、"僧统"、"都统"、"昭玄统",属佛教僧官,负责管理全国僧尼事务。此制建于北魏皇始二年(397),僧法果为第一任沙门统,后改称"道人统",文成帝时罽宾沙门师贤为道人统。和平元年(460),师贤卒,昙曜代之,称"昭玄沙门都统"。据《隋书》卷二七《百官志》记载:"昭玄寺,掌诸佛教。置大统一人,统一人,都维那三人。亦置功曹、主簿员,以管诸州郡县沙门。"②此后一般称"昭玄统"。北齐天保元年(550),文宣帝诏置昭玄十统,以沙门法上为"大统",令史员置五十余人,所部僧尼二百余万。唐以后设僧录代之。

---

① 《魏书》卷一一四《释老志》,第 3036 页。
② 《隋书》卷二七《百官志》,第 758 页,北京,中华书局,1973。

这一年,文成帝还下诏有司制作石像,令如帝身。既成,颜上足下,各有黑石,冥同帝体上下黑子,论者以为纯诚所感。兴光元年(454)秋,文成帝又敕有司于五级大寺内,为太祖以下五帝铸释迦等身像五尊,各长一丈六尺,用赤金二万五千斤。太安初(455),师子国胡沙门邪奢遗多、浮陀难提等五人,奉佛像三尊到京都。此外,还有沙勒胡沙门,到平城敬献佛钵并画像迹。

和平初(460),师贤卒,昙曜代之为沙门统,文成帝敬之以师礼。据《魏书·释老志》记载,沙门昙曜有操尚,为文成帝之父拓跋晃所礼遇。太武帝灭佛时,沙门多还俗,昙曜却誓死为沙门,经拓跋晃多次亲自劝喻,才不得已还俗,但仍然密持法服器物,不暂离身。在昙曜的提议下,文成帝在京城西武州塞,凿山石壁,开窟五所,镌建佛像各一尊,高者七十尺,次六十尺,雕饰奇伟,冠于一世,这就是有名的云冈石窟。关于云冈石窟的建造,《续高僧传》卷二有记载,云"去恒安西北三十里,武周山谷北面石崖,就而镌之,建立佛寺,名曰灵岩。龛之大者,举高二十余丈,可受三千许人。面别镌像,穷诸巧丽,龛别异状,骇动人神,栉比相连,三十余里,东头僧寺,恒共千人,碑碣见存,未卒陈委"①。据日本学者镰田茂雄考证,此段记述并不是昙曜时的实况,当为唐代初期大石窟的记述②。

在文成帝时期,昙曜是平城佛教界的领袖。据《魏书·释老志》记载,昙曜与天竺沙门常那邪舍等,译有新经十四部。《续高僧传》卷二本传云其于北台石窟,集诸德僧,请天竺沙门译出《付法藏传》和《净土经》。另《出三藏记集》卷二记载昙曜延兴二年(473),与西域三藏吉迦夜等共译有《杂宝藏经》十三卷、《付法藏因缘经》六卷、《方便心论》二卷共三部二十一卷,刘孝标笔受。不过这些经典并未传入南方建康。昙曜最有影

---

① 道宣:《续高僧传》卷一《译经篇·昙曜传》,《大正藏》第50卷,第427页下。
② [日]镰田茂雄:《中国佛教通史》第3卷,第347页。

响的是提议创立"僧祇户"、"佛图户"。据《佛祖统纪》卷三八记载,皇兴三年(469),昙曜上奏云,平齐户及诸民,有能岁输谷六十斛入僧曹者,即为"僧祇户",粟为"僧祇粟",至于俭岁,赈给饥民。又请民犯重罪及官奴以为"佛图户",以供诸寺扫洒,岁兼营田输粟。这里的平齐指皇兴三年(469)五月设立的平齐郡,包括怀宁和贵安两县,"僧祇户"是在该郡创设之后设置的。另据《魏书·释老志》所载尚书令高肇于永平年间给皇帝的表奏,云"故沙门统昙曜,昔于承明元年(476),奏凉州军户赵苟子等二百家为僧祇户,立课积粟,拟济饥年,不限道俗,皆以拯施"①。可知创设僧祇户、佛图户是为了给佛寺提供劳动力,而僧祇户主要从事农业劳动,形成有组织的耕作,以此解决寺院拓殖经营的需要。

寺院的劳役供给并非昙曜的首创,经典为其提供了理论依据。《十诵律》规定:"佛听僧坊使人,佛图使人。是人属佛图、属众僧,是名人物。非人物者,佛听象马骆驼牛羊驴骡,属佛图、属僧,是名非人物。"②昙曜有所创新,他将寺院供给制度纳入了国家统治阶级承认的范围。僧祇户不仅成为寺院的无偿劳力,而且还必须听从君王的支配。在北魏孝文帝的《帝令诸州众僧安居讲说诏》中,有这样一段话,"可敕诸州。令此夏安居清众。大州三百人,中州二百人,小州一百人。任其数处讲说,皆僧祇粟供备。若粟甚少、徒寡,不充此数者,可令昭玄量减还闻"③,表明僧祇户还被国家权力者介入利用。如此一来,形成了僧祇户、粟及寺户,遍于州镇的局面。据法国学者谢和耐的研究,在寺院控制中国土地的不同形式中,至少有一点共同之处:这就是由农业所抛弃的地区和土地,最早都是由佛教机构所拓殖的④。这些大面积贫瘠的、缺乏灌溉条件的土地,无疑需要大量人手开发。至于将赈灾这类本由国家负责的事务转移到寺院,

---

① 《魏书》卷一一四《释老志》,第3042页。
② 《十诵律》卷五六《比丘诵》,《大正藏》第23卷,第413页下。
③ 道宣:《广弘明集》卷二四《僧行篇·帝令诸州众僧安居讲说诏》,《大正藏》第52卷,第272页下。
④ [法]谢和耐:《中国5—10世纪的寺院经济》,第100页,上海,上海古籍出版社,2004。

则突出了佛教慈悲济世的性质,"仅仅由寺院负责赈济饥民这一事实,就会使寺院不仅有了物质救济的特点,而且也具有了慈善性布施的特点"①。

这项制度的推行由于僧众内部的管理不善,很快招致了不满。在高肇的奏书里,他指出虽然"依内律,僧祇户不得别属一寺"②。但都维那僧暹、僧频等人却违背律令,结果导致害人性命五十余条,怨声载道。他恳请皇帝将僧暹等付昭玄寺,依僧律处置。在永平四年(511)的诏令中,也同样指出了僧祇户推行中出现的弊端,即主管者冒领僧祇之粟,以收利息的形式营利,侵害贫民利益。此诏令要求"自今已后,不得专委维那、都尉,可令刺史共加监括"③,加强对僧祇谷上缴数目一进一出的清查。腐败行为导致皇帝以诏令形式,决定刺史可介入寺院对僧祇户的权力管理,以期推动共同运作。这个制度带来利益的争夺,与文成帝时佛教得以恢复是有关系的。

5. 献文帝拓跋弘与佛教

和平六年(465),文成帝驾崩,长子拓跋弘即位,年仅12岁,史称"献文帝"。据《魏书·释老志》记载,拓跋弘对佛教"敦信尤深,览诸经论,好《老》、《庄》。每引诸沙门及能谈玄之士,与论理要"④。

皇兴元年(467),皇子拓跋宏诞生,献文帝起永宁寺,构七级佛图,高三百余尺,基架博敞,为天下第一。又于天宫寺造释迦立像,高四十三尺,用赤金十万斤,黄金六百斤。皇兴中,又构三级石佛图,榱栋楣楹,上下重结,大小皆石,高十丈,镇固巧密,为京华壮观。

皇兴四年(470)十二月,献文帝行幸鹿野苑、石窟寺。献文帝在位六年,《魏书》本传云其博雅时务,常有遗世之心。皇兴五年(471),他被皇太后废掉,移住北苑的崇光宫,在那里览习玄籍。此处与鹿野苑不远,约

---

① [法]谢和耐:《中国5—10世纪的寺院经济》,第104页。
② 《魏书》卷一一四《释老志》,第3042页。
③ 同上书,第3041页。
④ 同上书,第3037页。

十里之遥,岩房禅堂,禅僧居其中。高允作《鹿苑赋》献之,云"希圣王之远图,岂寻常以明教,希缙云之上升,羡顶生之高蹈"。据《通鉴》记载,太平真君以后,魏帝均受道箓。再联系前述其好《老》、《庄》事,可知献文帝所信不全在佛教。承明元年(476),献文帝拓跋弘崩于永安殿,时年二十三。

6. 孝文帝元宏与佛教

471年,5岁的拓跋宏被册立为皇帝,改元延兴元年,史称"孝文帝"。而真正的实权人物是文成帝的皇后——文明皇太后冯氏。据《魏书·释老志》记载,孝文帝即位后第二年,即延兴二年(472)四月,下诏对四处游走的比丘进行取缔。采取的做法是"令民间五五相保,不得容止",即民间五家为一组,互相监督,不准僧人求住。至于因教化民众之需而在民间巡游的僧人,则要求持有州镇维那文移、印牒,否则也将问罪。这种将沙门管理纳入国家规范的做法,不仅未能起到积极作用,相反激发了系列抗争:473年,沙门慧隐谋反,伏诛;481年,又有沙门法秀之乱;490年,沙门司马惠御自言圣王,谋反伏诛。

孝文帝还有禁止过度建寺造塔的诏令,禁断的原因是"无知之徒,各相高尚,贫富相竞,费竭财产,务存高广,伤杀昆虫含生之类"。同样,这项诏令当也是出自冯太后这样的当权者。统治者一方面反对世人兴建福业,造立图寺;另一方面,却又大肆宣扬佛教祥瑞,云"济州东平郡,灵像发辉,变成金铜之色。……有司与沙门统昙曜令州送像达都,使道俗咸睹实相之容,普告天下,皆使闻知"①。

孝文帝年幼之时,即领悟了佛教的慈悲教理。延兴三年(473)十二月,他捕获的鸳鸯悲鸣不已,孝文帝遂下诏禁断鸷鸟,不得蓄养。承明元年(476)八月,孝文帝受太后旨意于永宁寺设太法供,度良家男女一百多人为僧尼。孝文帝亲为之剃发,施以僧服,令修道戒,资福于显祖。是

---

① 《魏书》卷一一四《释老志》,第3038页。

月,又诏起建明寺。此年十月,孝文帝行幸建明佛寺,大赦罪人。太和元年(477)二月,孝文帝又幸永宁寺设斋,赦死罪囚。三月,又幸永宁寺设会,请僧行道,听闻讲经,命中、秘二省与僧徒讨论佛义,施僧衣服、宝器有差。太和三年(479),孝文帝在方山太祖营垒之处建思远寺,寺主为继昙曜为沙门统的僧显。太和四年(480)春,孝文帝又罢蓄鹰鹞之所,诏以其地为报德寺。太和五年(481)四月,孝文帝行幸方山,在此建造寿陵永固石室,并立碑称颂文明皇太后的功德。太和七年(483)五月,孝文帝幸武州山石窟佛寺。太和八年(484)延兴年初期七月,孝文帝又幸方山石窟寺,这些活动均见载于《魏书》卷七《高祖纪》。

由于统治者的积极态度,延兴年初期至太和年中期,京城内新旧寺院100所,僧尼2 000余人;四方诸寺6 478所,僧尼77 258人,显示出恢复佛教后的蓬勃生机。太和十年(486)冬,有司上奏,指出原来曾有过沙汰沙门的情况,针对僧界出现的为逃避输课而出家的假和尚,寺院进行自检,将行精勤者留在寺中,而行为粗鄙者,不管有籍无籍,悉罢归齐民。现在寺院又有鱼龙混杂现象,故有司"依旨简遣,其诸州还俗者,僧尼合一千三百二十七人"①,表明在出家人中有相当的违法者或破戒者。

太和十四年(490),文明皇太后逝世,孝文帝开始亲政。据《魏书》卷七《高祖纪》记载,太和十五年(491)四月,孝文帝始进蔬食。蔬食是佛教持戒行为,表明孝文帝对佛教教理有了自觉践履。同年八月,孝文帝移道坛于桑干之阴,改名崇虚寺。太和十六年(492)春,孝文帝诏祀唐尧于平阳,虞舜于广宁,夏禹于安邑,周文于洛阳。又改谥宣尼曰"文圣尼父",告谥孔庙。同年又下诏,"四月八日、七月十五日,听大州度一百人为僧尼,中州五十人,下州二十人,以为常准,著于令"②。太和十七年(493),又诏立《僧制》47条。

这一年八月,孝文帝带兵南伐,九月到达洛阳。在洛阳观洛桥,幸太

---

①②《魏书》卷一一四《释老志》,第3039页。

学,观《石经》,并做出了一个重大决策——迁都。太和十八年(494)二月,孝文帝回归平城,昭示天下,十月迁都洛阳。据《资治通鉴》卷一三八所述,迁都的原因主要在于孝文帝认为北方是用武之地,想要移风易俗实现文治非常难,因此希望大举迁徙,进入中原。这与其后采取系列措施实行汉化的思想是吻合的:代人迁至河南,迁至洛阳的人死后归葬邙山,不准回北地;禁止使用鲜卑族的服装和语言。孝文帝对中原文化很是推崇,他迁都第二年即太和十九年(495)四月,行幸鲁城,亲祀孔子庙,诏拜孔氏四人、颜氏二人为官;诏选诸孔宗子一人,奉崇圣侯,邑百户,以奉孔子之祀;又诏兖州为孔子起园柏,修饰坟垅,更建碑铭,褒扬圣德。太和二十年(496)又"诏改姓为元氏"①。北魏统治者改变了昔日武功之路,而效仿汉人文治之道。

　　孝文帝迁都后对佛教制定了相应的措施:"城内唯拟一永宁寺地,郭内唯拟尼寺一所,余悉城郭之外",事载《魏书·释老志》中所记神龟元年(518)冬,司空公、尚书令、任城王元澄的奏书中。这或许与迁都后百废待兴,远比造寺的需要来得急切的考虑有关。但这项规定显然没能延续下去,因为此奏书已指出,景明初年出现少许犯禁的事实。

　　太和十九年(495)四月,孝文帝行幸徐州白塔寺,此寺驻锡为僧嵩法师,而孝文帝对《成实论》颇多玩味②。僧嵩是罗什弟子,宋代弘扬《成实》的大家,僧渊为其弟子,亦以《成实》擅名。僧渊所在徐州白塔寺,遂为弘扬《成实》的重镇。渊弟子道登、惠纪并以《成实》见重魏主,知名北土。沙门道登,雅有义业,为孝文帝眷赏,恒侍讲论,孝文帝呼其为师。二十年(496)道登卒,孝文帝甚悼惜之,诏施帛千匹,又设一切僧斋,并命京城七日行道。慧纪兼通数论,亦为孝文帝敬重,其卒后,孝文帝有《帝为僧纪法师亡施帛设斋诏》,载《广弘明集》卷二四。

————————
① 《魏书》卷七《高祖纪》,第179页。
② 道宣:《广弘明集》卷二《归正篇·魏书释老志》,《大正藏》第52卷,第104页上。

又有西域沙门名跋陀，有道业，深为孝文帝所敬信，诏少室山阴立少林寺而居之，供给衣供。其弟子慧光，尤为魏末义学大师。此外，沙门道顺、慧觉、僧意、慧纪、僧范、道弁、惠度、智诞、僧显、僧义、僧利，并以义行知重于时，得到孝文帝重视。其中，僧意住泰山朗公谷寺；僧显为方山思远寺主，孝文敕为沙门统；僧义为平城皇舅寺主，孝文帝敕为都维那。这些人不少是义学大家，对北魏佛教的思想起过重要作用。如慧纪与道登、昙度同为僧渊弟子，僧渊是罗什门下彭城僧嵩之弟子，僧嵩精通《成实》、《毗昙》，僧渊从之受学，亦有声名。慧纪通数论；道登从僧渊受学，善《涅槃》、《法华》及《成实》、《胜鬘》；昙度从渊受《成实》，兼善《涅槃》、《法华》、《维摩》、《大品》，所撰《成实义疏》八卷，盛行北土。因此，北魏义学经孝文帝的扶持，逐渐光大。

太和二十一年(497)五月，孝文帝下诏赞扬罗什法师的道行，下诏在其常住寺的遗迹兴建三级浮图；另就鸠摩罗什又被强制娶妻一事，察访是否还有他的后人存在，准备授予官位，给以优遇。时有关管理僧务的本是监福曹，孝文帝改名为"昭玄曹"。

据《广弘明集》卷二四记载，北魏孝文帝有《褒扬僧德诏》七首。除了上述提及的《帝为僧纪法师亡施帛设斋诏》，其他六首分别是《帝以僧显为沙门都统诏》、《帝立僧尼制诏》、《帝听诸法师一月三入殿诏》、《帝令诸州众僧安居讲说诏》、《赠徐州僧统并设斋诏》、《岁施道人应统帛诏》，从中可知他亲近僧人，并出于对佛教教理的热衷，从事了不少佛事活动，包括斋会、讲经、安居等。或许孝文帝把佛教当成了一种教化形式，故而有此积极态度。他还在洛阳兴建了永宁寺，并把为文明皇太后所建的报德寺移到洛阳，以此安定北方人的精神寄托。而云冈石窟在他统治时期亦得到扩建。

据《魏书》卷七《高祖纪》记载，孝文帝雅好读书，史传百家，无不该涉，又善谈《庄》、《老》，尤精释义，文章、箭术均能胜任。他少善射，射杀禽兽，随心所欲，但年十五便不复杀生，涉猎之事悉止。性俭素，常服澣濯之衣,鞍勒铁木而已,这与他受佛教思想熏陶不无关系。

7. 宣武帝元恪与佛教

孝文帝于太和二十三年(499)四月驾崩,时年三十三。其第二子元恪即位,史称"宣武帝"。据《魏书》卷八《世宗纪》记载,元恪雅爱经史,尤长释氏之义,每至讲论,连夜忘疲。《魏书·释老志》亦云其笃好佛理,每年常于禁中亲讲经论,广集名僧,标明义旨;沙门条录,为《内起居》。这是效仿《起居注》,记录讲会。

宣武帝即位的景明年间,建造景明寺。据《洛阳伽蓝记》卷三记载,此寺"东西南北方五百步。前望嵩山、少室,却负帝城。青林垂影,绿水为文,形胜之地,爽垲独美"①。宣武帝对佛教建筑的创举,是在景明初年(500),诏示大长秋卿白整,以大同灵岩寺石窟即云冈石窟为准,在洛阳南方的伊阙山,为孝文帝及其皇后以及宣武帝之母文昭皇太后,营造石窟二所,即是龙门石窟。初建之始,计划窟顶去地三百一十尺,至正始二年(505)中,始改作开山二十三丈,但大长秋卿王质仍然认为石窟太高,费功难就,奏求下移就平,去地一百尺,南北一百四十尺。永平中,中尹刘腾又上奏为宣武帝造一个石窟,这样一共有三所。从景明元年(500)至正光四年(523)六月,一共花费 802 366 的人工劳动。

宣武帝还兴建瑶光尼寺,这是皇室内眷和名门淑媛聚集修道的场所。五层浮图去地五十丈。仙掌凌虚,铎垂云表,作工之妙,堪美永宁寺。讲殿尼房,五百余间。绮疏连亘,户牖相通,珍木香草,不可胜言。据《洛阳伽蓝记》卷一记载,瑶光寺是"椒房嫔御,学道之所,掖庭美人,并在其中。亦有名族处女,性爱道场,落发辞亲,来仪此寺。屏珍丽之饰,服修道之衣,投心八正,归诚一乘"②之所。永安三年(530),尔朱兆侵入洛阳,纵兵大掠,有胡骑入寺淫乱,传为"洛阳女儿急作髻,瑶光寺尼夺作

---

① 杨勇校笺:《洛阳伽蓝记校笺》,第124页,北京,中华书局,2006。
② 同上书,第47页。

婿",自此颇获讥讪。

景明二年(501),天竺昙摩流支来朝,在白马寺为宣武帝译出《如来入诸佛境界经》二卷。正始元年(504),又译出《信力入印法门经》五卷。正始四年(507),又译出《金色王经》一卷。永平元年(508),勒那摩提在洛阳译出《十地经论》、《宝积经论》等,凡五部二十四卷,被尊为地论师相州南派之祖。

宣武帝崇尚佛教,因此带动了国家佛教的发展。至延昌中(512—515),天下州郡僧尼寺,共有13 727所,徒侣逾众。不过,由于僧众人数增多,相应地也引发了管理困难,致使僧众中出现大量鱼龙混杂现象。永平元年(508)秋,宣武帝下诏,要求"众僧犯杀人已上罪者,仍依俗断,余犯悉付昭玄,以内律僧制之";永平二年(509)正月,出现了沙门刘惠汪的叛乱;同年冬,沙门统惠深上言,要求加强僧尼二部的管制。他提出了八点建议①:第一,诸州、镇、郡维那,上坐、寺主,各令戒律自修,咸依内禁,若不解律者,退其本次。第二,出家之人,不应犯法,积"八不净物";然经律所制,通塞有方;依律,车牛净人,不净之物,不得为己私蓄;唯有老病年六十以上者,限听一乘。第三,比来僧尼,或因三宝,出贷私财,缘州外。第四,出家舍着,本无凶仪,不应废道从俗;其父母三师,远闻凶问,听哭三日;若在见前,限以七日。第五,或有不安寺舍,游止民间,乱道生过,皆由此等;若有犯者,脱服还民。第六,其有造寺者,限僧五十以上,启闻听造;若有辄营置者,处以违勅之罪,其僧寺僧众摈出外州。第七,僧尼之法,不得为俗人所使;若有犯者,还配本属。第八,其外国僧尼来归化者,求精检有德行合三藏者听住;若无德行,遣还本国;若其不去,依此僧制治罪。对此,宣武帝表示赞同。

如果说孝文帝是好《老》、《庄》、重儒学,旁及佛学;宣武帝时,则以佛学为重。永平二年(509)十月,宣武帝在式乾殿为诸僧、朝臣讲《维摩

---

① 《魏书》卷一一四《释老志》,第3040—3041页。

诘经》。

永平三年(510)冬,宣武帝又将恒农荆山所造珉玉丈六佛像一尊迎置于洛滨之报德寺,躬观致敬。这一年还发生了秦州沙门刘光秀谋反事件。如前所述,永平四年(511)夏,宣武帝下诏,要求将国内的僧祇户制度纳入世俗管理之中,禁止僧团擅自运作,并将不法分子依僧律进行处罚。沙门为乱事件其后还有发生:延昌三年(514)十一月,幽州沙门刘僧绍聚众反,自号"净居国明法王";翌年六月,又有沙门法庆聚众反于冀州,自称"大乘"。

8. 孝明帝元诩与佛教

延昌四年(515)正月,宣武帝驾崩,其第二子元诩即位,史称"孝明帝"。二月皇后高氏为皇太后,宣武帝之嫔胡氏为皇太妃。三月高氏出俗为尼,居瑶光寺,非大节庆不入宫中。其卒后,丧还瑶光寺,殡葬皆以尼礼。八月,胡氏尊为皇太后,即灵太后。她于九月亲览万机,临朝行政。群臣上书皆称"陛下",自亦称"朕",俨然是君临天下之姿态,而孝明帝无疑成了傀儡,以致母子之间矛盾不断。

灵太后与佛教颇有因缘。她性聪悟,多才艺,其父胡珍国奉佛,其姑亦为尼,受此影响,她小时即略得佛经大义。熙平元年(516),她兴建永宁寺,亲率百僚,表基立刹。据《洛阳伽蓝记》卷一记载,永宁寺"殚土木之功,穷造形之巧,佛事精妙,不可思议,绣柱金铺,骇人心目。至于高风永夜,宝铎和鸣,铿锵之声,闻及十余里"[①]。永宁寺之华美壮丽,令人叹为观止。由于上层统治阶级的好尚,这一时期官私寺塔,其数甚众。同年,又诏遣沙门惠生使西域,采诸经律。惠生正光三年(522)冬还京师,所得经论170部。

灵太后摄政期间,北魏佛教发展达到了顶点。据《洛阳伽蓝记》卷三《景明寺》记载:"时世好崇福,四月七日,京师诸像,皆来此寺。尚书祠曹

---

① 杨勇校笺:《洛阳伽蓝记校笺》,第12页。

录像凡有一千余躯。至八日,以次入宣阳门,向阊阖宫前受皇帝散花。于时金花映日,宝盖浮云,幡幢若林,香烟似雾。梵乐法音,聒动天地。"①以致西域胡僧见此,唱言此处即"佛国"。

熙平二年(517),灵太后行幸龙门石窟寺。由于沙门叛乱事件时有发生,这年春,灵太后下诏,首先命令对度僧人数加以限制,大州300人,中州200人,小州100人,由沙门统及维那与官吏共同行使权力,以选拔有修行的僧人;若选拔不当,则刺史首当其冲,其下太守、县令、纲寮等地方官员都须连坐受罚,沙门统、维那也须流放五百里外的州郡,并罢免其官职。其次,禁止奴婢出家,诸王及亲贵亦不得为之托辞,有犯者以违旨论。如果有僧尼私度他人奴婢者,亦流放五百里外为僧。严禁僧尼将所养的亲族或他人奴婢之子中年纪大的私度为僧。违犯者令其还俗,被养者也须回到他原有的阶级。第三,禁止私度僧。如果寺主听容一人私度,须放逐五百里外;若擅许二人私度,则驱至千里之外。之所以出现私度僧,是因为三长认为罪不及己,故而从今以后,若有一个私度僧,则三长皆以违旨论。邻长为首,里、党各降一等。如果私度僧的人数在县满15人、在郡满30人,则免其长官,僚吏也跟着连坐受罚,私度僧亦须发配州郡服劳役②。虽然有了如此严格的规定,但实施起来未能如意,佛教势力的发展已有不可遏制的势头。

神龟元年(518),司空公、尚书令、任城王澄上奏,指出虽然自孝文帝始,已对佛教建筑有过规定,但景明之初,微有犯禁;宣武帝时,也曾规定城内不造立浮图、僧尼寺舍,虽有禁令,仍有人营建。正始三年(506),沙门统惠深恳请对于那些已经造立的寺院,不要毁坏或迁移,以后再不兴建即是。永平二年(509),惠深等又拟定条律上奏,规定自今后造寺者,必须是住五十僧以上的寺院,经启奏获许后才能动工;若

---

① 杨勇校笺:《洛阳伽蓝记校笺》,第124—125页。
② 《魏书》卷一一四《释老志》,第3042—3043页。

擅自私造，以罪论处，僧尼须摈出州外。但据奏书所述，即便如此规定，依然没能阻挡造寺的狂热。其后十年，私寺甚众。"今之僧寺，无处不有。或比满城邑之中，或连溢屠沽之肆，或三五少僧，共为一寺。……真伪混居，往来纷杂。"①僧寺侵夺佃民，广占田宅，百姓苦不堪言。不少人打着建寺的旗号，谋取私利，把公家的土地明目张胆地据为己有。因此，奏书要求限制造寺，灵太后虽然奏可，但由于不久天下纷争，尔朱荣攻打洛阳，许多贵族在战乱中丧身，他们多舍其居宅以施僧尼，洛阳的宅第几乎全部变成了寺院，因此这项奏书最终成为了一纸空文。

灵太后执掌朝纲，逼幸清河王怿，肆情淫乱，为天下所恶。领军元叉、长秋卿刘腾等乘机奉孝明帝于显阳殿，而幽太后于北宫，于禁中杀怿。时太后从子都统僧敬与备身左右张车渠等，欲复奉太后临朝，事情失败。虽然暗地里母子两人互相嫌隙，但依然维持表面，在群筵上携手以示亲情。后灵太后重新临朝，依然纵欲轻脱，且与孝明帝的矛盾日益尖锐。

据《魏书》卷一三《宣武灵太后胡氏传》记载：时有蜜多道人，能胡语，肃宗置于左右。太后虑其传致消息，三月三日于城南大巷中杀之。大凡孝明帝所亲信的人，灵太后都想方设法除掉。武泰元年（528）二月，年仅19岁的孝明帝突然崩于显阳殿，他的死因成为一团迷雾。灵太后立3岁的临洮王元钊为主。这年四月，太原王尔朱荣带兵造反，灵太后召六宫，皆令入道，孝明皇后胡氏入道后居瑶光寺，太后本人亦自落发。其后，尔朱荣派人拘送灵太后和幼主于河阴，将两人沉入黄河，由太后之妹收葬于双灵佛寺。

9. 孝庄帝元子攸与佛教

灵太后死后，北魏的佛教走向衰落。武泰元年（528）二月，孝明帝驾

---

①《魏书》卷一一四《释老志》，第 3045 页。

崩。大都督尔朱荣与彭城王勰之第三子元子攸相勾结,在河阴立其为帝。

尔朱荣兵权在握,杀害灵太后及幼主、无上王元劭、始平王元子正、丞相高阳王元雍、司空公元钦、仪同三司元恒芝、仪同三司东平王略、广平王悌、常山王邵、北平王元超、任城王元彝、赵郡王元毓、中山王元叔仁、齐郡王元温等,公卿已下二千余人。加之诸王叛乱时有发生,孝庄帝的地位极为不稳。永安三年(530)九月,他下令杀掉尔朱荣、上党王元天穆,以及尔朱荣的儿子仪同三司菩提。十二月,颖川郡开国公尔朱兆等袭击京城,他将孝庄皇帝囚禁于永宁寺,并杀皇子、司徒公临淮王元彧、左仆射范阳王元诲等。不久,尔朱兆又迁孝庄帝于晋阳,在城内的三级佛寺将他杀害,时年二十四;同时遇害的还有陈留王元宽。孝庄皇帝临终之际,犹礼拜佛,愿不为国王,并作五言诗一首,云"权去生道促,忧来死路长;怀恨出国门,含悲入鬼乡。隧门一时闭,幽庭岂复光? 思鸟吟青松,哀风吹白杨;昔来闻死苦,何言身自当!"①其后葬于靖陵,所作五言诗,即为挽歌词。朝野闻之,莫不悲恸。

孝庄帝之后,北魏先后继位的有前废帝元恭、后废帝元朗、出帝元修等,然国势已日趋衰败。永熙三年(534)七月,元修不愿再受权臣高欢节制,遂举兵,失败后投奔宇文泰,十二月为宇文泰所鸩。高欢立元善见为帝,是为东魏孝静帝,迁都于邺;宇文泰立元宝炬,是为西魏文帝,都长安。至此,北魏分裂为东魏和西魏。

10. 北魏诸王与佛教

北魏诸王多与佛教交涉,如东阳王拓跋丕、陈留王拓跋虔、济南王元彧、广阳王元嘉、京兆王元太兴、济阴王元诞、中山王元熙、安丰王元延明、城阳王元鸾及其子元徽、高阳王元雍、北海王元详、彭城王元勰、废太子元恂、京兆王元愉、清河王元怿、广平王元怀、汝南王元悦等。

---

① 杨勇校笺:《洛阳伽蓝记校笺》卷一《永宁寺》,第17页。

东阳王拓跋丕,烈帝第四子武卫将军拓跋谓之玄孙。《魏书》卷一四云其容貌壮伟,大耳秀眉,声气高朗,博记国事。飨宴之际,恒居坐端。《辨正论》卷四载拓跋丕与王公学士、大德名僧研味佛理,抗音大言,对众人说:"佛教冲洽,非儒墨者所知。"①

陈留王拓跋虔,昭成子纥根之子。尚武,膂力绝伦。据《辨正论》卷四记载,"自小出家,虚心慕道。其后归俗,不废习真。虽干政事,颇敦胜业"②。

济南王元或,字文若,太武五王之一临淮王拓跋谭之曾孙。其父元昌,世宗时复封临淮王,未拜而薨,赠齐州刺史,谥曰"康王",追封济南。或诏封济南王,少有才学,与从兄安丰王元延明、中山王元熙,并以宗室博古文学齐名。《魏书》卷一八载其姿制闲裕,吐发流靡,时人为之语曰:"三王楚琳琅,未若济南备圆方。"元或信奉释氏,《辨正论》卷四云其"至于口诵金言,心期净王,持斋菜食,护法敬僧,无以加也"③。又云其"六斋之日,恒设净供,献佛饭僧,俸禄所资,多入经像"④。尔朱荣入洛后,元或投奔萧衍,颇为萧衍器重。时奔叛者皆称魏为伪,唯元或上表启常云,"魏临淮王"。萧衍体或雅性,也不以为责。

广阳王元嘉,太武五王之一广阳王拓跋建之子,少沉敏,喜愠不形于色,兼有武略。据《辨正论》卷四记载,他"读一切经凡得三遍,造爱敬寺以答二皇,为众经抄一十五卷,归心委命,志在法城"⑤。

京兆王元太兴,景慕十二王拓跋子推之子。据《魏书》卷一九本传所记,初,元太兴遇患,请诸沙门行道,所有资财,一时布施,乞求病愈,名曰"散生斋"。及斋后,僧皆四散,有一沙门方云乞斋余食。元太兴戏之,后生悔心,于佛前乞愿,若此病得愈,即舍王爵入道。未几便愈,遂上表请

---

①③ 法琳:《辨正论》卷四,《大正藏》第 52 卷,第 514 页下。
②⑤ 同上书,第 515 页上。
④ 同上书,第 515 页上。注:《辨正论》此处记载有误,将或之事迹附会于"琅玡王诵"。经查,北魏时无"琅玡王诵"。倒是在《魏书》卷一八介绍济南王或时,云"琅玡王诵有,名人也,见之(指或)未尝不心醉忘疲",想必是混淆两人所致。

为沙门,更名"僧懿",居嵩山,太和二十二年(498)终。

济阴王元诞,字昙首,景慕十二王济阴王小新成之子拓跋鬱之弟子。据《魏书》卷一九本传所记,曾有沙门为元诞采药,可知济阴王元诞与僧人交接。但是,元诞之习性却无半点佛教的慈悲,他袭爵为齐州刺史,在州贪暴,牛马骡驴,无不逼夺;家之奴隶,悉迫娶良人为妇,堪称一州祸害。

中山王元熙,字真兴,景慕十二王南安王元桢之孙。好学,俊爽有文才,声著于世,然轻躁浮动。据《辨正论》卷四记载,他与安丰王元延明(文成五王之一安丰王猛之子),并以宗室俱立道场,斋讲相续。尝以香汁和墨,写《华严经》一百部,素书《金字华严经》一部。

城阳王元鸾,字宣明,景慕十二王城阳王拓跋长寿之子。以武艺著称,历仕高祖、世宗朝。据《魏书》卷一九本传记载,元鸾爱乐佛道,修持五戒,不饮酒食肉,积岁长斋,缮起佛寺,劝率百姓,共为土木之劳,公私费扰,颇为民患。元鸾子元徽立宣忠寺。

安丰王元延明,文成五王之一安丰王拓跋猛之子。博极群书,兼有文藻。鸠集图籍,万有余卷。性清俭,不营产业,与中山王元熙及弟济南王元彧等,并以才学令望,有名于世。其参佛事迹参见"中山王熙"条。

广陵王元羽,字叔翻,献文六王之一。尝立龙华寺。

高阳王元雍,字思穆,献文六王之一。他与北海王元详一起,"虚襟佛理,崇信法桥,造像书经兴立塔寺,写一切经一十二藏"[①]。另据《洛阳伽蓝记》卷三记载,洛阳有高阳王寺,是高阳王元雍之宅,在津阳门外三里御道西,可知他舍宅为寺。元雍贵极人臣,富兼山海,生活奢豪,一食以数万钱为限。其为尔朱荣所害后,诸伎悉令入道。

北海王元详,字季豫,献文六王之一。尝立追圣寺,事载《洛阳伽蓝

---

① 法琳:《辨正论》卷四,《大正藏》第52卷,第514页下。

记》卷三。

彭城王元勰,字彦和,献文六王之一。《辨正论》卷四云其:"法门大启,佛事广兴,修造伽蓝,创建灵塔"①。明悬尼寺即为元勰所立,在建春门外石楼南,事载《洛阳伽蓝记》卷二。

废太子元恂,字元道,孝文五王之一。据《魏书》卷二二记载,元恂在困踬,颇知咎悔,恒读佛经,礼拜归心于善。

京兆王元愉,字宣德,孝文五王之一。据《魏书》卷二二记载,元愉好文章,颇著诗赋。时引才人宋世景、李神儁、祖莹、邢晏、王遵业、张始均等,共申宴喜。招四方儒学宾客严怀真等数十人,馆而礼之。元愉所得穀帛,率多散施。又崇信佛道,用度常至不接。

清河王元怿,字宣仁,孝文五王之一。博涉经史,兼综群言,有文才,善谈理。他与汝南王元悦对释法贞"并折腰顶礼,谘奉戒训",事载《续高僧传》卷六。河清王元怿还舍宅立冲觉寺,事载《洛阳伽蓝记》卷四。此外,景乐寺也是河清王元怿所立。因是尼寺,男人不得随便进入。河清王卒后,寺禁稍宽,后其弟汝南王元悦加以复修,汇聚世间奇异之物,令人眼花缭乱,事载《洛阳伽蓝记》卷一。另据《华严经传记》卷一所载,清河王元怿还受灵太后之敕,安置法师释灵辨于式乾殿楼上。释灵辨,太原晋阳人。演义释文,穷微洞奥,造《华严论》。为灵太后延请,夏则讲《华严》,冬则讲《大品》。

但清河王元怿反对僧人以术惑众。肃宗时,有沙门惠怜者,自云咒水饮人,能差诸病。病人就之者,日有千数。灵太后诏给衣食,事力优重,使于城西之南,治疗百姓病。元怿上表谏道:"臣闻律深惑众之科,礼绝妖淫之禁,皆所以大明居正,防遏奸邪。昔在汉末,有张角者,亦以此术荧惑当时。论其所行,与今不异。遂能诖诱生人,致黄巾之祸,天下涂炭数十年间,角之由也。昔新垣奸,不登于明堂;五利侥,终婴

---

① 法琳:《辨正论》卷四,《大正藏》第 52 卷,第 514 页下。

于显戮。"①在北魏诸王中,清河王元怿与任城王元澄均对佛教的认识较为清醒。

广平王元怀,孝文五王之一。舍宅立平等寺。

汝南王元悦,孝文五王之一。好读佛经,且断酒肉,粟稻唯食麦饭。又与善左道的崔延夏交游,合服仙药松术之属。然其性难测,捶挞妃妾,虽绝房事而更好男色,可知对佛教精神并未真正领悟。

二、东魏孝静帝元善见与佛教

东魏从534年至550年,只经历了孝静帝元善见一代,共17年。

永熙三年(534)十月,权臣高欢拥立年仅11岁的元善见为帝,史称"孝静帝",改元天平元年(534),定都邺(今河南临漳西)。大量的僧尼也随之前往邺城,这无疑需要新的寺院来满足他们的需要。元象元年(538),孝静帝发出敕令,禁止新造寺院,这与旧城内喜舍之风盛行,许多贵族舍宅为寺有关。冬天,孝静帝又下诏,禁止牧守令长造立寺院,违者以枉法论。兴和元年(539),邺城的新宫竣工,翌年孝静帝迁至新宫,并下令将邺城旧宫改作天平寺。居住在这座国立寺院的是真玉法师,他本姓董,青州益都人,出家后,甚有才学,天保年间为北齐文宣王所重。

据《辨正论》卷四所载,在"十代奉佛篇"所列奉佛者中,有孝静帝之父"清河王亶"之名。而关于孝静帝与佛教的关系,《魏书》本纪中并无记录。但在《北齐书》卷二四《杜弼传》中,有一段孝静帝与杜弼关于佛教教理的对话②。孝静帝向杜弼请教,佛经中所说的佛性、法性,是一还是二的关系?杜弼回答说,佛性、法性,只是一个道理。孝静帝表示疑问,杜弼解释道:无论是佛性,还是法性,体性只有一,故不说二。就其性这个本体而言,法性与佛性没有宽泛与狭窄之分,而是恒寂不变。孝静帝点

---

① 《魏书》卷二二《清河王怿传》,第592页。
② 《北齐书》卷二四《杜弼传》,第348页,北京,中华书局,1972。

头称善。并将其引入经书库,赏赐给他《地持经》一部,帛一百匹。杜弼自云是京兆杜陵人,性好名理,尝著《老子道德经》二卷、《庄子惠施篇》、《易上下系》(又名《新注义苑》)。且因对佛理有着精湛研求,故相信人死还生,有轮回,尝就此与邢邵展开反复争论,今《北齐书》卷二四有载。

武定六年(548)四月八日,孝静帝集名僧于显阳殿讲说佛理,杜弼与吏部尚书杨愔、中书令邢邵、秘书监魏收等并侍法筵。孝静帝敕令杜弼升师子座,当众敷演。昭玄都僧达及道顺,都是当时僧界俊杰,他们与杜弼问难往复数十番,都不能令其折服,事载《北齐书》卷二四。昭玄都僧达,本姓李,上谷人,15岁出家,师从勒那三藏学《十地经论》,又从慧光受菩萨戒。梁武帝闻其大名,敕令殷钧将其延入重云殿,从早至晚,连续七晚梁武帝与之连席,听其宣讲,深为折服,从其受菩萨戒,誓为弟子,并敕其住同泰寺,降礼供奉,以其和鸾法师俱是"肉身菩萨"①。僧达后还魏,魏废帝又从之受菩萨戒。北齐文宣王亦对僧达特加殊礼,为其在林虑山黄华岭下兴建洪谷寺,又舍神武旧庙造定寇寺,供其居住。僧达讲《华严》、《四分》、《十地》、《地持》等经,特善论议,知名南北。

据《魏书·释老志》所载,世宗以来至武定末,沙门知名者有惠猛、惠辨、惠深、僧暹、道钦、僧献、道晞、僧深、惠光、惠显、法荣、道长,并见重于当世。惠猛,本姓阴,敦煌人,为高祖孝文帝所重,曾为昭玄曹都维那。惠深、僧暹均曾为沙门统。

东魏佛教还值一提的是,杨衒之于武定五年(547)著述《洛阳伽蓝记》。杨衒之,北平人,元魏末为秘书监。由于《广弘明集》卷六将"杨"写作"阳"字,日本学者据此认为他的姓应是"阳"氏②。在《序》中,杨衒之表明了写作此书的动机,是因为故地重游,感叹洛阳的变迁,"京城表里,凡有一千余寺,今日寮廓,钟声罕闻。恐后世无传,故撰斯记。"③河阴一役,

---

① 道宣:《续高僧传》卷一六《习禅篇·僧达传》,《大正藏》第50卷,第553页中。
② [日]镰田茂雄:《中国佛教通史》第3卷,第411页。
③ 杨勇校笺:《洛阳伽蓝记校笺》之《洛阳伽蓝记序》,第1—2页。

曾经繁华无比的洛阳顿成灰烬,城内那些数量众多、豪华壮丽的佛寺亦未能幸免。但经历过的人却在目睹现在的凄凉状况时,愈加有了记录曾经辉煌的意愿,这就是杨衒之写作的缘由。杨衒之之所以撰写此书,目的还在于揭露佛教浪费百姓资财,因此他的名字被列入《广弘明集》卷六《辩惑篇》之"叙列代王臣滞惑解"中。但他客观的描述,却使北魏佛教曾经兴盛的场面历历再现。据《魏书·释老志》记载,北魏发展至东魏,有佛经415部、合1919卷、僧尼大众200万、寺宇3万多。

早在天平元年(534)二月,永宁寺九层浮图遇火灾时,议论的人就断言,魏国的统治不长。武定八年(550)四月,齐王高洋逼迫东魏孝静帝逊位,改元天保元年,封孝静帝为"中山王"。次年,杀之,时年二十八。东魏只经历一代帝王,就结束了它的历史。

三、北齐诸帝与佛教

北齐从550年至577年,共历六帝,28年。其中文宣帝高洋统治时期,邺都的佛教出现了极为兴盛的局面。此后随着国势的衰微,佛教的发展势头逐渐趋弱。

1. 文宣帝高洋与佛教

北齐政权是在东魏禅让的方式下建立的。高洋之父高欢辅佐东魏孝静帝,天统元年(565)被追尊为齐高祖,即神武皇帝。关于高欢与佛教的关系,《北齐书》卷二《神武帝纪》云其天平元年(534)七月入洛阳,曾停于永宁寺;兴和四年(542)十一月,高欢疾笃,对其子高澄推荐道人潘相乐。另在《北齐书》卷三三《萧明传》中记载了太清一战,梁武帝长兄长沙王萧懿之子萧明被俘,高欢之子高澄以高欢与梁武帝因佛教结下友好外交关系相安慰。高欢死后,高澄喜才名之士,多网罗门下,成为宾客。并以权臣身份,挑衅其弟高洋,辱骂之为"狗脚朕"[1]。武定七年(549)八月,

---

[1] 《北齐书》卷三《文襄帝纪》,第36页,1972。

高澄遇盗被杀,时年二十九。天保元年(550)被追尊为世宗,即文襄皇帝。

高洋以禅让方式取代东魏,建立北齐,史称"文宣帝"。文宣帝早在幼年时期,即与僧人有过交往。据《北齐书》卷四《文宣帝纪》记载:晋阳有沙门,乍愚乍智,时人不测,呼为"阿秃师",他以手指天,预测高洋将为天子,后果应验。

高洋即位后的六月,诏封崇圣侯邑一百户,以奉孔子之祀,并下鲁郡以时修治庙宇,务尽褒崇之至。诏分遣使人致祭于五岳四渎,其尧祠舜庙,下及孔父、老君等载于祀典者,咸秩罔遗。八月,又诏郡国修立黉序,广延髦隽,敦述儒风。其国子学生亦仰依旧铨补,服膺师说,研习《礼》经。往者文襄皇帝所建蔡邕石经52枚,即宜移置学馆,依次修立。这些均表明高洋对儒家治世的统治策略的推崇。

文宣帝在位期间,对僧人表示出礼敬的态度。天保二年(551),文宣帝下诏,敕定州禅师僧稠赴邺,教化群生。时文宣亲自出郊迎请,入内殿宣讲佛理。僧稠为之说三界本空,国土亦然,荣华世相不可常保,并为之广说"四念处"法。文宣听了,即受禅道。以后又因多次承其教诲,对其敬重弥笃,从其受菩萨戒法。僧稠禅慧通灵,戒行标异,文宣帝受其影响很大,曾对僧稠说自己想成为外护檀越。天保三年(552),文宣帝又下敕在邺城西南八十里的龙山之阳为僧稠构造云门寺,请其居住,并敕任石窟大寺主,供养隆重。并敕国内诸州,别置禅肆,下令达解念慧者就僧稠受学,供给丰厚。又下令国家储备分为三份:供国、自用,以及分给"三宝"。

天保五年(554)正月,文宣帝向秀才樊逊问及佛、道二教,樊逊有答书,事载《北齐书》卷四五中,这是根据文宣帝的《议沙汰释李诏并启》而作的呈辞。文宣帝的书启,《广弘明集》卷二四《僧行篇》有载。文宣帝先陈述了自己对佛、道二教的认识,如道教重视轻举成仙,有尸解之说;而佛教重视涅槃寂灭,明因果报应。接着指出不少人委亲遗累,弃国忘家,皈依教门,致使道观、佛寺遍于境内,"缁衣之众,参半于平俗;黄服之徒,数过于正户",造成"国给为此不充,王用因兹取乏"①,给国家财税带来严重损失。因此,文宣帝表示虽然有择其正道、蠲其左术的想法,但中途沙汰实在难以决断,于是敕令臣下就此作答。

樊逊的答书认为,道教所谓得道成仙,皆是虚妄之谈;而佛教理本虚无,也只是为了方便说教。妖妄之辈,苟求出家,他们除了形貌上有改变外,其他与俗人无异,致使道风下坠。再者,史书也未见三世之辞,无闻一乘之旨。因此,他建议"帝乐王礼,尚有时而沿革;左道怪民,亦何疑于沙汰"②。意思是帝王崇尚王礼,尚且根据时机进行改革,对于左道怪民,不必有疑不能沙汰。可知樊逊主张两教中若有不法分子,一律沙汰。

但文宣帝并未采纳群下的意见,他的做法是对道教进行了严格控制,而对佛教一如既往地支持。今《广弘明集》卷四收录有北齐文宣帝的《废李老道法诏》,云道士陆修静闻梁武帝舍道入佛,不甚其愤,叛入北齐,散财揽士,冀以复兴道法,文宣帝深受迷惑,于天保六年(555)九月下诏,敕沙门与道士对阵,互相较量。结果道士落败,于是文宣帝有诏,自此禁断道教,一心奉佛。

这段记载由于有陆修静的参与,被认为是伪作。因为陆修静(406—477)生于晋末,卒于刘宋泰始年间,绝不可能进入北齐,而有与沙门较量一事。估计是文宣帝对佛、道二教截然不同的态度,激起了道教徒的不满,而佛教信徒又自以为得意而敷演出如此之说。

文宣帝时,法上任昭玄统;经法上推荐的僧人僧嵩、灵裕等,得到文宣的礼敬。僧嵩在徐州被任命为长年僧统。灵裕这位有名的义解僧专攻《华严》、《涅槃》、《地论》、《律部》,博寻旧解,穿凿新异,又作《大集》、《般若》、《观经》、《遗教》等疏,有无碍辩才,而守节自专,故被邺都人士尊

---

① 道宣:《广弘明集》卷二四《僧行篇·议沙汰释李诏并启》,《大正藏》第52卷,第573页下。
② 《北齐书》卷四五《樊逊传》,第612页。

为"裕菩萨",从其受戒者众多。昭玄诸统推举灵裕为法主,文宣帝敕住官寺,供给隆重。

由于文宣帝的支持,天保年间不仅盛弘讲席,真玉、道慎等大批僧人即席谈叙,而且还邀请北天竺僧人那连提黎耶舍等翻经。据《续高僧传》卷二《译经篇·那连提黎耶舍》记载,天保七年(556),那连提黎耶舍来到邺都,文宣帝致以殊礼,安置天平寺中,请为翻经,为之建道场,供给珍妙,别立厨库,以表尊崇,又将殿内梵本一千余夹,送到寺院。并诏昭玄大统沙门法上等二十余人,监掌翻译,沙门法智、居士万天懿传语。初翻众经有五十余卷,文宣帝躬礼梵本,对群臣说:"此乃三宝洪基,故我偏敬"①,其奉信推诚如此。不久,耶舍被授昭玄都,俄转为沙门统。

文宣帝还兴建了很多佛寺,如前所述云门寺,以及文宣为僧达所立洪谷寺、定寇寺。天保九年(558)十二月,文宣帝诏起大庄严寺。据《续高僧传》卷一〇《义解篇·靖嵩传》记载:"高齐之盛,佛教中兴,都下大寺略计四千,见住僧尼仅将八万,讲席相距二百有余,在众常听出过一万。故宇内英杰,咸归厥邦。"②可知,北齐时期衰落的洛阳佛教再次在邺都达到了兴盛。

时有从梁入齐者如陆法和,因传说有能预知吉凶的奇术,受到文宣帝的礼待,被任命为大都督十州诸军事、太尉公、西南道大行台。

据《魏书》卷四《文宣帝纪》所载,文宣既征伐四克,威震戎夏,六七年后,以功业自矜,留连沉湎,肆行淫暴,成了一个不折不扣的昏君。他通宵达旦地歌舞作乐,或纵马奔驰于大街小巷。又喜杀戮,或令人支解,或焚之于火,或投之于河,甚至逼幸文襄敬皇后。但就是这样一个狂躁之君,却也因对佛教的支持,其思想多少受到一些影响:

天保七年(556)五月,文宣帝下诏以肉为断慈,遂不复食。这与天保

---

① 道宣:《续高僧传》卷二《译经篇·那连提黎耶舍传》,《大正藏》第50卷,第432页下。
② 道宣:《续高僧传》卷一〇《义解篇·靖嵩传》,《大正藏》第50卷,第501页中。

四年(553)他北讨契丹时,露头袒膊,昼夜不息,行千余里,唯食肉饮水,壮气弥厉的姿态是不同的。天保八年(557)四月,文宣又下诏,诸取虾蟹蚬蛤之类,悉令停断,唯听捕鱼。乙酉,又诏公私鹰鹞,俱亦禁绝。同年八月,又诏丘、郊、禘、袷、时祀,皆仰市取,少牢不得剖割,有司监视,必令丰备;农社先蚕,酒肉而已;雩、禖、风、雨、司民、司禄、灵星、杂祀,果饼酒脯,唯当务尽诚敬,义同如在。九年(558)二月,又诏限仲冬一月燎野,不得他时行火,损昆虫草木。这一年四月,天大旱,文宣帝以祈雨不应,毁西门豹祠,掘其冢。山东大蝗,差夫役捕而坑之。看来,关系到国家民生的大事,文宣也顾不得不杀生的戒律了。

天保十年(559)春正月,文宣帝行幸辽阳甘露寺。二月丙戌,帝于甘露寺禅居深观,唯军国大政奏闻。文宣帝能够禅居,当与前所述僧稠等禅师的影响分不开,而究其奉佛,还与神武从子上洛王高思宗之子高元海的影响有关。高元海为散骑常侍,却言愿处山林,修习佛典。文宣帝表示同意。元海入山林二年后,由于不能坚守原来的志向,又乞求还归,重新享受声色犬马的生活。此人假装仁慈,不饮酒啖肉,但最终却谋逆取亡。据《北齐书》卷一四《高元海传》记载,"文宣天保末年敬信内法,乃至宗庙不血食,皆元海所谋。"①可知,高元海对文宣帝的行为是给予影响的人物之一。

晚年的文宣帝思想陷入狂乱,每言见鬼物,亦云闻异音声。因此多加杀戮,诸元宗室咸加屠剿,永安、上党并致冤酷,高隆之、高德政、杜弼、王元景、李蒨之等皆以非罪加害。其滥杀无辜,不可胜纪。又大兴土木,且赏赐无节制,令国库空虚。如此喜怒无常的昏庸,令皇太后、诸王、朝臣颤栗忧惧,惶悚无计。天保十年(559),文宣帝暴卒,时年三十一。

文宣帝时代,值得一提的还有魏收及其所著《魏书》。魏收,字伯起,小字佛助。其父魏子建养沙门昙璨为僧客,事载《北史》卷五六《魏收传》

---

① 《北齐书》卷一四《高元海传》,第184页。

中。魏收以文才得到文襄及文宣的礼遇。天保五年(554)魏收受敕撰写魏史,其中有关《释老志》部分,记述了北魏佛教的流传和发展情况,包括佛道之间的斗争、寇谦之的道教改革,以及寺院经济中出现的与世俗政权的矛盾,均在此书中有详细的反映。魏收是否奉佛不可知,但他对北魏末年佛教之滥伪,却深有感触。在《释老志》的最后,他这样写道:"正光已后,天下多虞,王役尤甚,于是所在编民,相与入道,假慕沙门,实避调役,猥滥之极,自中国之有佛法,未之有也。略而计之,僧尼大众二百万矣,其寺三万有余。流弊不归,一至于此,识者所以叹息也。"①故而《魏书·释老志》的贡献,"不止是寺院经济的重要资料,对于理解当时社会的榨取制度也有很大的助益"②。

2. 武成帝高湛与佛教

文宣帝天保十年(559)暴卒,继位的是其长子高殷,史称"废帝"。高殷6岁立为皇太子,斯文有余,武力不足,文宣帝生前说他得汉家性质,不似自己,有废立之心。据《北齐书》卷五《废帝纪》记载,文宣帝曾登金凤台,召太子用刀杀囚犯,太子恻然有难色,再三不能断囚犯之首,以致文宣大怒,用马鞭撞太子三下,这充分表明了高殷的仁慈之心。高殷继位后,不仅大赦天下,而且诏九州军人七十以上授以板职,武官年六十以上及癃病不堪驱使者,并皆放免。土木营造金铜铁诸杂作工,一切停罢。可惜这位宽厚仁智的皇帝在位第二年,即皇建元年(560),就被太皇太后下令夺去帝位,成为济南王。并于皇建二年(561),在晋阳被神武皇帝第六子、文宣皇帝之母弟高演派人杀害,时年十七。

高演入篡大统,史称"孝昭帝",改元皇建元年(560)。高演对谋杀高殷一事,心怀愧悔,虽备设压胜术而无益,故在位仅一年有余就驾崩,时年二十七。

---

① 《魏书》卷一一四《释老志》,第3048页。
② [日]镰田茂雄:《中国佛教通史》第3卷,第423页。

继位的是神武皇帝第九子,孝昭皇帝之母弟高湛,改元大宁元年(561),史称"武成帝"。据《北齐书》卷七《武成帝纪》记载,河清元年(562),武成帝下诏断屠杀以顺春令;河清二年(563),诏以城南双堂闰维位之苑,建造大总持寺;同年秋八月,又诏以三台宫为大兴圣寺。此诏书收录于《广弘明集》卷二八,题为《北齐武成帝以三台宫为大兴圣寺诏》。云其"极土木之壮,穷丹素之妍,奇怪备于刻削,光华毕于图彩"①,壮丽无比。

入住大总持寺的是释慧顺,慧顺是侍中崔光之弟,少爱儒宗,统知雅趣,初为居士,25岁在慧光律师门下出家,讲《十地》、《地持》、《华严》、《维摩》,并立疏记。后因仆射祖孝徵的上奏而为国师,终于大总持寺。

另据《高僧传》卷九《慧藏传》记载,河清二年(563),武成帝诏慧藏于太极殿讲《华严经》,道俗云集。慧藏,本姓郝,赵国平棘人。研习虽广而以《华严》为宗,时其讲经被誉美为"大观之盛"。

武成帝大兴佛寺,又请僧人讲经,或许与国运衰微,讹言鬼神有关。武成帝在位的末年,天灾人祸不断,他自己频频做恶梦。武成这位淫乱之帝,践祚之初,逼幸文宣皇后李氏,又杀后子太原王绍德。可怜性爱佛法的文宣皇后,最后求归妙胜尼寺,因此为尼。

河清四年(565),武成帝让位给皇太子高纬,即后主,改元天统元年(565)。武成帝因此成了太上皇,而武成皇后胡氏也就成了皇太后。天统二年(566)三月,成为太上皇的高湛下诏,施三台为兴圣寺,表达对佛教的虔诚。天统四年(568)十二月,高湛驾崩于邺宫乾寿堂,时年三十二。

据《北齐书》卷九《武成皇后胡氏传》云,胡氏母初怀孕时,有胡僧造访说:"此宅瓠芦中有月"②,不久就生了胡氏,可知胡氏生前曾得胡僧吉

---

① 道宣:《广弘明集》卷二七,《大正藏》第52卷,第327页下。
② 《北齐书》卷九《武成皇后胡氏传》,第126页。

言相示。胡氏贵为皇后,却与诸侍卫亵狎。武成帝崩后,胡氏多次到佛寺参拜,又与沙门昙献私通。置百僧于内殿,托以听讲,日夜与昙献寝处,又以其为昭玄统。僧徒都说昙献是太上者,以此影射胡太后的私情。北齐灭亡后,太后投奔北周,卒于隋代。

3. 后主高纬与佛教

即位的后主高纬继续其父的意愿。天统五年(569)正月,诏以金凤等三台未入寺者施大兴圣寺。"三台"指文宣帝天保九年(558),动用工匠三十余万人在邺都兴建的铜爵、金武、冰井三个壮丽的宫室,后改名为金凤、圣应、崇光。这种大规模的施舍反映出后主对佛教的沉溺。二月,又诏宫刑者普免刑为官口,又诏禁网捕鹰鹞及蓄养笼放之物。四月,诏以并州尚书省为大基圣寺,晋祠为大崇皇寺。十月,诏禁造酒。

高纬在位期间,北齐国势急遽衰微,在遭受外敌威胁的情况下,高纬仍然大兴土木,追求享乐。他在晋阳大兴土木,建造十二院,壮丽逾于邺下。而且因为喜好不定,多次毁掉又重建。又在晋阳西山造立大佛像,一夜燃尽万盆灯油,光照宫内。又为胡昭仪(后主皇后)起大慈寺,未建好,改为穆皇后大宝林寺。穷极工巧,运石填泉,劳费亿计,人牛死者,不可胜纪。

高纬如此穷其资财,兴建佛寺,也未能改变国运。相反,寺院沙门风气之败坏,令人发指。前所述胡太后与昙献有私情,后宫秽乱即为一事。故不少朝臣纷纷上书,力陈其弊。如《广弘明集》卷六载刘书所云,"佛法诡诳,避役者以为林薮。又诋诃淫荡,有尼有优婆夷,实是僧之妻妾,损胎杀子其状难言。今僧尼二百许万,并俗女向有四百余万,六月一损胎,如是则年族二百万户矣,验此佛是疫胎之鬼也,全非圣人。亦言道士,非老庄之本,籍佛邪说为其配坐而已"[1],指斥佛教中淫秽之事。

另《广弘明集》卷七载儒林学士章仇子陀上书,云"自魏晋已来,胡妖

---

[1] 道宣:《广弘明集》卷六《列代王臣滞惑解·刘书》,《大正藏》第52卷,第128页中。

乱华,背君叛父,不妻不夫。而奸荡奢侈,控御威福,坐受加敬,轻欺士俗。妃主昼入僧房,子弟夜宿尼室"①,亦影射后宫秽乱与沙门有牵连。由此可知北齐佛教已呈现堕落、颓废之风。

面对南朝陈代的军事威胁,以及日益逼近邺都的北周武帝,后主采取了让位给皇太子恒的措施。高恒史称"幼主",改元承光元年(577),这是北齐最后一位皇帝。由于北周逼近邺都,幼主弃都东奔,禅位于大丞相、任城王高湝,而北齐的历史从此结束。

4. 北齐诸王与佛教

北齐奉佛的诸王有广宁王高孝珩、兰陵王高长恭、琅玡王高俨、赵郡王高叡、清河王高岳、上洛王高思宗之子高元海、平秦王高归彦。此外,河间王高孝琬、任城王高湝两人与佛教有点关涉,故也列出。

广宁王高孝珩,文襄第二子。爱赏人物,学涉经史,好缀文,有伎艺。后战败受伤被俘,入北周而亡。《辨正论》卷四将其列入"十代奉佛篇"中,然具体奉佛事迹不详。

兰陵武王高长恭,一名孝瓘,文襄第四子。貌柔心壮,音容兼美,为将躬勤细事,每得甘美,虽一瓜数果,必与将士共之。初在瀛州,行参军阳士深表列其赃,免官,及讨定州,阳士深在军,恐祸及。高长恭听说后表示自己没有此意,只以小过失杖责士深二十,以此使之安心。又尝入朝,出时仆从尽散,唯有一人,高长恭独还,无所谴罚。后为武成帝赐饮毒药而亡,临死前,将千金责券尽燔之。

琅玡王高俨,字仁威,武成第三子。《辨正论》卷四将其列入"十代奉佛篇"中。据《北齐书》卷一二记载,邺北城有白马佛塔,是石季龙为澄公所建。高俨将修之,巫曰:"若动此浮图,北城失主。"②不从,破至第二级,得白蛇,长数丈,回旋失之,数旬而俨果败。

---

① 道宣:《广弘明集》卷七《列代王臣滞惑解·章仇子陀》,《大正藏》第52卷,第131页下。
②《北齐书》卷一二《琅玡王俨传》,第163页。

赵郡王高叡，高祖之弟高琛之子，小名须拔。生三旬而孤，聪慧凤成，特为高祖所爱。养于宫中，令游娘母之，恩同诸子。据《北齐书》卷一三记载，高叡天生至孝，10岁丧母，居丧尽礼，持佛像长斋。虽绝清漱，午后辄不肯食①。另据《续高僧传》卷八《释昙衍传》记载，赵郡王高叡、上洛王高元海、胶州刺史杜弼，并敬奉释昙衍。高叡后因直谏太后，在雀离佛院遇害，时年三十六。

清河王高岳，字洪略，高祖从父弟。《辨正论》卷四将其列入"十代奉佛篇"中，然具体奉佛事迹不详。

上洛王高思宗，神武从子。其子高元海，累迁散骑常侍，表示愿处山林，修习释典，文宣帝许之。遂入林虑山，经二年，绝弃人事，志不能固，自启求归，征复本任。如前所述，高元海还极力劝说文宣帝敬信内法。及为右仆射，高元海又劝说后主禁屠宰，断酤酒。他本人不饮酒啖肉，显然受到佛教影响。但由于好乱乐祸，诈为仁慈，后终致覆败。

平秦王高归彦，字仁英，神武族弟。《辨正论》卷四将其列入"十代奉佛篇"中，然具体奉佛事迹不详。

河间王高孝琬，文襄第三子。据《北齐书》卷一一记载，初魏世谣言"河南种谷，河北生白杨，树头金鸡鸣"②，传为河南、河北指河间，而高孝琬将建金鸡，有夺位之嫌，致使武成帝颇生疑虑。时高孝琬得佛牙，置于第内，夜有神光照室。玄都法顺请以奏闻，不从。武成帝闻而搜之，得镇库稍幡数百，以为其有谋反之心，遂拘而讯之，怒折其两胫而亡。

任城王高湝，神武第十子。据《北齐书》卷一〇记载，高湝战败死后，其妃卢氏被赐给斛斯征。然她整日蓬首垢面，长斋不言笑。斛斯征只好放了她，她于是出家为尼。

---

① 《北齐书》卷一三《赵郡王叡传》，第170页。
② 《北齐书》卷一一《河间王孝琬传》，第146页。

四、西魏诸帝与佛教

西魏由鲜卑人宇文泰拥立北魏的南阳王元宝炬为帝,与高欢所建东魏对立,建都长安,共经历两代三帝,历时 25 年,557 年被宇文周取代。整个西魏统治时期,一直都由权臣宇文泰控制着。在他的努力下,北方经济逐渐恢复,人民安居乐业,而佛教发展虽不及北齐之盛,但也有可观之处。

1. 文帝元宝炬与佛教

北魏最后的皇帝孝武帝不愿受权臣高欢节制,兵败投奔宇文泰(后为北周太祖文皇帝),为宇文泰所鸩。至此,北魏分裂为东魏和西魏。东魏定都于邺,西魏定都于长安。宇文泰立北魏的南阳王元宝炬,是为西魏第一任皇帝文帝,改元大统元年(535)。

元宝炬是孝文帝之孙,京兆王元愉之子。正始初,他坐父愉罪,兄弟皆幽宗正寺。及宣武崩,乃得昭雪。关于文帝信佛的记录,正史中并无记载,而在《辨正论》卷三中有如下一段:"魏文皇帝(讳宝炬),立德立仁,允文允武。常行信舍,每运慈悲。大统元年造般若寺,拯济孤老,供给病僧。口诵《法华》,身持净戒,起七觉殿,为四禅室,供养无辍。"①

在《续高僧传》卷二三中,还记录了文帝与僧人释道臻有来往:道臻,本姓牛,长安城南人,出家清贞,谦虚寡交,一心读经,以博闻知名。时诸法师于经义有所迷忘者,皆往问之。西魏文帝闻而敬重,尊为师傅。遂于京师立大中兴寺,尊为魏国大统。而道臻即位后大立科条,将因战乱而遭到破坏的僧制重新建立起来。

文帝皈依佛教,许与其实权被宇文泰剥夺,而只是傀儡皇帝的苦闷有关。当时,真正掌权的是鲜卑人宇文泰,故而于佛教大有作为者,尚不是文帝。其后长安城内大乘、陟岵两寺相继而立,昆明池之南又设立中

---

① 法琳:《辨正论》卷三,《大正藏》第 52 卷,第 507 页中。

兴寺，均是权臣宇文泰的功劳。这在《辨正论》卷三中均有记载，云"周太祖文皇帝(讳泰)，……于长安立追远、陟岵、大乘、魏国、安定、中兴等六寺，度一千僧。又造天保寺，供养玮法师及弟子七十余人。于安州造寿山、梵云二寺。又造大福田寺，供养国师实禅师。又于实师墓所，造福田寺。又为大可汗、大伊尹尼，造突厥寺。"[1]其中提及的玮法师指释僧玮，实禅师指释僧实。

而安州寿山、梵云两寺，《辨正论》所载有误，它们并非宇文泰所建。因为据《续高僧传》卷一六《释僧玮传》记载，天和五年(570)，僧玮奉敕命任安州三藏，在任之日建造了寿山、梵云两寺，而天和五年已是北周武帝宇文邕时代。

计划修建突厥寺，是宇文泰对于西魏佛教的一大功绩。突厥作为匈奴的别种，善于征伐，其势力发展迅猛，曾占领东至辽海以西，西至西海，南至大戈壁沙漠，北到北海的广大地区，对北方诸国形成强大威胁。作为游牧民族的突厥人，喜食肉类，虽信奉天地之神，却无佛教信仰。宇文泰计划在长安为大可汗、大伊尹尼建造突厥寺，其缓和双方关系、大行教化之意甚明。

时北方不少帝王对佛教所持的信奉态度，或多或少对突厥首领有影响。如北齐沙门惠琳曾被佗钵可汗掠入突厥，琳对佗钵说："齐国富强者，有佛法耳"[2]，因述因缘果报之事，佗钵闻而信之。建一伽蓝，遣使聘于齐氏，求《净名》、《涅槃》、《华严》等经，并《十诵律》。佗钵亦躬行斋戒，绕塔行道。而僧人也以实际行为大兴教化，如前所述受到北齐文宣帝重视的那连提黎耶舍，前往突厥客馆，劝持六斋，羊料放生，受行素食。从中可知，民族之间以佛教相沟通，而佛教在民族融合上发挥了积极作用。

---

[1] 法琳：《辨正论》卷三，《大正藏》第52卷，第508页上、中。
[2] 《隋书》卷八四《突厥传》，第1865页。

2. 恭帝元廓与佛教

大统十七年(551),文帝宝炬薨,皇太子元钦继位,仍然是个傀儡皇帝,史称"废帝"。他在位时间不长,只有四年,因欲谋诛权臣宇文泰,为泰所觉,反被其废掉。

西魏最后一位皇帝是恭帝元廓,是文帝第四子,即位前封齐王,废帝三年(554)正月继位,去年号,称元年,复姓拓跋氏。此时,实权仍牢牢掌握在宇文泰之手。

关于恭帝与佛教的关系,史书不详。而关于权臣宇文泰,则云其雅重儒学,于恭帝三年(556),行周礼,建六官(天、地、春、夏、秋、冬),欲以此确立政治体制。宇文泰精选包括薛慎、李璨、李伯良、辛韶、苏衡、夏侯裕、梁旷、梁礼、长孙璋、裴举、薛同、郑朝等学士12人,侍其读书。其中,"好学,能属文,善草书"①的薛慎为学师,负责学生的课业。

宇文泰还大集名僧,讲说经论。据《周书》卷三五《薛慎传》记载,"太祖(指宇文泰)雅好谈论,并简名僧深识玄宗者一百人,于第内讲说。又命(薛)慎等十二人兼学佛义,使内外俱通。由是四方竞为大乘之学。"②可知宇文泰对儒、释两教均有奖扶,且由于他的支持,西魏人热衷研习大乘佛学。

由于宇文泰对佛教的推崇,不少儒者如前所述之薛慎,以及苏绰、卢景裕、卢光等,均加入到研习佛理的行列。苏绰,字令绰,武功人。魏侍中苏则之九世孙,累世二千石。父协,武功郡守。苏绰少好学,博览群书,尤善算术。以才华、学问深得宇文泰赏识,得以参典机密。制文案程序,朱出墨入,及计账、户籍之法。苏绰竭尽其智,精简官员,设置二长,以及置屯田以资军国,并作《六条诏书》等,以辅佐宇文泰,实现宇文泰富国强兵之政。

---

① 《周书》卷三五《薛慎传》,第624页,北京,中华书局,1971。
② 同上书,第625页。

观其《六条诏书》,其一在于"先治心"。此意《周书》卷二三《苏绰传》中有载,云"凡治民之体,先当治心。心者,一身之主,百行之本。心不清净,则思虑妄生。思虑妄生,则见理不明。见理不明,则是非谬乱。是非谬乱,则一身不能自治,安能治民也！是以治民之要,在清心而已。夫所谓清心者,非不贪货财之谓也,乃欲使心气清和,志意端静。心和志静,则邪僻之虑,无因而作。邪僻不作,则凡所思念,无不皆得至公之理。率至公之理以临其民,则彼下民孰不从化。是以称治民之本,先在治心。"①如果联系孙绰著有《佛性论》、《七经论》,并行于世,则其这段治心的理论可谓与佛性学说重视心性的理路一脉相承。

卢光,字景仁,范阳涿人。性温谨,博览群书,精于三礼,善阴阳,解钟律,又好玄言。曾为宇文泰之师,以才能深得宇文泰器重。据《周书》卷四五《卢光传》记载,卢光性崇佛道,至诚信敬。尝从太祖狩于檀台山,自云见一沙门,后太祖令卢光于桑门立处造浮图,掘基一丈,得瓦钵、锡杖各一,因而立寺。表明卢光自觉守持佛教的杀戒,而宇文泰受其影响,跟从效仿。

范阳卢氏家族有着信佛的传统。卢光之兄卢景裕亦好释氏,通其大义。他曾隐居大宁山,不营世事,居无所业,惟在注解,世号"居士"。以性清静淡,理义精微,吐发闲雅,为士君子嗟美。天平中,卢景裕与邢子才、魏季景、魏收、邢昕等同征赴邺,他寓托僧寺,讲听不已,可知他对佛理的倾心。天竺胡沙门道俙每译诸经论,辄托卢景裕为之序。据《魏书》卷八四记载,卢景裕因事系于晋阳狱中,至心诵经,枷锁自脱,表明他对佛教确实有着虔诚的信仰,而相传能救人一命的《高王观世音》佛经亦因此得以流行。卢景裕注有《周易》、《尚书》、《孝经》、《论语》、《礼记》、《老子》等,流行于世。卢光和卢景裕均既是儒者,又是佛教信士。

宇文泰掌权的西魏时期,最值得注意的是他借助《周礼》确立政治体

---

① 《周书》卷二三《苏绰传》,第382—383页。

制的同时,将佛、道二教的管理也纳入进来。据日本学者镰田茂雄的考证①,时隶属于《周礼》春官的典命一职,"掌内外九族之差,及王器衣服之令,沙门道士之法"(《西魏书》卷九《百官考》四上)。并在此基础上又规定"司寂,掌法门之政;司元,掌道门之政"(《西魏书》卷九《百官考》四上)。如此则将佛、道二教均纳入其官僚体制管理之中,从中亦可知宇文泰对儒、释、道"三教"不乏利用意图。

恭帝三年(556)十月,宇文泰卒。翌年(557)十二月,其侄宇文护逼迫恭帝让位于宇文泰嫡子宇文觉,封恭帝为"宋公",寻杀之,西魏灭亡。

五、北周诸帝与佛教

北周的奠基者是宇文泰,创立者是其第三子宇文觉。557年,宇文觉接受西魏恭帝的禅让,建立北周,仍都长安。北周共历五帝,历时25年。实权掌握在宇文泰之侄宇文护手上。直至天和七年(572),武帝宇文邕诛杀宇文护,始亲临国政。期间有周武帝灭佛事件,但其后佛教仍得到恢复。而据《辨正论》卷三记载,北周合寺931所,译经4人16部。

1. 明帝宇文毓与佛教

557年,宇文觉建立北周,史称"孝闵帝"。他也是一位傀儡皇帝,为了摆脱权臣宇文护的控制,欲谋诛宇文护,事败。九月,宇文护废孝闵帝宇文觉为"略阳公",后杀之。孝闵帝在位仅八个月,死时年十六。

宇文护以宇文泰的庶长子宇文毓为天王。559年,宇文毓称皇帝,改元武成元年(559),史称"明帝"。据《辨正论》卷三的记载,宇文毓"二年奉为先皇敬造卢舍那织成像一躯,并二菩萨,高二丈六尺,等身檀像一十二躯,各二菩萨及金刚师子等。丽极天成,妙同神制"②。可知这位明帝为先皇造有佛像多尊。

---

① [日]镰田茂雄:《中国佛教通史》第3卷,第440页。
② 法琳:《辨正论》卷三,《大正藏》第52卷,第508页上。

另据《续高僧传》卷一《译经篇·菩提流支传》记载，"周文帝二年，有波头摩国律师攘那跋陀罗，周言智贤，共耶舍崛多等，译《五明论》，谓声医工术及符印等，并沙门智仙笔受"①。这是当时的译经情况。

明帝时期还将北魏时代的寺院加以修复，《广弘明集》卷二八所载《后周明帝修起寺诏》云："可令太师晋国公总监大陟岵、大陟屺二寺营造。"②不过，由于掌握实权的是宇文护，故造寺很可能是宇文护的旨意。联系前所述安州寿山、梵云两寺，也是宇文护时代建造的。

关于宇文护与佛教的关系，《辨正论》卷四有如下记载，云其"笃信不群，回向无比，兴隆像教，创制仁祠。凡造法王、弥勒、陟屺、会同等五寺，……持戒四部，安居二时，恒转法轮，常凝禅室，又供养崇华寺"③。虽云是五寺，但实际只说了四寺，遗漏的当是前所述陟岵寺。从中可知宇文护不仅持戒，而且还造寺，供养高僧。崇华寺由释慧善驻锡。慧善幼出家，善《法胜》、《毗昙》。原住扬都栖玄寺，梁末逃难江陵，后为秦所俘，因义学之美，为宇文护见知。受其供养，住长安崇华寺。天和年卒于长安，时年六十。其所著《散花论》八卷，《大唐内典录》卷一〇有载。因"善以《大智度论》每引小乘相证成义，故依文次第，散释精理。譬诸星月，助朗太阳；犹如众花，缤纷而乱，故著斯文，名为《散花论》"④，今已佚。

由于宇文护对佛教的扶持，北周佛教重新出现发展高峰。史书形容为"时属周初，佛法全盛，国家年别大度僧尼"⑤。北周因袭西魏的做法，对宗教进行统一管理，规定出家人需持有度牒，以正身份。北周大度僧尼，最直接的后果是需要大量寺院。因此，北周许多官僚均参与建寺。

据《辨正论》卷四《十代奉佛篇下》记载，襄州总管卫王宇文直造凤林寺，益州总管赵王宇文招造慧眼寺，雍州刺史齐王宇文宪造安居寺，尚书

---

① 道宣：《续高僧传》卷一《译经篇·菩提流支传》，《大正藏》第50卷，第429页中。
② 道宣：《广弘明集》卷二八《启福篇·后周明帝修起寺诏》，《大正藏》第52卷，第327页下。
③ 法琳：《辨正论》卷四，《大正藏》第52卷，第517页中。
④ 道宣：《续高僧传》卷八《义解篇·慧善传》，《大正藏》第50卷，第486页下。
⑤ 道宣：《续高僧传》卷二一《明律篇·灵藏传》，《大正藏》第50卷，第610页中。

仆射楚国公豆卢宁造罗汉寺及会宗寺,太傅、柱国大将军、太宗伯、邓国公窦炽造白马、梵云二寺,太保、柱国大将军、吴武公尉迟纲造衰义寺及宣化尼寺,大将军、南蛮都监、常山公柳庆之造香山寺,北荆州刺史、安道公席顾造德王寺,使持节、柱国大将军、大都督、潼州刺史、徐国公若干凤造至圣寺,太师、柱国、蜀国公尉迟迥造妙像寺,开府仪同三司、安政公史雄造安政寺,开府平北将军、仁州刺史、安化公丘洪宝造本起寺,大将军和鸡雄造和鸡寺,大将军尔绵永造尔绵寺,司金大夫破多罗纪造破多罗寺,军司马洪和公意力勤仲庆造意力勤寺等。

另外还有大量官吏有奉佛行为。如开府威远将军王静供养乌丸寺;侍中、柱国、大匠卿、武卫将军、冠军将军、将军中散大夫、安丰公段于跨写经;柱国、雍州牧南充八州诸军事、兖州总管、酂国公窦恭合门奉法;大将军、幽州刺史、安定公宇文贵奉佛;开府仪同三司、太子洗马、云宁庄公、琅玡郡王拓跋胜于私第常修净业;开府仪同三司、阳化公元昂舍宅为酬德寺;使持节陕州都督、行台郎中、通直散骑常侍、河东公宇文善造像、书经、兴福;柱国大将军陇东郡公杨纂,祖考以来并崇佛教;通州刺史、右侍上士、散骑常侍杨操,二杨同世皆崇佛法;司空贞侯郑穆敬佛重僧,久而无倦;侍中、少傅、京兆郡守、行台郎中、大匠卿、燕郡公卢景仁与其三兄景裕、四兄景辩,并称佛教穷深,庄老虚薄;使持节、太傅、柱国大将军、清河公侯莫陈休于大乘寺受戒发心,写一切经,造丈六夹纻无量寿像,俸禄所致咸用檀那。以上均见载于《辨正论》卷四《十代奉佛篇下》。

2. 武帝宇文邕与佛教

武成二年(560)四月,宇文护使人置毒于糖饼,杀掉明帝。又立宇文泰第四子鲁国公宇文邕为帝,改元保定元年(561),史称"武帝"。继位的武帝仍然受控于宇文护的专权统治。

宇文邕生而为太祖宇文泰所赏识,认为"成吾志者,必此儿也"[①]。其

[①]《周书》卷五《武帝纪》,第63页。

性沉深有远识,不问故不言。

宇文邕在佛教史上是以毁佛著称的皇帝。然在位之初,他曾为文皇帝造锦释迦像,高一丈六尺,并菩萨圣僧,金刚师子周回宝塔二百二十躯……并于京下造宁国、会昌、永宁等三寺,事载《辨正论》卷三《十代奉佛上篇》,可知也有造像、造寺等奉佛行为。

武帝礼敬僧人。如前所述禅师僧实,在北周享有盛名,有"高齐河北,独盛僧稠;周氏关中,尊登僧实"①的说法。僧实保定三年(563)卒于大追远寺,武帝为之痛哭,敕命图写其形象,置于大福田寺。

禅师昙崇也得到武帝钦重。昙崇,本姓孟,咸阳人。7岁入道,从开禅师受学,讲解《僧祇律》,听徒三百,京辅律要以此为宗,号为"无上士"。后受师遗令带领众徒,修习禅静,声驰陇塞,化满关河。武帝特下诏令,以其"德行无玷,精悟独绝,所预学徒,未闻有犯。当是尊以德义,故则众绝形清,可为周国三藏,年任陟岵寺主"②。

与道安齐名,世号"玄门二杰"的昙延,也受武帝敕命就任国统。武帝灭佛,屡谏不从,昙延遂隐于太行山,累征不就。此外,武帝还敕命释僧晃为地方僧正。天和五年(570),武帝又敕僧玮为安州三藏。

保定三年(563),武帝下诏奉造一切经藏。据《辨正论》卷三《十代奉佛篇上》记载,武帝时期度僧尼1 800人,所写经论1 700余部。可知在毁佛之前,武帝也是对佛教有过扶持的帝王。

天和三年(568),宇文邕在大德殿召集百僚、沙门、道士等,亲讲《礼记》,事载《周书》卷五《武帝纪》。天和四年(569)以后,北周武帝开始组织"三教"人士进行争论,讨论释老的义理,裁量"三教"的优劣,时有卫元嵩上书力排佛教,又有道士张宾谶言"黑衣,当王"。经历多次激烈的论争后,武帝确立了儒为先,道为次,佛居后的态度,表现为逐渐偏重道教,

---

① 道宣:《续高僧传》卷二〇《习禅篇·僧彻传》,《大正藏》第50卷,第596页下。
② 道宣:《续高僧传》卷一七《习禅篇·僧崇传》,《大正藏》第50卷,第568页中。

而终致有毁佛之决定,成为历史上"三武灭佛"之一的帝王。这项决定与武帝欲富国强兵,实现自己"平突厥、定江南"的大志关系密切。因此,北周武帝的灭佛主要出于政治、经济上的原因。

天和七年(572),宇文邕诛杀宇文护及与宇文护相关的亲信,摆脱傀儡皇帝的角色,开始亲自处理国务,改元建德元年(572),这是他实现梦想的一大步。在此之前,宇文邕做了不少准备工作:保定五年(565),他派人去突厥迎请皇后,娶突厥木杆可汗俟斤皇女阿史那,以加深与突厥的友好关系;建德三年(574),他推行严厉的灭佛政策,将寺院充公,并下令僧人皆复军民,还归编户,为国家补充了大量物质基础和军事人员。作为一个富有雄才大略的君王,宇文邕锐意进取,励精图治。他生活俭素,身衣布袍,寝布被无金宝之饰,诸宫殿华绮者,皆撤毁之,改为土阶数尺,不施栌栱,其雕文刻镂,锦绣纂组,一皆禁断。后宫嫔御不过十余人。宇文邕劳谦接下,自强不息,与士兵同甘共苦,凡有征伐,舆驾亲征。

建德四年(575),武帝力排众议,决定伐齐,亲自统军围攻金墉城(今河南洛阳),因病还师;翌年又率大军攻齐,攻克平阳(今山西临汾)。建德六年(577),他灭掉北齐,统一北方,完成了局部的统一,为隋的统一全国奠定了基础。

宣政元年(578),宇文邕率军分五道讨伐突厥,未成行而病死,时年三十六。其长子宇文赟继位,不久赟让位于子宇文阐,又两三年,杨坚逼宇文阐禅让,篡周,建立隋朝,北周灭亡。

第四节 梁武帝其人及其佛学思想

一、梁武帝的佛教信仰及其奉佛活动

梁武帝萧衍是南朝梁代的开国皇帝,即位后积极扶持佛教。他不仅对佛教树立起虔诚的信仰,而且还组织了系列奉佛活动。由于萧衍特殊的身份和至尊无上的地位,梁代成为南朝时期佛教发展的高峰阶段。

1. 梁武帝的佛教信仰

梁武帝萧衍,字叔达,是齐高帝萧道成的族弟萧顺之的第三子。他历仕刘宋、南齐两代,中兴二年(502)以禅代方式取代南齐,改元天监元年(502),立国号"梁"。萧衍在历史上以佞佛著称,他在位52年(天监元年至太清三年),以帝王身份积极参与和扶持佛教活动,极大地推动了佛教在中土的弘扬和发展。根据唐道世《法苑珠林》卷一二〇提供的数字,"梁时合寺二千八百四十六所,译经两百四十八部,僧尼八万两千七百人"[1],反映了南朝佛教发展至梁时的兴盛状况。

萧衍祖籍东海兰陵(今山东省南部),西晋末年家族避乱过江,移居晋陵武进县(今江苏省丹阳市境内)。时寓居江左者,皆侨置本土,加以南名,称南兰陵。《梁书》卷一《梁武帝纪》云兰陵萧氏为"汉相国(萧)何之后",系南朝门阀制度下谱牒妄相托附,实不可信[2]。兰陵萧氏并非侨姓高门,属于侨迁来南的寒门素族,拥有部曲、家兵的"将家",只是由于齐梁皇室所出而升格[3]。此支系与南齐同承淮阴令萧整,据《南史》卷六《梁武帝纪》所记,"整生皇高祖镐,位济阴太守。镐生皇曾祖副子,位州治中从事。副子生皇祖道赐,位南台治书侍御史。道赐生皇考,讳顺之,字文纬,于齐高帝为始族弟"[4]。有关萧副子、萧道赐的情况史料不详,只有萧顺之因其有辅佐萧道成称帝的功勋,在《南史》卷六《梁武帝纪》中有过关于其事迹的些许记录。

萧衍于刘宋大明八年(464)甲辰岁生于秣陵县同夏里三桥宅。《梁书》本传云其"生而有奇异,两髀骈骨,顶上隆起,有文在右手曰'武'。……所居室常若云气,人或过者,体辄肃然"[5],实神而话之。他来

---

[1] 道世:《法苑珠林》卷一〇〇《传记篇》,第696页,上海,上海古籍出版社,1991。
[2] 曹道衡、傅刚:《萧统评传》,第4—9页,南京,南京大学出版社,2001。
[3] 周一良:《论梁武帝及其时代》,《魏晋南北朝史论集》,第343页,北京,北京大学出版社,1997。
[4] 《南史》卷六《梁武帝纪》,第167页,北京,中华书局,1975。
[5] 《梁书》卷一《武帝纪》,第1—2页,北京,中华书局,1973。

自将门之家,自幼习武,身手不凡。萧绎在《金楼子·兴王篇》中回忆萧衍,有"始在髫发,……常与儿童斗技,手无所持,蹑空而立,观者击节,咸共称神"之语。

不同于一般"将门儿"的是,萧衍不仅能武,而且好学。史载其"文思钦明,能事毕究,少而笃学,洞达儒玄"①。他从小熟读儒家经典,自云"少时学周孔,弱冠穷六经"②。虽然缺乏老师的指点和朋友的交流,但仍乐此不疲,"爱悦夫子道,正言思善诱"③。以后他以享有"关西孔子"之誉的大儒刘瓛为师。《南史》卷五〇《刘瓛传》中载"梁武帝少时尝经服膺,及天监元年下诏为瓛立碑,谥曰贞简先生";另《金楼子·兴王篇》亦载"沛国刘瓛,当时马、郑,上(指萧衍)每析疑义,雅相推挹"。

萧衍接受的儒家学说对其思想有深刻影响,其立国后采取一系列措施推行儒术,如诏求硕学,立五馆,置五经博士,编修五礼,又使博士祭酒到州郡立学等。沈约在《梁武帝集序》中云萧衍"笃志经术。究淹中之雅旨,进曲台之奥义。莫不因流极源,披条振藻。若前疑往滞,旧学罕通,而超然直诣,妙援终古"④,虽有夸张之嫌,但并非全是虚言。

萧衍著述甚多,遍及经、史、子、集四部。据《梁书》卷三本传中的记载,有《文集》一百二十卷,"造《制旨孝经义》,《周易讲疏》,及六十四卦、二《系》、《文言》、《序卦》等义,《乐社义》,《毛诗答问》,《春秋答问》,《尚书大义》,《中庸讲疏》,《孔子正言》,《老子讲疏》,凡二百余卷"⑤。此外,据《隋书·经籍志》、《旧唐书·经籍志》、《新唐书·艺文志》的相关记录,萧衍著《周易大义》二十一卷、《周易大义疑问》二十卷、《毛诗发题序义》一

---

① 《梁书》卷三《武帝纪》,第 96 页。
② 道宣:《广弘明集》卷三〇《统归篇·述三教诗》,《大正藏》第 52 卷,第 352 页下。
③ 《梁诗》卷一《撰孔子正言竟述怀诗》,《先秦汉魏晋南北朝诗》,第 1530 页,北京,中华书局,1983。
④ 《全梁文》卷三〇《梁武帝集序》,《全上古三代秦汉三国六朝文》,第 3123 页,北京,中华书局,1958。
⑤ 《梁书》卷三《武帝纪》,第 96 页。

卷、《毛诗大义》十一卷、《礼记大义》十卷、《制旨革牲大义》三卷、《乐社大义》十卷、《乐论》三卷、《钟律纬》六卷、《孝子传》三十卷、《金策》三十卷、《棋评》一卷、《棋法》一卷、《梁武帝所服杂药方》一卷、《梁武帝坐右方》一卷、《梁武帝兵书钞》一卷、《梁武帝兵书要钞》一卷等，其中还有相当一部分著述与佛教有关。据史书对萧衍的描述，"六艺备闲，棋登逸品，阴阳纬候，卜筮占决，并悉称善。……草隶尺牍，骑射弓马，莫不奇妙"①，堪称一代奇才。姚思廉撰《梁书》评论云，"历观古昔帝王人君，恭俭庄敬，艺能博学，罕或有焉"②。

与一般文士"唯大读书"不同的是，萧衍还善于武功谋略。他南齐永明元年(483)踏入仕途，为卫将军王俭东阁祭酒，其后辗转于南齐武帝诸子、诸孙王府，如竟陵王萧子良府、南郡王萧昭业府、随郡王萧子隆府等，但始终未受亲待。萧衍审时度势，转而投靠齐明帝萧鸾，很快因军功"封建阳县男，邑三百户"③。其后他多次参加军事战斗，立下功勋。永泰元年(498)七月，萧衍退敌有功，使持节、都督雍、梁、南、北秦四州，郢州之竟陵，司州之随郡诸军事，担任辅国将军、雍州刺史。这是他极为重要的阶段，雍州地理位置险要，历来为兵家必争之地。明帝崩，其子东昏侯继位，昏庸残暴。萧衍潜造器械，召集兵马。于永元三年(501)发兵襄阳，移檄京邑④。攻占京城，封建安郡公，不久加殊礼，进位相国，封十郡为梁公，又增封十郡，进梁公爵为梁王，顺理成章地登上皇帝座位。

文武双全的萧衍家世信道，他自称"弟子经迟迷荒，耽事老子，历叶相承，染此邪法"⑤。另他小字"练儿"，周一良先生指出，南北朝人人名尤其小字往往反映宗教信仰，"萧衍的小字恰足帮助说明他是家族世代信

---

① 《梁书》卷三《武帝纪》，第96页。
② 同上书，第97页。
③ 《梁书》卷一《武帝纪》，第2页。
④ 此据《梁书》本传。
⑤ 道宣：《广弘明集》卷四《归正篇·舍事李老道法诏》，《大正藏》第52卷，第112页上。

仰道教的"①。萧衍建国伊始,仍然信奉道教。② 史载"武帝弱年好事,先受道法。及即位,犹自上章。朝士受道者众,三吴及海边之际,信之逾甚"③。萧衍与隐居句容句曲山(又名茅山)的道士陶弘景一直保持着密切往来。据《隋书》卷三五《经籍志》记载,"故言陶弘景者,隐于句容,好阴阳五行,风角星算,修辟谷导引之法,受道经符箓,武帝素与之游"④,可知两者早有交接,只是具体何时开始交往,限于史料,难以确知。萧衍起兵至新林时,陶弘景使弟子戴猛之假道奉表,禅代之际,又援引图谶,使弟子敬献"梁"字为国号。史载"高祖既早与之游,及即位后,恩礼逾笃,书问不绝,冠盖相望"⑤,萧衍不仅给黄金、朱砂、曾青、雄黄等药物,助陶弘景炼"飞丹";国家每有吉凶征讨大事,亦无不前往咨询,而且陶弘景罢官归隐,萧衍还下诏"赐帛十匹,烛二十挺,又别敕朕月给上茯苓五斤、白蜜二斗以供服饵"⑥,故道士陶弘景被时人称之为"山中宰相"(《南史》卷七六《陶弘景传》)。

天监三年(504)萧衍宣布"舍道入佛",亲率僧俗二万人,在重云殿重阁手书《舍事李老道法诏》,发愿信奉佛教,并要求王公贵族、平民百姓都信仰佛教。他声称"习因善发,弃迷知返,今舍旧医归凭正觉,愿使未来世中,童男出家,广弘经教,化度含识,同共成佛。宁在正法之中,长沦恶道,不乐依老子教,暂得生天"⑦。这是一个声明,此后萧衍对佛教明显倾注了更多的热情。萧衍转变其宗教信仰,原因很多,具体说来有以下三个因素比较突出:

其一,与他曾出入竟陵王西邸有关。关于这点,汤用彤先生早有高

---

① 周一良:《论梁武帝及其时代》,第360页。
② 关于道教在滨海地域的流行情况,参见陈寅恪《天师道与滨海地域之关系》,《金明馆丛稿初编》,第1—46页,北京,三联书店,2001。
③④《隋书》卷三五《经籍志》,第1093页。
⑤《梁书》卷五一《陶弘景传》,第743页。
⑥《全梁文》卷三《答陶弘景解官诏》,第2962页。
⑦ 道宣:《广弘明集》卷四《归正篇·舍事李老道法诏》,《大正藏》第52卷,第112页上。

见,指出"武帝原在竟陵王门下,自早与僧人有接触。其佛教之信仰与其在鸡笼山西邸,有重大之关系"①。竟陵王萧子良是南齐武帝萧赜的二儿子,他崇信释氏,史载其"敬信尤笃,数于邸园营斋戒,大集朝臣众僧,至于赋食行水,或躬亲其事,世颇以为失宰相体"②。永明年间,萧子良位居司徒,礼贤下士,招徕人才,于五年(487)移居鸡笼山西邸,"集学士抄《五经》、百家,依《皇览》例为《四部要略》千卷。招致名僧,讲语佛法,造经呗新声,道俗之盛,江左未有"③,在一定意义上组建了规模极大、颇有影响的文化集团。萧衍于永明二年(484)进入竟陵王萧子良府为西阁祭酒,直至永明七年(489)转为齐武帝之孙南郡王萧昭业文学。他在王府逗留的这段时间,对其一生影响很大。当时集团的核心人物号称"八友",史载"竟陵王子良开西邸,招文学,高祖(指萧衍)与沈约、谢朓、王融、萧琛、范云、任昉、陆倕等并游焉,号曰'八友'"④,萧衍名列其中。受萧子良佛学思想及宗教行为的深刻影响,萧衍称帝后亦注重佛教义学研习,并且敦崇儒术,儒释并重。其制《断酒肉文》,强调戒律守持,又下诏断杀绝宗庙牺牲,主张蔬食等举措,与萧子良的佛学思想一脉相承。就连萧衍所著《静业赋》,亦与萧子良的《净住子》旨趣一致。故而谈梁武帝的佛教信仰,不可不追溯竟陵王萧子良的影响。

其二,与佛教在社会的兴盛发展有关。在萧衍生活的南齐时代,不仅帝王如齐高帝萧道成、齐武帝萧赜崇信释氏,扶持和参与佛教活动,而且贵族士大夫亦纷纷敬奉,交接僧人,辨析义理。上层统治阶级强有力的介入,直接推动了佛教在社会中的迅猛发展。"玄佛合流"的进一步发展,使佛教不仅为士人提供着理论支持和精神慰藉,而且衍变为上流人物相互交际、彼此结识的清谈工具,俨然成为高雅的文化项

---

① 汤用彤:《汉魏两晋南北朝佛教史》第13章,第337页。
② 《南齐书》卷四〇《竟陵文宣王子良传》,第700页。
③ 同上书,第698页。
④ 《梁书》卷一《武帝纪》,第2页。

目。兰陵萧氏门第不高,出自庶族,以武力问鼎社稷。在极重门阀的时代,文化优势集中于名门望族,出身行伍的萧氏虽握有兵权,但在文化上并无地位,潜意识中存在自卑感。萧衍称帝后自负又忌才的性格,与此不无关系。史载刘显博涉多通,萧衍因忌其能,出之;沈约博通经史,挑明策经史事萧衍护前,不让即羞死,招来问罪之祸;刘孝标有高才,率性而动,不能随众沉浮,萧衍颇嫌之,故不任用。诸如此类,不一列举①。萧衍精于玄谈,《魏书》卷九八《岛夷萧衍传》云其"少轻薄有口辩";《颜氏家训·勉学篇》亦记其称帝后"躬自讲论"三玄之学。这为其研习佛教义理,注疏佛典提供了良好的理论基础。像贵族士大夫那样谈玄说佛,在一定程度上正是萧衍等辈提高身份和地位所向往的。萧衍崇佛除了讲究戒律仪轨外,特别注重注疏佛典,以本土文化来融会贯通,反过来又推动了佛教在中土的研习和发展。

其三,与他杀伐过多、心存畏惧有关。萧衍在南齐末年为齐明帝萧鸾重用,参与军机要务,屡与北魏交锋,立下赫赫战功。建武二年(495)八月,他受命诛杀司州刺史萧诞,史载"上欲杀谌(萧诞之弟),以诞在边镇拒虏,故未及行。虏退六旬,谌诛,遣黄门郎梁王(萧衍)为司州别驾,使诛诞,束身受戮,家口系上方"②,可知萧衍是踩着萧诞的血迹接任司州刺史的。作为齐明帝萧鸾的谋主,萧衍代为定计,助成篡弑,萧鸾驾崩后,"十一子之中,梁武帝杀其六"③。他伪立皇弟萧宝融,讨杀东昏侯萧宝卷,中兴元年(501)十二月"克建业,杀宝卷及其妻子"④,"收孽妾潘妃及凶党王咺之以下四十一人属吏,诛之"⑤。中兴二年(502),鄱阳王宝夤(明帝第六子)、邵陵王宝攸(明帝第九子)、晋熙王宝嵩(明帝第十子)、桂阳王宝贞(明帝第十一子)并因谋反伏诛。同年,四月,萧衍又受沈约等

---
① 《南史》卷五〇,第1240页;《南史》卷五七,第1413页;《梁书》卷五〇,第702页。
② 《南齐书》卷四二《萧谌传》,第747页。
③ 王鸣盛:《十七史商榷》卷五五,第415—416页,上海,上海书店,2005。
④ 《魏书》卷九八《岛夷萧衍传》,第2172页。
⑤ 《梁书》卷一《武帝纪》,第13页。

人唆使,杀害了年仅 15 岁的齐和帝萧宝融。

萧衍的皇帝宝座可谓是踩着无数人的鲜血爬上去的。其兄萧懿之死与他难脱干系:萧懿在京城并无自己的武装,但萧衍一再派人劝说他对东昏侯动手,促使东昏侯及其左右对萧懿有了猜忌,以致枉送性命;而萧懿之死,又顺理成章地成为萧衍起兵襄阳的借口。故曹道衡先生指出,"从某种程度上说,萧懿之死与梁武帝有直接关系"①。至于原配郗皇后之死,萧衍也有不可推卸的责任:郗徽建元末年嫁给萧衍,婚后只生了三个女儿。永泰元年(498),萧衍纳 14 岁的丁令光(即昭明太子萧统之母)为妾,郗徽性妒忌,忧愤投井自尽,于永元元年(499)卒于襄阳。传言郗氏终后,化为龙入于后宫井,通梦于帝。萧衍"于露井上为殿,衣服委积,常置银鹿卢金瓶灌百味以祀之。故帝卒不置后"②。从这些传说看,郗徽的死因当与梁武帝纳丁令光有关③。萧衍立国后,与北魏战事不断。据《魏书》所载,梁兵连连败仗,死伤无数④。当时佛教因果报应之说已在社会广为流传,萧衍浸染其中,不可能不为这些负心事愧疚。王鸣盛所云,"帝之信果报,正为于心有所不能释然者,故欲以奉佛禳之"⑤,可谓精辟。

虽然有些学者对萧衍天监三年(504)下诏"舍道入佛"的真实性问题提出质疑⑥,但在萧衍执政的梁代,他确实对佛教投入了相当多的时间和精力,组织参与了众多的奉佛活动,这是有目共睹的。

2. 梁武帝的奉佛活动

唐李延寿撰《南史》分析萧衍其人其事,曾给予"留心俎豆,忘情干

---

① 曹道衡:《兰陵萧氏与南朝文学》第 1 章,第 76 页,北京,中华书局,2004。
② 《南史》卷一二《武德郗皇后传》,第 339 页。
③ 参见曹道衡《兰陵萧氏与南朝文学》第 1 章,第 126—128 页。
④ 《魏书》卷九八《岛夷萧衍传》,第 2173 页。
⑤ 王鸣盛:《十七史商榷》卷五,第 416 页。
⑥ 参见熊清元《梁武帝天监三年"舍事李老道法"事证伪》,《黄冈师专学报》,1998 年 2 期,第 67—70 页;赵以武:《关于梁武帝"舍道事佛"的时间及其原因》,《嘉应大学学报》,1995 年 5 期,第 1—5 页。

戚,溺于释教,弛于刑典"①的评价。萧衍"溺于释教"是通过诸多奉佛活动表现出来的。他的奉佛活动体现在两个层面:一是理论层面。萧衍注重佛教义理,他组织僧人讲经说法,编撰佛典,并且亲自参与讲经、翻经、注疏佛经,旨在通过对佛教义理的弘扬,让更多的人从理论上接受佛教。二是实践层面。梁武帝萧衍礼接僧人,把理论与修行结合起来,严格戒律,制断酒肉,大建佛寺,修造佛像,举办斋会,进行舍身,以实际行为表示对佛教的虔诚和支持。具体说来,有以下一些:

(1) 组织翻经,编撰佛典

梁时翻译佛经的数量较刘宋时期已趋降低,据《开元释教录》卷五至卷七记载,仍有四十六部二百零一卷。天监初年梁武帝组织扶南国沙门僧伽婆罗、曼陀罗,以及本国僧人如释法云、释慧超翻译佛经,于寿光殿、华林园、正观寺、占云馆、扶南馆等五处传译。其中僧伽婆罗17年译经十一部、四十八卷,有《阿育王经》、《解脱道论》等。曼陀罗与婆罗共译《宝云法界》、《体性文殊》、《般若经》三部合十一卷。关于《阿育王经》,《续高僧传》卷六《慧超传》有载,云"梁武帝敕还为寿光学士,又敕与正观寺僧伽婆罗传译《阿育王经》,使超笔受,以为十卷"②。梁代僧人知识学养堪称上乘,史载"天监将末,扶南国献经三部,敕(法)云译之,详决梁梵,皆理明义显,状若亲承"③。梁武帝萧衍不仅组织翻经,还参与其中,史载"初翻经日于寿光殿,武帝躬临法座,笔受其文,然后乃付译人尽其经本,敕沙门宝唱、惠超、僧智、法云及袁昙允等相对疏出,华质有序,不坠译宗"④。据今存文献记载,梁武帝天监年间组织翻译的佛典有:

《阿育王经》十卷(梁武帝敕释宝唱、释慧超、释僧智、释法云、袁昙允

---

① 《南史》卷七《梁本纪》,第227页。
② 道宣:《续高僧传》卷六《义解篇·慧超传》,《大正藏》第50卷,第475页中。
③ 道宣:《续高僧传》卷五《义解篇·法云传》,《大正藏》第50卷,第464页下。
④ 道宣:《续高僧传》卷一《译经篇·僧伽婆罗传》,《大正藏》第50卷,第426页上。

等助僧伽婆罗等译出,今《大正藏》二一《史传部》有存);

《解脱道论》十二卷(梁武帝敕僧伽婆罗译出,今《大正藏》一六《论集部》有存);

《孔雀王咒经》二卷(梁武帝敕僧伽婆罗译出,今《大正藏》一〇《密教部》有存);

《文殊师利所说般若波罗蜜经》一卷(梁武帝敕僧伽婆罗译出,今《大正藏》三《般若部》有存);

《度一切诸境界智严经》一卷(梁武帝敕僧伽婆罗译出,今《大正藏》六《宝积部》有存);

《文殊师利问经》二卷(梁武帝敕僧伽婆罗译出,今《大正藏》九《经集部》有存);

《舍利弗陀罗尼经》一卷(梁武帝敕僧伽婆罗译出,今《大正藏》一〇《密教部》有存);

《八吉祥经》一卷(梁武帝敕僧伽婆罗译出,今《大正藏》九《经集部》有存);

《佛说大乘十法经》一卷(梁武帝敕僧伽婆罗普通年间译出,今《大正藏》六《宝积部》有存);

《菩萨藏经》一卷(梁武帝敕僧伽婆罗译出,今《大正藏》一一《律部》有存);

《文殊师利所说摩诃般若波罗蜜经》二卷(梁武帝敕曼陀罗译出,今《大正藏》三《般若部》有存);

《解脱道论》十三卷(梁武帝敕僧伽婆罗天监十四年译出,今《大正藏》三二册有存);

《阿育王传》五卷(梁武帝敕僧伽婆罗天监年间译出,今佚);

《大乘宝云经》七卷(梁武帝敕曼陀罗、僧伽婆罗译出,今《大正藏》九《经集部》有存);

《大乘顶王经》一卷(梁武帝敕优禅尼国王子月婆首那译出,今《大正藏》九《经集部》有存)等。

由于佛典浩瀚,为了便于学习,萧衍多次敕令僧人抄经,以类相从进行编撰。今《出三藏记集》有《皇帝敕诸僧抄经撰义翻胡音造录立藏等记》的记录①。梁武帝重视律学,欲撮聚简要,以类相从,天监末年敕释明彻"入华林园,于宝云僧省专攻抄撰"②,当时众多学士、僧人参与抄撰佛经。据《隋书》卷三五记载,梁武帝在华林园"总集释氏经典,凡五千四百卷"。已知名目的有:

《众经要抄》八十八卷(天监七年梁武帝敕庄严寺释僧旻、释僧智、释僧晃、刘勰等三十人于上定林寺编撰,皆令取衷于释僧旻。事载《续高僧传》卷一《宝唱传》、卷五《僧旻传》);

《义林》八十卷(天监七年梁武帝敕开善寺释智藏编撰,事载《续高僧传》卷一《宝唱传》);

《华林佛殿众经目录》四卷(天监十四年梁武帝敕安乐寺释僧绍编撰,不满意,又敕释宝唱重撰,事载《续高僧传》卷一《宝唱传》);

《续法轮论》七十余卷、《法集》一百三十卷、《经律异相》五十五卷、《饭圣僧法》五卷、《众经护国鬼神名录》三卷、《众经诸佛名》三卷、《众经拥护国土诸龙王名录》三卷、《众经忏悔灭罪法》三卷、《出要律仪》二十卷等(天监年间梁武帝敕释宝唱编撰,事载《续高僧传》卷一《宝唱传》、《大唐内典录》卷四);

《般若抄》十二卷(天监十六年梁武帝敕灵根寺沙门释慧令编撰,事载《大唐内典录》卷四);

《出要律仪》十四卷(天监年间梁武帝组织并敕令天竺寺法超等编撰,事载《续高僧传》卷二二《法超传》);

《在家出家受菩萨戒法》(天监十一年至天监十八年间梁武帝组织僧

---

① 僧祐:《出三藏记集》卷一二《法苑杂缘原始集目录序》,《大正藏》第55卷,第93页中。
② 道宣:《续高僧传》卷六《义解篇·明彻传》,《大正藏》第50卷,第473页中。

人编撰而成,参见诹访义纯《梁天监十八年敕写〈出家人受菩萨戒法卷第一〉试论》,载《敦煌古写经》续);

《佛记》三十篇(虞阐、到溉、周舍、沈约等受敕编撰,引自颜尚文《梁武帝》第四章第五节)等。

随着翻译水平的日益提高和佛典编撰的日益丰富,佛教义理逐渐融入主流文化,为讲经说法、辩论义理创造了良好的理论基础。

(2)讲经说法,辩论义理

南朝义学发达,梁武帝萧衍经常组织僧人讲经。如释慧集擅长《毗昙》,"今上深相赏接,每请开讲";释智藏受"敕于彭城寺讲《成实》,听侣百余,皆一时翘秀,学观荣之。又敕于慧轮殿讲《般若经》,别敕大德三十人预座,藏开释发畅,各有清拔,皆著私记,拟后传习";释慧超被"请于慧轮殿讲《净名经》,上临听览";释僧旻天监六年受"敕于惠轮殿讲《胜鬘经》,帝自临听";天竺寺法超普通六年(525)受敕"讲律,帝亲临座听受成规"等①,不一列举。

梁武帝萧衍还亲自讲经,有年代可考的如:

天监三年(504)六月八日,萧衍讲于重云殿,沙门诌公忽然起舞歌乐,须臾悲泣,因赋五言诗;

中大通元年(529)九月甲午,萧衍升讲堂法座,为四部大众开《涅槃经》题;

中大通三年(531)十月己酉,萧衍幸同泰寺,升法座,为四部众说《涅槃经》义,迄于乙卯;十一月乙未,萧衍幸同泰寺,升法座,为四部众说《般若经》义,迄于十二月辛丑;

中大通五年(533)二月癸未,萧衍幸同泰寺,设四部大会,升法座,发

---

① 慧皎:《高僧传》卷八《义解篇·慧集传》,《大正藏》第50卷,第382页下;道宣:《续高僧传》卷五《义解篇·智藏传》,《大正藏》第50卷,第466页下;道宣:《续高僧传》卷五《义解篇·慧超传》,《大正藏》第50卷,第468页中;道宣:《续高僧传》卷五《义解篇·僧旻传》,《大正藏》第50卷,第462页下;道宣:《续高僧传》卷二一《明律篇·法超传》,《大正藏》第50卷,第607页上。

《金字般若经》题,迄于己丑。此事《南史》卷一八《臧盾传》中有记,云"大通五年(533),帝幸同泰寺开讲,设四部大会,众数万人"①;

中大同元年(535)三月庚戌,萧衍幸同泰寺讲《金字三慧经》;四月丙戌,仍于同泰寺解讲,设法会,大赦,改元;

太清元年(547)三月乙巳,萧衍升光严殿讲堂,坐师子座,讲《金字三慧经》②。

另据《广弘明集》卷第一九记载,梁武帝还有两次规模空前的讲经活动:

一是中大通七年(535)二月二十四日,萧衍在同泰寺发讲《金字摩诃般若波罗蜜经》,并解答众疑。自皇太子、王侯、侍中司空袁昂等698人、僧正慧令等义学僧1 000人,以及其余僧尼、优婆塞、优婆夷、男官道士、女官道士、白衣居士、波斯国使、于阗国使、北馆归化人等319 642人,还有二宫武卫宿直数万人,参加了此次法会③。

二是大同七年(541)三月十二日,萧衍在华林园重云殿讲《金字波若波罗蜜三慧经》。参加法会的除皇太子、王侯、宗室外戚,及尚书令何敬容、百辟卿士、虏使主崔长谦、使副阳休之,及外域杂使1 360人,以及义学僧1 000人,还有不可胜数的外国僧众④。

另《出三藏记集》卷一二有《皇帝后堂建讲记》、《皇帝宫内建讲记》、《皇帝后堂志上启建讲记并序》、《皇帝与志上往复注并序》、《皇帝后堂讲法华志上论难》等,亦是梁武讲经的部分记录。

由于梁武晚年专务讲论,频幸同泰寺,而群臣亦竞相效仿,大冠高履,乘车扈从,终日谈论苦空,未尝以军国典章为意,遂招致"侯景之乱"。史载"及侯景率兵向阙,尚书郎已下多不解乘马,狼狈步走,死者相继于

---

① 《南史》卷一八《臧盾传》,第512页。
② 《隋书》卷二二《五行志》,第636页;《南史》卷七《梁武帝纪》,第206,208,210,218,219页;《梁书》卷三《武帝纪》,第75页。
③ 道宣:《广弘明集》卷一九《法义篇·御讲金字摩诃般若波罗蜜经序》,《大正藏》第52卷,第237页上。
④ 同上书,第236页上。

道路。武帝及简文帝被侯景幽逼而死。孝元帝在江陵为万纽、于谨所围,犹讲《老子》不辍,百僚皆戎衣以听,俄而城陷,君臣俱被囚絷"(《贞观政要》卷六)。庾信的《哀江南赋》所云"宰衡以干戈为儿戏,缙绅以清谈为庙略"①,即是对此进行的深刻反思。

  这一时期关于神灭与否的争论极有影响力。此争论永明年间因范缜所著《神灭论》而兴起,范缜以刀利(刃利)关系比喻形神,提出"神之与质,犹利之于刀,形之于用,犹刀之于利,……未闻刀没而利存,岂容形亡而神在"②,主张形神相即,两者名殊而体一,"形者神之质,神者形之用,……形之与神,不得相异"③。竟陵王萧子良集众僧辩难而不能令范缜理屈;萧衍立国后又再次组织众多士大夫、僧人对此展开辩论,并亲自上阵,参与驳斥。他写有《敕答臣下神灭论》,针对南齐时期的辩论未能从佛教理论的角度,来探讨神灭与否问题的缺陷,萧衍提出"位现致论,要当有体。欲谈无佛,应设宾主,标其宗旨,辨其短长,来就佛理,以屈佛理"④,即要求采用宾主问答的形式,逐条展开辩论,用佛理来解决佛教问题。萧衍引用儒家经典《祭义》中的"为孝子为能养亲",以及《礼运》中的"三日斋,必见所祭",说明"三圣设教,皆云不灭",因此主张神灭论的人是"违经背亲"⑤。这场辩论结果不详,但影响十分深远,此后有关神灭与否的问题未能在中国历史上掀起更多波澜。比较魏晋时期士人的"但共嗟咏二家之美,不辩其理之所在"⑥的理论水平而言,这一时期的士人对佛教知识的掌握更加全面而丰富,故而能在讲经说法、辩论义理中独标新意。

  (3)注疏佛经,撰写论文

  佛教自传入中国始,就面临着如何与本土文化融合的问题。而对佛

---

① 《全后周文》卷八《哀江南赋》,《全上古三代秦汉三国六朝文》,第 3922 页,北京,中华书局,1958。
② 《梁书》卷四八《范缜传》,第 666 页。
③ 同上书,第 665—666 页。
④⑤ 《全梁文》卷五《敕答臣下神灭论》,第 2973 页。
⑥ 余嘉锡:《世说新语笺疏》上卷《文学》,第 227 页,北京,中华书局,1983。

教经典进行注疏,不仅表明了世人对佛经等同于儒家经典的重视,而且也直接推动了佛教"中国化"进程。梁武帝多次敕令僧人注疏佛经:天监初年,敕高僧大德各撰《成实义疏》,其中释法云撰有四十科、四十二卷;天监六年(507)释僧旻制注《波若经》;天监七年(508)建元寺僧朗受敕注《大般涅槃经》七十二卷;同年释法云受敕制注《大品》;天监八年(509)释宝亮受敕撰《涅槃义疏》十余万言,梁武帝萧衍亲为之作序,云"举要论经不出两途。佛性开其本有之源,涅槃明其归极之宗。非因非果,不起不作,义高万善,事绝百非。空空不能测其真际,玄玄不能穷其妙门"①等。

  如前所述,梁武帝萧衍勤奋好学,熟知内外典籍,故也参与注疏大量佛典。如萧衍天监十一年(512)注《大品经》50卷。此书乃梁武帝召集天保寺法宠、灵根寺慧令等名僧20人,"探采释论,以注经本,略其多解,取其要释"②而成,内容分五段,但并非所说的五时般若,而是"劝说以不住标其始,命说以无教通其道,愿说以无得显其行,信说以甚深叹其法,广说以不尽要其终"③。另据《梁书》卷三著录,萧衍制"《涅槃》、《大品》、《净名》、《三慧》诸经义记,复数百卷"。具体卷数为《制旨大涅槃经讲疏》一百零一卷、《三慧经讲疏》、《净名经义》、《制旨大集经讲疏》十六卷、《发般若经题论义并问答》十二卷④。又据《广弘明集》卷一九《御讲波若经序》记载,萧衍注释大品,"自兹以来躬事讲说。重以所明三慧最为奥远,乃区出一品,别立经卷;亦由观音力重特显普门之章登住行深,乃出华严之品。故以撮举机要,昭悟新学者",则萧衍除了《三慧经讲疏》,当还有《华严经讲疏》。此外,《南史》卷七《梁武帝纪》载大同六年(540)五月河南王遣使来献,求释迦像并经论14条,梁武帝"敕付像并《制旨涅槃》、《般若》、《金光明讲疏》一百三卷"⑤,可知萧衍还有《金光明讲疏》。今均佚。

---

① 《全梁文》卷六《宝亮法师涅槃义疏序》,第2984页。
② 《全梁文》卷六《注解大品经序》,第2983—2984页。
③ 同上书,第2984页。
④ 方立天:《梁武帝萧衍与佛教》,《魏晋南北朝佛教论丛》,第194页,北京,中华书局,1982。
⑤ 《南史》卷七《梁武帝纪》,第215页。

萧衍还有弘法宣教的诗歌和文章，如《游钟山大爱敬寺诗》、《会三教诗》、《和太子忏悔诗》、《十喻诗》（今存五首）、《唱断肉经竟制》、《立神明成佛义记》、《菩提达摩大师碑》、《宝亮法师涅槃义疏序》、《注解大品经序》、《舍道事佛疏文》、《金刚般若忏文》、《摩诃般若忏文》、《断酒肉文》、《静业赋》等。虽然梁武萧衍所注疏的佛经今已难觅踪迹，但通过流传下来的有关文字，还是可以看出他关于《般若》、《涅槃》的理论，以及"真神"佛性的思想在当时具有相当影响力。

（4）优待僧人，敕命僧官

佛教以"佛、法、僧"为三宝，梁武帝崇信释氏，故对僧人相当友好，给予他们言论和行动的自由，允许他们出入皇宫。如梁武帝优待释智藏（458—522），不仅"宫阙恣其游践"[①]，而且针对有人提出御座唯天子所升，沙门不得沾预，智藏踞座以示抗议的行为，萧衍并未追究。神僧宝志言行怪诞，能为谶语，南齐武帝谓其惑众，将其拘禁，萧衍立国后有《下释宝志诏》，认为像宝志这样"水火不能燋濡，蛇虎不能侵惧"的神人，岂得以俗士常情，空相拘制？遂下令"自今行来，随意出入，勿得复禁"[②]，对释宝志甚是礼待；另梁武有《诏答大士傅弘》，亦云"大士欲度众生，去来随意"[③]。

对于成为梁武帝"家僧"的高僧，如僧伽婆罗（460—524）、法宠（451—524）、僧迁（465—523）、僧旻（467—527）、法云（467—529）、慧超（？—526）、明彻（？—522）等，萧衍更是资给丰厚。史载释法宠受敕"常居坐首，不呼其名，号为上座法师，请为家僧。敕施车牛人力，衣服饮食，四时不绝"[④]；释僧旻天监五年（506）游于都辇，"天子礼接……请为家僧，四事供给"[⑤]。当时地方官吏延请僧人，梁武帝也资给用度，如僧旻出京，

---

① 道宣：《续高僧传》卷五《义解篇·智藏传》，《大正藏》第50卷，第466页上。
② 《全梁文》卷二《下释宝志诏》，第2955页。
③ 《全梁文》卷四《诏答大士傅弘》，第2969页。
④ 道宣：《续高僧传》卷五《义解篇·法宠传》，《大正藏》第50卷，第461页中。
⑤ 同上书，第462页下。

萧衍"有敕给船仗资粮,发遣二郡。迎候舟楫满川,京师学士云随,雾合中途,守宰莫不郊迎"①,声势浩大,以至晋陵太守蔡撙深有感触地将僧旻比做梁代的"素王"。有名望的僧人不仅生前受到礼遇,而且死后丧事也由皇室参与操办。如释宝志天监十三年(514)卒,萧衍敕令厚加殡送,葬于钟山独龙之阜,于墓所立开善精舍,敕陆倕制铭辞于冢内,王筠勒碑文于寺门;释僧旻大通八年(534)二月一日卒,萧衍敕以其月六日窆于钟山之开善墓所,丧事大小,随由备办;又如释法云大通三年三月二十七日卒,萧衍敕给东园秘器凡百,丧事皆从王府,下敕令葬宝林寺侧等②。

梁武帝萧衍还负责任命僧官。他先后敕释宝唱为新安寺主,敕释法宠为齐隆寺主,敕释法云为光宅寺主、为大僧正,敕慧超为僧正,敕天竺寺释法超为都邑僧正等。大同年间,梁武帝萧衍欲自为"白衣僧正"③,然由于释智藏抗言反对,事终不行。萧衍以帝王之尊介入僧界事务,对佛教发展所起的推波助澜作用是不言而喻的。

(5) 严格戒律,倡导蔬食

梁武帝萧衍重视律学,认为"律教乃是像运攸凭,学惠阶渐,治身灭罪之要,三圣由之而归,必不得缺","既为万善之本,实亦众行所先,譬巨海百川之长,若须弥群山之最,三果四向缘此以成,十力三明因兹而立"④,故而不仅博采经教,编撰《出要律仪》十四卷,在梁境通行;而且敕释僧祐"乘舆入内殿为六宫受戒"⑤,时临川王萧宏、南平王萧伟,仪同陈郡袁昂、永康定公主、贵嫔丁氏并崇其戒范,尽师资之敬。

据今存文献记载,萧衍不止一次受戒。如天监三年(504)他宣布舍

---

① 道宣:《续高僧传》卷五《义解篇·僧旻传》,《大正藏》第50卷,第462页下。
② 慧皎:《高僧传》卷一〇《神异篇·宝志传》,《大正藏》第50卷,第394页下;道宣:《续高僧传》卷五《义解篇·僧旻传》,《大正藏》第50卷,第463页上;道宣:《续高僧传》卷五《义解篇·法云传》,《大正藏》第50卷,第464页下。
③ 道宣:《续高僧传》卷五《义解篇·智藏传》,《大正藏》第50卷,第466页中。
④ 道宣:《续高僧传》卷一二《义解篇·法超传》,《大正藏》第50卷,第607页上;道宣:《续高僧传》卷六《义解篇·慧约传》,《大正藏》第50卷,第469页中。
⑤ 慧皎:《高僧传》卷一一《明律篇·僧祐传》,《大正藏》第50卷,第402页下。

道入佛,皈依佛门,于重云殿自称"弟子";天监十八年(519)四月八日,他又幸等觉殿,"发弘誓心,受菩萨戒,……曲万乘之尊,申在三之敬,暂屏衮服,恭受田衣,宣度净仪,曲尽诚肃"①,以至释法云云,"戒终是一,先已同禀,今重受者,诚非所异,有若趣时"②。当时与之同时受戒的还有皇储王姬、道俗士庶等 48 000 人。萧衍不仅自己受戒,还劝说属下受戒。如济阳的江革精信因果,而梁武帝不知,便说江革不信佛,赐其《觉意诗》五百字,云"惟当勤精进,自强行胜修;岂可作底突,如彼必死囚。以此告江革,并及诸贵游"③。江革因启乞受菩萨戒。

针对当时僧团资产丰沃,僧尼畜养奴婢,过着享乐生活,不守戒律的现象,萧衍主持召开法会,制定《断酒肉文》,以"食肉者断大慈种,……一切众生皆为怨对,同不安乐"④为由,主张出家人戒断酒肉。他自誓明心,表示要从自己做起,遵守戒律。为此发下毒誓:"弟子萧衍从今已去,至于道场,若饮酒放逸,起诸淫欲,欺诳妄语,啖食众生,乃至饮于乳蜜,及以酥酪,愿一切有大力鬼神,先当苦治萧衍身,然后将付地狱阎罗王,与种种苦,乃至众生皆成佛尽,弟子萧衍犹在阿鼻地狱中"⑤。同时严格规定僧人必须戒断酒肉,他严正申明,"若复有饮酒啖肉,不如法者,弟子当依王法治问"⑥。这实际上是欲以王法来统摄僧规,从中可看出他严格僧制的决心。

随着对佛教的日益崇信,萧衍的持戒经历了一个由先前的不尽遵守转向明确执行的过程。萧衍在《净业赋》中自称,"断房室,不与嫔侍同屋而处四十余年矣"⑦。而其大同年间的《敕责贺琛》中又是另外一种说法,

---

① 道宣:《续高僧传》卷六《义解篇·慧约传》,《大正藏》第 50 卷,第 469 页中。
② 道宣:《续高僧传》卷五《义解篇·法云传》,《大正藏》第 50 卷,第 464 页下。
③ 《梁书》卷三六《江革传》,第 524 页。
④ 道宣:《广弘明集》卷二六《慈济篇·断酒肉文》,第 306 页。
⑤ 《全梁文》卷七《断酒肉文》,第 2992 页。
⑥ 道宣:《广弘明集》卷二六《慈济篇·断酒肉文》,第 308 页。
⑦ 《全梁文》卷一《净业赋》,第 2950 页。

"朕绝房室三十余年,无有淫佚。朕颇自计,不与女人同屋而寝,亦三十余年"①。故在萧衍断房事的时间长短上,钱锺书先生认为,"此等鄙琐,本不足校,顾既以为君道攸关,则十年之一出一入,岂曰小德乎哉"②! 颇有微词。不过,晚年的萧衍确实树立了坚定的信仰。

佛教伦理意识的核心是"慈悲",它表现为首重"戒杀"。萧衍受此影响,于天监十二年(513)下诏,"请丹阳、琅玡二境水陆并不得菟捕"③;又齐时的郊庙、宗庙荐羞,沿用传统,使用牲牷,其有关宗庙祭祀的文字,还有"式备牲牷"、"牲玉孔备"、"我牲以洁"、"朱尾碧鳞"等辞④,梁武帝于是下诏《断杀绝宗庙牺牲诏并表请》。天监十六年(517)三月,敕太医不得以生类为药;公家织官纹锦饰,并断仙人鸟兽之形;郊庙牲牷,皆代以面,其山川诸祀则否。同年冬十月,宗庙荐羞,始用蔬果⑤,并诏萧子云连歌辞一并修改。当时关于宗庙去牲事,朝野争议很大,然萧衍坚持己见,不为妥协,从中可见他对佛教的信仰之虔诚。

与戒杀相关联的是蔬食主张。据萧衍在《净业赋》中自称,"朕布衣之时,唯知礼义,不知信向。烹宰众生,以接宾客,随物肉食,不识菜味"。后因父母故去,无心独享美味,"因而蔬食,不啖鱼肉,虽自内行,不使外知"⑥,表明其主张蔬食还有儒家学说的因素。史载其"晚乃溺信佛道,日止一食,膳无鲜腴,惟豆羹粝饭而已。或遇事拥,日傥移中,便漱口以过。……身衣布衣,木绵皂帐,一冠三载,一被二年。自五十外便断房室,后宫职司贵妃以下,六宫袆褕三翟之外,皆衣不曳地,傍无锦绮。不饮酒,不听音声,非宗庙祭祀、大会飨宴及诸法事,未尝作乐"⑦,这与萧子

---

① 《全梁文》卷四《敕责贺琛》,第2971页。
② 钱锺书:《管锥篇》第4册,"191"条,第1370页,北京,中华书局,1997。
③ 萧衍:《断杀绝宗庙牺牲诏并表请》,《广弘明集》卷二六《慈济篇》,第304页。
④ 《梁书》卷三五《萧子云传》,第514页。
⑤ 《梁书》卷二《武帝纪》,第57页。
⑥ 《全梁文》卷一《净业赋》,第2950页。
⑦ 《南史》卷七《梁武帝纪》,第223页。

显对梁武帝的记录,如"服粗浣衣器同土簋,日一蔬膳过中不餐,寒暑被袭莫非大布,所居便殿不能方丈,昔之幄座今为下床,傍无侍卫顾无玩物,左右唯经书卷轴,所对但见香炉锡杖"①,几近相同,应是真实的写照。

(6) 舍身供奉,举办斋会

历史上的梁武帝萧衍曾多次舍身,今存文献中有年代记录的至少有四次:

大通元年(527)三月辛未,萧衍幸同泰寺舍身。

中大通元年(529)九月癸巳,帝幸同泰寺,释御服,披法衣,行清净大舍,以便省为房,素床瓦器,乘小车,私人执役。……癸卯,群臣以钱一亿万奉赎皇帝菩萨大舍,僧众默许。乙巳,百辟诣寺东门奉表,请还临宸极,三请乃许。帝三答书,前后并称顿首。

中大同元年(546)三月庚戌,萧衍幸同泰寺讲《金字三慧经》,仍施身,夏四月丙戌,皇太子以下奉赎。

太清元年(547)三月庚子,萧衍幸同泰寺,释御服,服法衣,行清净大舍,名曰"羯磨"。以五明殿为房,设素木床、葛帐、土瓦器,乘小舆,私人执役。乘舆法服,一皆屏除;乙巳,萧衍升光严殿讲堂,坐师子座,讲《金字三慧经》,舍身,四月庚午,群臣以钱一亿万奉赎皇帝菩萨,僧众默许。戊寅,百辟诣凤庄门奉表,三请三答,顿首,并如中大通元年故事②。

关于萧衍淫于佛道,舍身为寺奴,横多糜费一事,历来为史家讥评,如姚崇《遗令戒子孙文》云,"梁武帝以万乘为奴,……岂特名戮身辱,皆以亡国破家";韩愈《谏迎佛骨表》特举梁武之事,云其"事佛求佛,乃更得祸"。唐魏徵等人撰《隋书》,更将其与天灾人祸联系起来:云梁中大通元

---

① 道宣:《广弘明集》卷一九《法义篇·御讲金字摩诃般若波罗蜜经序》,《大正藏》第52卷,第237页下。
② 《南史》卷七《梁武帝纪》,第205,206,218,218—219页。

年(529)四月的大雨雹,与"帝数舍身为奴,拘信佛法,为沙门所制"[1]有关,又云侯景之乱、江陵之败,"阖城为贼隶焉,即舍身为奴之应"[2]。可知后世多举以为佞佛伤政之例。

萧衍还多次举办斋会:如普通六年(525),萧衍于同泰寺设千僧会,广集诸寺知事及学行名僧。羯磨拜授,置位羽仪,众皆见所未闻,得未曾有。

中大通元年(529)六月,都下疫甚,萧衍于重云殿为百姓设救苦斋,以身为祷;九月癸巳,萧衍幸同泰寺,设四部无遮大会;十月乙酉,又设四部无遮大会,道俗五万余人。

中大通二年(530)四月癸丑,萧衍幸同泰寺,设平等会。

中大通七年(535)二月,萧衍出大通门,幸同泰寺发讲,设道俗无遮大会。此会规模极大,据《广弘明集》卷一九萧子显的《御讲金字摩诃般若波罗蜜经序》中记载,"万骑龙趋,千乘雷动。天乐九成,梵音四合。震震填填,尘雾连天"。萧衍不仅讲经,还"舍财遍施钱绢银锡杖等物二百一种,值一千九十六万"。

大同元年(535)三月丙寅,萧衍幸同泰寺,设无遮大会;四月壬戌,又幸同泰寺,铸十方银像,并设无碍会。

大同二年(536)三月戊寅,萧衍幸同泰寺,设平等法会;九月辛亥,又幸同泰寺,设四部无碍法会;十月壬午,又幸同泰寺,设无碍大会。

大同三年(537)五月癸未,萧衍幸同泰寺,铸十方金铜像,设无碍法会;八月辛卯,又幸阿育王寺,设无碍法喜食,大赦。

大同四年(538)八月,萧衍幸长干寺,设无碍法喜食。

大同十年(544)三月壬寅,萧衍于皇基寺设法会,诏赐兰陵老少位一阶,并加颁赉。

---

[1]《隋书》卷二二《五行志》,第629页。
[2] 同上书,第620页。

中大同元年(546)四月丙戌,萧衍于同泰寺设法会,大赦,改元。

太清元年(547)三月庚子,萧衍幸同泰寺,设无遮大会①。

萧衍在斋会上大行放生与布施。据萧子显在《御讲金字摩诃般若波罗蜜经序》中所记,每月斋会,除了给诸寺施财施食外,还别敕张文休为运吏,散运米与贫民;犯有死罪应入大辟者,也蒙武帝怜悯而原宥。张文休还受敕奔赴屠肆,"家禽野兽殚四生之品,无不放舍"②。晚年的萧衍"厌于万机,又专精佛戒,每断重罪,则终日弗怿"③,表现出对天地万物强烈的怜悯之心。他的悲悯情结上及贵族子弟,下及鸡鸭走兽。史载其在石头城前的长命洲置户十家,每年各买鹅、鸭、鸡、豚之类千数,令这些人专门以粟谷喂养。结果不是被狐狸叼走,就是被看管的人偷偷吃掉,以致后人讥讽道:"如何长命作洲名,梁武当时此放生。鹅鸭成群如市肆,鸡豚无数似屯营。岂知半被狐奴食,宁免私为鹤户烹。不杀自然能不放,欲将实祸博虚声。"④这既说明萧衍对放生的热衷,又表明其佞佛已趋于昏庸。

(7) 立寺造像,遣使求法

据清代刘世珩的《南朝寺考》卷五所载梁代九十二寺资料中,梁武帝敕建的有 11 所,分别是智度寺、新林法王寺、仙窟寺、光宅寺、萧帝寺(又名法光寺)、解脱寺、同行寺、全善寺、开善寺(又名兴国禅寺)、大爱敬寺、同泰寺(又名法宝寺)。另阙名的《梁京寺记》中提到宝林寺,云"梁天监中,武帝与宝公同游此山,见林峦殊胜,命建精蓝"⑤,可知也是梁武帝敕

---

① 道宣:《续高僧传》卷五《义解篇·法云传》,《大正藏》第 50 卷,第 464 页下;《南史》卷七《梁武帝纪》,第 206—207,211,212,217,218 页;道宣:《广弘明集》卷一九《法义篇·御讲金字摩诃般若波罗蜜经序》,《大正藏》第 52 卷,第 236 页下;道宣:《广弘明集》卷一五《佛德篇·出古育王塔下佛舍利诏》,《大正藏》第 52 卷,第 203 页下。
② 道宣:《广弘明集》卷一九《御讲金字摩诃般若波罗蜜经序》,《大正藏》第 52 卷,第 237 页下。
③ 《隋书》卷二五《刑法志》,第 701 页。
④ 周应谷《景定建康志》卷一九,山川志,"长命洲"条,第 977 页,清嘉庆六年刊本,台北成文出版社,1984。
⑤ 《五朝小说大观·魏晋小说卷之七》,上海扫叶山房发行。

建。此外,萧衍还为慧初禅师,"立禅房于净名寺以处之,四时资给"①,又"下敕工人缮改张饰以待(法)宠焉,因改名为宣武寺"②。其中,最有代表性的是萧衍为父母修建的大爱敬寺、智度寺,以及他经常讲经说法的同泰寺。

大爱敬寺是萧衍普通三年(522)为纪念亡父而建③,在蒋山(今钟山)北高峰上。建寺初曾向王骞强买寺边良田八十余顷。此寺宏伟壮丽,《续高僧传》卷一《宝唱传》中有描述,云"纟彡纷协日,临睨百丈,翠微峻极,流泉灌注,钟龙遍岭,饫凤乘空,创塔包岩壑之奇,宴坐尽林泉之邃。结构伽蓝,同尊园寝,经营雕丽,奄若天宫。中院之去大门,延衺七里,廊庑相架,檐溜临属。旁置三十六院,皆设池台,周宇环绕。千有余僧,四事供给"④。智度寺是萧衍为纪念亡母所建,亦是"殿堂宏壮,宝塔七层,房廊周接,华果间发。正殿亦造丈八金像,以申追福。五百诸尼,四时讲诵"⑤。据萧衍在《孝思赋》中自述,"竭工匠之巧,尽世俗之奇"的两寺均是为了"表罔极之情,达追远之心"⑥,表达自己对父母的孝敬之心。

同泰寺是萧衍大通元年(527年)所建,时在宫后别开一门,名"大通门",对寺之南门,取反语以协"同泰",原为吴之后苑。唐许嵩《建康实录》卷一七引《舆地志》中所载,云有"浮图九层,大殿六所,小殿及堂十余所。宫各像日月之形,禅窟、禅房、山林之内,东西般若台各三层,筑山构陇,亘在西北。柏殿在其中,东南有璇玑殿,殿外积石种树为山,有盖天仪,激水随滴而转",可知亦是穷竭帑藏,巧夺天工。此寺是梁武帝极为重要的宗教活动场所,据《梁京寺记》载,萧衍在此"舍身施财,以祈佛福。

---

① 道宣:《续高僧传》卷一六《习禅篇·慧初传》,《大正藏》第50卷,第550页下。
② 道宣:《续高僧传》卷五《义解篇·法宠传》,《大正藏》第50卷,第461页中。
③ 关于大爱敬寺修建的时间,参见《全梁文》卷一三《大爱敬寺刹下铭》,《全上古三代秦汉三国六朝文》,第3026页。
④⑤ 道宣:《续高僧传》卷一《译经篇·宝唱传》,《大正藏》第50卷,第427页上。
⑥ 道宣:《广弘明集》卷二九《统归篇·孝思赋》,《大正藏》第52卷,第337页中。

自大通以后,无年不幸"①。

佛寺中又多造有佛像。大同元年(535)四月,萧衍幸同泰寺,"铸十方银像"(《南史》卷七《梁武帝纪》),大同三年(537)五月,萧衍幸同泰寺,又"铸十方金铜像"(《南史》卷七《梁武帝纪》)。光宅寺亦有丈九无量寿佛铜像。最壮观的是由释僧祐监制的、天监十五年(516)春完工的剡溪弥勒石像,此石像"坐躯高五丈,立形十丈,龛前架三层台,又造门阁殿堂,并立众基业以充供养"②。萧衍积极支持造像,史载正觉寺释法悦在小庄严寺营铸丈八无量寿像,在耗铜四万斤犹不够的情况下,启闻梁武帝萧衍,又"敕给功德铜三千斤"③;其子萧纲也在《谢敕赉柏刹柱并铜万斤启》中谢梁武帝给其"柏刹柱一口,铜一万斤,供起天中天寺"④;又在《谢敕赉铜供造善觉寺塔露盘启》谢梁武帝"垂赉铜一万三千斤,供造善觉寺塔露盘"⑤。大量的耗费使南朝寺庙林立,唐代杜牧的《江南春》诗,云"南朝四百八十寺,多少楼台烟雨中",就是以艺术的手法对此加以描述。

这一时期与外国使者多有佛教方面的交流。大同六年(540),河南王"遣使朝,献马及方物,求释迦像并经论14条。敕付像并《制旨涅槃》、《般若》、《金光明讲疏》一百三卷"⑥。《释氏稽古略》卷二和《集神州三宝感通录》卷中均记录萧衍遣决胜将军郝骞、谢文华等80人,往天竺国迎佛旃檀像事。《出三藏记集》卷一二有《皇帝遣诸僧诣外国寻禅经记》,也记录梁武帝萧衍遣使求法事。这些交流活动,推动了佛教的传播和发展。

二、"真神论"与灵魂说

南朝佛教经历了由《般若》到《涅槃》,性空假有与佛性常住相契合的

---

① 《梁京寺记》,《五朝小说大观·魏晋小说卷之七》,上海扫叶山房发行。
② 慧皎:《高僧传》卷一三《兴福篇·僧护传》,《大正藏》第50卷,第412页中。
③ 慧皎:《高僧传》卷一三《兴福篇·法悦传》,《大正藏》第50卷,第412页下。
④ 《全梁文》卷一〇《谢敕赉柏刹柱并铜万斤启》,第3007页。
⑤ 《全梁文》卷一〇《谢敕赉铜供造善觉寺塔露盘启》,第3007页。
⑥ 《南史》卷七《梁武帝纪》,第215页。

发展过程。继东晋竺道生讲论《涅槃经》,孤名先发"一阐提人皆可成佛"后,涅槃之学大兴,而般若之学暂歇;然士人谈"有"忘"空",常堕一边;一些人甚至将般若性空理论与涅槃佛性学说中谈空说有的观念对立起来,争论不休。于是有关成佛的原因、根据,以及主体问题再次引发激烈探讨,齐、梁年间出现了诸多"佛性"学说,梁武帝主张的"真神"佛性论,则是其中极具特色的一派。

均正的《四论玄义》卷七和元晓的《涅槃宗要》均有梁武帝"真神"佛性观点。如《四论玄义》云,"第四梁武萧天子义,心有不失之性,真神为正因体。已在身内,则异于木石等非心性物。此意因中已有真神性,故能得真佛果。故大经《如来性品》初云:'我者即是如来藏义,一切众生有佛性,即是我义'"①。《涅槃宗要》云,"第四师云,心有神灵不失之性。如是心神已在身内,即异木石等非情物,由此能成大觉之果,故说心神为正因体。《如来性品》云:'我者即是如来藏义,一切众生悉有佛性,即是我义。'《师子吼》中言:'非佛性者,谓瓦石等无情之物。离如是等无情之物,是名佛性故。'此是梁武萧焉(衍)天子义也"②。从中可知梁武帝的"真神"概念是从人的心性问题契入,进而探讨佛性问题,此概念有时也用"心神"来表述。而从《弘明集》卷九中所载梁武帝的《立神明成佛义记》文来看,佛性问题也被梁武帝用"神明"这一概念加以阐释。

"神明"一词在成书于战国时期的《易传》中就已出现。如《周易·系辞上传》云,"圣人以此斋戒,以神明其德"③;《周易·系辞下传》云,"于是始作八卦,以通神明之德,以类万物之情","阴阳合德,而刚柔有体,以体天地之撰,以通神明之德"④;《周易·说卦》云,"昔者圣人之作《易》也,幽赞于神明而生蓍"⑤。其后经过不断演变,"神明"有了丰富多样的含义,

---

① 《四论玄义》卷七,《续藏经》第46册,第601页中。
② 《涅槃宗要》,《大正藏》第38卷,第249页上。
③ 周振甫:《周易译注》,第246页,北京,中华书局,1991。
④ 同上书,第256,266页。
⑤ 同上书,第280页。

总结起来至少有以下六种：

其一，指神灵，包括天地、山川、祖宗之神灵。原始社会由于生产力低下，无法对各种自然现象予以科学解释，故世人内心产生恐惧，滋生出敬畏之情，以为天地、山川皆有神鬼、神灵，不可不祭祀以求福祉；后进一步延伸到祭祀家族祖先，以为人死为鬼，有灵魂存在，故设飨以表哀思和尊敬。如《大戴礼记·哀公问于孔子》云，"民之所由生，礼为大。非礼无以节事天地之神明也，非礼无以辨君臣上下长幼之位也，非礼无以别男女父子兄弟之亲、昏姻疏数之交也，君子以此之为尊敬然"①，又《礼记·表记》云，"昔三代明王皆事天地之神明，无非卜筮之用，不敢以其私亵事上帝"②，其"神明"均指的是天地神灵；又如《大戴礼记·千乘》云，"凡民之藏贮以及山川之神明加于民者，发国功谋，斋戒必敬，会时必节"③，此"神明"则指山川神灵；再如《礼记·祭义》云，"荐其荐俎，序其礼乐，备其百官。奉承而进之，于是谕其志意，以其恍惚以与神明交，庶或飨之"，《礼记·祭统》云，"诚信之谓尽，尽之谓敬，敬尽然后可以事神明"④，此"神明"则指的是祖先神灵。

其二，指人的精神、精气。战国时期思想家认为，人的身体是由"气"构成的，人的生死与气的聚散相关。如《庄子·知北游》云，"人之生，气之聚也。聚则为生，散则为死"；《管子·心术下》中也有类似的观点，云"气者，身之充也"。古人认为有一种"气"叫"精气"，它进入人体后，构成人的"精神"。人能守住"精气"、"精神"，则可长生不死。"神"乃"精"积而成，指人的精神现象，所以它又可以叫做"神明"。如《颜氏家训》卷五《养生篇》云，"若其爱养神明，调护气息，慎节起卧，均适寒暄，禁忌食饮，将饵药物，遂其所禀，不为夭折者，吾无间然"⑤，又《世说新语·言语》云，

---

① 王聘珍：《大戴礼记解诂》，王文锦点校，第12页，北京，中华书局，1983。
② 王锦文：《礼记译解》，第821页，北京，中华书局，2001。
③ 王聘珍：《大戴礼记解诂》，第157页。
④ 王锦文：《礼记译解》，第682，707页。
⑤ 王利器：《颜氏家训集解》，第356页，北京，中华书局，1993。

"服五石散,非唯治病,亦觉神明开朗",均是此意。

其三,指人的聪明才智、心智,引申为料事如神。如上所述,精气构成人的"精神",此精神包含着聪明才智、心智的运用和发挥,故而又以"神明"来形容人精神、心智上的聪慧。如《颜氏家训》卷五《省事篇》:"近世有两人,朗悟士也,性多营综,……略得梗概,皆不通熟。惜乎,以彼神明,若省其异端,当精妙也"[①]。由于对人精神的聪慧的高度赞扬,进而又引申形容人英明、有决断能力,料事如神。如《韩非子·说五》和刘向《说苑》卷一八《辨物》分别以"周主,亡玉簪,令吏求之"和"师旷不谒平公"为例,赞叹两位料事如神,此"神明"意味着才智的高明。

其四,指老子所云的"道"。在老子的道家学说中,"道"是构成世间万事万物的本体,也是世间万物无法抗拒的规律,然它又是不可表述的,具有不可琢磨的神秘性,故有"道可道,非常道;名可名,非常名"之说。《淮南子》卷一一《齐俗训》云,"五帝三王,轻天下,细万物,齐死生,同变化,抱大圣之心,以镜万物之情,上与神明为友,下与造化为人",以及《淮南子》卷一二《道应训》云,"若神明,四通并流,无所不极,上际于天,下蟠于地。化育万物而不可为象,俯仰之间而抚四海之外",所提及的"神明"具有"道"的特征,故成为"道"的代称。

其五,指"道"神秘莫测的功用。老子学说所表述的"道"是成就万事万物的根源,它无处不在,无时不在,然又无法用言语来具体表达,因为它看不见、听不到、摸不着,像个精灵样变动着、游移着,万物赖以化生,四时得以资成,虽然姑且名之为"道",又有谁能窥知其真正的奥秘呢?故而又用"神明"来形容其不可思议的功用。如《淮南子》卷一五《兵略训》云,"所谓道者,体圆而法方,背阴而抱阳,左柔而右刚,履幽而戴明。变化无常,得一之原,以应无方,是谓神明",即是这层含义。

其六,指佛教的法性、佛性。这与佛教的基本教义"神不灭"论密切

[①] 王利器:《颜氏家训集解》,第327页。

相关,佛教宣扬因果报应、三世轮回,这就需要一个轮回的主体,故提出人的形体虽然朽亡,而确有"法性"、"佛性"永存于世,法性、佛性有时又用"神明"来表述。《世说新语·文学》云,"佛经以为祛练神明,则圣人可致。……刘孝标注:释氏经曰:'一切众生,皆有佛性';但能修智慧,断烦恼,万行具足,便成佛也"①。此"神明"不完全等同于前所述的精气、精神,它的含义已在历次辩论中愈加丰富和完善。至梁武帝萧衍时,为说明"神明"是成佛的根据,更是做了独具特色的阐释。

梁武帝将成佛的依据用"真神"、"心神"、"神明"等加以表述,这些词汇到底何所指,今只能从现有文献中寻找踪迹。在《立神明成佛义记》文中,梁武帝提出了"神明"概念。有研究者认为梁武所说的"'神明'实际就是慧远、道生所说的法性或佛性,简称为心"②。这种认识值得商榷:慧远的"法性"不同于竺道生所论之"佛性";且在梁武帝的阐述中不难发现,"心"是"神明"赖以寄托的载体,并非"神明"本身,恐不能简单地代称。今流传下来的梁武帝的《立神明成佛义记》除了原文,还有吴兴沈绩为之作的序和注。序指出当时对佛性的认识出现了"断"与"常"的偏持,"惑者闻识神不断,而全谓之常。闻心念不常,而全谓之断。云断则迷其性常,云常则惑其用断。惑其用断惑,因用疑本,谓在本可灭。因本疑用,谓在用弗移。莫能精求,互起偏执",进而赞美了梁武帝通过对"神明"进行具体分析而破解了断常问题。

具体说来,梁武帝有关佛性的"神明"观有以下三个方面值得关注:

第一,梁武帝是在东晋慧远"神不灭"论的基础上,建构他的佛性学说的。这使得承认不灭的"神"的存在成为讨论佛性的前提,表明梁武帝的立神明成佛义具有"神道设教"的色彩。

东晋慧远力主"形尽神不灭",认为世间有一个精神实体"神"的存

---

① 钱锺书:《管锥篇》第4册,第1331页。
② 参见谢路军《梁武帝对"神明观"的阐释及论证特色》,《南京社会科学》,2005年第8期,第31页。

在。他在《沙门不敬王者论》中对此做了表述,云"夫神者何耶?精极而为灵者也。精极则非卦象之所图,故圣人以'妙物'而为言。……感物而非物,故物化而不灭;假数而非数,故数尽而不穷"①。这个神秘莫测的精神本体,颇似老子学说的"道",空空不能测其深,玄玄不能言其妙,但却是绝对不变的永恒存在,并以此成为轮回的主体。慧远以"薪火"之喻比拟形神关系,又糅合中国传统的"报应"思想论证"神不灭",既而以此作为其"法性论"的佛性学说的基础。"当慧远把'法性'视为不变的法真性,持法性本体为实有,承认有一报应主体时,慧远的'法性论'更接近玄学的'本无说'和灵魂不灭论;当慧远以性空、无性释'法性',视'法性'为非有非无、空有相即时,其'法性论'又带有大乘般若学的色彩"②。但归根结底,其"法性论"与晋宋以后流行的涅槃佛性说仍存在极大分歧,不过慧远的学说还是因融会了传统思想,而成为佛教"中国化"进程中重要的过渡环节。

梁武帝在《敕答臣下神灭论》中云,"有佛之义既踬,神灭之论自行。……观三圣设教,皆云不灭。其文浩博,难可具载。止举二事,试以为言。《祭义》云:'唯孝子为能飨亲。'《礼运》云:'三日斋,必见所祭。'若谓飨非所飨,见非所见。违经背亲,言语可息。神灭之论,朕所未详"③,表明他坚持"神不灭"论。其所云不灭之"神",不脱祭祀活动中所谓鬼物、神灵。故汤用彤先生认为,虽然其有引《如来性品》所说,"我者即是如来藏义,一切众生悉有佛性,即是我义"来阐释佛性问题,然观其敕答臣下之论,可知"武帝佛性之真义,实即可谓之为常人所言之灵魂,就心理现象而执有实物,……实仍只为流转生死之我,亦即世俗所谓轮回之鬼魂也"④,这就与慧远所倡"神不灭"论不乏承继关系。

---

① 僧祐:《弘明集》卷五《沙门不尽王者论》,《大正藏》第52卷,第31页下。
② 赖永海:《中国佛性论》,第44页,北京,中国青年出版社,1999。
③《全梁文》卷五《敕答臣下神灭论》,第2973页。
④ 汤用彤:《汉魏两晋南北朝佛教史》第17章,第506—507页。

不过,要说明的是,这只是梁武帝阐释佛性义的前提。因为他在位期间不仅崇信释氏,而且大力弘扬儒家学说。而慧远的"神不灭"论正好因"总汇了儒释的有关学说自己提炼出来的有神论,向上可以解释出世涅槃,达到'神界'的凭依,向下可以解释世间生死,作为轮回的主体"[①],满足了梁武帝的需要。因此无条件地支持"神不灭"论,对于倡导儒家学说维护政治统治的梁武帝来说,不啻于一件保护衣,不可不先穿上。但在具体的阐释中,梁武帝并未采纳慧远的"法性"说,而是接受了这一时期"神灭与否"的大辩论后趋于明朗化的"精神无常"说(此精神与人的形体相对应),主从心性问题来探讨佛性问题(详见下述)。

慧远的"法性"学说虽也云"至极以不变为性,得性以体极为宗"[②],但其实质与般若学说提倡"缘起性空"和涅槃学说所谓"佛性我"有着根本不同。从慧远与鸠摩罗什的书信往复中,可知他与鸠摩罗什在法性(佛性)问题上存在着根本分歧:慧远一直在追求一个绝对的实体(尽管他将之上升到精神实体的层面),并以这样的精神实体的存在作为讨论法性问题的出发点;而鸠摩罗什则认为,佛经中一切说法,都是适应不同人的传法需要而作的假说,从其本质(或第一义谛)说都是不实的,"可以假名说,不可以取相求"[③],如果一定要求证是否有这样的绝对不变的真实存在,则"似同戏论"[④],属虚妄颠倒,与佛理相违[⑤]。至竺道生阐发涅槃佛性义,直云"无我本无生死中我,非不有佛性我也"[⑥]。其佛性义执其本有,以"此万惑中本有之实相,原超乎情见。称为佛性,自非常人之所谓神明也"[⑦],与慧远的"不灭"之神,乃至中土流行的有神论存在不同,故引

---

① 任继愈:《中国佛教史》第2卷,第650页,北京,中国社会科学出版社,1985。
② 慧皎:《高僧传》卷六《义解篇·慧远传》,《大正藏》第50卷,第360页上。
③ 《次问修三十二相并答》,《大正藏》第45卷,第127页上。
④ 《次问答造色法》,《大正藏》第45卷,第133页上。
⑤ 任继愈:《中国佛教史》第2卷,第676—701页。
⑥ 僧肇等:《注维摩诘经》卷三,《大正藏》第38卷,第354页中。
⑦ 汤用彤:《汉魏两晋南北朝佛教史》第16章,第454页。

发研习及辩论热潮。

　　梁武帝萧衍在《孝思赋》中自述父母双亡,无由追思,云"今日为天下主,而不及供养,譬犹荒年而有七宝,饥不可食,寒不可衣,永慕长号,何解悲思","想慈颜之在昔,哀不可而重见,痛生育之靡答,顾报复而无片"①,可知他对父母怀有深厚感情,如果他真的相信人死"神"存,又何必如此悲恸呢?可知他是不信的;且在他的诸多悼念属下的诏书中,他都写到这些大臣的离去令他感伤不已,表明他也知道人死不能复生。因此,他将成佛的基点定在"神不灭"论上,实有融会儒家学说以"神道设教"的意味。

　　第二,在理论来源上,梁武帝糅合了般若学与涅槃学中有关"心识"、"佛性"的相关理论来阐释立"神明"成佛义。其将佛性问题归结为"心性"问题,既与萧子良佛学思想影响难脱干系,又与释宝亮等人对涅槃佛性问题的阐述息息相关。

　　在梁武帝的《立神明成佛义记》中有这样一段话:"神明以不断为精,精神必归妙果,妙果体极常住,精神不免无常"②。这里赫然提出了"神明"概念,联系他相关的理论阐释,可知梁武帝所谓"神明"指的是人成佛的依据,它以"心"为本。心作为思维器官主意识,左右人的思想。古人以"心"为思维器官,有别于现代医学对人脑思维作用的认识。《荀子·解蔽篇》中就有"心者,形之君也,而神明之主也,出令而无所受令。自禁也,自使也,自夺也,自取也,自行也,自止也"之说。梁武帝把成佛之因归于存在"不断"的神明,故而得证涅槃妙果。此论正迎合了竺道生所谓"佛性不可得断"③的阐释。按照竺道生的观点,佛性常住不变,"性者,真极无变之义也;即真而无变,岂有灭耶?"④梁武帝也持此说,故而认为虽

---

① 《全梁文》卷一《孝思赋》,第 2948—2949 页。
② 僧祐:《弘明集》卷九《立神明成佛义记》,《大正藏》第 52 卷,第 54 页中。
③ 《大般涅槃经集解》卷五四,《大正藏》第 37 卷,第 543 页中。
④ 《大般涅槃经集解》卷九,《大正藏》第 37 卷,第 419 页下。

然"精神"不免无常,但体会终极的涅槃佛性却是"常住"的。

梁武帝所谓"精神",应是指与形体相对应的,亦即中土人士注重因果报应所持的"不灭"之灵魂。它将随着形体而经历生死变异,由于它不能常住,故不能成为佛性正因,这表明梁武帝所谓"神明"并非指"精神",也说明竺道生的佛性学说引发中土人士革新思想意义重大。如前所述,梁武帝坚持"神不灭"论,但这只是满足其"神道设教"之需。故而在其《敕答臣下神灭论》中提出的要求是"应设宾主,标其宗旨,辨其短长,来就佛理,以屈佛理"①,意即希望能从佛教关于佛性问题的讨论中来探讨"神不灭"问题。在他的《立神明成佛义记》中,他更多地谈论的是成佛的心性问题,而非祭祀之亡灵或神灵,也说明了这点。

当时有关形神问题已经历了两次大辩论。第一次是在永明年间②,范缜著《神灭论》,主张"形神相即","神即形也,形即神也,是以形存则神存,形谢则神灭也"③,提出随着人的形体朽亡,其精神也将消逝,反对存在因果报应。时齐武帝的二儿子竟陵王萧子良崇信释氏,组织群僧、朝臣进行驳斥。由于史料阙如,梁武帝萧衍是否参与其中,已难详知。但他作为竟陵"八友"之一,有过在萧子良府供职经历,又受到府主萧子良的礼遇,似乎没有理由不参与这场争论。此辩论范缜大获全胜,史载萧子良无法使范缜理屈后,又使府僚王融传话,"神灭既自非理,而卿坚执之,恐伤名教"④。其后萧子良于永明八年(490)著《净住子净行法门》20卷,此书会通儒释以阐释佛教义理,是其佛学思想的代表作。在这本著作中,萧子良谈及人生有生、老、病、死"四苦"时,云"《经》云:死者尽也。气绝神逝,形体萧索,人物一统,无生不终。……《经》又云,独生独死,身

---

① 《全梁文》卷五《敕答臣下神灭论》(梁武帝),第2973页。
② 傅恩、马涛认为范缜的《神灭论》有旧作和新作之分,辩论的时间亦分别为永明七年(489)和天监六年(507)。参见傅恩、马涛:《范缜〈神灭论〉发表年代的考辨》,《复旦学报》,1995年第1期,第91页。
③ 《全梁文》卷四五《神灭论》(范缜),第3209页。
④ 《南史》卷五七《范缜传》,第1421页。

自当之,幽冥幽冥,会见无期"①,表明萧子良也承认人死精气灭绝,精神随之消逝。萧子良在其著最后亦赞同佛性学说,云"一切众生,皆有佛性。佛为医王,法为良药,僧为看病者,为诸众生治生死患,令得解脱,心常无碍,空有不染"②。

由于萧子良永明年间以王公贵族身份引领着一大批士族文人和出家僧侣,从事包括宣讲佛法在内的文化活动,故其佛学思想在当时具有极大影响力,梁武帝萧衍正是深受影响者之一。第二次大辩论还是围绕范缜的《神灭论》而来,时萧衍已建梁称帝,由其亲率群臣、众僧再次对此进行驳斥,参与应战的今留下姓名的有64人,最终结果谁胜谁负,文献未有说明,但从此在中国历史上有关形神问题的争论几未再掀起波澜,可知此次论战规模之大,影响之深远。而梁武帝的佛性义不持"精神"永存说,而主"神明"不断论,正与此有关。

梁武帝以"心"为正因佛性,故而在《立神明成佛义记》中主要讨论如何发心成佛问题。鉴于人能用"心"思维,其心感受外界万物,时刻处在不断认知中,以致"心识""前灭后生,刹那不住",亦即佛教所言的用心"攀缘",则带来"前识必异后者,斯则与境俱往"③的变动,那么如何以"心"来证明佛性常住呢?梁武帝指出,"经云:心为正因,终成佛果。又言,若无明转则变成明。案此经意,理如可求。何者?夫心为用本,本一而用殊,殊用自有兴废,一本之性不移"。意思是说,以"心"为正因佛性者,需认识"心"如何从"无明"转变成"明";"心"只是一个心,其本性是不会改变的,但"本一而用殊",圣人以其"心"为"明"而成圣,愚人以其"无明"未能转"明"而抱愚。"故经言,若与烦恼诸结俱者,名为无明,若与一切善法俱者,名之为明,岂非心识性一,随缘异乎?故知生灭迁变,酬于往因,善恶交谢,生乎现境,而心为其本,未曾异矣。以其用本不断,故成

---

① 道宣:《广弘明集》卷二七《诫功篇·净住子净行法门》,《大正藏》第52卷,第308页下。
② 同上书,第321页中。
③ 僧祐:《弘明集》卷九《立神明成佛义记》,《大正藏》第52卷,第54页中。

佛之理皎然。随境迁谢,故生死可尽明矣。"①可见人能够成佛关键就在于能否从"无明"转变成"明",摆脱蒙昧状态进入澄静境界。因为"心"本性是澄静的,是"明"的,但由于为世尘蒙蔽,故处在"无明"状态,此时人看不到本心,即佛性的常住,而只认为万事万物处在生灭迁变之中;倘若我们能够意识到这一切都是虚幻不实的,"随境迁谢",则就能悟到佛性常住了。

总之,梁武帝的"神明"观认为:

其一,神明是众生异于木石的本质。萧衍认为木石这些无情之物,不具有佛性;只有众生,因为其有神明,即所谓"心有神灵不失之性",故而"能成大觉之果"。可知神明是众生成佛的基本原因和根据。

其二,神明分本体与作用,是两者的结合。萧衍认为"心"作为精神活动的本体是唯一的,但其作用却多种多样。"心为用本,本一而用殊"。虽然作用很多,但究其本性,却不迁移变化。"殊用自有兴废,一本之性不移"。很多时候本性为"无明"遮蔽,以致神而不明,产生惑识。如果能做到心静而心净,则无明转明,即可成佛。

其三,神明的本性恒常不灭。神明的体用是结合在一起的。心识酬于往因,善恶交谢,生乎现境。而心为其本,未曾异矣。"源神明以不断为精",神明不断,故常;神明不迁,故不变;神明不灭,故永恒。

其四,神明是因果报应的主体。萧衍笃信因果报应,认为"因果有必定之期,报应无迁延之业"②。他把神不灭与因果报应结合起来,认为人溺于无明,抱惑而生,则烦恼不断,"轮回火宅,沉溺苦海"。只有除去客尘,行善返性,回归湛然,才能超出轮回流转成佛。

梁武帝以"神明"为本,心识为用的主张,与东晋于法开对心识的认识相似。东晋《般若》学之研究依附玄理而大兴,出现了众多般若学派,有代表性的是"六家七宗",于法开的"识含宗"即为其中之一。此派主张

---

① 僧祐:《弘明集》卷九《立神明成佛义记》,《大正藏》第52卷,第54页下。
② 道宣:《广弘明集》卷七《辩惑篇·荀济》,《大正藏》第52卷,第131页上。

三界本空，以"三界为长夜之宅，心识为大梦之主"①，进而探讨神明与心识的关系，主张"识含于神"，神者主宰，识者为其所发之功用，提出识者与神明一分为二，"群生之神，其极虽齐，而随缘迁流，成粗妙之识"②。此论被梁武帝引为连类，云"一本者即无明神明也。寻无明之称，非太虚之目，土石无情，岂无明之谓？故知识虑应明，体不免惑。惑虑不知，故曰无明。而无明体上有生有灭，生灭是其异用，无明心义不改。将恐见其用异便谓心随境迁，故继无明名下加以住地之目，此显无明即是神明，神明性不迁也"③。梁武帝认为，神明有体用之别。神明无明，则攀缘现境，流迁不已，"有生有灭"，"心识"随境而变动不居，但其本性却不动常住。因此虽然"前心作无间重恶，后识起非想妙善。善恶之理大悬，而前后相去甚迥"，但"前恶自灭，惑识不移。后善虽生，暗心莫改"④，以其皆本一"心"，故可成就佛性。

另于法开在其《惑识二谛论》中云，"若觉三界本空，惑识斯尽，位登十地。今谓以惑所睹为俗，觉时都空为真"。唐均正《四论玄义》所载梁武帝之说与此相同，云"彼（指梁武帝）明生死以还，唯是大梦，故见有森罗万像。若得佛时，譬如大觉，则不复见有一切诸法"。汤用彤先生因此指出，两者之间存在着紧密联系，"于法开说，或即谓三界本空。然其所以不空者，乃因群生之神，随缘迁流，可起种种之惑识。当其有惑识时，即如梁武帝所谓之无明神明，所睹皆如梦中所见。及神既觉，知三界本空，则惑识尽除，于是神明位登十地，而成佛矣"⑤。

梁武帝此说更与竺道生的大顿悟义相一致，竺道生以大梦、大觉为喻，持佛性本有论，强调断除无明烦恼与成佛同时。其云"果报是变谢之场，生死是大梦之境，从生死到金刚心，皆是梦。金刚心后豁然大悟，无复所见也"⑥；又

---

① 吉藏：《中观论疏》卷二，《大正藏》第42卷，第29页中。
② 僧祐：《弘明集》卷二《明佛论》，《大正藏》第52卷，第10页上。
③④ 僧祐：《弘明集》卷九《立神明成佛义记》，《大正藏》第52卷，第54页下。
⑤ 汤用彤：《汉魏两晋南北朝佛教史》第9章，第185页。
⑥ 吉藏：《二谛义》卷下，《大正藏》第45卷，第111页中。

云"金刚以还皆是大梦,金刚以后乃是大觉也"①。可知梁武帝所云,俨然与竺道生此论同调,亦持佛性本有论。且竺道生注《维摩诘经》中"于我无我而不二,是无我义",为"无我本无生死中我,非不有佛性我也"②,意在指明"无我"与"我"是统一的,无我不是在"我"之外别有建立,所谓佛性我者,即是真法身,执著于"我"与"无我"者并当破斥。其学说为梁武帝吸收用来解释"无明"与"明"随缘而动,俱统一于"心"。

梁武帝强调发心立信,以此成佛,与萧子良佛学思想的深刻影响分不开。如前所述,梁武帝萧衍在竟陵王府多年,他本是道教信仰,然中年改奉佛,"其佛教之信仰与其在鸡笼山西邸,有重大之关系"③。萧子良佛学思想的核心是主张内心反观,从而自我觉悟。因为人是以"心"来应接万物的,"心之驱役诸识,亦犹君之总策诸臣"④,故主张自我时刻检校以涤除心垢;又认为世间之恶,皆是一念,所谓"万恶川流,事由心造"⑤,故提倡正心诚意,勤修内善,勇于悔过,以此引人向善,追求常乐我净,获大自在。其《净住子净行法门》主要讲修行,而修行又重内心觉悟。故道宣评此书,云"今所学教,全是师心"⑥。梁武帝在《立神明成佛义记》中开首即云,"夫涉行本乎立信,信立由乎正解。解正则外邪莫扰,信立则内识无疑"⑦。认为成佛首先需要建立正信。如何立信?信由心生。以其心识无疑惑,可得正解,方能持信。故而他的"神明"说实质上就是以"心性"问题来阐释佛性问题。

梁武帝的"神明"说还与宝亮等诸法师以"心"为正因佛性,进行解说的影响分不开。宝亮谈佛性,以真如(神明之体)为佛性,认为它妙质恒

---

① 硕法师:《三论游意义》卷一,《大正藏》第 45 卷,第 121 页下。
② 僧肇等:《注维摩诘经》卷三,《大正藏》第 38 卷,第 354 页中。
③ 汤用彤:《汉魏两晋南北朝佛教史》第 13 章,第 337 页。
④ 道宣:《广弘明集》卷二七《诫功篇·净住子净行法门》,《大正藏》第 52 卷,第 308 页上。
⑤ 同上书,第 307 页下。
⑥ 同上书,第 306 页中。
⑦ 僧祐:《弘明集》卷九《立神明成佛义记》,《大正藏》第 52 卷,第 54 页中。

而不动,用常改而不毁,无名无相,"至灵幽寂,体逾有无,凝照虚湛,妙过数表,其旨绝于生死,超有为于言境"①,但却能"显佛果之胜用,无感不应"。宝亮赞同竺道生论,持佛性本有说,云"佛性非是作法者,谓正因佛性,非善恶所感,云何可造?故知神明之体,根本有此法性为源。若无如斯天然之质,神虑之本,其用应改,而其用常尔,当知非使造也"②。此即我性中有佛性,佛性处于中道,无相可执,执之则堕断、常二见。

当时谓神明为佛性者不止梁武帝一人,实为流行的探讨术语。如《大般涅槃经集解》卷二〇载释僧宗语,云"夫生死之中,虽云无我,而性理不亡,神明由之,而不断也"③。又如《大乘玄论》卷三引灵根寺僧正释慧令语,云"涅槃体者,法身是也。寻此法身,更非远物。即昔神明,成今法身。神明既是生死万累之体,法身亦是涅槃万德之体"④,即与梁武帝以不断之神明为佛性义相似;又《大涅槃经集解》卷五四载僧宗语,云"今先收因地三种人,神明斯尽,以其有正因之义,必有成佛之理,非木石也。因中说果,亦称为性耳"⑤;卷五六载释宝亮语,云"正以神明之道,异于木石,可得莹饰,故习解虚衿,断生死累尽,有万工现前,所以种为一切智"⑥,也与梁武帝言身内有心神,异于木石等非情物,由此能成大觉之果,故说心神为正因体的阐释相似;再如《大涅槃经集解》卷六五载僧宗语,云"无明即爱爱即者,始终是一神明。虽复因果为异,然不得离,故言即也"⑦,也与梁武帝所谓"此显无明即是神明,神明性不迁也"相似。

《大涅槃经集解》卷五〇载释宝亮阐释神明成佛义,云"学者未体乎大理,见法未分明,不知身为佛因。今于此教,识因果性,知神明妙体。

---

① 《大般涅槃经集》卷一,《大正藏》第37卷,第378页中。
② 《大般涅槃经集》卷二〇,《大正藏》第37卷,第462页上。
③ 同上书,第459页中。
④ 《大乘玄论》卷三,《大正藏》第45卷,第46页中。
⑤ 《大般涅槃经集》卷五四,《大正藏》第37卷,第545页上。
⑥ 《大般涅槃经集》卷五六,《大正藏》第37卷,第555页上。
⑦ 《大般涅槃经集》卷六五,《大正藏》第37卷,第581页上。

生死依如来藏,有决定修,行因取果,心无移易"①,与梁武帝的《立神明成佛义记》中相关内容可彼此参照,无怪乎均正在《四论玄义》中直云,梁武帝佛性义以"木石等为异,亦出二谛外,亦是小亮气也"。

第三,在论证方式上,梁武帝受到范缜《神灭论》,以及释宝亮以心为正因佛性中具辩证色彩的论证方式的影响。倘若进一步追溯源头,则又与玄学认识世界的本体思维方式密切相关。

在《立神明成佛义记》中,梁武帝将"神明"区分出"性"和"用"两个方面,提出"源神明以不断为精,精神必归妙果,妙果体极常住,精神不免无常。无常者前灭后生,刹那不住者也"②。意思是说,从神明的"性"而论,它以不断为精,不断可理解为不会如草木样腐化,是能永存的,故能成就妙果;而妙果常住,即证其性不断。而从其"用"来言,精神若涉行未满,则不免于无常。前灭后生,刹那不住。这是说人的精神、意识将随着与外物有接触而不断发生变化,"盖吾人心识随境而动,外有境界,内心与之攀缘。境界既流转不住,则与之俱往之神,前心必异后心。然其先后相异,乃心之外用"③。这种区分我们怀疑其受到范缜《神灭论》中对形神问题的论证方式的直接影响。

由于中土重因果而产生的存"神"之论,与般若性空之学有违,也与涅槃佛性学说主张佛性常住有别,故引发热烈争论,最有影响的就是永明年间掀起的、持续至梁代的"神灭与否"的大辩论,它的导火索是范缜《神灭论》的发表。从太原王琰著论讥范缜之语,"呜呼范子,曾不知其先祖神灵所在",可知当时所谓形神之争还是以儒家礼教为依据,辩论鬼物、亡灵之类是否存在。

范缜以质用关系来说明形神问题,认为两者相即,名异体一,"神即形也,形即神也。形存则神存,形谢则神灭。形者神之质,神者形之用。

---

① 《大般涅槃经集》卷五〇,《大正藏》第37卷,第528页下。
② 僧祐:《弘明集》卷九《立神明成佛义记》,《大正藏》第52卷,第54页中。
③ 汤用彤:《汉魏两晋南北朝佛教史》第17章,第504页。

是则形称其质,神言其用。形之与神,不得相异。神之与质,犹利之于刃。形之于用,犹刃之于利。利之名,非刃也。刃之名,非利也。然而舍利无刃,舍刃无利。未闻刃没而利存,岂容形亡而神在?"①范缜又认为心器主人的思考,之所以有知虑的浅深之别,是因为以"心"为虑本,一神而异用。这与梁武帝在《立神明成佛义记》中,以"心"为神明之体,以心识之流转为其用,提出"本一而用殊",然无改一本之性,强调两者的相即关系在论证方式上有相似之处。然范缜以此提出凡圣有别,"金之精者能照,秽者不能照。能照之精金,宁有不照之秽质? 又岂有圣人之神,而寄凡人之器? 亦无凡人之神,而托圣人之体。……是以知圣人区分,每绝常品。非惟道革群生,乃亦形超万有。凡圣均体,所未敢安"②,则显然有等级的思想作怪。鉴于范缜的论著在当时轰动一时,不能不推测梁武帝受了范缜的影响。

  范缜还指出,儒家礼教之所以主张祭祀祖先之神,并非是有真实的存在,不过是从孝子之心,而厉渝薄之意。其《神灭论》意在推崇自然以破因果,云"若陶甄禀于自然,森罗均于独化,忽焉自有,怳尔而无,来也不御,去也不追,乘夫天理,各安其性"③,即与郭象的"独化"论有相似之处。萧衍在《敕答臣下神灭论》中主张"就佛理以屈佛理",表明他对此问题有了新的认识。应该说,经历了两场"神灭与否"的大辩论后,有关"不灭"灵魂的争论已经在中土知识分子阶层销声匿迹。一来是因为大家都知道人之死亡无法避免,且谁也没有看到先祖的亡灵,事实胜于雄辩;二来也是因为大家对"不死"的灵魂并不是真实存在,其说是"神道设教"的需要形成了共识。这也是为什么其后此类问题再未掀起波澜的主要原因。

  在释宝亮等人以"心"为正因佛性的阐释中,不难发现,释宝亮主张

---

① 《全梁文》卷四五《神灭论》,第3209页。
② 同上书,第3210页。
③ 同上书,第3211页。

佛性以法性为本源，神明与"五阴"、"十二入"、"十八界"等有关世俗世界的认识并不矛盾，前者是体性不动，是真谛，后者是其作用，是俗谛。如其云"佛性虽在阴、界、入中，而非阴所摄者，真俗两谛乃是共成一神明法。而俗边恒阴、入、界，真体恒无为也。以真体无为，故虽在阴，而非阴所摄也。体性不动，而用无暂亏。以用无亏，故取为正因。若无此妙体为神用之本者，则不应言虽在阴、入、界中，而非阴、入、界所摄也"①。这也是用区分体用来阐释佛性义。鉴于梁武帝对宝亮的风神与才华的赏识，且天监八年(509)还敕其撰《涅槃义疏》十余万言，并亲为之作序的优待，则梁武帝在论证佛性义时不排除吸收了释宝亮的观点。

魏晋时期玄学大炽，其发展受到般若空观的深刻渗透，在"以无为本"的宇宙本体论的基础上，提倡超言绝象，追求物质世界的精神超越。这种思想意识激发了士人对本源和与之派生的功用的探讨，具体落实到形神方面，就提出了"以形为体"和"以神为用"的质用关系问题。其后，这一理论又被广泛地应用于对涅槃佛性义的整体把握，这在宝亮和梁武帝等人阐释的佛性义中已有充分体现。

梁武帝于佛教典籍特重《般若经》与《涅槃经》。天监八年(509)，他敕宝亮作《涅槃义疏》，并为之作序。在《为亮法师制涅槃经疏序》中，他指出，"举要论经，不出两途，佛性开其本有之源，涅槃明其归极之宗"②；天监十一年(511)，梁武帝又注解《大品经》，云"《涅槃》是显其果德，《般若》是明其因行。显果则以常住佛性为本，明因则以无生中道为宗。以四谛言说，是涅槃，是般若，以第一谛言说，岂可复得谈其优劣？"③可知他以两者并举，认为《般若》与《涅槃》在成佛问题上是因果关系，不存在优劣问题，这表明梁武帝对这两种当时看来存在矛盾的理论有着深刻理解。他在《净业赋》中引儒家学说云，"《礼》云：'人生而静，天之性也。感

---

① 《大般涅槃经集》卷二一，《大正藏》第37卷，第465页上。
② 《全梁文》卷六《宝亮法师涅槃义疏序》，第2984页。
③ 《全梁文》卷六《注解大品经序》，第2983页。

物而动,性之欲也。'有动则心垢,有静则心静。外动既止,内心亦明。始自觉悟,患累无所由生也"①,强调的还是内心的觉悟。故而梁武帝的"神明"观总体而论,谈的是如何发心立信以成佛。由于他以帝王身份参与佛性问题的讨论,故其思想对将佛性学说引入心性问题起到积极作用,其后宋明理学、心学的理论如若追溯源头,都可在这一时期的辩论中找到相似言论。由于统治的需要,梁武帝的佛性义虽然已有真正佛理的成分,但仍未摆脱中土"不灭"之神的框架,这也表明宗教从来都是为统治阶级服务的。

三、梁武帝对中国佛教发展方向之影响

梁武帝是中国历史上以"佞佛"著称的帝王。在他统治的梁代,由于他大力扶持和积极参与,佛教被抬至国教的地位。他对佛教所持的"三教同源"思想,"立神明成佛"观念,以及所采取的措施,如严格戒律、制断酒肉、大兴佛教音乐等,均对中国佛教发展方向产生了重要影响。

"三教同源"思想是梁武帝佛教学说的重要组成部分。自佛教传入,关于儒、佛、道三种文化的思想交锋,就没有停止,梁代之前已多次展开辩论,如夷夏之争、白黑之论、神灭与否之议等,越来越多的士大夫不再固执于一方,而倾向于统合儒、释、道三种思想文化。在他们看来,儒、释、道各有各的理论内容,它们可以相互补充;而究其宗极,则不必强调区别,恰如百川奔流,同归大海,其宗旨、精神都是一致的。这种思想意识反映出中国知识阶层对待外来文化学习、吸收,并为我所用的积极态度。

梁武帝萧衍接受的本是儒家思想教育,且早受道法,可谓深受传统文化的熏陶。由于他在竟陵王萧子良的府邸做过幕僚,这使他有机缘接触佛教,接触僧人,从而对他的思想产生相当的触动作用。立国后,萧衍

---

① 《全梁文》卷一《净业赋》,第2950页。

又宣布"舍道入佛"。如前所述,尽管学界对这一提法有争议,但他确实对佛教投入相当的热情,且萧衍对儒、释、道三种思想文化有自己的看法。

萧衍有一首《述三教诗》,这样写道:

> 少时学周孔,弱冠勤六经。孝义连方册,仁恕满丹青。践言贵去伐,为善在好生。中复观道书,有名与无名。妙术镂金版,真言隐上清。密行贵阴德,显证表长龄。晚年开释卷,犹月映众星。苦集始觉知,因果方昭明。示教唯平等,至理归无生。分别根难一,执著性易惊。穷源无二圣,测善非三英。大椿径亿尺,小草裁云明。大云降大雨,随分各受荣。心想起异解,报应有殊形。差别岂作意,深浅固物情。①

从中可知他勤奋好学,对儒、释、道三种文化均有钻研。而在学习知识,接受思想的过程中,他逐渐倾心于佛教。萧衍以"犹月映众星",来比喻佛教吸引自己注目所具有的光辉闪耀。从而进一步指出,对儒、释、道三种文化进行区分,意义并不大;好比天降大雨,虽根据地区不同,有的多,有的少,然万物均因此得以滋养。因此,萧衍对儒、释、道三种文化的态度是,以佛教为中心、重点,而儒家学说、道教是辅助,同时并存,缺一不可。

萧衍之所以将佛教视为中心、重点,说到底因为他是帝王,始终有巩固地位、维护统治的迫切愿望。他与道士陶弘景保持密切联系,服用其丹药,询问自己"享国之期"几何;他还对具有预测神异功能的疯和尚宝诰特别关照,允许其自由出入宫殿,这些言行均流露出他真实的内心世界,即"高谈脱屣,终恋黄屋之尊"②。尽管佛教所宣扬的人生是苦、因果报应、众生平等、佛性永存这样一些理论对他产生了相当的吸引,从而逐

---

① 道宣:《广弘明集》卷三〇《统归篇·述三教诗》,《大正藏》第52卷,第352页下。
②《南史》卷八《梁本纪》,第251页。

渐倾心于学佛、守戒,但萧衍对女色的迷恋放纵,以及早期并不完全彻底的持戒行为,不仅在当时就遭到臣下的质疑,而且也为后世史家讥评。

萧衍在位期间,对儒、释、道三种文化给予不同程度的重视和支持。他熟悉儒家经典,深知儒家学说对治理国家、选拔人才的重要,故对当时儒学的衰落表示担忧,认为"二汉登贤,莫非经术。服膺雅道,名成行立。魏晋浮荡,儒教衰歇。风节罔树,抑此之由"①,自云"朕思阐治纲,每敦儒术"②,于是下诏置"五经"博士;并有诏云,"年未三十,不通一经,不得解褐。若有才同甘、颜,勿限年次"③。

他身体力行,注释儒家典籍,有《论语梁武帝注》1卷、《孔子正言》20卷、《中庸讲疏》1卷、《孝经义疏》18卷,另有《孔子正言章句》以及《五经讲疏》,卷数不详。萧衍强调儒家学说中的"孝道"思想。曾为《孝思赋》,大云自己虽有孝心,然因王事繁忙,遭遇父丧之痛,未能守孝的极大遗憾,自称"每读《孝子传》,未尝不终轴辍书,悲恨拊心呜咽"④,以为"父母之恩,云何可报。慈如河海,孝若消尘。今日为天下主,而不及供养,譬犹荒年而有七宝,饥不可食,寒不可衣,永慕长号,何解悲思"⑤,于是在钟山下建大爱敬寺,在青溪侧造智度寺,以表罔极之情,以达追远之心。不能遣蓼莪之哀,又在宫内起至敬殿。他感叹道:"治本归于三大,生民穷于五孝,置天地而德盈,横四海而不挠,屡斯道而不行,吁孔门其何教。"⑥可知他重视儒家学说是为了推行儒家的"笃孝治之义"⑦。

萧衍会通儒释,以儒家学说阐释佛理,力图从儒家经典中发掘出与佛理相通的内容。他反对范缜的《神灭论》,引用儒家的《祭义》和《礼

---

① 《全梁文》卷二《置"五经"博士诏》,《全上古三代秦汉三国六朝文》,第2957页。
② 《梁书》卷二《武帝纪》,第49页。
③ 《全梁文》卷二《定选格诏》,《全上古三代秦汉三国六朝文》,第2957页。
④ 道宣:《广弘明集》卷二九《统归篇·孝思赋》,《大正藏》第52卷,第336页下。
⑤ 同上书,第337页中。
⑥ 同上书,第338页上。
⑦ 僧祐:《弘明集》卷一〇《敕答臣下神灭论》,《大正藏》第52卷,第64页中。

运》。他说:"《祭义》云:'惟孝子为能飨亲。'《礼运》云:'三日齐,必见所祭。'若谓飨非所飨,见非所见,违经背亲,言语可息。"①萧衍"敷引外典,弘兹内教"(《弘明集》卷一〇《敕答臣下神灭论》)的主张,得到了臣下的高度赞同。如沈约表示:"孔释兼弘,于是乎在。实不刊之妙旨,万代之舟航,弟子亦即彼论。"②柳恽说:"夫指归无二,宗致本一。续故不断释训之弘规,入室容声弘经之深旨。中外两圣,影响相符。"③

萧衍对道教也给予扶持。他于天监二年(503),置大小道正,敕平昌孟景翼(字道辅)为大正,屡为国讲说(《太平御览》引《道学传》)。如前所述,萧衍弱年先受道法,即位后犹自上章,这显然有保持家传道法的意思。东汉末年道教兴起,它集神仙方术与丹鼎、符箓、占卜等于一身,因宣扬长生不老,对统治阶级具有极大的诱惑力。萧衍称帝后,也对道教神仙思想表现出浓厚兴趣:他于天监三年(504),令合神仙饭,事载宋苏颂《本草图经》"牡荆实"条引《登真隐诀》中④;又于天监四年(505),赐道士邓郁入住钟山,给其九转药具,令为之炼丹(《华阳陶隐居内传》引《登真隐诀》);同年,陶弘景也移居积金岭东涧,受敕为梁武炼丹。陶弘景虽为道士,但心怀济世之志,因其好阴阳五行、风角星算,一度受到萧衍礼待,凡有军事征讨,无不前往咨询吉凶,而陶弘景也得以享有"山中宰相"的美名,但这次受敕炼丹,则对其打击很大,暴露出他在萧衍心中的地位,不过是等同于为汉武帝合丹的李少君而已;同时也说明萧衍扶持道教的意图是为了一己之私的长生,为了萧氏的社稷江山。

萧衍以佛融道。道教作为本土宗教,不断地从佛教和儒家学说中吸收营养,充实其理论水平,而其神仙思想则一直受到上层统治阶级以及士大夫的青睐。为了取得统治阶级的支持,佛、道二教发生过多次争论,

---

① 僧祐:《弘明集》卷一〇《敕答臣下神灭论》,《大正藏》第52卷,第60页中。
② 同上书,第60页下。
③ 同上书,第62页上。
④ 参见王家葵《陶弘景丛考》,第236页,济南,齐鲁书社,2003年。

在南朝崇佛的社会环境下,不少信道的士大夫也认识到"道即佛也,佛即道也"(顾欢《夷夏论》)。如南朝齐代的孔稚珪,门世信道,他认为佛、道二教,"推之于至理,理至则归一;置之于宗极,宗极不容二"①。至于临终遗令要一手拿《孝经》、《老子》,一手拿《小品》、《法华经》的张融也表示:"道也与佛,逗极无二。寂然不动,致本则同;感而遂通,达迹成异。"②萧衍由信道转向崇佛后,仍与道士陶弘景保持着密切联系;而陶弘景后来也礼佛读经,可知佛道交融是当时的大趋势。

儒、释、道三家虽然不断斗争,但均有能为统治阶级利用的内容,梁武帝的"三教同源"说,正是为了维护统治,合而为用的表现。

萧衍在位期间,严格戒律,制断酒肉,这在历史上也发挥了相当的作用。佛教发展过程中带来的鱼龙混杂现象,早已成为反佛人士诟病佛教的重要依据。其中包括中国僧人虽持戒,仍有食"三净肉"的习惯。所谓"三净肉"是指没有看见、没有听闻和没有怀疑是杀生的三种肉。萧衍以大护法自居,曾拟任"白衣僧正",因僧人反对而未成功。他在《断酒肉文》中不仅引用经典,如《涅槃经·四相品》中关于断禁肉食的言语说明此举的必要性,即"食肉断大慈种",而且还在《与周舍论断肉敕》中,从佛教慈悲为怀的理念说明断禁肉食的重要性,"众生所以不可杀生,凡一众生,具八万户虫,经亦说有八十亿万户虫,若断一众生命,即是断八万户虫命"③。

这一主张对信佛的士大夫生活影响颇大。齐梁年间,不少士大夫自觉蔬食,不饮酒,崇尚寡欲俭朴的生活。如沈约"性不饮酒,少嗜欲,虽时遇隆重,而居处俭素"④;又如周颙"清贫寡欲,终日长蔬食,虽有妻子,独处山舍"⑤;又如何胤,本嗜好活物,末年也在周颙的劝说下,"遂绝血

---

① 僧祐:《弘明集》卷一一《答萧司徒书》,《大正藏》第52卷,第73页上。
② 僧祐:《弘明集》卷六《张融门律》,《大正藏》第52卷,第38页下。
③ 道宣:《广弘明集》卷二六《慈济篇·断酒肉文》,《大正藏》第52卷,第303页上。
④ 《梁书》卷一三《沈约传》,第236页。
⑤ 《南齐书》卷四一《周颙传》,第732页。

味"①。他们主动宣讲佛教慈悲理论,大谈生命之可贵,如云"释氏之教,义本慈悲。慈悲之要,全生为重"②;而且推己及人、及物,提出"凡含灵之性,莫不乐生","好生之性,万品斯同,自然所禀,非由缘立"③,以此劝说众人,多行善救济,普施天下贫苦大众,以及善护一切生命。时士大夫为官,多宽政悯民,造福百姓。有的为民请命,全力维护百姓,具有积极的社会效应。

萧衍长于音律,能为新声。由于笃敬佛法,尝制《善哉》、《大乐》、《大欢》、《天道》、《仙道》、《神王》、《龙王》、《灭过恶》、《除爱水》、《断苦轮》等十篇,名为正乐,皆述佛法。又有法乐童子伎,童子倚歌,梵呗,设无遮大会则为之,事载《隋书》卷一三《音乐志》。

佛教音乐随着佛理在中国的传播得到发展,它以抑扬顿挫的音声和快慢相间的节奏,在人们的内心世界造成震撼,从而起到宣教的作用。萧衍在竟陵王萧子良西邸时,当已接触过佛教音乐。因为萧子良特别喜欢赞呗,多次组织善声沙门辩声,并自写声音。善声沙门具有高超的发声技艺,据说能令马儿驻足,鸟儿停飞。萧衍制作佛乐,以及在无遮大会上奏乐,对于吸引民众多少会起一些作用,这对佛教音乐的发展也起了一定影响。

第五节 南朝世族与佛教

南朝佛教的发展除了有帝王大力扶持的因素,还与许多世族成员虔心信奉有着密切关系。南朝推行门阀制度,世家大族享有政治、经济的特权,即便是南朝后期,他们的政治实力有所削弱,但仍然在社会上拥有相当的地位和影响力。这批人对佛教的态度,不仅给帝王的思想带来影

---

① 《南史》卷三〇《何胤传》,第 793 页。
② 《全梁文》卷二九《究竟慈悲论》,《全上古三代秦汉三国六朝文》,第 3119 页。
③ 《全梁文》卷三〇《因缘义》,《全上古三代秦汉三国六朝文》,第 3126 页。

响,而且对家族成员的信仰也有着潜移默化的熏陶作用。下面就列举南朝较有代表性的世族进行探讨。

一、琅玡王氏与佛教

南朝世族,首推琅玡王氏和陈郡谢氏。出自琅玡王氏的晋代司徒王导奖进僧徒,与江东佛法发展颇有关系。此支系的子嗣如王洽、王荟、王珣、王珉、王谧、王弘、王练、王微、王僧达、王景文、王华、王琨、王奂、王肃、王俭、王慈、王志、王揖、王彬、王融、王筠、王克、王固等,均与佛教有紧密关联。

早在晋代,琅玡王氏就有奉佛的传统。王导六子:悦、恬、洽、协、绍、荟。其中王洽钦重支道林、竺法汰。《广弘明集》卷二八《启福篇》中有王洽的《与林法师书》。王洽之子王珣礼敬僧迦提婆、僧迦罗叉、竺法汰、慧持、竺道壹等。曾延请僧迦提婆于其舍讲《阿毗昙》,并于是年冬召集京都义学沙门释慧持(慧远之弟)等四十余人,请提婆重译《中阿含》等,邀请罽宾沙门僧伽罗叉执梵本,提婆翻为晋言。

王珣之弟王珉,名出珣右。妙解法理的外国沙门提婆为其兄王珣讲《毗昙经》时,王珉也在座,尚幼,提婆一半都没讲完,王珉就说:"我已经懂了。"于是到别的地方与法门释法纲等数人自讲。法纲听了感叹道:"大义都是正确的,有些小地方不精准。"从中可知王珣、王珉兄弟对佛理甚有兴趣。

王荟为竺道壹起嘉祥寺,以其风德高远,请居僧首。竺道壹因为博通内外,律行清严,故四远僧尼咸依附咨禀,时人号曰"九州都维那"[①]。

王绍尝于祖庙之北造枳园精舍。其子王谧钦慕慧远风德,致书遥致师敬。与慧远书曰:"身年四十,而衰同耳顺。"慧远回答说:"古人不爱尺璧而重寸阴,观其所存,似不在长年耳。檀越既履顺而游性,乘佛理以御

---

① 慧皎:《高僧传》卷五《义解篇·竺道壹传》,《大正藏》第50卷,第357页中。

心。由此而推,复何羡于遐龄耶?"①人们都称赞慧远善于诱导教化。王谧与慧严、慧力等亦有深厚交情。在沙门致敬王者这一问题上,王谧站在沙门一边,表示反对,与桓玄之间有书简往返。

及至宋初,王珣之子王弘亦与佛教人士结交。他钦重竺道生的风神与范泰、颜延之一起问道,并与谢灵运讨论顿、渐之义。王弘还与范泰听过僧苞的讲论,叹服其才思,请求与其相交叙谈。

王弘的堂弟王练,在龙光寺参译《五分律》,担当檀越。

王弘的侄子王微少好学,善属文,工书,兼解音律及医方、卜筮、阴阳、数术之事。他称赏竺道生,比之如"郭林宗",为之立传,以表扬其遗德。

王弘之子王僧达与慧观相互钦慕:临川王刘义庆尝令与之周旋的沙门慧观造访王僧达,王僧达陈书满席,与之谈论文义,慧观酬答不暇,深相称美;而慧观在曲水宴会上受宋文帝之敕写诗,其才华亦深得王僧达等钦慕,请与结赏尘外;王僧达还延请释僧远居于众造寺。但王僧达也曾劫夺沙门财富,据《南史》卷二一记载,其为吴郡太守,"吴郭西台寺多富沙门,僧达求须不称意,乃遣主簿顾旷率门义劫寺内沙门竺法瑶得数百万。"②王僧达之死也与沙门有关。时南彭城蕃县人高阇、沙门释昙标、道方等共相诳惑,自言有鬼神龙凤之瑞,常闻箫鼓音,与秣陵人蓝宏期等谋为乱,又结殿中将军苗乞食等起兵攻宫门。事发,凡党羽死者数十人。由于王僧达屡次冒犯主上尊严,又无悔改之心,遂因高阇事受到诬陷,被收付廷尉,于狱赐死,时年三十六。

王僧达之孙王融,能属文,有才辩。与琅玡王肃、吴国张融、张绻,沙门慧令、智藏等,并对释法献投身接足,崇其诫训。王融还与齐中书周颙、彭城刘绘、东莞徐孝嗣等,同与释法云为莫逆之交。齐竟陵文宣王萧

---

① 慧皎:《高僧传》卷六《义解篇·释慧远传》,《大藏经》第50卷,第359页中。
② 《南史》卷二一《王僧达传》,第573页。

子良作《净住子净行法门》，王融为之作颂。另王融有《栖玄寺听讲毕游邸园共七韵应司徒教》诗。《出三藏记集》中载有《齐文皇帝令舍人王融制法乐歌辞》，今存十二章。歌辞多引佛教术语以说理，反映了王融对佛典的熟悉。

王绍曾孙王彧，字景文，好言理，常与僧人谈论。史载其与释僧远弟子道慧辩"三相"义，大聚学僧；又与慧观弟子释法瑗交接。法瑗于顿悟义别有深解，在方山注《胜鬘》及《微密持经》，有论议之隙，则谈《孝经》、《丧服》，后出山居住天保寺担纲，刺史王景文前往等候，正值法瑗讲《丧服》，王景文问论数番，称善而退。

王景文兄子王奂及奂子王肃，共师事京师枳园寺法楷弟子释法匮。法匮有分身神异。王奂还师事天宝寺慧文律师，慧文擅长诸部《毗尼》。王奂南齐时出镇湘州，又携释志道同游。齐武帝曾对王晏云，"王奂于释氏，实自专至。其在镇或以此妨务，卿相见言次及之，勿道吾意也"①，表明王奂崇佛甚是用心，以致无心政务。永明六年(488)六月三日，王奂在其玄祖王绍所立枳园精舍树立宝刹，将其36万俸禄悉数奉上。此事沈约在《南齐仆射王奂枳园寺刹下石记一首》中有载，其中称美了王奂对佛教的虔诚，云其"深达法相，洞了宗极，勤诚外著，仁隐内弘。食不过中者，一十一载"②。

王荟之孙王华尝与其父王廞在军乱中走失，他时年13岁随沙门释昙冰外逃。昙冰让其提着衣服，装作仆人样跟在后面。在渡口时为追兵所疑，王华行动迟慢，昙冰骂道："奴子怠懈，走路还不如我！"又举杖捶击王华数十下，这才打消众兵疑虑，得以脱逃。后还吴，不知其父生死，于是布衣蔬食，不交游者十余年。王华从父弟王琨尝请释昙机居于会稽王荟所立嘉祥寺。

---

① 《南齐书》卷四九《王奂传》，第849页。
② 道宣：《广弘明集》卷一六《福德篇·南齐仆射王奂枳园寺刹下石记一首》，《大正藏》第52卷，第211页中。

宋司徒王弘之弟王昙首有子王僧绰、王僧虔。王僧绰之子王俭南齐时颇有盛名。齐武帝以其宅开学士馆，悉以四部书充俭家，又诏王俭以家为府。时王俭监试诸生，巾卷在庭，剑卫令史仪容甚盛，王俭作解散髻，斜插帻簪，朝野慕之，相与仿效。王俭常对人说："江左风流宰相，唯有谢安。"实自比也。王俭与王景文同师事释法瑗，他还为释僧远写碑文。如前所述，王俭还曾就沙门如何向帝王称呼自己以及就座问题，回答过齐武帝的相关质询。

王俭为尚书令时，尝延请释僧宗讲《涅槃经》。时庄严寺释僧旻扣问联环，言皆摧敌，以致王俭对释僧旻的才华赞叹不已。王俭还请释慧约讲《法华》、《大品》。慧约，本姓娄，东阳乌场人，祖世蝉联东南冠族。他17岁出家，师事南林寺慧静。慧静卒后，他却粒岩栖，饵以松术，蠲疾延华，深有成益。时竟陵文宣王萧子良、周颙、沈约均与之相交。慧约族祖齐给事中娄幼瑜，每见慧约必以大礼。有人说，"按辈分他比你小很多，为何这么恭敬呢？"娄幼瑜说："他好比菩萨出世，天下均以其为师，岂我敬致而已。"时人不解此意，只有王俭深以为然。

另据梁阮孝绪的《七录序》记载，王俭仿效前汉刘歆的《七略》撰《七志》，其中有《经典志》、《诸子志》、《文翰志》、《军书志》、《阴阳志》、《艺术志》、《图谱志》等，而道教、佛教的书籍，则附以方外之经；且将道教经典置于佛教经典之前。从中可知王俭所宗，其信仰道教，又对佛教表示出兴趣。

王俭之子王骞别墅在梁武帝萧衍所建大敬爱寺旁，有良田八十余顷，是祖上晋丞相王导赐田。萧衍派遣主书宣旨，要求购买王骞的这块土地，准备施舍给寺院。王骞回答说："这田我不卖，如果是皇帝下旨要夺取，我也不敢说什么。"由于传话的人言语中有脱漏，萧衍听后大怒，下令对田地进行估值，给钱逼其归还。王骞也因不奉诏，被贬为吴兴太守。

王騫弟王暕有书奉答梁武帝萧衍问神灭论，载《弘明集》卷一〇《庄严寺法云法师与公王朝贵书》中。

王骞子王规梁代与陈郡殷钧、琅玡王锡、范阳张缅同侍东宫,俱为昭明太子所礼。今《广弘明集》卷二一《法义篇》有《中郎王规谘二谛义旨(往反四番)》。可知他对佛理有兴趣。另《广弘明集》卷二〇《法义篇·梁简文帝法宝联璧序》中指明编撰人之一是"吴郡太守,前中庶子,南琅玡王规,年四十三,字威明"①。表明他参与了《法宝联璧》的编撰工作。

王僧虔之子王慈、王志、王揖、王彬、王寂等俱官于齐、梁。据《续高僧传》卷六所记,王慈昆季和江革,均与释慧开友好,与之朋游。慧开,本姓袁,吴郡海盐人。先师事宣武寺法宠,从学《阿毗昙》及《成实论》,建武中游学上京,住道林寺,师事智藏、僧旻,后移住彭城。长于巧谈,罕有折其角者。天监六年(507)卒,时年三十九。

王慈之弟王志有书奉答梁武帝萧衍敕问神灭论,自称"弟子夙奉释教"②。可知他已皈依佛门。其天监初为丹阳尹,都下有寡妇,无子,婆婆死了,举债营葬,事后无以还钱,王志怜悯其有志气,拿自己的俸禄帮她。遇到饥年,王志又吩咐人每天早晨做粥,在郡门前发放给百姓。这些善举显然是其深受佛教慈悲观念影响的结果。

王志之弟王揖有书奉答梁武帝萧衍敕问神灭论,书末自称"弟子王揖和南"③。可知也已皈依佛门。

王志之弟王彬有书奉答梁武帝萧衍敕问神灭论,自称"弟子服膺至道,遵奉天则"④。亦是皈依之士。

王彬之玄孙王淮之,家传儒业,不信佛法。他常说:"身神俱灭,哪里有三世轮回?"宋元嘉中为丹阳令,病绝少苏。时建康令贺道力去看望他,淮之对道力说:"身死神存,始知释教不虚。"道力说:"你生平不是这样说的,现在怎么说法变了?"淮之正色敛容回答说:"神实不尽,佛氏不

---

① 道宣:《广弘明集》卷二〇《法义篇·梁简文帝法宝联璧序》,《大正藏》第52卷,第243页下。
② 僧祐:《弘明集》卷一〇《中书令王志答》,《大正藏》第52卷,第61页上。
③ 僧祐:《弘明集》卷一〇《黄门侍郎王揖答》,《大正藏》第52卷,第63页上。
④ 僧祐:《弘明集》卷一〇《二王常侍彬缄答》,《大正藏》第52卷,第61页下。

可不信。"话说完就死了。看来一场大病改变了他,使其对佛教有了新的认识。

王慈之子王泰有书奉答梁武帝萧衍敕问神灭论,末称"弟子王泰顿首和南"①。也是皈佛之士。

王揖之子王筠有文名,7岁能属文,年十六为《芍药赋》,其辞甚美。为文能压强韵,每公宴并作,辞必妍靡,深为沈约称赏。沈约曾上书梁武帝萧衍,认为晚来名家无先王筠者。王筠也有书奉答梁武帝萧衍问神灭论敕,书中自称"弟子世奉大法,家传道训"②。《广弘明集》卷二四《僧行篇》中又有王筠的《与东阳盛法师书》,自云"菩萨戒弟子王筠,法名慧炬,……弟子昔因多幸早蒙觐接。岁月推流逾三十载"③。可知他早已皈依佛门。王筠为中书郎时,曾奉敕为开善寺宝誌法师撰写碑文,辞甚丽逸。今《艺文类聚》载有其《开善寺碑》、《草堂寺约法师碑》。此外,《广弘明集》卷二八《启福篇》中有王筠《与云僧正书》、《与长沙王别书》。他与法云法师关系非同一般,自述"弟子宿植善因,早蒙亲眷,情同骨肉,义等金兰。外书所谓冥契神交,内典则为善友知识"④。法云大通三年(529)三月二十七日卒,太子中庶王筠为之铭志。另萧纲有《蒙预忏直疏》,王筠有和诗,题为《奉和皇太子忏悔应诏并序》,载《广弘明集》卷三〇。

王弘从祖兄王诞之兄子王偃之孙王莹,亦有书奉答梁武帝萧衍敕问神灭论。

王彧(景文)兄子王份(王奂之弟)之长子王琳,梁代位司徒左长史,娶梁武帝妹义兴长公主,有子九人,并知名。其有书奉答梁武帝萧衍敕问神灭论,自称"弟子",载《弘明集》卷一〇《常侍王琳答》中。可知也已皈依佛门。

---

① 僧祐:《弘明集》卷一〇《吏部侍郎王泰答》,《大正藏》第52卷,第63页上。
② 僧祐:《弘明集》卷一〇《豫章王主簿王筠答》,《大正藏》第52卷,第64页下。
③ 道宣:《广弘明集》卷二四《僧行篇·与东阳盛法师书》,《大正藏》第52卷,第274页中。
④ 道宣:《广弘明集》卷二八《启福篇·与云僧正书》,《大正藏》第52卷,第326页下。

王琳之子王锡有《宿山寺赋》,载《广弘明集》卷二九《统归篇》中。

王景文子王缋之孙王克及王琳之子王固俱仕陈,两人对释智脱特别敬仰,并伸北面。

从以上所录可知,王氏自司徒王导以来,代代有人奉持佛教,可谓世世不绝。又有王巾,字简栖,亦琅玡人。有学业,为齐录事参军,曾作《头陀寺碑》,其间采用儒家典故,又多用佛教术语,文精理造。又著《僧史》十卷(《隋书》卷三三记为《法师传》十卷),释慧皎评论为"意似该综,而文体未足"①。

二、陈郡谢氏与佛教

陈郡谢氏作为南朝另一大高门,也与佛教常有因缘。东晋时代的谢鲲及其从子谢安、谢万、谢石,并其孙谢玄等均与佛教有关联。谢鲲尝与梵僧尸利密多罗交游。其子谢尚,字仁祖,仕晋为镇西将军,尝梦其父曰:"西南有气至,当者必死,汝宜建塔造寺可禳之。若未暇,可于杖头刻作塔形,见有气来可拟之。"谢尚醒后,遂刻小塔于杖头,后果有异气自天而下,直冲尚家,谢尚以杖头指之,气即回散,阖门获全。这是其崇佛得果报的记录。谢尚于永和四年(348)舍宅造寺,名庄严寺。

谢安,字安石,阳夏人。少有时名,朝命敦逼皆不就,年四十余始应命,出为征西司马,太元中加太保,居东山,特倾心释支遁,与许询等共为山水游。支遁尝奉诏入禁中讲经,善标宗会,而章句或有所遗,时墨守成规者表示不满,谢安闻而叹曰:"此乃九方堙之相马也,略其玄黄而取其骏逸。"后支遁还吴,立支山寺,欲入剡。谢安为吴兴太守,又与支遁书,表达其依依不舍之情。有一次支遁讲经,蔡子叔先来,近支遁而坐,谢安后至,值蔡暂起,谢便移就其处。蔡回来后,拿起谢的座褥就朝他脸上掷过去,谢安丝毫不介意。王公贵族对支遁的敬慕有目共睹。郄超曾问谢

---

① 慧皎:《高僧传》卷一四《序录》,《大正藏》第50卷,第418页下。

安:"林公(支遁,字道林)谈何如嵇中散(嵇康)?"谢安回答说:"嵇康需努力才勉强比得上。"郗超又问:"那林公和殷浩相比呢?"谢安说:"就辩论而言,殷浩稍胜一筹,但就超拔直上的风神而言,殷浩就比不上了。"言谈之中无不流露出对支遁的赞赏之情。谢安还与道安、慧远、惠休等有往来,并对于法开表示敬意。

谢安之弟谢万曾讥笑奉天师道的郗愔及弟郗昙,和奉佛的何充及弟何准,说"二郗谄于道,二何佞于佛"之类的话。

谢万之弟谢石尝立道场寺。义熙年间,觉贤、释宝云等在此寺翻译了《大般泥洹经》六卷,《出三藏记集》记载云,"义熙十三年十月一日,于谢司空石所立道场寺出此《方等大般泥洹经》,至十四年正月一日校定尽讫。禅师佛大跋陀手执胡本,宝云传译。于时座有二百五十人"①。义熙十四年(418),天竺禅师佛驮跋陀罗、沙门释法业,及檀越吴郡内史孟顗、右卫将军褚叔度,又在此寺翻译了支法领从于阗带回的《华严经》。

谢万之曾孙谢密,字弘微,幼时过继给叔父谢峻,特为其赏识。谢弘微居身清约,器服不华,而饮食滋味尽其丰美。其兄谢曜卒,谢弘微哀戚过礼,服虽除犹不噉鱼肉。沙门释慧琳尝与之食,见其犹蔬素,对他说:"檀越素既多疾,即吉犹未复膳。若以无益伤生,岂所望于得理。"弘微说:"衣冠之变,礼不可逾,在心之哀,实未能已。"②遂废食,歔欷不自胜。

谢弘微之子谢庄,字希逸,7岁能属文。孝武帝时东府宴会,王公毕集,时为尚书的谢庄在座。孝武帝敕令传见求那跋陀罗。遥见跋陀时,孝武帝对谢庄说:"摩诃衍聪明机解,但老期已至,朕试问之,其必悟人意也。"③谢庄还与张永、刘虬、吕道慧等,雅相钦重释梵敏。梵敏,本姓李,河东人。数讲《法华》、《成实》,又序《要义百科》,略标纲纽,见重当时。

谢庄有五子:飏、朏、颢、𩙥、瀹,世谓庄名子以风月景山水。谢瀹,字

---

① 僧祐:《出三藏记集》卷八《六卷泥洹经记》,《大正藏》第55卷,第60页。
②《南史》卷二〇《谢弘微传》,同上,第551—552页。
③ 慧皎:《高僧传》卷三《译经篇·求那跋陀罗传》,《大正藏》第50卷,第344页下。

仪洁,南齐时为吏部尚书,赏重释慧超,每称之说:"君子哉,若人也。"①慧超,本姓廉,赵郡阳平人。曾师事建安寺沙门慧通、南涧寺沙门释僧宗。慧超特以《无量寿》为命家,又善用俳谐,尤能草隶兼习,工占相。天监年中被梁武帝萧衍请为"家僧",礼问甚殊,梁武帝尝请其于惠轮殿讲《净名经》,舆驾临听。齐武帝起禅林寺,敕谢瀹撰碑文。

谢瀹之子谢览,字景涤。梁代时为吴兴太守,与吴郡太守张充各遣僚佐至都表上,延请释僧旻讲经。梁武帝敕给船仗,资粮发遣,二郡迎候,舟楫满川。京师学士,云随雾合,中途守宰,莫不郊迎。晋陵太守蔡撙出侯门迎之,感叹说:"昔仲尼素王于周,今旻公又素王于梁矣。"②

谢览之弟谢举,字言扬。幼好学,与览齐名,梁代深为昭明太子赏接。谢举与吴国陆果、浔阳张孝秀并敬事释法通,禀其戒法。法通天监十一年(512)卒,谢举为之制墓碑。谢举尤长玄理及释氏义,为晋陵郡时,常与义学僧递讲经论,征士何胤自虎丘山出而赴之,其盛如此。谢举还将宅内山斋舍以为寺(山斋寺),泉石之美,殆若自然。其托情玄胜,尤长佛理,注《净名经》,常自讲说,有《文集》二十卷。

谢安之兄谢据有子谢朗,朗孙谢晦,字宣明。美风姿,善言笑,涉猎文义,博赡多通,深为宋武帝爱赏。宋少帝废,谢晦为荆州刺史,城内有五层寺,寺有舍利塔,谢晦欲坏之。释法愍听说后前去劝谏,谢晦不听,说塔寺不宜在人间,当移之郭外。乃自率部下,至新寺门,遣队士八十,持刀斧毁坏浮图。相传尊像纵横,瓦木倾坠,俄而云雾暗天,风尘勃起,谢晦因为害怕逃走,队人也都惊散,莫知所以。谢晦等晚上做梦,梦见沙门飞腾空中,光明显赫,又见二人形悉丈余,容姿甚伟,厉声嗔道:"所行反道,寻当自知。"其后谢晦因谋叛合家遭诛,成了毁佛遭报应的例子。

谢朗弟谢允之子谢述有三子:综、约、纬。谢纬之子谢朓,字玄晖,少

---

① 道宣:《续高僧传》卷六《义解篇·释慧超传》,《大正藏》第50卷,第468页上。
② 道宣:《续高僧传》卷五《义解篇·释僧旻传》,《大正藏》第50卷,第462页下。

好学,有美名,文章清丽。谢朓和张融两人与释僧旻相友善,其文集《谢宣城集》中有首《秋夜讲解诗》。这是史书中谢朓与佛教关系的记录。

谢玄之孙谢灵运与南朝佛法实有极大关系,故详述之。谢灵运作为江南的望族子弟,其祖谢玄是淝水之战的名将,其父谢瑍生而不慧,早亡。谢灵运生于晋孝武帝太元十年(385),幼时聪颖机悟,博览群书,勤奋好学,其文章之美,与颜延之并为江左第一,袭封"康乐公"。

他本籍陈郡阳夏(河南太康),祖上在会稽始宁县已有别墅,后移籍会稽,又修营别业,傍山带江,尽幽居之美。据其所作《山居赋》,可知其间有山有湖,有果园菜园,有灌溉发达的良田,庄园经济富甲一方。谢灵运因祖父之资,生业甚厚,奴僮既众,义故门生数百,凿山浚湖,功役无已,寻山陟岭,必造幽峻,岩嶂数十重,莫不备尽。登蹑常着木屐,上山则去其前齿,下山去其后齿。尝自始宁南山伐木开径,直至临海,从者数百,临海太守王琇惊骇,谓为山贼,末了知道是谢灵运,心中才安定。史载谢灵运"性豪侈,车服鲜丽,衣裳器物,多改旧制,世共宗之,咸称谢康乐也"①,可知他的生活豪华而张扬。

东晋安帝义熙元年(405)三月,谢灵运为琅玡王(后为恭帝)大司马行参军;同年五月,刘毅镇守姑熟,爱才好士,谢灵运也被延致。义熙八年(412)九月,刘毅为荆州刺史镇守江陵,谢灵运为卫军从事中郎,路过汛阳,游庐山与释慧远相见。《高僧传》卷六《释慧远传》记载:"陈郡谢灵运负才傲俗,少所推崇,及一相见,肃然心服。"②这是两人的初见。据谢灵运其后为释慧远所作之诔,云"予志学之年希门人之末,惜哉!诚愿弗遂,永违此世。春秋八十有四,义熙十三年秋八月六日薨。……呜呼法师,何时复还?风啸竹柏,云蔼岩峰,川壑如泣,山林改容。自昔闻风,志愿归依,山川路邈,心往形违,始终衔恨,宿缘轻微,赡养有寄,阎浮无

---

① 《宋书》卷六七《谢灵运传》,第1743页,北京,中华书局,1974。
② 慧皎:《高僧传》卷六《义解篇·释慧远传》,《大正藏》第50卷,第361页上。

希"①。可知他从 15 岁起,已经风闻慧远的声名,而内心由衷向往之。而此次见面,眼见为实,又深为慧远的风神所折服。

慧远于元兴元年(402)立誓往生,彭城刘遗民、豫章雷次宗、雁门周续之、南阳宗炳、张野、张诠等 123 人,亦发誓与其同修净土之社。据传谢灵运也要求加入,却被慧远以"心杂"为由拒之。一些学者认为这恐非事实,理由主要是以下三点:其一,慧远于义熙八年(412)五月一日营造佛影窟,令僧人道秉远宣意旨,令在京城的谢灵运作《佛影铭序》(义熙九年末或十年,谢作铭并序成);其二,义熙十三年(417)慧远卒,谢灵运为之撰写碑文,收《佛祖统记》卷二六;其三,前所述《广弘明集》卷二三所收录的《庐山慧远法师诔》,亦是谢灵运所作。由此认为慧远并非十分鄙夷谢灵运,而谢灵运亦对慧远怀有很深的敬意②。

谢灵运出身贵族没落仕宦之家,有着强烈的政治抱负,但却缺乏冷静的头脑。元熙元年(419)左右,谢灵运为刘裕从事中郎,任世子左卫率。其属下桂兴与其爱妾私通,谢灵运一怒之下杀了桂兴,弃尸江流,为此遭人弹劾,受到降级查处。失望的谢灵运又去与颇有文才的颜延之、以及与释慧琳相交游的庐陵王刘义真相来往。但不久少帝即位,刘义真被杀,许多人因此牵连而被贬,谢灵运也在其中。他自降为永嘉太守,任上一年即告退隐居。元嘉元年(424)文帝即位,诛徐羡之等,召谢灵运为秘书监,谢不应征,文帝使光禄大夫范泰与书敦奖,谢于是出仕,管理图书。后以文义见接,迁侍中,赏遇甚厚。然谢灵运自以名辈,应参时政,不甘于只是以文义被赏,遂多称疾不入朝。出郭游行,经旬不归,既无表闻,又不请急。文帝讽旨令其自解职,谢灵运遂上表陈疾,文帝赐假,许其东归。

怀才不遇的愤懑,加之恃才而骄的狂傲,谢灵运并不安于山居生活,

---

① 道宣:《广弘明集》卷二三《僧行篇·庐山慧远法师诔》,《大正藏》第 52 卷,第 267 页中。
② 参见汤用彤《汉魏两晋南北朝佛教史》第 13 章,第 309 页;[日]镰田茂雄《中国佛教通史》第 3 卷,第 160 页。

他在会稽除了与族弟惠连、东海何长瑜、颍川荀雍、泰山羊璿之以文章赏会,共为山泽之游,被时人称为"四友"外,亦多带随从出游,惊动县邑。会稽太守孟颢,字彦重,平昌安丘人,卫将军孟昶之弟。事佛精恳,与昙无谶、佛驮跋陀罗、疆良耶舍等有往来,并为昙摩蜜多建造塔寺,做了很多有益于佛教的事情,使佛法在浙江东部得到弘扬,然却为谢灵运所轻。谢灵运讥讽他,"得道应须慧业,丈人生天当在灵运前,成佛必在灵运后"①,孟颢深恨此言。又谢灵运尝与王弘之等人出千秋亭饮酒,裸身大呼,孟颢遣人带信劝说,谢灵运大怒道:"我自大喊,关呆子何事!"因会稽东郭回踵湖与始宁休崲湖的筑堤殖田问题,两者关系进一步恶劣,孟颢遂举报谢灵运有谋反迹象,文帝虽然知道这是诬陷,但也不让谢灵运再回会稽,将其贬到临川(江西)做内史。但谢灵运依然游山玩水,与永嘉时代无异,于是又遭人检举,被认为是有反叛之心。但是文帝爱惜他的才华,只是将其流放到广州。然彭城王刘义康坚决认为这样的人不能留,谢灵运遂于元嘉十年(433)在广州被处以弃市的刑戮,时年49岁。以谢灵运为人处世的浮躁,以及汲汲名利的张扬,不被认为"心杂"都难。

与谢灵运相交的释僧苞,是鸠摩罗什的弟子。僧苞下江南,王弘、范泰邀请住祇洹寺,谢灵运闻其高风,也前来拜访,见了愈益敬服。僧苞对谢灵运的评价是:"灵运才有余而识不足,抑不免其身矣。"②从谢灵运的遭遇来看,僧苞可谓识见卓越。

宋武帝永初元年(420),范泰建祇洹寺,立佛像。致书谢灵运,请为作赞。谢作三首——《佛赞》、《菩萨赞》、《缘觉声闻合赞》,其从弟惠连亦作一首《无量寿颂》。

谢灵运精通佛理。他于永初三年(422)七月自降为永嘉太守,偕同诸道人,遍游名山胜水,于郡时作《辨宗论》。《出三藏记集》中陆澄《法

---

① 《南史》卷一九《谢灵运传》,第540页。
② 慧皎:《高僧传》卷七《义解篇·释僧苞传》,《大正藏》第50卷,第369页下。

论》第九帙《慧藏集》有载:《辨宗论》(谢灵运),《法勗问》往返六首,同上;《僧维问》往返六首,同上;《慧骥述僧维问》往返六首,同上;《骥新问》往返六首,同上;《竺法纲释慧琳问》往返十一首;《王休元问》往返十四首,同上;《竺道生答王问》一首,同上;《渐悟论》(慧观)(注:沙门竺道生执顿悟,谢康乐灵运《辨宗》述顿悟,沙门慧观执渐悟);《明渐论》(释昙无成)。

  佛教的顿渐之辩本是东晋之时因研求十住三乘说而起的争论,道安、支道林时已有其旨。《世说·文学篇注》云,"《支法师传》曰:'法师研十地,则知顿悟于七住。'"①"十地"是佛教用语,指菩萨进修的十个阶次,其中关键的有三:初欢喜地、第七远行地、十法云地。支道林认为至七住时,虽功行未满,而道慧已具足,能悟理之全分,因此立顿悟之说,以为顿悟在于七住。而刘宋竺道生慧解,认为悟不可有阶段,理也不可分;入理之悟,应一时顿了,悟之与理,相契无间,而七住之言,滞于经文,绝非圆义。慧达以此在《肇论疏》中提出,顿悟有两解:以支道林为首的属小顿悟,而竺道生等是大顿悟。

  竺道生的顿悟义引来热烈争论。时慧观者主渐悟,以为悟有阶级,如大举游践;足发嵩洛,南趣衡岳,足实未至,眼已有见,见即有悟。而谢灵运则站在竺道生一边,力主顿悟,与法勗、僧维、慧骥、法纲、慧琳、王休元等质疑顿悟说者展开辩论。谢灵运指出:"释氏之论,圣道虽远,积学能至,累尽鉴生,方应渐悟。孔氏之论,圣道既妙,虽颜殆庶,体无鉴周,理归一极。……有新论道士以为,寂鉴微妙,不容阶级,积学无限,何为自绝。今去释氏之渐悟,而取其能至。去孔氏之殆庶,而取其一极。一极异渐悟,能至非殆庶。故理之所去,虽合各取,然其离孔、释矣。余谓二谈,救物之言,道家之唱,得意之说,敢以折中,自许窃谓,新论为然。"②

---

① 杨勇校笺:《世说新语校笺》,第203页。杨注云,"宋本作'七注',非"有误。
② 道宣:《广弘明集》卷一八《法义篇·辨宗论诸道人王卫军问答》,《大正藏》第52卷,第225页上。

此新论道士即指竺道生。谢灵运与竺道生交往如何,限于史料,无从知晓,但他服膺竺道生顿悟义,认为渐教者重伏累,而伏累仅谓之学,仍有所滞;顿悟者主灭累,累灭则物我两忘,有无一观,万滞尽矣!伏累灭累,貌同实异。当然,渐也不可废,因它具有日进之功用;但渐之为用,不是以"有"祛"有",而是以"无"伏"有"。"无"是宗极之意。凡人未到宗极,故须劝其发信;至已达宗极者,则豁然开朗,超乎言象。竺道生的学说被称为"象外之谈",道理正在此。谢灵运敷演竺道生顿悟义,其特点在于折中孔、释二说,认为两者"权实虽同,而用各异",就"宗极"而言,统归于一。这是谢灵运的发明,反映了中土人士融合儒释的学理倾向。

谢灵运还与慧叡、僧镜、昙隆、慧严、慧观等相交。慧叡曾经多方游学,对音译诂训、殊方异义,无不必晓。而谢灵运不仅笃好佛理,而且对佛教梵文音韵也颇有兴趣。他经常向慧叡请教经中诸字的音韵和意义与中土的区别,并著述《十四音训叙》,条列梵汉文字、发音,使后人再有疑问时有了依据。

僧静、昙隆均以风骨为谢灵运所重。昙隆初居匡山石门香炉峰,六年不下岭,后移居上虞徐山,时谢灵运谢病东山,时来从游,共涉嵽嵲,共二年。昙隆卒后,谢灵运为之作诔,云"缅念生平,同幽共深,相率经始,偕是登临。开石通涧,剔柯疏林,远眺重迭,近瞩岖嵚。事寡地闲,寻微探赜,何句不研,奚疑弗析。帙舒轴卷,藏拔纸襞,问来答往,俾日余夕"。怀念了二人偕同从游,登临胜处,以及舒卷问答,探究佛理的友好。

另谢灵运还在其《山居赋》中,对"苦节之僧,明发怀抱。事绍人徒,心通世表。是游是憩,倚石构草。寒暑有移,至业莫矫。观三世以其梦,抚六度以取道。乘恬知以寂泊,含和理之窈窕。指东山以冥期,实西方之潜兆。虽一日以千载,犹恨相遇之不早"这段话,自做注云,"谓昙隆、法流二法师也。二公辞恩爱,弃妻子,轻举入山,外缘都绝,鱼肉不入口,粪扫必在体,物见之绝叹,而法师处之夷然。诗人西发不胜造道者,其亦如此。往石门瀑布中路高栖之游,昔告离之始,期生东山,没存西方。相遇之欣,实以一日为千载,犹慨恨不早"①。可知他对昙隆相见恨晚。

谢灵运与佛教经典的因缘,事关《大般涅槃经》的修治。有关这方面的情况,据《高僧传》卷七《释慧严传》中记载,云"《大涅槃经》初至宋土,文言致善,而品数疏简,初学难以厝怀。严乃共慧观、谢灵运等,依《泥洹》本加之品目,文有过质。颇亦治改,始有数本流行"②。修订本依据释法显的六卷本的《泥洹经》增补品目、润饰文辞而成,一般称为"南本"("北本"为昙无谶所译);而谢灵运因长于文章,兼解方音,故而参与修治。

谢灵运还写了很多与佛教相关的诗文,他被公认为是对佛教有过突出成就的文人。关于他的佛教著述,高华平先生有专门研究,兹不赘述③。唐代禅师鸟窠道林特别推崇谢灵运,将其尊为"在家菩萨"。

谢灵运之孙谢超宗,对释道盛敬以师礼,与释慧休来往,又为释道慧作碑铭。谢超宗之子谢几卿,幼清辩,当世号曰"神童",及长好学,博涉有文采。长于玄理,随事辩对,辞无滞者。曾参与释智藏在梁天监末年举行的舍身大忏。时智藏招集道俗,自讲《金刚般若波罗蜜经》以为极悔。惟留衣钵,余者倾尽,一无遗余。谢几卿指挂衣竹竿开玩笑道:"犹留此物,尚有意耶?"智藏说:"身犹未灭,意何由尽。"④其性之通脱,由此可见。而僧人之机锋,与东晋"玄佛合流"之余绪脱不了干系。梁天监十二年(513),武帝下诏去宗庙牺牲,修行佛戒蔬食断欲。时上定林寺沙门僧祐、龙华邑正柏超度等上启,云京畿既是福地,而鲜食之族犹布筌网,并驱之客尚驰鹰犬,非所以仰称皇朝优洽之旨,请丹阳琅玡二境,水陆并不得搜捕。梁武帝于是敕付尚书详议。义郎江蒨认为二境禁杀,不能改变他境百姓为了生活,仍然会杀生。王述表示反对。而时为左丞的谢几

---

① 《宋书》卷六七《谢灵运传》,第1765页,北京,中华书局,1974。
② 慧皎:《高僧传》卷七《义解篇·慧严传》,《大正藏》第50卷,第368页上。
③ 参见高华平《谢灵运佛教著述研究》,《中国文化研究》,2006年第4期。
④ 道宣:《续高僧传》卷五《义解篇·释智藏传》,《大正藏》第50卷,第467页上。

卿,以及都官尚书夏侯亶、仆射袁昂、尚书令王莹均赞同江贶。谢几卿认为,"不杀之礼诚如王述所议,然圣人为教亦与俗推移,即之事迹恐不宜偏断,若二郡独有此禁,便似外道谓不杀戒皆有界域,因时之宜敬同议郎江贶议"①。梁武帝于是又敕周舍进行驳斥,最终依据王述意,断之。

谢安的九世孙嗣谢贞,字元正,幼聪敏,有至性,被《陈书》收入《孝行传》中。14岁时,其父谢蔺之母阮氏卒,谢蔺不食泣血而死,家人宾客害怕谢贞效仿其父,从父洽、族兄嵩于是一起前往华严寺,请长爪禅师为贞说法。长爪禅师对谢贞说:"你作为孝子,既然没有嫡亲的兄弟,特别需要自爱,如果居丧灭性,谁来养你的母亲呢?"谢贞听后开始少进粥食。梁末太清之乱时,亲属亡散,谢贞在江陵陷落后与族兄谢嵩逃难番禺(广东南海),其母在宣明寺出家。谢贞后入陈,与吏部尚书姚察友善。姚察也是信佛的士大夫,幼年时尝就钟山明庆寺尚禅师受菩萨戒,且博学多通,对佛教抱持无限虔诚。谢贞临终前遗令:"依僧家尸陀林法,是吾所愿,正恐过为独异耳。可用薄板周身,载以灵车,覆以苇席,坎山而埋之。"②这是想按照佛教的葬法来处理自己的身后事,愿把尸体放置山野之中,可知佛教仪礼在当时对士大夫思想的渗透。

三、吴国张氏与佛教

吴国张氏是江南望族。晋侍中尚书吴国内史张敞,有子三人:裕、祎、邵。元嘉元年(424),张裕任益州刺史,蜀地有江阳寺释普明和长乐寺释道䂮,并戒德高尚,普明蔬食诵经,苦节通感;道䂮学兼内外,尤善谈吐。张裕请为戒师。

张裕之弟张邵,字茂宗,为释僧业在姑苏造闲居寺。僧业持戒清高,尝师事鸠摩罗什,学习《十诵律》,罗什称美其为"后世的优婆离"。张邵

---

① 道宣:《广弘明集》卷二六《慈济篇·断杀绝宗庙牺牲诏》,《大正藏》第52卷,第293页下。
② 《陈书》卷三二《谢贞传》,第428页。

元嘉五年(428)为雍州刺史,镇襄阳,其子张敷随往,得以与释道温相遇。道温是皇甫谧之后,曾师事庐山慧远,及长安罗什。元嘉中,住襄阳檀溪寺。时张敷去听道温讲经,回来后张邵问,讲得怎么样?敷说:"义解足以析微,道心未易可测。"①张邵于是亲自造访道温,为其神俊倾倒。对他说:"法师如果能够还俗,我让你当别驾(随从刺史巡视州境的官吏)!"道温说:"檀越是以桎梏诱人。"②当天,即离开襄阳前往江陵,张邵追之不及,甚为慨叹。

张邵还与释僧亮相交往。僧亮欲造丈六金像,用铜不少,听说湘州界铜溪伍子胥庙多有铜器,而庙甚威严,无人敢近。僧亮欲前往,遂向刺史张邵借人一百及船十艘。张邵说:"听说这座庙很灵验,冒犯者必死无疑,且有蛮人守护,怎么可能得到铜呢?"僧亮说:"如果有福德,与檀越你共享;如果有祸害,我一人承担。"张邵于是给人及船,后僧亮果然得到很多铜,在京城完成了佛像铸造。

张裕有五子:演、镜、永、辩、岱,时称"张氏五龙"。张镜言辞清玄,颜延之甚是心服,曾官新安太守,针对谯王对因果报应说的置疑,张镜作《答谯王论孔释书》,云"圣灵辍轨,斯文莫载,靡得明征,理归指斥。宗致祇以微显,婉而成潜,徙冥远之生,导三世之源,积善启报应之辙。纲宿照仁,搜昳弘信,既以渐渍习成,吝滞日祛,然后道畅皇汉之朝,训敷永平之祀,物无犇荧,人斯草偃,寔知放华犹昏,文宣未旭"③。可知其服膺佛法之至。

张镜之弟张永,字景云,多才。涉猎书史,能为文章,善隶书,骑射杂艺,触类兼善。又有巧思,纸墨皆自营造。文帝元嘉二十三年(446)造华林园、玄武湖,并使张永监统,凡所制置,皆受则于永。张永还通晓音律,孝武帝时太极殿前钟声嘶,皇帝问是哪里出了问题,张永回答,钟有铜

---

① ② 慧皎:《高僧传》卷七《义解篇・道温传》,《大正藏》第 50 卷,第 372 页下。
③ 僧祐:《弘明集》卷一二《答谯王论孔释书》,《大正藏》第 52 卷,第 77 页中。

滓,于是以手指轻扣钟体,找到地方,令人凿去铜滓,音遂清越。

张永与僧人多有来往。尝于京师娄湖苑立闲心寺,请释道营居之,又与谢庄、刘虬、吕道惠皆对释梵敏承风欣悦。且与张融并对精通大小乘的新安寺释玄运升堂问道,特相钦重。史载张永尝请昙斌讲法,为此广招名学。他问昙斌:"京城还有没有卓越的少年?"昙斌回答说:"有沙弥道慧、法安、僧拔、慧熙。"①张永于是邀请释道慧讲《涅槃经》,释法安述"佛性义"。两人神情自若,侃侃而谈。张永问他们多大了,道慧说自己十九,法安说自己十八,张永感叹说:"昔扶风朱勃年十二,能读书咏诗,时人号'才童'。今日二道可曰'义少'也。"②两人因此名声大噪。

张永之弟张辩与释僧旻关系非同一般。张辩为吏部郎时,尝遇僧旻,时其为虎丘西山寺小沙弥,张辩问他:"你姓什么,家在哪里?"僧旻回答说:"我姓释,家在此山。"张辩因此觉得这个沙弥很特别。特进张绪见了也赞叹说:"松柏虽小,已有陵云之气。"③张辩有《释僧旻赞》,载《法苑珠林》卷一一五。他还为释昙鉴作传并赞,赞云:"披荔逞芬,握瑾表洁,浑浑法师,弗淄弗涅,昕昽初辰,条蔚暮节,神游智往,岂伊实诀。"④

张辩之弟张岱,字景山。他在江陵时,曾咨禀释僧隐之戒法。

张祎之子张畅,字少微,擅文学,善谈论。他曾为若耶山敬法师作诔,载《广弘明集》卷二三。对这位隐居深山的高僧,张畅深致敬意。释僧慧是晋代皇甫谧的后代,庐山慧远弟子,擅长佛理以及《庄》、《老》,宗炳、刘虬均与之友善,张畅游经西土,造而请交。释僧䂮本上党人,善《涅槃经》,亦为张畅所重。释僧诠,本姓张,辽西海阳人。遍学外典,精研三藏,为北土学者之宗。张畅与张敷,谯国戴颙、戴勃并钦慕僧诠的德行,与之结交,崇以师礼。张敷还为僧诠作诔。会稽县颖住长干寺,性恭俭,唯以善诱为先,故属意宣唱,天然独绝。凡邀请者,皆贵贱均赴,贫富一

---

① ② 慧皎:《高僧传》卷八《义解篇·法安传》,《大正藏》第 50 卷,第 380 页上。
③ 道宣:《续高僧传》卷五《义解篇·僧旻传》,《大正藏》第 50 卷,第 462 页上。
④ 慧皎:《高僧传》卷七《义解篇·昙鉴传》,《大正藏》第 50 卷,第 370 页上。

揆。张畅闻而叹曰:"辞吐流便,足腾远理。"①宋孝建元年,刘义宣等谋反,胁迫求那跋陀罗随军同行。时王玄谟督战梁山,孝武帝于军中得摩诃衍,问其为何跟叛军在一起,跋陀回答说:"出家之人不预戎事,然张畅、宋灵秀等,并见驱逼贫道,所明但不图,宿缘乃逢此事"②。可知张畅也与求那拔陀罗相交。

张畅之弟张悦,对释道汪友好。史载道汪停留于成都时,征士费文渊上书刺史张悦,欲加以挽留。张悦于是留请道汪。后张悦还都,又向宋孝武帝述汪德行,孝武帝敕令迎接为中兴寺主。

张邵之子张敷,字景胤,好读玄言,兼善文论。张邵尝使其与宗少文谈《系》、《象》,往复数番,少文每欲屈,握麈尾叹道:"吾道东矣。"如前所述,他还与从弟张畅、谯国戴颙、戴勃并钦慕僧诠的德行,与之结交,崇以师礼。僧诠也曾住过张邵为僧业所造的姑苏山闲居寺,后来才移往虎丘山。僧诠卒后,张敷为之作诔。释僧璩是僧业弟子,起初住在虎丘山,后奉孝武帝之命出往建康,任僧正悦众,住在中兴寺。曾授少帝刘准五戒,并与孝武帝的第二子豫章王刘子尚结为法友。与袁粲、张敷一见即倾心置腹。张敷交往僧人是有所选择的。史载张敷将还江陵,宋文帝欲使其顺便载一沙门上路。然张敷不奉旨,说"臣性不耐杂",宋文帝听了很不高兴。

张演之子张绪,少知名。叔父张镜比之"乐广",袁粲谓其有正始遗风。他善谈玄,深见敬异。齐高帝萧道成尝驾幸庄严寺听僧达道人讲《维摩》,时张绪也在。坐远不闻绪语,上难移绪,乃迁僧达以近之。张绪长于《周易》,言精理奥,见宗一时。他与颜延之俱钦崇僧人释慧亮、释昙斌,每感叹说:"安(道安)汰(竺法汰)吐珠玉于前,斌亮振金声于后,清言妙绪,将绝复兴。"③如前所述,张绪还对僧旻表示过赞叹。

---

① 慧皎:《高僧传》卷一三《唱导篇·昙颖传》,《大正藏》第50卷,第415页下。
② 慧皎:《高僧传》卷三《译经篇·求那跋陀罗传》,《大正藏》第50卷,第344页下。
③ 慧皎:《高僧传》卷七《义解篇·释慧亮传》,《大正藏》第50卷,第373页中。

张永之子张稷,性疏率,朗悟有才略,与族兄张充、张融、张卷等,俱知名,时称充、融、卷、稷四人为"四张"。梁时张稷出为青、冀二州刺史,因为不得志,故闭阁读佛经,致禁放松弛。镰田茂雄认为,"在不得志的时期为了心安而阅读佛经的士大夫,出现这种情形,正足以显示佛教信仰已经渗透到士大夫的精神内部"①。

张绪之子张充,字延符,少好逸游,后折节读书,多所该通,尤明《老》、《易》,能清言。梁时为吴郡太守,与吴兴太守谢览一起,表请释僧旻至郡。梁武帝有敕给船仗、资粮发遣,二郡迎候,舟楫满川。京师学士,云随雾合,中途守宰,莫不郊迎。晋陵太守蔡撙,出侯门迎之,叹曰:"昔仲尼素王于周,今旻公又素王于梁矣。"②

张畅之子张淹,黄门郎,封广晋县子。为太子右卫率、东阳太守,逼郡吏烧臂照佛。百姓有罪,使礼佛赎刑,动至数千拜。他看起来也是奉佛之人,然却不禁荤腥。孝建元年(454),孝武帝率群臣,并于中兴寺八关斋。中食竟,袁粲与黄门郎张淹,更进鱼肉食,奉法素谨的尚书令何尚之密白孝武帝,两人被御史中丞王谦之纠奏,并免官禁锢。

张淹之弟张融,弱冠有名。被同郡道士陆修静赠以白鹭羽、麈尾扇。与从兄充、卷、稷俱知名,被目为"四张"。张氏自张敷以来,并以理音辞、修仪范为事。至张融则风止诡越,坐常危膝,行则曳步,翘身仰首,意制甚多。张融玄义无师法,而神解过人,高谈鲜能抗拒。

他结交的僧人,不少为义学沙门。他也具有相当的佛学知识,曾与从叔张永向精通大小乘的释玄运升堂问道。刘宋时释道猛讲《成实论》,张融问难,道猛称疾不堪多领,乃命弟子释道慧答之。张融以道慧年少,颇显轻心,道慧乘机挫锐,言必诣理,酬酢往还,绰有余裕。释慧基元嘉年间于会邑龟山立宝林精舍,又造普贤并六牙白象之形,于宝林设三七

---

① [日]镰田茂雄:《中国佛教通史》第3卷,第147页。
② 道宣:《续高僧传》卷五《义解篇·释僧旻传》,《大正藏》第50卷,第462页下。

斋忏。张融与刘瓛并申以师礼,崇其义训。释法献律行精纯,德为物范,张融与琅玡王肃、王融,吴国张绻、沙门智藏等,并投身接足,崇其诫训。释昙斐,本姓王,会稽剡人,慧基弟子,其方等深经,皆所综达,老庄儒墨,颇亦披览。后东西禀访,备穷经论之旨,于《小品》、《净名》,尤成独步。居于乡邑法华台寺,讲说相仍,学徒成列。张融与汝南周颙、及颙子周舍,并与之结知音之狎。张融还与琅玡王俭,对释僧旻投分请交,申以缟带。张融又钦慕释僧远的高风亮节,与庐山何点、汝南周颙、齐郡明僧绍、濮阳吴苞等,对其投身接足,咨其戒范。

张融的兴趣在于佛教义理,故而对皇室所从事的佛事活动,反倒显得不热衷。史载刘宋殷淑仪薨后,皇室于四月八日建斋并灌佛,僚佐儳者多至一万,少不减五千,张融独注儳百钱。孝武帝很不高兴,说:"融殊贫,当序以佳禄。"①将其出为封溪令。

张融永明中遇疾,作《门律》,欲以规诫弟侄。其第一章通源佛道,云"吾门世恭佛,舅氏奉道。道也与佛,逗极无二。寂然不动,致本则同,感而遂通,逢迹成异"②。在张融看来,佛教与道教只是说教的方式不同而已,就其宗极而言则是一致的。其宗旨在于会通佛道。针对他的这种观点,汝南周颙有异议,遂与之有书简问答往来。释法宠辞亲皈依佛门,张融深表钦佩,与周颙书云"古人遗放,故留儿女,法宠法师绝尘如弃唾,若斯之志,大矣,远矣"③。释法安博通内外,多所参知,永明中还都止中寺,讲《涅槃》、《维摩》、《十地》、《成实论》,相继不绝。张融与司徒文宣王萧子良、何胤、刘绘、刘瓛等,并禀服文义,共为法友。

张融建武四年(497)病卒,遗令"左手执《孝经》、《老子》,右手执《小品》、《法华经》"④,反映了当时士人对儒、释、道三种思想文化怀有同样的

---

① 《南史》卷三二《张融传》,第833页。
② 僧祐:《弘明集》卷六《门律》,《大正藏》第52卷,第38页下。
③ 道宣:《续高僧传》卷五《义解篇·法宠传》,《大正藏》第50卷,第461页上。
④ 《南齐书》卷四一《张融传》,第729页。

研习热情,这对唐代形成"统合三教"的言论和思想起了先导作用。

自晋末以来,吴国张氏累世贵显,以奉佛和玄谈俱称于时,从中可知佛教发展与士大夫以及玄学关系之密切。

四、庐江何氏与佛教

庐江何氏自晋司空何充始,与佛教结有深厚渊源。何充素媚佛,性好释典,崇修佛寺,供给沙门以百数,糜费巨亿而不吝。其弟何准,为官不及人事,唯诵佛经,修营塔庙而已。时郗愔及弟郗昙奉天师道,而何充与弟何准崇信释氏,谢万讥之曰:"二郗谄于道,二何佞于佛。"①

何准曾孙何尚之,为宋司空,奉法素谨。袁粲与黄门郎张淹在八关斋进鱼肉食,何尚之密白孝武帝;何尚之对宋文帝有赞扬佛教事,已如前言,兹不赘述。何尚之与释慧观、释昙无成、释法瑗、释志道、释僧静均有交往。释慧观能文,曾应宋文帝之命曲水赋诗,文旨清婉,何尚之与王僧达,并以清言致款,结赏尘外;释昙无成是鸠摩罗什的弟子,因避乱南下,住在中寺,讲《涅槃经》及《大品般若经》,听众有二百余人。时何尚之与颜延之共论"实相义",来回往复,竟至通宵。昙无成著有《实相论》和《明渐论》。释法瑗曾被宋文帝敕请至都,述竺道生顿悟义,何尚之闻而叹曰:"常谓生公殁后,微言永绝,今日复闻象外之谈,可谓天未丧其文也。"②释志道,本姓任,河内人,十七出家止灵曜寺,蔬素少欲,六物之外略无兼蓄,学通三藏尤长律品。何尚之钦德致礼,请居所造法轮寺。释僧静是宋代僧望之首,律行总持,何尚之和颜延之均深相敬重。

何尚之孙何求与何点,也是佛教信徒。何求,字子有,泰始年间隐居于般若寺,晚年又栖隐于吴郡的虎丘山。其弟何点,字子晳,容貌方雅。博通群书,善谈论,与何求俱隐于虎丘山。何求卒后,何点菜食不饮酒,

---

① 志磐:《佛祖统记》卷三六《法运通塞志》,《大正藏》第49卷,第340页上。
② 慧皎:《高僧传》卷八《义解篇·释法瑗传》,《大正藏》第50卷,第376页下。

服丧三年。何点与佛教的因缘,除了家族门世信佛外,还当与其曾经大病一场的经历相关。他幼年时患渴疾,多年治不好。在吴郡石佛寺内午睡时,梦一相貌不寻常的道人手持药丸相授,他仰慕服下,醒来后不久就痊愈了。

何点钦重释僧远,与周颙、明僧绍、吴苞一起对其投身接足,咨其戒范。宋大明中,何点招集僧众七百余人开法会,又邀请释僧印为法匠。僧印学涉众典,偏以《法华》著名,讲《法华》凡252遍。永明年间,何点还与彭城刘绘并对善《涅槃》、《法华》的释昙准到房接足,伸其戒诰。何点与陈郡谢瀹、吴国张融、会稽孔德璋为莫逆之交,他招携胜侣,及名德沙门,清言赋咏,优游自得。何点在其祖何尚之所造法轮寺停留,竟陵文宣王萧子良去见他,何点戴着角巾登席,子良欣悦无已,遗之以嵇叔夜酒杯、徐景山酒枪。永元中,崔慧景围城,屯兵法轮寺前,他性好佛义,又早对何点有慕交之意,故召点与之谈论。何点不得已往赴其军,终日谈说,不及军事。

何点之弟何胤,字子季,年少时轻薄不羁,晚乃折节好学,师事沛国刘瓛,受《易》及《礼记》、《毛诗》。又入钟山定林寺听内典,其业皆通。何胤与司徒文宣王萧子良、张融、刘绘、刘瓛等,共与释法安为法友。又以会稽山多灵异,往游焉,居若耶山云门寺。初,何胤二兄何求、何点并栖遁,求先卒,至是胤又隐,世号何点为"大山",何胤为"小山",亦曰"东山"。兄弟发迹虽异,克终皆隐,世谓"何氏三高"。

何胤在若耶山尝疾笃,有书云:"田畴馆宇悉奉众僧,书经并归从弟敬容。"①由于若耶山处势迫隘,不容学徒,何胤乃迁秦望山。初,开善寺藏法师与胤遇于秦望山,后还都,卒于钟山。死日,何胤在波若寺见一名僧,授其香炉奁并函书,云:"贫道发自扬都,呈何居士。"言讫失所在。何胤开函,乃是《大庄严论》,世中未有。访之香炉,乃藏公所常用。又于寺

---

① 《南史》卷三〇《何敬容传》,第799页。

内立明珠柱,柱乃七日七夜放光。太守何远以状启昭明太子,太子钦其德,遣舍人何思澄致手令以褒美之,事载《南史》卷三〇。

何胤在秦望山招徒授学,后又移居吴郡虎丘山西寺讲经论,学僧复随之。东境守宰经途者,莫不毕至。何胤早期侈于味,食必方丈,又喜食活物,经周颙劝说后,末年遂绝血味,常禁杀。有虞人逐鹿,鹿径来趋胤,伏而不动。又有异鸟如鹤红色,集讲堂,驯狎如家禽。释昙斐神情爽发,志用清玄,而谈吐蕴藉,辞辩高华,以席上之风,见重当代,故何胤与梁衡阳孝王元简,延请释昙斐讲说。何胤还曾为释慧基、释僧旻立碑。

作为精通儒学和佛学的士大夫,何胤著有《百论》、《十二门论》注各一卷,《周易注》十卷,《毛诗总集》六卷,《毛诗隐义》十卷,《礼记隐义》二十卷,《礼答问》五十五卷等书。

何尚之的弟子何昌寓之子何敬容也奉佛。这与受到对其亲爱的从兄何胤的影响肯定是有关系的。何敬容勤于政务,然浅于学术,且颇通馈饷。梁中大同元年(529)三月,武帝幸同泰寺讲《金字三慧经》,何敬容启预听,敕许之。何敬容还舍宅东为伽蓝,时趋权附势者助财造构,何敬容也不拒绝,故寺堂宇颇为宏丽,有轻薄者因此呼为"众造寺"。及何敬容免职出宅,只有日用器物及囊衣而已,无余财货,他也因此获得时人称美。

何敬容崇佛恐怕还有迷信僧人预言的因素。史载沙门释宝誌曾对何敬容说:"君后必贵,终是'何'败耳。"何敬容为宰相后,将这句话理解为何姓者当为其祸,故抑没宗族、无仕进者,后才知是为河东王萧誉所败。当时宰相皆文义自逸,而何敬容拙于草隶,且学术浅近,然能勤于政务,不尚虚玄,则与时人好清谈的风尚有别。

五、吴郡陆氏与佛教

吴郡陆氏亦是望族。陆氏之中与佛教接触较为密切的是宋中书侍郎陆澄。陆澄少好学,博览无所不知,王俭戏之为"书橱"。陆澄曾受宋明帝敕令撰《录法集》,他搜集汉末以来的佛教著作,加以区分,编成16帙、103卷,名之《法论目录》。释僧若是庄严寺僧璩兄子,15岁出家,住虎丘东山精舍,后出都住冶城寺二十余年,经数通达。左氏尚书陆澄与太常卿吴郡陆慧晓,对其深相待接。

陆慧晓是晋太尉陆玩之玄孙,自玩至慧晓祖陆万载,世为侍中,皆有名行。陆慧晓伯父陆仲元,又为侍中,时人方之金、张二族。陆慧晓清介正立,不杂交游,何点、张融、张绪均对之表示钦慕。其三子:僚、任、倕,并有美名,时人谓之"三陆"。陆倕,字佐公,少勤学,善属文,入梁后以骈体文深得梁武帝赏识。天监年间,梁武帝敕令臣下答神灭义,陆任、陆倕并有答书,载《弘明集》卷一〇。陆倕对释僧旻早崇礼敬,僧旻亦密相器重。陆倕为太子中庶时,尝傧从到房,僧旻称疾不见,陆倕欣然说:"此诚弟子所望也。"①人皆推陆倕之爱名德,弥重僧旻之不趣于世,这反映了士人对不慕皇权的僧人的敬重。

陆倕曾受梁武帝之敕为神僧释宝志、释慧初禅师制碑铭。在碑铭中,他赞赏宝志"绪胄莫详,邑居罕见。譬彼涌出,犹如空现。言无成则,服匪恒伦。坐亡立在,折体分神。动足墙立,发言风偃。徒识灵奇,莫究深浅"②。陆倕还写有《和昭明太子钟山解讲》、《天光寺碑》。

陆慧晓兄子陆闲有四子:厥、绛、完、襄。陆襄曾受命参与湘东王萧绎《法宝联璧》的编撰工作。他弱冠遭家祸,释服犹若居忧,终身蔬食布衣,不听音乐,口不言杀害五十年。这应是深受佛教影响的结果。

陆完子陆云公之子陆琼,字伯玉,幼聪慧,有思理,博学善属文。《隋书》卷三三有其《嘉瑞记》三卷。

陆琼从父弟陆瑜,少笃学,美词藻,聪敏强记。太建中,尝受《庄》、《老》于汝南周弘正,学《成实论》于僧滔法师,并通大旨。

---

① 道宣:《续高僧传》卷五《义解篇·僧旻传》,《大正藏》第50卷,第463页上。
② 夏树芳辑:《名公法喜志》卷二《陆佐公》,《续藏经》第88册,第330页下。

吴郡吴人陆杲,字明霞,少好学,工书画,其舅张融有高名,陆杲风韵举止颇类,时称曰:"无对日下,唯舅与甥。"陆杲素信佛法,持戒甚精,著《沙门传》30卷。释慧皎有评,云"中书郎郄景兴《东山僧传》、治中张孝秀《庐山僧传》、中书陆明霞《沙门传》,各竞举一方,不通今古,务存一善,不及余行"①。据《高僧传》卷八《释法通传》所云:"陈郡谢举、吴国陆杲、浔阳张孝秀,并策步山门,禀其戒法。"另《旧唐书》卷四六载《系应验记》一卷,题为"陆果撰"。且《弘明集》卷一○有《太子中庶陆果答》梁武帝敕臣下神灭义,疑"陆果"为"陆杲"之误。

陆杲之弟陆煦,学涉有思理,亦以太子中舍身份敕答梁武帝神灭义。

陆杲之子陆罩,字洞元,少笃学,多所该览,善属文。初,简文帝在雍州,撰《法宝联璧》,陆罩与群贤并抄掇区分者数岁。

六、汝南周氏与佛教

汝南周氏,宋初以贵戚显官。周朗为庐陵内史时,曾上书宋孝武帝,力陈释氏流弊,云其糜散锦帛,侈饰车从,复假糅医术,托以卜数,延姝满室,置酒浃堂;寄夫托妻者,不无杀子,乞儿者继有,而犹倚灵假像;背亲傲君,欺废疾老,震损宫邑。所有这些,横行世间,莫能纠察,故主张"今宜申严佛律,禆重国令。其疵恶显著者,悉宜罢遣,余则随其艺行,各为之条例。使禅义经诵,人能其一,食不过蔬,衣不出布。若更度者,则令先习义行,本其神心,必能革腐,人天竦精,以往者,虽侯王家子,亦不宜拘"②。表明其反佛立场。

其族孙周颙,字彦伦,乃晋代厝心归信佛法的周颛七世孙。周颙音辞辩丽,出言不穷,宫商朱紫,发口成句。泛涉百家,长于佛理。兼善《老》、《易》,与张融相遇,则以玄言相滞,弥日不解。初随益州刺史萧慧

---

① 慧皎:《高僧传》卷一四《序录》,《大正藏》第50卷,第418页下。
② 道宣:《广弘明集》卷六《辩惑篇·周朗》,《大正藏》第52卷,第127页下。

开入蜀,时有沙门释法绍,本巴西人,业行清苦,誉齐于释法度,而学解优之,时号"北山二圣"①。周颙招法绍止于其所造山茨精舍。还都,宋明帝颇好玄理,以周颙有辞义,引入殿内,亲近宿直。帝所为惨毒之事,周颙不敢显谏,辄诵经中因缘罪福事,帝亦为之小止。周颙在明帝面前不谈玄理,而说因果报应,《高僧传》卷七云是释僧瑾的功劳,前已述及。释慧隆善于清论,宋明帝尝请开讲《成实》,周颙见之,赞美"隆公萧散森疏,若霜下之松竹"②。

元徽中,周颙诏为剡令,尝请释慧基讲说。周颙既素有学功,特深佛理,及见基访核,日有新异。慧基著有《法华义疏》三卷,又制《门训义序》三十三科,并略申方便旨趣,会通空有二言,及《注遗教经》等,并行于世。其弟子释昙斐,方等深经,皆所综达,老庄儒墨,颇亦披览。于《小品》、《净名》,尤成独步。居于乡邑法华台寺,讲说相仍,学徒成列。汝南周颙、颙子周舍、以及张融,并与之结知音之狎。时释慧约亦在剡,周颙钦服道素,对其侧席加礼,于钟山雷次宗旧馆造草堂寺,亦号"山茨",屈知寺任。此寺结宇山椒,疏壤幽岫,虽邑居非远,而萧条物外,既冥赏素诚,便有终焉之托。周颙叹曰:"山茨约主,清虚满世"③,借此表达对慧约的高度赞美。

张融作《门律》,周颙有答书,与之往复辩难。其《难张长史门论》,自称"周剡山茨归书少子",可知其作书是在草堂寺。齐建元初,周颙为山阴令,曾与书会稽太守萧子良,恳请其对百姓多行仁义。后还都,周颙为文惠太子中军录事参军,深得赏遇。萧子良总校玄释,定其虚实,于法云寺建竖义斋,以释法护为标领,齐中书侍郎汝南周颙、侍中陈留阮韬、光禄阮晦,并虚心礼待。周颙还与琅玡王融、彭城刘绘、东莞徐孝嗣等,并与释法云结为莫逆之交。另山阴招明寺法宣尼,也为周颙、吴郡张援、颖

---

① 慧皎:《高僧传》卷八《义解篇·法度传》,《大正藏》第 50 卷,第 380 页下。
② 慧皎:《高僧传》卷八《义解篇·慧隆传》,《大正藏》第 50 卷,第 379 页下。
③ 道宣:《续高僧传》卷六《义解篇·慧约传》,《大正藏》第 50 卷,第 469 页上。

川庾咏等礼敬。此外，还有律行精苦的释法慧，隐居天柱山寺，蔬食布衣，居阁不下三十余年，唯汝南周颙以信解兼深，特与相接。时有慕德希礼者，或因周颙介意，时一见者，可知周颙与释法慧的交情甚深。

齐代《成实》势力极盛。永明七年（489）十月，竟陵文宣王萧子良令僧柔、慧次钞略《成实》，并教令周颙作序。序中周颙感叹大乘之不兴，云《泥洹》、《法华》，虽或时讲；《维摩》、《胜鬘》，颇参余席。而《大品》精义，师匠盖疏；《十住》渊弘，世学将殄。他认为删削《成实》的目的，在于"得使功归至典，其道弥传，《波若》诸经，无坠于地矣"①。其轻《成实》、重《般若》义已甚明显。

周颙又著《三宗论》，立"不空假名"、"空假名"、"假名空"三义。前两宗"不空假名"、"空假名"，俱是《成实》师说，而后者"假名空"才是《般若》正说。他设不空假名难空假名，空假名难不空假名，又立假名空，难前二宗。"不空假名"者指法无自性，但有假名，即虽言"自性"空，而不空"假名"；"空假名"者指诸法假名而有，是俗谛，然体性不可得，故无，是真谛，故"空"；"假名空"者指诸法非有非无，既不能存空以遣有，亦不能坏假以显实，前二宗落于两边，均非二谛中道义，只有认识到"假名"亦是空，空有无碍，乃成大圣。周颙此论实阐发僧肇之学。

西凉州智林道人遗周颙书曰："此义旨趣似非始开，妙声中绝六七十载。贫道年二十时，便得此义，窃每欢喜，无与共之。年少见长安耆老，多云关中高胜乃旧有此义，当法集盛时，能深得斯趣者，本无多人。过江东略是无一。贫道捉麈尾来四十余年，东西讲说，谬重一时，余义颇见宗录，唯有此涂白黑无一人得者，为之发病。非意此音猥来入耳，始是真实行道第一功德。"②其论见重如此。

周颙是个虔诚的佛教信徒。他于钟山西立隐舍，休沐则归之，清贫

---

① 僧祐：《出三藏记集》卷一一《抄成实论序》，《大正藏》第55卷，第78页中。
② 《南齐书》卷四一《周颙传》，第731—732页。

寡欲,终日长蔬。虽有妻子,独处山舍。卫将军王俭曾问周颙:"卿山中何所食?"周颙说:"赤米白盐,绿葵紫蓼。"文惠太子问周颙,"菜食何味最胜?"周颙回答说:"春初早韭,秋末晚菘。"周颙坚持守持戒律,远离妻子,禁断肉食,这是很难得的。不过,早韭属于"五辛"之一,也在禁食之列,周颙素食未禁早韭,表明中土信徒持戒有一定的变通性。周颙为人机辩,时何胤亦精信佛法,无妻。太子问周颙道:"卿精进何如何胤?"周颙回答说:"三涂八难,共所未免,然各有累。"太子说:"累伊何?"周颙回答说:"周妻何肉。"其言辞应变如此。

何胤早年喜食活物,周颙劝令菜食,云"变之大者,莫过死生;生之所重,无逾性命。性命之于彼极切,滋味之在我可赊"①,并夹杂以因果报应之说,胤末年遂绝血味,从中也可知周颙信仰的虔诚。

周颙之子周舍,字升逸,幼聪颖,及长博学,尤精义理,善诵《诗》、《书》,音韵清辩,因辞理遒逸,享有"口辩"之誉。梁代为武帝器重,与徐勉同参国政,周舍专掌权辖,雅量不及徐勉而清简过之,两人俱称"贤相"。

天监十二年(513),梁武帝下诏去宗庙牺牲,修行佛戒蔬食断欲。时上定林寺沙门僧祐、龙华邑正柏超度等上启,云京畿既是福地,而鲜食之族犹布筌网,并驱之客尚驰鹰犬,非所以仰称皇朝优洽之旨,请丹阳琅玡二境,水陆并不得搜捕。梁武帝于是敕付尚书详议。义郎江贶认为二境禁杀,不能改变他境百姓为了生活,仍然会杀生。王述表示反对。而左丞谢几卿、都官尚书夏侯亶、仆射袁昂、尚书令王莹等均对江贶的观点表示赞同,梁武帝于是敕周舍诘难江贶,周舍说:"《礼》云,君子远庖厨。血气不身剪,见生不忍其死,闻声不食其肉,此皆即自兴仁,非关及远,三驱之礼,向我者舍,背我者射。"②遂依据王述意断之。

---

① 《南齐书》卷四一《周颙传》,同上,第733页。
② 道宣:《广弘明集》卷二六《慈济篇·断杀绝宗庙牺牲诏》,《大正藏》第52卷,第293页下。

周舍性俭素,衣服器用,居处床席,如布衣之贫者。每入官府,虽广厦华堂,闺合重邃,舍居之侧尘埃满积,以荻为障,坏亦不修。这当是其受持佛戒,回向释门的表现之一。

周舍弟子周弘正,字思行。年10岁,通《老子》、《周易》。藏法师于开善寺讲说,时弘正年少,著红裈,锦绞髻,踞门而听,趁机问难,法师大相赞赏。周弘正善清谈,梁末为玄宗之冠,深得河东裴子野赏纳,请以女妻之。梁武帝于城西立士林馆,周弘正居以讲授,听者倾朝野。周弘正启《周易》疑义凡50条,又请释《乾》、《坤》二系,梁武帝均有诏答之。周弘正兼明释典,解释三玄,云"《易》判八卦,阴阳吉凶,此约有明玄;《老子》虚融,此约无明玄;《庄子》自然,约有无明玄"①。释宝琼是法通弟子,精研数论,后归住建安寺,周弘正与之早申莫逆。释智聚,本姓朱,住苏州虎丘东山寺,善于解释佛教疑难。梁武帝之子萧绎也喜玄谈,尝著《金楼子》,自称"余于诸僧重招提琰法师,隐士重华阳陶贞白,士大夫重汝南周弘正,其于义理清转无穷,亦一时之名士也"②。这是对周弘正理论水平之高的称美。

及魏平江陵,周弘正遁归建业。陈武帝授太子詹事。天嘉元年(560),迁侍中、国子祭酒,往长安迎宣帝。周弘正担任使者,出使北周。由于他博学多通,颇有辩才,北周太祖十分惊讶,敕令境内能言之士,不限道俗,均可与周弘正对论,为的是不堕国风。蒲州刺史中山公宇文氏举荐释昙延。昙延,蒲州桑泉人,世家豪族,官历齐周,年十六出家,弱冠之年便开讲坛。出言清越,卓尔不群。太祖曾为之立云居寺。时周弘正与昙延一见,悠然意消,云"弟子三国履历,访可师之师,不言今日乃遇于此矣!"请奉而受戒,昼夜咨问,永用宗之。及返陈,求师画像及所著经疏以归,每夕北礼以为昙延菩萨。初,周弘正辞别昙延时,曾预构《风云山

---

① 《摩诃止观》卷一〇,《大正藏》第46卷,第135页上。
② 《南史》卷三四《周弘正传》,第899页。

海诗》40首,作为留别纪念,后竟四处寻觅不得,昙延听说后和之,题如宿诵,酬同本韵,意寔弘通,周弘正心中大为佩服,跪着请求昙延加以训诫。昙延说:"为宾设席宾不坐,离人极远热如火,规矩之用皮中裹。"①周弘正领受而去。

周弘正曾受陈帝诏撰慧和阇黎碑,同时受诏的还有徐陵,撰婺州双林傅大士碑。周弘正与释智𫖮的交情非同一般。陈宣帝太建元年(569),仪同沈君理邀请释智𫖮居瓦官寺开讲《法华经》题,宣帝勅停朝一日,令群臣往听。时仆射周弘正与仆射徐陵、光禄王固、侍中孔奂、尚书毛喜等,俱禀戒法,同闻妙旨。周弘正作为智𫖮的俗家弟子,列于"智者旁出世家"之中。

弘正太建六年(574)卒官,年七十九,赠侍中、中书监,谥曰简子。所著《周易讲疏》十六卷,《论语疏》十一卷,《庄子疏》八卷,《老子疏》五卷,《孝经疏》二卷,集二十卷,行于代。

---

① 道宣:《续高僧传》卷八《义解篇·昙延传》,《大正藏》第50卷,第488页下。

第二章 西行求法高僧及其贡献

由朱士行所开启的西行求法运动,不断有继承者出现。东晋时期至南北朝时期,是西行求法运动的第一次高潮,见于记载的有几十人。西行求法归来的高僧,不独赍回大批梵夹经典,传播佛法真理,其所撰述的西行经历诸国的记录,不但鼓舞后来者,也成为今日了解印度、西域历史文化的宝贵资料。本章依据现存文献资料以及当代学术研究成果,对这一时期西行求法僧人的行历及其贡献作一概述。

第一节 两晋西行求法高僧

两晋时期西行求法的高僧很多。严格意义上的两晋概念的下限是刘裕受晋恭帝禅让建立宋的永初元年(420)六月。依据此时间来核定,现存史籍中能查到法号的有:竺法护、康法朗、于法兰、于道邃、竺佛念、慧常、进行、慧辩、支法领、法净、昙猛、慧叡、法显、慧景、道整、慧应、慧嵬、智严、慧简、僧绍、宝云、僧景、慧达、智猛、道嵩、昙纂等10次26人西行[①]。此外,现

[①] 参见汤用彤《汉魏两晋南北朝佛教史》,第269页。方豪先生在《中西交通史》第211页中所列竺叔兰于史无据,恐系误解史料所致。

存《名僧传》的目录将竺法维、释僧表列为"晋东安寺竺法维"、"晋吴通玄寺僧表",似乎他们西行回来时然属于东晋时期,但现存僧表传记资料表明其回归时间已至刘宋时期。鉴于法显的特殊重要性,下文设专节叙述,而与法显结伴西行的十位僧人也专设第三节叙述。为了叙述方便,晚于法显,但出发时间为东晋末年,归来时已至刘宋的智猛、道嵩、昙纂三位僧人西行的事迹姑且也一并后移至本章第四节叙述。

本节先对竺法护、康法朗、于法兰、于道邃、竺佛念、慧常、进行、慧辩、昙猛、法领、法净、慧叡的西行活动作一概述。

一、竺法护、康法朗

竺法护,本月氏人,世居敦煌,8岁出家,即事外国沙门竺高座为师,他"博览六经,游心七籍,虽世务毁誉,未尝介抱。是时晋武之世,寺庙图像虽崇京邑,而方等深经蕴在葱外。护乃慨然发愤,志弘大道,遂随师至西域,游历诸国。外国异言三十六种,书亦如之,护皆遍学,贯综诂训,音义字体,无不备识。遂大赍梵经,还归中夏"①。一般以为,竺法护随师至西域是在"出师"之前,也就是泰始二年(266)之前②。而晋武帝在位时间是265年至289年,因此,《高僧传》将竺法护西行系于晋武帝时期是错误的。但具体时间已不可考。竺法护在西域,学习了西域36国的语言,抄写了很多经本,后到了长安,从事佛典的翻译,对中国佛教的发展做出了重大贡献。

康法朗,中山(即河北省定县)人。少年时就出家,"善戒节。尝读经,见双树鹿苑之处,嚳而叹曰:吾已不值圣人,宁可不睹圣处?于是誓往迦夷,仰瞻遗迹。"③此段文字叙述了康法朗发心西行求法的过程,但没

---

① 慧皎:《高僧传》卷一,《大正藏》第50卷,第326页下。
② 根据僧祐《出三藏记集》记载,竺法护于西晋武帝泰始二年(266)十一月八日,在长安翻译出《须真天子经》。
③ 慧皎:《高僧传》卷四,《大正藏》第50卷,第347页上一中。

有任何年代和年龄线索。

《高僧传·康法朗传》记载:康法朗于是与同学四人,"发迹张掖,西过流沙,行经三日,路绝人踪。忽见道傍有一故寺,草木没人中,有败屋两间,间中各有一人,一人诵经,一人患痢,两人比房,不相料理,屎尿纵横,举房臭秽。朗谓其属曰:'出家同道,以法为亲。不见则已,岂可见而舍耶?'朗乃停六日,为洗浣供养。至第七日,见此房中皆是香华,乃悟其神人。因语朗云:'比房是我和上,已得无学,可往问讯。'朗往问讯,因语朗云:'君等诚契,皆当入道,不须远游诸国,于事无益。唯当自力行道,勿令失时。但朗功业尚小,未纯未得所愿,当还真丹国作大法师。'于是四人不复西行,仍留此,专精业道。唯朗更游诸国,研寻经论。"①从文中叙述内容看,法朗一行已经过了流沙,应已到西域。由于这位"神僧"的预言,法朗的同伴留在其地,法朗则继续西行。

法朗在西域诸国游历,学习经论,若干年之后,他回到中山,"门徒数百,讲法相系",影响很大。"后不知所终"。法朗圆寂之后,东晋孙绰为其写赞:"人亦有言,瑜瑕弗藏,朗公囧囧,能韬其光。敬终慎始,研微辩章,何以取证?冰坚履霜。"②

关于康法朗西行的时间,《法苑珠林》卷九五有记载:"晋沙门康法朗,学于中山。永嘉中与四③比丘,西入天竺,行过流沙,千有余里,见道边败坏佛图,无复堂殿,蓬蒿没人。法朗等下瞻礼拜……"④道世的这一段文字叙述,除"永嘉中"的细节外,其余与《高僧传·康法朗传》的叙述基本一致。《法苑珠林》文后有一小注:"右一验出《冥祥记》。"可见,道世的这一条并非抄自《高僧传》。依据此记载则可知,康法朗等五僧西行的时间是西晋的永嘉年(307—313)。

关于康法朗,还有一项重要成就——创立"格义"方法。《高僧传·

---

①② 慧皎:《高僧传》卷四,《大正藏》第50卷,第347页中。
③ 《大正藏》本作"一",然批注中说元、明本作"四"。
④ 道世:《法苑珠林》卷九五,《大正藏》第53卷,第988页上。

竺法雅传》记载：

> 雅乃与康法朗等，以经中事数拟配外书，为生解之例，谓之格义。乃毗浮、相昙等，亦辩格义以训门徒。雅风采洒落，善于枢机，外典佛经，递互讲说。与道安、法汰每披释凑疑，共尽经要。后立寺于高邑，僧众百余，训诱无懈。①

所谓"事数"，《世说新语》刘孝标批注释为："事数，谓若五阴、十二入、四谛、十二因缘、五根、五力、七觉之属。"②所谓"拟配外书"就是运用中土人士易于理解的儒家、道家的名词、概念和命题，去比附和解释佛教的名词、概念和义理。上述引文说，竺法雅和康法朗等创立此法，似乎有共同切磋而为之的可能，至少应该在如此做的时间上较为接近。竺法雅是佛图澄弟子，佛图澄圆寂于348年。从竺法雅的行历推知，这一方法的创立最大可能是在340年前后或者更晚一些。

《高僧传·康法朗传》又记载：

> 朗弟子令韶，其先雁门人，姓吕。少游猎，后发心出家，事朗为师，思学有功，特善禅数。每入定，或数日不起。后移柳泉山，凿穴宴坐。朗终后，刻木为像，朝夕礼事。孙绰《正像论》云"吕韶凝神于中山"，即其人也。③

从上文看，作为康法朗的弟子，令韶似乎是在康法朗在世时就移居到柳泉山穴居坐禅的。

综上所述，康法朗于永嘉年（307—313）从张掖出发西行，这也与当时中原、关中战乱有密切关系。同行五人，渡过流沙，四人留住，唯有康法朗继续前行，后学成归来，回到中山，门徒几百名，影响巨大。至于其生卒年和西行究竟是否到达天竺，现存文献记述不明确。《法苑珠林》

---

① 慧皎：《高僧传》卷四，《大正藏》第50卷，第347页上。
② 徐震堮：《世说新语校笺》(上册)，第131页，北京，中华书局，1984。
③ 慧皎：《高僧传》卷四，《大正藏》第50卷，第347页中。

说，法朗欲"西入天竺"①，《高僧传·康法朗传》则说："更游诸国，研寻经论"②。学界的一般看法是，康法朗到达了西域诸国。

二、于法兰、于道邃、竺佛念

于法兰，高阳（河北蠡县）人。《高僧传》卷四《于法兰传》记载：于法兰"少有异操，十五出家，便以精勤为业，研讽经典，以日兼夜，求法问道，必在众先。迄在冠年，风神秀逸，道振三河，名流四远，性好山泉，多处岩壑"③。可见，于法兰成名很早，二十多岁时，就名扬天下。

关于于法兰在北方的住寺，《高僧传·于法兰传》没有明确提及，而现存《名僧传抄》残卷目录中说"晋长安山寺于法兰"，法兰常居于长安附近的山寺，与竺法护同隐。《集神州三宝感通录》卷三记载：西晋初期有抵世常，不惧太康年（281—290）间禁止"晋人作沙门"的规定，"潜于宅中立精舍，供养沙门，于法兰亦在其中"④。而《法苑珠林》卷六三叙述于法兰和竺法护事迹之后说："并武、惠时人也。"⑤从有关记载看，于法兰可能是在西晋武帝时期出家的。

《高僧传·于法兰传》又说，他"后闻江东山水，剡县称奇，乃徐步东瓯，远瞩嶀嵊，居于石城山足。今之元华寺是也。"根据这一记载，法兰住在石城山，此山位于今新昌县境。法兰在石城山驻锡一段时间后产生至天竺的想法。《高僧传·于法兰传》记载：

> 居剡少时，欻然叹曰："大法虽兴，经道多阙，若一闻圆教，夕死可也。"乃远适西域，欲求异闻。至交州遇疾，终于象林。⑥

---

① 道世：《法苑珠林》卷九五，《大正藏》第53卷，第988页上。
② 慧皎：《高僧传》卷四，《大正藏》第50卷，第347页中。
③ 同上书，第349页下。
④ 道宣：《集神州三宝感通录》卷三，《大正藏》第52卷，第432页上。
⑤ 《大正藏》第53卷，第765页上。
⑥ 慧皎：《高僧传》卷四，《大正藏》第50卷，第349页下—350页上。

于法兰有弟子于道邃始终跟随其师。

于道邃,敦煌人。他"少而失荫,叔亲养之,邃孝敬竭诚,若奉其母。至年十六,出家,事兰公为弟子。学业高明,内外该览。善方药,美书札,洞谙殊俗,尤巧谈论。护公常称'邃高简雅,素有古人之风。若不无方,为大法梁栋矣。'后与兰公俱过江,谢庆绪大相推重。性好山泽,在东多游履名山,为人不屑毁誉,未尝以尘近经抱。后随兰适西域,于交趾遇疾而终,春秋三十有一矣。"①于道邃跟随于法兰至石城,后又一起南下交州,因病圆寂于其地。此文所说的"护公"即竺法护。由此可知,于道邃在长安时已经受到竺法护的赞许,而如前所考证,竺法护圆寂时间的区间是313年至316年。道邃16岁皈依于法兰出家,至少在三五年之后才能赢得法护的赞许。如此大致可得道邃出家年在310年至315年之间,因之而可得其生年可能在294年至299年之间,31岁圆寂之年为325年至330年之间。

于法兰的生卒年失载,大致可以通过于道邃行历的考订推定法兰生卒年区间。于道邃16岁皈依于法兰出家,31岁圆寂,而《于道邃传》又说:"后与兰公俱过江"。现在的难点在于《高僧传·于法兰传》和《于道邃传》都没有明确说,他们师徒过江是在西晋灭亡的那几年。但于法兰的好友竺法护与其他关中僧人一样,都是此时逃离关中甚至北方的,于法兰如此的可能性很大。尤其是上文所考证的于道邃的生平为于法兰南下以海路赴天竺的行动确定了大致的时间框架。

综上所述,于法兰携弟子于道邃离开会稽南下的时间应不会晚于325年,二僧未遂夙愿,圆寂于象林(今越南岘港以南武嘉河之南)。他们圆寂的消息传到建康等地士人群体中,引起士人的无限哀思。《高僧传·于法兰传》记载:

  时人以其风力比庾元规。孙绰《道贤论》以比阮嗣宗。论云:

---

① 慧皎:《高僧传》卷四,《大正藏》第50卷,第350页中。

"兰公遗身高尚妙迹,殆至人之流。坑步兵傲独不群,亦兰之俦也。"沙门支遁追立像,赞曰:"于氏超世,综体玄旨,嘉遁山泽,驯洽虎兕。"①

时人将于法兰比做阮籍,将于道邃比做阮咸。《高僧传·于道邃传》记载:

> 郗超图写其形,支遁著铭。赞曰:"英英上人,识通理清。朗质玉莹,德音兰馨。"孙绰以邃比阮咸。或曰:"咸有累骑之讥,邃有清冷之誉。何得为匹?"孙绰曰:"虽迹有洼隆,高风一也。"《喻道论》云:"近洛中有竺法行,谈者以方乐令。江南有于道邃,识者以对胜流。"皆当时共所见闻,非同志之私誉也。②

于法兰、于道邃至西域的愿望没有实现,但其志可嘉,加以在江南数年所建立的声誉,时人评价很高。

竺佛念是十六国时期重要的佛典翻译家,其生平和成就见于本卷第三章第二节。在此仅将史籍中对其西行求法的暗示性叙述作些考辨。

《出三藏记集》卷一五《竺佛念传》叙述说:竺佛念法师"少好游方,备贯风俗。家世西河,洞晓方语,华戎音义,莫不兼解"③。未曾明确说他曾经西行至西域。但是,梁代宝唱撰《名僧传》将其与西行求法僧列入同一卷中。现存《名僧传抄》目录为:

《名僧传》第二十六　寻法出经苦节六

《晋长安竺佛念》一　《晋道场寺法显》二

《晋东安寺竺法维》三　晋吴通玄寺僧表四……④

依据《名僧传》的结构,第二十六是"苦节"篇的第六"寻法出经"部

---

① 慧皎:《高僧传》卷四,《大正藏》第50卷,第350页上。
② 同上书,第350页中。
③ 僧祐:《出三藏记集》卷一五,《大正藏》第55卷,第111页中。
④ 《续藏经》第77册,第350页上。

分,而此部分所列的其他僧人都有西行求法的经历,可见竺佛念也应该如此。

三、慧常、进行、慧辩、昙猛

慧常、进行、慧辩三位僧人的事迹,见于东晋道安所撰《放光、光赞略解序》一文和经录中。道安在此文中说,竺法护翻译的《光赞般若经》"寝逸凉土九十一年,几至泯灭,乃达此邦也"。于后,"至此会慧常、进行、慧辩等将如天竺,路经凉州,写而困焉,展转秦雍。以晋太元元年五月二十四日乃达襄阳"①。这是说,慧常、进行、慧辩三人结伴西行,欲达天竺,在凉州获得《光赞般若经》,于是抄写派人辗转送至襄阳。经本达襄阳的时间是东晋太元元年(376)。对于其经过,道安在《渐备经十住胡名并书叙》中叙述更详细:

> 释慧常以酉年因此经寄互市人康儿,展转至长安。长安安法华遣人送至互市,互市人送达襄阳,付沙门释道安。襄阳时齐僧有三百人,使释僧显写送与扬州道人竺法汰。《渐备经》,以太元元年十月三日达襄阳,亦是慧常等所送,与《光赞》俱来。顷南乡间人留写,故不与《光赞》俱至耳。《首楞严》、《须赖》,并皆与《渐备》俱至,凉州道人释慧常,岁在壬申,于内苑寺中写此经。以酉年因寄,至子年四月二十三日达襄阳。②

依据此文可知,慧常于壬申年即东晋咸安二年(372)在凉州抄写了《首楞严经》、《须赖经》,于第二年派人送出,至子年即太元元年(376)四月二十三日送至襄阳。有意思的是,慧常等三人在凉州抄写了四部佛经——《光赞般若经》、《渐备一切德智经》、《首楞严经》、《须赖经》等四部,并且派人送至时在襄阳的道安。而这四部佛经分三批到达襄阳:《首

---

① 僧祐:《出三藏记集》卷七,《大正藏》第55卷,第48页上。
② 僧祐:《出三藏记集》卷九,《大正藏》第55卷,第62页下。

《楞严经》、《须赖经》是太元元年四月二十三日,《光赞般若经》是五月二十四日,《渐备一切德智经》是十月三日到达。依据上述记载,特别是上述引文中所说的"慧常、进行、慧辩等持(将)如天竺,路经凉州,写而因焉"一句,似乎可得出他们是在去天竺的路上抄回四部佛典并送回襄阳的结论。然而,从有关佛典的翻译署名看,这一结论似乎并不可靠。

《出三藏记集》和《历代三宝纪》多处记载了慧常在几个译场参与佛典翻译,但时间记载颇为混乱。

首先,《出三藏记集》卷七《首楞严后记》记载:咸和三年(328),"凉州刺史张天锡,在州出此《首楞严经》,于时有月支优婆塞支施仑,手执胡本,支博综众经,于方等三昧特善,其志业大乘学也。出《首楞严》、《须赖》、《上金光首》、《如幻三昧》"。凉州翻译出《首楞严经》时,月支优婆塞支施仑手执胡本,"时在坐沙门释慧常、释进行,凉州自属辞,辞旨如本,不加文饰,饰近俗,质近道,文质兼唯,圣有之耳"①。此中评述说,此经翻译以"质朴"为风格。其中也有慧常的心血。慧常是否到达了天竺,史无明载,但他的经历与竺佛念相同,应该是通梵语或者胡语的。

其二,在沙门昙摩持的译场,慧常也参与其中,但对时间记载不一致。《出三藏记集》卷二记载的时间是"晋简文帝时,沙门释僧纯于西域拘夷国得胡本,到关中令竺佛念、昙摩持、慧常共译出"②。僧祐仅仅列出两部二卷,且将时间标为东晋简文帝时期(371—372)。这一记载应该是指"沙门释僧纯于西域拘夷国得胡本到关中"的时间,未必是翻译的时间,而僧祐将二者合为一,因而造成讹误。僧祐在自己所编写的书中收入的道安和竺法汰的文章,是记载此事的第一手材料。

《出三藏记集》卷一一载有道安撰的《比丘大戒序》中说:"自襄阳至关右,见外国道人昙摩侍讽《阿毗昙》,于律持善,遂令凉州沙门佛念写其

---

① 僧祐:《出三藏记集》卷七,《大正藏》第55卷,第49页中。
② 僧祐:《出三藏记集》卷二,《大正藏》第55卷,第10页上。

梵文,道贤为译,慧常笔受,经夏渐冬,其文乃讫。……寻僧纯在丘慈国佛陀舌弥许,得《比丘尼大戒》来出之,正与侍同。"①而《关中近出尼二种坛文夏坐杂十二事并杂事共卷前中后三记》则记载了此戒本的翻译时间:"卷初记云,太岁己卯鹑尾之岁十一月十一日,在长安出此《比丘尼大戒》,其月二十六日讫。僧纯于龟兹佛陀舌弥许戒本,昙摩侍传,佛念执胡,慧常笔受。"②此中的岁星有误,前秦建元十五年(379)十一月十一日出《比丘尼大戒本》。

总之,关于沙门昙摩持翻译出上述四部经典的时间应该以道安和竺法汰所记载的为是。

关于昙摩持译场中的慧常是否就是西行求法的慧常,智昇是怀疑的。费长房《历代三宝纪》卷八记载:"《比丘尼大戒本》一卷,右一卷。晋简文帝世,律师释慧常共昙摩持、竺佛念等,于长安译。"③费长房将此戒本的主译标为慧常,对此,智昇有一辨析:"谨按长房等录,皆以慧常为其译主,与昙摩持、竺佛念共译。今以秦僧慧常元不游于天竺,常虽共出《尼戒》,执本乃是昙摩,佛念传译,常为笔受,与其僧戒,何别此乃别标慧常?推校本末,事乃分明,常为助翻,昙摩为主故,入昙摩之录。慧常不别存焉。"④智昇的说法有道理,但不全对。当代有学者以为此中的慧常是道安的弟子,具体理由就是道安《比丘大戒序》中的一段记述:

> 考前常行世戒,其谬多矣。或殊文旨,或粗举意。昔从武遂法潜得一部戒,其言烦直,意常恨之。而今侍戒,规矩与同。犹如合符,出门应彻也,然后乃知淡乎无味,乃直道味也。而慊其丁宁文多,反复称即,命慧常令斥重去复。常乃避席谓:"大不宜尔。戒犹礼也,礼执而不诵重先制也。慎举止也。戒乃径广长舌相,三达心

---

① 僧祐:《出三藏记集》卷一一,《大正藏》第 55 卷,第 80 页上。
② 同上书,第 81 页中。
③ 费长房:《历代三宝纪》卷八,《大正藏》第 49 卷,第 75 页下。
④ 智昇:《开元释教录》卷三,《大正藏》第 55 卷,第 510 页下。

制,八辈圣士珍之宝之,师师相付。一言乖本,有逐无赦。外国持律,其事实尔。此土《尚书》及与河洛,其文朴质,无敢措手。明祇先王之法,言而顺神命也。何至佛戒圣贤所贵,而可改之,以从方言乎? 恐失四依不严之教也。与其巧便,宁守雅正。译胡为秦,东教之士,犹或非之。愿不刊削,以从饰也。"众咸称善,于是按梵文书,唯有言倒,时从顺耳。①

笔者以为,此中所说的慧常与西行求法的慧常是同一位僧人。具体证据之一就是经录中以慧常为传译或者"主译",而这类角色须具备一定的外语水平才能承担。慧常是否到达了天竺,史无明载,但他的经历与竺佛念相同,应该是通梵语或者胡语的。

昙猛西行之事,见于唐代道宣《释迦方志》卷二的记载:"后燕建兴末,沙门昙猛者,从大秦路入达王舍城。及返之日,从陀历道而还东夏。"②后燕建兴年为386年至395年。昙猛西行到达中天竺,并且回到内地。从这时间来看,属于最早达到天竺腹地的僧人之一。不过,此记载太简单。其他史籍未见记载,可惜!

四、法领、法净、慧叡

法领、法净均为庐山慧远弟子,受慧远的派遣,西行求取佛典。由于《高僧传》未曾立传,仅在《慧远传》中略微提及,所以,二僧的生平已经难得其详。在此仅仅依据《高僧传》的片段叙述以及经录等文献的记载,对法领、法净的行历作些叙述。

《高僧传·释慧远传》记载:

> 初经流江东,多有未备,禅法无闻,律藏残阙。远慨其道缺,乃令弟

---

① 慧皎:《高僧传》卷六,《大正藏》第50卷,第359页中。
② 道宣:《释迦方志》卷二,《大正藏》第51卷,第969页中。

子法净、法领等远寻众经,逾越沙雪,旷岁方反,皆获梵本,得以传译。①

依据此文可知,法净、法领二僧西行翻阅沙漠、雪山,经历数年,回到汉地,带回梵本。慧皎未曾记载法领西行的出发和到达的时间,而《四分律序》则有明确记载:"暨至壬辰之年,有晋国沙门支法领,感边土之乖圣,慨正化之未夷,乃亡身以徂险,庶弘道于无闻,西越流沙,远期天竺,路经于阗,会遇昙无德部,体大乘三藏。"②文中所说的"壬辰之年"为392年。根据此说,法领于此年前往西域。

关于法领、法净西行的成就,僧肇在《答刘遗民书》中说:

灵鹫之风,萃于兹土。领公远举,乃千载之津梁也。于西域还,得方等新经二百余部。请大乘禅师一人、三藏法师一人、毗婆沙法师二人。什法师于大石寺出新至诸经,法藏渊旷,日有异闻。禅师于瓦官寺教习禅道,门徒数百,夙夜匪懈,邕邕萧萧,致可欣乐。三藏法师于中寺出律藏,本末精悉,若睹初制。毗婆沙法师于石羊寺出《舍利弗阿毗昙》胡本,虽未及译,时问中事,发言新奇。③

从这一段话的结构来看,似乎说法领带回的两百多部大乘经典是由"大乘禅师一人、三藏法师一人、毗婆沙法师二人"分别翻译出来的。至于此中确切所指,唐代元康《肇论疏》卷二有一解释:

关于"请大乘禅师一人"的所指,元康解释为:"佛驮跋陀罗也。此人博学,善解《华严》,而以禅观为行。于时慧观、慧严等向西域,于彼请一大德东归。彼土大德平章,非佛驮跋陀罗不可。……其复遂下宋都,译《华严经》。"④此中所说确实能够证明,僧肇此句确有法领所获的外文抄本一部分由佛驮跋陀罗翻译成汉语之意,如《华严经记》记载说:"《华严

---

① 慧皎:《高僧传》卷六,《大正藏》第50卷,第359页中。
② 《大正藏》第22卷,第567页上。
③ 《大正藏》第45卷,第155页下。
④ 元康:《肇论疏》卷二,《大正藏》第45卷,第185页中。

经》胡本凡十万偈,昔道人支法领从于阗得此三万六千偈,以晋义熙十四年岁次鹑火三月十日,于扬州司空谢石所立道场寺,请天竺禅师佛度跋陀罗手执梵文"①翻译而出。

关于"三藏法师一人"的解释,元康解释为:"弗若多罗也。《高僧传》云:弗若多罗出《十诵律》,三分获二,而多罗卒,昙摩流支续译。言'三藏'者,是多罗未卒时事也。又此是昙摩流支。何以明之?以文言本末精悉,则是译律已了,故知然也。又此是佛陀耶舍译《四分律》。何以明之?佛陀耶舍至长安,秦王请其译《四分律》,然耶舍曰:'无本',但诵文而已,始欲遣人书出。秦王疑其遗忘,乃遣耶舍诵户籍、药方数万言,明日覆之,不遗一字。遂请诵出律本,令人书之,然后翻译也。"②其他文献也都显示,《四分律》并非法领从西域带回的。

"毗婆沙师二人"的所指,元康解释为:"昙摩掘多也。道标师《舍利弗阿毗昙论序》云:弘始九年,昙摩掘多、昙摩耶舍等命书梵文,至十年,寻应合出,但以彼此不相领悟,恐未尽善。至十六年,渐闲秦语,令自宣译,然后笔受。"③此中说,《舍利弗阿毗昙论》是昙摩掘多、昙摩耶舍等于后秦弘始九年(407)书写出梵文,至弘始十六年(414)才翻译出的。这也与法领没有关系。

最后需要指出的是:其一,关于法领和法净西行及其归来的时间,史籍中未曾明确记载。对此,有两个线索可供推定:一是《高僧传·慧远传》叙述这件事的前后顺序:"旷岁方反,皆获梵本,得以传译。"④如前《四分律序》的记载,法领、法净二僧于392年西行,而"旷岁"意思是时间很久才回来。其下限是上引僧肇《答刘遗民书》中所暗含的意思,即早于鸠摩罗什到长安的弘始三年(401)。其二,法领、法净带回来的两百多部佛

---

① 僧祐:《出三藏记集》卷九,《大正藏》第55卷,第60页下—61页上。
② 元康:《肇论疏》卷二,《大正藏》第45卷,第185页中。
③ 同上书,第185页中一下。
④ 慧皎:《高僧传》卷六,《大正藏》第50卷,第359页中。

典最终是由哪些僧人翻译出来的？鸠摩罗什所翻译的佛典的"胡本"是否包含了法领、法净二位僧人所带回来的"胡本"？史无明载，但从僧肇《答刘遗民书》的叙述来推测，罗什的译本之原本似乎也有法领所带来者。其三，《出三藏记集》所收载的《华严经记》称"昔道人支法领从于阗得此三万六千偈"，而众所周知，道安倡导僧人一律姓释，庐山慧远也称为释慧远，但为何作为慧远弟子的法领被称为"支法领"呢？笔者以为，这一方面说明法领是从大月氏归来的，另一方面也说明至东晋末道安的主张并未成为共识。其四，法领、法净未到天竺，而是至西域完成使命而归。

慧叡，冀州人。《高僧传》等早期佛教史籍所记载的圆寂时间较含糊，《高僧传》记载说"宋元嘉中卒，春秋八十有五"①，而元嘉年为424年至453年，长达30年。然而，后文将要证明，慧叡圆寂的时间绝不会早于元嘉六年(429)，因此元嘉"中"之"中"确实有暗示为中期的意思。从这些证据考虑，与庐山有关的史籍中所记载的其圆寂于元嘉十六年(439)的说法也许接近事实。

《高僧传·释慧叡传》记载：慧叡"少出家，执节精峻，常游方而学经。行蜀之西界，为人所抄掠，常使牧羊，有商客信敬者，见而异之，疑是沙门，请问经义，无不综达。商人即以金赎之。既还，袭染衣，笃学弥至"②。这一段经历，从其一生的经历推知，应该是30岁前的事情。

《高僧传·释慧叡传》记载：慧叡"常游方而学，游历诸国。至南天竺界，音译诂训，殊方异义，无不洞晓"③。关于他至天竺的事情，佛教史籍的记述如此简单，没有任何时间交待。而从后文所说"后还憩庐山，俄又入关从什公谘禀"的线索，可大致推知其至天竺的时间区间。罗什到达长安的时间为后秦弘始三年(401)十二月，而《出三藏记集·竺道生传》记载：竺道生"遂与始兴慧叡、东安慧严、道场慧观，同往长安，从罗什受

---

① ③ 慧皎：《高僧传》卷七，《大正藏》第50卷，第367页中。
② 同上书，第367页上一中。

学"①。由此推知,慧叡大概于402年北上前往长安。慧叡在长安罗什门下十余年,大致在罗什圆寂之后,回到建康。

《高僧传·释慧叡传》记载:"后适京师,止乌衣寺,讲说众经,皆思彻言表,理契环中。"②从这一记载以及《高僧传》目录称其为"宋京师乌衣寺释慧叡"等推测,似乎慧叡一到建康即住于乌衣寺,然从《出三藏记集》卷一五《道生传》"始兴慧叡"③的记载推知,慧叡曾经驻锡过始兴寺。

关于慧叡住乌衣寺之事,《高僧传·释慧义传》记载:在范泰死后,范泰之子范晏向慧义追讨其父捐献给祇洹寺的园地,慧义"秉泰遗疏,纷纭纭纭,彰于视听。义乃移止乌衣,与慧叡同住"④。范泰死于元嘉五年(428),因此,慧义至乌衣寺与慧叡同住的时间,最早是元嘉六年(429)。

《高僧传·释慧叡传》又记载:"宋大将军彭城王义康请以为师,再三乃许。王请入第受戒,叡曰:'礼闻来学,不闻往教。'康大以为愧,乃入寺虔礼,祇奉戒法。后以貂裘奉叡,叡不著,常坐之。王密令左右求买,酬三十万。叡曰:'虽非所服,既大王所施,聊为从用耳。'"⑤此中所记叙的是彭城王刘义康礼敬慧叡的事情。根据《宋书》记载,刘义康于元嘉三年(426)六月从外任入京辅政,后来遭到文帝的猜疑,于元嘉十七年(440)被贬为江州刺史。参照刘义康的生平可知,此事一定发生于元嘉四年(427)至元嘉十六年(439)之间。

此外,"陈郡谢灵运笃好佛理,殊俗之音,多所达解,乃谘叡以经中诸字,并众音异旨,于是著《十四音训叙》,条列梵汉,昭然可了,使文字有据焉"⑥。依据此说,谢灵运向慧叡请教梵文的相关问题之后写成一本名为《十四音训叙》的书。此著现已失传,但隋唐注疏中有引用。尽管文字属于谢灵运所写,但内容的权属应该属于慧叡。这也是他西行所学留给

---

① 僧祐:《出三藏记集》卷一五,《大正藏》第55卷,第110页下。
② 慧皎:《高僧传》卷七,《大正藏》第50卷,第367页中。
③ 《大正藏》第55卷,第110页下。
④ 慧皎:《高僧传》卷七,《大正藏》第50卷,第368页下—369页上。
⑤⑥ 同上书,第367页中。

历史的印记之一。

第二节 法显大师西行及其贡献

在中国佛教史上,法显、玄奘、义净是最有影响的三位西行求法高僧。而作为有文献记载、第一位到达印度的中国人,法显大师对中国佛教的贡献是多方面的。法显不畏艰险、舍生求法的精神,不光鼓舞了历代的佛教信徒,而且成为中华民族奋斗精神的一种象征。本节分法显生平简介、法显的西行经过以及法显对中国佛教的贡献等五个方面来论述之。

一、法显大师生平

关于法显大师的生平,梁僧祐《出三藏记集》卷一五、梁慧皎《高僧传》卷三、唐智昇《开元释教录》卷三、唐圆照《贞元新定释教目录》卷三等都载有法显的传记。其中以《出三藏记集》所载最为原始,史料价值自然最高,其他的数种传记大多抄自《出三藏记集》而鲜有新的史料出现。特别是,慧皎《高僧传》卷三所载《释法显传》全据《出三藏记集》所成,但在某些关键问题上却有改动。此正如汤用彤先生所评论的:"查《僧传·法显传》全抄《祐录》之文,而间加以改窜,但其改窜之处往往甚误。"①后起的诸种有关法显生平的载记,或依《出三藏记集》之《法显法师传》,或依《高僧传》之《释法显传》,致使法显生平的若干关键问题一直异说纷纭。在此,我们特别需要强调,有关法显的生平事迹,最可信的仍然应是《出三藏记集》卷一五的《法显法师传》以及法显自己所撰的《佛国记》。在此,我们依据有关原始材料以及今人的研究成果,对法显的籍贯、生卒年代以及生平的基本情况作

---

① 汤用彤:《汉魏两晋南北朝佛教史》,第274页。

些考证与说明。

关于法显的籍贯，《出三藏记集·法显法师传》及《高僧传·释法显传》均作"平阳武阳人"，日本学者足立喜六[①]、长泽俊和[②]等人将其注为现今山西襄垣县，我国学者贺昌群以及通行辞书也将"平阳武阳"注为"山西襄垣县"[③]。这一批注，基本上属于以讹传讹，没有多少根据。正如章巽先生在《法显传校注序》中所说："晋及十六国时平阳郡所属唯有平阳县而无武阳县，当时平阳郡内亦未闻有武阳之地名，武阳当为平阳之误。"杨曾文先生在《中国佛教史》第二卷相关章节中写道："据《晋书·地理志》，平阳郡属司州，有十二县，但其中无武阳县；襄垣属并州的上党郡，当时也不称武阳。又查《历代三宝纪》卷七载为：'平阳沙门释法显'。故说法显为'平阳郡人'更为妥当，或即生于平阳郡治所在地。"[④]吴玉贵先生赞同章巽先生的看法[⑤]。本人以为，将"平阳武阳"解释为现今山西襄垣县肯定是错误的，但因此而认为"武阳"一词为赘疣，也许并不很恰切。也存在着这样一种可能："平阳"并非郡名而是县名，"武阳"则并非县名而是村镇之名。当然，这仅仅是一种合理的推测。是否真的如此，仍然有待于对古代平阳郡平阳县(现今山西省临汾市西南)之村镇进行探察。从现有材料出发，笼统地说法显出生于现今山西省临汾市西南，是比较妥当的选择。

[①] 足立喜六：《法显传考证》何健民、张小柳译，第1页，北京，商务印书馆，1937。
[②] 长泽和俊：《丝绸之路史研究》，第448页，钟美珠译，天津古籍出版社，1990。
[③] 贺昌群：《古代西域交通与法显印度巡礼》，第33页，武汉，湖北人民出版社，1956。另外，游侠先生在为斯里兰卡英文版《佛教百科全书》撰写的《法显》辞条之中，将"平阳郡武阳"误注为"今山西襄丘县"(中国佛教协会编《中国佛教》第二辑，第44页，上海，知识出版社，1982)，因为现在的山西省并无"襄丘县"，而台湾出版的《佛教百科全书》中的"法显"辞条却沿袭了这一错误。大概有鉴于此问题的复杂，台湾出版的《佛光大辞典》"法显"辞条则干脆未注出县名。
[④] 任继愈主编：《中国佛教史》第二卷，第580页，北京，中国社会科学出版社，1985。此书引用了章巽于1981年发表的《法显与〈法显传〉》一文的考证结果。章巽此文见于《中华学术论文集》，北京，中华书局，1981。
[⑤] 吴玉贵：《佛国记释译》，第7页，台北，佛光出版社，1996。

法显的生卒年,由于史籍未记载其卒年,更兼之关于其年龄有二说,所以一直难有定谳。梁僧祐《出三藏记集》卷一五《法显法师传》载,法显"后到荆州,卒于辛寺,春秋八十有二"①。而慧皎《高僧传》卷三《释法显传》则说:"后至荆州,卒于辛寺,春秋八十有六。"②唐代智昇在《开元释教录》卷三中采用了慧皎的说法。除此之外,更有现代学者陈垣提出:

　　　　法显年岁,《出三藏记集》十五作八十二,梁《僧传》三作八十六,似皆不可据。《出三藏记集》云:"法显二十受大戒,以晋隆安三年发长安。"是法显出游时不过二十余,经十六年还都,不过四十,译经数年卒,不过四十五六。梁《僧传》于"受大戒"上删"二十"两字,出游年岁不明。③

　　其实,陈垣此说很难令人信服。《出三藏记集》卷一五的原文如下:法显"二十受大戒,志行明洁,仪轨整肃。常慨经律舛阙,誓志寻心。以晋隆安三年,与同学慧景、道整、慧应、慧嵬等发自长安,西度沙河"④。显然,问题的焦点在于"二十受大戒"与"晋隆安三年"是否有直接的关联性。从《出三藏记集》以及《高僧传》的有关记载推断,二者绝对没有直接的时间关联,而是有着三十余年的时间间隔。然而,究竟是什么原因使得陈垣先生对于古代史籍的记载发生怀疑呢?其内在根由在于对于法显高龄出行的疑惑态度。如果信从《出三藏记集》或《高僧传》的记载,则法显从长安西行的年龄为50余岁,甚至接近或超过60岁。而以如此高龄出行,在当时的情形下确实是难于思议的。正是从这一疑惑出发,陈垣先生才对《出三藏记集》的记载发生了怀疑与误读,以为法显是20余岁西行的。但怀疑毕竟只是怀疑,古代史籍俱在,仅凭怀疑是不够的。

　　除《出三藏记集》及《高僧传》本身的记述之外,我们也可以从法显西

---

① 僧祐:《出三藏记集》卷一五,《大正藏》第55卷,第112页中。
② 慧皎:《高僧传》卷三,《大正藏》第50卷,第338页中。
③ 陈垣:《释氏疑年录》,第9页,北京,中华书局,1964。
④ 僧祐:《出三藏记集》卷一五,《大正藏》第55卷,第111页下。

行的同行者的年齿找到法显高龄西行的证据。先后加入西行行列的有十人,现在可以考见的有四人。他们是:慧嵬、智严、宝云、慧达。慧嵬是法显从长安出发时就加入的伙伴。慧皎《高僧传》卷一一《释慧嵬传》记载:"与法显俱游西域,不知所终。"①这说明,慧嵬最后可能并未回到内地。因而其之所以被列入《高僧传》完全是由于其在去西域前的名声和影响。慧皎说,慧嵬"止长安大寺,戒行澄洁,多栖处山谷,修禅定之业"②。文中所记事迹全为西行之前所发生,可见,慧嵬此时已经是一位很有影响的僧人了。宝云、智严、慧达都是在路途中加入西行队伍的,且都回到了内地。宝云圆寂于449年,与法显西行时,宝云为24岁。智严圆寂的上限为427年,享年79岁,因而加入西行队伍时至少已经50岁。据《高僧传》所载推算,慧达至迟应生于435年,其于400年在于阗加入西行行列时的年齿应该为55岁。果真如陈垣先生所说,法显20余岁西行,其在西行队伍中的感召力会大打折扣。而从法显所写的内容看,西行的倡议者无疑应该非法显莫属。尽管从长安出发的四位同伴中,仅有慧嵬一人的年齿能够知晓,但基本上可以排除慧景、道整、慧应、慧嵬四人之一为最初发起组织者的可能。从《佛国记》所附时人的《跋》文中可以明显看出法显所言的可靠与真实性。更何况,一同西行的宝云、智严,在《佛国记》写成并流通时,都在京师建康参与译经活动。这些人在看到法显的记述后,并未表示异议,而《佛国记》所附《跋》文的作者并且称赞法显"其人恭顺,言辄依实"③。从这些完全可以肯定,法显不会有意夸示己功而以首领自居的。所以我们仍然相信古人的说法,而对于《出三藏记集》与《高僧传》的歧异,我们本着先出者可能更为近真的原则,姑且以《出三藏记集》卷一五所记的"82岁"为法显的年寿。至于法显大师具体的圆寂时间,史籍未能明载,只能依据有关材料作些推断。

---

① 慧皎:《高僧传》卷一一,《大正藏》第50卷,第396页下。
② 同上书,第396页中。
③《大正藏》第51卷,第866页中。

关于法显的圆寂时间，《出三藏记集·法显法师传》仅说，法显"后到荆州，卒于辛寺，春秋八十有二"①。因而确定法显离开京师建康的时间是确立其圆寂上限的唯一线索。据《出三藏记集》卷八《六卷泥洹出经后记》说：法显等人于"义熙十三年十月一日，于谢司空石所立道场寺，出此《方等大般泥洹经》。至十四年正月校订尽讫"②。《摩诃僧祇律》所附《后记》载："沙门释法显游西域，于摩竭提巴连弗邑阿育王塔天王精舍写得梵本，斋还京都，以晋义熙十二年岁在次寿星十一月，共天竺禅师佛驮跋陀于道场寺译出，至十四年二月末乃讫。"③义熙十四年二月末相当于418年4月20日。可见，至迟在418年4月20日之前，法显仍然在京师建康。另外，据《高僧传》卷三《释佛驮什传》说：佛驮什"以宋景平元年七月届扬州。先沙门法显于师子国得《弥沙塞律》梵本，未被翻译而法显迁化。京邑诸僧闻什既善此学，于是请令出焉。以其年冬十一月集于龙光寺，译为三十四卷，称为《五分律》。"④佛驮什于景平元年（423）七月到达建康，十一月开始翻译，至第二年十二月方才完成《弥沙塞律》的翻译工作。可见，法显至迟是在景平元年十一月之前圆寂的。

依据上述史料，可以断定法显圆寂时间的上限为东晋义熙十四年（418）末，下限为刘宋景平元年（423）。考虑到法显圆寂于荆州辛寺，所以，其上限应该再朝后推。这里，确定上限的关键又在于法显离开建康的时间。我们以为，法显离开建康的时间不应该离《摩诃僧祇律》译出的时间太近，因为法显西行的目的就是弘传律法，在自己带回的律本未曾译出的情况下，他不会轻易产生离开京师的想法。从这个角度考虑，我们以为将其定在东晋恭帝元熙元年（419）是较为合适的。大概在江陵不久，法显就圆寂了。综合这些因素，我们得出法显最可能的圆寂时间区

---

① 僧祐：《出三藏记集》卷一一，《大正藏》第55卷，第112页中。
② 僧祐：《出三藏记集》卷八，《大正藏》第55卷，第60页中。
③ 僧祐：《出三藏记集》卷三，《大正藏》第55卷，第21页上。
④ 慧皎：《高僧传》卷三，《大正藏》第50卷，第339页上。

间为420年至423年。

法显,俗姓龚,兄弟四人,其中三位兄长都是童年丧亡,其父恐此祸殃及法显,在法显3岁时就将其送至寺院度为沙弥。后来,法显曾经被接回家几年,病笃欲死。但只要送还寺院,几天后病便痊愈。法显便不再愿意回家而长住寺院,其母想见之而不能遂愿,只得站立于屋外凝视法显。法显10岁时,其父亲病逝。法显的叔父以其母寡居,逼迫法显还俗,法显不从。法显对其叔父说:"本不以有父而出家也。正欲远尘离俗,故入道耳。"①叔父以为其说有理,遂听任其出家为沙弥。不久,法显之母丧亡。法显回家办理完丧事,仍然回到寺院。

法显在做沙弥时就表现出了非同一般的勇敢和凛凛正气。有一次,法显与同学数十人于田中刈稻,当时有饥贼欲夺其谷。其他沙弥都跑开了,唯法显纹丝不动。法显对劫贼说:"若欲须谷,随意所取。但君等昔不布施,故致饥贫。今复夺人,恐来世弥甚。贫道预为君忧耳。"②法显说完这一席话,就转身离开了。劫贼被法显的劝告所打动,竟然放弃抢劫,空手离开了。当时在场的几百僧人无不佩服法显的气概。

法显年二十,受具足大戒,成为正式的僧人。

法显的早期经历,留存的文献甚少,难于尽知。从《出三藏记集》等所载的本传中,仅仅知道法显早期大概驻锡于自己的家乡平阳郡的寺院中,后来又来到了长安。关于法显到达长安的时间,现存史料未能明言。在此只能依据当时北方的历史状况以及佛教的发展情况作些推断。

法显出生在后赵政权统治下的平阳郡,而在其十一二岁时,后赵政权被前燕政权所代替,而后赵时徙居中原的氐族,乘后赵崩溃的时机,由苻健率领西归关中。351年,苻健在长安建立政权,史称"前秦"。此后的近20年,中原与关中分别由鲜卑族、氐族政权统治,平阳郡与长安的交

---

① 慧皎:《高僧传》卷三,《大正藏》第50卷,第337页上。
② 同上书,第337页中—下。

通并不太通畅。显然,法显在此前不大可能前往关中。在前燕建熙十一年(370),前秦灭掉前燕政权。此后不久,北方大部分地区被前秦统一。前秦建元十五年(379)二月,前秦攻陷襄阳,道安大师北上到达长安,被苻坚安置在长安五重寺。由于道安的特殊感召力,长安成为当时北方佛教的中心,随侍道安的弟子竟达千人。法显最有可能于此时前往长安,因为这一段,恰好也是北方地区比较稳定的时期。法显所在的山西也在前秦的统治之下,正好成行。当然,法显也有于后秦时期到达长安的可能。不过,与前一种可能性相比较,后一种可能性要小一些。因为在前秦建元十九(383)年,前秦苻坚发兵90万,企图消灭东晋政权,但在淝水被东晋军队击溃。此后,北方又陷于混乱局面。平阳郡由鲜卑族政权统治,而关中地区则由羌族人姚苌所建立的"大秦"(史称"后秦")统治。在两大政权的对峙之下,法显贸然起程前往长安的可能性是比较小的。何况法显在《佛国记》中明确说过:"法显昔在长安,慨律藏残缺。"①也就是说,法显是在长安发心西行求法的,因而不存在法显为了西行求法而先到长安的可能。

综合上述理由,我们可以作出这样的推断:法显大致是在371年至383年之间的某一年到达长安的。而综合当时道安大师在佛教界的影响以及由于道安大师之北上而造成的长安佛教的兴盛,我们可以再行将法显到达长安的最可能时间限定在380年至383年之间。

法显在长安十余年,萌生了西行至天竺求取戒律文本的宏愿,并且结交了四位志同道合的同伴。于是,在后秦弘始元年(399),法显从长安出发西行求法,至东晋义熙八年(412)七月十四日抵达长广郡(即今山东省崂山县北),历时15个年头。

从天竺、师子国归来的当年七月末,法显应充、青州刺史刘道怜的邀请,到彭城居住,并且在彭城度过了义熙九年(413)的夏坐。而此年春

---

① 《大正藏》第51卷,第857页上。

天,天竺僧人佛驮跋陀罗与宝云一起,随刘裕从江陵到达建康(今江苏南京),住于道场寺。七月底或八月初,法显南下至建康,在宝云等人的协助下,开始翻译经律。在建康,法显还将其西行经历写了下来,这就是后来所称的《佛国记》。

法显在京师建康数年,共译出经律 6 部 73 卷。但是,这只是法显从天竺、师子国带回的经律文本的一部分。

如前所说,大概在东晋元熙元年(419),法显离开京师建康,最后到达江陵,驻锡于辛寺。法显为何在高龄之年离开建康?这是考证法显晚年生活的一大谜团。法显之所以将自己所带回的梵本经律文本置于建康而不顾,想必有其不得不如此的理由。推测言之,至少有两大因素:第一,建康佛教当时的风尚是特别重视义理,相对而言,对于法显最为关心的戒律问题并不是特别热心。具体例证至少有二:其一,在《摩诃僧祇律》未曾译成的情况下,佛驮跋陀罗等就已经开始翻译《大般泥洹经》;其二,在京城僧众的要求下,佛驮跋陀罗在义熙十四年(418)三月开始翻译大部头的《华严经》,实际上已经没有可能再翻译法显带回的其他律本了。第二,东晋义熙十四年(418),以法显从摩竭提国带回的梵文本为底本译出的《大般泥洹经》(六卷本),在建康产生了很大的影响,同时也引起了争论。实际上,也有人怀疑其传本的真实性。可以想见,作为此经译出文本的携入者,法显不可避免地卷入到这场争论之中,并且有可能成为一个焦点人物。上述两种因素的叠加,使得法显难于继续驻锡建康,以近 80 高龄之躯,西上荆州实在也是无奈之举。

在江陵辛寺驻锡未久,法显就圆寂了,终年 82 岁。

二、法显大师西行的过程

东晋义熙十年(414),法显在京师建康完成了自叙其西行所见的文稿,并且很快在京师流通传阅。过了两年,在建康道场寺一位僧人的建议下,法显对自己所写书稿作了修改补充。这就是后来以数种书名流传至今的《佛国记》一书。在此书中,法显大师较为详细地叙述了自己与同伴一起,西渡流沙,跨越葱岭,到达天竺的经过。同行者或者中途返回,或者亡故于天竺,或者留住天竺不归,唯独法显以坚强的意志,拖着高龄之躯,经师子国,从海路归返中土。一部《佛国记》,不仅是法显西行的艰难历程的叙述,弥漫于其间的更多的是不惜身命、弘法利生的菩萨精神。依照法显的行程,可以将《佛国记》分为"由长安西行至沙河"、"西域记游"、"天竺记游"、"师子国记游"以及"海路归国"五大单元,其中"天竺记游"为全书主体内容,又可分为四部分。以下我们首先依照上述顺序对《佛国记》的主要内容以及法显西行的过程、法显路途所见作些概括性介绍,然后对于法显西行的十位同行者中可以考见的四人之生平略作提示。

1. 由长安西行至沙河

法显在后秦的都城长安停留了若干年,感于当时中土佛教戒律的缺乏,发愿西行至天竺求取戒律文本。经过多年筹划,法显于后秦姚兴弘始元年(399)三月间,与慧景、道整、慧应、慧嵬一起,从长安出发踏上了西行的艰难历程。时年,法显已经接近60岁。四月,法显一行翻越陇山,到达乾归国夏坐。乾归国是指十六国时期西秦的国都金城,其故址在今甘肃省兰州市西。七月底或八月初,法显一行从乾归国出发,继续西行,到达耨檀国。耨檀国是指十六国时期南凉的都城,法显到达耨檀国时,其国都为西平,即现在青海省西宁市。在耨檀国停留不久,法显一行翻越养楼山,到达张掖镇。后秦姚兴弘始二年(400),因张掖一带大乱,法显等一直停留在张掖镇,并且在张掖镇度过了离开长安的第二次夏坐。在张掖镇,法显遇到智严、慧简、僧绍、宝云、僧景等同契,后结伴西行求法。西行队伍已达十人。七月底或八月初,法显等由张掖前进至敦煌,停留一月有余。后来得到敦煌太守李暠的资助,并随同使者一起前行渡过沙河。

2. 西域记游

渡过沙河,法显就抵达了中国古代史籍中所称的"西域"地区,时为

400年10月。此处所说是指狭义的"西域"概念,即《汉书》卷九六所说的,玉门关以西、巴尔喀什湖以东以及以南的广大地区。

法显在沙河之中行进17日,路程一千五百里,到达鄯善国,在此国停留一月余日。鄯善国即古楼兰国,其地在今新疆若羌县。大约在十月初,法显一行从鄯善国出发向西北行进15日,到达焉夷国。焉夷国位于现今新疆焉耆县。法显一行在此国停留两个多月。后来,法显等七人又从焉夷国出发,向西南方向行进。

后秦姚兴弘始三年(401),经过一个月零五日的长途跋涉,法显等人于此年一月下旬到达于阗国(今新疆和田县)。慧景、道整、慧达先行出发,前往竭叉国。法显因为打算观礼行像,便在于阗国停留了三个多月。四月十二日,行像结束后,法显等人历经25日路程到达子合国,并在子合国(位于今新疆叶县)停留15日。五月中旬,法显等人从子合国南行,进入葱岭山,历时四日,到达麾国。法显在此国度过了他离开长安的第三个夏坐。大约八月下旬,法显等人行进25日,到达竭叉国,与慧景等人会合。竭叉国王城故址大致位于今新疆塔什库尔干塔吉克自治县。竭叉国供养有佛陀唾壶,建有佛齿塔。法显在竭叉国停留了相当长的时间。

3. 天竺记游

401年,法显终于到达向往已久的天竺国境。我国古代史籍传统上将印度半岛称为"五天竺"或"五印",即北天竺、西天竺、东天竺、中天竺以及南天竺五部分。法显翻越葱岭后首先到达了北天竺,然后依次为西天竺、中天竺、东天竺。法显是从海路到达师子国的,所以其足迹未曾到达南天竺。

法显在北天竺游历了七个国家,依次是:陀历国、乌苌国、宿呵多国、犍陀卫国、竺刹尸罗国、弗楼沙国、那竭国。

401年末,法显等从竭叉国出发,历时一月,得以翻越葱岭,到达北天竺境内。法显抵达的第一个天竺国家是陀历国,其故址在今克什米尔西北部印度河北岸达尔德斯坦的达丽尔。陀历国有天竺最著名的弥勒菩萨造像。第二年,法显等顺着葱岭向西南方向行走15日,渡过了印度河的支流,到达乌苌国。乌苌国有佛陀遗留的足迹。慧景、道整、慧达三人先行出发去那竭国,法显等人则继续留在乌苌国度过了夏坐。八月底,法显由乌苌国南下,到达宿呵多国。宿呵多国有佛陀本生时"割肉贸鸽"之故址,其上并建有大塔。大约九月,法显等由宿呵多国东下,经过五日跋涉,到达犍陀卫国。该国疆域迭有变更,其强盛时期为公元前1世纪左右。法显到达之时,其国势力已经逐渐衰落。犍陀卫国有佛陀本生时"以眼施人"的遗迹,其上并建有大塔。从犍陀卫国东下,经过七日的跋涉,法显等到达了竺刹尸罗国。此地曾经是犍陀卫国之首都。佛陀为菩萨时,曾经在此地"以头施人",也曾在此地"投身馁饿虎"。此二处都建有大塔。从犍陀卫国南行四日,法显等人到达了弗楼沙国。此国有迦腻色迦王修建的、人间最宏伟壮丽的大塔,此国所供养的佛钵也深得人们敬仰。慧景在那竭国生病,道整就留在那里照看他,慧达一人又返回弗楼沙国。慧达、宝云、僧景于此一起返回中土,慧应在此国的佛钵寺圆寂。由于这些情况,法显一人独自前往供养佛顶骨的那竭国。

法显独自由弗楼沙国西行十六由延的路程,到达那竭国。那竭国的故址在今阿富汗的贾拉拉巴德。法显在此度过了"冬三月"。印度习惯以中土十月十六日至次年的正月十五日为"冬三月"。因此,可以推断,法显到达那竭国的时间为十月中旬,而离开那竭国的时间在第二年的正月下旬。法显在那竭国瞻礼了佛顶骨、佛齿塔、佛锡杖精舍、佛影窟。

法显在西天竺游历了三个国家,依次是:罗夷国、跋那国、毗荼国。

后秦姚兴弘始五年(403)一月下旬,法显、道整、慧景三人南度小雪山,向西天竺进发。慧景不幸在小雪山北麓圆寂,法显、道整则翻越小雪山到达罗夷国。这是法显到达的第一个西天竺国家。法显在此国度过了他离开长安的第四次夏坐。八月下旬,法显、道整从罗夷国南下,经十日的跋涉,到达跋那国。从跋那国东行三日,法显、道整到达毗荼国。

从毗荼国东南行八十由延路程,法显到达摩头罗国。摩头罗国为古代印度与西方通商之路上的重要地点。由此,法显踏入中天竺,即佛教史籍所说的"中国"。中天竺是法显西行的最终目的地,法显在此停留达六年之久,不仅瞻礼了佛教圣迹,更重要的是得到了他所立志寻求的佛教经律文本。法显在中天竺游历了个 15 个国家或城市,依次是:摩头罗国、僧伽施国、罽饶夷城、沙祇大国、拘萨罗国舍卫城、迦维罗卫城、蓝莫国、拘夷那竭城、毗舍离国、摩竭提国巴连弗邑、王舍城、伽耶城、迦尸国波罗捺城、拘睒弥国、瞻波大国。在《佛国记》这一部分中,法显还依据传闻记述了达嚫国的基本情况。

后秦姚兴弘始六年(404),法显在此年由摩头罗国继续东南行八十由延的路程,到达僧伽施国。僧伽施国有多处佛陀升入忉利天为其母摩耶夫人说法后又重归人世间的遗迹。此国有一座白龙精舍,法显在此寺度过了他离开长安的第五次夏坐。大约八月下旬,法显、道整从僧伽施国出发向东南方向行走七由延的路程,到达著名的"曲女城",此城之西六七里的地方有佛陀当初为其弟子说法的故址,此故址之上建有大塔。从此城渡恒河,南行三由延的路程,有一座叫"呵梨"的村庄,佛陀曾经在此散步、说法,其故址之上也建有大塔。由呵梨村继续东南行十由延的路程,法显到达了沙祇大国。此国是佛陀所用过的齿木弃之又复生的遗址所在,此外还有过去四佛经行和坐处之遗址。从沙祇大国北行,法显和道整到达了拘萨罗国的舍卫城。此城曾经是波斯匿王的治所,佛陀传道的遗址甚多,重要的有:大爱道精舍、祇洹精舍、孙陀利杀身谤佛处、佛与外道辩论处精舍、影覆寺等。在佛陀活动的时代,拘萨罗国的国都在舍卫城。舍卫城的故址位于现今印度北方邦奥德境内的贡达与巴赫雷奇二县交界处的沙赫特-马赫特村。法显还瞻礼了舍卫城周围过去三佛的圣迹。

从拘那含牟尼佛出生处继续东行一由延的路程,法显、道整到达了佛陀的故土迦维罗卫城。迦维罗卫城是佛陀出生、做太子时生活的地方,圣迹自然很多。此外,释迦成佛后返回故土,曾经为其故国人民讲经说法,这些圣迹也都存在。法显在迦维罗卫城对上述两类圣迹都一一进行了瞻礼。由释迦太子出生地"论民园"东行五由延路程,法显、道整到达了蓝莫国。此国有阿育王未曾开启的佛舍利塔——"蓝莫塔",也有一座"灰炭塔"。法显、道整从蓝摩国东行十二由延路程,到达拘夷那竭国。此国为佛陀涅槃焚尸的地方,现今却很荒芜。此城大致位于廓拉克浦尔以东35英里的迦西亚村。法显、道整从拘夷那竭城出发东南行十二由延路程,到达梨车族人追赶挽留佛陀的故址。从此地再东南行四由延路程,法显、道整到达了毗舍离国。此城中有阿难半身像以及庵婆罗女为佛陀奉献的住所。佛陀最后一次离开此城回头观望之处也修建了大塔。此城西北有著名的"放弓仗塔"以及"七百长老结集大塔"。毗舍离国的故址在现今印度比哈尔北部木扎伐浦尔地区的巴沙尔。

　　从结集大塔继续东行四由延路程,法显、道整到达五河合口,这里有阿难于河中涅槃分身的故址。此处为五大河流的汇聚之处,位于从毗舍离城至摩竭提国巴连弗邑的恒河渡口。五大河流是:甘达克、腊普提、哥格拉、恒河、宋河。五大河流汇聚之后成为恒河下游而继续东流。

　　法显、道整渡过恒河南下一由延路程,到达了摩竭提国的巴连弗邑。此城是孔雀王朝阿育王的治所。据传说,城中宫殿以及城内的小山都是役使鬼神所造。摩竭提国是印度古代最为强大的国家之一,在印度历史上占据非常突出的地位,其领域大致相当于现今印度比哈尔的巴特那和加雅地方。巴连弗邑曾经长期为孔雀王朝的首都,因此,有关阿育王的遗迹非常多。法显到达时,此城为笈多王朝的国都,相当富庶繁荣。

　　从巴连弗邑东南行九由延路程,法显、道整到达小孤石山,此山中有一座石窟,当初天帝释就是在此石窟之中,以天乐娱佛并且向佛陀请教的。从此地西南行一由延路程,法显、道整到达那罗聚落,此村是舍利弗出生、涅槃的地方,在其故址之上建有大塔。从那罗聚落西行一由延路程,法显、道整到达了佛陀时期阿阇世王所造的新国都——王舍新城,城西门外有阿阇世王建造的佛舍利塔。王舍新城位于距离旧城以北四里处。从王舍新城南行四里路程，就可到达环绕王舍旧城的五山里。王舍城是佛陀当初传播佛法的重要城市，周围五座山峰之中，佛教的圣迹非常多。法显与道整一一瞻礼了这些圣迹。位于王舍旧城城内的圣迹有：舍利弗、目连初见颊鞞处，尼犍子作火坑、毒饭请佛处，阿阇世王酒饮黑象欲害佛处，庵婆罗园精舍。位于王舍旧城东南方向的耆阇崛山上的圣迹有：佛陀坐禅石窟、阿难坐禅石窟（即鹍鹫窟山），石窟前有调达投掷石块伤佛足指处，以及佛说法堂。王舍旧城外东北三里处有两处遗址：一是提婆达多石窟，二是一比丘自杀得罗汉果处。王舍旧城故址位于现今印度比哈尔巴特那以北的一个叫做"拉杰吉尔"的山村。法显离开王舍旧城，到达摩竭提国的伽耶城。佛陀出家后，正是在这个城市以及周边地区修习苦行、悟道、成道的。释迦修苦行之地位于距离伽耶城南二十里的地方，而释迦放弃苦行而洗浴、食糜的地方也在此地附近。伽耶城位于现在印度的比哈尔。从佛陀悟道处南行三里路程，法显、道整到达了鸡足山。此山为大迦叶圆寂之处。

法显、道整瞻礼了鸡足山之后，又重新北上回到巴连弗邑。

法显、道整从巴连弗邑顺恒河西下十由延路程，到达一个叫做"旷野"的地方。佛陀曾经在此地住过。从"旷野"出发继续顺恒河西行十二由延路程，法显、道整到达了迦尸国的波罗捺城。法显、道整在此城瞻礼了鹿野苑精舍以及佛陀初转法轮处、佛陀为弥勒授记处等圣迹。法显、道整又从鹿野苑精舍出发西北行十三由延，到达了拘睒弥国。这个国家也有佛陀当初住过的瞿师罗园精舍以及经行、坐过的地方，佛陀还曾经在此地化度过恶鬼。

法显、道整又从拘睒弥国出发，中经波罗捺城，重归巴连弗邑，学习梵文、梵书，抄写经律。法显此次在巴连弗邑达三年之久，在摩诃衍僧伽蓝得《摩诃僧祇众律》一部、《萨婆多众律》一部、《杂阿毗昙心》一部、《綖经》一部、《方等般泥洹经》一部、《摩诃僧祇阿毗昙》一部。道整来到天竺以后,欣羡此地僧众戒律的严整而决心留在天竺。而法显本来的目的就是为了将天竺的戒法流通到汉地,所以,他决心返回汉地。

后秦姚兴弘始九年(407),法显独自顺恒河东下十八由延路程,到达瞻波大国。此国也有佛陀当年活动过的故址。瞻波城是古代印度的六大城市之一。

在407年,法显由瞻波大国继续东行十五由延路程,到达面临海口的多摩梨帝国。多摩梨帝国位于东天竺,此国佛法兴盛。法显在多摩梨帝国住了两年,写经、画像。

4. 师子国记游

后秦姚兴弘始十一年(409)十月,法显由多摩梨帝海口搭乘商人的船舶,历时14昼夜,到达师子国。法显在师子国瞻礼了都城之北的佛足迹大塔、无畏山寺、贝多树、佛齿精舍、跋提精舍、大寺等。后秦姚兴弘始十二年(410)三月,法显在师子国瞻礼佛牙,观看佛牙供养仪式。法显在师子国求得了《弥沙塞律》藏本、《长阿含经》、《杂阿含经》以及《杂藏》一部。

5. 海路归国

411年7月中旬,法显带着所得经卷搭乘商船踏上归国的艰难历程。法显搭乘的商船东下两日后,风大更兼船漏,危机之时,小船上的人砍断与大船连接的缆绳。在海上随风漂行13昼夜,大约在八月中旬,这艘漏水的大船方才到达一个小岛上,修好了漏处之后又继续航行。在大海中漂流90余日,大约在十一月十六日前后,法显等到达一个叫"耶婆提"的国家,并且在此国停留。东晋安帝义熙八年(412)四月十六日,法显在耶婆提国停留五个多月后,又搭乘商船向东北方向航行,直趋广州。

五月某日,在航行之中,商船遭遇暴风雨,同船信仰外道的商人提出将法显逐出此船,幸赖同船的施主据理力争,法显才得以免祸。在海上航行70余日,大约在七月初,法显等人面临绝水危险,后经商议改变航向,转东北行为西北行。向西北方向航行12日,大约在七月十四日,法显等到达长广郡界牢山南岸,即今山东省崂山县北。至此,法显终于完成了由长安至天竺再重归故土的求法活动,历时 15 个年头。

三、法显大师对中国佛教义学、律学的贡献

尽管在中国佛教史上,法显并非以义学闻名,但并不能因此而忽略其对中国佛教义学所作出的重大贡献。这突出表现在法显回国以后所从事的译经活动及其所译的《大般泥洹经》对中国佛教发展所产生的开创性影响上。

据《出三藏记集》卷二记载,法显从天竺、师子国带回建康的十一部经律,法显与天竺僧人佛驮跋陀罗一起合作译出六部,凡六十三卷。除两部律本之外,其余四部译经为:《大般泥洹经》六卷、《方等般泥洹经》二卷、《杂阿毗昙心》十三卷、《杂藏经》一卷。其中,《杂阿毗昙心》属于小乘毗昙学,《大般泥洹经》为大乘《涅槃经》的初译本,而《方等般泥洹经》则是《长阿含经·游行经》的异译。从对佛教义学的影响而言,《杂阿毗昙心》的传译推动了佛教毗昙学的进一步发展,而《大般泥洹经》的译出简直就像一声惊雷,在佛教界掀起了轩然大波。后来,更有道生以"涅槃圣"的雄姿出现,由此而使中国佛教发生了历史性转向。在此,谨将《大般泥洹经》产生的影响略作申论。

关于《大般泥洹经》翻译的经过,"六卷泥洹经记"这样说:

> 摩揭提国巴连弗邑阿育王塔天王精舍优婆塞伽罗先,见晋土道人释法显远游此土,为求法故,深感其人,即为写此《大般泥洹经》如来秘藏。愿令此经流布晋土。一切众生悉成如来平等法身。义熙十三年十月一日于谢司空石所立道场寺出此《方等大般泥洹经》,至十四年正月一日校定尽讫。禅师佛大跋陀手执胡本,宝云传译。于时在座有二百五十人。[①]

[①] 僧祐:《出三藏记集》卷八,《大正藏》第 55 卷,第 60 页中。

此文虽未明言法显在翻译《大般泥洹经》之中的贡献,但在《出三藏记集》卷二"法显译经携回经律"项下注曰:"右十一部,定出六部,凡六十三卷。"沙门释法显"归京都,住道场寺,就天竺禅师佛驮跋陀共译出"。① 而在同书同卷《般泥洹经》项下则署为"释法显出《大般泥洹经》六卷"②。可见,此经的译出,法显的功劳非小,因此现今流传的版本均署名"东晋平阳沙门法显译"。

六卷《大般泥洹经》一经翻译完成,就成为社会议论的焦点。据叡法师说:"此《大般泥洹经》既出之后,而有嫌其文不便者,而更改之,人情少惑。"③更有彭城僧嵩"法师云:'双林灭度,此为实说。常乐我净,乃为权说。故信《大品》而非《涅槃》'"④。据《高僧传》记载,僧嵩"亦兼明数论。末年僻执,谓佛言佛不应常住,临终之日,舌本先烂焉"⑤。而《出三藏记集》又说,僧嵩的弟子僧渊"诽谤《涅槃》,舌根销烂"⑥。汤用彤先生怀疑"此事不见于《高僧传》,恐系僧嵩事误传"⑦。而《高僧传》卷八《僧渊传》明言僧渊为僧嵩弟子,因而二僧师徒相承也是可能的。因此,我们以为不能轻易否定《出三藏记集》的记载。僧祐又说:"昔慧叡法师久叹愚迷,制此《喻疑》,防于今日,故存之录末。虽于录非类,显证同疑。"⑧这段写于上引文末的话语,透露出一条很重要的信息:尽管《涅槃经》已经流行已久,但时至僧祐编《出三藏记集》之时,仍然有人怀疑《涅槃经》的真实性。正是为了反击这种论调,僧祐才不惜破坏《出三藏记集》的体例而特意将《喻疑论》收入此书中。

显然,僧嵩、僧渊对于《大般泥洹经》的立场是一脉相承的。为了反

---

① 僧祐:《出三藏记集》卷二,《大正藏》第 55 卷,第 12 页上。
② 同上书,第 14 页上。
③ 僧祐:《出三藏记集》卷五,《大正藏》第 55 卷,第 42 页上。
④ 吉藏:《中论疏》卷一末,《大正藏》第 42 卷,第 17 页下。
⑤ 慧皎:《高僧传》卷七《释道温传》附,《大正藏》第 50 卷,第 373 页上。
⑥ 僧祐:《出三藏记集》卷五《小乘迷学竺法度造异仪记》,《大正藏》第 55 卷,第 41 页上。
⑦ 汤用彤:《汉魏两晋南北朝佛教史》,第 443 页。
⑧ 僧祐:《出三藏记集》卷五,《大正藏》第 55 卷,第 41 页上—中。

击这种对《大般泥洹经》的非议,叡法师便专门撰写了《喻疑论》以正视听。

在《喻疑论》中,叡法师讲道:"有慧祐道人私以正本雇人写之。容书之家忽然起火。三十余家,一时荡然。写经人于火之中求铜铁器物,忽见所写经本在火不烧,及其所写一纸陌外亦烧,字亦无损。余诸纸巾,写经竹筒,皆为灰烬。"①而同样的事情,《出三藏记集·法显传》则记载为:

> 显既出《大泥洹经》,流布教化,咸使见闻。有一家失其姓名,居近扬都朱雀门,世奉正化,自写一部,读诵供养。无别经室,与杂书共屋。后风火忽起,延及其家,资物皆尽。唯《泥洹经》俨然具存,煨烬不侵,卷色无异。扬州共传,咸称神妙。②

上述记载很有可能是同一件事情。这一事件之所以流传甚广,从反面说明了当时争论的激烈。在前文考证法显离开建康的原因时,我们已经强调过这一事件对于法显的影响。也就是说,《大般泥洹经》的译出使法显陷入了争论的漩涡无法自拔,实际上已经无法在建康从事译经活动了。不过,法显的离去并未平息这场争论。因为此经的佛学思想对于中国佛教的发展实在是太重大了。其深刻的思想史意义在于,如来藏思想由此代替了大乘般若学而成为中国佛学的主流。

佛陀在涅槃之时,曾经留下"以戒为师"的咐嘱。在佛教僧团之中,戒律是维持僧团"和合"的基本保障,而是否禀受戒法又是佛教徒区别于普通人的关键之一。佛法传入中土在先,戒律传入在后,而在完备中国戒律学方面,法显的贡献是不可或缺的一环。

法显西行,在中天竺摩竭提国巴连弗邑抄回《摩诃僧祇众律》、《萨婆多众律抄》各一部,在师子国求得《弥沙塞律》藏本。三部律本,《摩诃僧祇众律》于东晋义熙十四年(418)由法显与佛驮跋陀罗合作译出,共成四

---

① 僧祐:《出三藏记集》卷五,《大正藏》第55卷,第42页上。
② 僧祐:《出三藏记集》卷一五,《大正藏》第55卷,第112页中。

十卷;《弥沙塞律》法显未来得及译出,在其圆寂后,由道生、佛陀什等译出。而当法显从天竺归来时,《萨婆多众律抄》已经由鸠摩罗什与佛若多罗等于后秦弘始七年(405)译出,名为《十诵律》,共六十一卷。此外,法显还与佛驮跋陀罗合作译出《僧祇比丘戒本》一卷。《摩诃僧祇众律》译出后,在当时影响甚大。它与《十诵律》一起成为南北朝时期佛教戒律学的主要依据。直至隋唐时期,由于以《四分律》为归旨的律宗的形成,《摩诃僧祇众律》才逐渐退出了律学主流。但是,这一结局并不会抹煞法显不畏艰险为中国佛教续"绝学"所作出的卓越贡献。

第三节　法显的同行者

与法显先后一同西行的僧人共十人。从长安与法显一起出发西行者为慧景、道整、慧应、慧嵬等四人,在张掖镇加入西行队伍者为智严、慧简、僧绍、宝云、僧景等五人,慧达具体在什么地方加入,《佛国记》言之不详,在叙述于阗见闻时首次出现。上述十人中,智严、慧简、慧嵬三人在焉夷国返回高昌寻求川资;僧绍在于阗国观礼完行像之后,随同西域的一位僧人前往罽宾国;宝云、僧景、慧达等三人从弗楼沙国返回中土;慧应不幸在弗楼沙国佛钵寺圆寂;慧景在翻越小雪山时圆寂;道整则留在了巴连弗邑。这样,最终完成天竺巡礼并且回到中土的唯有法显一人。先于法显返回的七人——智严、慧简、慧嵬、僧绍、宝云、僧景、慧达,现有传记可考的共计四人。而智严、宝云、慧达三人可以确知返回了中土,对中国佛教的传播和发展分别作出了不同的贡献。下文对这十位高僧的行历作尽可能详尽的叙述考辨。

一、慧景、道整、慧应、慧嵬

《佛国记》起首就说:法显于己亥年与慧景、道整、慧应、慧嵬等等四人,从长安西行求法。其中,慧应、慧景在路途圆寂,道整留在天竺不归。

慧嵬是否最终回归中土,不得而知。在此,将此四位僧人的事迹作一叙述。

慧景、道整、慧应、慧嵬四僧中,唯有慧嵬在《高僧传》卷一一有本传,但仅仅记载了其感通事迹,没有多少内容。《高僧传·释慧嵬传》记载说:

> 释慧嵬,不知何许人,止长安大寺。戒行澄洁,多栖处山谷,修禅定之业。有一无头鬼来,嵬神色无变,乃谓鬼曰:"汝既无头,便无头痛之患,一何快哉!"鬼便隐形。……后又时天甚寒雪,有一女子来求寄宿,形貌端正,衣服鲜明,姿媚柔雅,自称天女,以上人有德,天遣我来,以相慰喻。谈说欲言,劝动其意。嵬执志贞确,一心无扰,乃谓女曰:"吾心若死灰,无以革囊见试。"女遂陵云而逝。顾而叹曰:"海水可竭,须弥可倾,彼上人者秉志坚贞。"①

从上述叙述看,慧嵬修行时间很长了,应该在西行之前就已经很有名声。"后以晋隆安三年,与法显俱游西域,不知所终。"②

关于慧嵬西行的下落,《佛国记》记载:到达于阗后,"智严、慧简、慧嵬遂返向高昌,欲求行资"③。后来就与法显失散。而根据《高僧传·释慧嵬传》的记述,慧嵬是否最终回归中土,慧皎已经不清楚,法显在《佛国记》中也未交待其下落。

关于慧景、道整、慧应的行踪,见于《佛国记》的,除起首之外,还有如下几则:

其一,法显、慧景、道整、慧应等一行到达于阗国:"在道一月五日,得到于阗……慧景、道整、慧达先发,向竭叉国,法显等欲观行像,停三月日。"④法显因为欲观于阗国的行像仪式,在此国停留三个多月。慧景、道

---

① 慧皎:《高僧传》卷一一,《大正藏》第 50 卷,第 396 页中—下。
② 同上书,第 396 页下。
③《大正藏》第 51 卷,第 857 页上—中。
④ 同上书,第 857 页中。

整、慧达则先行出发前往竭叉国(王城故址在今新疆塔什库尔干塔吉克自治县境内)。此后,法显在于阗"安居已,山行二十五日到竭叉国,与慧景等合"①。

其二,经过三年多的长途跋涉,法显、慧景、道整、慧应等一行终于到达向往已久的天竺国境。时为401年末。他们游历天竺的第一个国家是陀历国(今克什米尔西北部印度河北岸达尔德斯坦的达丽尔)。后来,渡过印度河的一个支流,法显等到达了乌苌国(此国在斯瓦特河)。"其乌苌国,是正北天竺也,尽作中天竺语,……佛法甚盛,名众僧住止处为僧伽蓝。凡有五百僧伽蓝,皆小乘学。……慧景、慧达、道整三人先发,向佛影那竭国。法显等住此国夏坐。"②

其三,法显等在弗楼沙国(故址即现今巴基斯坦喀布尔河南岸白沙瓦市西)游历。《佛国记》记载:

> 宝云、僧景只供养佛钵便还,慧景、慧达、道整先向那竭国供养佛影、佛齿及顶骨。慧景病,道整住看,慧达一人还,于弗楼沙国相见。而慧达、宝云、僧景遂还秦土。慧应在佛钵寺无常。由是,法显独进,向佛顶骨所。③

从法显的这一记载可知,慧景、慧达、道整三僧一同由乌苌国直接到达那竭国,而慧应则随法显行动,且圆寂于弗楼沙国的佛钵寺。慧景在那竭国生病,道整住于其地照顾,慧达一人前来弗楼沙国与法显会合。

其四,慧景、慧达、道整等先到达那竭国(故址在今阿富汗的贾拉拉巴德),后来法显一人从弗楼沙国到那竭国与道整、慧景相会。

其五,法显、道整与慧景等在那竭国度过了三个月的冬季,即从十月十六日至第二年正月十五日。《佛国记》记载:

---

① 《大正藏》第51卷,第857页下。
② 同上书,第858页上。
③ 同上书,第858页下。

住此冬三月,法显等三人南度小雪山。雪山冬夏积雪,山北阴中,遇寒风暴起,人皆噤战。慧景一人不堪复进,口出白沫,语法显云:"我亦不复活,便可时去,勿得俱死。"于是遂终。法显抚之悲号:"本图不果,命也!奈何?"复自力前,得过岭南。①

至此,法显一行计 11 人,或返回,或圆寂,只剩下法显、道整二人。此时为后秦弘始五年(403)一月下旬。

其六,法显、道整悲痛告别同道慧景,二人奋力前行,终于翻越小雪山顶,到达其南麓附近的罗夷国。此后,法显就和道整两人在西天竺和中天竺诸国周游参学。

其七,法显、道整达到拘萨罗国的舍卫城(舍卫城故址位于现今印度北方邦奥德境内的贡达与巴赫雷奇二县交界处),在佛陀当初说法的祇洹精舍,不仅发出感慨。《佛国记》记载说:

  法显、道整初到祇洹精舍,念昔世尊住此二十五年,自伤生在边夷,共诸同志游历诸国,而或有还者,或有无常者,今日乃见佛空处,怆然心悲。

  彼众僧出,问显等言:"汝从何国来?"答云:"从汉地来。"彼众僧叹曰:"奇哉!边地之人乃能求法至此。"自相谓言:"我等诸师和上,相承以来,未见汉道人来到此也。"②

其八,道整留居中天竺。《佛国记》记载:

  道整既到中国,见沙门法则,众僧威仪触事可观,乃追叹秦土边地众僧戒律残缺,誓言:"自今已去至得佛,愿不生边地。"故遂停不归。法显本心欲令戒律流通汉地,于是独还。③

---

① 《大正藏》第 51 卷,第 859 页上。
② 同上书,第 860 页下。
③ 同上书,第 864 页中—下。

道整来到天竺以后,欣羡此地僧众戒律的严整而决心留在天竺。而法显本来的目的就是为了将天竺的戒法流通到汉地,所以,他决心返回汉地。时间为后秦弘始九年(407),距离离开长安的399年,已经八年。

从长安与法显一起出发西行的慧景、道整、慧应、慧嵬等四人的事迹现今可知仅此而已。最后需要特别指出的是,《法显传》中的道整与前秦时期将军赵正(道整)并非同一人。一些书籍将其混淆为一,不妥当。

二、智严、宝云

智严和宝云都是在张掖加入到法显西行的队伍中的,此后分别在焉夷国和弗楼沙国与法显分开。二僧返回之后,先是同在长安,后来南下至建康又一起翻译佛典。经录中有十余部经典都署名二僧合译。

释智严,西凉州人,20岁左右出家。《高僧传·释智严传》记载:智严出家之后,"便以精勤著名。纳衣宴坐,蔬食永岁"①。这是僧传起首的简要叙述,而在文尾又追叙说:"严清素寡欲,随受随施。少而游方,无所滞著。禀性冲退,不自陈叙。故虽多美行世,无得而尽传。严昔未出家时,尝受五戒。"②可见,他先受五戒为居士,后才出家为比丘。

《高僧传·释智严传》记载:智严"每以本域丘墟,志欲博事名师,广求经诰,周流西国,进到罽宾"。此段文字太简略,未记载出发时间。而法显在《佛国记》中叙述说:

> 度养楼山,至张掖镇。张掖大乱,道路不通。张掖王殷勤,遂留,为作檀越。于是与智严、慧简、僧绍、宝云、僧景等相遇,欣于同志,便共夏坐。③

可见,法显行至张掖,遇到智严等五人,随后一起在张掖夏坐。根据

---

① 慧皎:《高僧传》卷三,《大正藏》第50卷,第339页上—中。
② 同上书,第339页中。
③ 《大正藏》第51卷,第857页上。

法显西行历程可知,此事发生在后秦姚兴弘始二年(400),从中土当时的习惯,以四月十六日入安居,七月十五日解安居。解夏后的七月底或八月初,智严与法显等一起由张掖前进至敦煌,停留一月有余。后来得到敦煌太守李暠的资助,并随同使者一起前行渡过沙河。在沙河之中行进17日,路程一千五百里,到达鄯善国(今新疆若羌县),在此国停留一月余日。此后,智严和法显等一行从鄯善国出发向西北行进15日,到达焉夷国(今新疆焉耆县)。法显一行在此国停留两个多月。此国人信奉小乘佛教,"不修礼仪,遇客甚薄。智严、慧简、慧嵬遂返向高昌,欲求行资"①。高昌即今新疆吐鲁番县境内。高昌流行大乘佛教,佛教很是发达,因而智严等川资无着之时,选择了返回高昌一途。从此之后,智严便与法显分道西行。此事发生的时间大致在后秦姚兴弘始二年(400)十二月中旬。

智严与法显分手后,先前往高昌,后到达罽宾,"入摩天陀罗精舍,从佛陀先比丘谘受禅法。渐深三年,功逾十载。佛驮先见其禅思有绪,特深器异。彼诸道俗闻而叹曰:'秦地乃有求道沙门矣。'始不轻秦类,敬接远人"②。从这一记载推知,智严在罽宾停留至少四年。罽宾有一位佛驮跋陀罗比丘,"亦是彼国禅匠。严乃要请东归,欲传法中土。跋陀嘉其恳至,遂共东行。于是逾沙越险,达自关中,常依随跋陀,止长安大寺"③。这一段叙述中,包含了很多内容。智严邀请佛驮跋陀罗来中土,跋涉千里至长安,住于大寺。

关于智严的归程,《高僧传》卷二《佛驮跋陀罗传》记载得稍详细些:

> 会有秦沙门智严,西至罽宾,睹法众清胜,乃慨然东顾曰:"我诸同辈,斯有道志,而不遇真匠,发悟莫由。"即谘讯国众:"孰能流化东土?"佥云:有佛驮跋陀者,出生天竺那呵利城,族姓相承,世遵道学,

---

① 《大正藏》第51卷,第857页上一中。
②③ 慧皎:《高僧传》卷三,《大正藏》第50卷,第339页中。

其童龀出家,已通解经论。少受业于大禅师佛大先,先时亦在罽宾。乃谓严曰:"可以振维僧徒,宣授禅法者,佛驮跋陀其人也。"严既要请苦至,贤遂愍而许焉。于是舍众辞师,裹粮东逝,步骤三载,绵历寒暑。既度葱岭,路经六国,国主矜其远化,并倾心资奉。至交趾乃附舶,循海而行经一岛下。贤以手指山曰:"可止于此。"舶主曰:"客行惜日,调风难遇,不可停也。"行二百余里,忽风转吹,舶还向岛下。众人方悟其神,咸师事之,听其进止。后遇便风,同侣皆发,贤曰:"不可动。"舶主乃止。既而有先发者,一时覆败。后于暗夜之中,忽令众舶俱发,无肯从者。贤自起收缆,一舶独发。俄尔贼至,留者悉被抄害。顷之,至青州东莱郡。①

从这一叙述可知,智严和佛驮跋陀罗是从海路回国的,且从青州东莱郡上岸。而回程也历时三年有余。

将上述记载联系起来考察即可知,智严初次西行的出发时间是399年,历时至少七年多,因此,智严请佛驮跋陀罗达中土的时间不会早于406年。

《高僧传·释智严传》记载:"顷之,跋陀横为秦僧所摈,严亦分散憩于山东精舍,坐禅诵经,力精修学。"②佛驮跋陀罗因故被摈出长安南下庐山,智严也随之离开关中。从此文叙述看,他离开长安后,未曾再跟随佛驮跋陀罗,而是至"山东"之佛寺坐禅诵经。东晋义熙十二年(416),宋武帝西伐长安,克捷旋旆,"涂出山东。时始兴公王恢从驾,游观山川,至严精舍,见其同止三僧各坐绳床,禅思湛然。恢至良久不觉,于是弹指。三人开眼,俄而还闭。问不与言。恢心敬其奇,访诸耆老,皆云:'此三僧隐居求志,高洁法师也。'恢即启宋武帝,延请还都,莫肯行者。既屡请恳至,二人推严随行。恢怀道素笃,礼事甚殷。还都,即住始兴寺。严性爱

---

① 慧皎:《高僧传》卷二,《大正藏》第50卷,第334页下—335页上。
② 慧皎:《高僧传》卷三,《大正藏》第50卷,第339页中。

虚靖,志避喧尘。恢乃为于东郊之际,更起精舍,即枳园寺也。"①由此记载可知,智严受东晋当权者刘裕、始兴公王恢的邀请,到达建康,先驻锡于始兴寺,后移至王恢专门为其建造的枳园寺。

智严从西域带回的胡文经本未及译写,到宋元嘉四年(427),智严与宝云等一起译出《普耀经》、《广博严净不退转轮经》、《四天王经》等三部佛经。后来,智严又参加了佛驮跋陀罗在建康道场寺的译场。智昇《开元释教录》所列智严译出的经文为10部30卷。

关于智严的晚年,《高僧传·释智严传》在文尾又追叙说:"严昔未出家时,尝受五戒。有所亏犯。后入道受具足,常疑不得戒。每以为惧,积年禅观,而不能自了。"②依据此说可知,智严在居士期间曾经犯过戒,出家受具足戒后,都以为惧。由此,导致他又一次西行。

关于智严晚年的西行,《高僧传·释智严传》说:

> 遂更泛海,重到天竺,谘诸明达。值罗汉比丘,具以事问罗汉。罗汉不敢判决,乃为严入定。往兜率宫谘弥勒。弥勒答称:"得戒。"严大喜跃,于是步归。行至罽宾,无疾而卒。时年七十八。

由此可知,智严又从海路到达天竺,又从陆路返回,行至罽宾圆寂。"彼国法,凡、圣烧身各处。严虽戒操高明,而实行未办。始移尸向凡僧墓地,而尸重不起。改向圣墓,则飘然自轻"。依此推知,"严信是得道人也,但未知果向,中间若深浅耳"。③智严弟子智羽、智达、智远回国报告此事后,又返回了西域。

宝云(376—449),凉州(今甘肃省武威市)人。少年出家,精勤于学业。"志韵刚洁,不偶于世。故少以方直纯素为名,而求法恳恻,亡身殉道,志欲躬睹灵迹,广寻经要"④。法显西行至在张掖时,与宝云、智严等一起加入法显的西行队伍。根据法显《佛国记》的记载:法显一行至敦煌

---

① 慧皎:《高僧传》卷三,《大正藏》第50卷,第339页中。
②③④ 同上书,第339页下。

"共停一月余日。法显等五人随使先发,复与宝云等别"。可见,至敦煌,宝云等数人落在后面,法显等先行。至焉夷国(今新疆焉耆县),法显等"住二月余日,于是还与宝云等共合乌夷国"。① 可见,宝云等人于此时追赶上了法显一行。根据《佛国记》的记载推算,此事发生的时间大致在后秦姚兴弘始二年(400)十二月中旬。此时,智严、慧简、慧嵬返回高昌寻求川资。其余六人包括宝云,与法显一起,从焉夷国出发,向西南方向行进。

经过一个月零五日的长途跋涉,法显等人于弘始三年(401)一月下旬到达于阗国(今日新疆和田县境内)。法显、宝云等打算观礼行像,便在于阗国停留了三个多月。而行像是从四月一日开始,十二日结束。行像结束后,法显、宝云等人出发前往子合国(今新疆叶县境内),路途经历25日。法显、宝云等人在子合国停留15日。法显、宝云等人于五月中旬从子合国南行,进入葱岭山,历时四日,到达於麾国(故址可能就在今奇盘庄西南之库拉玛特山口更西南之叶尔羌河中上游一带)。大约八月下旬,法显、宝云等人行进25日,到达竭叉国(故址大致位于今新疆塔什库尔干塔吉克自治县)。法显、宝云等人在此停留数月。从竭叉国出发,历时一月,得以翻越葱岭,到达北天竺境内。法显、宝云等抵达的第一个天竺国家是陀历国(今克什米尔西北部印度河北岸达尔德斯坦的达丽尔)。

大约后秦弘始四年(402),法显、宝云等顺着葱岭向西南方向行走15日,渡过了印度河的支流,到达了北天竺的另一个国家——乌苌国。八月底,法显、宝云等由乌苌国南下,先后到达宿呵多国、犍陀卫国、竺刹尸罗国。后又从犍陀卫国南行四日,法显、宝云等人到达了弗楼沙国。此国有迦腻色迦王修建的、人间最宏伟壮丽的大塔,此国所供养的佛钵也深得人们敬仰。在此停留一段时间,宝云等三人一起返回中土——时为弘始四年(402)岁末,距离宝云离开张掖已经三年有余。

---

① 《大正藏》第51卷,第857页上。

关于宝云西行至天竺的历程,《高僧传·释宝云传》记载:

> 与法显、智严先后相随,涉履流沙,登逾雪岭,勤苦艰危,不以为难。遂历于阗、天竺诸国,备睹灵异,乃经罗刹之野,闻天鼓之音,释迦影迹多所瞻礼。云在外域,遍学梵书,天竺诸国音字诂训,悉皆备解。①

此处记载,宝云除瞻仰佛教圣迹之外,还学习了天竺语言。这为他回国之后,从事佛典翻译奠定了基础。

宝云回国的历程,现有史籍未见记载,而根据《高僧传》记载:"其游履外国,别有记传。"②可惜未能流传下来。

宝云至长安后,"随禅师佛驮跋陀业禅进道。俄而禅师横为秦僧所摈,徒众悉同其咎,云亦奔散。"从文中看,宝云离开长安后,并未随佛驮跋陀罗南下至江陵、庐山。"会庐山释慧远解其摈事,共归京师,安止道场寺。众僧以云志力坚猛,弘道绝域,莫不披衿谘问,敬而爱焉。"③宝云在建康协助佛驮跋陀罗翻译佛经。在佛驮跋陀罗圆寂之后,他继续从事佛典翻译工作。如《高僧传》记载:

> 云译出《新无量寿》。晚出诸经,多云所治定,华戎兼通,音训允正。云之所定,众咸信服。初,关中沙门竺佛念善于宣译,于符、姚二代显出众经。江左译梵,莫逾于云。故于晋、宋之际,弘通法藏,沙门慧观等,咸友而善之。④

此文将宝云与竺佛念并列,评价很高。

关于宝云在建康的住寺,《高僧传》记载说:"云性好幽居,以保闲寂,遂适六合山寺,译出《佛本行赞经》。山多荒民,俗好草窃,云说法教诱,多有改更,礼事供养,十室而八。顷之,道场慧观临亡,请云还都,总理寺

---

① 慧皎:《高僧传》卷三,《大正藏》第50卷,第339页下。
②④ 同上书,第340页上。
③ 同上书,第339页下—340页上。

任。云不得已而还。居道场岁许,复更还六合。以元嘉二十六年终于山寺,春秋七十有四。"①由此可知,宝云后来迁移至六合山寺中,且于此寺野翻译不辍。道场寺住持慧观圆寂之前,请宝云驻锡道场寺。宝云不得已,下山至建康一年左右,后来又回到山中。元嘉二十六年(449),宝云圆寂于六合山寺,享年74岁。

智严和宝云除作为佛驮跋陀罗等人的助译之外,经录中记载了他们二人合作翻译的译籍十余部。

《出三藏记集》卷二著录如下:

　　《普耀经》六卷。
　　《四天王经》一卷。
　　《广博严净经四卷》,或云《广博严净不退轮转经》。
　　右三部,十一卷,宋文帝时。沙门释智严,以元嘉四年,共沙门宝云译出。②

《历代三宝纪》卷一〇除上述三部外,还著录了《无尽意菩萨经》六卷、《生经》五卷、《菩萨璎珞本业经》二卷、《毗罗三昧经》二卷、《阿那含经》二卷、《善德婆罗门问提婆达多经》一卷、《一音显正法经》一卷、《调伏众生业经》一卷、《善德优婆塞经》一卷、《法华三昧经》一卷、《净度三昧经》一卷。对此,费长房解释说:"右一十四部,合三十六卷,文帝元嘉四年,凉州沙门释智严,弱冠出家,游方博学,遂于西域遇得前经梵本,赍来达到扬都,于枳园寺共宝云出。"③依照此记载,上述十四部是智严和宝云合作翻译的。

《开元释教录》卷五著录了十一部三十一卷,且说《无尽意菩萨经》六卷、《法华三昧经》一卷、《广博严净不退转轮经》四卷、《四天王经》一卷共

---

① 慧皎:《高僧传》卷三,《大正藏》第50卷,第339页下—340页上。
② 僧祐:《出三藏记集》卷二,《大正藏》第55卷,第12页下。
③ 费长房:《历代三宝纪》卷一〇,《大正藏》第49卷,第89页中—下。

四部十二卷见在,"《普曜经》下六部一十九卷阙本"①。费长房所列的十四部中,《毗罗三昧经》二卷、《善德婆罗门问提婆达多经》一卷、《一音显正法经》一卷三部四卷未得到智昇认定。

至于宝云单独翻译的佛典,《出三藏记集》卷二著录有:

《新无量寿经》二卷,宋永初二年于道场寺出,一录云于六合山寺出。

《佛所行赞》五卷,一名《马鸣菩萨赞》,或云《佛本行赞》,六合山寺出。

右二部,凡七卷。宋孝武皇帝时,沙门释宝云于六合山寺译出。②

而《历代三宝纪》卷一○则认定四部:《付法藏经》六卷、《佛所行赞经》五卷。"《新无量寿经二卷》,于道场寺出,是第七译,与支谦、康僧铠、白延、法护、罗什、法力等出者,各不同。见道惠《宋齐录》及《高僧传》。《净度三昧经》二卷,法显赍梵本来,见竺道祖《杂录》。"费长房附文中说:"其江左翻传译梵为宋,莫逾于云。初与智严恒共同出,严既迁化,云后浊宣,故不多载。"③参照前述智严传记可知,智严后来又第二次西行,尔后宝云则独自承担了当时首都建康几处译场的传译任务。

最后应该指出,费长房和智昇都列入智严和宝云合译目录中的《净度三昧经》三卷,早在法经《众经目录》中就被列入宝云译籍中:"《净度三昧经》三卷,晋世沙门宝云于扬州译。"④可见,此经的翻译有二说。

三、慧简、僧绍、僧景、慧达

慧简、僧绍、僧景是与法显在张掖相遇而后一起西行的。慧达具体

---

① 智昇:《开元释教录》卷五,《大正藏》第55卷,第525页上。
② 僧祐:《出三藏记集》卷二,《大正藏》第55卷,第12页上。
③ 费长房:《历代三宝纪》卷一○,《大正藏》第49卷,第89页下。
④ 法经:《众经目录》卷一,《大正藏》第55卷,第115页中。

在什么地方加入,《佛国记》言之不详,在叙述于阗见闻时首次出现。关于慧简、僧绍、僧景三位僧人,史料缺乏,在此依据现存的有限资料大致言之。而慧达,在中国佛教史上是一位特殊的人物。现存的各类资料表明,这位僧人后来简直成为一位"神僧"。

关于慧简,《佛国记》记载,法显一行到达乌夷国,由于此国人"遇客甚薄,智严、慧简、慧嵬返向高昌,欲求行资",此后即去向不明。

现有经录中有刘宋时期的译家释慧简,僧祐记载说:"《灌顶经》一卷,一名《药师琉璃光经》,或名《灌顶拔除过罪生死得度经》。右一部,宋孝武帝大明元年,鹿野寺比丘慧简,依经抄撰。此经后有续命法,所以遍行于世。"①而费长房和智昇则将其看做译家,但其生平不详,不能确定就是《佛国记》中所叙述的慧简。大明元年为457年,而与法显一起西行的智严、宝云的翻译活动早已经结束,而且这三人都已圆寂。依此推测,这位慧简很有可能不是与法显一同西行的慧简。此处暂不叙述。

僧绍,也作僧韶,当为一人,也就是前文所说法显在张掖所遇到的僧绍。经过一月艰难跋涉,法显一行,包括僧绍在内,抵达于阗国。根据《佛国记》记载,法显、僧绍等一行在于阗国停留三个多月,"既过四月行像,僧韶一人随胡道人向罽宾,法显等进向子合国"。僧绍在于阗国观礼完行像之后,随同西域的一位僧人前往罽宾国。根据《佛国记》推算,此时为400年4月末。僧绍"随胡道人向罽宾"后的去向,史籍缺载。《高僧传》中提及的南齐时期的僧绍并非此中所说的僧绍。

僧景与宝云都是在张掖加入到法显西行队伍中的。根据《佛国记》的记载,僧景、宝云、慧达等三人一起从弗楼沙国返回中土。

关于这位僧景,史籍记载缺失。《高僧传》卷九《单道开传》所附"后沙门僧景、道渐,并欲登罗浮,竟不至顶"②。依据此传叙述的顺序,此位

---

① 僧祐:《出三藏记集》卷五,《大正藏》第55卷,第39页上。
② 慧皎:《高僧传》卷九,《大正藏》第50卷,第387页下。

僧景属于东晋中晚期的僧人,从时间上接近,但不能肯定二者就是一人。

慧皎所撰《高僧传》以及道宣所撰《续高僧传》中都有《慧达传》,而且两部传记所写相互衔接、补充。近代于敦煌发现三件《刘萨诃和尚因缘记》,经整理知晓,两种僧传所写慧达正是曾经与法显一起西行天竺者。

释慧达①,俗名刘萨诃,"本咸阳东北三城定阳稽胡"②。年三十一,"出家学道,改名慧达,精勤福业,唯以礼忏为先"③。于东晋宁康年间(373—376)到达京师建康。起初,慧达在东晋属地寻找传说中的阿育王在中国传法建塔的故地,很得信众崇信。后来,慧达辗转北上、西行,到达西域一带。

当法显到达于阗的时候,慧达得以与法显相遇,后跟随法显前往天竺,至弗楼沙国而还。在弗楼沙国与法显分手后,慧达可能又回到了内地。

后于元魏太武帝太延元年(435),慧达预感自己"流化将讫,便事西返。行及凉州"④而预言其地将有瑞像出现。在慧达预言之后的85年,即北魏正光元年(520),"忽大风雨,雷震山裂,迸出石像。举身丈八,形相端严,惟无有首",时人只得以另外打造的像首安置此像。至北周保定元年(561),"凉州城东七里涧忽有光现,彻照幽显。观者异之,乃像首也。便奉至山岩安之,宛然符会。仪容雕缺四十余年,身首异所二百余里,相好还备"⑤。慧达由此而声名大振,成为"继沙门乐僔、法良之后,在莫高窟最有影响的一位僧人"⑥,其与莫高窟的兴建也有一定的关系。莫

---

① 有关慧达的传记资料可参见陈祚龙《刘萨诃研究》一文,载于《岫庐文库》(台湾商务印书馆出版)。史苇湘撰《刘萨诃与敦煌莫高窟》一文,主要着力于慧达与莫高窟之关系的探讨,也可参看。《刘萨诃与敦煌莫高窟》一文载于《文物》,1983年第6期。
②④ 道宣:《续高僧传》卷二五,《大正藏》第50卷,第644页下。
③ 慧皎:《高僧传》卷一三,《大正藏》第50卷,第409页中。
⑤ 道宣:《续高僧传》卷二五,《大正藏》第50卷,第645页上。
⑥ 史苇湘:《刘萨诃与敦煌莫高窟》,《文物》,1983年第6期。

高窟从 7 世纪晚期就开始绘塑与慧达有关的题材。从慧皎《高僧传》卷一三与唐道宣《续高僧传》卷二五所载本传推断，慧达大致生于 342 年前后，圆寂于 436 年以后的若干年，年寿九十余。

第四节　南北朝时期的西行求法高僧

为了叙述方便，晚于法显，但出发时间为东晋末年，归来时已至刘宋的智猛、道嵩、昙纂三位僧人西行的事迹姑且也一并后移至本节叙述。两晋时期西行求法的高僧很多，见于记载的仅仅是其中很少一部分。本节所叙述的包括：其一，智猛以 404 年招集同志道嵩、昙纂等 15 人西行，于刘宋时期归来。其二，释昙无竭（法勇）招集僧猛、昙朗等 25 人，于宋永初元年（420）出发，归来者仅仅 5 人。其三，竺法维、释僧表西行。其四，法盛、慧览在北凉统治河西时期西行。其五，道普、法献是刘宋时期从建康出发求法的僧人。其六，北魏时期的道药以及宋云、惠生、法力的西行。

发生于本节叙述范围内而由于本书的体例在此未作叙述的有：其一，北凉时期的河西有道泰以及昙学、威德一行八人共九人两批次西行——此事已在本卷第三章第二节叙述北凉佛典翻译时顺便述及，在此不再赘述。其二，北齐时期，有宝暹、道邃、僧昙、僧威、法宝、智昭、僧律等十人于武平六年（575）前往西域、天竺求取佛典，至隋初方才回归中土。依据笔者叙述西行求法活动的体例，置于隋代佛教部分叙述，此处姑且从略。

一、智猛、道嵩、昙纂等

智猛法师是继法显之后又一位重要的西行求法且成功归来的高僧。智猛一行共 15 人，现知晓法号的，除智猛之外，仅有道嵩、昙纂二僧。智猛回国撰写西行游记，僧祐、慧皎曾经阅读过，此游记于唐代失传。现在只能依据慧皎、僧祐的简略传记叙述其西行以及回国之后翻译经典、培养弟子等方面的贡献。

释智猛，雍州京兆新丰（今陕西省临潼区）人。"禀性端明，励行清白，少袭法服，修业专至，讽诵之声，以夜续日"①。从这些记载看，智猛应该是少年时期就出家的。对于智猛西行之愿产生的原因，《高僧传·释智猛传》叙述说：

> 每闻外国道人说天竺国土有释迦遗迹及方等众经，常慨然有感，驰心遐外。以为万里咫尺，千载可追也。遂以伪秦弘始六年甲辰之岁，招结同志沙门十有五人，发迹长安，渡河跨谷三十六所，至凉州城。②

依据此文记载，智猛以弘始六年（404）召集15位僧人一起，从长安出发西行，到达凉州。此中有两个细节需要确定：一是《出三藏记集·智猛法师传》所记述"伪秦弘始六年戊辰之岁"③有误，此戊辰为刘宋元嘉五年（428），而上引慧皎所说的两种纪年方式是一致的。其二，智猛"招结同志沙门十有五人"一句中，15之数应将智猛自己包含在内。

关于智猛一行由凉州至于阗的历程，僧祐叙述说：

> （智猛等）既而西出阳关，入流沙。二千余里，地无水草，路绝行人。冬则严厉，夏则瘴热，人死聚骨，以标行路，骆驼负粮，理极辛阻。遂历鄯鄯、龟兹、于阗诸国，备观风俗。④

这一段叙述，未曾标明时间。这一行人一同西至于阗国（今新疆和田县），"从于阗西南行二千里，始登葱岭，而九人退还"⑤。从于阗出发，行进二千里，到达葱岭。在攀登葱岭的过程中，同行的九位僧人无法支撑而退还。至此，仅有六人继续南下。

---

①②⑤ 慧皎：《高僧传》卷三，《大正藏》第50卷，第343页中。
③④ 僧祐：《出三藏记集》卷一五，《大正藏》第55卷，第113页中。

于是,智猛等六人继续前进。《出三藏记集·智猛法师传》记载:

> 猛遂进行千七百余里,至波沦国。三度雪山,冰崖晧然,百千余仞,飞絙为桥,乘虚而过,窥不见底,仰不见天,寒气惨酷,影战魂慓,汉之张骞、甘英所不至也。①

波伦国的治所在今克什米尔西部的巴勒提特。至此,智猛等六人已到达天竺。在此地,"同侣竺道嵩又复无常,将欲阇毗,忽失尸所在,猛悲叹惊异"②。道嵩圆寂于此地之事,僧祐没有记载。随智猛西行的道嵩的事迹仅见于此文,《高僧传》以及《出三藏记集》所记载的法号相同者都与其事迹、年代不合。

在道嵩圆寂之后,智猛"于是自力而前,与余四人共度雪山,渡辛头河,至罽宾国"③。慧皎的记述,多了"四人共度雪山"一句,而对于过程的记述,僧祐稍微详细些:

> 复南行千里,至罽宾国,再度辛头河,云山壁立,转甚于前,下多障气,恶鬼断路,行者多死,猛诚心冥彻,履险能济。既至罽宾城,恒有五百罗汉住此国中,而常往反阿耨达池,有大德罗汉。见猛至止,欢喜赞叹。猛谘问方土,为说四天子事,具在其传。④

在罽宾城停留一段时间,智猛等又至"奇沙国,见佛文石唾壶。又于此国见佛钵,光色紫绀,四际尽然。猛香华供养,顶戴发愿,钵若有应,能轻能重,既而转重,力遂不堪。及下案时,复不觉重。其道心所应如此。"又至佛陀故乡,"复西南行千三百里,至迦维罗卫国,见佛发佛牙及肉髻骨,佛影迹炳然具存。又睹泥洹坚固之林,降魔菩提之树。猛喜心内充,设供一日,兼以宝盖大衣覆降魔像。其所游践,究观灵变,天梯龙池之事,不可胜数。后至华氏国阿育王旧都,有大智婆罗门名罗阅家,举族弘

---

① ④ 僧祐:《出三藏记集》卷一五,《大正藏》第 55 卷,第 113 页中。
② ③ 慧皎:《高僧传》卷三,《大正藏》第 50 卷,第 343 页中。

法,王所钦重,造纯银塔高三丈。既见猛至,乃问:'秦地有大乘学不?'猛答:'悉大乘学。'罗阅惊叹曰:'希有!希有!将非菩萨往化耶?'猛于其家得《大泥洹》梵本一部,又得《僧祇律》一部及余经梵本。誓愿流通,于是便反。"①

关于智猛等回国的时间,僧祐记载:"以甲子岁发天竺,同行四僧于路无常,唯猛与昙纂俱还于凉州,译出《泥洹》本,得二十卷。"②而慧皎记述说:"以甲子岁发天竺,同行三伴于路无常,唯猛与昙纂俱还于凉州,出《泥洹本》,得二十卷。"③此中有两个细节需要查考:一是在回程中圆寂的同伴是三个还是四个的问题,二是智猛与昙纂回到凉州的时间。关于前者,从前述叙述中可知,慧皎所说三人是正确的。关于后者可从《般泥洹经》二十卷的翻译大致推知其下限。《出三藏记集》卷二著录:"《般泥洹经》二十卷,阙。《摩诃僧祇律》一部,胡本,未译出。右二部,定出一部,凡二十卷。宋文帝时,沙门释智猛游西域还,以元嘉中于西凉州译出《泥洹经》一部,至十四年赍还京都。"④从这一记载推知,智猛以刘宋元嘉元年(424)从天竺出发回国,何时到达凉州不详,但应不会迟于元嘉十三年(436)。

关于智猛回国后的行踪,《出三藏记集·智猛法师传》记述说:智猛"以元嘉十四年入蜀,十六年七月七日于钟山定林寺造《传》,猛以元嘉末卒"⑤。慧皎的记述补充了若干细节:

> 以元嘉十四年入蜀,十六年七月造传记所游历。元嘉末,卒于成都。余历寻游方沙门,记列道路时或不同,佛钵、顶骨处亦乖爽,将知游往天竺非止一路,顶钵灵迁,时届异土。故传述见闻,难以

---

① 僧祐:《出三藏记集》卷一五,《大正藏》第55卷,第113页中—下。
② 同上书,第113页下。
③ 慧皎:《高僧传》卷三,《大正藏》第50卷,第343页下。
④ 僧祐:《出三藏记集》卷二,《大正藏》第55卷,第12页下。
⑤ 僧祐:《出三藏记集》卷一五,《大正藏》第55卷,第113页下。

例也。①

综合僧祐和慧皎的记载可知，智猛于元嘉十四年(437)离开凉州到达蜀地。至元嘉十六年(439)东下至建康钟山定林寺，并且于此年七月七日完成一部记述西行见闻的"传记"。而从慧皎文中的表述看，慧皎曾经阅读过此书。而唐道宣在《释迦方志》卷下记载：

> 东晋后秦姚兴弘始年，京兆沙门释智猛，与同志十五人，西自凉州、鄯鄯诸国，至罽宾，见五百罗汉问显方俗。经二十年，至甲子岁，与伴一人还东，达凉入蜀。宋元嘉末，卒成都。游西有传，大有明据，题云《沙门智猛游行外国传》，曾于蜀部见之。②

道宣此文中最有价值的信息是说，他曾经在成都看到过这本标题为《沙门智猛游行外国传》的书。可见，至唐朝初期，此书依然在流通。

综上所述，智猛于元嘉十六年(439)七月七日，完成《沙门智猛游行外国传》的写作后，又离开建康到达成都，最后于元嘉末年圆寂于成都。这一时间区间应该在元嘉二十年(443)至元嘉三十年(453)之间。而从《高僧传》所记其弟子法期的行历中可补充若干智猛资料。

释法期，姓向，蜀都郫(今四川省郫县)人。早丧二亲，事兄如父。"十四出家。从智猛谘受禅业，与灵期寺法林同共习观。猛所谘知，皆已证得"③。从此叙述可知，智猛有弟子法期、法林。此记述所记载的灵期寺并不在建康。法期在智猛门下，学习禅观数年，如传文所说"猛所谘知，皆已证得"。这时，他遇到了玄畅，于是跟随玄畅学习。

释玄畅(416—484)，姓赵，河西金城人。为河西著名禅师玄高的弟子。在北魏太武帝灭法运动中，玄畅得以逃走，以元嘉二十二年(445)闰五月十七日发自平城，八月一日到达扬州。玄畅在建康弘法，"宋文帝深

---

① 慧皎：《高僧传》卷三，《大正藏》第50卷，第343页下。
② 道宣：《释迦方志》卷下，《大正藏》第51卷，第969页中。
③ 慧皎：《高僧传》卷一一，《大正藏》第50卷，第399页上。

加叹重,请为太子师,再三固让。……及太初事故,方知先觉自尔"①。此文中说,宋文帝请玄畅做太子刘劭的老师,玄畅不肯,弟子们都不理解,等到太子刘劭谋反事发后,弟子方才知晓其师的先见之明。根据《宋书》记载,元嘉二十八年(451),文帝长子皇太子刘劭利用巫蛊诅咒文帝早死之事暴露,文帝谋改立皇太子。元嘉三十年(453)二月,刘劭利用东宫所统万余精兵,与其同母弟始兴王刘浚合谋,拥兵杀文帝及尚书仆射徐湛之、吏部尚书江湛、侍中王僧绰等人,自即帝位,宠任东宫心腹将帅。刘劭弟江州刺史武陵王刘骏(430—464)与会稽太守随王刘诞、文帝弟荆州刺史南谯王刘义宣等联合起兵,反对刘劭。四月,刘骏军队攻到建康附近,刘骏称帝,即宋孝武帝。五月,刘骏攻入建康,刘劭、刘浚被杀。从这一叙述看,宋文帝请玄畅为太子师之事,一定发生在元嘉二十八年之前。《高僧传·玄畅传》在叙述完上述事件后记述道:"迁憩荆州,止长沙寺。时沙门功德直出《念佛三昧经》等,畅刊正文字,辞旨婉切。"②而《出三藏记集》记载:"《念佛三昧经》六卷,宋大明六年译出。"③可见,玄畅至荆州的时间是在大明六年(462)前。

《高僧传·法期传》记载说:"及畅下江陵,期亦随从。"④由此可见,智猛于元嘉末年离开建康至成都时候,法期未曾跟随,而是跟随玄畅学习禅法。玄畅先驻锡荆州,后来驻锡成都,再后来至齐后山,法期都跟随玄畅。"迄宋之季年,乃飞舟远举,西适成都。初止大石寺,乃手画作金刚密迹等十六神像。至升明三年,又游西界观瞩岷岭,乃于岷山郡北部广阳县界见齐后山,遂有终焉之志。仍倚岩傍谷,结草为庵。弟子法期见神人乘马,著青单衣,绕山一匝,还示造塔之处,以齐建元元年四月二十三日,建刹立寺,名曰齐兴。"⑤至齐武帝即位,"司徒文宣王启自江陵,旋

---

①② 慧皎:《高僧传》卷八,《大正藏》第50卷,第377页上。
③ 僧祐:《出三藏记集》卷二,《大正藏》第55卷,第13页上。
④ 慧皎:《高僧传》卷一一,《大正藏》第50卷,第399页上。
⑤ 慧皎:《高僧传》卷八,《大正藏》第50卷,第377页上—中。

于京师。文惠太子又遣征迎。既勅令重迭,辞不获免。于是泛舟东下,中途动疾,带患至京,倾众阻望,止住灵根,少时而卒,春秋六十有九。是岁齐永明二年十一月十六日。"①

《高僧传·法期传》没有记载法期的卒年,仅仅记载其年寿为62岁。其文说:

> (法期于)十住观门,所得已九;有师子奋迅三昧,唯此未尽。畅叹曰:"吾自西至流沙,北履幽漠,东探禹穴,南尽衡罗,唯见此一子特有禅分。"后卒于长沙寺,春秋六十有二。②

《高僧传·法期传》记载法期卒于江陵长沙寺。而从上述叙述玄畅的行历可推知,法期很大可能跟随其师东下,在其师圆寂之后,驻锡于江陵长沙寺,后来圆寂于此寺。

将上述文字所考辨的有关智猛、法期、玄畅的行历联系起来综合考虑,可以推理《高僧传》卷一四目录中标示"宋荆州长沙寺释法期"③似乎不大妥当。法期圆寂时间不会早于永明年中期。

如前文所说,玄畅于元嘉二十二年(445)八月到达建康,而法期改随玄畅为师习禅应该是在此年后。《高僧传·法期传》说:"猛所谙知,皆已证得"④,法期于是"遇玄畅,复从进业。及畅下江陵,期亦随从。十住观门,所得已九;有师子奋迅三昧,唯此未尽"⑤。从这些资料大致可知,智猛元嘉十六年(439)至建康,至少停留四五年时间。

综上所述可知,智猛回国之后,除参与佛典翻译之外,他还是一位很有影响的禅师,且有弟子随学,传播其术。

---

① 慧皎:《高僧传》卷八,《大正藏》第50卷,第377页中。
② 慧皎:《高僧传》卷一一,《大正藏》第50卷,第399页上一中。
③ 慧皎:《高僧传》卷一四,《大正藏》第50卷,第421页中。
④⑤ 慧皎:《高僧传》卷一一,《大正藏》第50卷,第399页上。

二、昙无竭、僧猛、昙朗

释昙无竭（法勇）招集僧猛、昙朗等 25 人，于宋永初元年（420）出发，从陆路至中天竺，由南天竺搭乘商船返回广州，归来者仅仅 5 人。

释昙无竭，此云法勇，姓李，幽州黄龙人。"幼为沙弥，便修苦行，持戒诵经，为师僧所重。尝闻法显等躬践佛国，乃慨然有忘身之誓，遂以宋永初元年招集同志沙门僧猛、昙朗之徒二十五人，共赍幡盖供养之具，发迹北土，远适西方"①。

《高僧传》卷三《释昙无竭传》叙述其历程说：

> 初至河南国，仍出海西郡，进入流沙，到高昌郡。经历龟兹、沙勒诸国，登葱岭，度雪山。障气千重，层冰万里，下有大江，流急若箭，于东西两山之胁系索为桥。十人一过，到彼岸已，举烟为帜，后人见烟，知前已度，方得更进。若久不见烟，则知暴风吹索，人堕江中。行经三日，复过大雪山，悬崖壁立，无安足处。石壁皆有故杙孔，处处相对。人各执四杙，先拔下杙，手攀上杙，展转相攀，经日方过。及到平地，相待料检，同侣失十二人。②

文中的"河南国"就是西秦。412 年乞伏乾归死，子乞伏炽盘继位，称河南王，迁都临夏。海西郡位于今青海省海晏县。西汉王莽时期设置，称西海郡，十六国时期的南凉和西秦时改称海西郡，郡治古城在今海晏县西北，又称三角城。从上述记述可知，昙无竭一行 25 人从青海湖边进入"流沙"，至高昌，然后经历龟兹、沙勒诸国，翻越葱岭，度过雪山，到达北天竺。在翻越雪山时，有 12 位同伴遇难。

昙无竭一行 13 人"进至罽宾国，礼拜佛钵，停岁余，学梵书梵语，求得《观世音受记经》梵文一部"③。他们在罽宾国停留一年有余，学习了

---

① 慧皎：《高僧传》卷三，《大正藏》第 50 卷，第 338 页中一下。
②③ 同上书，第 338 页下。

梵文。昙无竭并且求得了《观世音受记经》梵文写本一部。《出三藏记集》又记载说:"无竭同行沙门余十三人,西行到新头那提,汉言师子口河,西入月氏国,礼拜佛肉髻骨及睹自沸木舠。"①

《高僧传·昙无竭传》记载:昙无竭一行13人"后至檀特山南石留寺,住僧三百余人,杂三乘学。无竭停此寺受大戒。天竺禅师佛驮多罗,此云觉救,彼土咸云已证果,无竭请为和上,汉沙门志定为阿阇梨,停夏坐三月日。"②这一段记载,可议之处有二:一是昙无竭为何在此受大戒,是重新受具足戒呢还是他本来的身份就是沙弥?二是作为昙无竭阿阇梨的"汉沙门志定"从何处而来?是昙无竭的同伴呢,还是先前已经到达天竺的中土僧人?对于前者,笔者以为,昙无竭在中土尚未受具足戒的可能性最大。对于后者,笔者以为志定为其同伴的可能性最大,因为如果属于先前到天竺的中土僧人,文中有所表示的可能性应大些。而此传文是从昙无竭回国之后写的游记中摘抄出来的,因而文意稍嫌模糊。

昙无竭等"复行向中天竺,界路既空旷,唯赍石蜜为粮,同侣尚有十三人,八人于路并化,余五人同行"。依据此说,在向中天竺前进的道路上,又有八位同伴身亡。"无竭虽屡经危棘,而系念所赍《观世音经》,未尝暂废。将至舍卫国,野中逢山象一群,无竭称名归命,即有师子从林中出,象惊惶奔走。后渡恒河,复值野牛一群鸣吼而来,将欲害人。无竭归命如初,寻有大鹫飞来,野牛惊散,遂得免之。其诚心所感,在险克济,皆此类也"③。

关于昙无竭归国之事,《高僧传》和《出三藏记集》都很简略。如《高僧传》记载:

> 后于南天竺随舶泛海,达广州。所历事迹,别有记传。其所译

---

① 僧祐:《出三藏记集》卷一五,《大正藏》第55卷,第114页上。
②③ 慧皎:《高僧传》卷三,《大正藏》第50卷,第338页下。

出《观世音受记经》，今传于京师。后不知所终。①

此文中未曾交待时间以及回来的人数，而从上述叙述中可推算出，一同归来的是五人。然而《历代三宝纪》则记载说：

> 武帝世，永初元年，黄龙国沙门昙无竭，宋言法勇，招集同志释僧猛等二十五人，共游西域二十余年。自外并化，唯竭只还，于阗宾国写得前件梵本经来。元嘉末年，达于江左，即于扬都自宣译出。②

依据此说，出发时的 25 人只有昙无竭一人回来，时间是元嘉末年。元嘉年有 30 年，末年应该是元嘉二十年(443)或二十五年(448)之后。

关于昙无竭的翻译，几种经录上是一致的，如《出三藏记集》卷二著录："《观世音授记经》一卷，右一部，凡一卷。宋武帝时，黄龙国沙门昙无竭，游西域译出。"③此译本现存。不同的是，《历代三宝纪》卷一〇则将"《外国传》五卷，竭自游西域事"④列入，因此而成二部合六卷。这是编写体例不同所致。

三、竺法维、释僧表

《高僧传·昙无谶传》说："又有竺法维、释僧表，并经往佛国云云。"⑤此语似乎表明二僧是结伴西行的。此外，现存《名僧传》的目录将竺法维、释僧表列为"晋东安寺竺法维"、"晋吴通玄寺僧表"，似乎他们西行回来时仍属于东晋时期，但现存僧表传记资料表明其回归时间已至刘宋时期。由于《名僧传》早已散失，"晋东安寺竺法维传"也已不存，而"晋吴通玄寺僧表传"则有赖《名僧传抄》保存片段。

---

① 慧皎：《高僧传》卷三，《大正藏》第 50 卷，第 338 页下—339 页上。
②④ 费长房：《历代三宝纪》卷一〇，《大正藏》第 49 卷，第 92 页下。
③ 僧祐：《出三藏记集》卷三，《大正藏》第 55 卷，第 12 页上—中。
⑤ 慧皎：《高僧传》卷二，《大正藏》第 50 卷，第 337 页中。

《名僧传抄·晋吴通玄寺僧表》记载:

> 僧表,本姓高,凉州人也。志力勇猛,闻弗楼沙国有佛钵,钵今在罽宾台寺,恒有五百罗汉供养钵,钵经腾空至凉州。有十二罗汉,随钵停。六年后,还罽宾。僧表恨不及见,乃至西逾葱岭,欲致诚礼。并至于阗国,值罽宾路梗于宾王寄表,有张志模写佛钵与之。又问:"宁复有所愿不?"对曰:"赞摩伽罗有宝胜像,外国相传云'最似真相',愿得供养。"王即命工巧,营造金薄像,金光陕高一丈,以真舍利置于顶上。僧表接还凉州。知凉土将亡,欲反淮海,经蜀。欣平县沙门道汪,求停钵像供养,今在彼龙华寺,僧表入矣,礼敬石像,住二载,卒于寺云云。①

根据此中的叙述可知,僧表是为了瞻礼佛钵而发愿前往罽宾的。不过,他到达于阗之后,道路阻隔,无法前往,有幸罽宾王派人送来佛钵的画像以及摩伽罗有宝胜像。僧表将其奉迎至凉州,因凉州面临战乱,他又想将其奉迎至"淮海"之地(应该是代指建康)。至蜀地,受欣平县沙门道汪的请求,在当地供养。

释道汪(?—465),姓潘,长乐人。《高僧传》卷七《道汪传》记载:道汪"幼随叔在京。年十三,投庐山远公出家,研综经律,雅善《涅槃》,蔬食数十余年"②。后至四川弘法,圆寂于刘宋泰始元年(465)。

《高僧传》卷七有《道汪传》,因此,可以通过此传所记载的道汪行历大致确定僧表到达四川的时间。

首先是欣平县的设立时间。根据《宋书·州郡志四》记载:"宋宁太守,文帝元嘉十年,免吴营侨立。领县三,户一千三十六,口八千三百四十二。寄治成都。欣平令,与郡俱立。宜昌令,与郡俱立。永安令,与郡俱立。"③《宋

---

① 《续藏经》第 77 册,第 358 页中。
② 慧皎:《高僧传》卷七,《大正藏》第 50 卷,第 371 页下。
③ 《宋书》卷三八,第 1176 页。

书·文帝纪》记载:元嘉十年(433)"秋七月戊戌,曲赦益、梁、秦三州。于益州立宋宁、宋兴二郡。"①《宋书·刘道济传》也记载:"乃免吴兵三十六营以为平民,分立宋兴、宋宁二郡。"②此中是说将原来的"兵户"三十六营免为平民,为其设立一郡三县安置。此郡县的设立,是刘道济在蜀地大乱的背景下宣布的应急措施,此前并无欣平县之设。既然道汪被称为"欣平县沙门",则此事一定发生于元嘉十年之后。

其次,《高僧传·释道汪传》记载:

> 于是旋于成都,征士费文渊初从受业,乃立寺于州城西北,名曰祇洹。化行巴蜀,誉洽朝野。梁州刺史申坦与汪有旧,坦后致故,汪将往省之,仍欲停彼。费文渊乃上书刺史张悦曰:"道汪法师识行清白,风霜弥峻,卓尔不群,确焉难拔。近闻梁州遣迎,承教旨许去。阖境之论,佥曰非宜。鄙州边荒,僧尼出万,禅戒所资一焉是赖。岂可水失其珠,山亡其玉?愿鉴九俗之诚,令四辈有凭也。"悦即敦留,遂不果行。③

《宋书》卷六《孝武帝本纪》记载:"孝建三年冬十月癸未,以寻阳太守张悦为益州刺史。"④可见,此事一定发生于孝建三年(456)十月之后。

其次,《高僧传·释道汪传》记载:"先是峡中人每于石岸之侧,见神光夜发,思考以大明之中请汪于光处起寺,即崖镌像,因险立室,行途瞻仰,咸发净心。后王景茂请居武担寺为僧主,勖众清谨,白黑归依。以宋泰始元年卒于所住,顾命令阇维之,刘思考为起塔,于武担寺门之右。"从此记载可知,道汪于大明年中在峡谷山崖上镌刻佛像。后来,道汪驻锡于成都武担寺,并泰始元年(465)卒于此寺。

最后,将上述道汪行历与《名僧传抄》所记载的僧表的行踪对照,初

---

① 《宋书》卷五,第82页。
② 《宋书》卷四五,第1382页。
③ 慧皎:《高僧传》卷七,《大正藏》第50卷,第371页下。
④ 《宋书》卷六,第119页。

步可以断定,僧表到蜀地的时间不会早于元嘉十年(433)。然而根据上述《名僧传抄》的记载,僧表从天竺请回的佛钵的画像以及摩伽罗有宝胜像安奉于龙华寺。根据《高僧传》的记载,宋齐时期,成都有龙华寺,建康也有龙华寺。如《高僧传·释法期传》记载:"时蜀龙华寺又有释道果者,亦以禅业显焉。"①从宝唱说"今在彼龙华寺"的表述推测,至梁初,此像应该仍然在成都龙华寺中供奉。

《名僧传抄》说"僧表入矣,礼敬石像,住二载,卒于寺",似乎是暗示,僧表在安奉其请回之像的龙华寺驻锡两年,后来卒于此寺。但是,也不排除在"住二载"与"卒于寺"两句之间,抄写者省略了一些内容。因为现存的这些片断,无法与传文的标题"吴通玄寺"挂钩。僧表是凉州人,西行前是否会在吴通玄寺住过,很难做肯定的推测。而依照一般惯例,僧传标注僧人寺籍,会以最后圆寂地或者较长期驻锡的佛寺为依托。总之,从《名僧传抄》的片段记载,不能肯定僧表在驻锡龙华寺两年后卒于该寺。

四、法盛、慧览

法盛、慧览都是今甘肃省籍僧人,西行时间大致在北凉统治河西时期。

关于法盛,《高僧传》卷二在《昙无谶传》中仅仅提及一句:"时高昌复有沙门法盛,亦经往外国,立《传》,凡有四卷。"②这是说,法盛也是停留于北凉的高昌僧人,写有《传》四卷,内容应该是有关天竺行游之类的。《名僧传抄》有《宋齐昌寺释法盛传》的摘抄。

《名僧传抄》记载:"法盛,本姓李,垄西人,寓于高昌。九岁出家,勤精读诵。"③由此可知,法盛籍贯是陇西,寓居于高昌,9岁时出家,出家地

---

① 慧皎:《高僧传》卷一一,《大正藏》第 50 卷,第 399 页中。
② 慧皎:《高僧传》卷二,《大正藏》第 50 卷,第 337 页中。
③ 《续藏经》第 77 册,第 358 页下。

应该是其家寓居地。《名僧传抄》又记载：

> （法盛）每曰："吾三坚未树，五众生灭，合会有离，皆由痴爱。若不断三毒，何求免脱？"年造十九，遇沙门智猛，从外国还，述诸神迹，因有志焉。辞二亲，率师友，与二十九人，远诣天竺。①

智猛是于刘宋元嘉元年（424）从天竺出发回国的，其回程应该经过高昌。因此可推知，大概在元嘉初期，智猛等二人回国至高昌，法盛有机会与其见面。受其感召，年轻的法盛与29人一起前往天竺。对于上述记述的解释，笔者以为，"年造十九"，遇到沙门智猛与"辞二亲，率师友"西行之间也许应该有时间间隔，也许应该受具足戒后方才出发。

《名僧传抄》又有文说：

> 经历诸国，寻觅遗灵，及诸应瑞，礼拜供养，以申三业。
>
> 忧长国东北，见牛头栴檀弥勒像，身高八寻。一寻是此国一丈也。佛灭度后，四百八十年中，有罗汉名可利难陀，为济人故，舛兜率天，写佛真形，即此像也。常放光明，四众伎乐，四时咲乐，远人皆来，从像悔过，愿无不克，得初道果，岁有十数。盛与诸方道俗五百人，愿求舍身，必见弥勒。此愿可谐，香烟右旋，须臾，众烟合成一盖，右转三匝，渐渐消尽云云。②

看来抄写此文的僧人关注的是佛教的感应故事，因此，抄写了此事之后，就此打住。法盛等此后的事迹不详。

关于慧览，《高僧传》卷一四有传，但很简单。

释慧览，姓成，酒泉人。"少与玄高俱以寂观见称"③。可见，他的禅定功夫很深，也很著名。从传文的叙述看，得之以罽宾达摩比丘。《高僧

---

① 《续藏经》第77册，第358页下。
② 同上书，第358页下—359页上。
③ 慧皎：《高僧传》卷一一，《大正藏》第50卷，第399页上。

传·释慧览传》记载：

> 览曾游西域，顶戴佛钵，仍于罽宾，从达摩比丘谘受禅要。达摩曾入定，往兜率天，从弥勒受菩萨戒，后以戒法授览。览还，至于填，复以戒法授彼方诸僧，后乃归。路由河南，河南吐谷浑慕延世子琼等，敬览德问，遣使并资财，令于蜀立左军寺。览即居之，后移罗天宫寺。①

慧览从于阗（于填）东归，经过吐谷浑统治区域。《梁书》卷五四《西北诸戎传》记载："慕延，宋元嘉末又自号河南王。慕延死，从弟拾寅立，乃用书契，起城池，筑宫殿，其小王并立宅。国中有佛法。拾寅死，子度易侯立。"②吐谷浑政权是信奉佛教的，慧览获得了吐谷浑慕延世子的尊崇，驻锡于为其修造的左军寺。

后来，慧览受刘宋文帝的邀请，至建康。《高僧传·释慧览传》记载：

> 宋文请下都，止钟山定林寺。孝武起中兴寺，复勅令移住。京邑禅僧，皆随踵受业，吴兴沈演、平昌孟顗，并钦慕道德，为造禅室于寺东。③

慧览于宋大明（457—464）中卒，春秋六十多岁。

五、道普、法献

道普、法献都是于刘宋时期从建康出发求法的僧人，因此一并叙述。

关于道普西行的记载很少，《高僧传》和《出三藏记集》都是在《昙无谶传》中简单提及，《名僧传》为其立传，可惜未曾传下来。

根据《出三藏记集》和《高僧传》的记载，道普"本高昌人，经游西域，遍历诸国，供养尊影，顶戴佛钵，四塔道树、足迹形像，无不瞻觌。善梵

---

①③ 慧皎：《高僧传》卷一一，《大正藏》第50卷，第399页上。
② 《梁书》卷五四，第810页。

书,备诸国语,游履异域"①,而道场寺慧观志欲重求《大涅槃经》后品,"以高昌沙门道普常游外国,善能胡书,解六国语,宋元嘉中,启文帝资遣道普将书吏十人西行寻经"②。从这些记载可知,原籍高昌的道普大概因为西北战乱,南下至宋的国都。而此前,道普已经游历西域和天竺,且学习了梵语。

可惜的是,道普一行"至长广郡,舶破伤足",道普因疾而卒。道普临终感叹说:"《涅槃》后分,与宋地无缘矣。"③长广郡在今山东境内,可见,道普在准备阶段就身亡了。但在此前已经游历过西域、天竺。

法献(约423—498),俗姓徐,西海延水(今内蒙古额济纳旗一带)人。先随舅至梁州(州治在今陕西省南郑县),法献在梁州出家。元嘉十六年(439),法献"方下京师,止定林上寺,博通经律,志业强捍,善能匡拯众许,修葺寺宇"④。法献在刘宋首都建康威望颇高。

此时,法献"闻猛公西游,备瞩灵异,乃誓欲忘身,往观圣迹"⑤。从上述记述可知,智猛于元嘉十六年(439)七月七日在钟山定林寺撰写记述其西行的《传》,定林寺即定林下寺,法献所住为定林上寺,二寺都在建康钟山,相距不远。可见,法献一定是拜见过智猛的。

关于法献西行的过程,《高僧传·释法献传》记述说:

> 以宋元徽三年,发踵金陵,西游巴蜀,路出河南,道经芮芮。既到于阗,欲度葱岭,值栈道断绝,遂于于阗而反,获佛牙一枚、舍利十五身,并《观世音灭罪咒》及《调达品》,又得龟兹国金锤鍱像。于是而还。其经途危阻,见其别记。⑥

法献于元徽三年(475)从南京出发,经过四川,进入青海,经过芮芮到于阗(今新疆和田)。法献到于阗后知晓度葱岭的栈道断了,无法过

---

① ③ 慧皎:《高僧传》卷二,《大正藏》第50卷,第337页上。
② 僧祐:《出三藏记集》卷一四,《大正藏》第55卷,第103页中。
④ ⑤ 慧皎:《高僧传》卷一三,《大正藏》第50卷,第411页中。
⑥ 同上书,第411页中—下。

去,只得返回于阗。他在于阗等地获得了佛牙一枚、舍利 15 身以及《观世音灭罪咒》及《调达品》、龟兹国金锤镶像,无奈返回。

法献回建康,带回的佛牙在历史上很有影响①。"佛牙本在乌缠国,自乌缠来芮芮,自芮芮来梁土,献赍牙还京,师十有五载,密自礼事,余无知者。至文宣感梦,方传道俗"②。法献自己礼敬佛牙 15 年,后来奉献出来成为当时社会崇奉的对象。

法献在南齐时期地位很高。《高僧传》称赞说,法献"律行精纯,德为物范",获得朝臣和名士琅玡王肃、王融以及吴国张融、张绻等人的尊崇,"沙门慧令、智藏等,并投身接足,崇其诫训"。特别是在永明年中,被"勅与长干玄畅同为僧主,分任南北两岸。畅本秦州人,亦律禁清白,文惠太子奉为戒师。献后被勅三吴使,妙简二众。畅亦东行,重申受戒之法。时畅与献二僧,皆少习律检,不竞当世,与武帝共语,每称名而不坐"。成为后世僧人与皇帝对谈的典型仪式。

关于法献的卒年,《高僧传·法献传》高丽本说:"畅以建武初亡,春秋七十有五。献以建武末年卒,与畅同窆于钟山之阳。"③而宋元本《藏经》的《高僧传·法献传》也有"年与畅同"数字。④ 唐代惠祥《弘赞法华传》卷二直接说:法献于"建武末年卒,春秋七十有五"⑤。建武年有四年,从文意猜测,玄畅圆寂于建武元年(494),法献圆寂于建武四年(497),同为 75 岁。

法献弟子很多,最著名的就是僧祐、慧令、智藏等。

六、道药、宋云、惠生、法力

道药、宋云、惠生是从北魏出发西行的。

---

① 此枚佛牙现存北京广济寺舍利阁。今人陈垣撰有《法献佛牙隐现记》专叙其事,可参看。
②③ 慧皎:《高僧传》卷一三,《大正藏》第 50 卷,第 411 页下。
④ 参见陈垣《释氏疑年录》,第 26 页。
⑤ 惠祥:《弘赞法华传》卷二,《大正藏》第 51 卷,第 16 页上。

关于道药西行,现存最早的资料是《洛阳伽蓝记》,此书卷四引用了道药撰写的《行记》。现存的《洛阳伽蓝记》有版本作道药,有版本作道荣。

唐道宣《释迦方志》卷二记载:"后魏太武末年,沙门道药从疏勒道入,经悬度到僧伽施国。及返,还寻故道。著《传》一卷。"①依据此说,道药从疏勒(今新疆喀什市),经悬度(即县度,古山名,位于今新疆塔什尔干塔吉克自治县,为西域重要山道之一)到僧加施国。后来又顺原路返回。

此外,《续高僧传》卷八《释法上传》又记载:法上"至于十二,投禅师道药而出家焉。"②有学者认为,法上所皈依的道药就是上述西行的道药。然而笔者以为,依年寿计算,不成立的可能性大些。依据《续高僧传》卷八《释法上传》的记述,法上生于495年,12岁即为507年。而上文说道药于北魏太武帝末年西行,如果以太武帝驾崩年计,则为451年。如果假定道药西行出发时年龄20岁,则生年为431年,至507年为76岁。尤其是太武帝于晚年发动灭佛运动,高潮是太平真君六年(445)。以文中所说的北魏太武帝末年西行来推理,这一"末年"并不应该是太平真君十一年(450),而应将其下限划定在太平真君六年(445)。也就是说,在太武帝灭法时,道药得以西奔,然后进入天竺。以道药445年20岁言之,则可假定其生年为425,如此,则又推断出如果法上所皈依的道药真的与西行的道药为同一位僧人的话,507年时,他至少已经82岁。更何况,一般而言,南北朝时期,沙弥一般都是随师学习,受具足戒后仍然须学习数年的律学,因此,道药的生年可能还要朝前推才合理。

总之,由于道药自己撰写的西行游记已经散失,他的西行历程已经难得其详。

---

① 道宣:《释迦方志》卷二,《大正藏》第51卷,第969页下。
② 道宣:《续高僧传》卷八,《大正藏》第50卷,第485页上。

宋云、惠生、法力是结伴西行的,且宋云并非僧人,惠生则是僧人。由于宋云撰写的游记现存的文字较多,一般将宋云之名置于前,也许在当时是以宋云为首领的。

关于这次西行,正史也有记载。魏收《魏书》卷九四记载说:

> 熙平元年,诏遣沙门惠生使西域采诸经律。正光三年冬,还京师。所得经论一百七十部,行于世。①

而《北史》卷九七则记载说:

> 初,熙平中,明帝遣剩伏子统宋云、沙门法力等使西域,访求佛经。时有沙门慧生者,亦与俱行。正光中还。②

当今学术界一般以为上述文字记载的是同一件事。然而笔者以为,上述记载恐怕可以相互补充。仔细揣摩《北史》的记载,惠生和宋云、法力西行都发生于孝明帝时期,但未必就是同一诏书同一批次的西行时间。如《北史》所说,"有沙门慧生"亦与宋云"俱行"。这可以理解为在路途相遇偕行,如同法显当年西行一般。

《洛阳伽蓝记》卷五是在宋云宅第项下叙述其西行的。其文说:

> 闻义里,有炖煌人宋云宅。云与惠生俱使西域也。
>
> 神龟元年十一月冬,太后遣崇立寺比丘惠生,向西域取经。凡得一百七十部,皆是大乘妙典。③

此中说惠生一行出发的时间为神龟元年(518)十一月冬。依据此说,则惠生应该与宋云一起西行。

《洛阳伽蓝记》多数引文中显示,宋云和惠生是一同行动的。然而杨衒之在引述宋云《行记》之后说:

---

① 《魏书》卷九四,北京,中华书局校本,第3042页。
② 《北史》卷九七,第3231—3232页,北京,中华书局校本,1995。
③ 杨衒之:《洛阳伽蓝记》卷五,《大正藏》第51卷,第1018页中。

> 惠生在乌场国二年,西胡风俗,大同小异,不能具录。①

这一句引起笔者的高度重视。如其字面所显示的,这是说,惠生在乌场国两年。但在《洛阳伽蓝记》卷五引文中却显示,神龟二年(519)十二月初,宋云等一行进入乌场国。至正光元年(520)四月中旬,宋云、惠生等一行进入乾陀罗国。显然,宋云等在乌场国境内停留的时间在五个月之内。如果惠生此前一直与宋云一起行动的话,杨衒之所说惠生在乌场国两年的说法就没有意义了,而显见的事实是杨衒之是在参考了惠生《行传》之后写成这一段文字的。笔者仔细阅读杨衒之的记述后发现,在叙述乌场国之前的行记中未曾出现明确或者是暗示性的宋云、惠生一起活动的字句,而在此之后(包括乌场国的记述在内)则有数处明确的表述。

杨衒之的引文中有一处表述也似乎从另一侧面证实,惠生、宋云是两次西行行动。在叙述雀离浮图附近的活动时,《洛阳伽蓝记》记述说:

> 惠生初发京师之日,皇太后勅付五色百尺幡千□,锦香袋五百枚,王公卿士幡二千□。惠生从于阗至乾陀,所有佛事,悉皆流布,至此顿尽。惟留太后百尺幡一□,拟奉尸毗王塔。宋云以奴婢二人奉雀离浮图,永充洒扫。惠生遂减割行资,妙简良匠,以铜摹写雀离浮屠仪一躯及释迦四塔变。②

此段表述显示,宋云、惠生似乎是各有使命似的。相似细节还有,下文再引。

《洛阳伽蓝记》卷五的引用以宋云所记录为主,兼有惠生的行历。如前引《北史》所记载,惠生所写的《行传》不记载"本末及山川里数",而《洛阳伽蓝记》的引用并非如此,显然,此书是以宋云行记为主引用的。而《洛阳伽蓝记》卷五所载杨衒之的说明正是如此:"衒之按:惠生

---

① 杨衒之:《洛阳伽蓝记》卷五,《大正藏》第51卷,第1022页中。
② 同上书,第1021页下。

《行记》,事多,不尽录。今依道荣《传》、宋云《家记》,故并载之,以备缺文。"①现存《洛阳伽蓝记》版本中也有道荣行记的一部分内容,大概是"子注"性质。而《北史》卷九七说:"慧生所经诸国,不能知其本末及山川里数,盖举其略云。"②惠生《行传》一卷,《隋书·经籍志》有著录,而从唐代李延寿所著《北史》的评论推知,此行记当时似乎仍然存在。如果真的如此,则《北史》所说的价值更大。

总之,将《北史》的表述与杨衒之的记述对照,并且仔细斟酌几个方面的证据,笔者基本上可以肯定,惠生和宋云从洛阳出发的时间不同,惠生先于熙平元年(516)出发,并且在乌场国停留两年。宋云于神龟二年(519)十二月初入乌场国。现存的《洛阳伽蓝记》卷五关于惠生出发时间的叙述有疏漏,也许是流传过程中致误。

根据杨衒之《洛阳伽蓝记》并参照《北史》的记载可知,宋云、法力等一行,于神龟元年(418)十一月冬,从洛阳出发,"西行四十日至赤岭,即国之西疆也,皇魏关防正在于此"③。其后,"发赤岭西行二十三日,渡流沙至土谷浑国"④。又"从土谷浑西行三千五百里,至鄯善城,其城自立王为土谷浑所吞"⑤。又"从鄯善西行一千六百四十里,至左末城"。又"从左末城西行一千二百七十五里,至末城。城傍花果似洛阳,唯土屋平头为异也。从末城西行二十二里,至捍麼城。南十五里有一大寺,三百余众僧,有金像一躯,举高丈六,仪容超绝,相好炳然,面恒东立,不肯西顾。……后人于像边造丈六像者,及诸宫塔乃至数千。悬彩幡盖,亦有万计,魏国之幡过半矣。幡上隶书云太和十九年、景明二年、延昌二年。唯有一幅,观其年号,是姚秦时幡"⑥。从这些幡盖的题记可知,北魏时期

---

① 杨衒之:《洛阳伽蓝记》卷五,《大正藏》第 51 卷,第 1022 页上。
② 《北史》卷九七,第 3232 页。
③ 杨衒之:《洛阳伽蓝记》卷五,《大正藏》第 51 卷,第 1018 页中。
④ 同上书,第 1018 页中—下。
⑤ 同上书,第 1018 页下。
⑥ 同上书,第 1018 页下—1019 页上。

西行至此的人很多。远远超过今日所见之记载。

宋云、法力等一行,又"从捍䴡城西行八百七十八里,至于阗国。……神龟二年七月二十九日,入朱驹波国,……其国疆界可五日行遍。八月初,入汉槃陀国界,西行六日登葱岭山。复西行三日至钵盂城,……自此以西,山路欹侧,长坂千里,悬崖万仞,极天之阻,实在于斯。太行孟门,匹兹非险,崤关垄坂,方此则夷。自发葱岭步步渐高,如此四日,乃得至岭。依约中下,实半天矣。汉槃陀国正在山顶"①。

神龟二年(519)九月中旬,宋云、法力等一行,又"入钵和国,高山深谷,崄道如常,国王所住因山为城,人民服饰惟有毡衣"②。此国之南界有大雪山,"朝融夕结,望若玉峰。十月之初,至喝哒国,土田庶衍,山泽弥望。……受诸国贡献。南至牒罗,北尽勅懃,东被于阗,西及波斯,四十余国,皆来朝贺。王张大氍帐,方四十步,周回以氍毹为壁,王著锦衣,坐金床,以四金凤凰为床脚"③。喝哒国势力很大,然见到北魏的使者尚有礼节:"见大魏使人再拜跪,受诏书。"④此国在"四夷之中最为强大,不信佛法,多事外神,杀生血食,器用七宝,诸国奉献,甚饶珍异"。

神龟二年(519)十一月初,宋云、法力等一行进入波斯国,"境土甚狭,七日行过。人民山居,资业穷煎,风俗凶慢,见王无礼,国王出入从者数人。……十一月中旬,入赊弥国,此国渐出葱岭,土田硗峤,民多贫困。峻路危道,人马仅通,一直一道,从钵卢勒国向乌场国,铁锁为桥,县虚为渡,下不见底,旁无挽捉。倏忽之间,投躯万仞,是以行者望风谢路耳"⑤。

神龟二年(519)十二月初,宋云、法力等一行"入乌场国。北接葱岭,南连天竺,土气和暖,地方数千,民物殷阜,匹临淄之神州;原田朊朊,等

---

① 杨衒之:《洛阳伽蓝记》卷五,《大正藏》第51卷,第1019页上一中。
② 同上书,第1019页中。
③ 同上书,第1019页中一下。
④⑤ 同上书,第1019页下。

咸阳之上土。鞞罗施儿之所,萨埵投身之地,旧俗虽远,土风犹存"①。此后又有一百五十余字叙述乌场国的基本情况,兹不再引。此国人信奉佛法,"国王见宋云,云大魏使来,膜拜受诏书。闻太后崇奉佛法,即面东合掌,遥心顶礼。遣解魏语人问宋云曰:'卿是日出人也?'宋云答曰:'我国东界,有大海水,日出其中,实如来旨。'王又问曰:'彼国出圣人否?'宋云具说周孔庄老之德,次序蓬莱山上银阙金堂,神仙圣人并在其上,说管辂善卜、华陀治病、左慈方术。如此之事,分别说之。王曰:'若如卿言,即是佛国。我当命终,愿生彼国。'"②这一段记述,肯定来源于宋云的叙述。

在叙述宋云、惠生等在乌场国的活动时,杨衒之写道:

> 宋云于是与惠生出城外,寻如来教迹。水东有佛晒衣处。初如来在乌场国行化,龙王瞋怒兴大风雨,佛僧迦梨表里通湿。雨止,佛在石下东面而坐,晒袈裟。年岁虽久,彪炳若新,非直条缝明见,至于细缕亦新。乍往观之,如似未彻。假令刮削,其文转明。佛坐处及晒衣所,并有塔记。水西有池,龙王居之。池边有一寺,五十余僧。龙王每作神变,国王祈请,以金玉珍宝投之池中,在后涌出,令僧取之。此寺衣食待龙而济,世人名曰龙王寺。王城北八十里,有如来履石之迹,起塔笼之。履石之处,若水践泥,量之不定。或长或短。今立寺,可七十余僧。塔南二十步有泉石,佛本清净,嚼杨枝植地,即生今成大树。胡名曰婆楼。城北有陀罗寺,佛事最多,浮图高大,僧房逼侧周匝,金像六千躯。王年常大会,皆在此寺,国内沙门咸来云集。宋云、惠生见彼比丘戒行精苦,观其风范,特加恭敬,遂舍奴婢二人,以供洒扫。去王城东南山行八日,如来苦行投身饿虎之处,高山笼苁危岫入云,嘉木灵芝丛生其上,林泉婉丽花彩曜目。宋云与惠生割舍行资,于山顶造浮图一所,刻石隶书,铭魏功德。③

---

① 杨衒之:《洛阳伽蓝记》卷五,《大正藏》第51卷,第1019页下—1020页上。
② 同上书,第1020页上。
③ 同上书,第1020页上—中。

杨衒之的引文,叙述乌场国的文字最长。上述引文后还有五百余字,兹从略。

至正光元年(520)四月中旬,宋云、惠生等一行入乾陀罗国,国王"立性凶暴,多行杀戮,不信佛法,好祀鬼神。国中人民,悉是婆罗门种,崇奉佛教,好读经典"①。关于此国王的傲慢,宋云记载说:

> 宋云诣军,通诏书,王凶慢无礼,坐受诏书。宋云见其远夷不可制,任其倨傲,莫能责之。王遣传事谓宋云曰:"卿涉诸国,经过险路,得无劳苦也?"宋云答曰:"我皇帝深味大乘,远求经典,道路虽险,未敢言疲。大王亲总三军,远临边境,寒暑骤移,不无顿弊。"王答曰:"不能降服小国,愧卿此问。"宋云初谓王是夷人不可以礼责,任其坐受诏书。及亲往复,乃有人情,遂责之曰:"山有高下,冰有大小,人处世间,亦有尊卑。嚈哒、乌场王并拜受诏书,大王何独不拜?"王答曰:"我见魏主则拜,得书坐读,有何可怪?世人得父母书,犹自坐读。大魏如我父母,我一坐读书,于理无失。"云无以屈之。遂将云至一寺,供给甚薄。②

宋云、惠生等一行从乾陀罗国出发,西行五日"至如来舍头施人处,亦有塔寺,二十余僧。复西行三月,至辛头大河。河西岸上有如来作摩竭大鱼从河而出十二年中以肉济人处,起塔为记,石上犹有鱼鳞纹。复西行十三日,至佛沙伏城,川原沃坏"。其后,西行一日,"至如来挑眼施人处,亦有塔寺,寺石上有迦叶佛迹。复西行一日,乘船渡一深水,三百余步。复西南行六十里,至干陀罗城。东南七里,有雀离浮图"③。在此,宋云等的行记叙述了迦腻色迦王的事。

《洛阳伽蓝记》卷五又记载:"雀离浮图南五十步有一石塔,其形

---

① 杨衒之:《洛阳伽蓝记》卷五,《大正藏》第51卷,第1020页下。
② 同上书,第1020页下—1021页上。
③ 同上书,第1021页上。

正圆,高二丈,甚有神变,能与世人表吉凶。触之若吉者,金铃鸣应;若凶者,假令人摇撼,亦不肯鸣。惠生既在远国,恐不吉反。遂礼神塔,乞求一验。于是以指触之,铃即鸣应。得此验用慰私心,后果得吉反。"①后来,"宋云以奴婢二人奉雀离浮图,永充洒扫。惠生遂减割行资,妙简良匠,以铜摹写雀离浮屠仪一躯及释迦四塔变"②。

宋云、惠生等一行从雀离浮图"西北行七日,渡一大水,至如来为尸毘王救鸽之处,亦起塔寺,昔尸毘王仓库为火所烧,其中粳米燋然,至今犹在。若服一粒,永无疟患。彼国人民,须禁日取之"③。《洛阳伽蓝记》对宋云《行记》的引用至此戛然而止。

关于宋云、惠生等一行回国至洛阳的时间,《洛阳伽蓝记》说:"惠生在乌场国二年,西胡风俗,大同小异,不能具录。至正元二年二月,始还天阙。"④须指出,《大正藏》等版本"正元二年"应作"正光二年",有逸史本就是如此。魏收《魏书》记载的是"正光三年冬,还京师"⑤。从前述记历程考虑,正光二年(521)二月惠生、宋云就回到洛阳的时间似乎不够,从情理上推测,应该以《魏书》所记正光三年冬为是。也许《洛阳伽蓝记》所说的正光二年二月"始还天阙"是指他们从天竺出发的时间。

---

①②③ 杨衒之:《洛阳伽蓝记》卷五,《大正藏》第51卷,第1021页下。
④ 同上书,第1022页上。
⑤《魏书》卷一一四,第3042页。

第三章 大乘般若学的传入与流行

从东汉支娄迦谶传入大乘般若学之后,般若思想不久就成为中国佛学的主流思潮。特别是鸠摩罗什到达长安较为准确地翻译出大乘般若学主要经典之后,般若思想更成为当时的"显学"。早期般若学经典的传入,到罗什翻译般若等经典的历史过程,再到僧肇对般若思想的创造性发挥,中国佛学发生了天翻地覆的变化。

第一节 鸠摩罗什与两晋般若经典的传译

一、《道行般若经》、《放光般若经》的翻译

《般若经》为初期大乘经典的代表,约公元前后在印度陆续集成,《般若经》部类繁多,据古史记载,有二部、三部、四部、八部、十六会等不同传说。依龙树《大智度论》,般若波罗蜜部,经卷有多有少,有上中下三部,即"上本般若"为十万颂本,"中本般若"与"下本般若",就是中国古代所说的"大品般若"与"小品般若"。

《般若经》的汉译前后持续了几百年。以罗什的译本为分水岭,罗什之前的翻译,一般称为"旧译";译文不够完整准确,并多以老庄玄学的术

语翻译般若思想,阐发般若思想的中观学论典也未译出,导致当时玄学化的般若学。罗什的新译开创了《般若经》翻译的新局面,他重新翻译了大小品《般若经》,并译出中观学的论典,结束了中土对般若思想的误解,并确定了中国大乘佛学的基础。罗什之后《般若经》仍陆续有所翻译,其中以玄奘的《大般若经》六百卷最为完备,标志着《般若经》汉译的最终完成,但后来的翻译没有罗什的译本对中国佛教的影响巨大。

从汉末到罗什时代,大小品《般若经》都有翻译,以《道行般若经》(《小品般若经》)、《放光般若经》(《大品般若经》)的翻译为代表。

《道行般若经》,于汉灵帝光和二年(179)译出,是华文中最古译出的《般若经》。《出三藏记集》中说:"《般若道行品经》十卷(或云《摩诃般若波罗经》,或八卷,光和二年十月八日出。"①《高僧传》说,"汉灵帝时游于雒阳,以光和中平之间,传译梵文,出《般若道行》、《般舟》、《首楞严》等三经。"可见《道行般若经》为支谶于光和二年(179年)所译。《高僧传》又说:"沙门竺朔佛者,天竺人也。汉桓帝时,亦赍《道行经》来适洛阳,即转胡为汉。译人时滞虽有失旨,然弃文存质深得经意。"②《出三藏记集》记载,在支谶译的十卷本外,也说竺朔佛在灵帝时译出《道行经》一卷,道安"为之序注"。只是支谶的为十卷本,竺朔佛(或作竺佛朔)的为一卷本。然道安的《道行经序》说:"外国高士抄(大品)九十章为道行品;桓、灵之世,朔佛赍诣京师,译为汉文。"又《道行经后记》说:"光和二年十月八日,河南洛阳孟元士口授,天竺菩萨竺朔佛时传言者译。月支菩萨支谶,时侍者南阳张少安,南海子碧。劝助者,孙和周提立。正光二年九月十五日洛阳城西菩萨寺中沙门佛大写之。"③似乎十卷本是二人的合译。现仅存十卷本,一般作为支谶译。道安认为支谶所译《道行经》多所删削,不能完全阐发般若思想:"支谶全本其亦应然,何者?抄经册削,所害必多,

---

① 僧祐:《出三藏记集》卷二,《大正藏》第55卷,第6页中。
② 慧皎:《高僧传》卷一,《大正藏》第50卷,第324页中。
③ 僧祐:《出三藏记集》卷七,《大正藏》第55卷,第47页下。

253

委本从圣,乃佛之至戒也。安不量未学,庶几斯心,载咏载玩,未坠于地,捡其所出事本终始,犹令析伤玷缺,厌然无际,假无放光,何由解斯经乎!"①

《道行般若经》同本异译的还有:

1.《大明度经》,也作《明度经》,四卷或六卷。《出三藏记集》作"《明度经》,四卷,或云《大明度无极经》"②。隋彦悰的《众经目录》说:"《明度经》六卷,或四卷。一名《大明度无极经》,吴黄武年支谦译。"③据《历代三宝纪》,《大明度无极经》即是《道行般若经》的异译:"道行般若波罗蜜经十卷、新道行经十卷、新小品经七卷、须菩提品经七卷、明度无极经六卷,上五经同本别译异名。"④《开元释教录》也云:"《大明度无极经》四卷,第二出或六卷,亦直云《大明度经》,与《道行小品》等同本。"⑤支谦为支娄迦谶的再传弟子,在吴主孙权黄武初至孙亮建兴中(222—253)从事译经活动,所译《大明度经》的品题和不少词句与《道行品经》略同,应是在支谶译本的基础上改译的。⑥

2.《吴品》。继支谦之后,康僧会在吴地译出《吴品》,根据《历代三宝纪》的说法,《吴品》即是《小品般若》:"吴品经五卷,即是小品般若。"⑦已佚。

3.《摩诃般若波罗蜜经抄》,五卷。译者虽有佛护与竺佛念的异说,但都是昙摩蜱(Dharmapriya)执"胡大品"本。《出三藏记集》卷八《摩诃钵罗若波罗蜜经抄序》说:"建元十八年正,车师前部王名弥第来朝。其国师字鸠摩罗跋提献胡大品一部,四百二牒,言二十千首卢。首卢三十

---

① 僧祐:《出三藏记集》卷七,《大正藏》第55卷,第47页中。
② 僧祐:《出三藏记集》卷二,《大正藏》第55卷,第6页下。
③ 彦悰:《众经目录》卷一,《大正藏》第55卷,第119页中。
④ 费长房:《历代三宝纪》卷一三,《大正藏》第49卷,第109页下。
⑤ 智昇:《开元释教录》卷二,《大正藏》第55卷,第487下。
⑥ 任继愈主编:《中国佛教史》,第二卷,第151页。
⑦ 费长房:《历代三宝纪》卷五,《大正藏》第49卷,第59页上。

二字,胡人数经法也。即审数之,凡十七千二百六十首卢,残二十七字,都并五十五万二千四百七十五字。天竺沙门昙摩蜱执本,佛护为译,对而捡之,慧进笔受。与放光、光赞同者,无所更出也。其二经译人所漏者,随其失处,称而正焉。其义异不知孰是者,辄并而两存之,往往为训其下。凡四卷,其一纸二纸异者,出别为一卷,合五卷也。"①《出三藏记集》卷二《新集经论录》说:"《摩诃钵罗若波罗蜜经抄》,五卷,……晋简文帝时,天竺沙门昙摩蜱,执胡大品本,竺佛念译出。"②但现存《摩诃般若波罗蜜钞经》,内容是"小品",显然与"执胡大品"说不合,《开元释教录》便怀疑道安所说,"或恐寻之未审也"③。依道安的《抄序》,此经抄出而不是全部翻译,并不是"大品"的全部翻译,而只是"经抄",也就是一则一则的"校勘记",所以只有四卷或五卷。这部"经抄",早已佚失。现存《摩诃般若波罗蜜钞经》,五卷或七卷,其内容为《小品般若》,而且是残本。文字采用《道行般若经》之处甚多,与《道行般若经》对比,少了十七品。隋法经等撰的《众经目录》说:竺法护曾译出"《新道行经》十卷,一名《新小品》经,或七卷。"因此铃木大拙、印顺都断定为东晋竺法护所译。④

4.《摩诃般若波罗蜜道行经》,二卷,晋惠帝(290—306 在位)时,居士卫士度译。该经在梁朝时已经不存。《高僧传》载,"时晋惠之世,又有优婆塞卫士度,译出《道行波若经》二卷"⑤。《众经目录》也云:"《道行般若经》二卷,晋世卫士度译。"⑥。《出三藏记集》认为:"《摩诃般若波罗蜜道行经》二卷,众录并云《道行经》二卷。卫士度略出,今缺。"⑦所谓"略出"指对原有翻译的删略。"从旧道行中删改略出(《僧祐录》云:众录并

---

① 僧祐:《出三藏记集》卷八,《大正藏》第 55 卷,第 52 页中。
② 僧祐:《出三藏记集》卷二,《大正藏》第 55 卷,第 10 页中。
③ 智昇:《开元释教录》卷三,《大正藏》第 55 卷,第 511 页上。
④ 印顺:《初期大乘之起源与开展》,第 602—603 页,台北,正闻出版社,1988。
⑤ 慧皎:《高僧传》卷一,《大正藏》第 50 卷,第 327 页下。
⑥ 彦悰:《众经目录》卷五,《大正藏》第 55 卷,第 180 页上。
⑦ 僧祐:《出三藏记集》卷二,《大正藏》第 55 卷,第 10 页上。

云《道行经》二卷,卫士度略出),取旧经删略,说明不是梵本别翻"①。该经也称《道行经新编》上,"亦是《小品》及《放光》等要别名耳"②。说明此经有加入部分《大品般若经》的内容。

5.《放光般若波罗蜜经》,二十卷,九十品,无罗叉、竺叔兰译。该经为朱士行在于阗求得,据说朱士行在讲解竺朔佛所译《道行经》时,深感义理滞碍,首尾不能贯通,"每叹此经大乘之要,而译理不尽"。遂决志西行,迎请《大品》。魏甘露五年(260)从雍州(今甘肃、陕西一带)出发,到达于阗,"写得正品梵书,胡本九十章,六十万余言"。太康三年(282),遣弟子弗如檀,送经胡本至洛阳。元康元年(291),才在仓垣水南寺译出,永安元年(304),校成定本:"元康元年五月十五日,众贤者共集议,晋书正写。时执胡本者,于阗沙门无叉罗;优婆塞竺叔兰口传(译);祝太玄、周玄明共笔受。……至其年十二月二十四日,写都讫。……至太安二年十一月十五日,沙门竺法寂来至仓垣水北寺,求经本。写时,捡取现品五部,并胡本,与竺叔兰更共考校书写,永安元年四月二日讫。"③

6.《光赞般若波罗蜜经》为《放光般若经》的异译。据《出三藏记集》道安《合放光光赞略解序》,为竺法护于太康七年(286)所译,"护公执胡本,聂承远笔受"。但当时没有流通,几乎佚失。后在凉州发现,东晋太元元年(376)抄写"送达襄阳,付沙门道安"。不但已经过了91年,而且已是残本,十卷二十七品(失去了2/3),所以此经并未在中原流布。

《高僧传·道安传》中,道安对罗什前的旧译《般若经》有一整体性的评论:"初,经出已久,而旧译时谬,致使深义隐没未通,每至讲说,唯叙大意,转读而已。"④说明旧译时有错谬,使般若深义,隐没不通。以致当时讲经时,也只能讲述大意而已。道安的弟子僧叡,在《大品经序》也讨论

---

① 智昇:《开元释教录》卷二,《大正藏》第55卷,第501页上。
② 智昇:《开元释教录》卷一六,《大正藏》第55卷,第651页中。
③ 僧祐:《出三藏记集》卷七,《大正藏》第55卷,第47页下。
④ 慧皎:《高僧传》卷五,《大正藏》第50卷,第352页上。

了旧译中存在的问题:"经来兹土,乃以秦言译之,典谟乖于殊制,名实丧于不谨,致使求之弥至而失之弥远,顿辔重关而穷路转广。"①由于中印语言文化上的差异,使般若经的翻译难以做到准确无误。道安也对《道行般若经》译文有这样的评价:"因本顺旨,转音如已,敬顺圣言,了不加饰也。然经既抄撮,合成章指,音殊俗异,译人口传,自非三达,胡能一一得本缘故乎? 由是道行颇有首尾隐者,古贤论之,往往有滞。"②译文不加修饰,于原文多有删削,导致首尾不一致,使人难以准确领会。所以,想要透过《般若道行品经》来把握般若思想,有相当的困难。朱士行也因此决定西行求法,所求《大品般若经》,后译为《放光般若经》。在《合放光光赞略解序》中,道安对《光赞般若经》的译本也有评价:"言准天竺,事不加饰。悉则悉矣,而辞质胜文也。每至事首,辄多不使,诸反复相明,又不显灼。考其所出,事事周密耳,互相补益,所悟实多。"对《放光般若经》这样评价:"《放光》,于阗沙门无叉罗(即无罗叉)执胡(本),竺叔兰为译,言少事约,删削复重,事事显炳,焕然易观也。而从约必有所遗。"③依然对梵文原本删繁取约,般若思想也难以全面表达。

  《般若经》的中心思想是阐明空义的,但早期的翻译或解释"空"的意思,基本上是依附于老庄的术语。如《道行般若经·本无品》中的"恒萨阿皆本无,诸法亦本无"。《大明度经》承袭了这种译法。"无"的思想出自《老子》第四十章"天下万物生于有,而有生于无"。"无"先于"有",或被认为是万物生成的根源,是真实存在的,也就是老子所谓的"道"。因为"道"不是以知觉所能捕取的,所以称之为"无",还以为万物最后应回到它们的根源——"无"。这些就是老子"无"的根本思想。这种"无"与《般若经》中意指万物没有实体实性的"空"有着根本性不同。同时,也用"自然"来说明"本无"、"性空",如在《大明度经·行品》的译文中,"自然"

---

① 僧祐:《出三藏记集》卷八,《大正藏》第 55 卷,第 52 页上。
② 僧祐:《出三藏记集》卷七,《大正藏》第 55 卷,第 47 页中。
③ 同上书,第 48 页上。

一词就出现了多次。这个概念无疑也来自《老子》，魏晋玄学用"自然"来说明本体，说明当时的佛教思想不可避免地打上了中国的传统思想的烙印。《道行般若经》对"本无"的说明，思想不清，以致到魏晋南北朝，在佛教内部相继产生了许多不同的解释，多以老庄玄学来理解般若学，形成所谓的"六家七宗"。①

而此一问题，到鸠摩罗什来华得到了解决，罗什重新翻译了《般若经》，并翻译了阐发般若学的中观学论典，才结束了以玄学误解般若学的局面，历史上称鸠摩罗什之前的译本为"旧译"。

二、鸠摩罗什其人

鸠摩罗什（Kumarajiva，也作究摩罗什、究摩罗耆婆、句摩罗耆婆、童寿），简称罗什，东晋时期的重要佛经翻译家。龟兹人。祖籍天竺，家世相国。祖父达多，倜傥不群，名重于国。其父鸠摩罗炎，弃相位出家，东度葱岭，为龟兹国师，王以妹与之为妻，生罗什等二子。其母随罗什出家。罗什7岁出家，从师受经，"日诵千偈，偈有三十二字，凡三万二千言"。诵毗昙既过，师授其义，即自通达，无幽不畅。时龟兹国人以其母乃王妹，而供养甚多，于是什母携什避之。9岁随母前往罽宾（今克什米尔，当时小乘佛教说一切有部流行地区），师事当地著名大德、罽宾王从弟槃头达多，其人渊粹有大量，才明博识，独步当时；三藏九部莫不该练。从旦至中手写千偈，从中至暮亦诵千偈，名播诸国，远近皆前来随他学习。鸠摩罗什师事槃头达多，从受《杂藏》、《中阿含经》、《长阿含经》，含凡四百万言。达多每称什神俊，遂声彻于王。入罽宾国王宫，集外道论师共相攻难，罗什获胜。

罗什12岁随母回龟兹，中途在沙勒（即疏勒，今新疆以北喀什一带）停住一年。沙勒地处东西要冲，当时也盛行佛教。鸠摩罗什在沙勒先修

---

① 任继愈主编：《中国佛教史》，第二卷，第356页。

学小乘,后改学大乘。开始从罽宾僧佛陀耶舍学《阿毗昙八犍度论》及《十诵律》。他对《阿毗昙八犍度论》的"结使犍度"中的"十门跋渠"和"智犍度"中的"修智跋渠"诸品,都能独自领会其意,并且对释论此书的"六足论":《集异门足论》《法蕴足论》《施设足论》《识身足论》《界身足论》《品类足论》也能通晓(于六足诸问无所滞碍)。当时沙勒国有三藏沙门名喜见向国王建议请罗什讲法,于是设大会,请罗什升座说《转法轮经》(属《阿含经》单品,讲四谛、八正道)。

罗什在说法之余,还寻访外道经书,善学《韦陀舍多论》(奥义书别名),又博览四围陀典及五明诸论。据称"阴阳星算莫不必尽,妙达吉凶言若符契",还练习修辞著文等。罗什"为性率达,不厉小检",受到其他修行者的非议,然"什自得于心未尝介意"。

后在沙勒师事大乘佛教学者莎车五子参军王之子须耶利苏摩,改习大乘,学《阿耨达经》(亦名《弘道广显三昧经》),感叹"吾昔学习小乘,如人不识金,以鍮石为妙"。此后又从受印度大乘中观学派的著作《中论》、《百论》、《十二门论》等。此后,鸠摩罗什随母到龟兹西邻的温宿国,在那里与一外道辩论获胜。"于是声满葱左,誉宣河外",后回到龟兹。20岁时,于龟兹王宫受具足戒,从罽宾律师卑摩罗叉习《十诵律》。不久,其母再往印度,临行特勉励他到中国弘传方等深教,他毅然引为己任,表示当忍受诸苦来弘法。鸠摩罗什留住龟兹约二十多年,广习大乘经论。

鸠摩罗什"道流西域,名播东国"。时前秦苻坚称雄关中,闻西域有大德鸠摩罗什,而欲求之。于是于建元十八年(382),遣吕光出兵西域,行前嘱之曰:"朕闻西域有鸠摩罗什,深解法相,善闲阴阳,为后学之宗,朕甚思之。贤哲者,国之大宝,若克龟兹,即驰驿送什。"二十年(384),吕攻陷龟兹,得鸠摩罗什,强以龟兹王之女妻之。次年,苻坚被杀,吕光割据凉州,自立为凉王;罗什相随至凉州,遂被留在那里,由于吕光及其后任者并不信奉佛教,只把他当做能占卜吉凶、预言祸福的方士,鸠摩罗什实际成为吕光及其后嗣者的军事顾问。

鸠摩罗什在凉州 16 年,没有从事译经,这一时期他学习了汉语,开始接触佛教以外的汉文典籍,为他以后译经的工作准备了有利条件。

后姚苌继苻坚称帝于长安,慕罗什高名,曾虚心邀请,而吕光父子忌他智计多能,不放他东行。到了姚兴嗣位,于弘始三年(401)发兵伐凉,凉主吕隆兵败投降,于是年十二月二十日迎鸠摩罗什入长安,待之以国师之礼。这时他已经 58 岁了。

罗什被留凡 16 年,隐晦深解,无法弘传。而长安当地名僧群集,法化颇盛。弘始四年(402),罗什应姚兴之请,住逍遥园西明阁,宣讲佛法,翻译佛经。姚兴以为"佛道冲邃,其行唯善,信为出苦之良津,御世之洪则",有时亲自听鸠摩罗什讲佛经、修禅、著述,甚至参与译经。并令沙门僧迁、法钦、道流、道恒、道标等八百余人,咨受什旨。受姚兴影响,宗室显贵如姚旻、姚嵩、姚显、姚泓等,都信奉佛法,尽力维护,公卿以下莫不归心。

弘始十五年(413)四月十二日,罗什卒于大寺,终年 70 岁。①

三、鸠摩罗什的译经活动

罗什自弘始三年(401)十二月二十日抵达长安,到弘始十五年(413)四月去世,前后 11 年,一直从事译经事业。依据《出三藏记集》并参照《开元释教录》,鸠摩罗什的译经如下②:

后秦弘始四年(402)一月五日,译出《坐禅三昧经》(或云《菩萨禅法经》、《禅经》、《禅法要》)三卷,亦作二卷。二月八日译出《阿弥陀经》(亦题《无量寿经》)一卷。三月五日,译出《贤劫经》(亦名《贤劫定意经》、《贤劫三昧经》)七卷。同年夏,在逍遥园之西明阁,开始翻译《大智度论》(亦称《大智度经论》、《摩诃般若释论》)100 卷,至弘始七年(405)十二月二十

---

① 慧皎:《高僧传·鸠摩罗什传》,《大正藏》第 50 卷,第 330 页上—333 页上。
② 参见任继愈主编《中国佛教史》,第二卷,第 274—283 页。

七日译出。

十二月一日,译出《思益梵天所问经》(即《思益义经》)四卷。僧叡、道恒传写。与竺法护译《持心梵天所问经》、北魏菩提留支译《胜思惟梵天所问经》为同本异译。同年又译出《弥勒成佛经》一卷。与竺法护所译的同名经是同本异译。

后秦弘始五年(403)四月二十三日,在长安城北的逍遥园中开始翻译《摩诃般若波罗蜜经》[或云《新大品经》、《大品般若经》)四十卷(或三十卷、二十四卷)]。与西晋无罗叉、竺叔兰译《放光般若经》、竺法护译《光赞般若经》是同本异译。僧叡在《大品经序》曾记载翻译经过:

> 弘始五年岁在癸卯,四月二十三日,于京城之北逍遥园中出此经,法师手执胡本,口宣秦言,两释异音,交辩文旨,秦王躬揽旧经,验其得失,咨其通途,坦其宗致。与诸宿旧义业沙门释慧恭、僧契、僧迁、宝度、慧精、法钦、道流、僧叡、道恢、道标、道恒、道悰等五百多人详其义旨,审其文中,然后书之。以其年十二月十五日出尽。校正检括,明年四月二十三日讫。文虽粗定,以释论捡之,犹多不尽。是以随出其论,随而正之,释论既讫,尔乃文定。①

鸠摩罗什手执胡本,口译秦言,两番解释音义,讨论文旨。秦王姚兴亲自对比旧译,验其得失,与当时义学沙门慧恭、僧契、僧迁、宝度、慧精、法钦、道流、僧叡、道恢、道标、道恒、道悰等五百多人详其义旨,审定译文,于十二月十五日完全译出。再经过校正,弘始六年(404)四月二十三日才完成。弘始七年(405)开始翻译解释《大品般若经》的《大智度论》,发现《大智度论》所引用的经文,在《大品般若经》的译本中还有很多地方不够完善,于是又随着《大智度论》的翻译而随时修订,直到弘始七年(405)十二月二十七日《大智度论》翻译完成后,《大品般若经》才最后定稿。

---

① 僧祐:《出三藏记集》卷八,《大正藏》第55卷,第53页中。

后秦弘始六年(404)十月十七日,译出《十律诵》六十一卷。前五十八卷为罗什先后与罽宾僧弗若多罗、西域僧昙摩流支合译,最后三卷是罽宾僧卑摩罗叉在罗什死后于寿春译。同年译出《百论》二卷。据载,罗什首次译出后,后秦司隶校尉安城侯姚嵩邀集沙门与罗什重加译校,使之"质而不野,简而必诣"。其中后十品,罗什以为对内地无益,缺而不译。

后秦弘始七年(405)六月十二日,译出《佛藏经》(或云《选择诸法经》)四卷。十月,译出《杂譬喻经》一卷。道略集编。同年又译《菩萨藏经》(另名《富楼那问经》、《大悲心经》)三卷,《称扬诸佛功德经》(亦名《集华经》)三卷。

后秦弘始八年(406)夏译出《妙法莲华经》(简称《法华经》、《新法华经》)三卷。与竺法护《正法华经》,隋阇那崛多、达摩笈多译《妙法莲华经添品》为同本异译。今本28品中的"提婆达多品",为南朝齐达摩摩提译,"普门品"的重诵偈,是北周阇那崛多译,为后人所加。又译出《维摩诘所说经》(又名《不可思议解脱经》或简称《维摩诘经》)三卷。是三国吴支谦译《维摩诘经》的异译本。《华手经》(又名《华首经》、《摄诸善根经》)十三卷。《梵网经》(亦称《梵网菩萨戒经》、《菩萨戒本》)二卷。译出后,道融、昙影等300人受持此戒。

后秦弘始九年(407),译出《自在王菩萨经》二卷。与北魏瞿昙般若流支译《奋讯王问经》为同本异译。

后秦弘始十年(408),二月六日开译《小品般若波罗蜜经》(或云《新小品经》)十卷。为东汉支谶译的《道行般若经》、三国吴支谦译《大明度无极经》的同本异译。罗什也重新翻译了《小品般若经》,相当于旧译的《道行般若经》、《大明度无极经》。僧叡《小品经序》记述了《小品般若经》的重译过程:"有秦太子者,……深知译者之失,会闻究摩罗法师,神授其文,真本犹存,以弘始十年二月六日,请令出之,至四月三十日,校正都讫。"①太子姚

---

① 僧祐:《出三藏记集》卷八,《大正藏》第55卷,第55页上。

泓深感旧译的缺失,得知鸠摩罗什持有梵文正本,在弘始十年(408)二月六日,请罗什重译此经,至四月三十日翻译完成。又译《十二门论》一卷。

后秦弘始十一年(409),译出《中论》(或云《中观论》)四卷。

后秦弘始十三年(411),九月八日开始翻译《成实论》二十卷,第二年九月十五日完成。

此外,译时不详的还有:《诸法无行经》二卷、《首楞严三昧经》三卷(或二卷)、《十住经》五卷、《持世经》四卷、《弥勒下生经》(又名《弥勒受诀经》、《弥勒下生成佛经》)一卷、《金刚般若经》一卷、《遗教经》一卷、《禅法要解》二卷、《十住毗婆沙论》(或称《十住论》)十四卷、《大庄严经论》(或作《大庄严论经》)十五卷、《十诵比丘戒本》一卷。

另《开元录》还把《马鸣菩萨传》、《龙树菩萨传》、《提婆菩萨传》作为鸠摩罗什译,后世《大藏经》因之。

罗什译经总数据《高僧传·鸠摩罗什传》说有三百余卷,《祐录》著录三十五部、二百九十四卷。《开元释教录》说七十四部、三百八十四卷。罗什于大乘佛学造诣弘深,在凉州生活16年,熟悉汉地文化,又有僧叡、道融、昙影、僧肇等学识渊博、富有文采的弟子协助,因此其译经数量之多、质量之佳,在汉魏南北朝佛教史上是前所未有的。罗什译经务求以存印度佛经之原义,克服了以往用"格义"方式译经的做法,结束了"多滞文格义"、"理滞于文"的译经局面。

罗什对大、小品《般若经》的翻译,都曾经参阅旧译,他并针对旧译的失误加以更正,如改"阴、入、持"为"众、处、性",改"解脱"为"背舍",改"除入"为"胜处",改"意止"为"念处",改"意断"为"正勤",改"觉意"为"菩提"等,并一直沿用到现在。更为重要的是罗什把旧译的"本无"改为"如",来说明万物的实相,此实相即是无自性实体的"空",从而结束了以老庄之"无"误解般若之"空"的局面。

罗什不仅重译了大、小品《般若经》,而且首次翻译出《中论》、《百论》、《十二门论》、《大智度论》等中观学论典,极大地改变了人们以往对

《般若经》教义"偏而不即"的理解,后来人们理解般若空义都是以他翻译的《般若经》为标准,使长期以来由对般若之"空"的理解而引发的各种纷争局面得以平息,在某种程度上使外来的佛教开始摆脱了对中国老庄思想的依附,逐渐地走上了自己独立成熟的道路。三论宗大师嘉祥吉藏便这样评价罗什:"昔罗什未度,未有正人之与正法,罗什至关人法既来。诸方胜人一时云聚,匡山远法师不来,遣使问罗什三相聚散等义。"①罗什之前没有正法,即指当时对大乘佛学的理解仍停留在格义佛学的水平上。所谓正人指精通大乘佛法的真正善知识。罗什是精通大乘佛法的正人,他传译的般若中观学使中国人首次接触正法。

后人对鸠摩罗什的翻译,给予极高的评价,如梁僧祐《出三藏记集》:"什既至止,仍请入西明合逍遥园,译出众经。什率多暗诵,无不究达,转解秦言,音译流利。……令出《大品》,……续出《小品》、《金刚般若》、……《大智》、《成实》、《十住》、《中》、《百》、《十二门》诸论,三十二部,三百余卷。并显畅神源,发挥幽致。"②明末四大高僧之一的真可这样评价:"至于译经者流,无虑百余家。若夫文质精到,逗机不爽,无越什师。"③罗什在翻译的时候抉择法义,曾纠正青目(印度人)对《中论》的错误解释:昙影法师《中论疏》四处叙青目之失:一因缘品四缘立偈云:此偈为问,盖是青目伤巧处耳。二释四缘有广略,影师云:盖是青目勇于取类劣于寻文。三释业品偈云:虽空不断,青目云:空无可断,此非释也。四释邪见品长行云:此中纷弦为复彼助闹,复龙树自有偈释之。今文云:法师裁而裈之者,法师即罗什也。④"秦言青目之所释也,其人虽信解深法,而辞不雅中,其中乖缺烦重者,法师皆裁而裈之"⑤。当然罗什对汉语的理解与运用还不够成熟,其弟子僧叡曾说其"方言未融""方言殊好,犹隔

---

① 吉藏:《中观论疏》卷五,《大正藏》第 42 卷,第 78 页下。
② 僧祐:《出三藏记集》卷一四,《大正藏》第 55 卷,第 101 页中—下。
③ 真可:《沐浴碧云禅房睹罗什道影》,《紫柏尊者全集》,《续藏经》第 73 卷,第 315 页上。
④⑤ 吉藏:《中论序疏》,《大正藏》第 42 卷,第 6 页下。

而未通",在翻译过程中还有不够完善之处。

四、鸠摩罗什的著述

罗什在译经的同时,也从事讲经著述,曾自叹:"吾若著笔作《大乘阿毗昙》,非迦延自所比也。今在秦地,深识者寡。折翮于此,将何所论!"其主要著作有:《实相论》二卷(为姚兴而著,佚)、《注维摩诘经》(佚,今本僧肇《注维摩诘经》中的"什曰",为注释,但不全)、《注金刚经》(佚)、《答后秦主姚兴书》(为答姚兴《通三世论》)、《答秦主书》(为姚兴敕道恒、道标还俗从政而奏)。此外,南朝《法论目录》(宋陆澄)中著录罗什所著《略解三十七品次第》(已佚)。还录有鸠摩罗什应庐山慧远之问而作答的文书十八项(其中《问四相》未明言鸠摩罗什答),其中除一项外,皆存今本《大乘大义章》(亦名《鸠摩罗什法师大义》)中。还著录王导之孙王谧与鸠摩罗什往复问答文二十四项及问者不详的一项,文皆不存。另两唐志载罗什曾著有《老子注》,此书已佚,是否为罗什所著不可考。

五、鸠摩罗什的佛学思想

罗什所翻译的般若中观学结束了中国佛教徒对佛学的误解,确立了中国大乘佛学的基础。罗什从事佛经翻译的同时,也从事佛学的研究,据史料记载,罗什曾著有《实相论》二卷、《注金刚经》、《注维摩诘经》等佛学著作,均佚。今存《注维摩诘经》中保留部分罗什的译语。另罗什曾应庐山慧远之问而作答的文书十八项,其中除一项外皆存,名《大乘大义章》,又名《鸠摩罗什法师大义》。从这两部著作中可以大致了解罗什的佛学思想,其佛学基本上恪守他所翻译的般若中观学,从缘起性空、非有非无的中道立场出发,对当时佛学界关注的各种重要问题都发表了自己的看法。

1. 空与中道

龙树的中观学继承《般若经》的思想,将性空建立在中道缘起的基础

上,从缘起无自性、非有非无的中道立场来抉择空义。罗什继承了龙树的这一思想。首先从无常出发论证性空思想:

> 无常是空之初相,将欲说空故先设无常。①

> 凡说空则先说无常,无常则空之初门。初门则谓之无常,毕竟则谓之空。旨趣虽同而以精粗为浅深者也。何以言之?说无常则云念念不住,不住则以有系住,虽去其久住而未明无住,是粗无常耳,未造其极也。今此一念若令系住则后亦应住,若今住后住则始终无变,始终无变据事则不然。以住时不住,所以之灭,住即不住乃真无常也。本以住为有,今无住则无有,无有则毕竟空,毕竟空即无常之妙旨也。故曰:毕竟空是无常义。②

"无常"即变化,没有固定的、不灭的本质,浅而言之"空"就是"无常";"无常"之深者,如"真无常",便是"空"。因为一切都是瞬息变化的,所谓"住即不住",不住则"无有","无有"便是毕竟空。如:"俄顿异色须臾变灭,身亦如是。瞬息之间有少有长老病死变,从如沫至如电尽喻无常也。或以无坚,或以不久,或以不实,或以属因缘。明其所以无常也。"③一切事物都是"须臾变灭",不可能"坚"、"久"、"实",因此是无常的,而无常之深者就是"空"。

万法之所以"无常",其原因在于万法从因缘而生,从因缘生则无自性,无自性便处在无常变化中:

> 万法之生必从缘起。④

> 法无自性缘感而起。当其未起莫知所寄,莫知所寄故无所住,无所住故则非有无。非有无而为有无之本,无住则穷其原更无所

---

① 僧肇等:《注维摩诘经》卷二,《大正藏》第38卷,第341页上。
② 僧肇等:《注维摩诘经》卷三,《大正藏》第38卷,第353页下。
③ 僧肇等:《注维摩诘经》卷二,《大正藏》第38卷,第341页中。
④ 僧肇等:《注维摩诘经》卷八,《大正藏》第38卷,第396页下。

出,故曰无本。无本而为物之本,故言立一切法也。①

　　缘会无实,但假空名耳。若得其真相即于假不迷,故名超越也。②

诸法因缘和合而成,本身没有固定不变的本性,处于不断变化之中,所以"物无定性":"物无定性则其性虚矣!菩萨得其无定,故令物随心转,则不思议乃空之明证。"物无定性便是空,正因为无定性,才可生成万法,所以《中论》说,"以有空义故,一切法得成",《维摩经》则说"无住本立一切法",罗什解释道:"无本而为物之本,故言立一切法也。"所以万法虽空,但并非绝对的断灭、虚无,"无自性"的"假有"是存在的,因此中观学又认为空是非有(无自性)非无(非虚无)的,也称"中道":"非有非无故顺因缘法也。"佛陀宣讲说空义本来是为去除对有的执著,若执著空,便失去空的本义,"本言空欲以遣有,非有去而存空。若有去存空非空之谓也,二法俱尽乃空义也"。所以罗什不断从非有非无的中道立场来表达空义:

　　故有无非中,于实为边也。言有而不有,言无而不无。虽诸边尘起不能转之令异,故言诸边不动也。③

　　复次佛法有二种:一者有,二者空。若常在有则累于想着,若常观空则舍于善本,若空有迭用则不设二过。④

　　若法定有,则不生灭,若法全无,亦不生灭。不生灭则与因缘相违。深经所说非有非无,非有非无故顺因缘法也。⑤

这里罗什是本着龙树中观学的立场来抉择般若空义的,非常重视不落两边、非有非无的中道立场,这在中国佛教史上具有划时代的意义,结

---

① 僧肇等:《注维摩诘经》卷六,《大正藏》第38卷,第386页中—上。
② 僧肇等:《注维摩诘经》卷三,《大正藏》第38卷,第358页中。
③ 僧肇等:《注维摩诘经》卷二,《大正藏》第38卷,第347页上。
④ 僧肇等:《注维摩诘经》卷六,《大正藏》第38卷,第383页中。
⑤ 僧肇等:《注维摩诘经》卷一〇,《大正藏》第38卷,第415页下。

束了以前般若学者对空义的种种错误理解,奠定了中国大乘佛学的基础。在阐发空义的同时,罗什对"无我"学说也做了一番清理。原始佛教的"无我说"可以说是大乘性空思想的源头,"无我"与"性空"二者的根本精神是一致的。若能彻底贯彻无我,必能达到性空的结论,所以罗什说:"离我众生空,离我所法空也。"罗什认为人身是由业报所形成的,并不具有不变的实在性:"形障日光光不及照影此现,由无明三业隔实智慧,所以有身也。"又说:"焚烧林野威声振烈,若勇士陈师制胜时也,实而求之非有敌也。身亦如是,举动云为兴造万端,从惑而观若有宰也,寻其所由非有我也。"① 人的身体行为表面上看,似乎有一主宰,但若寻其所由,找不到主宰之我,就像勇士杀敌,但"实而求之非有敌"。在论证无我时,罗什也贯彻了中道原则,无我并非断灭,而是说自性之我的虚妄,因此他又说:"无我则众生空,空而非无,故诲人不倦也。"②"我无我而不二,乃无我耳。"③"妄见有我,解则无我。言无我为遣我耳,非复别有无我法也。"④ 佛教的无我,其目的是为了去掉执著,若执著于无我就会成为新的执著。

2. 智慧与慈悲

既然万法皆空,何以众生处处执有?罗什认为究其原因皆由妄想执著而来:"法无定相,相由惑生。妄想分别,是好是丑。好恶既形欲心自发,故为欲本也。"其中有无之见又为妄见的根本:"有无见反于法相名为颠倒,先见有无然后分别好恶,然则有无见是惑累之本妄想之初,故偏受倒名也。"空不仅是理论上的说明,更重要的是要贯彻到宗教实践之中。空义必须透过般若智才能通达,也只有般若智才能破除有无妄见,因此罗什非常强调"空慧"的重要性,以祛除妄想分别:"障蔽风雨莫过于舍,灭除众想莫妙于空,亦能绝诸问难降伏魔怨,犹密宇深重寇患自消。亦

---

① 僧肇等:《注维摩诘经》卷二,《大正藏》第38卷,第341页下。
② 僧肇等:《注维摩诘经》卷九,《大正藏》第38卷,第408页下。
③ 僧肇等:《注维摩诘经》卷三,《大正藏》第38卷,第354页中。
④ 僧肇等:《注维摩诘经》卷八,《大正藏》第38卷,第397页下。

云：有非真要时复暂游，空为理宗以为常宅也。""虽法性自空不待空慧，若无空慧则于我为有，用此无分别空慧故得其空，则于我为空也。"[1]空慧（实践）与法空（理论）的精神是一致的："慧异于空则是分别，虽有分别其性亦空也。"空慧本身是没有分别的，与空相应。当然空慧也如同法空一样，并非断没、虚无，而是非有非无的"中道"。

如何达到无分别的空慧，罗什认为应从"无相"与"离见"来入手。"章（《维摩经》）始终以二义明毕竟空：一言离相，二言离见。因惑者谓言有相，故以离相明无相也。邪者虽起妄见而法法中无见，故以离见明无彼妄见所见相也。自此以下凡言无名、无说、离识、离观，类如离见也。"[2]所谓远离就是灭除妄想："心识灭尽名为远离，远离即空义也。"远离我执与法执达到空："离我众生空，离我所法空也。""于我所法中一切舍离，故言无也。"不仅要远离我、我所，也要远离空，才是彻底的空慧，否则"明无我无法而未遣空"，则"未遣空则空为累。累则是病，故明空病亦空也"。罗什翻译的《大品般若经》也一再强调"空亦复空"。佛说空的目的是去除对有的执著，不可去有执空，"本言空欲以遣有，非有去而存空，若有去存空非空之谓也，二法俱尽乃空义也"。"若去我而有无我，犹未免于我也"。所以罗什也一再强调空慧为非有非无的中道之行："佛法有二种：一者有，二者空。若常在有则累于想着，若常观空则舍于善本。若空有迭用则不设二过。"

既然空慧是非有非无的中道行，因此远离并非消极厌世，罗什认为远离有三种："一离人众五欲，二离烦恼，三诸法性空远离。今观性空远离，而不厌善也。"[3]对妄想分别的远离，与对性空的远离是空慧的不可分割的两个方面，而对性空的远离，正体现了菩萨慈悲救世的六度万行。

慈悲为佛道根本，也是大乘与小乘的根本分歧："慈悲佛道根本也，

---

[1] 僧肇等：《注维摩诘经》卷五，《大正藏》第38卷，第373页上。
[2] 僧肇等：《注维摩诘经》卷二，《大正藏》第38卷，第345页下。
[3] 僧肇等：《注维摩诘经》卷九，《大正藏》第38卷，第408页下。

声闻无此故,尽有住无也。欲不尽有为成就佛道,要由慈悲,故先说也。"①所谓慈悲即发菩提心,广度众生。可以说智慧与慈悲是空慧的两个方面:慈悲必与智慧结合方为真慈悲;反过来,智慧必与慈悲结合方为真智慧:"真实慈,观诸法空则是真实慧。真实慧中,生无缘慈名为真慈。"罗什认为慈悲有三个层次:"起慈心也,有三种:凡夫为生梵天,二乘则为求功德,菩萨则为求佛度脱众生。今欲令其为求佛道而起慈心。"②唯有深入空性,而度脱众生的大慈大悲方为真正的慈悲,否则皆为爱见大悲:"谓未能深入实相,见有众生心生爱着,因此生悲名为爱见大悲。爱见大悲虚妄不净,有能令人起疲厌想故应舍离也。""若因爱生见悲者有疲厌也。""以大悲为本,故涉苦弥勤,虽魔怨逼试,心不生倦。"③

罗什曾将大乘佛教的六度分为智慧与慈悲两大类:"一切善法分为二业:谓福德慧明业也。六度中前三度属福德,后三度属慧明。二业具足必至佛道。譬如两轮能有所至,福德业则致相好净土诸果报也,慧明业得一切智业者也。"④这正如他所翻译的《金刚经》所说的:"善男子善女人发阿耨多罗三藐三菩提者,当生如是心,我应灭度一切众生。灭度一切众生已而无有一众生实灭度者。""度尽一切众生"体现的是慈悲,而"无众生可度"体现的是"智慧"。

空慧离不开慈悲,也可说空慧本身便包含慈悲。如何做到空慧与慈悲的统一,罗什也通过慧与方便来说明。他认为空慧分为般若与方便两类,所谓"般若"即对诸法空性的观照;所谓"方便",即观空不证、度化众生:"方便有二种:一深解空而不取相受证。二以实相理深莫能信受,要须方便诱引群生令其渐悟。"⑤"方便大要有三:一善于自行而不取相;二不取证;三善化众生。具此三已则能成就众生,成就众生则三因具足,

---

① ③ 僧肇等:《注维摩诘经》卷九,《大正藏》第38卷,第406页中。
② 僧肇等:《注维摩诘经》卷四,《大正藏》第38卷,第368页中。
④ 僧肇等:《注维摩诘经》卷四,《大正藏》第38卷,第369页下。
⑤ 僧肇等:《注维摩诘经》卷七,《大正藏》第38卷,第393页上。

三因具足则得净土。"①方便慧对于修行非常重要,只有"观空不取,涉有不着",才能"生死可厌而能不厌",从而广度众生。般若与方便不可分离,般若为母、方便为父:"穷智之原故称度,梵音中有母义故以为母。亦云:智度虽以明照为体,成济万行比其功用不及方便。故以为母,正方便父"。罗什也称为方便为"沤和",与般若同为菩萨的两翼:"沤和般若是菩萨两翅者。"若无般若沤和,虽然具有无量功德,也如鸟无双翅,不能远行,难以完成佛道,容易堕入小乘境界:"又菩萨先愿欲以佛道入涅槃,无般若方便故,堕声闻辟支佛地,如无翅之鸟。"只有般若与方便的统一,才能做到智慧与慈悲的一致,真正达到非有非无的空境。

3. 法身与净土

非有非空的空境也体现在佛果上:"又诸佛所见之佛,亦从众缘和合而生,虚妄非实,毕竟性空,同如法性。"②罗什翻译的《般若经》也强调"空为佛"、"空即涅槃"。有关佛身,罗什强调不可以色相求:"又佛法离一异相故,无决定真身。离异相故,无决定粗身。"佛之法身为诸法实相,超出任何具体的规定:"而经说诸佛身皆从众缘生,无有自性,毕竟空寂。""法身可以假名说,不可以取相求。"若一定执著于佛身有决定相者,是一种虚妄分别:"又诸佛身有决定相者,忆想分别,当是虚妄。"法身为实相,所以无去无来,毕竟空寂:"若言法身无来无去者,即是法身实相,同于泥洹,无为无作。又云:法身虽复久住,有为之法,终归于无,其性空寂。若然者,亦法身实相无来无去,如是虽云法身说经,其相不生不灭,则无过也。"③

罗什认为大乘佛教中,法身有两种:一为一切法无生无灭的涅槃;一为佛的无边功德与经典:"在修行大乘部者。谓一切法无生无灭,语言道断,心行处灭,无漏无为,无量无边,如涅槃相,是名法身。及诸无漏功

---

① 僧肇等:《注维摩诘经》卷一,《大正藏》第38卷,第337页上。
② 《鸠摩罗什法师大义》卷上,《大正藏》第45卷,第129页上。
③ 同上书,第123页上。

德,并诸经法,亦名法身。所以者何? 以此因缘,得实相故。"①

当然空非断灭,法身也不是绝对的空无,所以罗什说:

> 佛言:自利已办,但为教化众生,净佛国土。具足诸神通力威德故,以此因缘,可知身分虽尽,常以化身,度脱众生。或言:是事不然所以者何? 若尔时得涅槃实道者,身分都尽,又无心意,云何能现化五道,度脱众生净佛土耶? 譬如实有幻师,然后能幻事,若无幻师,则无幻事,是故菩萨,得无生法忍,虽无烦恼,应有余习。如阿罗汉成道时,诸漏虽尽,而有残气。但诸罗汉,于诸众生中,无大悲心,诸有余习更不受生。而菩萨于一切众生,深入大悲,彻于骨髓,及本愿力,并证实际,随应度众生,于中受身。存亡自在,不随烦恼,至坐道场,余气及尽。②

佛为度化众生有种种不同的示现:"佛身微妙,无有粗秽。为众生故,现有不同。又众生先世种见佛因缘,厚薄名异。薄者如今见形像舍利等,厚者得见相好生身,施作佛事。"所以不可说佛身都是虚妄:"如说行见诸佛身,不应独以虚妄也。若虚妄者,悉应虚妄。若不虚妄,皆不虚妄。所以者何? 普令众生,各得其利,种诸善根故,如《般舟经》中见佛者,能生善根,成阿罗漠,阿惟越致。是故当知,如来之身,无非是实。"佛以"本愿业行因缘,自然施作佛事",如《密迹经》所说:"佛身者无方之应,一会之众生,有见佛身金色,或见银色车渠玛瑙等种种之色,或有众生见佛身与人无异,或有见丈六之身,或见三丈,或见千万丈形,或见如须弥山等,或见无量无边身。如以一音,而众生随意所闻,或有闻佛音声,崇濡微妙。如迦陵频伽鸟,白鹄之声,如狮子吼声,如野牛王声,如打大鼓之声,如大雷声,如梵王声等,种种不同。有于音声中,或闻说布施,或闻说持戒禅定智慧解脱大乘等。"

在修行论上罗什从智慧与慈悲入手,在成佛上则表现为得一切智与

---

①② 《鸠摩罗什法师大义》卷上,《大正藏》第45卷,第123页下。

相好净土的果报(后世所谓"福慧"两种庄严):"二业具足必至佛道,譬如两轮能有所至,福德业则致相好净土诸果报也,慧明业得一切智业者也。"罗什重点探讨了净土的问题。在罗什所译的般若经典中非常重视菩萨修行中为利益众生而"净佛国土"的行为:"行般若波罗蜜,净佛国土成就众生。""佛自说因缘,不成就众生净佛国土,不能得无上道。"大乘菩萨证得无为之法,还需修有为福德,净佛国土,成就众生:"自利已足,三界苦断。为教化成就众生故,出于涅槃无为之法,还修有为福德。净佛国土,引导众生。"①在修净国土时,应观未来众生之心,以何国解脱而建立何种净土:"修净国时,逆观众生来世之心,于未来世中应见何国而得解脱,先于来劫位国优劣,然后与众生共摄三因以成其国,使彼来生。"②菩萨在建立净土时,是为利益众生,因地制宜而建立的:"今为饶益众生,故从物所宜而制国也。"③所谓"三因"成净土,是指"净土因缘有三事:一菩萨功德,二众生,三众生功德。三因既净则得净土"。④ 净土是菩萨与众生相互作用的结果,即菩萨是为众生而建立净土,众生为解脱而发愿往生净土。

4. 大乘与小乘

在罗什翻译的《维摩经》中,有"四依四不依"的判教原则,即"依法不依人"、"依义不依语"、"依智不依识"、"依了义经不依不了义经"。罗什对此进行了详尽的发挥,并将"四依四不依"作为层次递进的几个方面进行论述:所谓"依法不依人","法"即经教,当依经法,不可以人胜,而背法依人。法有二种:一语言文字,二义法。所谓"依义不依语",指依"义法",不依语言文字(莫依语也)。义也有二种:一识所知义、二智所知义。"依智不依识"即依智所知义,不依识所知义,"识"只追求虚妄五欲不求

---

① 《鸠摩罗什法师大义》卷下,《大正藏》第45卷,第142页中。
② 僧肇等:《注维摩诘经》卷一,《大正藏》第38卷,第334页下。
③ 同上书,第335页上。
④ 同上书,第334页中。

真实智慧("智")。"智所知义"也有二种：一了义经、二不了义经。"不了义经如佛说杀父母无罪未分别,是不了义也。若言无明是父爱是母,生死根本故名父母,断其本则生死尽,故言杀之无罪即分别是了义经也。""复次若佛言佛是人中第一,涅槃是法中第一,如是等皆名了义也。"所以要"依了义经莫依不了义经"。①

所谓"了义经"在罗什看来,是指大乘佛经而言,而大乘与小乘的不同之处在于大乘对诸法实相的强调。原始佛教有"三法印"的说法,罗什在"三法印"的基础上,提出"一实相印"作为衡量佛法的标准。在注释《维摩经》"陀罗尼印"时,说道："总持有无量,实相即总持之一。若经中说实相,实相即是印。以实相印封此经,则为深经也。复次印梵本言相实相也,以实相为经标相也。"②罗什的实相印广为中国佛教界所接受,如天台智顗《维摩经玄疏卷》第六云："一切大乘经但有一法印,所谓诸法实相。若大乘经有实相印,即是大乘了义经。"

与一实相印的说法相近,罗什尚有"一实谛"的思想。小乘佛教将佛教教义曾归结为"四谛",罗什则强调"一实谛"的思想："小乘中说四谛,大乘中说一谛。今言谛是则一谛,一谛实相也。俗数法虚妄,谓言有而更无。谓言无而更有,是诳人也。见余谛谓言必除我惑,而不免妄想,亦是诳也。今一谛无此众过,故不诳人也。从一谛乃至诸法无我是诸法实相,即一谛中异句异味也。由此一谛故佛道得成,一谛即是佛因,故名道场也。"③所谓的"一实谛"即大乘佛教的诸法实相。

由此可见,罗什从总体上将整个佛法分为大乘与小乘。从理论上看,小乘佛教的教义并未以空来表现,大乘佛教以空为代表,这已是学术界的共识。但初期大乘般若学及中观学仍然兼摄小乘,一方面认为般若为三乘共法,一方面又强调大乘与小乘存在深浅的差别。罗什对大小乘

---

① 僧肇等：《注维摩诘经》卷一,《大正藏》第38卷,第417页中。
② 同上书,第415页中。
③ 僧肇等：《注维摩诘经》卷四,《大正藏》第38卷,第364页下。

佛教教义均有比较深入的理解,和龙树一样都是从小乘转向大乘信仰的,因此更能看出大乘与小乘的差异。

从教理上看,小乘多谈无常,而大乘多强调空。罗什围绕"无常"与"空"对大乘和小乘的教理进行了详尽的比较研究。他认为"无常是空之初门":"复次无常是空之初相,将欲说空故先设无常。所以但说身不说余法,余法中少生着故也。"①大乘的空是一切皆空,而小乘的无常则专指生命的生死无常。所以无常是空之初门、初相。

无常既是空之初门、初相,便存在着局限:"无常是空之初门,破法不尽,名为不尽。若乃至一念不住则无有生,无有生则生尽,生尽则毕竟空,是名为尽也。"②空是无常的究竟处,因此在广度与深度上都是对无常的深化。

罗什也从无我门和法空门来评判小乘与大乘的差别:

> 以佛法中常用二门:一无我门,二空法门。无我门者,五阴、十二入、十八性、十二因缘,决定有法,但无有我。空法门者,五阴、十二入、十八性、十二因缘,从本以来无所有毕竟空。若以无我门,破微尘者,说色香味触为实法,微尘是四法和合所成,名之假名。所以者何?是中但说我空,不说法空故。若以法空者,微尘色等,皆无所有,不复分别是实是假。又不可谓色等为常相,所以者何?以从众因缘生,念念灭故。为阴界入摄,故亦不得言无。凡和合之法,则有假名,但无实事耳。如色入、触入,二事和合,假名为火。若以二法和合,有第三火法者。应别有所作,然实无所作。当知一火能烧,造色能照,无别法也。但有名字,是故或说假名,或说实法无咎。③

小乘的"无我门",只谈我空、不谈法空,所谓"决定有法,但无有我"。

---

① 僧肇等:《注维摩诘经》卷二,《大正藏》第38卷,第341页上。
② 僧肇等:《注维摩诘经》卷八,《大正藏》第38卷,第397页下。
③《鸠摩罗什法师大义》卷下,《大正藏》第45卷,第137页中。

大乘的"法空门",则从缘起无自性的立场否定一切法的实有。罗什又曾说佛法有二种论:一者大乘论,说二种空,众生空法空;二者,小乘论,只说众生空。表达的是同一种思想。

无常、无我虽然与空不同,但大乘与小乘并非截然对立。罗什认为佛具一切智,为了度化众生,随众生的程度而于"一义中三品说道。为钝根众生故,说无常苦空。是众生闻一切法无常苦已,即深厌离,即得断爱得解脱。为中根众生故,说一切无我安稳寂灭泥洹。是众生闻一切法无我,准泥洹安稳寂灭,即断爱得解脱。为利根者,说一切法从本已来,不生不灭毕竟空,如泥洹相。是故于一义中,随众生结使心错,便有深浅之异。如治小病,名为小药。治大病,名为大药。随病故便有大小。"①佛为利根之人说一切皆空的大乘佛法,为小乘人说无常、无我的小乘法。虽有大小之别,但佛法之理在究竟处是一样的,"言说有异,理皆一致"。

所以佛法有深浅大小不同,其原因在于释迦因机设教有广略不同:"随其利钝故说有广略。譬如大树非一斧所倾,累根既深非一法能除,或有虽闻无常谓言不苦,则为说苦。既闻苦便谓有苦乐之主,故说无我及空也。"②若对钝根之人宣说一切皆空,会"心无所寄,则生迷闷"。

大乘与小乘的不同,不仅体现在教理上,也体现在宗教实践上。罗什将大乘菩萨道的六度分为慈悲与智慧两大类,即布施、忍辱、持戒是福德(慈悲),精进、禅定、般若是慧明(智慧),只有二者具足才能完满佛果。罗什曾这样概括大小乘的差别:"驾大乘车游于十方自在无阂,兼运众生俱至道场也。"显然,是从智慧与慈悲两个方面来论述的。就智慧而言,自在无碍;就慈悲而言,度尽众生皆成佛道。但罗什并不认为小乘没有智慧与慈悲,而是认为与大乘菩萨相比,阿罗汉的慈悲与智慧都不够究竟。就智慧而言,"二乘取证无得俱同,但大乘悟法既深,又无出入之异

---

① 《鸠摩罗什法师大义》卷下,《大正藏》第45卷,第137页上。
② 僧肇等:《注维摩诘经》卷五,《大正藏》第38卷,第375页上。

耳"。大乘所觉悟的空性较之小乘为深,而且没有空与不空的差异。阿罗汉也并非没有慈悲,但不是菩萨的大悲:"又阿罗汉慈悲,虽不及菩萨慈悲,与无漏心合故,非不妙也。如经中说:比丘慈心和合,修七觉意,设断五道因缘者,慈悲犹在。发佛道心时,还得增长,名为大慈大悲。"①在小乘佛教中,"五逆罪"及"犯四重禁",不能得解脱,而"大乘深法则无不救"。

在《大乘义章》中,罗什曾说:

> 如阿罗汉,既入无余涅槃,堕在无量无边法中,不得说言若天若人若在若灭。何以故?因缘故名为人,因缘散自然而息,无有一定实灭者,但名有变异身。得如是法门,便欲灭度时。十方佛告言:善男子,汝未得如是无量无边见顿佛身,又未得无量禅定智慧等诸佛功德,汝但得一法门,勿以一法门故,自以为足,当念本愿,怜愍众生。令不知如是寂灭相故,堕三恶道,受诸苦恼。汝所得者,虽是究竟真实之法,但未是证时。尔时菩萨,受佛教已,自念本愿,还以大悲,入于生死。是菩萨,名之不在涅槃不在世间,无有定相,以种种方便,度脱众生。②

如上所述,阿罗汉所证的无余涅槃虽然真实,但不应得少为足,更要生大悲心,入生死度脱众生。所以大乘菩萨不证涅槃,以种种方便度脱众生,从而超出小乘佛教的境界。在大乘佛教看来,阿罗汉虽已断除烦恼,了却生死,但尚有习气未断:"又谓以空空三昧,能断余习者,是事不然。何以故?用此三昧,舍无漏者,则非无漏定。若然者,何得谓烦恼习气都尽耶?"阿罗汉虽证空性,但不彻底,依然有佛法所执:"又如罗汉,于一切中无所爱,于佛法中,而有所爱。""是故二乘成道,虽断三界爱结。于佛功德法中,爱心未断。"

---

① 《鸠摩罗什法师大义》卷中,《大正藏》第45卷下,第133页。
② 《鸠摩罗什法师大义》卷上,《大正藏》第45卷下,第124页。

菩萨则上求佛道下化众生,不取涅槃:"菩萨先以二因缘故,不取其证也。一者深心贪乐阿耨多罗三藐三菩提;二者于众生中,大悲彻于骨髓,不欲独取涅槃。虽知一切法中涅槃无为,但以时未至故,是名菩萨。于众生中,大悲之至。所谓得涅槃味,而不取证也。"①菩萨在入解脱门前,便先发愿不住涅槃,不证空性:"即今是学行时,非是证时。以本愿大悲,发愿生故。虽入三解脱门,而不作证。如王子虽未有职,见小职位,观知而已,终不贪乐,当知别有大职故。菩萨亦如是,虽入小乘,未具足六波罗蜜十地菩萨事故,而不作证。证名已具足,放舍止息。"②

六、罗什的弟子

参与鸠摩罗什译经的弟子达500人或800人,从他受学、听法的弟子多至二三千人。隋唐时有所谓"八俊十哲"之说,"八俊"为道生、僧肇、道融、僧叡、道凭、昙影、慧严、慧观,"十哲"是在"八俊"之外加道恒、道标。他们后来分布于大江南北,对南北朝时中国佛教学派的形成有直接影响,如寿春的僧导(著《成实义疏》)、彭城的僧嵩,是成实学派早期的著名论师;竺道生著《小品经义疏》和《二谛论》,并发挥《大般泥洹经》的思想,是涅槃学早期的学者之一。僧肇著《物不迁论》、《不真空论》和《般若无知论》等,阐发般若三论之学,对后世三论宗、禅宗的影响深远。③ 其他著名弟子还有:

僧䂮,北地泥阳(今陕西耀县)人,晋河间郎中令傅遐之长子。少于长安大寺出家,师事弘觉,通六经及三藏,曾助道安译经,为后秦姚苌、姚兴所重,参与罗什的译事。姚兴曾敕为僧主(僧正)。弘始(399—416)末年,卒于长安大寺,年七十三。

道融,汲郡林虑(今河南林县)人。12岁出家,先学外书,年迄三十,

---

① 《鸠摩罗什法师大义》卷下,《大正藏》第45卷下,第140页上。
② 同上书,第142页上。
③ 有关僧肇、道生的生平、思想本书有专节介绍。

才解英绝,内外经书,暗游心府。罗什入关,前往咨禀,姚兴令如逍遥园,参与译事。曾请罗什翻译菩萨戒本,讲解《中论》、《法华》,罗什赞其"佛法之兴,融其人也"。在宫廷中与师子国(今斯里兰卡)的婆罗门辩论获胜。后到彭城传法,门徒三百,问学者千有余人,著《大品义疏》、《法华义疏》、《金光明经义疏》、《十住经义疏》、《维摩经义疏》等。

昙影,能讲《正法华经》、《光赞般若经》,后入关中,受姚兴礼待,入逍遥园,助罗什译经,罗什赞其"此国风流标望之僧也"。初译《成实论》,将其中问答归结为"五番",受罗什称赞。著有《中论注》及《法华经义疏》四卷。后隐于山中,东晋义熙年间(405—418)卒,寿七十。

道恒(345—417)。蓝田(今陕西西安东南)人,20岁出家,学该内外。后从罗什受学,"译出众经,并助详定"。姚兴劝其与同学道标还俗参政,不从,隐于山中。著有《释驳论》、《百行箴》。后卒于山舍,年七十二。

慧严(362—443)。俗姓范,豫州人。年十二习儒学,博晓诗书。年十六出家,精研佛理。从罗什受学。后还京师,住东安寺,深为宋高祖所重。文帝继位,"情好尤密"。曾与慧观、谢灵运等整修改编昙无谶所译《大涅槃经》,称《南本涅槃经》。

罗什的弟子中除僧肇、道生外,以僧叡的影响最大。

七、僧叡生平及其佛学思想

僧叡,东晋僧人,生卒年不详,魏郡长乐(河南安阳)人。少乐出家,十八投僧贤为师。谦虚内敏,学与时竞。年二十二,博通经论。尝听僧朗讲《放光经》,屡有讥难,深为朗所欣赏。24岁游历名邦讲说。曾师事道安。姚兴称他"乃四海标领,何独邺卫之松栢。于是美声遐布远近归德"。后随罗什受学,与道生、僧肇、道融齐名,并称"关中四圣"。他是罗什最重要的译经助手,罗什所译的经典大都经过僧叡之手。《成实论》译出后,曾令其宣讲,叡"启发幽微,果不谘什,而契然悬会。什叹曰:吾传译经论得与子相值,真无所恨矣"。其学以般若三论为主,并重视禅观,又以往生西方净土为归宿。寿六十七。著有《大品经序》、《小品经序》、《法华经后序》、《大智度论序》、《中论序》、《十二门论序》、《思益经序》、《毗摩罗诘提经义疏序》、《自在王经后序》、《关中出禅经序》(以上现存)、《成实论序》、《百论序》、《思益经义疏序》(以上散佚)等经序及《喻疑》、《净名经集解关中疏》(与僧肇、道生等合注)等(以上现存)。日本有学者认为慧叡与僧叡为同一人。

在佛教思想水平上，僧叡可能是罗什门徒中地位最高的一位，也是最早的中国佛教思想史学家和佛教思想评论家。① 不仅评述了般若学的发展，而且对汉魏以来的整个佛教思想做了总结，其佛学思想早年以般若为主，并重视般若与禅观的结合，后期则由般若学转向佛性学说。

1. 般若学

僧叡非常重视般若学，强调般若在佛法中的重要地位：

> 《般若波罗蜜经》者，穷理尽性之格言，菩萨成佛之弘轨也。轨不弘则不足以寮群异、指其归，性不尽则物何以登道场、成正觉。正觉之所以成，群异之所以一，何莫由斯道也。②

> 摩诃般若波罗蜜者，出八地之由路，登十阶之龙津也。夫渊府不足以尽其深美，故寄大以目之。水镜未可以喻其澄朗，故假慧以称之。造尽不足以得其崖极，故借度以明之。然则功托有无，度名所以立。照本静末，慧目以之生。旷兼无外，大称由以起。③

僧叡对罗什之前的般若学做了总体回顾：

> 自慧风东扇，法言流咏已来，虽曰讲肆，格义迂而乖本，六家偏而不即。性空之宗，以今验之，最得其实，然炉冶之功，微恨不尽。当是无法可寻，非寻之不得也。何以知之？此土先出诸经，于识神

---

① 任继愈主编：《中国佛教史》，第二卷，第451页。
② 僧叡：《小品经序》，《出三藏记集》卷八，《大正藏》第55卷，第54页下。
③ 僧叡：《大品经序》，《出三藏记集》卷八，《大正藏》第55卷，第52页下—53页上。

性空明言处少,存神之文其处甚多。中百二论文未及此。又无通鉴谁与正之?先匠所以辍章遐慨思,决言于弥勒者,良在此也。①

而经来兹土,乃以秦言译之,典谟乖于殊制,名实丧于不谨,致使求之弥至而失之弥远。顿辔重关而穷路转广,不遇渊匠殆将坠矣。亡师安和上,凿荒涂以开辙,摽玄指于性空,落乖踪而直达,殆不以谬文为阂也。亹亹之功,思过其半,迈之远矣。②

僧叡在中国佛教史籍中首次提出"格义"、"六家"之说,说明罗什之前的中土般若学者仍然不能准确把握般若思想。其中,道安的"性空之宗",最得其实,但也不够圆满。究其原因共有两点:其一,无法可寻。因为旧译的《般若经》及其他佛经,"识神性空明言处少,存神之文其处甚多",无法把空义揭示出来;而且《中论》、《百论》等系统阐发般若思想的中观论著也未传译。其二,无通鉴正之。罗什之前,中土没有精通般若学的善知识(通鉴)可以作为良师。罗什的新译《般若经》则多明"识神性空",且翻译了《中论》、《百论》,才使般若思想明确起来。相比罗什的新译,旧译存在各种问题,"考之旧译,真若荒田之稼芸,过其半未讵多也"。并对"般若经"在总体上做了评述:

斯经正文,凡有四种,是佛异时适化广略之说也。其多者云,有十万偈,少者六百偈。此之大品,乃是天竺之中品也。随宜之言,复何必计其多少,议其烦简耶?梵文雅质案本译之,于丽巧不足,朴正有余矣。幸冀文悟之贤,略其华而几其实也。③

认为《般若经》共有四种不同,中土所说的大品为印度的中品,但不论大小品都是释迦因机设教而有广略不同,所以不必拘泥于文字多少,而应把握其精神实质("略其华而几其实也")。僧叡对般若学各种经典

---

① 僧叡:《毗摩罗诘堤经义疏序》,《出三藏记集》卷八,《大正藏》第55卷,第59页上。
② 僧叡:《大品经序》,《出三藏记集》卷八,《大正藏》第55卷,第53页上。
③ 僧叡:《小品经序》,《出三藏记集》卷八,《大正藏》第55卷,第55页上。

的版本都做过考证,对解释《大品般若经》的《大智度论》也做了版本上的说明,"法师以秦人好简故,裁而略之。若备译其文,将近千有余卷"。"论之略本有十万偈,偈有三十二字,并三百二十万言。梵夏既乖,又有烦简之异。三分除二,得此百卷。于大智三十万言,玄章婉旨朗然可见归途直达,无复惑趣之疑。以文求之,无间然矣"①。对罗什翻译的青目《中论》注释也提出质疑:"今所出者,是天竺梵志名宾伽罗,秦言青目之所释也。其人虽信解深法,而辞不雅中,其中乖缺烦重者,法师皆裁而裨之。于经通之理尽矣,文或左右未尽善也。"②似乎对罗什的中文水平也有些看法,但对其般若思想并无怀疑,"法师于秦语大格,唯译一往,方言殊好,犹隔而未通。苟言不相喻,则情无由比。不比之情,则不可以托悟怀于文表。不喻之言,亦何得委殊涂于一致。理固然矣"③。

僧叡对中观学的四部论作了总体上的分判:"《百论》治外以闲邪,斯文祛内以流滞,《大智释论》之渊博,《十二门》观之精诣。寻斯四者,真若日月入怀无不朗然鉴彻矣,予玩之味之不能释手。"④《百论》是以性空破斥当时印度各种外道思想,《中论》批判佛教内部各流派对性空的种种误解,《十二门论》集中阐发性空思想的要义,《大智度论》则全面阐述般若思想,最为"渊博"。僧叡的这一看法为后人所继承。

僧叡的般若思想忠实于罗什所译的《般若经》及中观四论的精神,并侧重于从实践方面,贯彻般若性空之理,认为万物无生无始:"夫万有本于生生而生,生者无生。变化兆于物始而始,始者无始。然则无生无始物之性也。"⑤万物本无生无始,但由于众生的妄想邪思而有万法差别,因此需要般若智慧来观照:"生始不动于性,而万有陈于外,悔吝生于内者,其唯邪思乎。正觉有以见邪思之自起故,阿含为之作。知滞有之由惑

---

① 僧叡:《大智度论序》,《出三藏记集》卷一〇,《大正藏》第55卷,第75页上。
②④ 僧叡:《中论序》,《出三藏记集》卷一一,《大正藏》第55卷,第77页上。
③ 僧叡:《大智度论序》,《出三藏记集》卷一〇,《大正藏》第55卷,第75页中。
⑤ 同上书,第74页下。

故,般若为之照。然而照本希夷,津涯浩汗。理超文表,趣绝思境,以言求之则乖深,以智测之则失其旨。二乘所以颠沛于三藏,新学所以曝鳞于龙门者,不其然乎。"①

缘起性空非有非无,观照性空的般若之智也需贯彻非心(无执著之心)非待(无分别)的精神:"虽义涉有流而诣得非心,迹寄有用而功实非待。"非心要做到"不住为宗",非待要以"无照为本"。在修行上以"不住"为始,以"无得"为终,"本以无照则凝知于化始,宗以非心则忘功于行地。故启章玄门,以不住为始。妙归三慧,以无得为终。假号照其真,应行显其明,无生冲其用,功德阵其深。大明要终以验始,沤和即始以悟终。荡荡焉,真可谓大业者之通涂,毕佛乘者之要轨也。夫宝重故防深,功高故校广,嘱累之所以殷勤,功德之所以屡增,良有以也"②。能如此,方能契合非有非无的性空之境:"则有无兼畅事无不尽,事尽于有无则忘功于造化。理极于虚位,则丧我于二际。然则丧我在乎落筌,筌忘存乎遗寄,筌我兼忘,始可以几乎实矣。几乎实矣,则虚实两冥得失无际,冥而无际,则能忘造次于两玄,泯颠沛于一致,整归驾于道场,毕趣心于佛地。"③

2. 般若与禅定

僧叡始终重视禅定,认为"禅法者,向道之初门,泥洹之津径也"。早年学佛时,"常叹曰:法虽少足识因果,法未传厝心无地"。当时中土所出禅经不甚完备,"此土先出《修行》大小《十二门》大小《安般》,虽是其事既不根悉,又无受法,学者之戒盖缺如也"④。同样庐山慧远也有此感叹,"每慨大教东流,禅数尤寡,三业无统,斯道殆废"⑤。佛驮跋陀罗便应慧远之请而译出《修行方便禅经》。同样,罗什也应僧叡的请求而翻译《坐

---
① 僧叡:《大智度论序》,《出三藏记集》卷一○,《大正藏》第55卷,第74页下。
② 僧叡:《大品经序》,《出三藏记集》卷八,《大正藏》第55卷,第53页上。
③ 僧叡:《十二门论序》,《出三藏记集》卷一一,《大正藏》第55卷,第77页下。
④ 僧叡:《关中出禅经序》,《出三藏记集》卷九,《大正藏》第55卷,第65页上。
⑤ 慧远:《庐山出修行方便禅经序》,《出三藏记集》卷九,《大正藏》第55卷,第65页下。

禅三昧经》(《禅法要》)。据说,罗什于"辛丑之年十二月二十日"(401)入关,僧叡即"以其月二十六日,从受禅法,既蒙启授,乃知学有成准,法有成条"。"获之日夜修习,遂精炼五门,善入六净"。

禅定重师承,所谓"人在山中学道,无师道终不成"。罗什"抄撰众家禅要"的禅法,与僧叡早年所习的禅法不同,称为"菩萨禅",这从罗什所译《大智度论》可看出,该论阐述了《般若经》中的禅观,其内容与小乘禅法不同,强调般若与禅定的统一。僧叡非常自觉地将般若落实到禅定的修习中:

> 夫驰心纵想,则情愈滞而惑愈深;系意念明,则澄鉴朗照而造极弥密。心如水火,拥之聚之,则其用弥全;决之散之,则其势弥薄。故论云:质微则势重,质重则势微。如地质重故势不如水,水性重故力不如火,火不如风,风不如心。心无形故力无上,神通变化八不思议,心之力也。心力既全,乃能转昏入明。明虽愈于不明,而明未全也。明全在于忘照,照忘然后无明非明,无明非明,尔乃几乎息矣。几乎息矣,慧之功也。故经云:无禅不智,无智不禅。然则禅非智不照,照非禅不成;大哉禅智之业,可不务乎!①

人心为外物所牵,般若之智不能显现,若能制心一处,才能"转昏入明",所谓"系意念明,则澄鉴朗照"。般若须禅定才能获得,禅定也须以般若为前提,所谓"禅非智不照,照非禅不成"。

3. 般若与佛性

僧叡的佛学并不拘泥于般若一门,而是广泛涉猎当时各种佛教学说,对《思益经》、《自在王经》、《阿含经》、《成实论》等都有研究。特别是《法华经》和《涅槃经》,对僧叡的影响很大。罗什于弘始八年(407)夏,于草堂寺翻译《法华经》,"命僧叡讲之,叡开为九辙"②。可见僧叡曾开讲过《法华经》,对《法华经》深有研究。并对《法华经》与《般若经》做了比较研

---

① 僧叡:《关中出禅经序》,《出三藏记集》,《大正藏》第55卷,第65页中。
② 智𫖮:《妙法莲华经文句》卷八上,《大正藏》第34卷,第114页中。

究,指出《般若经》的不足:

> 至如般若诸经,深无不极,故道者以之而归,大无不该,故乘者以之而济。然其大略,皆以适化为大,应务之门,不得不以善权为用。权之为化,悟物虽弘,于实体不足。①

认为般若经虽然深广,但主要以权化为主,揭示诸法性空与菩萨万行,于诸法实相的"实体"阐发不足,可以说《法华》"镜本",《般若》"冥末":

> 法华镜本以凝照,般若冥末以解悬,理趣菩萨道也,凝照镜本告其终也。终而不泯则归途扶疏,有三实之迹。权应不夷,则乱绪纷纶,有惑趣之异。是以法华般若,相待以期终。方便实化,冥一以俟尽。论其穷理尽性,夷明万行,则实不如照。取其大明真化,解本无三,则照不如实。是故叹深则般若之功重,美实则法华之用微。此经之尊,三抚三嘱,未足惑也。②

"穷理尽性,夷明万行",法华不如般若,所谓"实不如照";"大明真化,解本无三",般若不如法华,所谓"照不如实"。所以法华"美实",般若"叹深"。僧叡显然认为法华之"本"、"实"要高于般若的"末"、"权",《喻疑》中说:"寻出法华,开方便门,令一实究竟,广其津途。"③所谓"一实究竟"即法华的"会三归一","开权显实"。法华之本、实为"诸佛之秘藏,众经之实体也","八万四千法藏者,道果之原也"。④

僧叡曾对整个佛法有如下判断:

> 故大圣随宜而进,进之不以一途。三乘离化由之而起,三藏祛其染滞,般若除其虚妄,法华开一究竟,泥洹阐其实化。此三津开

---

① ④ 僧叡:《法华经后序》,《出三藏记集》卷八,《大正藏》第 55 卷,第 57 页中。
② 僧叡:《小品经序》,《出三藏记集》卷八,《大正藏》第 55 卷,第 54 页下—55 页上。
③ 僧叡:《喻疑》,《出三藏记集》卷五,《大正藏》第 55 卷,第 41 页下。

照,照无遗矣。但优劣存乎人,深浅在其悟。任分而行,无所臧否,前五百年也。此五百年中,得道者多,不得者少,以多言之,故曰正法。后五百年,唯相是非执竞盈路,得道者少,不得者多,亦以多目之,名为像法。像而非真,失之由人。由人之失,乃有非跋真言斧戟实化,无择起于胸中,不救出自唇吻,三十六国小乘人也。此衅流于秦地,慧导之徒遂复不信大品,既蒙什公入关开托真照,般若之明复得挥光,末俗朗兹实化。寻出法华,开方便门,令一实究竟,广其津途,欣乐之家景仰沐浴,真复不知老之将至。①

僧叡认为佛陀讲法因机设教,不存在优劣之差,关键是听法之人如何领会:"优劣存乎人,深浅在其悟",而在佛灭五百年内,未起争论,称为"正法时期";五百年后,争执竞起,为"像法时期",争执由人而起,不是佛法本身的原因。这种争执也流传到中国,如慧导不信《大品般若经》,到罗什重译,才使《大品》得以盛行。同样在僧叡时代,除般若学外,还有涅槃学、法华学等其他佛学思想。如何判摄佛法,成了当时佛学界的一个重大问题。僧叡对此的立场是"三藏祛其染滞,般若除其虚妄,法华开一究竟,泥洹阐其实化"。般若学是破妄法,而《法华》、《涅槃》开显究竟实法,无疑他认为般若学与法华、涅槃相比并不究竟,并以比喻来说明佛法的深浅不同:

《法华经》者,诸佛之秘藏,众经之实体也。以华为名者,照其本也。称芬陀利者,美其盛也。所兴既玄,其旨甚婉。自非达识传之,罕有得其门者。夫百卉药木之英,物实之本也。八万四千法藏者,道果之原也。故以喻焉,诸华之中,莲华最胜,华尚未敷,名屈摩罗,敷而将落,名迦摩罗。处中盛时,名芬陀利,未敷喻二道,将落譬泥洹,荣曜独足以喻斯典。②

---

① 僧叡:《喻疑》,《出三藏记集》卷五,《大正藏》第55卷,第41页中—下。
② 僧叡:《法华经后序》,《出三藏记集》卷八,《大正藏》第55卷,第57页中。

僧叡即以莲花未开之前喻"二乘",花正盛开喻"法华",花落时期喻"入涅槃时",僧叡视《法华》为唯一真实的经典,而与其他诸经相与结合,以显其特性。由此与诸经相联结之特色,更可显示一乘真实教法在《法华经》之地位:以莲花未开比喻有漏道与无漏道,花将落譬喻烦恼寂灭、功德圆满,而以荣曜夙彰、芳风暗蔼譬《法华经》之徽华早茂、显耀当世。①

对整个佛法有这样的评价:"三藏祛其染滞,般若除其虚妄,法华开一究竟,泥洹阐其实化,此三津开照,照无遗矣。"三藏要扫除众生的执著,《般若经》在破除一切法的虚妄,《法华经》旨在开示究竟之道,《涅槃经》则阐明佛陀的实化。《法华》与《涅槃》都强调"实体",即成佛之后的境界,《般若经》的基本精神是一切法空,强调的是否定方面的,如佛即空,涅槃即空,也是虚幻,也不可得。虽然也指出空不是断没,但具体而言成佛的境界是什么,很少去做积极的肯定。明确这一思想的是《涅槃经》:

> 此经云:泥洹不灭,佛有真我,一切众生皆有佛性。皆有佛性学得成佛,佛有真我,故圣镜特宗,而为众圣中王。泥洹永存,为应照之本。大化不泯,真本存焉。而复致疑,安于渐照而排跋真诲,任其偏执而自幽不救,其可如乎?此正是法华开佛知见,开佛知见今始可悟。金以莹明,显发可知。而复非之,大化之由,而有此心。经言阐提,真不虚也。②

《法华》虽不谈"佛有真我","众生有佛性",但《法华》所照之本,就是"真我":"泥洹永存,为应照之本",如《法华经》认为佛寿无量,佛身无形,也在说明佛有真我:"云佛寿无量永劫,未足以明其久也。分身无数万形,不足以异其体也。然则寿量定其非数,分身明其无实。普贤显其无

---

① 刘贵杰:《僧叡思想研究》,《中华佛学学报》,1990年第3期。
② 僧叡:《喻疑》,《出三藏记集》卷五,《大正藏》第55卷,第41页下。

成,多宝照其不灭。"①

罗什坚持《般若经》的"一切皆空"的立场,也没有看到《涅槃经》,但僧叡认为《涅槃》未译之前的《法华》等其他经典中也隐含着"佛有真我"的思想:"什公时虽未有《大般泥洹》文,已有《法身经》明佛法身,即是泥洹。与今所出若合符契。"并曾与罗什反复讨论这一问题,认为佛应有真我存在:"每至苦问佛之真主亦复虚妄,积功累德谁为不惑之本? 或时有言:佛若虚妄,谁为真者? 若是虚妄,积功累德,谁为其主? 如其所探,今言佛有真业,众生有真性。虽未见其经,证明评量意,便为不乖。"《涅槃经》传译后,"佛有真我"的思想便有了经典上的根据,他以为罗什见后应该改变立场:"此公若得闻此佛有真我,一切众生皆有佛性,便当应如白日朗其胸衿,甘露润其四体,无所疑也。"②

僧叡也回应了当时佛教界以般若学对涅槃学的非难:

> 今疑《大般泥洹》者,远而求之,正当以一切众生皆有佛性为不通真照。真照自可照其虚妄,真复何须其照? 一切众生,既有伪矣,别有真性为不变之本。所以陶练既精,真性乃发。恒以大慧之明,除其虚妄。虚妄既尽,法身独存,为应化之本。应其所化能成之缘,一人不度吾终不舍。此义如验,复何为疑耶? 若于真性法身而复致疑者,恐此邪心无处不惑。佛之真我尚复生疑,亦可不信佛有正觉之照,而为一切种智也。般若之明自是照虚妄之神器,复何与佛之真我法身常存,一切皆有佛之真性,真性存焉,学不越崖成不乖本乎? 而欲以真照无虚言,言而亦无,佛我亦无,泥洹是邪见,但知执此照惑之明,不知无惑之性非其照也。为欲以此诬罔天下,天下之人何可诬也。③

---

① 僧叡:《法华经后序》,《出三藏记集》卷八,《大正藏》第55卷,第57页中。
② 僧叡:《喻疑》,《出三藏记集》卷五,《大正藏》第55卷,第42页上。
③ 同上书,第42页中。

僧叡认为般若学之空是针对虚妄之法而言的,而不是针对法身真性,虚妄除尽,真性便能显示出来,此真性为"不变之本",为"法身常存",这里"不变"、"常存"、"独存"、"真性"等概念,与般若学否定一切的精神显然有一定的差异,但僧叡认为二者并无冲突,般若破妄,而涅槃显真,涅槃之真是般若破妄基础上的对真性的肯定,因此涅槃学要高于般若学,若以般若学否定涅槃学,连真性法身也要质疑,就等于不信佛有般若正觉之智,最终也否定了般若学自身。

而《法华经》所说的"开佛知见"也就是众生有佛性:"《法华》开佛知见,亦可皆有为佛性。若有佛性,复何为不得皆作佛耶?但此《法华》所明,明其唯有佛乘无二无三,不明一切众生皆当作佛。皆当作佛,我未见之,亦不抑言无也。若得闻此正言,真是会其心府,故知闻之必深信受。"[1]众生有佛性,将来必定成佛,正是《法华》会三乘归佛乘的思想。

八、鸠摩罗什与中国佛教

鸠摩罗什在中国佛教史上占有重要地位。后世将罗什列入"起教祖师"。般若学中观学的传译是他对中国佛教的最大贡献。三论宗大师嘉祥吉藏便这样评价罗什:罗什之前没有正法,即指当时对大乘佛学的理解仍停留在格义佛学的水平上,罗什传译的中观学使中国人首次接触正法。嘉祥大师的评价可谓公允。僧叡也有类似的看法。

罗什所翻译的般若中观学不仅结束了中国佛教徒对佛学的误解,而且确立了中国大乘佛学的基础;他重译或新译的大量不同类型的佛典,为中国佛教学派和宗派的产生提供了基本的佛学根据和思想基础。《般若经》和新译的《大智度论》,系统地介绍了般若学说,这一学说作为大乘佛教的根本教理,为中国佛教的各个学派和宗派构筑了自身理论体系的

---

[1] 僧叡:《喻疑》,《出三藏记集》卷五,《大正藏》第55卷,第42页上一中。

方法论基础。他所翻译的《成实论》是成实学派(或成实宗)的主要经典，《中论》、《十二门论》和《百论》是三论学派(或三论宗)的主要经典，《金刚般若经》对禅宗的形成起了很大作用，《法华经》是天台宗的主要经典，《阿弥陀经》是净土宗所依据的"三经"(另二经是《无量寿经》、《观无量寿经》)之一。《弥勒成佛经》和《弥勒下生经》是民间弥勒信仰的根本经典，《坐禅三昧经》是自安世高以来第一部大乘禅法经典。而《十律诵》是第一部完备的汉译小乘戒律，受鸠摩罗什影响由佛陀耶舍译的另一部完备的小乘佛律《四分律》，在唐以后成为内地通行的戒律，《梵网经》则是汉译的第一部大乘戒律。①

第二节 般若经典的基本内容与主要思想

一、《摩诃般若经》的基本内容与主要思想

《摩诃般若波罗蜜经》二十七卷(或作二十四卷、三十卷、四十卷)，鸠摩罗什在姚秦弘始五至六年(403—404)译出，又称《大品般若经》、《新大品经》、《大品经》、《摩诃般若经》，印度称之为"中本般若"。此经在印度因时因地流传而有增减，据《大智度论》卷一〇〇，说是二万二千颂，但印度南方另有二万颂的本子(《现观庄严论》所据本)流行，而玄奘所译《大般若经》第二会则是二万五千颂，但都以二万五千颂为经名。本经之同本异译尚有《光赞般若经》十卷(西晋竺法护译)、《放光般若经》二十卷(西晋无叉罗译)、《大般若经》第二会(卷四〇一至四七八)(唐玄奘译)，以罗什译本最为流行。《大品般若经》的经文次第可分为五周：自《序品》以下至第五品为舍利弗般若，佛使舍利弗谈菩萨智慧，谈菩萨二谛；第六品至第二十六品为须菩提般若，佛与须菩提谈菩萨三解脱门，谈摩诃衍摩诃萨；第二十七品至第四十四品为信解般若，佛与帝释谈般若福德，令初发心者都生信解，

---

① 任继愈主编：《中国佛教史》，第二卷，第 292—293 页。

又为弥勒说菩萨行,令已成熟者入甚深般若;第四十五品至第六十六品为实相般若,说魔幻魔事和阿鞞跋致(不退转)相,令久修人功深不退;第六十七品至经末为方便般若,详说菩萨境行果而以方便为指归。

《摩诃般若波罗蜜经》为大乘佛教初期经典,主要全面阐述大乘菩萨的六度万行,及般若空观的基本思想,从而奠定了大乘佛教的基础。

1. 大乘与小乘

《般若经》为初期大乘佛教的代表,经中一再强调般若就是大乘(摩诃衍):"摩诃衍不异般若波罗蜜,般若波罗蜜不异摩诃衍,般若波罗蜜摩诃衍无二无别。""说摩诃衍即是说般若波罗蜜。"[1]作为初期大乘经典,《般若经》是在小乘佛教的基础上不断孕育而成的,经中所用的很多"名数"都是小乘的,如"四念处"、"四正勤"、"四如意足"、"五根"、"五力"、"七觉分"、"八圣道分"、"空"、"无相"、"无作"、"解脱门"、"佛十力"、"四无所畏"、"四无阂智"、"大慈大悲"、"十八不共法"等。因此《大品般若经》强调般若法含摄小乘法,二者并非截然对立,后世中国佛教往往判般若为"三乘通教",也根源于此。

经中说般若包含三乘之教:"般若波罗蜜中虽无法可得,所谓色受想行识乃至一切种智,而有三乘之教,所谓声闻乘、辟支佛乘、佛乘。诸天子,若有菩萨摩诃萨行是般若波罗蜜不远离者,视是人当如佛,以无所得故。何以故?是般若波罗蜜中广说三乘之教,所谓声闻乘、辟支佛乘、佛乘。"[2]因为般若能生大小乘佛法:"道种智一切种智诸佛法,皆从般若波罗蜜中生,声闻乘、辟支佛乘、佛乘,皆从般若波罗蜜中生。"一切佛法都摄入般若波罗蜜中,"一切所有善法助道法。若声闻法若辟支佛法若菩萨法若佛法,是一切法皆摄入般若波罗蜜中。须菩提白佛言:世尊,何等诸善法助道法声闻法辟支佛法菩萨法佛法,皆摄入般若波罗蜜中?佛告

---

[1]《摩诃般若波罗蜜经》卷七,《大正藏》第8卷,第267页上。
[2]《摩诃般若波罗蜜经》卷八,《大正藏》第8卷,279页下。

须菩提:所谓檀那波罗蜜、尸罗波罗蜜、羼提波罗蜜、毗梨耶波罗蜜、禅那波罗蜜、般若波罗蜜,四念处、四正勤、四如意足、五根、五力、七觉分、八圣道分,空、无相、无作解脱门,佛十力、四无所畏、四无碍智、大慈大悲、十八不共法,无错谬相常舍行。须菩提,是诸余善法助道法,若声闻法若辟支佛法若菩萨法若佛法,皆摄入般若波罗蜜中。"①般若能生一切善法,能受一切善法,能摄一切善法:"般若波罗蜜能生一切诸善法若声闻法辟支佛法菩萨法佛法。舍利弗,般若波罗蜜能受一切诸善法声闻法辟支佛法菩萨法佛法。""舍利弗,是六波罗蜜中摄一切善法,若声闻法辟支佛法菩萨法佛法。"②因此欲学声闻、辟支佛、菩萨,均应学习般若波罗蜜:"须菩提,善男子善女人,欲学声闻地亦当应闻般若波罗蜜,持诵读正忆念如说行。欲学辟支佛地亦当应闻般若波罗蜜,持诵读正忆念如说行。欲学菩萨地亦当应闻般若波罗蜜,持诵读正忆念如说行。何以故?是般若波罗蜜中广说三乘,是中菩萨摩诃萨声闻辟支佛当学。"③

般若尽管是三乘共法,然般若深义唯大乘才能究竟,因此若超过声闻缘觉须学般若:"欲过声闻辟支佛地住阿惟越致地,当学般若波罗蜜。菩萨摩诃萨欲胜一切声闻辟支佛智慧,当学般若波罗蜜。欲得诸陀罗尼门诸三昧门,当学般若波罗蜜。一切求声闻辟支佛人布施时,欲以随喜心过其上者,当学般若波罗蜜。一切求声闻辟支佛人持戒时,欲以随喜心过其上者,当学般若波罗蜜。一切求声闻辟支佛人,三昧智慧解脱解脱知见,欲以随喜心过其上者,当学般若波罗蜜。一切求声闻辟支佛人,诸禅定解脱三昧,欲以随喜心过其上者,当学般若波罗蜜。"

如若生小乘心则不能究竟成佛:"云何菩萨不作声闻辟支佛意,作是念声闻辟支佛意非阿耨多罗三藐三菩提道。""所谓不远离声闻辟支

---

① 《摩诃般若波罗蜜经》卷七,《大正藏》第8卷,第266页下。
② 同上书,第272页下。
③ 《摩诃般若波罗蜜经》卷三,《大正藏》第8卷,第234页上。

心,不勤修般若波罗蜜,是菩萨摩诃萨不能具足一切种智。"①在大乘看来,要极力避免堕入小乘的错误中:"须菩提,当知是善男子。中道衰耗是人未到一切种智,于声闻辟支佛地取证。""性空故,如是菩萨摩诃萨欲行般若波罗蜜,应观诸法性空。如是观心无行处,是名菩萨摩诃萨不受三昧广大之用,不与声闻辟支佛共,是萨婆若慧。"②"菩萨摩诃萨不以声闻辟支佛心,观色无常亦不可得。不以声闻辟支佛心,观识无常亦不可得。不以声闻辟支佛心,观色苦无我空无相无作寂灭离。""菩萨摩诃萨行般若波罗蜜,不起声闻辟支佛意及余不善心,是名菩萨摩诃萨禅那波罗蜜。"③"菩萨摩诃萨善知识者,说色无常亦不可得,持是善根不向声闻辟支佛道,但向一切智,是名菩萨摩诃萨善知识。说受想行识无常亦不可得,持是善根不向声闻辟支佛道,但向一切智,是名菩萨摩诃萨善知识。"④

舍利弗曾以为小乘与大乘同样是与无生空性不相违背,佛便指出,虽然大小乘同样与空相应,但有程度的不同,大乘能遍知一切,广度一切众生:

> 舍利弗白佛言:"世尊!声闻所有智慧,若须陀洹、斯陀含、阿那含、阿罗汉、辟支佛智慧、佛智慧,是诸众智无有差别,不相违背无生性空。若法不相违背无生性空,是法无有别异。云何世尊言菩萨摩诃萨行般若波罗蜜一日修智慧出过声闻、辟支佛上?"
>
> 佛告舍利弗:"于汝意云何?菩萨摩诃萨行般若波罗蜜一日修智慧,心念:我行道慧益一切众生,当以一切种智知一切法,度一切众生。诸声闻、辟支佛智慧,为有是事不?"

---

① 《摩诃般若波罗蜜经》卷一八,《大正藏》第 8 卷,第 353 页上。
② 《摩诃般若波罗蜜经》卷三,《大正藏》第 8 卷,第 235 页。
③ 《摩诃般若波罗蜜经》卷四,《大正藏》第 8 卷,第 240 页中。
④ 同上书,第 240 页。

> 舍利弗言:"不也,世尊!"①

这是从智慧与慈悲两方面来看大乘与小乘的区别。智慧与慈悲是佛教的两个根本特征,自觉、觉他、觉行圆满称为佛,自觉就智慧来说,觉他就慈悲来论。这也体现了大乘佛教与小乘佛教的区别。从智慧上看,菩萨行般若可以得一切种智知一切法,从慈悲方面来看,能度一切众生,这两点声闻、缘觉都做不到:

> 舍利弗,于汝意云何? 诸声闻辟支佛颇有是念,我等当得阿耨多罗三藐三菩提度一切众生,令得无余涅槃不? 舍利弗言:不也,世尊。佛告舍利弗:以是因缘故,当知诸声闻辟支佛智慧,欲比菩萨摩诃萨智慧,百分不及一,千分百千亿分,乃至算数譬喻所不能及。②

一方面是自己证得阿耨多罗三藐三菩提,另一方面度脱无量阿僧祇众生令得涅槃,而这两方面声闻、缘觉都不具有。之所以菩萨能高于声闻、缘觉,就在于菩萨修行六度:"舍利弗白佛言:云何菩萨摩诃萨,过声闻辟支佛地,住阿惟越致地,净于佛道? 佛告舍利弗:菩萨摩诃萨从初发意行六波罗蜜,住空无相无作法,能过一切声闻辟支佛地,住阿惟越致地,净于佛道。"所以说菩萨的一日修行便超过了小乘,"一日修智慧,出过一切声闻辟支佛上"。

菩萨不仅在智慧与慈悲上超过声闻、缘觉,同时也具有小乘佛教无法具备的各种功德:"舍利弗。菩萨摩诃萨行般若波罗蜜得如是诸功德,声闻辟支佛所无有得。是功德具足成就众生净佛国土,得一切种智。"并能为菩萨演说般若:"舍利弗,一切声闻辟支佛,实无是力,能为菩萨摩诃萨说般若波罗蜜。"③

2. 一切皆空

"空"无疑是《般若经》最核心的思想。释迦最初讲法的原始佛教中,

---

①②《摩诃般若波罗蜜经》卷一,《大正藏》第 8 卷,第 222 页上。
③《摩诃般若波罗蜜经》卷二,《大正藏》第 8 卷,第 230 页下。

"空"义尚未明显,但已奠定了"空"义产生的最根本原则:"释尊的原始教义,实际上并没有以空为题来宣扬,但佛法的特性,确乎可以'空'来表达。所以在佛法中,空义越来越重要,终于成为佛法甚深的主要命题。"①《阿含经》与部派佛教(上座系),对于"空"的意义,分行空与涅槃空两个方面,诸行空是:"常空,恒空,不变易法空,我我所空",空是无我、无我所的意思。涅槃空是:"一切诸行空寂,不可得,爱尽,离欲,(灭),涅槃",行空与果空是统一的。《般若经》之"空"也是在此基础上展开的。如:

> 深奥处者,空是其义,无相、无作、无起、无生、无染、寂灭、离、如、法性、实际、涅槃。须菩提!如是等法,是为深奥义。……希有世尊!微妙方便力故,令阿惟越致菩萨摩诃萨,离色处涅槃。②

> 我不常说一切法空耶?须菩提言:世尊!佛说一切法空。世尊!诸法空即是不可尽、无有数、无量、无边。……佛以方便力故分别说,所谓不可尽、无数、无量、无边、无着、空、无相、无作、无起、无生、无灭、无染、涅槃,佛种种因缘以方便力说。……一切法不可说,一切法不可说相即是空,是空不可说。③

《般若经》所说的空最初是对涅槃的描述,依涅槃而说空,共有三类:一、无生、无灭、无染、寂灭、离、涅槃。《阿含经》以来,就是表示涅槃(果)的。二、空、无相、无愿,是三解脱门。《阿含经》已用来表示涅槃。是从行上来表示涅槃的。三、真如、法界、法性、实际。其中"实际"是大乘特有的。"真如"等在《阿含经》中,是表示缘起与四谛理的。到《中本般若》,"真如"等作为般若体悟的甚深义,这是从理上来表示涅槃的。这三类——果、行、理境,所有的种种名字,都是表示甚深涅槃的。

"空"是以佛陀的自证为根本立场,表示这一内容的,有空、无相、无

---

① 印顺:《空之探究》,第2页,台北,正闻出版社,1992。有关佛教"空"义的起源与展开,参见印顺此书及印顺《性空学探源》,《妙云集》(中编之四),台北,正闻出版社,1981。
② 《摩诃般若波罗蜜经》卷一,《大正藏》第8卷,第344页上。
③ 《摩诃般若波罗蜜经》卷一七,《大正藏》第8卷,第345中—下。

愿、不起、不生、无所有、远离、寂静、如、法界、实际等种种异名，而《般若经》所独到发扬的，是空———一切法空。当然，《般若经》不是非说"空"不可的，如《金刚般若波罗蜜经》，只说"无相"，没有一个"空"字。《道行般若经》的《道行品》，也没有说到"空"，只说"离"、"无所有"、"无生"、"无性"、"不可得"等。后来到《下本般若》、《中本般若》，"空"逐渐重要，最后成为《般若经》最重要的主题。到了《中本般若》，有了进一步的发展，将种种空类集起来。有所谓的三空、四空、六空、七空、十空、十一空、十二空、十四空、十六空、十八空、十九空、二十空等。其中以《大品般若》所说的十八空影响较大。① 内容如下：

复次舍利弗！菩萨摩诃萨欲住内空、外空、内外空、空空、大空、第一义空、有为空、无为空、毕竟空、无始空、散空、性空、自相空、诸法空、不可得空、无法空、有法空、无法有法空。当学般若波罗蜜。②

大乘佛教般若学为破斥种种"执著"，而提出十八种空，以发挥其"一切皆空"思想，即：(一) 内空，指眼、耳、鼻、舌、身、意等六根中，无我、我所及无眼等之法；(二) 外空，指色、声、香、味、触、法等六境中，无我、我所及色等之法；(三) 内外空，即总六根、六境内外十二处中，无我、我所及内外之法；(四) 空空，不能执著前三空；(五) 大空，即于十方世界，无本来定方彼此之相；(六) 第一义空，又作胜义空、真实空，即离诸法外，别无第一义实相之自性可得，于实相无所著；(七) 有为空，即因缘集起之法与因缘之法相皆不可得；(八) 无为空，无为即涅槃，非因缘所生，常不生不灭，如虚空，无所可着，故说无为空，即对涅槃相不可执著；(九) 毕竟空，又作至竟空，即以有为空、无为空破一切法，一切皆空；(十) 无始空，又作无限空、无际空、无前后空。即一切法虽生起于无始，而亦于此法中舍离取

---

① 以上论述参见印顺《初期大乘之起源与开展》，第716—723页。
② 《摩诃般若波罗蜜经》卷一，《大正藏》第8卷，第219页下。

相;(十一)散空,又作散无散空、不舍空、不舍离空,即诸法但和合假有,故毕竟为别离散灭之相无所有;(十二)性空,又作本性空,即诸法自性本空;(十三)自相空,又作自共相空、相空,即诸法缘生之相不可得;(十四)诸法空,又作一切法空,即于蕴、处、界等一切法皆无自性;(十五)不可得空,又作无所有空,即诸因缘法中,求我、法不可得;(十六)无法空,又作无性空、非有空,即诸法若已坏灭,则无自性可得,未来法亦如是;(十七)有法空,又作自性空、非有性空,即诸法由因缘而有,故现在之有即非实有;(十八)无法有法空,又作无性自性空,即总三世一切法之生灭及无为法,一切皆不可得。

《般若经》虽列举种种空,是从不同角度、不同法门来揭示空义。尽管空有种种,而万法之所以为空,却是一致的,即"缘起无自性",一切都是因缘和合的,没有固定不变的、永恒的本性:

> 佛言:诸法和合因缘生法中无自性,若无自性是名无法。以是故,须菩提,菩萨摩诃萨当知一切法无性。何以故?一切法性空故,以是故,当知一切法无性。①

> 如舍利弗所言,如我诸法亦如是无自性。舍利弗!诸法和合生故无自性。舍利弗!何等和合生无自性?舍利弗!色和合生无自性,受想行识和合生无自性,眼和合生无自性,乃至意和合生无自性,色乃至法,眼界乃至法界,地种乃至识种,眼触乃至意触,眼触因缘生受,乃至意触因缘生受,和合生无自性。檀那波罗蜜乃至般若波罗蜜,和合生无自性,四念处乃至十八不共法,和合生无自性。②

一切诸法都是因缘和合,没有自性,所以是"本性空":"何等为有为空?有为法名欲界、色界、无色界。欲界欲界空,色界色界空,无色界无色界空,非常非灭故。何以故?性自尔。"经中列举了五蕴、十八界、四念

---

① 《摩诃般若波罗蜜经》卷二二,《大正藏》第8卷,第378页上。
② 《摩诃般若波罗蜜经》卷七,《大正藏》第8卷,第269页上—中。

处、十八不共法等都是缘起无自性的，所以"空"是遍一切时、一切处的，所谓"一切皆空"。

一切法都是缘起无自性的，因此"空"是无量无边无尽的，"诸法空即是不可尽，无有数无量无边。世尊，空中数不可得量不可得边不可得。以是故，世尊，是不可尽，无数无量无边义无有是异。"① 一切法都是因缘和合而成无自性，所以是空，因此一切法也都是不真实的，存在的只是"假象"，《般若经》中经常以如幻如梦来作比喻。"一切法自性空无众生无人无我，一切法如幻如梦如响如影如焰如化"。"菩萨摩诃萨行般若波罗蜜，知一切法如梦如响如影如焰如幻如化"。如：

> 众生如幻，听法者亦如幻。众生如化，听法者亦如化。诸天子，我如幻如梦，众生乃至知者见者亦如幻如梦。诸天子，色如幻如梦，受想行识如幻如梦，眼乃至意触因缘生受如幻如梦，内空乃至无法有法空，檀那波罗蜜乃至般若波罗蜜，如幻如梦。诸天子，四念处乃至十八不共法如幻如梦，须陀洹果如幻如梦，斯陀含果、阿那含果、阿罗汉果、辟支佛道如幻如梦。诸天子，佛道如幻如梦。尔时诸天子问须菩提：汝说佛道如幻如梦，汝说涅槃亦复如幻如梦耶？须菩提语诸天子：我说佛道如幻如梦，我说涅槃亦如幻如梦。若当有法胜于涅槃者，我说亦复如幻如梦。何以故？诸天子，是幻梦涅槃不二不别。②

一切皆空，佛果也不能例外，经中强调佛与佛所证得的涅槃也是"空幻"的："知诸法实义故名为佛，复次得诸法实相故名为佛，复次通达实义故名为佛，复次如实知一切法故名为佛。"觉悟到诸法实相、实义，便是佛。而诸法实相便是空：

> 善男子！诸佛无所从来，去亦无所至。何以故？诸法如不动

---

① 《摩诃般若波罗蜜经》卷一七，《大正藏》第 8 卷，第 345 页中—下。
② 《摩诃般若波罗蜜经》卷八，《大正藏》第 8 卷，第 276 页上—中。

相,诸法如即是佛。善男子!无生法无来无去,无生法即是佛。无灭法无来无去,无灭法即是佛。实际法无来无去,实际法即是佛。空无来无去,空即是佛。善男子!无染无来无去,无染即是佛。寂灭无来无去,寂灭即是佛。虚空性无来无去,虚空性即是佛。善男子,离是诸法更无佛。诸佛如诸法如,一如无分别。①

诸法如即佛,诸法无生无灭无染,因此无生无灭无染就是佛,如同虚空与寂灭。所以佛身无形无像,也无去来,

"若有人分别诸佛有来有去,当知是人皆是愚夫。何以故?善男子,诸佛不可以色身见,诸佛法身无来无去,诸佛来处去处亦如是"。所以菩萨念佛之时,"不以三十二相念,亦不念金色身,不念丈光不念八十随形好"。因为"佛身自性无故,若法无性是为无所有"。②

空不仅体现在教理与佛果上,更体现在修行上,这是经中反复说明的;而达到空的方法是般若智慧,所以《般若经》也说般若就是佛:"当知般若波罗蜜即是佛,般若波罗蜜不异佛,佛不异般若波罗蜜。"所谓涅槃的境界就是空:"何等为第一义空,第一义名涅槃,涅槃涅槃空非常非灭故。何以故?性自尔。"③"性空即是涅槃"。"涅槃亦复如幻如梦"。是幻梦涅槃不二不别。涅槃的空,是深奥义,"深奥处者空是其义,无相无作无起无生无染,寂灭离如法性实际涅槃"。

经中也常以"无相"来表达空,法无自性则诸法无相,"若法无自性是法无相,若法无相是法一相,所谓无相"。而"以一切法实无相无色无形无碍一相,所谓无相"。一切法皆空,则一切法都无自性:"菩萨摩诃萨知

---

① 《摩诃般若波罗蜜经》卷二七,《大正藏》第 8 卷,第 421 页中一下。
② 《摩诃般若波罗蜜经》卷二三,《大正藏》第 8 卷,第 385 页中。
③ 《摩诃般若波罗蜜经》卷五,《大正藏》第 8 卷,第 250 页中。

一切法无相已,知六波罗蜜无相,乃至知一切佛法无相。"①

在修行中要做到无相,就能具足般若智慧:"菩萨摩诃萨无相法中能具足般若波罗蜜。""若修无相是修般若波罗蜜。"如布施时要做到无相:"当知菩萨布施无相、施者无相、受者无相,能如是知布施,是能具足檀那波罗蜜。"②

一切诸法无所有相,因此菩萨修行时,要不取不著,才能获得解脱成就佛道:"般若波罗蜜,不取色不着色,故能成办受想行识不取不着,故能成办。乃至一切种智不取不着,故能成办。须陀洹果乃至阿罗汉果辟支佛道,乃至阿耨多罗三藐三菩提,不取不着,故能成办。""般若波罗蜜无法可取无法可舍,何以故?一切法不取不舍故。世尊,般若波罗蜜于何等法不取不舍?佛言:般若波罗蜜于色不取不舍,于受想行识乃至阿耨多罗三藐三菩提不取不舍。"

不仅不取不著,而且无法可得:"云何名不可得?佛言:诸法内空乃至无法有法空故。"菩萨修行的六度万行也不可得:"若法无所有不可得,是般若波罗蜜。尔时,舍利弗问须菩提:何等法,无所有不可得?须菩提言:般若波罗蜜是法无所有不可得,禅那波罗蜜、毗梨耶波罗蜜、羼提波罗蜜、尸罗波罗蜜、檀那波罗蜜,是法无所有不可得。"即使成佛也还是无法可得:"舍利弗,佛无所有不可得,萨婆若法,无所有不可得。一切种智法,无所有不可得。"③

3. 六度

对大乘菩萨道的发挥是《般若经》的重要内容,对六度的阐发在《大品般若经》中占有相当的比重。经中一再强调大乘修学以六度为纲目:"须菩提!菩萨摩诃萨欲得阿耨多罗三藐三菩提,应学应行六波罗蜜。菩萨摩诃萨行六波罗蜜,具足一切善根,当得阿耨多罗三藐三菩提。"④所

---

① 《摩诃般若波罗蜜经》卷二三,《大正藏》第8卷,第390页中。
② 《摩诃般若波罗蜜经》卷二三,《大正藏》第8卷,第390页上。
③ 《摩诃般若波罗蜜经》卷三,《大正藏》第8卷,第236页中。
④ 《摩诃般若波罗蜜经》卷二一,《大正藏》第8卷,第371页上。

谓六度,即布施(檀那波罗蜜)、持戒(尸罗波罗蜜)、忍辱(羼提波罗蜜)、禅定(禅那波罗蜜)、精进(毗梨耶波罗蜜)、般若(般若波罗蜜)。大乘佛教主张一切法无差别,因此在修行上本没有六度的差别,但随顺世俗而有六种差别。其中般若直接体现诸法无自性的精神,其他五度都因与般若相应才能达到佛的一切智:

> 若诸波罗蜜无差别相,云何般若波罗蜜,于五波罗蜜中第一最上微妙?佛告须菩提:如是如是,诸波罗蜜虽无差别。若无般若波罗蜜,五波罗蜜不得波罗蜜名字。因般若波罗蜜,五波罗蜜得波罗蜜名字。须菩提!譬如种种色身,到须弥山王边皆同一色。五波罗蜜亦如是,因般若波罗蜜到萨婆若中一种无异,不分别是檀那波罗蜜、是尸罗波罗蜜、是羼提波罗蜜、是毗梨耶波罗蜜、是禅那波罗蜜、是般若波罗蜜。何以故?是诸波罗蜜无自性故,以是因缘故,诸波罗蜜无差别。①

其他五度不能远离般若,只有般若才能导五度入萨婆若,因此经中把般若比做眼,而其他五度若无般若就如同盲人,"譬如生盲人若百若千若百千,而无前导不能趣道入城。憍尸迦,五波罗蜜亦如是,离般若波罗蜜如盲无导不能趣道,不能得一切智。憍尸迦,若五波罗蜜得般若波罗蜜将导,是时五波罗蜜名为有眼。"②

当然般若若离开五度也不是完整的般若波罗蜜:"若无檀那波罗蜜助五波罗蜜,不得波罗蜜名字。若无尸罗波罗蜜、羼提波罗蜜、毗梨耶波罗蜜、禅那波罗蜜,五波罗蜜不得波罗蜜名字。"但是若菩萨摩诃萨住般若波罗蜜中,"能具足檀那波罗蜜、尸罗波罗蜜、羼提波罗蜜、毗梨耶波罗蜜、禅那波罗蜜"。因此,般若波罗蜜,于五波罗蜜中最上第一,只要受持般若波罗蜜就已总摄五波罗蜜,"般若波罗蜜中含受五波罗蜜"。③

---
① 《摩诃般若波罗蜜经》卷二一,《大正藏》第8卷,第369页中—下。
② 《摩诃般若波罗蜜经》卷一一,《大正藏》第8卷,第302页。
③ 《摩诃般若波罗蜜经》卷一五,《大正藏》第8卷,第328页中。

六度以般若为导，其他五度的修行也要与般若相应，若能与般若相应，就能同时具足六度。如以布施为例，布施波罗蜜本身就包含着般若在内，"云何名檀那波罗蜜？须菩提！菩萨摩诃萨以应萨婆若心，内外所有布施，共一切众生回向阿耨多罗三藐三菩提，用无所得故。须菩提！是名菩萨摩诃萨檀那波罗蜜。"①无所得体现的般若的智慧，所谓与"萨婆若心"相应，就是与般若智慧相应，与般若相应才能称为布施波罗蜜，否则只能是布施。

布施时，如何与般若相应？经中分布施为世间与出世间两种，出世间布施才能与般若相应。所谓世间檀那波罗蜜，是指布施时不能与般若相应，如布施时心生分别："是布施因缘，令众生得今世乐，后当令得入涅槃乐。"是人布施有三碍："我相他相施相，著是三相布施，是名世间檀那波罗蜜。"因为此种布施于世间不动不出，称为世间檀那波罗蜜。所谓出世间檀那波罗蜜，是指布施时，"我不可得，不见受者，施物不可得，亦不望报"。称为菩萨摩诃萨三分清净檀那波罗蜜。而且，"布施时，施与一切众生，众生亦不可得，以此布施回向阿耨多罗三藐三菩提，乃至不见微细法相。舍利弗！是名出世间檀那波罗蜜。何以故？名为出世间，于世间中能动能出，是故名出世间檀那波罗蜜"②。

所谓出世间布施，就是要做到没有一切分别、执著："菩萨施与一切众生无所分别，是名修布施。"不分别布施与不布施："尔时菩萨摩诃萨，不分别布施不布施。"也要没有施者、施物、受者的分别、执著："菩萨摩诃萨布施时，不得与者，不得受者，不得所施物，是人得具足檀那波罗蜜。"更不能以施舍而自慢："菩萨从初已来以方便力布施无我我所心布施，乃至无我我所心修智慧。是人不作是念，我有是施是我施，不以是施自高。"诸法毕竟空，因此施者、施报、受者皆空：

  菩萨摩诃萨行般若波罗蜜时，以方便力故，建立众生于布施。

---

① 《摩诃般若波罗蜜经》卷五，《大正藏》第 8 卷，第 250 页上。
② 《摩诃般若波罗蜜经》卷七，《大正藏》第 8 卷，第 272 页中—下。

建立已,说布施先后际相空。作是言:如是布施前际空,后际空,中际亦空。施者亦空,施报亦空,受者亦空。诸善男子,是一切法实际中不可得,汝等莫念:布施异施者,异施报,异受者异。若汝等不念布施异施者异,施报异,受者异,是时布施能取甘露味得甘露味果。汝善男子,以是布施故,莫着色莫着受想行识。何以故?是布施布施相空,施者施者空,施报施报空,受者受者空。空中布施不可得,施者不可得施报不可得,受者不可得。何以故?是诸法毕竟自性空故。①

经中认为菩萨在修行六波罗蜜,有六种法不应为,在布施时也同样不应为:"一者不作声闻辟支佛意,二者布施不应生忧心,三者见有所索心不没,四者所有物布施,五者布施之后心不悔,六者不疑深法。"②布施后要将布施的功德回向佛道:

"阿难!于汝意云何?不回向萨婆若布施,得称檀那波罗蜜不?"

"不也,世尊。"

"世尊!云何布施回向萨婆若作檀那波罗蜜,乃至作般若波罗蜜?"

佛告阿难:"以无二法布施回向萨婆若,是名檀那波罗蜜。以不生不可得故,回向萨婆若布施,是名檀那波罗蜜,乃至以无二法智慧回向萨婆若,是名般若波罗蜜。"③

不仅自己布施,而且要赞叹、随喜、教他人布施:"是菩萨自行布施亦教他人行布施,赞叹布施法,欢喜赞叹行布施者。"④而且要将布施的功德回向给一切众生,共成佛道:"所有布施应萨婆若心,共一切众生回向阿

---

① 《摩诃般若波罗蜜经》卷二五,《大正藏》第8卷,第401页上。
② 《摩诃般若波罗蜜经》卷六,《大正藏》第8卷,第257页上。
③ 《摩诃般若波罗蜜经》卷九,《大正藏》第8卷,第288页上—中。
④ 《摩诃般若波罗蜜经》卷二五,《大正藏》第8卷,第405页下。

耨多罗三藐三菩提。"①

如此布施便具有整个六度："佛告舍利弗：施人受人财物不可得故，能具足檀那波罗蜜。罪不罪不可得故，具足尸罗波罗蜜。心不动故，具足羼提波罗蜜。身心精进不懈怠故，具足毗梨耶波罗蜜。不乱不味故，具足禅那波罗蜜。知一切法不可得故，具足般若波罗。"②具体而言，布施时回向萨婆若，于众生中住慈身口意业，是为菩萨住檀那波罗蜜，取尸罗波罗蜜。布施时，受者嗔恚骂辱恶言加之，是时菩萨忍辱不生嗔恚心，是为菩萨住檀那波罗蜜，取羼提波罗蜜。布施时受者嗔恚骂辱恶言加之，菩萨增益布施心作是念，我应当施不应有所惜，实时生身精进心精进，是为菩萨住檀那波罗蜜，取毗梨耶波罗蜜。布施时回向萨婆若，不趣声闻辟支佛地但一心念萨婆若，是为菩萨住檀那波罗蜜，取禅那波罗蜜。布施时知布施空如幻，不见为众生布施有益无益，是为菩萨住檀那波罗蜜，取般若波罗蜜。③

二、《金刚经》的基本内容与主要思想

《金刚般若波罗蜜经》，鸠摩罗什译；同本异译的还有：《金刚般若波罗蜜经》，魏天竺三藏菩提流支译；《金刚般若波罗蜜经》，陈天竺三藏真谛译；《金刚能断般若波罗蜜经》，隋大业年中三藏笈多译；《能断金刚般若波罗蜜多经》，唐三藏法师玄奘译；《佛说能断金刚般若波罗蜜多经》，唐三藏沙门义净译。在中国佛教史上，以罗什的译本最为流行。该经对中国佛教影响深远，历代的注疏非常丰富。

《金刚经》没有直接谈到"空"，因此学界断定其为早期《般若经》，其核心思想是讲无相、不执著，并渗透到教、理、行、果的方方面面。在"教"上强调无法可说，在"理"上强调无相，在"行"上强调无所住，在"果"上强

---

① 《摩诃般若波罗蜜经》卷四，《大正藏》第8卷，第245页上。
② 《摩诃般若波罗蜜经》卷一，《大正藏》第8卷，第220页上。
③ 《摩诃般若波罗蜜经》卷二〇，《大正藏》第8卷，第365页上一中。

调无所得。虽不谈空,却使般若之空彻底彰显出来,可以说包含了般若思想的主要内容。《金刚经》一再强调没有我、人、众生、寿者四相:"若菩萨有我相、人相、众生相、寿者相,即非菩萨。""其有众生,得闻是经,信解受持,是人则为第一希有! 何以故? 此人无我相、人相、众生相、寿者相。"①所谈的性空幻有思想,最后归结为一句:"一切有为法,如梦幻泡影,如露亦如电,应作如是观。"

一切诸法如梦如幻,超出语言的分别,一旦说出,便非般若的本意,所以《金刚经》一再强调佛不说法:"须菩提,于意云何,如来有所说法不? 须菩提白佛言:世尊,如来无所说。"若认为佛有法可说则为谤佛,"若人言如来有所说法即为谤佛。不能解我所说故"。无法可说才是说法:"须菩提。说法者无法可说,是名说法。"无法可说,是从佛法的最究竟处而言的,在其他《般若经》中称为真谛,但真谛须透过俗谛才能体现,佛为度化众生又必须随缘说教。空无定性,因此法无定法,只是随缘说教:"无有定法名阿耨多罗三藐三菩提,亦无有定法如来可说。"因此对佛法绝不可生丝毫执著,"如来所说法皆不可取不可说",佛陀说法的目的是为众生获得般若智慧,佛法就像过河用的筏,一旦过河之后,就要舍弃掉:"如来常说汝等比丘,知我说法如筏喻者,法尚应舍,何况非法。"②

既然法无定法,便可说一切法皆为佛法:"如来说一切法皆是佛法。"因为"如来所得阿耨多罗三藐三菩提,于是中无实无虚"。"一切贤圣皆以无为法而有差别"。不论说空谈有,只要能领悟缘起性空,则无非佛法,"所言一切法者,即非一切法,是故名一切法"③。《金刚经》中经常出现这样的句式,其目的在说明,佛法之所以为佛法,就在于其本身没有自性、不可执著,如《经》中说:"如来说第一波罗蜜,非第一波罗蜜,是名第一波罗蜜。""如来说一合相,则非一合相,是名一合相。""如来说具足色

---

① 《金刚般若波罗蜜经》,《大正藏》第 8 卷,第 750 页。
② 同上书,第 749 页中。
③ 同上书,第 751 页下。

身,即非具足色身,是名具足色身。""所言法相者,如来说即非法相,是名法相。""如来说世界,非世界,是名世界。""诸微尘,如来说非微尘,是名微尘。"

经中强调发菩提心、修菩萨行的重要,但无论发心还是修行都要与般若相应,即要做到无所住、不着相。大乘佛教要发度尽一切众生的宏愿,但不可执著于此宏愿:"善男子善女人,发阿耨多罗三藐三菩提者,当生如是心,我应灭度一切众生,灭度一切众生已而无有一众生实灭度者。何以故?须菩提,若菩萨有我相人相众生相寿者相则非菩萨。所以者何?须菩提,实无有法发阿耨多罗三藐三菩提者。"一切皆空,菩提心也无实法可得,度众生而无众生可度,若有众生可度,则心中尚有人相我相众生相,这无疑与般若之空相悖。所以说:"如是灭度无量无数无边众生,实无众生得灭度者。何以故?须菩提,若菩萨有我相、人相、众生相、寿者相,即非菩萨。"①只有达到没有我相众生相等,才是大乘菩萨法:"若菩萨通达无我法者,如来说名真是菩萨。"所以发菩提心应离一切相,不住一切法:"菩萨应离一切相发阿耨多罗三藐三菩提心,不应住色生心,不应住声香味触法生心。应生无所住心,若心有住则为非住。"②

发心如此,具体的修行同样如此,六度万行要以般若为导,因此所有的修行都要做到"无所住"。经中以布施为例来说明:"菩萨于法应无所住行于布施。所谓不住色布施,不住声香味触法布施。"在布施中要做到没有施者、施法、被施者,这样的布施功德无量,因为在布施时没有任何执著,就像虚空无量无边:"若菩萨不住相布施,其福德不可思量。须菩提,于意云何,东方虚空可思量不?不也,世尊。须菩提,南西北方四维上下虚空可思量不?不也,世尊。须菩提!菩萨无住相布施福德,亦复如是不可思量。"③若不能无住布施,所得的功德非常有限:"若菩萨心

---

①③《金刚般若波罗蜜经》,《大正藏》第8卷,第749页上。
② 同上书,第750页中。

住于法而行布施,如人入暗则无所见。"大乘菩萨为度众生要庄严佛土,同样也要不住一切法:"若菩萨作是言,我当庄严佛土,是不名菩萨。何以故?如来说庄严佛土者,即非庄严是名庄严。"经中对菩萨道的修行用"无所住而生其心"来概括:"是故须菩提,诸菩萨摩诃萨应如是生清净心,不应住色生心,不应住声香味触法生心,应无所住而生其心。"①

在修行论上强调"无所住",在解脱论上,《金刚经》强调的是"无所得"。成佛获涅槃并非有法可得,有涅槃可证,也无佛可成。经中强调佛是没有色相可见的:"须菩提,于意云何,可以三十二相见如来不?不也,世尊,不可以三十二相得见如来,何以故?如来说三十二相即是非相,是名三十二相。"②若如来可以三十二相见,那么转轮圣王也具有三十二相,转轮圣王就是佛,其实佛之所以为佛,不在于形象,而在于诸法实相。"如来者即诸法如义"。"须菩提,于意云何,可以身相见如来不?不也,世尊,不可以身相得见如来。何以故?如来所说身相即非身相。佛告须菩提:凡所有相皆是虚妄,若见诸相非相则见如来"③。"离一切诸相则名诸佛"。若想以身相见佛便背离佛法,是邪见:"若以色见我,以音声求我,是人行邪道,不能见如来。"佛虽无相,但不是断灭:"须菩提,若作是念,发阿耨多罗三藐三菩提者,说诸法断灭相。莫作是念,何以故?发阿耨多罗三藐三菩提心者,于法不说断灭相。"④

成佛也并无实法可得:"佛告须菩提:于意云何?如来昔在然灯佛所,于法有所得不?世尊,如来在然灯佛所,于法实无所得。"⑤若如来实有法得阿耨多罗三藐三菩提,那么然灯佛则不与受记。佛所

---

① ⑤《金刚般若波罗蜜经》,《大正藏》第8卷,第749页下。
② 同上书,第750页上。
③ 同上书,第749页上。
④ 同上书,第752页上。

得之法超出有无对待,"如来所得阿耨多罗三藐三菩提,于是中无实无虚"。于阿耨多罗三藐三菩提,乃至无有少法可得是名阿耨多罗三藐三菩提。

《金刚经》强调般若思想非常重要,"一切诸佛及诸佛阿耨多罗三藐三菩提法皆从此经出"。般若为大乘法,最上乘法:"如来为发大乘者说,为发最上乘者说。"①声闻、缘觉不能领会般若深义:"若乐小法者,着我见人见众生见寿者见,则于此经不能听受读诵为人解说。"若有人受持读诵此经,"如来悉知悉见",此人定能成就第一希有之法,具有无量无边的功德,经中不厌其烦地宣说此义:

> 须菩提!于意云何,若人满三千大千世界,七宝以用布施,是人所得福德宁为多不?须菩提言:甚多,世尊。何以故?是福德即非福德性,是故如来说福德多。若复有人于此经中,受持乃至四句偈等为他人说,其福胜彼。②

> 须菩提!我今实言告汝,若有善男子善女人,以七宝满尔所恒河沙数三千大千世界,以用布施,得福多不?须菩提言:甚多,世尊。佛告须菩提:若善男子善女人,于此经中乃至受持四句偈等,为他人说,而此福德胜前福德。③

> 若有人能受持读诵广为人说,如来悉知是人,悉见是人,皆得成就不可量、不可称、无有边、不可思议功德。如是人等则为荷担如来阿耨多罗三藐三菩提。④

认为《金刚经》所在之处,如同佛塔,所以应竭诚恭敬、供养:"须菩提!在在处处若有此经,一切世间天人阿修罗所应供养,当知此处则为是塔,皆应恭敬作礼围绕以诸华香而散其处。"⑤

---

① ④ ⑤《金刚般若波罗蜜经》,《大正藏》第8卷,第750页下。
② 同上书,第749页中。
③ 同上书,第749页下—750页上。

第三节 两晋时期的般若学者与般若学流派

一、两晋时期的般若学者

《般若经》虽在汉末三国时已有汉译,即支谶的《道行经》、支谦的《大明度无极经》,都是《小品般若经》,而且当时玄学尚未盛行,所以并未引起时人重视。西晋时期《大品般若经》开始译出,即竺叔兰、无叉罗的《放光般若经》、竺法护的《光赞般若经》,大乘般若学更加流行,般若学者除了翻译《般若经》外,主要是从事抄写、读诵、宣讲,并开始出现汉文的注疏。有文字可考的西晋般若学者如下:①

竺法护,月支后裔,世居敦煌,僧人。泰康七年(286),于阗沙门祇多罗带来《光赞般若经》梵本,竺法护于同年11月译出,聂承远笔受,为《光赞般若经》十卷。帛元信与沙门法度也参与译事。

竺叔兰,天竺后裔,父世移居河南,居士。元康元年(291)五月,翻译《放光般若经》二十卷,由于阗沙门无叉罗执胡本,祝太玄、周玄明二人笔受。

卫士度,司州汲郡(今河南汲县西)人,居士。晋惠帝时他略东汉支谶所译《道行般若经》(十卷)为《摩诃般若波罗蜜道行经》二卷②。

支孝龙,淮阳人,僧人。少以风姿见重,常研读《小品》,以为心要。与玄学家陈留阮瞻、颍川庾凯等为知交,世人呼为"八达"。竺叔兰译出《放光般若经》不久,"即得批阅,旬有余日,便就开讲,后不知所终"。

法祚,河南(今河南沁阳)人,俗姓万,帛远之弟,僧人。曾被征博士,不就,年二十五出家,深洞佛理,知名关陇一带。梁州刺史张光逼其还俗,不从,为张光所杀。为《放光般若经》作注,并著有《显宗论》。③

---

① 任继愈主编:《中国佛教史》,第二卷,第9—11页。
② 僧祐:《出三藏记集》卷二,《大正藏》第55卷,第10页上。
③ 慧皎:《高僧传》卷一,《大正藏》第50卷,第327页下。

309

竺僧敷，僧人，学通众经，尤善《放光》及《道行般若经》，西晋末移居江左，住建康瓦官寺，开席讲法。

总体而言，此时的般若思想主要是理解传播阶段，对《般若经》进行注释的人很少。直到东晋时期，才形成把般若学说与魏晋玄学结合起来的般若学说。

东晋时期《大品般若经》开始翻译，印度的般若思想基本上介绍到汉地。当时正值魏晋玄学盛行，人们普遍把般若学与魏晋玄学看做基本上一致的学说，人们以玄学来理解和解释般若学，这种以老庄玄学的思想来解释佛经的做法，称之为"格义之学"。最初倡导"格义之学"的是竺法雅。据《高僧传》卷四《竺法雅传》记载，竺法雅为晋代僧人，又称法雅，河北河间（今河北献县东南人），生卒年不详。少善外学，出家后精通佛理。曾与道安共事佛图澄。法雅讲经，经常运用儒家、道家的名词、概念和思想比附和解释佛教义理，史称"格义"："以经中事数拟配外书，为生解之例，谓之格义"。"外典佛经递互讲说"。常与道安、法汰等共同解析疑难，以尽经要。后，立寺于高邑，训诱僧众百余。弟子有昙习等人。①

当然格义难达佛教真髓，已为当时高僧所识，如僧叡《毗摩罗诘提经疏序》中说："自慧风东扇，法言流咏已来，虽曰讲肆，格义迂而乖本，六家偏而不即性空之宗。"道安开始也以格义讲述佛教、注释佛典，然深自戒惧，唯恐格义歪曲佛教教义，故主张应以印度佛教原义正确翻译佛典，并借由佛典本身探究佛理。"安曰：先旧格义于理多违"。②

自罗什重译大小品《般若经》及中观学论典以来，格义佛学才逐渐结束，真正的般若学才为中土所接受，罗什及其弟子僧肇、道生、僧叡等为新般若学者的代表。

---

① 慧皎：《高僧传》卷四，《大正藏》第 50 卷，第 347 页上。
② 《缁门警训》，《大正藏》第 48 卷，第 1047 页上。

二、六家七宗

东晋十六时代的般若学基本上没有摆脱"格义"佛学的影响,当时学派众多,有所谓"六家七宗"的说法。据刘宋庄严寺昙济所著《六家七宗论》说:"论有六家,分成七宗。第一本无宗,第二本无异宗,第三即色宗,第四识含宗,第五幻化宗,第六心无宗,第七缘会宗。本有六家,第一家分为二宗,故成七宗。"

根据汤用彤先生的考证,六家七宗的代表人物是①:

六家	七宗	代表人
本无	本无	道安(性空宗义)
	本无异	竺法深 竺法汰(竺僧敷)
即色	即色	支道林(郄超)
识含	识含	于法开(于法威 何默)
幻化	幻化	道壹
心无	心无	支愍度 竺法蕴 道恒 (桓玄 刘遗民)
缘会	缘会	于道邃

从现有的史料来看,确实以本无、即色、心无三家的影响为最大。本无宗的主要代表人物为道安,他"徒众数百",分迁南北各处,影响达到黄河流域和长江中下游,是当时般若学的重镇。即色宗的主要代表人物支遁,活动于长江下游,江浙一带的东晋文化中心,是当时一代名僧,与名士们交往甚密。心无宗标新立异,被僧徒们视为异端邪说,成为众矢之的,名僧慧远还亲自与之辩论,名声亦不小。②

---

① 汤用彤:《汉魏两晋南北朝佛教史》,第192页。
② 许抗生:《僧肇评传》,第69页,南京,南京大学出版社,1998。

1. 本无宗

道安为当时的般若学大家,相关著述有《光赞折中解》一卷、《光赞抄解》一卷、《放光般若析疑准》一卷、《放光般若起尽解》一卷、《道行经集异注》一卷、《实相义》、《道行旨归》、《般若析疑略序》、《大品序》、《道行经序》、《合放光光赞随略解序》、《摩诃般若波罗蜜抄序》、《性空论》等。

后人多以道安为"本无宗"的代表人物,但其阐发"本无义"的著述已佚,只在后人著作中有些记载。吉藏《中观论疏》说:

> 什师未至,长安本有三家义:一者释道安明本无义,谓无在万化之前,空为众形之始。夫人之所滞,滞在末有。若托心本无,则异想便息。安公本无者,一切诸法,本性空寂,故云本无。此与《方等》经论、什肇山门义无异也。①

《名僧传抄·昙济传》说:

> 第一本无立宗曰:如来兴世,以本无弘教,故《方等》深经,皆备明五阴本无。本无之论,由来尚矣。何者?夫冥造之前,廓然而已。至于元气陶化,则群象禀形。形虽资化,权化之本,则出于自然。自然自尔,岂有造之者哉?由此而言,无在元化之前,空为众形之始,故为本无。非谓虚豁之中,能生万有也。夫人之所滞,滞在末有。宅心本无,则斯累豁矣。夫崇本可以息末者,盖此之谓也。②

慧达《肇论疏》:

> 第三解本无者,弥天释道安法师本无论云:明本无者,秤如来兴世以本无弘教,故方等深经皆云五阴本无。本无之论由来尚矣,须得彼义为是本无,明如来兴世只以本无化物,若能苟解无本,即思异

---

① 吉藏:《中观论疏》,《大正藏》第42卷,第29页下。
② 宝唱:《名僧传抄·昙济传》,《续藏经》第77册,第354页下。

息矣。但不能悟诸法本来是无,所以名本无为真,末有为俗耳。①

由上记载,可以大致可了解道安本无义的主要思想:第一,主张"无在元化之先,空为众形之始,故称本无"。认为宇宙产生之前,有一廓然空无世界的存在,称为"本无"。但并不主张空中生有,"非谓虚豁之中,能生万有也"。而是"元气陶化",产生万物。第二,认为"一切诸法,本性空寂,故云本无"。本无为万法之本,以"本无"为真,"末有"为俗。

若不执著于万有,"宅心本无,则斯累豁矣"。契入"本无",便是般若智慧。道安认为般若是佛道根本:"般若波罗蜜者,无上正真道之根也","大哉智度(般若波罗蜜),万圣资通咸宗以成也。"认为般若之道,"本末等尔"、"悠然无寄"、"有无均净"、"无所着"、"无所有",是绝对空无、寂静的境界。此般若智慧与世俗智慧不同,"何者?诸五阴至萨云若,则是菩萨来往所现法慧可道之道也。诸一相无相,则是菩萨来往所现真慧,明乎常道也。可道故后章或曰世俗,或曰说己也。常道则或曰无为,或曰复说也。此两者同谓之智,而不可相无也。斯乃转法轮之目要,般若波罗蜜之常例也。"②菩萨的智慧为"常道",世俗智慧为"可道","常道"体现的是"无为"、"无相"的"真慧"。

《般若经》主张诸法"缘起无自性毕竟空",而并不讲"冥造之先廓然而已"和"空为众形之始",道安的这一思想是受老庄玄学影响的结果。如王弼说:"凡有皆始于无,故未形无名之时,则为万物之始。"③何晏说:"天地万物皆以无为本。"④

道安的本无宗影响很大,僧叡曾有这样的评价:"凿荒途以开辙,标玄指于性空。"但仍有某些局限,"炉冶之功,微恨不尽"。僧肇《不真空论》曾对本无宗提出批评。吉藏《中论疏》认为僧肇所批并非道安本无

---

① 慧达:《肇论疏》,《续藏经》第54卷,第59页中。
② 僧祐:《出三藏记集》卷七,《大正藏》第55卷,第48页中。
③ 王弼注、楼宇烈校释:《老子道德经校释》,第1页,北京,中华书局,2008。
④ 《晋书·王戎传附王衍传》,《晋书》卷四三,第1236页。

义,认为道安本无与"什、肇山门义无异"。元康、净源认为僧肇批判的是竺法汰的本无义。但学界一般认为僧肇所批判的是整个本无宗,应包括道安在内。① 僧肇的批评:"本无者,情尚于无,多触言以宾无。故非有,有即无;非无,无亦无。寻夫立文之本旨者,直以非有,非真有。非无,非真无耳。何必非有无此有,非无无彼无。此直好无之谈,岂谓顺通事实,即物之情哉?"②可见本无宗"情尚于无,多触言以宾无",过于强调无,所谓"非有,有即无;非无,无亦无"。把无看做是绝对的"空无",从而割裂了有无相即关系,陷入了断灭空。显然违背了般若中观学的中道立场,中观学的非有非无是主张"非有非真有,非无非真无"的空有一如的立场。

又据慧达《肇论疏》载,慧远也持本无之说:"庐山远法师本无义云:因缘之所有者,本无之所无。本无之所无者,谓之本无。本无与法性同实而异名也,性异于无者,察于性也。无异于性者,察于无也。察性者不知知无,除无者不知知性,知性无性者其唯无除也。"③慧远以事物依因待缘而有,即是本无之无,本无与法性同义。慧远师事道安学习般若学,22岁开讲《般若经》,道安允许慧远援引《庄子》作连接类比。晋哀帝兴宁三年(365),慧远跟随道安南下襄阳,时道恒在荆州一带宣扬般若学的心无义,影响很大。竺法汰指使弟子昙壹前往辩难,当时慧远奉道安命慰问法汰,也就席攻难道恒。《高僧传·竺法汰传》:"心无之义,于此而息。"慧远著有《大智度论抄》20卷、《大智度论抄序》。晚年著《法性论》呈罗什,什叹曰:"汉人未见新经,便暗与理合。"

2. 本无异宗

竺潜为本无异宗的代表人物。竺潜(286—374),东晋僧人,又作竺

---

① 方立天:《魏晋南北朝佛教》,第261页,北京,中国人民大学出版社,2006。许抗生:《僧肇评传》,第169页。
② 僧肇:《肇论》,《大正藏》第45卷,第152页上。
③ 慧达:《肇论疏》,《续藏经》第54卷,第59页中。

道潜。俗姓王,字法深,琅玡(山东省临沂县北约十五里)人。晋丞相王敦之弟,年十八出家,事中州刘元真为师。年二十四,讲《法华》、《大品》。晋永嘉初避乱过江,中宗元皇及萧祖明帝,丞相王茂弘、大尉庾元规,并钦其风德友而敬焉。曾于御筵开讲《大品》,"上及朝士并称善焉"。他不仅擅长般若学,而且对老庄之学也很有研究。建武(317—318)、太宁(323—326)中,常着屦至殿内,时人称之"方外之士"。弟子有竺法友、竺法义、康法识、竺法济等人。晋宁康二年(374)卒,年八十九。① 其著述学说不明。吉藏《中观论疏》载:"次琛(应作深)法师云:本无者,未有色法,先有于无。故从无出有,即无在有先,有在无后,故称本无。"安澄《中论疏记》也载:"《二谛搜玄论》十三宗中本无异宗,其制论曰:夫无者何也?壑然无形,而万物由之而生者也。有虽可生,而无能生万物。故佛答梵志,四大从空生也。"《山门玄义》第五卷《二谛章》下云:"复有竺法深即云,诸法本无,壑然无形,为第一义谛。所生万物,名为世谛。故佛答梵志,四大从空而生。"

从吉藏与安澄的记载中可以看出,法深的本无异宗与道安的本无宗对"本无"的理解存在很大差别,相同之处在于大都主张无在有先,但本无异宗主张无能生有:"从无出有"、"壑然无形,而万物由之而生"、"四大从空而生"。而道安的本无宗虽然认为"无在万化之前",但强调的是"一切诸法本性空寂",反对"虚空之中能生万有"。本无异宗所理解的本无,显然偏离了《般若经》所说的缘起性空之说,般若学并不认为空在有先,空也不能生起万法。

3. 即色宗

即色宗以支遁为代表。支遁,字道林,以字行世。本姓关,陈留(今河南开封市南)人。约生于西晋愍帝建兴二年(314),卒于东晋废帝太和元年(366)。支遁"幼有神理,聪明秀彻"。著有论文、经序、经注、书信

---

① 慧皎:《高僧传》,《大正藏》第50卷,第347页下—348页中。

等。重要的有《即色游玄论》、《释即色本无义》、《道行指归》、《大小品对比要钞》、《妙观章》、《圣不辩知》、《辨三乘论》、《逍遥论》等,但绝大部分已经佚失。现存著作主要保留在《出三藏集记》和《广弘明集》中。严可均编的《全晋文》收集了残存的遗文,丁福保编的《全晋诗》保存有支遁的诗 18 首。现存关于佛教思想的主要著作是《大小品对比要钞序》(《出三藏记集》卷八)。

当时佛学界普遍认为《小品般若经》是出自《大品般若经》:"尝闻先学共传云:佛去世后,从大品之中抄出小品。"对此支遁发表了不同看法:

> 惟昔闻之曰:夫大小品者出于本品,本品之文有六十万言。今游天竺未适于晋。今此二抄亦兴于大本,出者不同也,而小品出之在先。然斯二经虽同出于本品,而时往有不同者。或小品之所具,大品所不载。大品之所备,小品之所缺。所以然者,或以二者之事同,互相以为赖,明其本一,故不并矣。而小品至略玄总事要举宗,大品虽辞致婉巧而不丧本归。①

认为《般若经》虽有大小品,但二者出于同一个本品,只是繁简不同,内容上互有缺失:"小品之所具,大品所不载。大品之所备,小品之所缺。"但所阐发的道理并无大小之别:"明宗统一,会致不异"。

后人称他的般若学为"即色论"。由于史料残缺,其完整思想已难把握,只能从后世的著述中获得大体印象。

吉藏在《中论疏》说:

> 但即色有二家:一者关内即色义,明即色是空者此明色无自性,故言即色是空,不言即色是本性空也。此义为肇公所呵,肇公云:此乃悟色而不自色,未领色非色也。次支道林着即色游玄论,明即色是空,故言即色游玄论。此犹是不坏假名,而说实相,与安师本性空

---

① 支遁:《大小品对比要钞》,《出三藏记集》卷八,《大正藏》第 55 卷,第 56 页上一中。

故无异也。

吉藏认为即色义有两家,一是关内即色空,主张色无自性,是僧肇所批评的对象;二是支遁的即色是空,也就是道安的"本性空寂"的观点。但支遁并不谈"无在元化之先,空为众形之始",二者存在很大差异,一般都认为《肇论》批判的就是支遁的即色论。吉藏《十二论疏》曾说:"次即色义云:明色无自性故言色空,而因缘假色此即不空。肇师评云:此乃悟色不自色,未领色之非色。今偈破云:因缘生色即无自性,若无自性即是无色,云何言有无性色不可空耶?"此即色论与元康、安澄等人的记载基本相同。元康《肇论疏》云:

> 第二解即色者。支道琳(林)法师《即色论》云:吾以为即色是空,非色灭空,此斯言至矣。何者?夫色之性,色虽色而空,如知不自知,虽知恒寂也。彼明一切诸法无有自性,所以故空,不无空此不自之色,可以为有,只已色不自,所以空为真耳。

曰安澄《中论疏记》云:

> 山门玄义第五卷云:第八,支道林著《即色游玄论》云:夫色之性,色不自色,不自,虽色而空。知不自知,虽知而寂。

以上记载虽略有差异,但基本思想是世间一切万法,本无自性,色不自色,所以色即空,但并不能否认无自性的万法存在,所以也可说色是有。色之自性之所以为空,安澄《中论疏记》这样记载:"正以因缘支色,从缘而有,非自有故,故名为空,不待推寻破坏方空。即言色之性不自有色,色不自有,虽色而空。"其核心思想是认为色由因缘而成,无自性,因此色不自色,故色空而假有在。但《般若经》认为性空与假有不可分割,色本身就是空,假有也空。所以元康《肇论疏》认为:"此林法师但知色非自色,因缘而成,而不知色本身是空,犹存假有也。"僧肇也认为:"悟色不自色,未领色之非色。"色本身即空,不因其不自色(无自性)而空。

在《大小品对比要钞序》中,也可看出即色论的思想:"其为经也,至无空豁廓然无物者也。无物于物,故能齐于物。""无物于物"即物不自物,因缘而有,所以为空,即所谓的色不自色,虽色可空。"赖其至无,故能为用。夫无也者,岂能无哉?无不能自无,理亦不能为理。理不能为理,则理非理矣。无不能自无,则无非无矣。"物不自物,同样,无不能自无,所以无不是绝对的空无,而有假名之物存在,所以至无能为用,即所谓的"犹存假有"。

支遁又重视并善于用诗歌形式阐述佛理,他的部分诗作也体现了即色论思想,如:"有无自冥同,……能仁畅玄句,即色自然空,空有交映迹,冥知无照功。""何以绝尘迹,忘一归本无。"①

如何达到即色游玄,这便涉及到般若学的实践方面,在《大小品对比要钞序》中,支遁说道:

> 般若之智生乎教迹之名,是故言之则名生,设教则智存。智存于物实无迹也,名生于彼理无言也。何则?至理冥壑,归乎无名。无名无始,道之体也。无可不可者,圣之慎也。苟慎理以应动,则不得不寄言。宜明所以寄,宜畅所以言。理冥则言废,忘觉则智全。

对即色空的把握即般若智慧,此智慧"存于物,实无迹也",不执著于事物的形迹,因为"至理"是"无名"的:"至理冥壑,归乎无名。"般若智慧是超出语言、思维的"理冥"、"智全"。但"理冥"、"智全"又不能仅仅通过表面上的"存无以求寂,希智以忘心"来达到,不仅要知"所无",也要知道"所以无",不仅要知道"所存",也要知道"所以存",若结合即色论来看,大致相当于"色"与"所以色",也就是要认识到"色不自色"、"无不自无"的原因。② 所以说:"有存于所存,有无于所无。存乎存者非其存也,希乎无者非其无也。"若能"忘其所以存,则无存于所存。遗其所以无,则忘无于所无。忘无故妙存,妙存故尽无,尽无则忘玄,忘玄故无心,然后二迹

---

① 道宣:《广弘明集》卷一五,《大正藏》第 52 卷,第 197 页上—下。
② 方立天:《魏晋南北朝佛教》,第 34 页。

无寄无有冥尽"。只有知道无之所以为无,存之所以为存,才从根本上到达"无"的境界,即"尽无","尽无"就是"忘玄","忘玄"才"无心",达到"二迹无寄无有冥尽"的境界。

支遁不仅是位般若学者,也是当时著名的清谈家,对玄学也有很高造诣:"《庄子·逍遥篇》,旧是难处,诸名贤所可钻味,而不能拔理于郭、向之外。支道林在白马寺中,将冯太常共语,因及《逍遥》。支卓然标新理于二家之表,立异议于众贤之外,皆是诸名贤寻味之所不得,后遂用支理。"《高僧传》也说支遁注《逍遥篇》,"群儒旧学莫不叹服"。郗超也说:"林法师神理所通,玄拔独悟,数百年来,绍明大法,令真理不绝,一人而已。"①

支遁数千言的《逍遥游论》已经佚失。集中支遁逍遥论思想的言论,主要有:

> 夫逍遥者,明至人之心也。庄生建言大道,而寄指鹏鷃。鹏以营生之路旷,故失适于体外;鷃以在近而笑远,有矜伐于心内。至人乘天正而高兴,游无穷于放浪。物物而不物于物,则遥然不我得;玄感不为,不疾不速,而逍然靡不适。此所以为逍遥也。若夫有欲,当其所足,足于所足,快然有似天真,犹饥者一饱,渴者一盈,岂忘蒸尝于糗粮,绝觞爵于醪醴哉?苟非至足,岂所以逍遥乎?②

支遁不同意当时玄学界向、郭以适性为逍遥的论点:"苟足于其性,则虽大鹏无以自贵于小鸟,小鸟无羡于天池,而荣愿有余矣。"③认为"足于所足",只是"有似天真"而已,如"桀跖以残害为性,若适性为得者,彼亦逍遥矣"。

他的即色论思想也体现着玄学的重大影响,如在《大小品对比要钞

---

① 慧皎:《高僧传·支道林传》,《大正藏》第50卷,第348页中—349页下。
② 支遁:《逍遥游论》,徐震堮《世说新语校笺》第120页,北京,中华书局,2009。
③ 郭象:《庄子·逍遥游注》,郭庆藩撰、王孝鱼点校《庄子集释》,第9页,北京,中华书局,2004。

序》中,对般若智慧的描绘与逍遥境界非常一致:

> 夫至人也,揽通群妙,凝神玄冥,虚灵响应,感通无方。建同德以接化,设玄教以悟神。述往迹以搜滞,演成规以启源。或因变以求通,事济而化息。适任以全分,分足则教废。故理非乎变,变非乎理。教非乎体,体非乎教。故千变万化,莫非理外,何神动哉。以之不动,故应变无穷。①

4. 心无宗

心无宗早在道安之时,就已存在,吉藏《二谛义》载:"言心无义者。然此义从来太久,什师之前,道安、竺法护之时,已有此义。"主要代表人物有支愍度、竺法温、道恒等人。

支愍度,在晋惠帝时,已经很有影响,东晋成帝(326—334)时与康僧渊、康法畅等过江,为适应江东玄风,创立心无说,与"旧义"对立:

> 愍度道人,始欲过江,与一伧道人为侣。谋曰:"用旧义往江东,恐不办得食。"便共立心无义。既而此道人不成渡。愍度果讲义积年。后有伧人来,先道人寄语云:为我致意愍度,无义那可立?治此计权救饥尔,无为遂负如来也。②

当时又有道恒执心无义,在荆楚一带影响不小,曾受到本无宗的法汰、昙壹、慧远的攻击。据《高僧传·竺法汰传》说:"沙门道恒颇有才力,常执心无,大行荆土。竺法汰曰:此是邪说,应须破之。乃大集名僧,令弟子昙一难之。据经引理,折驳纷纭,恒仗其口辩,不肯受屈,日色既暮,明旦更集。慧远就席,攻数番,问责锋起,恒自觉义途差异,神色渐动,麈尾扣案,未即有答。远曰:不疾而速,杼轴何为?坐者皆笑,心无之义,于是而息。"

---

① 僧祐:《出三藏记集》卷八,《大正藏》第55卷,第55页。
② 《世说新语·假谲篇》,徐震堮《世说新语校笺》(下册),第459页。

竺法温也主张心无说，慧达《肇论疏》说："竺法温法师《心无论》云：夫有，有形者也。无，无像者也。有像不可言无，无形不可言有。而经秤色无者，但内正其心，不空外色。但内停其心令不想外色，即色想废矣。"这里所说的竺法温法师，不见僧传。据安澄《中论疏记》引《二谛搜玄论》说，法温为竺法深的弟子。按《高僧传》说，竺法深有弟子叫竺法蕴者，《高僧传·竺道潜传》说："竺法蕴，悟解入玄，尤善《放光般若经》。"其是否为持心无义的温法师，不可考。

支愍度的心无义，只在《世说新语·假谲篇》刘孝标注中有些记载①：

> 旧义者曰：种智是有，而能圆照。然则万累斯尽，谓之空无；常住不变，谓之妙有。而无义者曰：种智之体，豁如太虚。虚而能知，无而能应，居宗至极，其唯无乎？

"旧义"认为般若智慧，就"万累斯尽"而言，谓之"空无"；而就其"常住不变"而言，谓之"妙有"。而支愍度的"新义"则认为心体虚空，"虚而能知，无而能应"，即所谓的"心无"。而有关温法师的心无说，材料略多。吉藏《中论疏》："第三温法师用心无义。心无者无心于万物，万物未尝无。此释意云：经中说诸法空者，欲令心体虚妄不执，故言无耳。不空外物，即万物之境不空。肇师详云：此得在于神静，而失在于物虚。破意云：乃知心空而犹存物有，此计有得有失也。"安澄《中论疏记》引《山门玄义》第五云：第一，释僧温著《心无二谛论》云：有，有形也。无，无像也。有形不可无，无像不可有。而经称色无者，但内止其心，不空外色。此章壹公破，反明色有，故称为俗谛；心无，故为真谛。并引《二谛搜玄论》云：晋竺法温，为释法琛法师之弟子也。其制《心无论》云：夫有，有形者也。无，无象者也。然则有象不可谓无，是故有为实有，色为真色。经所谓色为空者，但内止其心，不滞外色。外色不存，余情之内，非无二何？岂谓廓然无形，而为无色者乎？

---

① 徐震堮：《世说新语校笺》，第459页。

可见心无义的基本思想是：心空而色不空，认为外物实有，只讲心空，令内停其心，不执著外色。而大乘《般若经》主张一切法（心法与色法）皆空，而心无宗却把外色当做实有。所以僧肇批评道："此得在于神静，而失在于物虚。"就于法上不起执著为得，而不知外物性是空，所以是失。吉藏《十二论疏》也批评道："今此一偈破心无义：明心及万法皆众缘生则无自性，若无自性则心境俱空，云何心空境不空耶？"

5. 缘会宗

依吉藏所说，缘会宗为于道邃的主张。于道邃，敦煌人，年十六出家，师事于法兰。学业高明，内外该览。竺法护称其为大法梁栋。与于法兰过江，后随兰往西域，于交趾遇疾而终，年三十一。支遁赞其曰："英英上人，识通理清，朗质玉莹，德音兰馨。"道邃"洞谙殊俗，尤巧谈论"，孙绰曾以其比阮咸。其著述不明，有关缘会之说也只能从后人的一些记载中来推测。吉藏《中观论疏》引述他的主张说："明缘会故有，名为世谛。缘散故即无，称第一义谛。"安澄《中论疏记》也说："第七，于道邃著《缘会二谛论》云：缘会故有，是俗。推拆无，是真。譬如土木合为舍，舍无前体，有名无实。故佛告罗陀，坏灭色相，无所见。"从中可发现，缘会宗主张万物因缘和合而生，称为世俗谛。若众缘分散之后，诸法即无，称为第一谛。于道邃对"无"的领会是以"缘"之起灭来论定的，缘会则有，缘散则无，与《般若经》所说的"当体即空"不同，因此吉藏批评道："经不坏假名而说实相，岂待推散方是真无，推散方无盖是俗中之事无耳。"

6. 识含宗

此宗为于法开之说。于法开为于法兰弟子，善《放光》及《法华》。哀帝时，累被诏征讲《放光经》。凡旧学抱疑，莫不因之披释。支遁讲《小品》，曾使弟子法威攻难。曾续修元华寺，后移白山灵鹫寺。每与支道林争即色空义，庐江何默申明开难，高平郗超宣述林解。又以医术称奇。孙绰曾赞其"才辩纵横，以数术弘教，其在开公乎？"此宗认为三界群有皆如梦幻，都因众生心识而有，如吉藏《中观论疏》："第五于法开立识含义：

三界为长夜之宅,心识为大梦之主。今之所见群有,皆于梦中所见。其于大梦既觉,长夜获晓,即倒惑识灭,三界都空。是时无所从生,而靡所不生。"安澄《中论疏记》:"于法开著《惑识二谛论》说,三界为长夜之宅,心识为大梦之主。若觉三界本空,惑识斯尽,位登十地。今谓以惑所睹为俗,觉时都空为真。"在于法开看来,三界本空,因众生种种惑识,才有万法生起。若登位十地,则惑识尽灭,如同大梦初醒,方觉三界都空。

汤用彤先生《汉魏两晋南北朝佛教史》中,援引梁武帝《神明成佛义记》的观点相类比:"彼明生死以还,唯实大梦,故见有森罗万象。若得佛时,譬如大觉,则不复见一切诸法。"又引宗炳《明佛论》以解释"惑识":"知慧恶亡之识,常含于神矣。""然群生之神,其极虽齐,而随缘迁流,成粗妙之识。"于法开所说的"惑识",如梁武帝所谓的神明,所见都是梦幻,也如宗炳所说的"群生之神",由神之随缘迁流,而起种种倒惑之识,才有梦幻世界。

识含宗是从心与境的关系入手,来分析三界的虚妄,与《般若经》从一切诸法缘起无自性的空义存有很大差异,而且又认为万法虽空,而心神不空,与《般若经》的一切皆空也有很大距离,元康《肇论疏》:"第四家以心从缘生为空,离缘别有心体为有。"不仅空得不彻底,而且又认为大觉之后,万物都无,又落入断灭之恐,与般若学的中道精神也不一致,所以吉藏发难道:"若尔大觉之时便不见万物,即失世谛,如来五眼何所见耶?"

7. 幻化宗

吉藏谓本宗为壹法师说。竺法汰有弟子昙壹及道壹,时人称昙壹为大壹,称道壹为小壹。竺法汰在荆州时,曾令昙壹攻难道行的心无义。安澄《中论疏记》认为幻化宗是道壹的主张。该宗主张世俗谛中一切诸法皆同幻化,所以诸法皆空,如吉藏《中观论疏》:"壹法师云:世谛之法皆如幻化。是故经云:从本以来,未始有也。"安澄《中论疏记》:"一切诸法,皆同幻化,同幻化故名为世谛。"认为一切诸法皆同幻化,表面上与《般若经》相同,但《般若经》主张真谛与俗谛不二,俗谛虽幻化,但并非绝对的空无,所以不能执著于空。为此,吉藏发难道:"经称幻化所作无有罪福,若一切法全同幻化者,实人化人竟何异耶?又经借虚以破实,实去而封虚,未得经意也。"幻化宗又认为心神不空,因为心神为修道主体,此一主体若空,修道设教无从安立,安澄《中论疏记》:"心神犹真不空,是第一义。若神复空,教何所施?谁修道?隔凡成圣,故知神不空。"元康《肇论疏》:"第五家(幻化宗)以邪见所计心空为空,不空因缘所生之心为有。"心神不空的主张显然与《般若经》"一切皆空"相悖。

第四节 僧肇及其佛学

一、僧肇的生平

僧肇,京兆人(今陕西西安)。俗姓张,生于东晋武帝太元九年(384),晋义熙十年(414)卒于长安,"春秋三十有一"。也有人认为僧肇的寿命是41岁[①]。家贫以佣书为业,遂因缮写,乃历观经史,备尽坟籍。尤好老庄玄学,但又认为尚有不足之处:"爱好玄微,每以庄老为心要,尝读老子德章,乃叹曰:美则美矣,然期神冥累之方,犹未尽善也。"后见旧译的《维摩经》,"欢喜顶受披寻玩味,乃言:始知所归矣"。因此出家为僧,"学善方等,兼通三藏","冠年而名振关辅",一时好辩僧徒"莫不猜其早达。或千里负粮入关抗辩"。僧肇才思幽玄,又善谈说,"时京兆宿儒及关外英彦",莫不折服。

东晋太元十年(385)罗什至姑藏(今甘肃武威)。《高僧传》说"肇自远从之,什嗟赏无极"。后秦姚兴弘始三年(401)罗什到长安,"肇亦随"。而据吉藏《百论疏》:"什至京师,肇从请业。"《肇论中吴解》:"十九见什法师,三十一亡。"僧肇19岁时,罗什已在长安。僧肇《般若无知论》自云:"大秦天王者,道契百王之端,德洽千载之下,游刃万机,弘道终日,信季

---

① [日]冢本善隆:《肇论在佛教史上的意义》,见日本京都大学人文科学研究所研究报告《肇论研究》(法藏馆)。

俗苍生之所天,释迦遗法之所仗也。时乃集义学沙门五百余人于逍遥观,躬执秦文,与什公参定方等。其所开拓者,岂谓当时之益,乃累劫之津梁矣。余以短乏,曾厕嘉会,以为上闻异要,始于时也。"可见罗什并未去姑藏,而是在长安从罗什受学。《僧传》记载可能有误。①

《高僧传》载,当时"姚兴命肇与僧叡等入逍遥园助详定经论"。而僧叡《大品经序》中叙述弘始五年(403),参与罗什翻译《大品经》的五百余人中,没有提到僧肇,僧肇《般若无知论》中自述当时罗什翻译《大品经》的经过,可以确定僧肇确实参与《大品经》的译事,并与罗什讨论旧译《般若经》的得失:"肇以去圣久远文义多杂,先旧所解时有乖谬,及见什谘禀所悟更多。"并著有《般若无知论》阐发般若思想,而深得罗什的赏识,"因出大品之后,肇便著《般若无知论》凡二千余言。竟以呈什,读之称善,乃谓肇曰:吾解不谢子,辞当相挹。"

僧肇在参加译经的同时,主要从事著述活动,阐发般若中观思想。于义熙十年(414)卒于长安,年仅31岁。

二、僧肇的著述

僧肇的主要著述为《肇论》,此书当时未见录,难考何人何时所编,现存通行本列《物不迁论》为第一、《不真空论》第二、《般若无知论》第三、《涅槃无名论》第四。其中《般若无知论》后附有刘遗民致僧肇书和僧肇的答书,在《涅槃无名论》之前加《奏秦王表》一文,全书前有《宗本义》一文。《续藏经》所载慧达《肇论疏》有关《肇论》的编次与通行本不同:《涅槃无名论》、《不真空论》、《般若无知论》、《物不迁论》。韩国学者孙炳哲认为《肇论》前后有两个不同的本子:其一以《涅槃无名论》为首篇,是在重《涅槃无名论》思想指导下编成的,为陈慧达所采用的本子;其二是按照僧肇四篇论文内在逻辑的思想编纂而成的,是按般若学的系统编成

---

① 参见许抗生《僧肇评传》,第3,4页。

的,现通行本就是这个版本。① 有关《涅槃无名论》的真伪学界存有争论。汤用彤、石峻认为非僧肇所作,侯外庐、吕澂认为尚需进一步研究。横超慧日、刘建国认为确为僧肇所作。李华德、许抗生、孙炳哲等认为原为僧肇所作,但经过了后人的窜改和增补。《肇论》中还有《宗本义》,是对《肇论》全书思想的一个总结,汤用彤认为"旧录仅载四论,而《宗本义》未著录,殊可疑"②。石峻又从该文思想偏重虚无,近似慧远的本无说,本为是僧肇所驳斥的论点,判断可能为后人窜入。③

另僧肇还著有《百论序》、《维摩经序》、《注维摩诘经》、《答刘遗民书》、《长阿含经序》、《四分律序》、《梵网经序》、《鸠摩罗什法师诔并序》、《上秦王表》。《宋史·艺文志》和《通志略》说僧肇著有《宝藏论》,但《佑录》、《长房录》、《内典录》、《隋志》和两《唐志》均未著录。六朝的章疏也未见提及。至《通志略》、《宋史·艺文志》开始列入。而现存《宝藏论》,在内容上杂有很多禅宗、道教术语,明显属于唐代以后的伪托④。《景德传灯录》、《全晋文》说僧肇为秦王姚兴所杀,没有确凿的证据,不可信。⑤陆澄《目录》、隋《法经录》说僧肇还著有《丈六即真论》一文,已佚。又传僧肇注有《道德经》,据汤一介考证为后人误传⑥。

三、僧肇的佛学

1. 物不迁论

僧肇著有《物不迁论》,就具体事相明万法无去来之实相。"物",指所观之万法;"不迁",指诸法当体之实相。世俗之见认为万物变化"以常

---

① 参见许抗生《僧肇评传》,第 21 页。
② 汤用彤:《汉魏两晋南北朝佛教史》,第 234 页。
③ 石峻:《读慧达〈肇论疏〉述所见》,《石峻文存》,北京,华夏出版社,2006。
④ 汤用彤:《汉魏两晋南北朝佛教史》,第 235—236 页。
⑤ 同上书,第 10 章。
⑥ 汤一介:《关于僧肇注〈道德经〉的问题》,《学术月刊》2000 年 7 月。

情妄见诸法,似有迁流"①。"夫生死交谢,寒暑迭迁,有物流动,人之常情"。去来之相本来是人的妄想分别,不可执著,诸法自性本空,所谓去来之相皆因缘而假有:"夫去来相见皆因缘假称耳。未来亦非来,来已不更来。舍来已未来,复于何有来去?见亦然耳。"②万法因缘生无自性常住,何有去来:"法若常住,则从未来到现在,从现在到过去,法径三世则有去来也,以法不常住故法无去来也。"③在《物不迁论》中,僧肇引用《般若经》及《中论》来论述:"《道行》云:语法本无所从来,去亦无所至。《中观》云:观方知彼去,去者不至方。斯皆即动而求静以知物不迁,明矣。" "《放光》云:法无去来"。这里僧肇毫无疑问是从般若中观学的"缘起性空"的立场来论证物不迁的。

中观学是从性空之理上强调万物之不迁的。但僧肇接下来的论证却从理事圆融的角度进一步发挥,特别从事上强调万法之不迁,可以说是对中观学的进一步发挥。僧肇也特别重视动静不二,在正处于运动之中的事物中体会"不去不来"的道理:"寻夫不动之作,岂释动以求静,必求静于诸动。必求静于诸动,故虽动而常静。不释动以求静,故虽静而不离动。然则动静未始异。而惑者不同,缘使真言滞于竞辩,宗途屈于好异。"动静本来不二,而众生迷惑割裂动静,所以《物不迁论》尤为批判此点:"是以言常而不住,称去而不迁。不迁,故虽往而常静。不住,故虽静而常往。虽静而常往,故往而弗迁。虽往而常静,故静而弗留矣。"动静并非截然对立,所以说"静而常往,往而常静"④。

僧肇认为:"夫人之所谓动者,以昔物不至今,故曰动而非静。我之所谓静者,亦以昔物不至今,故曰静而非动。动而非静,以其不来。静而非动,以其不去。"常人以为昔物不至今,是因为昔物已不是昔物(不来),

---

① 德清:《肇论略注》,《续藏经》第54册,第332页下。
② 僧肇等:《注维摩诘经》卷五,《大正藏》第38卷,第371页下。
③ 僧肇等:《注维摩诘经》卷一,《大正藏》第38卷,第347页上。
④ 僧肇:《肇论》,《大正藏》第45卷,第151页。

所以事物是动而非静。僧肇却认为昔物不至今,并非昔物已变化,而是停留在昔(不去),正说明事物是静而非动。为此僧肇有详细的论证:

> 求向物于向,于向未尝无。责向物于今,于今未尝有。于今未尝有,以明物不来。于向未尝无,故知物不去。覆而求今,今亦不往。是谓昔物自在昔,不从今以至昔。今物自在今,不从昔以至今。故仲尼曰:回也见新交臂非故。如此,则物不相往来,明矣。

> 人则求古于今,谓其不住。吾则求今于古,知其不去。今若至古,古应有今。古若至今,今应有古。古而无今,以知不去。若古不至今,今亦不至古。事各性住于一世,有何物而可去来。①

昔物在昔,今物在今,各住一世,不相往来。过去的事物不会到现在,所谓"不来";现在的事物也不会到过去,所谓"不往",所以说"物不迁"。相反,若昔物至今,今物往昔,则必然得出"今应有古,古应有今"的荒诞结论。

时间的相续变化也体现在因果关系中,为此僧肇特别从因果关系的角度来强调物不迁:"果不俱因,因因而果。因因而果,因不昔灭。果不俱因,因不来今。不灭不来,则不迁之致明矣。复何惑于去留,踟蹰于动静之间哉?"因在昔,果在今,因果不能同时具有;果由因成,无因则无果;若有今日之果,必有昔日之因(因在昔不灭);在今日的果中,没有昔日的因。因此昔日之因不来今日之果(果不俱因,因不来今)。

可见僧肇对物不迁的论证并未完全照搬中观学的观点,而是有所发挥。特别是从时间相续上论证物不迁,与中观学从性空立场的论证并不完全一致,以致后人曾质疑僧肇的物不迁论为小乘的"三世实有"思想。如明末僧人镇澄(1546—1617)便认为,尽管僧肇开篇表明依据《般若经》阐明物不迁,但般若以"诸法性空"为不动,僧肇以"物各性住"为不动。一为"性空",一为"性住",二者存在根本的差异,所谓"性空、性住,敌体

---

① 僧肇:《肇论》,《大正藏》第45卷,第151页。

相违":"性空义者,由色即空故动而常静,空即色故静而常动,诸部般若皆此意也。性住意者,即所谓昔物自在昔,今物自在今,故物虽在昔而不化,因虽在昔而不灭等,不知此意出何圣教耶?"①由此引起了晚明佛学界有关"物不迁"的一场佛学争论。若仅仅拘泥于中观学的理论看,镇澄的质疑具有一定的道理,但僧肇的学说究其实质,并未背离中观学。首先,中观学重视论战,对不迁做理论上的分析,但僧肇的物不迁重视的是透过物不迁契入性空之境,即僧肇所谓的"可以神会,难以事求"。明末德清(1548—1623)认为僧肇的学说是理事圆融,所以强调的是"物"不迁、"相"不迁,而不是"理"不迁、"性"不迁。而镇澄却拘泥于中观学的"性空"(理)不迁,非"物"(事)不迁:"此等皆言物性空故不迁,非谓有物而不迁也。"其实根据中观学的空有不二,色空相即,不难得出物不迁的结论。物不迁的思想与《不真空论》中所谈的"立处即真"的思想非常一致。而僧肇所说的"性住"也并不是为了理论上的说明,而是一种"就路还家"的善巧方便,使坚持物迁者能当下契入不迁之旨。"然则群籍殊文,百家异说,苟得其会,岂殊文之能惑哉?是以人之所谓住,我则言其去。人之所谓去,我则言其住。然则去住虽殊,其致一也。""故经云:正言似反,谁当信者?斯言有由矣。"这也或许就是后来禅宗的机锋棒喝。所谓"可以神会,难以事求":"是以言去不必去,闲人之常想。称住不必住,释人之所谓往耳。岂曰去而可遣,住而可留也?"②

2. 不真空论

僧肇在《不真空论》中,从中观学的立场出发,对"本无宗"、"心无宗"、"即色宗"对般若学空义的误解进行了批判。僧肇从缘起无自性的立场理解"空":"法从因缘生,缘则无自性,无自性则无主,无主则无我人寿命,唯空无相无作无起,此深经之所顺也。"③僧肇又引用《中论》、《大智

---

① 镇澄:《物不迁正量论》,《续藏经》第54卷,第921上。
② 僧肇:《肇论》,《大正藏》第45卷,第151页。
③ 僧肇等:《注维摩诘经》卷一〇,《大正藏》第38卷,第415页下—416页上。

度论》等中观学文献来论证此点：

《中观》云：物从因缘故不有，缘起故不无。寻理即其然矣。所以然者？夫有若真有，有自常有，岂待缘而后有哉？譬彼真无，无自常无，岂待缘而后无也？若有不自有，待缘而后有者，故知有非真有。有非真有，虽有不可谓之有矣。不无者，夫无则湛然不动，可谓之无。万物若无，则不应起。起则非无，以明缘起故不无也。

故《摩诃衍论》云：一切诸法，一切因缘故应有。一切诸法，一切因缘故不应有。一切无法，一切因缘故应有。一切有法，一切因缘故不应有。寻此有无之言，岂直反论而已哉？若应有，即是有，不应言无。若应无，即是无，不应言有。言有，是为假有以明非无，借无以辨非有，此事一称二。其文有似不同，苟领其所同，则无异而不同。然则万法果有其所以不有，不可得而有。有其所以不无，不可得而无。何则？欲言其有，有非真生。欲言其无，事象既形。象形不即无，非真非实有。然则不真空义，显于兹矣。①

一切诸法由因缘而有，所以并非真有，故"空"；因为若"真有"，必定"常有"，不待因缘而后有。同样，"真无"也应是"常无"，不待因缘而无。所以般若之空"非有非无"，"以法非有无故，由因缘生"。②

但缘起无自性，并非断灭之空，只不过不是自性有，"一切法从众缘会而成体，缘未会则法无寄，无寄则无住，无住则无法，以无法为本故能立一切法也"③。这与龙树《中论》的"以有空义故，一切法得成"完全一致。一切诸法非有非无，只是假名存在，僧肇所言之"不真"，即龙树所说之"假名"。因缘生法无自性，但非顽空、断灭，而有假名存在，所谓假名即非自性有（不变的永恒实体）。僧肇借《般若经》的说法称其为"不真"："欲言其有，

---

① 僧肇：《肇论》，《大正藏》第45卷，第151页中—下。
② 僧肇等：《注维摩诘经》卷五，《大正藏》第38卷，第333页上。
③ 僧肇等：《注维摩诘经》卷六，《大正藏》第38卷，第386页下。

有非真生。欲言其无,事象既形,象形不即无。非真非实有,然则不真空义,显于兹矣。故《放光》云:诸法假号不真,譬如幻化人,非无幻化人。幻化人,非真人也。"万法并非真,不是实有,如同幻化,所以说"不真空"。

既然万法幻化不真,如果以名求物或以物求名,便都无实法可得:"夫以名求物,物无当名之实。以物求名,名无得物之功。物无当名之实,非物也。名无得物之功,非名也。是以名不当实,实不当名。名实无当,万物安在?"万物都无自性,所以本来没有差别,万法不同都是人为的分别:"故《中观》云:物无彼此,而人以此为此。以彼为彼,彼亦以此为彼。以彼为此,此彼莫定乎一名,而惑者怀必然之志。然则彼此初非有,惑者初非无。既悟彼此之非有,有何物而可有哉?故知万物非真,假号久矣。"①有人以此为此,以彼为彼;有人却以此为彼,以彼为此,并无确定的看法,若能认识到彼此皆空,只是假名非真,那么各种争执便没有了。

说不真即假有,其目的是防止误解"空"为断灭:"言有,是为假有以明非无。"万法无自性所以不真,不真故空,此"空"在僧肇那里也称为真谛,真谛与俗谛是般若学与中观学的本有思想:"故《放光》云:第一真谛,无成无得。世俗谛故,便有成有得。夫有得即是无得之伪号,无得即是有得之真名。真名故,虽真而非有。伪号故,虽伪而非无。是以言真未尝有,言伪未尝无。二言未始一,二理未始殊。"僧肇认为二谛不可割裂,"故经云:真谛俗谛谓有异耶?答曰无异也。此经直辩真谛以明非有,俗谛以明非无。岂以谛二而二于物哉?"②在僧肇看来,空即真,俗即假名。真则非有,俗则非无。真俗空有不二,并非离开假名别有真谛存在。僧肇尤为强调此点:"故经云:甚奇世尊,不动真际为诸法立处。非离真而立处,立处即真也。然则道远乎哉?触事而真!圣远乎哉?体之

---

① 僧肇:《肇论》,《大正藏》第45卷,第153页下。
② 同上书,第152页中。

即神！"①

"不真"即假，然"真"（真谛意义上的空）又不可离不真而存在，即"立处即真"、"触事即真"，这一思想是对般若中观思想的进一步发挥："经云：色不异空，空不异色。色即是空，空即是色。若如来旨，观色空时，应一心见色，一心见空。若一心见色，则唯色非空。若一心见空，则唯空非色。然则空色两陈，莫定其本也。是以经云非色者，诚以非色于色，不非色于非色。若非色于非色，太虚则非色，非色何所明。若以非色于色，即非色不异色。非色不异色，色即为非色。故知变即无相，无相即变。群情不同，故教迹有异耳。考之玄籍，本之圣意。岂复真伪殊心，空有异照耶？"《般若经》的"色空不二"即僧肇的"真伪不二"、"立处即真"，僧肇的这一思想对后世中国佛学有重大影响。

僧肇也注意区分大乘与小乘对空的不同理解，认为小乘只说我空、不说法空，大乘之空是遍一切法的："空无相无作，三乘共行，而造观不同。二乘空观唯在无我，大乘空观无法不在。以无法不在，故空法亦空，空法既空，故能不证空。"②

僧肇的不真空论符合印度中观学的基本精神，因此对当时玄学化般若学的批判是很中肯有力的。但僧肇般若思想也受到中国传统思想的影响，如主张"物我同根，是非一气"，"审一气而观化"，这一思想来源于道家，如《庄子·大宗师》云："彼方且与造物者为人，而游乎天地之一气。"《庄子·至乐》云："死生为昼夜，且吾与子观化。"僧肇所说的"物无彼此"，与《庄子·齐物论》的"物无非彼，物无非是"的观点也很相似。

3. 般若无知论

僧肇认为虽然万法皆空，但众生却因种种妄想分别而不能证得，"虚妄分别万法才生，若无分别则万法皆空"。所谓"无分别"便是般若智慧，

---

① 僧肇：《肇论》，《大正藏》第 45 卷，第 153 页上。
② 僧肇等：《注维摩诘经》卷九，《大正藏》第 38 卷，第 408 页下。

在无分别的般若智慧观照下,才能体会万法皆空。虚妄之心若生起,便有我、我所的执著,我与非我的分别:"有我我所则二法自生,二法既生则内外以形,内外既形则诸法异名,诸法异名则是非相倾,是非相倾则众患以成。若能不念内外诸法行心平等者,则入空行无法想之患,内外情尽也。"①"法无美恶,虚妄分别谓是美、是恶,美恶既形则贪欲是生也。""法本非有,倒想为有,既以为有然后择其美恶谓之分别也。"②并进而导致生命的轮回:"身之起于业因,犹影响之生形声耳。"③乃至种种因果报应:"若无造无受者,则不应有为善获福为恶致殃也。然众生心识相传美恶由起,报应之道连环相袭。其犹声和响顺形直影端,此自然之理无差毫分,复何假常我而主之哉?"④若能达到无分别的般若空慧,则万法皆空,轮回便息:"我为万物主,万物为我所,若离我、我所则无法不离。"⑤

空是超出有无,难以言说的,所以空的体悟需要特别的智慧,在佛教中称为"般若",在《般若经》中,般若被称为诸佛之母,在大乘佛教中异常重要。僧肇也特别重视般若,认为"夫般若虚玄者,盖是三乘之宗极也,诚真一之无差"。他的第一篇佛学论文就是阐发般若思想的《般若无知论》。般若虽然重要,但何为般若,却"异端之论,纷然久矣"。净源《肇论·中吴集解》中说:"异端者,或以般若为等智,或云有知,纷然竞辩,为日久矣。"从中可见僧肇所谓的"异端"是将般若理解为世俗之智,也正因此僧肇才著《般若无知论》,从不同的角度反复重申般若之知与世俗之知的不同,阐发般若无知的立场。文成之后,曾由道生带到庐山,慧远与刘遗民见后赞叹不已,"去年夏末,始见生上人示《无知论》,才运清俊,旨中沉允,推涉圣文,婉而有归。披味殷勤,不能释手。直可谓浴心方等之渊,而悟怀绝冥之肆者矣。若令此辨遂通,则般若众流,殆不言而会,可

---

① ⑤ 僧肇等:《注维摩诘经》卷五,《大正藏》第38卷,第376页下。
② 僧肇等:《注维摩诘经》卷六,《大正藏》第38卷,第386页中。
③ 僧肇等:《注维摩诘经》卷二,《大正藏》第38卷,第341页中。
④ 僧肇等:《注维摩诘经》卷一,《大正藏》第38卷,第333页上。

不欣乎？可不欣乎？"①然刘遗民也提出一些质疑，这种质疑也仍然是把般若之智当做世俗之智，为此僧肇一一回应。刘遗民的来书与僧肇的回答，附在《般若无知论》后面。

僧肇认为般若之智是与世俗之智不同的，将般若称之为"圣智"、"圣心"，世俗之智为"惑智"、"凡心"。就世俗之智而言，所有认识活动都一定要有主体、客体（"能知"、"所知"）的分别，也一定有"知"与"无知"的差别。但般若之知却与此不同，消除了能知与所知、知与无知的对立与差别，因此说"般若无知"。

般若无知无见并非如同草木无知，而是无凡夫的"惑取之知"，"故经云：般若于诸法，无取无舍。无知无不知。此攀缘之外，绝心之域。而欲以有无诘者，不亦远乎？请诘夫陈有无者，夫智之生也，极于相内。法本无相，圣智何知？"②般若超出有无，没有所知的对象及能知之心，所谓"攀缘之外，绝心之域"，法本无相，所以不可有知。僧肇反复说般若"无名无说，非有非无，非实非虚"。"无所有相，无生灭相"。因此，"《道行》云：般若无所知，无所见"。"真般若者，清净如虚空，无知无见，无作无缘，斯则知自无知矣"。③

僧肇认为世俗之知，是有分别对待的认识活动，有所知一定有所不知，而般若之知没有知与不知的界限，因此可以无所不知："夫有所知，则有所不知。以圣心无知，故无所不知。不知之知，乃曰一切知。"在《注维摩经》中，僧肇也谈到这一问题："一切智者智之极也，朗若晨曦众冥俱照，澄若静渊群象并鉴。无知而无所不知者其唯一切智乎？何则夫有心则有封，有封则有疆，封疆既形则其智有涯，其智有涯则所照不普。至人无心，无心则无封，无封则无疆，封疆既无则其智无涯，其智无涯则所照无际。故能以一念一时毕知一切法也。一切智虽曰行标，盖亦万行之一

---

① 僧肇：《肇论》，《大正藏》第45卷，第155页上。
② 同上书，第156页中。
③ 同上书，第153页下。

耳,会万行之所成者其唯无上道乎？所列众法皆为场也。"①世俗之智有分别对待,便一定有其界限,"有心则有对,有对则封,有封则有疆",因此其智有涯,不能无所不知(所照不普),相反圣人无心(般若之智无分别),则没有任何局限(无封无疆),所以能无所不知(所照无际)。

般若之知没有分别对待,因此可说"无知无所不知"。僧肇又称之为"圣心"、"圣智":

> 今试为子狂言辨之夫圣心者。微妙无相,不可为有。用之弥勤,不可为无。不可为无,故圣智存焉。不可为有,故名教绝焉。是以言知不为知,欲以通其鉴。不知非不知,欲以辨其相。辨相不为无,通鉴不为有。非有,故知而无知;非无,故无知而知。是以知即无知,无知即知。无以言异,而异于圣心也。②

"圣心"无相,超出"名教",所以不可说其有。但圣心并非草木,不是"断灭",所谓"用之弥勤",所以不可说其无。若非有,"则知而无知";若非无,则"无知而知"。所以《思益经》说:"圣心无所知,无所不知。"僧肇曾这样描绘般若之智的状态:

> 是以圣人虚其心而实其照,终日知而未尝知也。故能默耀韬光,虚心玄鉴,闭智塞聪,而独觉冥冥者矣。然则智有穷幽之鉴,而无知焉。神有应会之用,而无虑焉。神无虑,故能独王于世表;智无知,故能玄照于事外。智虽事外,未始无事。神虽世表,终日域中。所以俯仰顺化,应接无穷。无幽不察,而无照功。斯则无知之所知,圣神之所会也。然其为物也,实而不有,虚而不无,存而不可论者,其唯圣智乎？何者？欲言其有,无状无名。欲言其无,圣以之灵。圣以之灵,故虚不失照。无状无名,故照不失虚。照不失虚,故混而不渝。虚不失照,故动以接粗。是以圣智之用,未始暂废。求之形

---

① 僧肇等:《注维摩诘经》卷四,《大正藏》第38卷,第365页上。
② 僧肇:《肇论》,《大正藏》第45卷,第153页下—154页上。

相,未暂可得。①

僧肇通过"虚"与"照"来表达般若无知无所不知,"虚"即虚无、无相,般若无相,"求之形相,未暂可得"。"照"即用,随时起用,"圣智之用,未始暂废"。"应接无穷,无幽不察"。刘遗民对此也提出了种种质疑:"欲求圣心之异,为谓穷灵极数,妙尽冥符耶?为将心体自然,灵怕独感耶?若穷灵极数,妙尽冥符,则寂照之名,故是定慧之体耳。若心体自然,灵怕独感,则群数之应,固以几乎息矣。夫心数既玄,而孤运其照,神化表,而慧明独存。"意思是般若之智只有两种可能:一、"穷灵极数,妙尽冥符",此"灵"指无相之"真谛","数"则指万有的现象,"尽"指穷尽万有,"符"指契合真谛。即:按僧肇的理解,般若既能穷尽万有,又能冥符真谛。那么,所谓"寂"(亦即"虚")与"照"(亦即是"用")的关系,无非是"定慧"的关系。"定"即是"寂静","慧"即"观照"。这种定慧的修习,是获得般若之智的方法,应有定与慧的分歧与不同,以主观的对立为前提。据此,般若之智亦只是"知"的一种,而非"无知"。二、"心体自然,灵怕独感","自然"即是"无"或"无性","灵怕"指般若独立孤存不与外界万有接触而又具有潜在的灵感知觉的状况,所以说它"独感"。这就使得般若之智与世界万有割断了联系,因此"群数之应,固以几乎息矣","寂"与"用"并非一体的。

僧肇回应道:

> 用即寂,寂即用,用寂体一,同出而异名。更无无用之寂,而主于用也。是以智弥昧,照逾明。神弥静,应逾动。岂曰明昧动静之异哉?故《成具》云:不为而过为。《宝积》曰:无心无识,无不觉知。斯则穷神尽智,极象外之谈也。即之明文,圣心可知矣。②

僧肇对此的回答是,寂用与定慧不同:"意谓妙尽冥符,不可以定慧

---

① 僧肇:《肇论》,《大正藏》第45卷,第153上—中。
② 同上书,第154页下。

为名。灵怕独感,不可称群数以息。两言虽殊,妙用常一,迹我而乘,在圣不殊也。"在圣人看来,寂用本来是不二,"何者?夫圣人玄心默照,理极同无。既曰为同,同无不极,何有同无之极,而有定慧之名?"般若之智"理极同无",证性空之境,没有定慧之分。

在世俗的认识论上,认识总要有一个对象,即"所缘";能知要与所知相会,即"以知所知取相",才有认识活动的发生,即"所知与知相生"。而僧肇认为这样的认识是所谓的"惑取之知",而非"圣智之智",般若是以真谛为对象的,而真谛无相而不能取相,无取则无知(世俗之知)。但有人驳难:般若既然以真谛为所缘,便同样存在能知与所知的分别,既然般若存在能知与所知,就不可认为般若无知。

僧肇认为因缘所生法是俗谛而不是真谛,真谛则不从因缘生,真谛与真智是非一非异的:"故《中观》云:物从因缘有,故不真;不从因缘有,故即真。今真谛曰真,真则非缘。真非缘,故无物从缘而生也。故经云:不见有法无缘而生,是以真智观真谛。未尝取所知,智不取所知。此智何由知,然智非无知。但真谛非所知,故真智亦非知。而子欲以缘求智。故以智为知,缘自非缘,于何而求知。"真智观真谛,不是以缘求智,所以说般若(真智)无知(世俗之知)。

在般若智慧的观照下,能知与所知并无分别,即般若与真谛是不二的:

> 是以般若之与真谛,言用即同而异,言寂即异而同。同故无心于彼此,异故不失于照功。是以辨同者同于异,辨异者异于同。斯则不可得而异,不可得而同也。何者?内有独鉴之明,外有万法之实。万法虽实,然非照不得。内外相与以成其照功,此则圣所不能同,用也。内虽照而无知,外虽实而无相,内外寂然,相与俱无,此则圣所不能异,寂也。是以经云诸法不异者,岂曰续凫截鹤,夷岳盈壑,然后无异哉?诚以不异于异,故虽异而不异也。故经云:甚奇世尊,于无异法中而说诸法异。又云:般若与诸法,亦不一相,亦不异

相。信矣!①

般若与真谛,从观照之用的角度上,由同而异分,起无知之般若观照无相之真谛,所谓"不失照功"。而从空寂之体上看,二者异而又同,体现的都是诸法空性,所谓"无心彼此"。所以经中说"般若与诸法不一不异",体现的正是中观学的"双遣双非"的中道立场:"是以般若可虚而照,真谛可亡而知。"

在《注维摩诘经》中,僧肇通过智空(般若)与法空(真谛)的关系来阐发这一点:

> 上以无分别为慧空,故知法空无复异空。虽云无异而异相已形,异相已形则分别是生矣。若知法无异空者,何由云以无分别为智空,故知法空乎?故问智空法空可分别耶?智法俱空,故单言一空则满足矣。

> 智之生也起于分别,而诸法无相,故智无分别。智无分别即智空也。诸法无相即法空也,以智不分别于法,即知法空已矣。岂别有智空假之以空法乎?然则智不分别法时,尔时智法俱同一空,无复异空,故曰以无分别为智空,故智知法空矣。不别有智空以空法也。②

僧肇认为般若智于诸法没有分别,即"知法空",般若之"空"与法空之"空"是同,说其差别只是言说上的一种方便而已。

般若学、中观学主张"空有相即不二",因此"真谛"与"俗谛"也并不是截然对立,而是圆融无碍的。因此般若在观照真谛的同时,也必然同时观照俗谛,因此必然得出"般若无知而无所不知"的结论。所以般若虽无相,但不可执于无相,"若以无相为无相,无相即为相。舍有而之无,譬犹逃峰而赴壑,俱不免于患矣。是以至人处有而不有,居无而不无。虽

---

① 僧肇:《肇论》,《大正藏》第45卷,第154页下。
② 僧肇等:《注维摩诘经》卷五,《大正藏》第38卷,第373页。

不取于有无,然亦不舍于有无。所以和光尘劳,周旋五趣,寂然而往,怕尔而来。恬淡无为,而无不为。"①般若之智不取有无,也不舍有无,完全符合般若中道的原则。因此般若之智是真俗并照,有无双观。

"空"非断灭,因此般若也并非世俗所说的无知:"世称无知者,谓等木石太虚无情之流。"而是"灵鉴幽烛,形于未兆,道无隐机,宁曰无知?且无知生于无知,无无知也,无有知也。无有知也,谓之非有。无无知也,谓之非无。所以虚不失照,照不失虚,怕然永寂,靡执靡拘,孰能动之令有,静之使无耶?"②般若超出有无的界限,所以不可将无知理解为世俗的无知,"而欲以有无诘者,不亦远乎?"若定执著于无知,便违背了中道原则。

若从大乘修行上来看,般若无知强调的是智慧的一面,对一切诸法不要生起任何执著;无所不知强调的是慈悲的一面,要观空不证,方便度化众生。大乘佛教的修行是六度万行,僧肇一再强调:"不退所以至六度,六度所以成大乘。"③"六度大乘之要行。"④僧肇又将菩萨六度万行分为两大类:智业、德业。所谓智业就是智慧,所谓德业便是慈悲。"大乘万行分为二业:以智为行标故别立智业,诸行随从故总立德业。凡所修立非一业所成。而众经修相净土系以德业,知念说法系以智业。此盖取其功用之所多耳,未始相无也"⑤。成就众生庄严净土是德业,"一切智慧即智业,一切善法即德业也,助佛道法大乘诸无漏法也。智德二业非有漏之所成,成之者必由助佛道法也"。如来有极妙之身,必应有极妙之因:"夫极妙之身必生于极妙之因,功德智慧大士二业也。此二业盖是万行之初门,泥洹之关要,故唱言有之。自此下虽别列诸行,然皆是无为无

---

① 僧肇:《肇论》,《大正藏》第45卷,第154页中。
② 同上书,第156页中。
③ 僧肇等:《注维摩诘经》卷一〇,《大正藏》第38卷,第415页。
④ 僧肇等:《注维摩诘经》卷七,《大正藏》第38卷,第393页上。
⑤ 僧肇等:《注维摩诘经》卷四,《大正藏》第38卷,第369页下。

相行也。以行无相无为故,所成法身亦无相无为。"①僧肇的这一思想是对罗什的继承②,这也是整个大乘佛教的基本要义。

中观学认为"空"非顽空、断灭,而是超越有无的中道,是真空与妙有的统一。智慧与慈悲体现的恰是真空与妙有的统一。具体而言,智慧强调的是自觉,慈悲则注重觉他。自觉体现的是"真空"的一面,强调无相、无执著、无分别的一面,以破除妄想分别,去除我执,获得个体的解脱。慈悲则强调"妙有"的一面,以普度众生。小乘佛教通过智慧可以达到自我解脱,但大乘佛教尚须广度众生,不可证入无为空境,否则与众生隔阂:"废舍有为则与群生隔绝,何能随而授药?""采良药必在山险,非华堂之所出。集法药必在险有,非无为之法所出焉。"大乘佛教需要观空不证,"慈悲入生死,岂住无为之所能者也"?所以"慈悲乃入有之基,树德之本,故发言有之"。"满愿由积德,岂舍有为之所能"?所以大乘佛教的慈悲、智慧之行不可舍弃有为法:"智之明也必由广博,若废舍有为则智慧不具。"③"诸法之相唯空唯无,然不以空无舍于大悲也。"④否则同于小乘佛教:"二乘以无常为无常,故厌有为善法;以苦为苦,故恶生死苦;以无我为无我,故怠于诲人;以寂为寂,故欲永寂。菩萨不以无常为无常,故能不厌善本;不以苦为苦,故不恶生死;不以无我为无我,故诲人不倦;不以寂为寂,故不永寂也。"⑤小乘由于没有大悲心,出离心重,急证无为法,得少为足;而大乘则观空不证,不舍有为。

般若无知而无所不知,正体现了菩萨修行"不尽有为"、"不住无为"的精神:

---

① 僧肇等:《注维摩诘经》卷二,《大正藏》第38卷,第343页中。
② 罗什曾说:"一切善法分为二业,谓福德慧明业也。六度中前三度属福德,后三度属慧明。二业具足必至佛道,譬如两轮能有所至,福德业则致相好净土诸果报也,慧明业得一切智业者也。"见《注维摩诘经》卷四,《大正藏》第38卷,第369页下。
③ 僧肇等:《注维摩诘经》卷九,《大正藏》第38卷,第409页中。
④ 同上书,第409页上。
⑤ 同上书,第408页下。

有为虽伪,舍之则大业不成。无为虽实,住之则慧心不明。是以菩萨不尽有为,故德无不就。不住无为,故道无不覆。至能出生入死遇物斯乘。在净而净不以为欣,处秽而秽不以为戚,应彼而动于我无为。此诸佛平等不思议之道也。夫不思议道,必出乎尽不尽门,彼菩萨闻佛事平等不可思议。所以请法,故佛开此二门,示其不思议无阂之道也。①

观空不证,不取涅槃,方为中道之行:"欲言在生死,生死不能污。欲言住涅槃,而复不灭度。是以处中道而行者,非在生死非住涅槃。"②

4. 涅槃无名论

大乘佛教以成佛为最后目的,在般若学、中观学中,成佛之后的涅槃境界是以空来体现的,空的最初含义是从果上立论的③。僧肇继承了般若中观学的思想,以空境阐发佛的境界:"佛者何也?盖穷理尽性大觉之称也。""自觉觉彼者,其唯佛也。"所谓觉是对"非有非无"之空境的觉悟:"其道虚玄固以妙绝常境,心不可以智知,形不以像测,同万物之为。而居不为之域,处言数之内,而止无言之乡。非有而不可为无,非无而不可为有,寂寞虚旷物莫能测,不知所以名,故强谓之觉其为至也,亦以极矣。何则夫同于得者得亦得之,同于失者失亦得之,是以则真者同真,伪者同伪,如来灵照冥谐一彼实相,实相之相即如来相。故经曰:见实相法为见佛也,净名自观身实相,以为观如来相,义存于是。"④空境即实相,实相即如来之相。

《肇论》有《涅槃无名论》一文专门探讨此一问题。其正文前有《上奏秦王表》一文,阐明僧肇撰写该文的缘起。论文正文有九折七演,前后讨论了有关涅槃学说的九个问题,共十九节。

---

① 僧肇等:《注维摩诘经》卷九,《大正藏》第38卷,第406页上—中。
② 僧肇等:《注维摩诘经》卷五,《大正藏》第38卷,第380页上。
③ 印顺:《空之探究》,第147页。
④ 僧肇等:《注维摩诘经》卷九,《大正藏》第38卷,第410页上。

僧肇非常重视涅槃问题:"涅槃,经称有余涅槃、无余涅槃者。秦言无为,亦名灭度。无为者,取乎虚无寂寞,妙绝于有为。灭度者,言其大患永灭,超度四流。斯盖是镜像之所归,绝称之幽宅也。而曰有余、无余者,良是出处之异号,应物之假名耳。"①"涅槃"汉语称之为"无为"、"灭度",是佛陀所证的境界,不论有余涅槃、无余涅槃,都仅仅是应物假名,超出语言的界限,不可说其为有为无:"解脱相者,非心所知,非言所及。"并广引经论(《般若经》、《维摩经》、《中论》)说明此点:"经云:真解脱者,离于言数。寂灭永安,无始无终。不晦不明,不寒不暑,湛若虚空,无名无说。""论曰:涅槃非有,亦复非无,言语道断,心行处灭。寻夫经论之作,岂虚构哉?""维摩诘言:我观如来无始无终,六入已过,三界已出。不在方,不离方。非有为,非无为。不可以识识,不可以智知。无言无说,心行处灭。以此观者,乃名正观。以他观者,非见佛也。""《放光》云:佛如虚空,无去无来。应缘而现,无有方所。"

一但言说,则堕有无之境,而"有无之境"正是"妄想之域","而惑者睹神变因谓之有,见灭度便谓之无"。真正涅槃的境界是"存不为有,亡不为无",所以"佛言:吾无生不生,虽生不生。无形不形,虽形不形。以知存不为有。经云:菩萨入无尽三昧,尽见过去灭度诸佛。又云:入于涅槃而不般涅槃。以知亡不为无。亡不为无,虽无而有。存不为有,虽有而无。虽有而无,故所谓非有。虽无而有,故所谓非无。然则涅槃之道,果出有无之域,绝言象之径。断矣!"②

僧肇认为佛陀五阴永灭,万累都捐,不可说有;幽灵不竭,至功常存,不可说无:"何者?本之有境,则五阴永灭。推之无乡,而幽灵不竭。幽灵不竭,则抱一湛然。五阴永灭,则万累都捐。万累都捐,故与道通洞。抱一湛然,故神而无功。神而无功,故至功常存。与道通洞,故冲而不

---

① 僧肇:《肇论》,《大正藏》第 45 卷,第 157 页中。
② 同上书,第 158 页下。

改。冲而不改,故不可为有。至功常存,故不可为无。""有之者乖其性,无之者伤其躯。所以释迦掩室于摩竭,净名杜口于毗耶,须菩提唱无说以显道,释梵约听而雨华。斯皆理为神御,故口以之而默,岂曰无辩?辩所不能言也。"

然涅槃虽然超于有无,但并非离有无而别有涅槃:

> 岂曰有无之外,别有一有而可称哉?经曰三无为者,盖是群生纷绕,生乎笃患,笃患之尤,莫先于有,绝有之称,莫先于无。故借无以明其非有,明其非有,非谓无也。①

僧肇特别强调涅槃的物我平等、生佛一致:"于外无数,于内无心。彼此寂灭,物我冥一。怕尔无朕,乃曰涅槃。""夫涅槃之道,妙尽常数,融冶二仪。荡涤万有,均天人,同一异。内视不已见,返听不我闻。未尝有得,未尝无得。经曰:涅槃非众生,亦不异众生。""见缘起为见法,见法为见佛,斯则物我不异之效也。所以至人戢玄机于未兆,藏冥运于即化,总六合以镜心,一去来以成体。古今通,始终同,穷本极末,莫之与二,浩然大均,乃曰涅槃。经曰:不离诸法而得涅槃。又曰:诸法无边故,菩提无边。以知涅槃之道,存乎妙契。妙契之致,本乎冥一。然则物不异我,我不异物,物我玄会,归乎无极,进之弗先,退之弗后。岂容终始于其间哉?"②

僧肇此一思想无疑是对中观学的继承,如《中论》说:"如来灭度后,不言有与无,亦不言有无,非有及非无。""涅槃之实际,及与世间际,如是二际者,无毫厘差别。"但僧肇在中观学的基础上,又有了新的突破。他曾对中观学的涅槃思想提出过质疑:"然涅槃一义,常以听习为先,但肇才识暗短,虽屡蒙诲喻,犹怀疑漠漠。为竭愚不已,亦如似有解。然未经

---

① 僧肇:《肇论》,《大正藏》第 45 卷,第 159 页中。
② 同上书,第 161 页上。

高胜先唱,不敢自决。不幸什公去世,谘参无所。"①在《涅槃无名论》中,他认为涅槃既然是非有非无,便说明不是断灭,而有"妙存",这与中观学、般若学扫荡一切、只破不立的风格有所不同。他强调"(如来)功流万世而常存,道通百劫而弥固"。此"妙存"的根本在于他对主体性的强调:"玄道在于妙悟,妙悟在于即真,即真即有无齐观,齐观即彼己莫二,所以天地与我同根,万物与我一体。同我则非复有无,异我则乖于会通。"并借用《庄子·齐物论》的境界,强调天地、万物与我一体,同我则是涅槃境界,异我则乖离涅槃。涅槃境界若从纯粹的中观学看来,须"非物非己",显然僧肇的侧重点已有所偏移。但这种变化并未背叛中观学及佛教的根本立场。龙树之后的印度佛教,也强调涅槃的妙有的一面,如《大般涅槃经》强调"常、乐、我、净"。中观学本来不曾否定涅槃的妙有:"夫至人空洞无象,而万物无非我造,会万物以成己者,其唯圣人乎?何则?非理不圣,非圣不理,理而为圣者,圣不异理也。故天帝曰:般若当于何求?善吉曰:般若不可于色中求,亦不离色中求。"②般若不可于色中求,也不可离色中求,真正的觉悟应是物我的平等,圣人之所以会通物我,就在于其证得诸法平等的性空之理。

涅槃超出有无,但并非离开有无而存在。所以僧肇一再强调"般若无知而无不知","法身无像而无不像"、"无为而无所不为"。这种表达方式显然不是中观学、般若学的"非有非无"的方式,而是老庄玄学式的表达,但其精神并不背离中观学。因为,涅槃超出俗谛的有无,但并非断灭,而是智慧与慈悲的结合,即福德与智慧的圆满(即福慧二严)。"禅典唱无缘之慈,思益演不知之知。圣旨虚玄,殊文同辩。岂可以有为便有为,无为便无为哉?菩萨住尽不尽平等法门。不尽有为,不住无为。即其事也。"③就智慧而言,须强调成佛之后的无为无知的状态;而就慈悲

---

① 僧肇:《肇论》,《大正藏》第 45 卷,第 157 页上。
② 同上书,第 151 页上。
③ 同上书,第 160 页下。

说,则须强调无所不为与无所不知的一面。

佛具一切智,此一切智即般若之果,"在佛名一切智,在菩萨名般若,因果果名也。然一切智以无相为相,以此起般若,般若亦无相。因果虽异名其相不殊也。"佛智与涅槃同样非有非无:"菩提者,盖是正觉无相之真智乎? 其道虚玄妙绝常境,听者无以容其听,智者无以运其智,辩者无以措其言,像者无以状其仪。故其为道也,微妙无相不可为有,用之弥勤不可为无。故能幽鉴万物而不曜,玄轨超驾而弗夷。大包天地而罔寄,曲济群惑而无私,至能导达殊方开物成务,玄机必察无思无虑。"①菩提般若之智虽非有非无,但并非如草木无知:"木石太虚无情之流",而是无知而无所不知:"无知而无不知,无为而无不为者,其唯菩提大觉之道乎? 此无名之法固非名所能名也,不知所以言故强名曰菩提,斯无为之道,岂可以身心而得乎?""诸法幽远难测,非有智之所知。以菩提无知故无所不知,无知而无不知者,微妙之极也。"

僧肇一再强调涅槃妙道有无齐观、平等达均,既然"穷理尽性,究竟之道,妙一无差",但经中为何说涅槃有三乘的差别?"放光云:三乘之道,皆因无为而有差别"。又佛曾说往昔为儒童菩萨时,于然灯佛所,已入涅槃,当时已经到七住位,获无生法忍,但又要进修三位,如果涅槃是究竟之道,就不应高下差别? 对此僧肇在《辨差》、《责异》中做了回应。他引用《放光般若经》来说明:"《放光》云:涅槃有差别耶? 答曰:无差别。但如来结习都尽,声闻结习不尽耳。"三乘的涅槃是一样的,但二乘尚有一些习气没有断尽。僧肇以譬喻来说明,如同三鸟出网,同到无患之域。"无患虽同,而鸟鸟各异。不可以鸟鸟各异,谓无患亦异。又不可以无患既一,而一于众鸟也"。无患虽同,但升虚有远近的差别。同样,佛法有三乘,但都已超越"妄想之樊",同适"无为之境",无为虽同,而乘乘各异,

---

① 僧肇等:《注维摩诘经》卷四,《大正藏》第38卷,第362页下。

"不可以乘乘各异,谓无为亦异。又不可以无为既一,而一于三乘也"。三乘都到无为,但"幽鉴有浅深"。之所以有浅深不同,是因为众生的根基有差别,因此到达涅槃的方法才有了三乘的不同,但其到达涅槃的目的是一致的,因此《法华经》才有会三归一的说法:"《法华经》云:第一大道无有两正,吾以方便为怠慢者,于一乘道分别说三,三车出火宅,即其事也。以俱出生死,故同称无为。所乘不一,故有三名。统其会归,一而已矣。"差别是的人,而不是涅槃:"此以人三,三于无为,非无为有三也。"

当时佛学界流行一种顿悟说,认为涅槃是平等不二的,因此获得涅槃的方式也应该是顿悟的,所谓"不体则已,体应穷微"。如二乘得尽智、菩萨得无生智,都到了"妄想都尽,结缚永除"的境界,若有妄想不尽,则尚未到涅槃地步:"体而未尽,是所未悟也"。僧肇与罗什则主张渐悟说,僧肇在《明渐》中阐明了这一立场,认为涅槃的境界是无限的:"虚无之数,重玄之域,其道无涯。"不是一次就可到达的,同样众生的烦恼习气也不能一次断尽,所以需要进行长时间的渐修功夫,如同老子所说的"损之又损,以至于无为":"为学者日益,为道者日损。为道者为于无为者也,为于无为而曰日损。此岂顿得之谓?要损之又损,以至于无损耳。"

有关众生是否能够获得涅槃,僧肇自设问难:众生与涅槃"貌然殊域",众生之性,极于五阴之内,而"得涅槃者五阴都尽,譬犹灯灭"。众生如何获得涅槃?而一旦众生得涅槃,那么众生之性就不止于五阴。若众生之性必止于五阴,那么五阴不能都尽。若五阴都尽,就不是众生,谁得涅槃呢?僧肇认为这种观点只看到涅槃与众生的差别,而没有看到二者的共性:"涅槃非众生,亦不异众生。"因为"一切众生,本性常灭",与涅槃无异,所以众生都可获得涅槃。但众生与涅槃皆空,所以并不存在"实有众生"去"实得涅槃":"众生非众生,谁为得之者?涅槃非涅槃,谁为可得者?"涅槃超乎有无,既不是有得,也不是无得,是以无得为得,得在于无得:"夫涅槃之道,妙尽常数,融冶二仪,荡涤万有,均天人,同一异。内视不已见,返听不我闻。未尝有得,未尝无得。""无所得故为得也,是故得无所得也,无所得谓之得者。谁独不然耶?然则玄道在于绝域,故不得以得之。"

四、僧肇与中国佛学

僧肇之学无疑继承了罗什所传的中观思想,从缘起无自性、非有非无的立场发挥佛法的空义,对当时流行的"本无"、"即色"、"心无"等学派对般若空义的误解作出了批判,从而结束了玄学对般若学的影响,深为罗什赏识,后人称其为"解空第一"。但僧肇的贡献却不仅在于他对中观学的继承,更重要的是他从中国文化传统的背景出发,对中观学作出了创造性的发挥,从而极大地推动了佛教的中国化历程。

首先,从形式上看,他以中国的语言文字形式讨论印度佛学问题,其中所讨论的主要问题(如动静、有无、无知、无名),以及在讨论中所提供的论据,很多都来自中国古代老庄哲学和当时的魏晋玄学思想。[①] 他所运用的名词不少是来自老庄玄学的。如《不真空论》所用的"有无"概念,《物不迁论》所用的"动静"概念,《般若无知论》所运用的"无知"、"有知"概念,《涅槃无名论》所运用的"有名"、"无名"概念等,都来自老庄玄学。有些命题也是直接来源于老庄玄学,如《物不迁论》中的"正言似反",《不真空论》中的"审一气之观化"、"物我同根,是非一气",《般若无知论》中的"虚心玄鉴"、"闭智塞聪"、"恬淡无为而无不为"、"和光同尘"等。僧肇也时常以老庄思想作为论据,如《物不迁论》中,引用《庄子》的"藏舟于壑,藏山于泽,有力者负之而走"来论证物不迁。《不真空论》中引《庄子》"物无非彼,物无非是"来论证不真空。许抗生先生曾考证《肇论》中引用老庄文句、思想不下七十余处。[②]

僧肇佛学的中国化不仅体现在形式上,更重要的是在内容上受中华

[①] 许抗生:《僧肇评传》,第 177 页。
[②] 同上书,第 181—189 页。

文化的影响,对印度中观学做了新的发展。第一,罗什所传中观学重视义理的建设,强调法义的抉择,因此特别强调对其他学派的论破,后世的三论宗直接继承了这一特点,以中观见批判南北朝以来各佛学流派的思想,其立足点在于讲解经论、抉择法义。僧肇佛学与此不同,强调在具体事相上对空性的领悟,即所谓的"立处即真"、"体之即神"的思想。

第二,中观学主张否定一切、一法不立,强调空性的非有非无、非一非异。僧肇佛学与这种只破不立的风格有所不同。如在《涅槃无名论》中,他认为涅槃既然是非有非无,便说明不是断灭,而是"妙存",并借用《庄子·齐物论》的境界,强调天地、万物与我一体,"同我"为涅槃境界,"异我"则乖离涅槃,显然与中观学"非物非己"的涅槃境界有所不同。在《般若无知论》中也一再强调般若"无知而无所不知",而不是如中观学那样强调"非知非无知"。

僧肇之学对后世中国佛学影响非常深远,其对中观学的继承直接影响到隋代的三论宗的建立,三论宗创始人嘉祥吉藏(549—623)的学说多承僧肇:"吉藏言学,引及师说,然亦多用关河旧说。其《大乘玄论》卷三曰:'学问之体要须依师承习。'可见其重视先师。《百论疏》卷一曰:'若肇公可谓玄宗之始';《中论疏》中引昙影古义较多。可见其自以为源出关河。"①

僧肇对印度中观学的创造性发展,对禅宗的形成和发展起到了重要作用。僧肇《不真空论》阐发的"立处即真"思想在惠能时代便产生重大影响,对惠能新禅学的形成起过作用。而对洪州禅的"触类是道"和石头门下"即是而真"思想的确立影响更为深远。② 僧肇强调"道"或"佛"没有与人们分离或对立,更不是遥远而不可及的,它就在目下,就在日常生活之中。万事万物都有道,随时体验皆可显示佛教的神妙作用。马祖道一

---

① 汤用彤:《汉魏两晋南北朝佛教史》,第123—124页。
② 参见潘桂明《中国禅宗思想历程》,第270页,北京,今日中国出版社,1992。

在建立他的"平常心是道"禅学核心时,直接引用僧肇之说,指出:"建立亦得,扫荡亦得,尽是妙用,尽是自家。非离真而有立处,立处即真,尽是自家体。若不然者,更是何人?一切法皆是佛法,诸法即是解脱,解脱者即是真如。"①根据僧肇所提示的"立处即真"学说,道一很自然地联系到"无造作,无是非,无取舍"的"平常心";这一平常心贯穿于日常生活中的一切世俗行为,表现为生命活动的现实作用。按照僧肇所说,"道"触事而真,"圣"体之即神,则真如之体可当下悟得,所谓"行住坐卧,悉是不思议用,不待时节"。

后世禅宗语录中也经常引用僧肇此说。如《大慧普觉禅师普说》卷一四云:"非离真而立处,立处即真,更有甚么事。"卷二三云:"道无不在,触处皆真,非离真而立处,立处即真。教中所谓治生产业皆顺正理与实相不相违背。"卷二七云:"应无所住,谓此心无实体也,而生其心。谓此心非离真而立处,立处即真也。"《列祖提纲录》卷二四载杨岐会禅师"繁兴大用举必全真。既立名真,非离真而立,立处即真"。

在《涅槃无名论》中,僧肇借用老庄思想对涅槃境界的发挥,也多为后世禅宗当做勘验学人见地的话头。如《碧岩录》说,石头希迁领悟《肇论》后,写出《参同契》一文。日本学者忽滑谷快天说:"《参同契》之大旨,谓归于会万物为一己一句亦无不可。"②《圆悟佛果禅师语录》卷一七载:陆亘大夫问南泉:"肇法师道,天地与我同根,万物与我一体,也甚奇怪。"南泉指庭前华召大夫云:"时人见此一株华如梦相似。"师拈云:"陆亘手攀金锁,南泉八字打开,直得七珍八宝罗列目前。"乃竖起拂子云:"天地一指万物一马,通身是眼分疏不下。"《古尊宿语录》载:昔日黄龙心与夏公立谈《肇论》,论会情与无情共一体,时有狗子卧香桌下,龙拈尺击狗子,又击香桌云:"狗子有情则去,香桌无情自住,情与无情如何成一体。"

---

① 道原:《景德传灯录》,《大正藏》第41卷,第44页。
② 忽滑谷快天:《中国禅学史》,朱谦之译,第149页,上海,上海古籍出版社,2002。

湖南长沙招贤云:"这僧尚问如何转得山河大地归自己去,一大藏教,只说个三界唯心,万法唯识。肇法师云:会万物为自己者,其唯圣人乎。"①

《物不迁论》也为后世禅宗所推崇。明末憨山自述少读《肇论》,至"旋岚偃岳而常静,江河竞注而不流,野马飘鼓而不动,日月丽天而不周",茫然莫知所指,万历甲戌因校刻此论,恍然有所开悟,及揭帘,"睹风吹树叶,飘扬满空",乃自证之曰:"肇公真不吾欺也"。② 禅门也经常以物不迁为公案。如《正法眼藏》载:

> 佛鉴和尚示众,举僧问赵州如何是不迁义,州以两手作流水势。其僧有省。又僧问法眼:不取于相,如如不动,如何不取于相,见于不动去。法眼云:日出东方夜落西,其僧亦有省,若也于此见得,方知道旋岚偃岳本来常静,江河竞注元自不流。其或未然,不免更为饶舌。天左旋,地右转,古往今来经几偏。金乌飞,玉兔走,才方出海门,又落青山后,江河波渺渺,淮济浪悠悠,直入沧溟昼夜流。遂高声云:诸禅德,还见如如不动么?③

---

① 万松:《万松老人评唱天童觉和尚拈古请益录》卷下,《续藏经》第 67 册,第 490 页中。
② 憨山:《憨山老人梦游集》卷三九,《续藏经》第 73 册,第 750 页下。
③ 宗杲:《正法眼藏》卷六,《续藏经》第 67 册,第 623 页中。

第四章 南北朝时期的佛典翻译

南北朝是中国佛教史上产生译人与译典最多的时期。据《开元录》记载,从南朝宋永初元年(420)到陈后主祯明三年(589),经南北8个朝代169年,共有译者67人,译籍750部、1750卷。这一时期,译者多,翻译的数量多,设立译场的地点向多方向发展,北方有敦煌、姑臧、长安、洛阳、邺城等,南方在建康之外,还有广州、豫章及沿江地区江陵、襄阳、庐山等。本章依《高僧传》、《出三藏记集》和《历代三宝纪》的记载,并对这些经录所列入的译者以及译籍数量作进一步的考证,论述这一阶段的佛典翻译活动和成就。

此外,北齐和北周的佛典翻译家入隋后也继续进行佛典翻译。鉴于本书的写作原则,这一时期佛典的翻译成就将置于隋代佛教部分论述。在此,先将北齐、北周佛典翻译的基本情况作一概述。

关于北萧齐时期(550—577)的佛典翻译,《开元释教录》卷七记述:"齐高氏都邺(亦云北齐)从文宣帝天保元年庚午至高恒承光元年丁酉,凡经六主二十八年,缁素二人,所出经论八部五十二卷。"[1]二位译家分别

---

[1] 智昇:《开元释教录》卷六,《大正藏》第55卷,第543页下。

是沙门那连提黎耶舍和居士万天懿。关于北周时期(557—581)的佛典翻译,《开元释教录》卷七记述:"周宇文氏都长安,从闵帝元年丁丑(依古无号直称元年)至靖帝大定元年辛丑,凡经五帝二十五年,沙门四人,所出经论一十四部二十九卷,于中,六部一十一卷见在,八部一十八卷缺本。"①四位都是外来僧人:沙门攘那跋陀罗、沙门阇那耶舍、沙门耶舍崛多、沙门阇那崛多。

第一节 刘宋时期的佛典翻译

刘宋时期(420—479),皇室成员大多信奉佛教,佛教发展迅速,佛典翻译事业也很发达。关于刘宋佛典翻译者的数量,费长房说是"华戎道俗二十有三"②,智昇说是"缁素共有二十二人"③。《历代三宝纪》卷一〇列入的是:沙门佛陀什、释智严、释宝云、释慧严、沙门伊叶波罗、沙门求那跋摩、沙门僧伽跋摩、沙门求那跋陀罗、沙门昙摩蜜多、沙门畺良耶舍、沙门昙无竭、安阳侯沮渠京声、沙门功德直、释惠简、释僧璩、释法颖、沙门竺法眷、沙门释翔公、释道严、释勇公、释法海、释先公、释道俨。《开元释教录》卷五列入的是:沙门佛陀什、沙门畺良耶舍、沙门昙摩蜜多、释智严、释宝云、沙门伊叶波罗、沙门求那跋摩、沙门僧伽跋摩、沙门求那跋陀罗、释昙无竭、居士沮渠京声、释慧简、沙门功德直、释僧璩、释法颖、沙门竺法眷、释翔公、释道严、释勇公、释法海、释先公、沙门僧伽跋弥。

至于翻译的数量,《历代三宝纪》卷一〇记载为凡 210 部 490 卷 167

---

① 智昇:《开元释教录》卷七,《大正藏》第 55 卷,第 544 页下。
② 费长房:《历代三宝纪》卷一〇:"其诸译人,华戎道俗二十有三,合出修多罗、毗尼戒本、羯磨优波提舍、阿毗昙论传录等,凡二百一十部,四百九十卷。"(《大正藏》第 49 卷,第 89 页上)卷一一又说:"起宋武帝永初元年庚申受东晋禅,至周大定元年辛丑奉玺皇隋,其间一百六十二载,凡诸译经并及注述论传录目,华戎道俗五十有一人,合出修多罗、比尼戒本、羯磨优波提舍、阿毗昙论传录等,一百六十二部,一千三百二十六卷。"(《大正藏》第 49 卷,第 94 页中一下)费长房所列入的不单单是翻译者,也包括经抄和改编者在内。
③ 智昇:《开元释教录》卷五,《大正藏》第 55 卷,第 523 页中。

部,而《开元释教录》考订为465部717卷。

此外,费长房将竺难提列入东晋时期,而经录记载的翻译时间是在刘宋时期。在此一并叙述。其中,费长房列入慧严名下的是由昙无谶所译四十卷本《大涅槃经》改订而成的三十六卷的《大般涅槃经》。而释道俨、释僧璩、释法颖实际上分别从律本中编集律本,不应算入译者。

对于释道俨的著述,《历代三宝纪》卷一〇:"《决正四部比丘论》二卷,右一部二卷,升明元年,沙门释道俨依诸律撰出。"①对于释僧璩的著述,《出三藏记集》卷二记载:"《十诵羯磨》一卷,或云《略要羯磨法》,《十诵律》出。右一部,凡一卷。宋景和中,律师释僧璩于京都撰出。"②《高僧传》卷一一有《释僧璩传》,叙述了其生平,不赘述。对于释法颖(417—483)的著述,《出三藏记集》卷二记载:"《十诵比丘尼戒本》一卷,或云《十诵比丘尼大戒》。《十诵律羯磨杂事》一卷。右二部,凡二卷。宋明帝时,律师释法颖,于京都撰出。"③《历代三宝纪》卷一〇并且列出时间:"《十诵律比丘戒本》一卷,大明年出。《十诵律比丘尼戒本》一卷,太始年出。《十诵律羯磨杂事并要用》一卷,太始年出。右三部合三卷。明皇帝世律师释法颖于扬都长干寺依律撰出,盛行江左。"④《高僧传》卷一一有《释法颖传》叙述了其生平,不赘述。

至于释慧简的著述,僧祐以为他属于"依经抄撰":"《灌顶经》一卷,一名《药师琉璃光经》,或名《灌顶拔除过罪生死得度经》。右一部,宋孝武帝大明元年,鹿野寺比丘慧简依经抄撰。此经后有续命法,所以遍行于世。"⑤费长房和智昇将其看做译家,因其生平不详,无从考订,此文暂不叙述。

智昇将僧伽跋弥列入译者的理由是他有一部《弥沙塞律抄》一卷,是

---

① 费长房:《历代三宝纪》卷一〇,《大正藏》第49卷,第94页上。
②③ 僧祐:《出三藏记集》卷二,《大正藏》第55卷,第13页上。
④ 费长房:《历代三宝纪》卷一〇,《大正藏》第49卷,第93页下。
⑤ 僧祐:《出三藏记集》卷五,《大正藏》第55卷,第39页上。

翻译还是抄出不易确定,也许鉴于外国人的身份,智昇将其列入译者名单中。① 沙门昙无竭、释宝云、释智严既是这一时期佛典翻译活动中重要的助译僧,也单独翻译过佛典,鉴于他们在西行求法史上的重要地位,他们在佛典翻译方面的贡献,我们已在本书第二章《西行求法高僧及其贡献》中作了论述。

下文依照时间顺序对上述竺难提、沮渠京声两位居士以及佛陀什、伊叶波罗、求那跋摩、僧伽跋摩、求那跋陀罗、昙摩蜜多、畺良耶舍、功德直并释道严、释翔公、释勇公、释法海、释先公等15位译家的佛典翻译活动作些叙述。

一、竺难提、沮渠京声的佛典翻译

竺难提和沮渠京声都是居士身份的佛典翻译家,因而一并叙述。

关于竺难提,费长房记为晋宋时来华的外国居士。而《高僧传》卷三《求那跋摩传》中提及一位商人竺难提。求那跋摩"以圣化宜广,不惮游方。先已随商人竺难提舶欲向一小国,会值便风,遂至广州"②。此事发生于元嘉元年(424)九月后不久。

关于竺难提翻译出的佛典,《历代三宝纪》卷一〇著录如下:

《大乘方便经》二卷,元熙二年译,是第三出。与法护、僧伽陀译小异,与《慧上菩萨所问经》同本别译,见《始兴录》。

《请观世音消伏毒害陀罗尼经》一卷,第二出,见法上《录》。

《威革长者六向拜经》一卷,晋宋间于广州译,是第三出。与法护《多蜜六向拜》同,见始兴及宝唱等录。

---

① 智昇《开元释教录》卷五:"《弥沙塞律抄》一卷,见宝唱《录》。右一部一卷,阙本。沙门僧伽跋弥,师子国人也。译《弥沙塞律抄》一部。《大周录》中指宝唱《录》,不言帝代。其宝唱《录》寻本未获,且寄于宋录,以彰有据耳。"(《大正藏》第55卷,第532页下)从智昇所说看,他是从《大周录》中录出的,不很可靠。

② 慧皎:《高僧传》卷三,《大正藏》第50卷,第340页下。

> 右三部合四卷,外国居士竺难提,晋言喜法,上《录》云"晋世译"。未详何帝年。①

对于上述著录,现代学者往往不大置信。然而略早于费长房而被当代许多学者认为比长房《录》忠实可靠的《众经目录》也著录了竺难提的两种译籍:

> 《请观世音消伏毒害陀罗尼经》一卷,宋世外国舶主竺难提译。②
> 《慧上菩萨问大善权经》二卷,晋太康年竺法护译。《大乘方便经》二卷,晋世竺难提译。右二经同本异译。③

将法经的著录与费长房的著录比较即可知,二人所著录有同有异。费长房注出了依据,而法经未曾说出依据。然这两部经,在僧祐《出三藏记集》中都著录于"新集续撰失译杂经录"下,特别是"《请观世音经》一卷,一名《请观世音菩萨消伏毒害陀罗尼咒经》"④,经名与费长房所说一致。对照三种经录,可得出如下结论:僧祐、法经、费长房编写经录时都是忠实于自己所见的史料的。僧祐未搜集到的资料,法经未必看不到,而法经未看到的,费长房未必就看不到。依据慧皎《高僧传·求那跋摩传》的话可知,竺难提是一位外国船主,即法经说的"外国舶主"。而费长房并无此句,这说明费长房所见的资料中未有此句。法经如此说是从《高僧传》中来的,还是从他所见到的经录中来,已无法考知。但从法经的这一句话,至少可以确认,法经以为竺难提就是一位外国船主。

总之,依据经录可知,竺难提以恭帝元熙元年(419)"爰暨宋世,译《大乘方便经》等三部"⑤。参照《高僧传·求那跋摩传》的叙述,竺难提在翻译出上述经典后,又重回天竺,而求那跋摩正是搭乘他的商船来到广

---

① 费长房:《历代三宝纪》卷一〇,《大正藏》第49卷,第71页下—72页上。
② 法经:《众经目录》卷一,《大正藏》第55卷,第116页下。
③ 同上书,第117页中。
④ 僧祐:《出三藏记集》卷四,《大正藏》第55卷,第22页中。
⑤ 智昇:《开元释教录》卷三,《大正藏》第55卷,第509页上。

州的。

从《比丘尼传·广陵僧果尼传》记载可知，竺难提确实是一位往返于中国和天竺之间的商船船主。该文说：

> 及元嘉六年，有外国舶主难提从师子国载比丘尼来至宋都，住景福寺。后少时问果曰："此国先来已曾有外国尼未？"答曰："未有。"又问："先诸尼受戒那得二僧？"答："但从大僧受。得本事者，乃是发起受戒人心，令生殷重，是方便耳。故如大爱道八敬得戒，五百释女以爱道为和上，此其高例。"……到十年，舶主难提复将师子国铁萨罗等十一尼，至先达诸尼已通宋语。请僧伽跋摩于南林寺坛界，次第重受三百余人。①

从此记载可知，竺难提于元嘉六年(429)从师子国载比丘尼到达建康，这几位外国比丘尼住于景福寺。当他从僧果比丘尼处得知中土比丘尼由于能够授戒的比丘尼数量不够，从来未曾授受过"二部戒"，遂于回国后，于元嘉十年(433)，又从师子国请来11位比丘尼，促成中土比丘尼第一次二部受戒。

这位外国船主不仅是勤勉的商人，也对中国佛教的发展作出了很大贡献。

沮渠京声是北凉政权的建立者沮渠蒙逊的从弟，北魏灭北凉后，南奔刘宋，在建康翻译佛典。沮渠京声以居士身份求法弘法，因而慧皎以《昙无谶传》之附传的形式记述其事迹，僧祐在《出三藏记集》中有《沮渠安阳侯传》记其译事。

《高僧传》卷二记载："蒙逊有从弟沮渠安阳侯者，为人强志疏通，涉猎书记。因谶入河西，弘阐佛法，安阳乃阅意内典，奉持五禁。所读众经即能讽诵，常以为务学多闻大士之盛业。"由此可知，沮渠京声跟从昙无谶而学习佛法。后来他"度流沙，至于阗，于瞿摩帝大寺遇天竺法师佛驮

---

① 宝唱：《比丘尼传》卷二，《大正藏》第50卷，第939页下。

斯那,谘问道义。斯那本学大乘,天才秀发,诵半亿偈,明了禅法,故西方诸国号为人中师子。安阳从受《禅秘要治病经》,因其梵本,口诵通利。既而东归向邑于高昌,得观世音、弥勒二《观经》各一卷。及还河西,即译出《禅要》,转为晋文。"①他回到姑臧"居数年,魏虏托跋焘伐凉州,安阳宗国殄灭,遂南奔于宋,晦志卑身,不交世务,常游止塔寺,以居士自毕"②。北魏灭北凉时在439年。而沮渠京声从高昌回到河西不会早于430年。回到姑臧之后,沮渠京声初译了自己从于阗、高昌带回的三部经典③。

沮渠京声以元嘉十六年(439)九月后不久,到达宋境,以居士身份隐迹建康塔寺。"初出弥勒、观世音二《观经》,丹阳尹孟顗见而善之,请与相见。一面之后,雅相崇爱,亟设供馔,厚相优赡。至孝建二年,竹园寺比丘尼慧浚,闻其讽诵《禅经》,请令传写。安阳通习积久,临笔无滞,旬有七日,出为五卷。其年仍于钟山定林上寺,续出《佛母泥洹经》一卷"④。依据《高僧传》和《出三藏记集》的记述,《观经》和《禅经》实际上是在北凉曾译本基础上作的修订本,如僧祐指出的"前二《观》,先在高昌郡久已译出,于彼赍来京都"。

沮渠京声在建康,"居绝妻孥,无欲荣利,从容法侣,宣通经典。是以京邑白黑咸敬而嘉焉。以大明之末,遘疾卒"⑤。大明末年即464年,沮渠京声大概于此年或稍前一些病卒。

关于沮渠京声所翻译的经典,《出三藏记集》卷二著录如下:

《观弥勒菩萨生兜率天经》一卷,或云《观弥勒菩萨经》,或云《观弥勒经》。

---

① 慧皎:《高僧传》卷二,《大正藏》第50卷,第337页上。
②④⑤ 僧祐:《出三藏记集》卷一四,《大正藏》第55卷,第106页下。
③ 智昇《开元释教录》卷四载,安阳侯沮渠京声"以茂虔承和年中,译《禅法要解》一部。"(《大正藏》第55卷,第521页中)依照现代学者依经河西和吐鲁番文书核查,北凉承和年只有一年,即437年。然而,智昇此说不见于前代经录,而此卷中多次出现承和年号,甚至有承和七年之说。北凉地处边远,且多有依附北魏等政权的情况,种种原因使得其年号复杂。古代传世文献所记的沮渠牧健的年号是永和(433—439),因此,智昇此处所说的"茂虔承和年"应该是永和年之误。

《观世音观经》一卷。

《禅要秘密治病经》二卷,宋孝建二年于竹园寺译出。

《佛母般泥洹经》一卷,孝建二年,于钟山定林上寺译出,一名《大爱道般泥洹经》。①

梁僧祐仅仅著录四部五卷。关于《禅要秘密治病经》,此处著录为二卷,然上引《出三藏记集·沮渠安阳侯传》又说为五卷。《出三藏记集》卷九载有《禅要秘密治病经记》说:

> 河西王从弟大沮渠安阳侯,于于阗国衢摩帝大寺,从天竺比丘大乘沙门佛陀斯那。其人天才特拔,诸国独步,诵半亿偈,兼明禅法,内外综博,无籍不练。故世人咸曰人中师子。沮渠亲面禀受,忆诵无滞。以宋孝建二年九月八日,于竹园精舍书出此经。至其月二十五日讫,尼慧浚为檀越。②

此文没有标卷数,翻译时间叙述更详,即宋孝建二年(455)九月八日至九月二十五日翻译。

隋费长房《历代三宝纪》卷一〇根据《别录》将沮渠京声的译籍增至三十五部合三十六卷。唐智昇在《开无释教录》卷五中记载沮渠京声译经为二十八部二十八卷③:《观弥勒上生兜半天经》、《谏王经》、《治禅病秘要经》④、《净饭王涅槃经》、《进学经》、《八关斋经》、《五无返复经》、《佛大僧大经》、《耶祇经》、《末罗王经》、《摩达国王经》、《旃陀越国王经》、《五恐怖经》、《弟子死复生经》、《迦叶禁戒经》、《菩萨誓经》、《中阴经》、《观世音观经》、《波斯匿王丧母经》、《佛母般泥洹经》、《弟子慢为耆域述经》、《长老寺悦经》、《五苦章句经》、《分和檀王经》、《弟子事佛吉凶经》、《生无变

---

① 僧祐:《出三藏记集》卷二,《大正藏》第55卷,第13页上。
② 僧祐:《出三藏记集》卷九,《大正藏》第55卷,第66页上—中。
③ 参见智昇《开元释教录》卷五,《大正藏》第55卷,第530页下—531页上。
④ 智昇《开元释教录》卷四载北凉译经下著录:《禅法要解》二卷,并且说是安阳侯沮渠京声,"以茂虔承和年中,译《禅法要解》一部。"(《大正藏》第55卷,第521页中)

识经》、《优婆塞五戒经》、《贤者律仪经》。

二、佛驮什、伊叶波罗的佛典翻译

佛驮什,又作佛陀什、佛大什,意译"觉寿",罽宾人。《高僧传·佛驮什传》记载:他"少受业于弥沙塞部僧,专精律品,兼达禅要。以宋景平元年七月届于扬州。先沙门法显于师子国得《弥沙塞律》梵本,未被翻译而法显迁化。京邑诸僧闻什既善此学,于是请令出焉。以其年冬十一月集于龙光寺,译为三十四卷,称为《五分律》。什执梵文,于阗沙门智胜为译,龙光道生、东安慧严共执笔参正,宋侍中琅玡王练为檀越。至明年四月方竟。仍于大部抄出《戒心》及《羯磨文》等,并行于世。什后不知所终。"[1]由此可知,佛驮什于刘宋景平元年(423)七月到达建康,在京城众僧的邀请下于十一月开始翻译法显从师子国获得的《弥沙塞律》梵本。至第二年四月完成《弥沙塞律》34卷。同时译出的还有《弥沙塞比丘戒本》一卷、《弥沙塞羯磨》一卷[2]。

关于伊叶波罗,所知有限,译籍仅一部。《出三藏记集》卷二著录说:《杂阿毗昙心》13卷,"宋文帝时,西域沙门伊叶波罗,以元嘉三年为北徐州刺史王仲德,于彭城译出,至《择品》未竟"[3]。根据《杂阿毗昙心序》的叙述:此论文原本为"新旧偈本凡有六百篇,第之数则有十一品,篇号仍旧为称,唯有《择品》一品,全异于先"。而伊叶波罗译本"《择品》之半及《论品》一品,有缘事起,不得出竟"[4]。至于翻译中辍的原因,从《宋书》所记载的有关徐州刺史王仲德[5]的经历看,似乎与王仲德调离北徐州刺史

---

[1] 慧皎:《高僧传》卷三,《大正藏》第50卷,第340页下。
[2] 参见《出三藏记集》卷二,《大正藏》第55卷,第12页中。
[3] 僧祐:《出三藏记集》卷二,《大正藏》第55卷,第12页中。
[4] 僧祐:《出三藏记集》卷一〇,《大正藏》第55卷,第74页中。
[5] 《宋书》卷四六《王懿传》记载:"王懿,字仲德,太原祁人。"元嘉九年(432),"又为镇北将军、徐州刺史。明年,加领兖州刺史。仲德三临徐州,威德著于彭城,立佛寺作白狼、童子像于塔中,以河北所遇也。十三年,进号镇北大将军。十五年,卒,谥曰桓侯。"

职位有关,详情待考。

三、求那跋摩、僧伽跋摩的佛典翻译

求那跋摩、僧伽跋摩来到建康的时间前后相继,且都与比丘尼二部受戒相关,因而一并叙述。

求那跋摩(367—431),罽宾人,出身于刹帝利种姓,家世为王。根据梁慧皎《高僧传》卷三本传说,求那跋摩年仅十,"便机见俊达,深有远度。仁爱泛博,崇德务善"。其母喜食野肉,命跋摩筹办,他于心不忍,于是对其母说:"辉有命之类,莫不贪生,天彼之命,非仁人矣。"其母闻之,怒斥曰:"设令得罪,吾当代汝。"一日,跋摩熬油,误烫手指,痛甚,因求其母代为忍痛。其母说:"痛在汝身,吾何能代?"跋摩于是提起前述之事,反问说:"眼前之苦尚不能代,况三途耶?"①其母无言以对,于是悔悟,终生不杀。

跋摩年二十出家,受具足戒,研习经教,洞明九部,博通四部《阿含》,深达律品,精勤修习,妙入禅要,时人称其为"三藏法师"。至其30岁时,"罽宾王薨,绝无绍嗣,众咸议曰:'跋摩帝室之胤,又才明德重,可请令还俗,以绍国位。'群臣数百,再三固请,跋摩不纳,乃辞师违众,林栖谷饮,孤行山野,遁迹人世,后到师子国观风弘教"②。后至阇婆国,国王之母皈依跋摩受五戒,其后国王也皈依了跋摩。

求那跋摩的声名传至中土,建康城中名僧慧观、慧聪等,于元嘉元年(424)九月,请求宋文帝邀请求那跋摩。"帝即勅交州刺史,令泛舶延致观等,又遣沙门法长、道冲、道俊等往彼祈请,并致书于跋摩及阇婆王婆多加等,必希顾临宋境,流行道教"。在此之前,求那跋摩"已随商人竺难提舶欲向一小国,会值便风,遂至广州"③。宋文帝知晓跋摩已至,勅州郡

---

① 慧皎:《高僧传》卷三,《大正藏》第50卷,第340页上。
② 同上书,第340页上—中。
③ 同上书,第340页下。

迎请其至京师,经过始兴(今广东韶关),停留了几年。

后来,宋文帝又派慧观等前去敦请,求那跋摩于元嘉八年(431)正月到达建康。宋文帝接见慰问,对求那跋摩说:"弟子常欲持斋不杀,迫以身殉物,不获从志。法师既不远万里,来化此国,将何以教之?"求那跋摩说:"夫道在心不在事,法由己非由人。且帝王与匹夫所修各异。匹夫身贱名劣,言令不威,若不克己苦躬,将何为用?帝王以四海为家,万民为子,出一嘉言则士女咸悦,布一善政则人神以和,刑不夭命,役无劳力,则使风雨适时,寒暖应节,百谷滋繁,桑麻郁茂。如此持斋,斋亦大矣。如此不杀,德亦众矣。宁在缺半日之餐,全一禽之命,然后方为弘济耶?"①文帝大为赞叹,勅其住于祇洹寺,供给丰厚。

求跋摩定居祇洹寺后,应大众请求,开讲《法华经》和《十地经》。他所讲的《十地经》大概用的是现成的汉译本,因为早在西晋、东晋时期,与《华严经·十地品》相关的单品经的译本先后出现了十几种。这表明,求那跋摩是非常熟悉《法华经》和《华严经》的。

关于求那跋摩的卒年,慧皎《高僧传·求那跋摩传》和僧祐《出三藏记集》都记载为元嘉八年(431)九月二十八日。不过,由于对其圆寂之前不久于定林寺设立比丘尼戒坛之事的记述有异,后来的史籍遂起异说。《高僧传·求那跋摩传》则记述说:

> 时影福寺尼慧果、净音等,共请跋摩云:"去六年有师子国八尼至京云,宋地先未经有尼,那得二众受戒?恐戒品不全。"跋摩云:"戒法本在大僧众发,设不本事,无妨得戒,如爱道之缘。"诸尼又恐年月不满,苦欲更受。跋摩称云:"善哉!苟欲增明,甚助随喜。但西国尼年腊未登,又十人不满,且令学宋语,别因西域居士,更请外国尼来,足满十数。"其年夏在定林下寺安居。时有信者采华布席,唯跋摩所坐华彩更鲜,众咸崇以圣礼。夏竟,还祇洹,其年九月二

---

① 慧皎:《高僧传》卷三,《大正藏》第50卷,第340页下—341页上。

十八日中食未毕,先起还阁,其弟子后至,奄然已终,春秋六十有五。①

对于文中记述的事情,唐道宣《四分律删繁补缺行事钞》有所补充:求那跋摩"且令西尼学语,更往中国请尼,令足十数。至元嘉十年,有僧伽跋摩者,此云众铠,解《律》、《杂心》,自涉流沙,至扬州。初,求那许尼重受,未备而终。俄而师子国尼铁索罗等三人至京,定前十数,便请众铠为师,于坛上为尼重受。"②参照这两项记载可知,求那跋摩答应为中土比丘尼重受戒,但未竟而卒,尔后僧伽跋摩来华之后,此事才最后完成。由这些记载互参即可知,求那跋摩的卒年应该是元嘉八年九月二十八日,也就是说,他来京师九个月就圆寂了。几种史籍中都记载,求那跋摩"未终之前,预造遗文偈颂三十六行,自说因缘云已证二果"③。此文现存,古代文献中引用者很多。

关于求那跋摩翻译的佛典,梁僧祐在《出三藏记集》卷二著录说:

《菩萨善戒》十卷,或云《菩萨地》十卷。

《优婆塞五戒略论》一卷,一名《优婆塞五戒相》。

《三归及优婆塞二十二戒》一卷,或云《优婆塞戒》。

《昙无德羯磨》一卷,或云《杂羯磨》。

右四部,凡十三卷,宋文帝时,罽宾三藏法师求那跋摩,于京都译出。④

而在《出三藏记集·求那跋摩传》中,僧祐说:求那跋摩以元嘉八年(431)正月至京都,即住祇洹寺。"顷之,于祇洹寺译出众经。《菩萨地》、《昙无德羯磨》、《优婆塞五戒略论》、《三归及优婆塞二十二戒》。初,元嘉

---

① 慧皎:《高僧传》卷三,《大正藏》第 50 卷,第 341 页上—中。
② 道宣:《四分律删繁补阙行事钞》卷中,《大正藏》第 40 卷,第 51 页下。
③ 慧皎:《高僧传》卷三,《大正藏》第 50 卷,第 341 页中—下。
④ 僧祐:《出三藏记集》卷二,《大正藏》第 55 卷,第 12 页中。

三年,徐州刺史王仲德,于彭城请外国沙门伊叶波罗译出《杂心》,至《择品》未竟,而缘碍遂辍,至是乃更请跋摩于寺重更挍定,正其文旨,弘道宣法,远近归之。贵贱礼觐,车两相继"①。可见,依照僧祐的记载,求那跋摩翻译出四部律典,续译出一部论典。

《历代三宝纪》卷一〇在僧祐著录之外,多出两部《沙弥威仪》一卷、《经律分异记》一卷,成七部。《开元释教录》卷五则著录十一部,在费长房著录之外多出《菩萨内戒经》一卷、《优婆塞五戒威仪经》一卷、《龙树菩萨为禅陀迦王说法要偈》一卷,此外,智昇又以为《菩萨善戒经》应为分九卷本和一卷本。以下略作考查。

关于求那跋摩翻译的《菩萨善戒经》,《出三藏记集》卷九《菩萨善戒、菩萨地持二经记》中说:

> 祐寻旧录,此经十卷,是宋文帝世,三藏法师求那跋摩于京都译出。经文云,此经名《善戒》,名《菩萨地》,名《菩萨毗尼摩夷》,名《如来藏》,名《一切善法根本》,名《安乐国》,名《诸波罗蜜聚》,凡有七名。第一卷先出优波离,问受戒法。第二卷始方有"如是我闻"。次第列品乃至三十。而复有别本,题为《菩萨地经》。检此两本,文句悉同。唯一两品分品、品名小小有异,义亦不殊。既更不见有异人重出,推之应是一经。②

这是说,当时有两种本子流通,一本名为《菩萨善戒经》,另一本名为《菩萨地经》,僧祐说二本文句都相同,只是有两品小有差别,因而推断有一本为"三藏所出正本",另一本则是抄本。僧祐推断,求那跋摩所译的《菩萨善戒经》与前述昙无谶所翻译的《菩萨地持经》应该是同本异译。

对僧祐的上述说法,智昇提出异议。《开元释教录》卷五记载:

> 《菩萨善戒经》九卷,一名《菩萨地》,或十卷,于祇洹寺出,见竺

---

① 僧祐:《出三藏记集》卷一四,《大正藏》第 55 卷,第 104 页中。
② 僧祐:《出三藏记集》卷九,《大正藏》第 55 卷,第 62 页下—63 页上。

道祖、僧祐二录及《高僧传》。长房等录并云"《善戒经》二十卷,又云弟子更出二品,成三十卷",并非也。《菩萨善戒经》一卷,《优波离问菩萨受戒法》,见宝唱《录》。若准祐《记》,将此为初卷,兼前九卷,共成十卷。然北地经本,离之已久,不可合之。且依旧定。

智昇首先否定了费长房的下述说法:"《菩萨善戒经》二十卷,于祇洹寺译,第二出,与谶所翻八卷者小异。见竺道祖《录》及《高僧传》。后弟子于定林寺更出二品,成三十卷。"①在同书卷一二,智昇叙述了理由:

《菩萨善戒经》九卷,一云《菩萨地》,或十卷,宋罽宾三藏求那跋摩等译。

右一经,群录皆云与《地持经》同本异译。今详文理,非不差殊,其《善戒经》前有《序品》,后有奉行。《地持经》并无,其《地持戒品》中有受菩萨戒文及菩萨戒本。《善戒经》即无。自余之外,文意大同。《地持》复出《瑜伽》,诸录成编。入论既有差殊,未敢为定。又按梁沙门僧祐《菩萨善戒经记》云:"此名《善戒》,名《菩萨地》,名《菩萨毗尼摩戒》,名《如来藏》,名《一切善法根本》,名《安乐国》,名《诸波罗蜜聚》,凡有七名。第一卷先出优波离,问受戒法,第二卷始方有'如是我闻'。次第别品乃有三十。而复有别本,题为《菩萨地经》。"今按寻经本,与祐《记》不同。经初即有"如是我闻",而无优波离问受戒法,但有九卷。其优波离问受戒法即后单卷《菩萨善戒经》。是若将此为初卷,即与祐《记》符同。然此《地经》本离之已久,乍合成十或恐生疑。此《善戒经》亦同《地持》,作其三段。第一段名菩萨地,有三十品。第二段,名如法住,有四品。第三段名毕竟地,有六品。祐云"次第列品"者,或恐寻之未审也。②

从上述叙述可知,智昇提出两个观点:一是求那跋摩所译的《菩萨善

---

① 费长房:《历代三宝纪》卷一〇,《大正藏》第49卷,第90页上。
② 智昇:《开元释教录》卷一二,《大正藏》第55卷,第606页上。

戒经》与昙无谶所译的《菩萨地持经》并非同本异译;二是求那跋摩所译的《菩萨善戒经》本来就是分为九卷本和一卷本流通的,合为十卷不合适。

关于费长房所著录的《沙弥威仪》一卷,僧祐将其列入"新集续撰失译杂经录"中①,而法经《众经目录》卷五著录为:"《沙弥威仪》一卷,宋世求那跋摩译。"②关于费长房所著录的《经律分异记》一卷,法经在《众经目录》卷六也同样著录为"《经律分异记》一卷,宋世求那跋摩译"③。

最后,对于智昇列入而费长房未列入的《优婆塞五戒威仪经》一卷、《龙树菩萨为禅陀迦王说法要偈》一卷作一考查。

僧祐将《优婆塞威仪经》列入"新集续撰失译杂经录"④,法经、费长房等都是如此,至唐代《大周刊定众经目录》卷一〇开始标明:"《优婆塞五戒威仪经》一卷,二十三纸。右宋元嘉八年,求那跋摩于祇洹寺译。出《宝唱录》。"⑤而智昇则沿袭了《大周录》的记载。

关于《龙树菩萨为禅陀迦王说法要偈》,智昇说自己之所以标明为"宋罽宾三藏求那跋摩译"是出于"唐《旧录》"。⑥而经查考,最早如此著录的是隋彦悰《众经目录》:"《龙树劝发诸王要偈》一卷,一名为《禅陀迦王说要偈》,宋世求那跋摩译。"⑦

上述译典,多为戒学,说明求那跋摩在华期间,以弘律为主。他一生灵异甚多,故被收入《神僧传》。而求那跋摩元嘉二年(425)前后到达广州,后来在始兴(今广东韶关)停留了几年。元嘉八年(431)正月到达建康,可惜当年九月二十八日就圆寂了。

---

① 僧祐:《出三藏记集》卷四,《大正藏》第55卷,第24页中。
② 法经:《众经目录》卷五,《大正藏》第55卷,第140页上。
③ 法经:《众经目录》卷六,《大正藏》第55卷,第144页下。
④ 僧祐:《出三藏记集》卷四,《大正藏》第55卷,第21页中。
⑤ 唐明佺等:《大周刊定众经目录》卷一〇,《大正藏》第55卷,第433页下。
⑥ 智昇:《开元释教录》卷一三,《大正藏》第55卷,第623页下。
⑦ 彦悰:《众经目录》卷二,《大正藏》第55卷,第161页中。

僧伽跋摩,意译为"众铠"或"僧铠",天竺人也。《高僧传·僧伽跋摩传》记载:僧伽跋摩"少而弃俗,清峻有戒德,善解三藏,尤精《杂心》。以宋元嘉十年,出自流沙,至于京邑。器宇宏肃,道俗敬异,咸宗事之,号曰三藏法师"①。僧伽跋摩持戒谨严,精通《杂心论》,以刘宋元嘉十年(433)来到建康。

景平元年(423),平陆令许桑舍宅建刹,称为平陆寺。② 道场寺慧观"以跋摩道行纯备,请住此寺。崇其供养,以表厥德"。跋摩与慧观一起加塔三层,此寺后来改称奉诚寺。"跋摩行道讽诵,日夜不辍。僧众归集,道化流布"。在京师影响很大。

僧伽跋摩至建康不久,就受邀为中土比丘尼受具足戒。关于此事,《高僧传·僧伽跋摩传》记载:

> 初,三藏法师明于戒品,将为影福寺尼慧果等重受具戒。是时二众未备,而三藏迁化。俄而师子国比丘尼铁萨罗等至都,众乃共请跋摩为师,继轨三藏。祇洹慧义擅步京邑,谓为矫异,执志不同,亲与跋摩拒论翻覆。跋摩标宗显法,理证明允。既德有所归,义遂回刚,靡然推服,令弟子慧基等服膺供事,僧尼受者数百许人。③

此文中"三藏法师明于戒品"是指求那跋摩。此事的肇始,见于前文叙述。而当僧伽跋摩到达建康,有僧尼重提此事,遭到当时京都名望颇高的僧人慧义的反对。

释慧义(372—444),姓梁,北地人。"初游学于彭、宋之间,备通经义。后出京师,乃说云:'冀州有法称道人,临终语弟子普严云,嵩高灵神

---

① ③ 慧皎:《高僧传》卷三,《大正藏》第 50 卷,第 342 页中。
② 笔者认为此寺应称为"平乐寺",因为经录中都记载僧伽跋摩翻译佛典的地点在长干寺和平乐寺。其改名为奉诚寺的时间可能要晚一些,至少不会在刘宋时期。《高僧传·僧伽跋摩传》和《出三藏记集·僧伽跋摩传》所记一致,都称"平陆令许桑舍宅建刹,因名平陆寺。"(分别见《大正藏》第 50 卷,第 342 页中;《大正藏》第 55 卷,第 104 页下)二撰者看到的原始材料都是如此。但僧祐在经录部分都作"平乐寺"。

云,江东有刘将军应受天命,吾以三十二璧镇金一瓶为信。'遂彻宋王,宋王谓义曰:'非常之瑞亦须非常之人,然后致之。若非法师自行,恐无以获也。'义遂行"。以晋义熙十三年(417)七月往嵩高山寻觅,"于庙所石坛下果得璧大小三十二枚黄金一瓶"。① 慧义由此颇为宋武帝、文帝尊敬。面对慧义对比丘尼重受具足戒的坚决反对,僧伽跋摩与其辩论,最后说服慧义,取得他的支持,此事于是得以成功。慧义的弟子释慧基(412—496)也受师命跟随僧伽跋摩学习。

关于此事的经过,文献记载相差不大,然在时间方面则有不同记载。首先是,《比丘尼传·景福寺慧果尼传》记载:

> 元嘉六年,西域沙门求那跋摩至。果问曰:"此土诸尼先受戒者,未有本事。推之爱道,诚有高例。未测厥后,得无异耶?"答:"无异。"又问:"就如律文,戒师得罪,何无异耶?"答曰:"有尼众处不二岁学,故言得罪耳。"又问:"乃可此国先未有尼,非阎浮无也。"答曰:"律制十僧,得授具戒。边地五人亦得授之。正为有处不可不如法耳。"又问:"几许里为边地?"答曰:"千里之外,山海艰隔者是也。"九年,率弟子慧意、慧铠等五人,从僧伽跋摩重受具戒,敬慎奉持,如爱顶脑。春秋七十余,元嘉十年而卒。②

关于求那跋摩到达建康的时间,其他文献都记载为元嘉八年,此中的元嘉六年不确切,以八年论,即可与同书同卷《广陵僧果尼传》的记载相贯通。

《比丘尼传·广陵僧果尼传》记载:

> 及元嘉六年,有外国舶主难提从师子国载比丘尼来至宋都,住景福寺。后少时问果曰:"此国先来已曾有外国尼未?"答曰:"未有。"又问:"先诸尼受戒那得二僧?"答:"但从大僧受。得本事者,乃

---
① 参见慧皎《高僧传》卷七,《大正藏》第 50 卷,第 368 页下—369 页上。
② 宝唱:《比丘尼传》卷二,《大正藏》第 50 卷,第 937 页中一下。

是发起受戒人心，令生殷重，是方便耳。故如大爱道八敬得戒，五百释女以爱道为和上，此其高例。"果虽答，然心有疑。具谘三藏，三藏同其解也。又谘曰："重受得不？"答曰："戒定慧品，从微至著，更受益佳。"到十年，舶主难提复将师子国铁萨罗等十一尼，至先达诸尼已通宋语。请僧伽跋摩于南林寺坛界，次第重受三百余人。①

此文将此事的演变和人、事叙述得最为详细，应以此传所记为准。

在为中土比丘尼授二部戒的同时，僧伽跋摩也开始了佛典翻译。"宋彭城王义康崇其戒范，广设斋供。四众殷盛，倾于京邑。慧观等以跋摩妙解《杂心》，讽诵通利，先三藏虽译，未及缮写，即以其年九月，于长干寺招集学士，更请出焉，宝云译语，观自笔受。考核研校，一周乃讫。"②这部《杂阿毗昙心》是求那跋摩三藏始译而未完成的，九月开始，大概"一周"完成。《出三藏记集》卷一〇中收录了两篇有关文献，叙述此论的翻译过程。

未详作者的《杂阿毗昙心序》中说："元嘉八年，复有天竺法师名求那跋摩，得斯陀含道，善练兹经，来游扬都。更从挍定，谘详大义。余不以暗短，厕在二集之末，辄记所闻，以训章句，庶于揽者，有过半之益耳。"③求那跋摩接续的是伊叶波罗未竟的事业，但也未能完成定稿。焦镜法师《后出杂心序》记载说：

> 于宋元嘉十一年甲戌之岁，有外国沙门，名曰三藏，观化游此。其人先于大国综习斯经，于是众僧请令出之。即以其年九月，于宋都长干寺集诸学士，法师云公译语，法师观公笔受，考挍治定。周年，乃讫。镜以不才，谬豫听末。虽思不及玄，而时有浅解。今谨率所闻以示后生，至于析中，以俟明哲。于会稽始宁山徐支江精舍撰讫。④

---

① 宝唱：《比丘尼传》卷二，《大正藏》第50卷，第939页下。
② 慧皎：《高僧传》卷三，《大正藏》第50卷，第342页中—下。
③ 僧祐：《出三藏记集》卷一〇，《大正藏》第55卷，第74页中。
④ 同上书，第74页下。

这篇论序也是当事人所写,且干支纪年和年号一致,不存在传抄错误问题。但是有许多与其他记载不合的地方。其一就是僧伽跋摩来建康的时间,写成元嘉十一年(434)。其二,翻译完成的时间会由此记载推迟至元嘉十二年(435)九月。

上述文献的差别表明有一个是错误的。而这些记述看起来论据都很充足。导致如此混乱的原因有二:一是关于佛典翻译的时间点很多,至少有两个,即翻译开始的时间和完成的时间,而在官方译场中,常常还有抄写完成奏报的时间。如此等等,不一而足。二是古文叙述中的追叙太多,而为了突出某部分,往往将其置于句群之首,而没有标点的叙述方式,使得后人包括当代人无法搞清楚,某一句的内容到底能够"笼罩"多少事情。具体反映在这部论典的翻译记述中,焦镜法师的"宋元嘉十一年甲戌之岁"到底说的是僧伽跋摩来中土的时间呢,还是翻译此论的开始时间,或者结束时间? 从文字本身的表述看,三者皆有可能。请看智昇的理解:

> 《杂阿毗昙心论》十一卷,或无"论"字,亦云《杂阿毗昙经》,房云《杂阿毗昙毗婆沙》,或十四卷,第四译。元嘉十一年甲戌九月于长干寺出,周年乃讫。见僧祐《录》及《经序》。①

僧祐在自己编写的书中已收入了焦镜法师《后出杂心序》的情况下,在同书卷二中仍然说:"《杂阿毗昙心》十四卷,宋元嘉十年于长干寺出,宝云传译,其年九月讫。"②

综合上述文献,笔者以为《杂阿毗昙心》十四卷的翻译开始于宋元嘉十年(433)某月,而至第二年九月最后完成。

对于僧伽跋摩翻译成佛典的总数,经录在部数(五部)上的记载是一致的,卷数有差别。除上述《杂阿毗昙心》十四卷之外,其他四种是:

---

① 智昇:《开元释教录》卷五,《大正藏》第55卷,第527页下。
② 僧祐:《出三藏记集》卷二,《大正藏》第55卷,第12页中。

>《摩得勒伽经》十卷，宋元嘉十二年乙亥岁正月，于秣陵平乐寺译出。至九月二十二日讫。
>《分别业报略》一卷，大勇菩萨撰。
>《劝发诸王要偈》一卷，龙树菩萨撰。
>《请圣僧浴文》一卷，缺。①

关于《摩得勒伽经》的翻译，《出三藏记集》载有《摩得勒伽记》一文：

>宋元嘉十二年岁在乙亥，扬州聚落丹阳郡秣陵县平乐寺三藏，与弟子共出此律，从正月起，至九月二十二日草成，二十五日写毕。白衣优婆塞张道孙敬信执写。②

此文性质为"出经后记"，但漏了开始时间，而上引目录部分，僧祐记录的开始时间是在元嘉十二年(435)正月。

《高僧传》记载："跋摩游化为志，不滞一方。既传经事讫，辞还本国，众咸祈止，莫之能留。元嘉十九年，随西域贾人舶还外国，不详其终。"③最后，他还是回国了。

四、沙门畺良耶舍、沙门昙摩蜜多的佛典翻译

畺良耶舍、昙摩蜜多两位西域高僧共同的特点是以传播禅法为要务，以翻译佛典为辅助，因而在中土时间不算太短，但所出译籍不多。

畺良耶舍，意译应为"时称"，西域人。"性刚直，寡嗜欲。善诵《阿毗昙》，博涉律部，其余诸经，多所该综。虽三藏兼明，而以禅门专业，每一游观，或七日不起，常以三昧正受，传化诸国"④。从《高僧传》的这一叙述可知，他精通阿毗昙学，特别是精通禅观，而他来中土的志向也是传播禅

---

① 僧祐：《出三藏记集》卷二，《大正藏》第55卷，第12页中。
② 僧祐：《出三藏记集》卷一一，《大正藏》第55卷，第82页上。
③ 慧皎：《高僧传》卷三，《大正藏》第50卷，第342页下。
④ 同上书，第343页下。

观,因此翻译不多,但对后世有深刻影响的《无量寿观经》却是现存的唯一汉译本。

《高僧传》记载:畺良耶舍"以元嘉之初,远冒沙河,萃于京邑,太祖文皇,深加叹异"。此文没有具体交代年代,但应该是在元嘉元年(424)至元嘉三年、四年之间①,后文将会说明理由。

根据《高僧传》和《比丘尼传》的记载,畺良耶舍在建康接受了几位僧尼学习禅法。对后世影响巨大的是保誌禅师。

保誌(418—514),也作宝誌,本姓朱,金城人。《高僧传·畺良耶舍传》记载说:畺良耶舍"初止钟山道林精舍,沙门誌崇其禅法",而《高僧传》卷一〇《释保誌传》则记载:保誌"少出家,止京师道林寺,师事沙门僧俭为和上,修习禅业"②。此文没有提及保誌师从畺良耶舍的事情。

《比丘尼传》卷二《景福寺法辩尼传》记载:法辩,丹阳人也。"少出家,为景福寺慧果弟子,忠谨清慎,雅有素检,弊衣蔬饭,不食熏辛。高简之誉早盛京邑。扬州刺史琅玡王郁甚相敬礼。后从道林寺外国沙门畺良耶舍谘禀禅观,如法修行,通极精解。每预众席,恒如睡寐。尝在斋堂众散不起,维那惊触如木石焉,驰以相告,皆来就视。须臾出定,言语寻常,众咸钦服,倍加崇重。"③此尼于宋大明七年(463)卒,年六十余岁。

可惜的是,僧祐在《出三藏记集》中只字未提畺良耶舍,且将后世看做畺良耶舍译籍的两部经典当做失译经。这对于特别重视僧祐《录》的当代学者是一个很大的困惑。然而,稍晚于僧祐的慧皎不但在其所撰写的《高僧传·畺良耶舍传》中叙述了畺良耶舍从事佛典翻译的情况,而且在目录中将其列入"译经"部分。可见,畺良耶舍翻译过佛典是没有任何问题的。

---

① 智昇《开元释教录》中记载,畺良耶舍"元嘉元年甲子,远冒沙河,萃于建业"。虽然时间很明确,但隋费长房《历代三宝纪》说的是"元嘉之初",而智昇此部分几乎全是照抄费长房。因此,年代标示是他从费长房的记述中推论出来的。鉴于此,本著不依智昇说。
② 慧皎:《高僧传》卷一〇,《大正藏》第50卷,第394页上。
③ 宝唱:《比丘尼传》卷二,《大正藏》第50卷,第940页中—下。

《高僧传·畺良耶舍传》记载：

> 沙门僧含请译《药王药上观》及《无量寿观》，含即笔受。以此二经是转障之秘术，净土之洪因，故沉吟嗟味，流通宋国。平昌孟顗承风钦敬，资给丰厚。顗出守会稽，固请不去。①

此段文字未直接点出翻译时间，而从文中所提及的僧含以及孟顗的若干行历也可以大略确定翻译的时间。

首先看孟顗的行历。孟顗，字彦重，平昌安丘人。《宋书》和《南史》都没有专门为其立传，《宋书·何尚之传》有一附传："兄昶贵盛，顗不就征辟。昶死后，起家为东阳太守，遂历吴郡、会稽、丹阳三郡，侍中，仆射，太子詹事，复为会稽太守，卒官，赠左光禄大夫。"②从这些记载可知，孟顗因其兄在刘裕发迹过程中的贡献而被起用，并受到宋武帝、宋文帝的重视，在文帝时期甚至官居宰辅。孟顗是一位虔诚的佛教徒，《高僧传》等早期文献中多有记述。他在历史上被提起常常是缘于与谢灵运的冲突。《宋书·谢灵运传》记载："太守孟顗事佛精恳，而为灵运所轻。尝谓顗曰：'得道应须慧业，丈人升天当在灵运前，成佛必在灵运后。'顗深恨此言。"③而"会稽东郭有回踵湖，灵运求决以为田，太祖令州郡履行，此湖去郭近，水物所出，百姓惜之，顗坚守不与。灵运既不得回踵，又求始宁岯嵊湖为田，顗又固执。灵运谓顗非存利民，正虑决湖多害生命，言论毁伤之，与顗遂构仇隙。"④因此，元嘉七年（430），会稽太守孟顗上表告发谢灵运有"异志"。后来，谢灵运被召回，暂住京中，元嘉八年（431）冬被派往临川任内史。

孟顗行历有助于廓清畺良耶舍翻译时间是孟顗出京任会稽太守的时间。如前所叙述，孟顗两次任会稽太守，第一次与谢灵运发生冲突，第

---

① 慧皎：《高僧传》卷三，《大正藏》第 50 卷，第 343 页下。
② 《宋书》卷六六《何尚之传》，第 1737 页。
③ 《宋书》卷六七，第 1775—1776 页。
④ 《宋书》卷六七《谢灵运传》，第 1776 页。

二次终老于任上。关于孟顗第一次任会稽太守的时间,史书无载,然而根据上文所引证的他与谢灵运发生冲突的事件可知,在谢灵运回会稽之前,他已经在太守任上。《宋书·谢灵运传》记载,知晓被人告发,灵运奔驰京都,诣阙上表,文中说:"臣自抱疾归山,于今三载,居非郊郭,事乖人间,幽栖穷岩,外缘两绝,守分养命,庶毕余年。忽以去月二十八日得会稽太守臣顗二十七日疏云……。"依照这些记载可知,至迟在元嘉五年(428)初,孟顗已经离开建康奔赴会稽任太守。而《高僧传·畺良耶舍传》说孟顗"出守会稽,固请不去"①,可见,畺良耶舍翻译出《药王药上观经》及《无量寿观经》的时间在元嘉二年(425)至元嘉四年(427)之间。

关于释僧含,《高僧传》卷七有传,但未提及其参与翻译佛典,《高僧传·释僧含传》记载:

> 释僧含,不知何许人。幼而好学,笃志经史及天文算术;长通佛义,数论兼明,尤善《大涅槃》,常讲说不辍。元嘉七年,新兴太守陶仲祖立灵味寺,钦含风轨,请以居之。含勖众清谨,三业无亏。后西游历阳,弘赞正法,江左道俗,响附如林。②

从文中记述可知,元嘉七年(430)之前僧含确实在建康,元嘉七年他由某寺转移至新建的灵味寺。《高僧传》将畺良耶舍署为"宋京师道林寺畺良耶舍",由此推知,畺良耶舍住于京城道林寺,翻译也可能在此寺。

根据《高僧传·畺良耶舍传》记载:畺良耶舍"后移憩江陵。元嘉十九年,西游岷蜀,处处弘道,禅学成群。后还,卒于江陵,春秋六十矣"③。依据此说,畺良耶舍于元嘉十九年(442)西游蜀川,参考其他文献可知,元嘉十九年应为元嘉九年(432)之误。具体事证是《比丘尼传》卷四《成都长乐寺昙晖尼传》所记述的昙晖受学于畺良耶舍的过程。

昙晖尼(422—504),本姓青阳,名白玉,成都人。《比丘尼传》卷四记载:

---

①③ 慧皎:《高僧传》卷三,《大正藏》第50卷,第343页下。
② 慧皎:《高僧传》卷七,《大正藏》第50卷,第370页中。

幼乐修道,父母不许。元嘉九年,有外国禅师畺良耶舍入蜀,大弘禅观。晖年十一,启母求请禅师,欲谘禅法,母从之。耶舍一见,叹此人有分,令其修习,嘱法育尼使相左右。母已许嫁于晖之姑子,出门有日,不展余计。育尼密迎还寺,晖深立誓愿:"若我道心不遂,遂致逼迫者,当以火自焚耳。"刺史甄法崇闻之,遣使迎晖,集诸纲佐及有望之民,请诸僧尼,穷相难尽。法崇问曰:"汝审能出家不?"答曰:"微愿久发,特乞救济。"法崇曰:"善!"遣使语姑,姑即奉教,从法育尼出家。年始十三矣。①

依据此说,畺良耶舍于元嘉九年(432)已经到达成都。笔者之所以认为这一记载可信,原因在于此中所涉及到的益州刺史甄法崇干涉此事的时间正好与正史的记载一致。

根据《宋书·文帝纪》和《资治通鉴》的记载,元嘉九年七月,由于益州刺史刘道济执政不当,导致四川流民暴动。《宋书》卷五《文帝纪》记载,元嘉九年冬十一月,以少府甄法崇为益州刺史。而元嘉十年(433)九月,益州刺史甄法崇至成都,平复了暴乱。元嘉十四年(437)夏四月丁未,"以辅国将军周籍之为益州刺史"②。由上引文《比丘尼传·昙晖尼传》的记载可知,畺良耶舍于元嘉九年进入成都,大弘禅观。而昙晖年十一,时当元嘉十年,此时甄法崇已至成都并且平定了动乱。昙晖"从昱学修观行,裁得禀受,即于座末便得入定,见东方有二光明,其一如日而白,其一如月而青。即于定中立念云:'白者必是菩萨道,青者声闻法。若审然者,当令青者销,而白光炽。'即应此念,青光遂灭,白光炽满。及至起定为昱尼说,昱尼善观道闻而欢喜赞善。时同坐四十余人,莫不见叹其希有也。后婿心疑以为奸诈,相率抄取,将归其家。昙晖时年十六矣,以婢使营卫,不受侵逼。婿无如之何。复以诉州,刺史赏异,问畺良耶舍,

---

① 宝唱:《比丘尼传》卷四,《大正藏》第50卷,第945页下—946页上。
② 《宋书》卷五《文帝纪》,第84页。

曰：'此人根利，慎勿违之。若婿家须相分解，费用不足者。贫道有一苍头，即为随喜，于是解释。'后于禅中自解佛性，常住大乘等义，并非师受。时诸名师，极力问难无能屈者，于是声驰远近，莫不归服"①。甄法崇于元嘉十三年（436）仍然在益州刺史任上，因此再次介入昙晖与婿家纠葛。而畺良耶舍为其提供经济补偿，此事遂了。"宋元嘉十九年，临川王临南兖延之至镇，时年二十一。"②临川王刘义庆于元嘉十六年（439）任南兖州刺史，受其邀请，昙晖尼于元嘉十九年（442）前往广陵（今江苏省扬州市）。当时，昙晖尼仅仅20岁。

依上述文献再来解释《高僧传·畺良耶舍传》所说畺良耶舍于"元嘉十九年，西游岷蜀，处处弘道，禅学成群。后还，卒于江陵，春秋六十矣"③，即可得出如下结论：畺良耶舍于元嘉九年（432）前往成都，至元嘉十九年（442）"还"至京城。这次回京，"禅学成群"，即跟随其学习禅法的弟子成群，其中也包括前述昙晖尼。

依据《宋书·文帝本纪》记载，元嘉十八年（441）十一月，以丹阳尹孟顗为尚书仆射。元嘉二十二年（445）秋七月己未，以尚书仆射孟顗为尚书左仆射。元嘉二十三年（446）正月，尚书左仆射孟顗去职，后任会稽太守，不久卒于此任。而《比丘尼传》卷二《南安寺释慧琼尼传》记载：慧琼尼于元嘉二十四年（447），"随孟顗之会稽，至破纲卒"④。由这一记载可知，畺良耶舍重回建康，与孟顗还有机会相见。畺良耶舍后来又西行至江陵，卒于此地，春秋六十。具体时间不详。

昙摩密多（356—442），意译应为"法秀"，罽宾人。"年至七岁，神明澄正，每见法事辄自然欣跃，其亲爱而异之，遂令出家。罽宾多出圣达，屡值明师，博贯群经，特深禅法，所得门户极甚微奥，为人沈邃有慧解，仪轨详正，生而连眉，故世号连眉禅师。少好游方，誓志宣化，周历诸国，遂

---

① ② 宝唱：《比丘尼传》卷四，《大正藏》第50卷，第946页上。
③ 慧皎：《高僧传》卷三，《大正藏》第50卷，第343页下。
④ 宝唱：《比丘尼传》卷二，《大正藏》第50卷，第938页中。

适龟兹。王自出郊迎,延请入宫,遂从禀戒,尽四事之礼。蜜多安而能迁,不拘利养,居数载,密有去心。"于是,"遂度流沙,进到炖煌,于闲旷之地,建立精舍,植柰千株,开园百亩,房阁池沼,极为严净。"①从这些叙述看,昙摩密多从罽宾出发,到达龟兹,停留几年,然后到敦煌,修造精舍。其后又至凉州,"仍于公府旧寺,更营堂房,学徒济济,禅业甚盛"②。他所到之处,修寺、传播禅法,影响很大。从这一系列叙述可知,如以从罽宾出发算起,至少需五六年甚至十年。

《高僧传·昙摩密多传》记载:昙摩密多"常以江左王畿,志欲传法",于是以宋元嘉元年(424),"展转至蜀。俄而出峡,止荆州,于长沙寺造立禅阁,翘诚恳恻,祈请舍利,旬有余日,遂感一枚。冲器出声,放光满室。门徒道俗,莫不更增勇猛,人百其心。顷之,沿流东下,至于京师。"③僧传的这一段叙述,只有一个时间,而完成文中所说的这些事情,少说也应有年余,因此,他到达建康的时间不应该早于元嘉二年(425)。

昙摩密多到建康,《高僧传·昙摩密多传》说"初止中兴寺,晚憩祇洹"④,实际上当时的中兴寺尚未建起。《高僧传》卷四《竺法义传》记载:竺法义以东晋太元五年(380)卒于建康,晋孝武帝"以钱十万买新亭岗为墓,起塔三级。义弟子昙爽,于墓所立寺,因名'新亭精舍'。后宋孝武南下伐凶,銮旆至止式宫此寺。及登禅,复幸禅堂,因为开拓,改曰'中兴'。故元嘉末童谣云:'钱唐出天子',乃禅堂之谓。故中兴禅房,犹有龙飞殿焉"⑤。由此可知,昙摩密多到建康住于新亭精舍(寺)中的"钱塘禅堂",至孝武帝登基的孝建年间(454—456),此寺改为中兴寺⑥。

---

① ③ 慧皎:《高僧传》卷三,《大正藏》第50卷,第342页下。
② 僧祐:《出三藏记集》卷一四,《大正藏》第55卷,第105页上。
④ 慧皎:《高僧传》卷三,《大正藏》第50卷,第342页下—343页上。
⑤ 慧皎:《高僧传》卷四,《大正藏》第50卷,第350页下—351页上。
⑥ 慧皎《高僧传》卷一一《慧览传》记载:"孝武起中兴寺,复勅令移住。京邑禅僧皆随踵受业,吴兴沈演、平昌孟顗,并钦慕道德,为造禅室于寺。宋大明中卒。"(《大正藏》第50卷,第399页上)

昙摩密多先住于"中兴寺",后来住于祇洹寺。"密多道声素著,化洽连邦,至京甫尔,倾都礼讯。自宋文哀皇后及皇太子公主,莫不设斋桂宫,请戒椒掖,参候之使,旬日相望"①。可见,他在京城很快获得了朝野信众的尊奉。

《高僧传·昙摩密多传》又记载:"会稽太守平昌孟𫖮,深信正法,以三宝为己任,素好禅昧,敬心殷重。及临浙右,请与同游,乃于鄮县之山,建立塔寺。东境旧俗多趣巫祝,及妙化所移,比屋归正。自西徂东,无思不服。元嘉十年还都。"如前文所述,孟𫖮元嘉初期出任会稽太守,时间至少在元嘉六年(429)之前。由此可知,昙摩密多大致在会稽生活了五年左右。

昙摩密多回到京城后,"止钟山定林下寺,密多天性凝靖,雅爱山水,以为钟山镇岳,埒美嵩华。常叹下寺基构,临涧低侧,于是乘高相地,揆卜山势。以元嘉十二年,斩石刊木,营建上寺。士庶钦风,献奉稠迭,禅房殿宇,郁尔层构。于是息心之众,万里来集,讽诵肃邕,望风成化"。元嘉十九年(442)七月六日,昙摩密多卒于定林上寺,春秋八十七,"道俗四众,行哭相趋,仍葬于钟山宋熙寺前"。

关于昙摩密多的贡献,如《高僧传》所说"爰自西域,至于南土,凡所游履,靡不兴造檀会,敷陈教法"。在建康定林寺的"达禅师即神足弟子,弘其风教,声震道俗,故能净化久而莫渝,胜业崇而弗替,盖密多之遗烈也"②。此中的达禅师即僧祐之师法达。此外,释僧审也是昙摩密多的弟子。僧审(416—490),姓王,太原祁人。"晋骑骠沈之后也,祖世寓居谯郡。审少出家,止寿春石涧寺,诵《法华》、《首楞严》,常谓非禅不智,于是专志禅那。闻昙摩蜜多道王京邑,乃拂衣过江,止于灵曜寺,精勤谘受,曲尽深奥"③。僧审于南齐永明八年(490)卒,春秋七十五。

---

①② 慧皎:《高僧传》卷三,《大正藏》第50卷,第343页上。
③ 慧皎:《高僧传》卷一一,《大正藏》第50卷,第399页下。

关于昙摩密多的翻译活动,《高僧传·昙摩密多传》记载:"即于祇洹寺,译出《禅经禅法要》、《普贤观》、《虚空藏观》等,常以禅道教授,或千里谘受,四辈远近,皆号大禅师焉。"①僧祐《出三藏记集·昙摩密多传》记载:昙摩密多"于祇洹寺译出《诸经禅法要》、《普贤观》、《虚空藏观》,凡三部经",多了"凡三部经"四个字。同书卷三著录如下:

> 《观普贤菩萨行法经》一卷,或云《普贤观经》,下注云出《深功德经》中。
>
> 《虚空藏观经》一卷,或云《观虚空藏菩萨经》。
>
> 《禅秘要》三卷,元嘉十八年译出。或云《禅法要》。或五卷。
>
> 《五门禅经要用法》一卷。
>
> 右四部,凡六卷。宋文帝时,罽宾禅师昙摩蜜多,以元嘉中于祇洹寺译出。②

《高僧传·昙摩密多传》和《出三藏记集·昙摩密多传》将上述三部典籍的翻译时间确定为其离开京城至会稽之前。结合翻译地点祇洹寺可知,这三部经典是他早期翻译的。据上述引文《禅秘要》三卷元嘉十八年(441)译出,可知他在晚年也翻译过佛典。

隋代《历代三宝纪》卷一〇在上述四部之外,又多著录了六部:

> 《诸法勇王经》一卷,见李廓《录》。
>
> 《佛升忉利天为母说法经》一卷。
>
> 《转女身经》一卷,《象腋经》一卷。
>
> 《郁伽长者所问经》一卷。
>
> 《虚空藏菩萨神咒经》一卷。已上六经,并见李廓《魏世录》。③

如此则成十部十二卷。智昇又加入了两部:

---

① 慧皎:《高僧传》卷三,《大正藏》第50卷,第343页上。
② 僧祐:《出三藏记集》卷二,《大正藏》第55卷,第12页中—下。
③ 费长房:《历代三宝纪》卷一〇,《大正藏》第49卷,第92页中。

《新无量寿经》二卷,第十出。与世高《无量寿经》及《宝积无量寿会》等同本,见《真寂寺录》。①

《观无量寿佛经》一卷,第二出。与姜良耶舍出者同本,见宝唱《录》。②

依据智昇的著录,昙摩密多的译籍共十二部十七卷,《虚空藏菩萨神咒经》一卷、《观虚空藏菩萨经》一卷、《象腋经》一卷、《诸法勇王经》一卷、《转女身经》一卷、《观普贤菩萨行法经》一卷、《五门禅经要用法》一卷等七部现存。而关于《禅秘要经》五卷,智昇有一说明:

《禅秘要经》五卷,或无"经"字,一名《禅法要》,元嘉十八年于祇洹寺出。或三卷。见僧祐《录》。第三出。今有《禅秘要经》五卷,文极交错,不可流行,如删繁录中述。③

智昇看到《禅秘要经》五卷不可卒读,删略了,因此今日不存。

五、求那跋陀罗的佛典翻译

刘宋时期主导南方译场的是求那跋陀罗。

求那跋陀罗(394—468),意译"功德贤",中天竺人,本是婆罗门,因读《阿毗昙杂心论》有了体会,改信佛法。出家学小乘,后又深通大乘,当时的人都尊称他为"摩诃衍"。刘宋元嘉十二年(435)他经过师子国(今斯里兰卡)等地泛海到达广州,住在云峰山的云峰寺。广州刺史车朗报告于宋文帝,宋文帝就派人接他到南京,安顿在祇洹寺。当时的博学名士颜延之对他很敬仰,宋室的彭城王刘义康和谯王刘义宣也尊他为师。

求那跋陀罗的译经活动,从时间、地域上都可分为三个阶段:第一阶段在建康,第二阶段在荆州,第三阶段重回建康。

关于求那跋陀罗第一阶段在建康的活动,慧皎《高僧传》卷三本传

---

① 智昇:《开元释教录》卷五,《大正藏》第55卷,第524页上。
②③ 同上书,第524页中。

记载:

> 顷之,众僧共请出经于祇洹寺,集义学诸僧译出《杂阿含经》,东安寺出《法鼓经》,后于丹阳郡译出《胜鬘》、《楞伽经》,徒众七百余人,宝云传译,慧观执笔。往复谘析,妙得本旨。①

这十年是求那跋陀罗翻译活动最成功的阶段,其后对中国佛教产生重大影响的经典几乎都是这一时期翻译完成的。

刚至建康的时候,受到彭城王刘义康、谯王刘义宣的皈依、供养。这两位王权倾一时,但在后来的宫廷政治斗争中,先后惨败。这对求那跋陀罗的译经、弘法都有负面影响。

彭城王刘义康是宋文帝刘义隆的同母弟,在大将军、录尚书事、扬州刺史任上,遭到文帝的猜疑,于元嘉十七年(440)被贬为江州刺史,文帝并且杀了其党羽前领军将军、丹阳尹刘湛等人。元嘉二十二年(445),左卫将军、太子詹事范晔等因密谋拥立刘义康被杀,刘义康亦遭囚禁。元嘉二十八年(451)正月,文帝"遣中书舍人严龙赍药赐死。义康不肯服药,曰:'佛教自杀不复得人身,便随宜见处分。'乃以被掩杀之,时年四十三"②。

谯王刘义宣是武帝刘裕之子,文帝刘义隆之弟。元嘉二十一年(444)八月,文帝令谯王义宣为车骑将军、荆州刺史。《高僧传·求那跋陀罗传》记载:"谯王镇荆州,请与俱行,安止辛寺,更创房殿。"至此,求那跋陀罗在荆州十余年。《高僧传》又说:"元嘉将末,谯王屡有怪梦。跋陀答云:'京都将有祸乱。'未及一年,元凶构逆。"③这是指刘劭弑文帝而自立的事变。先是,元嘉二十八年,文帝长子皇太子刘劭利用巫蛊诅咒文帝早死之事暴露,文帝谋改立皇太子。元嘉三十年(453)二月,刘劭利用东宫所统万余精兵,与其同母弟始兴王刘浚合谋,拥兵杀文帝及尚书仆

---

① ③ 慧皎:《高僧传》卷三,《大正藏》第 50 卷,第 344 页中。
② 《宋书》卷六八《刘义康传》,第 1796—1797 页。

射徐湛之、吏部尚书江湛、侍中王僧绰等人,自即帝位,宠任东宫心腹将帅。刘劭之弟江州刺史武陵王刘骏与会稽太守随王刘诞、文帝弟荆州刺史南谯王刘义宣等联合起兵,反对刘劭。四月,刘骏军队攻到建康附近,刘骏称帝,即宋孝武帝。

刘骏即位后,作为孝武帝叔父的谯王刘义宣因坐镇荆州,拒绝入朝,其部下蔡超、竺超民等贪图富贵,也积极鼓动他起兵夺取帝位,加之江州刺史臧质的多次怂恿,以及传说中的孝武帝奸淫谯王数女等事,谯王最终决定起兵。在这一事变中,关于求那跋陀罗的作为,《高僧传》写道:

> 及孝建之初,谯王阴谋逆节。跋陀颜容忧惨,未及发言,谯王问其故,跋陀谏争恳切,乃流涕而出,曰:"必无所冀,贫道不容扈从。"谯王以其物情所信,乃逼与俱下。①

可见,求那跋陀罗是坚决反对谯王起兵的,恳切谏诤,但不被采纳,而谯王鉴于求那跋陀罗在民众中的威信,反而迫他随军顺流俱下。时为孝建元年(454)。刘义宣于二月十一日率众十万发自江津,舳舻数百里,求那跋陀罗就在战船之内。双方的舟师进至梁山洲(芜湖)对峙,谯王被沈庆之、王玄谟击败,逃回江陵。六月,刘义宣与其16个儿子被攻杀。《高僧传》描述说:

> 梁山之败,大舰转迫,去岸悬远,判无全济。唯一心称观世音,手捉邛竹杖,投身江中,水齐至膝,以杖刺水,水流深驶,见一童子寻后而至,以手牵之。顾谓童子:"汝小儿何能度我?"恍忽之间,觉行十余步,仍得上岸。即脱纳衣,欲偿童子,顾觅不见。举身毛竖,方知神力焉。②

求那跋陀罗只身爬上江岸。"时王玄谟督军梁山,世祖勅军中得摩

---

①② 慧皎:《高僧传》卷三,《大正藏》第50卷,第344页中。

诃衍,善加料理,驿信送台。俄而寻得,令舸送都"①。王玄谟奉孝武帝之命把跋陀罗舟送至建康。由此,他开始了第三个阶段的译经、弘法活动。

重归建康,首要的是获得皇帝的谅解,并且最终获得朝廷的支持。这一点,求那跋陀罗做得很成功。《高僧传》叙述说,求那跋陀罗一至建康,孝武帝实时引见,用好言慰抚:

> 世祖实时引见,顾问委曲,曰:"企望日久,今始相遇。"跋陀曰:"既染衅戾,分当灰粉。今得接见,重荷生造。"勅问:"并谁为贼。"答曰:"出家之人不预戎事。然张畅、宋灵秀等并见驱逼,贫道所明,但不图宿缘,乃逢此事。"帝曰:"无所惧也。"是日,勅住后堂,供施衣物,给以人乘。②

当初,求那跋陀罗在建康译经之时,与当时的武陵王刘骏未曾见面。尽管求那跋陀罗身居荆州,仍有很大影响,孝武帝因此而下令找寻求那跋陀罗并嘱将其送回京师。孝武帝的想法大概很多,因此才有如上的问答。求那跋陀罗对孝武帝不卑不亢,并在严峻考验面前,镇定自若,竭力保全故人,显示出他的气节和风骨,因此而初获孝武帝的尊重。从上述对话看,孝武帝仍然猜测求那跋陀罗曾经为谯王谋反出谋划策。好在"跋陀在荆十载,每与谯王书疏,无不记录。及军败,检简,无片言及军事者"。由此,孝武帝才明白了求那跋陀罗与谯王交往全部是为了佛法。求那跋陀罗的谨慎,特别是不主动参与世俗政治的品格,终于获得了皇帝的完全信任。在这种背景下,才会有下述对话:

> 后因闲谈,聊戏问曰:"念丞相不?"答曰:"受供十年,何可忘德?今从陛下乞愿,愿为丞相三年烧香。"帝凄然惨容,义而许焉。③

这一段对话,完全符合佛教教义。求那跋陀罗并不因为谯王是皇家

---

① 慧皎:《高僧传》卷三,《大正藏》第50卷,第344页中—下。
②③ 同上书,第344页下。

罪人,害怕受牵连而说违心的话。他不忘故旧之情,不忘受到作为清信士的谯王供养。求那跋陀罗的回答,一方面表明,他与谯王完全因佛法而结缘;另一方面,佛教的慈悲平等精神,也要求他应该为谯王烧香超度亡灵。求那跋陀罗耿直重义,尽管一瞬间使皇帝变了脸色,但孝武帝还是答应了他的要求。

纵观求那跋陀罗在刘宋王朝的弘法活动,成果最为卓著的是第一阶段。第二阶段在荆州,他仍然译经不辍。如前所叙,谯王刘义宣于孝武帝孝建元年(454)二月十一日仓促率众东下,求那跋陀罗被迫随行。而史籍也记载,即便是在谯王紧锣密鼓地准备反叛的这两个月,他仍然翻译出了两部佛经。《历代三宝纪》记载:"《无量寿经》一卷,孝建年出。""《般泥洹经》一卷,孝建元年于辛寺译。"①由此也佐证了求那跋陀罗在荆州确实是以翻译佛典为要务的。与此相对照,尽管《出三藏记集》等史籍在记述求那跋陀罗所译佛典时说:"天竺摩诃乘法师求那跋陀罗,以元嘉中及孝武时,宣出诸经"②,但现存的经录中未曾明确地说明哪一部经是在孝武帝孝建元年之后翻译的。相反,有记载表明求那跋陀罗重归建康之后,未能再有译场助其翻译,孝武帝及其此后的皇帝,大多将其当做"神异"僧。

从现存资料看,孝武帝给予了求那跋陀罗较高的礼遇,如将其敕入刚刚扩建的中兴寺。由于特殊的机缘,孝武帝朝中兴寺非常受重视,孝武帝及其后妃、权臣常常去此寺活动。《高僧传》有若干资料表明,孝武帝曾经亲自挑选高僧入住此寺。如《高僧传·道温传》记载:释道温是庐山慧远的弟子,后又至长安师事鸠摩罗什,元嘉中止襄阳檀溪寺,又至江陵,"孝建初,被勅下都,止中兴寺。大明中,勅为都邑僧主"。同传中又记载:"路昭皇太后大明四年十月八日造普贤像成,于中兴禅房设斋,所

---

① 费长房:《历代三宝纪》卷九,《大正藏》第 49 卷,第 91 页中。
② 僧祐:《出三藏记集》卷二,《大正藏》第 55 卷,第 13 页上。

请凡二百僧"①,斋僧过程中有奇僧出现因而改寺中禅房为"天安寺"。《高僧传·慧览传》记载:"孝武起中兴寺,复勒令移住。京邑禅僧皆随踵受业,吴兴沈演、平昌孟顗,并钦慕道德,为造禅室于寺。宋大明中卒。"②这样的事例还能找到一些。《高僧传》说:"及中兴寺成,勒令移住,为开三间房。"可见,孝武帝在中兴寺建成之后,在此寺中专门为求那跋陀罗建造三间房以安置之,也算做一种礼遇。但这并不表示,孝武帝完全地尊重他,如下记载可证明:

> 后于东府燕会,王公毕集,勒见跋陀。时未及净发,白首皓然。世祖遥望,顾谓尚书谢庄曰:"摩诃衍聪明机解,但老期已至。朕试问之,其必悟人意也。"跋陀上阶,因迎谓之曰:"摩诃衍不负远来之意,但唯有一在。"即应声答曰:"贫道远归帝京,垂三十载。天子恩遇,衔愧罔极,但七十老病,唯一死在。"帝嘉其机辩,勒近御而坐,举朝属目。③

《高僧传》、《出三藏记集》都记载了这一故事,透过文字,我们可看到孝武帝"恶作剧"般的戏谑意味。

求那跋陀罗后期未能重续旧业,也与孝武帝重视祈福而对译经不大感兴趣有关。也许感于中兴寺的喧嚣,求那跋陀罗继又在秣陵(古县名,治所在今南京市故报恩寺附近)县界凤凰楼西起寺住持,留下了许多神奇传说。《高僧传》记载说:

> 后于秣陵界凤皇楼西起寺。每至夜半,辄有推户而唤,视之无人,众屡厌梦。跋陀烧香,咒愿曰:"汝宿缘在此,我今起寺。行道礼忏,常为汝等。若住者,为护寺善神。若不能住,各随所安。"既而道俗十余人,同夕梦见鬼神千数皆荷担移去,寺众遂安。今陶后渚白

---

① 慧皎:《高僧传》卷七,《大正藏》第50卷,第372页下。
② 慧皎:《高僧传》卷一一,《大正藏》第50卷,第399页上。
③ 慧皎:《高僧传》卷三,《大正藏》第50卷,第344页下。

塔寺即其处也。①

这里所显示的不是译经僧的形象,而是精通神咒的"感通"类的僧人。而孝武帝感兴趣的也正是求那跋陀罗的这一侧面:

> 大明六年,天下亢旱,祷祈山川,累月无验。世祖请令祈雨:"必使有感,如其无获,不须相见。"跋陀曰:"仰凭三宝,陛下天威,冀必隆泽。如其不获,不复重见。"即往北湖钓台,烧香祈请,不复饮食,默而诵经,密加秘咒。明日晡时,西北云起如盖。日在桑榆,风震云合,连日降雨。明旦,公卿入贺,勅见慰劳,嚫施相续。②

文中记录的孝武帝的"必使有感"的命令,透着几分杀气。好在求那跋陀罗运气不错,渡过了难关。

求那跋陀罗继续在建康驻锡,由于皇帝及忠臣不再大力供养其译经,其影响也就不再如元嘉年间般成为佛教界之核心。"泰始四年正月,觉体不念。便与太宗及公卿等告别,临终之日延伫而望之,见天华圣像。禺中遂卒。春秋七十有五。太宗深加痛惜,慰赙甚厚。公卿会葬,荣哀备焉。"③文中的"太宗"就是一般所称的宋明帝刘彧,泰始四年即468年。至此,求那跋陀罗来华33年。

关于求那跋陀罗译经的总数,僧祐只记载了十三部七十三卷,费长房确认了七十八部一百六十卷,智昇最后确认了五十二部一百三十四卷。

僧祐著录的13部是:

《新阿鋡经》五十卷。

《大法鼓经》二卷,东安寺译出。

《胜鬘经》一卷,丹阳郡译出。

《八吉祥经》一卷,元嘉二十九年正月十三日于荆州译出。

---

① 慧皎:《高僧传》卷三,《大正藏》第50卷,第344页下。
② 同上书,第344页下—345页上。
③ 同上书,第345页上。

《楞伽阿跋多罗宝经》四卷,道场寺译出。

《央掘魔罗经》四卷,道场寺译出。

《过去现在因果经》四卷。

《相续解脱经》二卷,东安寺译出。

《第一义五相略》一卷,东安寺译出。

《释六十二见经》一卷,缺。

《泥洹经》一卷,似即一卷《泥曰经》,缺。

《无量寿经》一卷,缺。

《无忧王经》一卷,缺。①

关于僧祐之后各种经录记载求那跋陀罗的译籍,吕澂先生确认了十五部。其中,《杂阿含经》五十卷、《大法鼓经》二卷、《相续解脱经》二卷、《胜鬘经》一卷、《央掘魔罗经》四卷、《楞伽经》四卷、《无忧王经》一卷、《八吉祥经》一卷、《过去现在因果经》四卷、《大方广宝箧经》二卷、《菩萨行方便境界神通变化经》三卷和《拔一切业障根本得生净土神咒》一卷(从《小无量寿经》中抄出)等十二种现存。另外三种即是《高僧传》记载而早已散失的《泥洹经》一卷、《现在佛名经》一卷、《第一义五相略经》一卷。

求那跋陀罗所译出的经典中,数《新阿含经》五十卷、《大法鼓经》二卷、《胜鬘经》一卷、《楞伽阿跋多罗宝经》四卷最受重视,其中《楞伽阿跋多罗宝经》四卷更是影响巨大。

求那跋陀罗在建康的译经地点先后有祇洹寺、瓦官寺、丹阳郡某寺、东安寺、道场寺等。依据《出三藏记集》、《高僧传》的本传,求那跋陀罗翻译的第一部经典是《杂阿含经》,而关于此经的翻译地点则有二说,如《开元释教录》卷五所归纳:"《杂阿含经》五十卷,于瓦官寺译,梵本法显赍来。《高僧传》云'祇洹寺出'。见道慧《宋齐录》及僧祐《录》。"究竟应该以哪一个说法为是呢?

---

① 僧祐:《出三藏记集》卷二,《大正藏》第55卷,第12页下—13页上。

《高僧传·求那跋陀罗传》记载：求那跋陀罗于元嘉十二年（435）先至广州，后至建康，"初住祇洹寺。俄而太祖延请，深加崇敬。琅玡颜延之通才硕学，束带造门。于是京师远近，冠盖相望，大将军彭城王义康、丞相南谯王义宣并师事焉。顷之，众僧共请出经，于祇洹寺集义学诸僧，译出《杂阿含经》"①。求那跋陀罗又在元嘉十三年（436）八月至丹阳郡某地翻译出了《胜鬘经》一卷。求那跋陀罗翻译的《杂阿含经》达五十卷，加之求那跋陀罗初至中土，不大谙熟中土语言，翻译不会太快，因此，也许在祇洹寺未能完成翻译，后来又移至瓦官寺才最后完成翻译。至于转移的原因已经难得其详。或者，二者的记载有一个是错误的。

　　与有关《杂阿含经》翻译的记载类似，《相续解脱地波罗蜜了义经》的翻译地点也有两种不同的记载。《出三藏记集》卷二记载："《相续解脱经》二卷，东安寺译出。"②但同书卷一四则有不同记载："后谯王镇荆州，请与俱行，安止新寺，更创殿房。即于新寺出《无忧王过去现在因果》及一卷《无量寿》、一卷《泥洹》、《央掘魔》、《相续解脱波罗蜜了义》、《第一义五相略》、《八吉祥》等诸经，凡一百余卷。"③隋《历代三宝纪》卷一〇记载："《相续解脱了义经》二卷，于东安寺译。见道慧、僧祐、李廓、法上等四录。"唐《开元释教录》则将二说并列。从上述记载对比推测，僧祐记载二说，大概是他采自不同的资料。一般而言，写传记主要依据"行状"之类文字，而经录则主要依据前人所作的译经目录。面对不同资料的不同记载，僧祐仅仅照搬照抄，未作随意取舍，因而造成分歧。

　　求那跋陀罗翻译的《第一义五相略经》已经失传。今人依据两条线索确定此经为《解深密经》的部分节译，一是从经题中的"第一义五相"来推测，二是隋代吉藏的引用。

　　佛教中所说的"第一义"即"真谛"、"胜义谛"。现存玄奘《解深密经》

---
① 慧皎：《高僧传》卷三，《大正藏》第50卷，第344页上。
② 僧祐：《出三藏记集》卷二，《大正藏》第55卷，第12页下。
③ 僧祐：《出三藏记集》卷一四，《大正藏》第55卷，第105页下。

第二品《胜义谛相品》,此品则从五个方面来阐述胜义谛的特征,即"无二相"、"离言相"、"超过寻思相"、"超过一异相"、"遍一切一味相"。这一内容在《瑜伽师地论》卷七五中全文引用。

隋吉藏《法华玄论》卷三说:"又《五相略经》明教有三种:第一,鹿野为声闻说四谛。第二,为大根说诸法离自性,不生不灭。此亦有上有余不了义说,起诤论处。第三,为求一切乘者说诸法离自性,不生不灭。无上无余非诤论处。此经一卷,与《摄大乘论》相应。"这是说,《五相略经》将释迦一代教分做三个时期:即第一是《阿含》小乘教,明法有我无,说诸法缘生实有;第二是佛说诸部《般若》,明诸法缘生即是性空;第三是说《解深密经》等,明三性三无性,空有具陈,为中道教。这一判教思想确实被现存的《摄大乘论》所引用。而这一内容在玄奘翻译的《解深密经》第五品《无自性相品》。此品辨五姓各别,无姓不能成佛;说三乘真实,一乘方便;三时判教。吉藏引用的恰好是三时判教的内容。

联系上述两条证据,可以得出这样的结论:求那跋陀罗翻译的《第一义五相略经》是《解深密经》第二品和第五品的摘译本。而印顺法师则直接说,《第一义五相略》是《解深密经》的《胜义谛相品》到《无自性相品》的略译。①

关于求那跋陀罗所翻译的《相续解脱地波罗蜜了义经》,《历代三宝纪》和《开元释教录》都记载说,经有不同题目,有一卷本和二卷本之别。《开元释教录》卷一一记载说:"《相续解脱地波罗蜜了义经》一卷,亦名《解脱了义》,亦云《相续解脱经》,宋天竺三藏求那跋陀罗译。右一经是《解深密经》后二品异译,出四、五二卷。"现今流行的藏经中分别收有《相续解脱地波罗蜜了义经》一卷和《相续解脱如来所作随顺处了义经》一卷,前者相当于玄奘翻译《解深密经》第七品《地波罗蜜多品》,后者则相当于第八品《如来成所作事品》。

从上述分析可知,求那跋陀罗翻译的《第一义五相略经》和《相续解

---

① 参见印顺法师《印度佛教思想史》,第 241—242 页,台北,正闻出版社,1988。

脱地波罗蜜了义经》都是现存《解深密经》的早期单行译本。玄奘翻译的《解深密经》共八品五卷,而求那跋陀罗至少翻译了四品两卷,如果认定《第一义五相略经》包含第二品至第五品的话,那么除《分别瑜伽品》和《序品》之外的内容都已经译出。

关于四卷本《楞伽经》翻译,本卷另有专门论述。

求那跋陀罗所翻译的佛教典籍,涉及范围广泛,随机性较强,从佛教思想的角度看,表现了如来藏经典与瑜伽行派经典并重的特点。求那跋陀罗来自中天竺,那时正是无著、世亲在印度传播瑜伽行派思想的时期,他于中土译出瑜伽行派的核心经典《解深密经》的一部以及《楞伽经》,一方面说明佛典流入中土的时间与于印度流出的时间相当接近,另一方面也充分说明,早期瑜伽行派与如来藏思想是有紧密联系的,唯识古学是将如来藏思想融会于其说之中的。

六、沙门功德直、释道严等的佛典翻译

除上述翻译经典较多且生平事迹相对较为清晰的译家之外,刘宋时期还有不少生平事迹不详的译经僧人。

沙门功德直是宋孝武帝时从西域到达荆州的外国僧人,《出三藏记集》卷一四《沮渠安阳侯传》附传记述如下:

> 时有外国沙门功德直者,不知何国人。以宋大明中游方至荆州,寓禅房寺。沙门玄畅请其译出《念佛三昧经》六卷,及《破魔陀罗尼》。停荆历年,后不知所移。①

《高僧传·释玄畅传》也简单记述一句:"时沙门功德直出《念佛三昧经》等,畅刊正文字,辞旨婉切。"②而同书卷二则著录为:"《念佛三昧经》六卷,宋大明六年译出。或云《菩萨念佛三昧经》。《破魔陀罗尼经》一

---

① 僧祐:《出三藏记集》卷一四,《大正藏》第55卷,第106页下。
② 慧皎:《高僧传》卷八,《大正藏》第50卷,第377页上。

卷,或云《无量门破魔陀罗尼经》,大明六年译出。"①

释道严的生平不详,关于其译籍,费长房《历代三宝纪》记载:

> 《璎珞本业经》二卷,《佛藏大方等经》一卷,亦名《问明显经》。右二经合三卷,宋世,不显年,未详何帝译。群录直注云,沙门释道严出。见《始兴录》及法上《录》并载。②

费长房的这一载录被唐代诸经录所沿袭,智昇还吸收了法经的说法:"《佛藏大方等经》一卷,亦名《问明显经》,是《华严经·明难品》异译,见《始兴录》及法上《录》。"③上述两部经现存。

释翔公的生平不详,关于其译籍,《历代三宝纪》卷一〇著录为:

> 《濡首菩萨无上清净分卫经》二卷,亦云《决了诸法如幻化三昧经》。右一经二卷,宋世,不显年,未详何帝译。群《录》直注云:"沙门翔公于南海郡出。"见道安及《始兴录》。僧祐《三藏记》亦载。④

经查,《出三藏记集》卷四著录于"失译经"中:"《儒首菩萨无上清净分卫经》二卷,一名《决了诸法如幻化三昧经》。"⑤然而早于《历代三宝纪》的法经《众经目录》已经著录为:"《濡首菩萨无上清净分卫经》二卷,一名《决了诸法如幻化三昧经》,翔公于南海译。"⑥此经现存。

释勇公的生平不详,关于其译籍,《历代三宝纪》卷一〇著录为:

> 《空净三昧经》一卷,亦名《空净大感应三昧经》。
>
> 《车匿经》一卷,亦名《车匿本末经》。
>
> 《劝进学道经》一卷,与梁史共出,亦名《劝进经》。
>
> 《梵女首意经》一卷,亦名《首意女经》。

---

① 僧祐:《出三藏记集》卷二,《大正藏》第55卷,第13页上。
② 费长房:《历代三宝纪》卷一〇,《大正藏》第50卷,第94页上。
③ 智昇:《开元释教录》卷五,《大正藏》第55卷,第532页中。
④ 费长房:《历代三宝纪》卷一〇,《大正藏》第50卷,第93页下—94页上。
⑤ 僧祐:《出三藏记集》卷四,《大正藏》第55卷,第21页下。
⑥ 法经:《众经目录》卷一,《大正藏》第55卷,第115页下。

右四部,合四卷。宋世,不显年,未详何帝译。群《录》直注云:"沙门释勇公出。"见《始兴》及《赵录》,《法上录》亦载。①

对此,《开元释教录》卷五认定了三部三卷,并说"其本并缺",对于费长房所说的《车匿经》,智昇说:"出《六度集》中,是《尸呵遍王经》异名。群《录》虽云'勇公所出',今以是别生抄经,故删之不存也。"②前三部到智昇时已散佚,最后一部智昇说是抄经,未入藏,现已散佚。

释法海的生平不详,关于其译籍,《历代三宝纪》卷一〇著录为:

《乐璎珞庄严方便经》一卷,一名《大乘璎珞庄严经》,一名《转女身菩萨问答经》,与晋世竺法护《顺权方便经》同本异出。

《寂调音所问经》一卷,一名《如来所说清净调伏经》,与晋世竺法护《文殊行律》同本异出。

右二经合二卷,宋世,不显年,未详何帝译。群《录》直注云:"沙门释法海出。"见《始兴录》,《法上录》亦载。③

《开元释教录》卷五沿袭了费长房的说法④。《寂调音所问经》现存,《乐璎珞经》已散佚。

释先公的生平不详,关于其译籍,《历代三宝纪》卷一〇著录为:

《月灯三昧经》一卷,一名《文殊师利菩萨十事行经》,一名《逮慧三昧经》。

右一经一卷,宋世,不显年,未详何帝译。群《录》直注云:"沙门释先公出。"见《赵录》及《法上录》亦载。⑤

《开元释教录》卷五沿袭了费长房的说法⑥,《月灯三昧经》一卷现存。

---

① ③ 费长房:《历代三宝纪》卷一〇,《大正藏》第50卷,第94页上。
② 智昇:《开元释教录》卷五,《大正藏》第55卷,第532页中。
④ 参见智昇《开元释教录》卷五,《大正藏》第55卷,第532页中—下。
⑤ 费长房:《历代三宝纪》卷一〇,《大正藏》第50卷,第94页上。
⑥ 参见智昇《开元释教录》卷五,《大正藏》第55卷,第532页下。

第二节　萧齐时期的佛典翻译

关于萧齐时期(479—502)的佛典翻译,《开元释教录》卷六记述:"齐萧氏都建业(亦云南齐),自高帝建元元年己未至和帝中兴二年壬午,凡经七主二十四年,沙门七人,所译经、律总一十二部三十三卷,于中七部二十八卷见在,五部五卷缺本。"[①]七位僧人是:昙摩伽陀耶舍、摩诃乘、僧伽跋陀罗、达摩摩提、求那毗地、释昙景、释法化等。南朝的佛典翻译,刘宋是一个高潮,萧齐时期,译业萧条,京城尤为寂寥。如僧传所说:"自大明已后,译经殆绝"[②],正可作旁证。这一时期,抄经摘律大兴。萧子良倡导抄经活动,形成了许多经本,造成撰写经录者的难度和歧义。鉴于《历代三宝纪》在处理这一问题时的"滥收",此节仅依据《开元释教录》的著录叙述萧齐时期的佛典翻译。

一、昙摩伽陀耶舍、摩诃乘的佛典翻译

昙摩伽陀耶舍的生平失载,宋齐时期的荆州隐士刘虬作的《无量义经序》记载了若干情况:

> 《无量义经》,虽《法华》首戴其目,而中夏未睹其说。每临讲肆,未尝不废谈而叹。想见斯文。忽有武当山比丘慧表,生自羌胄,伪帝姚略从子,国破之日,为晋军何澹之所得。数岁聪黠,澹之字曰螟蛉,养为假子,俄放出家,便勤苦求道,南北游寻,不择夷险。以齐建元三年,复访奇搜秘,远至岭南,于广州朝亭寺,遇中天竺沙门昙摩伽陀耶舍,手能隶书,口解齐言,欲传此经,未知所授。表便殷勤致请,心形俱至,淹历旬朔,仅得一本。仍还峤北,赍入武当,以今永明

---

① 智昇:《开元释教录》卷六,《大正藏》第55卷,第535页中。
② 僧祐:《出三藏记集》卷一四,《大正藏》第55卷,第107页上。

三年九月十八日,顶戴出山,见投弘通。奉觌真文,欣敬兼诚,咏歌不足,手舞莫宣,辄虔访宿解,抽刷庸思。谨立序注云。①

依照此文可知,齐建元三年(481),僧人慧表远至岭南于广州朝亭寺遇到中天竺沙门昙摩伽陀耶舍,请求其翻译出《无量义经》一卷。慧表于永明三年(485)九月十八日出山将此经传出流通。刘虬是隐居在荆州的僧人,此经可能是从荆州传出进入建康的。如智昇说:"武当山沙门慧表永明三年赍至扬都,缮写流布。"②此经现存。

摩诃乘的生平失载,最早见于《出三藏记集》卷二:

《五百本生经》,未详卷数,缺。

《他毗利》,齐言《宿德律》,未详卷数,缺。

右二部,齐武皇帝时,外国沙门大乘,于广州译出,未至京都。③

《历代三宝纪》卷一一记载:"《五百本生经》一卷,见《三藏记》,《他毗利律》一卷,他毗利,齐言宿德,见僧祐《录》。右二部合二卷,武帝世。外国沙门摩诃乘于广州译。"④据这些记载,僧祐以意译称呼译者,而费长房则以音译称呼之。译时为齐武帝在位时期(483—493),地点在广州。

二、僧伽跋陀罗的佛典翻译

僧伽跋陀罗生平失载。《出三藏记集》卷二著录:"《善见毗婆沙律》十八卷,或云《毗婆沙律》,齐永明七年出。右一部,凡十八卷。齐武帝时,沙门释僧猗,于广州竹林寺,请外国法师僧伽跋陀罗译出。"⑤对此同书卷一一载有《善见律毗婆沙记》一文,叙述了经过:

---

① 僧祐:《出三藏记集》卷九,《大正藏》第55卷,第68页上—中。
② 智昇:《开元释教录》卷六,《大正藏》第55卷,第535页下。
③⑤ 僧祐:《出三藏记集》卷二,《大正藏》第55卷,第13页中。
④ 费长房:《历代三宝纪》卷一一,《大正藏》第50卷,第95页中。

> 齐永明十年,岁次实沉,三月十日,禅林比丘尼净秀,闻僧伽跋陀罗法师于广州共僧祎法师译出梵本《善见毗婆沙律》一部十八卷。京师未有,渴仰欲见。僧伽跋陀其年五月还南,凭上写来。以十一年,岁次大梁,四月十日,得律还都,顶礼执读,敬写流布。仰惟世尊泥洹已来年载,至七月十五日受岁竟,于众前谨下一点,年年如此。感慕心悲,不觉流泪。①

隋法经《众经目录》卷六记载:"《善见律毗婆沙记》一卷,释僧祐。"② 费长房著录的僧祐著作中有此文,且将其与《出三藏记集》并列③,似曾单独流通过。而从此文内容和语气来推测,法经、费长房的说法应该可信。依据上文记载,齐永明七年(489)僧伽跋陀罗法师共僧祎法师于广州译出《善见毗婆沙律》。齐永明十年(492),比丘尼净秀以京师未有,便前往广州求请。此年五月,僧伽跋陀罗法师"还南"④,净秀抄写一本,以永明十一年(493)四月十日奉送至建康。此文中记录的"点记"之事,从隋代起即成为确定佛陀诞生年月的依据之一。

对于上述内容,费长房又有补充:

> 师资相传云佛涅槃后优波离既结集律藏讫,即于其年七月十五日受自恣竟,以香华供养律藏,便下一点,置律藏前,年年如是。优波离欲涅槃,持付弟子陀写俱。陀写俱欲涅槃,付弟子须俱。须俱欲涅槃,付弟子悉伽婆。悉伽婆欲涅槃,付弟子目揵连子帝须。目揵连子帝须欲涅槃,付弟子旃陀跋阇。如是师师相付,至今三藏法师。三藏法师将律藏至广州,临上舶,反还去。以律藏付弟子僧伽跋陀罗,罗以永明六年共沙门僧猗,于广州竹林寺译出此《善见毗婆

---

① 僧祐:《出三藏记集》卷一一,《大正藏》第55卷,第82页上—中。
② 法经:《众经目录》卷六,《大正藏》第55卷,第146页下。
③ 费长房:《历代三宝纪》卷一一,《大正藏》第50卷,第97页下。
④ 此二字颇为费解。"南"也许指南海郡。如此则可理解为僧伽跋陀罗于"其年"即"永明十年"又回到广州。

沙》。因共安居，以永明七年庚午岁①七月半夜受自恣竟，如前师法，以香华供养律藏讫，即下一点。当其年计得九百七十五点，点是一年。②

应该注意的是，此文所记的翻译时间是永明六年(488)，且明确说于第二年七月十五日作点计，共得 975 点。可见，僧祐所记载的永明七年(489)翻译出《善见毗婆沙律》的说法是完成翻译或者完成点记的时间。

《历代三宝纪》接着说：

赵伯休梁大同元年，于庐山值苦行律师弘度，得此佛涅槃后众圣点记年月，讫齐永明七年。伯休语弘度云："自永明七年以后，云何不复见点？"弘度答云："自此已前，皆是得道圣人手自下点。贫道凡夫，止可奉持顶戴而已，不敢辄点。"伯休因此旧点下，推至梁大同九年癸亥岁，合得一千二十八年。③

此文所说，梁大同元年(535)，隐士赵伯休从庐山弘度律师处获得《善见毗婆沙律》的一种写本。应该注意的是，费长房这一段文字显然不出自僧祐《善见律毗婆沙记》一卷的文字，但内容基本与僧祐所说一致。

三、达摩摩提、求那毗地的佛典翻译

沙门达摩摩提，意译为"法意"。《出三藏记集》卷二著录说：

《观世音忏悔除罪咒经》一卷，永明八年十二月十五日译出。

《妙法莲华经提婆达多品》第十二，一卷。

右二部，凡二卷。齐武皇帝时，先师献正游西域，于于阗国得《观世音忏悔咒》胡本，还京都，请瓦官禅房三藏法师法意共译出。

---

① 此干支错误，应为己巳岁。以永明七年(489)为 975 点，刚好与下文所说梁大同九年(543)为 1 028 点对应。
② 费长房：《历代三宝纪》卷一一，《大正藏》第 50 卷，第 95 页中—下。
③ 同上书，第 95 页下。

自流沙以西,《妙法莲华经》并《提婆达多品》,而中夏所传缺此一品。先师至高昌郡,于彼获本,仍写还京都。今别为一卷。①

此文中所说的"先师献正"即僧祐的师傅之一法献僧正。上述两部经本是法献西行所得,由当时住于建康瓦官寺的达摩摩提译出。《提婆达多品》现存,《观世音咒经》散失。

求那毗地(？—502),又作求那毗陀,中天竺人。"弱龄从道,师事天竺大乘法师僧伽斯。聪慧强记,勤于讽习。所诵大小乘经,十余万言。兼学外典,明解阴阳。其候时逢占,多有征验。故道术之称,有闻西域。建元初,来至京师,止毗耶离寺。执锡从徒,威仪端肃。王公贵胜,迭相供请焉。初,僧伽斯于天竺国抄集修多罗藏十二部经中要切譬喻,撰为一部,凡有百事,以教授新学,毗地悉皆通诵,兼明义旨"②。依据此说,求那毗地在天竺师承的僧伽斯自己从佛经中抄集譬喻,成为一部。求那毗地在建元(479—482)初年来到建康,很长时间并未从事佛典翻译。迨至永明十年(492)秋,才将其师抄集的这部经集"译出为齐文,凡十卷,即《百句譬喻经》也。复出《须达长者》、《十二因缘经》各一卷"③。这几部译籍,在南齐时期的建康"译经殆绝"的背景下,显得弥足珍贵,"及其宣流法宝,世咸美之"④,声誉颇高。

求那毗地"为人弘厚,有识度,善于接诱,勤躬行道,夙夜匪懈。是以外国僧众,万里归集;南海商人,悉共宗事,供赠往来,岁时不绝。性颇蓄积,富于财宝,然营建法事,已无私焉。于建业淮侧造正观寺,重阁层门,殿房整饰,养徒施化,德业甚著"⑤。这位外国高僧很受中外各类信众崇信,所受捐施资财很多,他以之在建康城淮河边上修造一所佛寺,称为正

---

① 僧祐:《出三藏记集》卷二,《大正藏》第55卷,第13页中—下。
② 僧祐:《出三藏记集》卷一四,《大正藏》第55卷,第106页下。
③ 同上书,第106页下—107页上。
④ 同上书,第107页上。
⑤ 同上书,第107页上。原文作"止观寺",据宋元明藏本改。

观寺。

求那毗地以中兴二年(502)冬卒于正观寺,不知年寿。

关于求那毗地的译籍,僧祐在《出三藏记集·求那毗地传》中叙述说,求那毗地译出三部佛典,但在同书卷二中却只著录一部:"《百句譬喻经》十卷,齐永明十年九月十日译出。或五卷。"①对此,同书卷九载有《百句譬喻经记》一文:

> 永明十年九月十日,中天竺法师求那毗地出修多罗藏十二部经中抄出譬喻,聚为一部,凡一百事。天竺僧伽斯法师集行大乘,为学者撰说此经。②

在《出三藏记集》卷二则载录:

> 《十二因缘经》一卷,建武二年出。
> 《须达长者经》一卷,建武二年出。

此文字之前是"《空藏经》八卷。右一部,凡八卷,宋武帝世河南国乞佛时沙门圣坚出",此后则是"新集撰出经律论录"的总数统计"都合四百五十部,凡一千八百六十七卷"③。现存此书的这种编排方式很令人疑惑。如此著录《十二因缘经》一卷、《须达长者经》一卷且不标译者而仅有翻译时间,不合此卷体例。

此外,《出三藏记集》卷二又著录:

> 《长者须达经》,安公《杂录》又有此经。
> 求那毗陀出。
> 右一经,二人异出。④

此中的"求那毗陀",高丽藏本作"求那毗地"。《出三藏记集》卷二记

---

① ③ 僧祐:《出三藏记集》卷二,《大正藏》第55卷,第13页下。
② 同上书,第68页下。
④ 同上书,第15页上。

载:"求那毗陀出《百句譬喻》十卷。"①

综上述所述,笔者以为现存的《出三藏记集》卷二著录求那毗地部分可能有错简。此错简可能很早就发生了。请看费长房和智昇著录。

《历代三宝纪》卷一一:

> 《百句譬喻集经》十卷,外国僧伽斯那撰,永明十年九月十日出此,即第三译。或五卷。见僧祐《录》。
>
> 《十二因缘经》一卷,第四出。《须达长者经》一卷。
>
> 右三经合一十二卷,武帝世,天竺三藏法师求那毗地,齐言德进,永明年于扬州毗耶离寺译出。②

费长房著录后两部时未说出自僧祐《录》,且未注出翻译时间,也许他也未曾注意隔几行有此二经的翻译时间的记录。而略早于费长房的法经《众经目录》的著录是:"《十二因缘经》一卷,南齐永明年求那毗地译。"③

倒是智昇注意到这种种复杂情况:

> 《须达经》一卷,一名《须达长者经》,出《中阿含》第三十九卷。僧祐云"建武二年出",异译。见长房《录》及《高僧传》。
>
> 《百喻经》四卷,亦云《百句譬喻经》,或五卷。天竺僧伽斯那撰,永明十年九月十日译。见僧祐《录》。祐等并云"译成十卷"。此之四卷,百事足矣。
>
> 《十二因缘经》一卷,第五出。与《贝多树下经》等同本。祐云"建武二年出"。见《高僧传》及长房《录》。
>
> 右三部六卷,前二部五卷见在。后一部一卷缺本。④

这一著录最清楚,而且指出《百句譬喻集经》的卷数演变问题。

---

① 僧祐:《出三藏记集》卷一四,《大正藏》第 55 卷,第 14 页下。
② 费长房:《历代三宝纪》卷一一,《大正藏》第 50 卷,第 96 页上。
③ 法经:《众经目录》卷一,《大正藏》第 55 卷,第 118 页下。
④ 智昇:《开元释教录》卷六,《大正藏》第 55 卷,第 536 页中。

四、释昙景、释法化的佛典翻译

释昙景的生平失载,关于其译籍,最早见于法经《众经目录》卷一:"《未曾有因缘经》二卷,沙门昙景译。……《摩诃摩耶经》一卷,沙门昙景译。"①此后,费长房著录为:

> 《未曾有因缘经》二卷,亦直云《未曾有经》。见《始兴录》。
>
> 《摩诃摩耶经》二卷,亦名《摩耶经》,并见王宗、宝唱、法上等三录。
>
> 右二部合四卷,群《录》直云:"齐世沙门释昙景出。"既不显年,未详何帝。②

此后唐代经录沿袭了此说。

释法化的生平失载,关于其译籍,最早见于《历代三宝纪》卷一一:"《腹中女听经》一卷,第二出。与《先不庄校女经》本同。右一部一卷,永明元年中,沙门释法化诵出。古见录,众录相承并云'诵出',未详'诵'意,依而列之,以有先译故免疑失。"③

《开元释教录》卷六著录说:"《腹中女听经》一卷,第五出。与《无垢贤女经》等同本,房云见右录。右一部一卷,缺本。沙门释法化,以废帝宝卷永元年中,诵出《腹中女听经》一部,众录相承并云'诵出',未详'诵'意,依而列之,以有先译故免疑失。"④

第三节 梁、陈时期的佛典翻译

关于萧梁时期(502—557)的佛典翻译,《开元释教录》卷六记述:"自

---

① 法经:《众经目录》卷一,《大正藏》第55卷,第115页下。
② 费长房:《历代三宝纪》卷一一,《大正藏》第50卷,第96页上。
③ 同上书,第96页下。
④ 智昇:《开元释教录》卷六,《大正藏》第55卷,第536页下。

武帝天监元年壬午至敬帝太平二年丁丑,凡经四主五十六年,缁素八人,所出经律论及诸传记等并新集失译诸经,总四十六部二百一卷,于中四十部一百九十一卷见在,六部十卷缺本。"①此中的八人包括传记和经录的作者僧祐、慧皎、宝唱,明徽以为《弥沙塞律》"但出比丘戒本而无尼戒,遂以武帝普通三年壬寅,于大律内抄出《尼戒》一卷,即今见行者是"②,显然这并不是翻译,而是编集,因此,不能入译者数内。如此则知,真正从事翻译活动的仅有四位:沙门曼陀罗、沙门僧伽婆罗、王子月婆首那、沙门波罗末陀(真谛)。梁初,梁武帝敕命曼陀罗和僧伽婆罗合作从事佛典翻译,这也是梁武帝虔诚奉佛的表现之一。

关于陈代的佛典翻译,《开元释教录》卷七记述:"自武帝永定元年丁丑至后主祯明三年己酉,凡经五主三十三年,缁素三人所出经律论及集传等,总四十部一百三十三卷,于中二十六部八十九卷见在,一十四部四十四卷缺本。"③三人是真谛、王子月婆首那和须菩提。其中,前两人在梁代已经开始翻译活动,而单独属于陈代的译家仅仅一位即须菩提。

如上所述,梁、陈两代严格的译家仅五位。鉴于真谛在中国佛教史上的特殊重要性,我们将设专节论述。在此,将其余四位译家的翻译成就作一论述,其中僧伽婆罗是梁代时期翻译数量仅次于真谛的译家。

一、曼陀罗的佛典翻译

见于史籍的梁代立国后第一位来到建康的外国僧人是曼陀罗,他也是率先在梁代建康翻译佛典的高僧。

关于曼陀罗,《续高僧传·僧伽婆罗传》有一简单记载:

> 梁初又有扶南沙门曼陀罗者,梁言弘弱,大赍梵本,远来贡献,

---

① 智昇:《开元释教录》卷六,《大正藏》第55卷,第536页下。
② 同上书,第538页上。
③ 智昇:《开元释教录》卷七,《大正藏》第55卷,第545页中。

勅与婆罗共译《宝云》、《法界体性》、《文殊般若经》三部,合一十一卷。虽事传译,未善梁言,故所出经,文多隐质。①

道宣此文未交待曼陀罗到建康的时间。但费长房记载说:"天监年初,扶南国沙门曼陀罗,梁言弱声,大赍梵本经来贡献,虽事翻译,未善梁言,其所出经,文多隐质,共僧伽婆罗于扬都译。"②在记述僧伽婆罗的翻译活动时说:"大梁御宇,搜访术能,以天监五年被勅征召,于扬都寿光殿及正观寺、占云馆三处译上件经,其本并是曼陀罗从扶南国赍来献上。陀终没后,罗专事翻译。"③智昇则补充一个细节:"沙门曼陀罗仙,梁言弱声,亦云弘弱,扶南国人,……以武帝天监二年癸未届于梁都,勅僧伽婆罗令共翻译,遂出《文殊般若》等经三部。"④

综合上述资料可知,曼陀罗于梁初或直接认定为天监二年(503)带着许多经本到达建康,在梁武帝的支持下进行翻译。鉴于其汉语不熟练,梁武帝征召了中外僧人协助其翻译。当时住于正观寺的僧伽婆罗也在被征召之列。于是,天监五年(506),曼陀罗、僧伽婆罗等共同翻译出三部佛典。不久,曼陀罗圆寂,僧伽婆罗随之专心从事翻译佛典工作。

关于曼陀罗的译籍,《历代三宝纪》卷一一著录如下:

《宝云经》七卷,见《东录》。

《法界体性无分别经》二卷,见李廓及宝唱《录》。

《文殊师利般若波罗蜜经》二卷,一云《文殊师利说般若波罗蜜经》,见李廓《录》,初出。⑤

费长房认定为三部十一卷。智昇大致认可了费长房的说法,但在隋

---

① 道宣:《续高僧传》卷一,《大正藏》第50卷,第426页上。
② 费长房:《历代三宝纪》卷一一,《大正藏》第49卷,第98页中。《大正藏》作"加",据宋元明藏本改为"伽"。
③ 同上书,第98页下。
④ 智昇:《开元释教录》卷六,《大正藏》第55卷,第537页中。
⑤ 费长房:《历代三宝纪》卷一一,《大正藏》第49卷,第98页中。

唐经录中也有不同记载,尤其是《度一切诸佛境界智严经》的翻译问题,如隋法经《众经目录》卷一:"《度一切诸佛境界智严经》一卷,梁天监年曼陀罗仙共僧伽婆罗于扬州译。"① 由此可见,曼陀罗和僧伽婆罗合作译出的经典恐怕不止上述三部。

二、僧伽婆罗的佛典翻译

僧伽婆罗(459—523),梁言"僧养",亦云"僧铠",扶南国人。关于僧伽婆罗的生平,《高僧传·僧伽毗地传》附传记载:

> 梁初有僧伽婆罗者,亦外国学僧,仪貌谨洁,善于谈对,至京师亦止正观寺,今上甚加礼遇,勅于正观寺及寿光殿、占云馆中译出《大育王经》《解脱道论》等,释宝唱、袁昙允等笔受。②

慧皎的这篇传记写于梁武帝时期,所以以"今上"称呼梁武帝。因此,这几句话是最原始的记录。

唐初道宣《续高僧传》卷一有《僧伽婆罗传》记叙其事迹。道宣记述说:

> 幼而颖悟,早附法津,学年出家③,偏业《阿毗昙论》,声荣之盛,有誉海南。具足已后,广习律藏,勇意观方,乐崇开化,闻齐国弘法,随舶至都,住正观寺,为天竺沙门求那跋陀之弟子也。复从跋陀研精方等,未盈炎燠,博涉多通,乃解数国书语,值齐历亡坠,道教凌夷,婆罗静洁身心,外绝交故,拥室栖闲,养素资业。④

这一段记述的核心问题是僧伽婆罗的师承问题。文中所说的求那跋陀很可能是前述南齐时期在京城创立正观寺的求那毗地,因为在南北朝佛教史籍中,没有称之为求那跋陀且于南齐时驻锡建康的

---

① 法经:《众经目录》卷一,《大正藏》第55卷,第122页上。
② 慧皎:《高僧传》卷三,《大正藏》第50卷,第345页中。
③ 费长房:《历代三宝纪》卷一一说其"十五出家"(《大正藏》第49卷,第98页中),意思一致。
④ 道宣:《续高僧传》卷一,《大正藏》第50卷,第426页上。

天竺僧人①，而合于上文所说的唯有求那毗地。《出三藏记集》卷二有两处将求那毗地写作"求那毗陀"，如"求那毗陀出《百句譬喻》十卷"②。可见，"求那毗地"的译法在当时也不完全统一，一些文献写作"求那跋陀"也是可能的③。求那毗地于中兴二年(502)冬圆寂于正观寺，此时南齐已经被梁武帝禅代了。此外，《续高僧传》也记载：中天竺优禅尼国王子月婆首那于太清二年(548)，"忽遇于阗僧求那跋陀，陈言德贤。赍《胜天王般若梵本》，那因期请乞愿弘通，嘉其雅操，豁然授与。"④此中的求那跋陀与僧伽婆罗的活动年代不合，肯定不是僧伽婆罗之师。

僧伽婆罗住于求那毗地主持修建的正观寺，随其师学习大乘经典，并且精通了数国语言，为在梁代翻译佛典打下良好的基础。"大梁御宇，搜访术能，以天监五年被勅征召于扬都寿光殿、华林园、正观寺、占云馆、扶南馆等五处传译，讫十七年，都合一十一部，四十八卷，即《大育王经》、《解脱道论》等是也。"从天监五年(506)至天监十七年(518)，僧伽婆罗翻译出佛典十一部四十八卷。"初翻经日，于寿光殿，武帝躬临法座，笔受其文，然后乃付译人，尽其经本。勅沙门宝唱、慧超、僧智、法云及袁昙允等，相对疏出。华质有序，不坠译宗。天子礼接甚厚，引为家僧，所司资给，道俗改观。婆罗不畜私财，以为嚫施，成立住寺。太尉临川王宏，接遇隆重。"⑤这段是关于梁武帝亲自参加翻译活动的记载，南齐皇帝是未曾做过的。

上述以道宣《续高僧传·僧伽婆罗传》为据。费长房《历代三宝纪》的小传另有如下记载：

    太尉临川王问曰："法师菜食，为当鲑食？"答云："菜食。病时则

---

① 《高僧传》和《名僧传》所叙述的求那跋陀罗(求那跋陀)在刘宋泰始四年(468)就圆寂了，而僧伽婆罗来中土的时间是在南齐初。
② 僧祐：《出三藏记集》卷二，《大正藏》第55卷，第14页下。
③ 费长房：《历代三宝纪》卷一一先作"沙门求那毗陀，三部十二卷经"(《大正藏》第49卷，第94页下)，后作"求那毗地"。
④ 道宣：《续高僧传》卷一，《大正藏》第50卷，第430页下。
⑤ 同上书，第426页上。

索。"又问："今日何如？"答曰："四大之身何时不病？"王大悦，即为设食。①

这段对话是在中土正在探讨佛教是否将素食列入律法之过程中发生的。现今读起来更有一番意味。

僧伽婆罗于梁普通五年(524)因疾而卒于正观寺，春秋六十五。

关于僧伽婆罗的译籍，《历代三宝纪》卷一一著录有说：

《阿育王经》十卷，天监十一年六月二十六日，于扬都寿殿译。初翻日，帝躬自笔受。后委僧正慧超令继并译正讫。见宝唱《录》。

《孔雀王陀罗尼经》二卷，第二出。与晋世帛尸利蜜译本同文小异。见宝唱《录》。

《文殊师利问经》二卷，天监十七年勅僧伽婆罗于占云馆译，袁昙允笔受，光宅寺沙门法云详定。

《度一切诸佛境界智严经》一卷。

《菩萨藏经》一卷。

《文殊师利所说般若波罗蜜经》一卷，第二译，小胜前曼陀罗所出二卷者。

《舍利弗陀罗尼经》一卷，此咒大有神力，若能持者，雪山八夜叉王常来拥护，所欲随心。

《八吉祥经》一卷，若人闻此八佛名号，不为一切诸鬼神众难所侵。

《十法经》一卷，普通元年译。

《解脱道论》十三卷，天监十四年于馆译。

《阿育王传》五卷，天监年，第二译，与魏世出者小异。②

对于费长房的上述著录，智昇认定了十部，删除了《阿育王传》。智

---

① 费长房：《历代三宝纪》卷一一，《大正藏》第49卷，第98页下。
② 同上书，第98页中。

昇说:"复云婆罗更出《育王传》五卷者,非也,前《育王经》即是其《传》,不合重载。"此外,费长房、智昇又指出:"《文殊师利所说般若波罗蜜经》一卷,第二出。与前曼陀罗出者,及《大般若曼殊室利分》同本。房云'少胜前曼陀罗所出二卷'者。"① 而如前所引用隋法经《众经目录》所指出的,《度一切诸佛境界智严经》一卷为曼陀罗共僧伽婆罗译出。

三、王子月婆首那、沙门须菩提的佛典翻译

月婆首那是中印度的一位王子,居士,他是这一时期唯一的跨东魏、南梁、南陈三个朝代的佛典翻译家。关于月婆王子的生平,道宣以《真谛传》附传的形式作了叙述。

对于月婆首那在东魏的行历,道宣记载:

> 时有中天竺优禅尼国王子月婆首那,陈言高空,游化东魏,生知俊朗,体悟幽微,专学佛经,尤精义理,洞晓音韵,兼善方言,译《僧伽咤经》等三部七卷。以魏元象年中,于邺城司徒公孙腾第出,沙门僧昉笔受。②

《历代三宝纪》卷九记载得更详细些③:《僧伽咤经》四卷,元象元年(538),于司徒公孙腾第出。《大迦叶经》二卷、《频婆娑罗王问佛供养经》一卷,都是兴和三年(541)翻译。依据上述记载可知,月婆首那到达东魏首都邺城,后于天象元年始,翻译出三部七卷佛经。"属齐受魏禅,蕃客任情,那请还乡,事流博观"。由此可知,北齐受东魏禅让,允许外来人口离开,月婆首那于是离开邺城,"承金陵弘法,道声远肃,以梁武大同年,辞齐南度"④。东魏武定八年(550)五月,东魏被北齐替代。而梁武帝大同年为535年至545年,由此可知,道宣的时间表述有不周之处。月婆首那南下的时间应该在武定八年五月之后。

---

① 智昇:《开元释教录》卷六,《大正藏》第55卷,第537页中。
②④ 道宣:《续高僧传》卷一,《大正藏》第50卷,第430页下。
③ 费长房:《历代三宝纪》卷九,《大正藏》第50卷,第87页上。

月婆首那到达建康,"仍被留住,因译《大乘顶王经》一部,有勒令那总监外国,往还使命"。这是说,月婆首那在翻译佛典之外,还受命梁朝廷管理来梁的外国人。"至太清二年,忽遇于阗僧求那跋陀,陈言德贤。赍《胜天王般若梵本》,那因期请乞愿弘通,嘉其雅操,豁然授与,那得保持,用为希遇。属侯景作乱,未暇翻传,携负东西,讽持供养。至陈天嘉乙酉之岁,始于江州兴业寺译之,沙门智昕,笔受陈文,凡六十日。覆疏陶练,勘阅俱了,江州刺史黄法氍为檀越,僧正释惠恭等监掌,具经后序。"①

现存的《胜天王般若波罗蜜经经序》对此经的翻译过程作了详细记载:

> 有梁太清二年六月,于阗沙门求那跋陁(陈言德贤),赍一部梵文,凡十六品,始届京师。时中天竺优禅尼国王子月首那,生知后朗,世传释学,无精义味,兼善方言,避难本邦,登仕梁室,被勒总知外国使命。忽见德贤有此经典,敬恋宣怀,如对真佛,因从祈请,毕命弘宣。德贤嘉雅操灵心,授与首那。即又碱勒,求使顾表,奉迎《杂华经》。辞缺甫尔,便值侯景称丘寇乱,顶戴逃亡,未暇翻译。民之所欲,天必从焉。属我大陈,膺期碱运,重光累业,再清四海,车书混同,华夷辑睦。首那贫笈怀经自达而至,江洲刺史仪同黄法氍,驰传本洲,锡珪分陕,护持正法,渴仰大乘。以天嘉六年岁次乙酉七月辛巳朔二十三日癸卯,劝请首那于洲听事,略开题序,说无遮大会,四众云集五千余人。匡山释僧果法师及远迩名德,并学冠百家,博通五部,各有硕难纷纶,靡不涣然冰释。到其月二十九日,还兴业伽蓝。捷搥既响,僧徒咸萃,首那躬执梵文译为陈语,扬州阿育王寺释智昕,暂游鼓汇,伏应至教,听笔疏,一言敢失,再三修环,撰为七卷,讫其年九月十八日,文句乃尽。江洲僧正释慧恭法师,戒香芬郁,定水澄明,揩则具瞻,陈梁是寄。别驾豫章万驷,洲之股胡,材之杞梓,信慧并修,文武兼用。教委二人,经始功

---

① 道宣:《续高僧传》卷一,《大正藏》第50卷,第430页下—431页上。

德,辄附卷余,略述时事。庶将来君子或精焉。①

依据此说,翻译活动的发起者是江州刺史黄法氍,以天嘉六年(565)七月二十三日由刺史设无遮大会开始翻译,参加者有五千人,七月二十九日,回到兴业寺,至九月十八日最终完成。这一盛大的翻译活动,在刘宋之后,绝无仅有。

月婆首那后不知所终。

关于须菩提的生平,现存史料很少。道宣在《续高僧传·真谛传》中作了简略记载:"时又有扶南国僧须菩提,陈言善吉,于扬都城内至敬寺,为陈主译《大乘宝云经》八卷,与梁世曼陀罗所出七卷者同,少有差耳。"②这些内容都出自《历代三宝纪》,可见道宣当时也没有收集到新材料。

关于须菩提的翻译成果,《历代三宝纪》和《开元释教录》叙述一致,然智昇的叙述更清晰些:

> 《大乘宝雨藏》八卷,第二出。与梁世曼陀罗七卷《宝云》及唐译十卷《宝雨》并同本,见《一乘寺藏录》。
>
> 右一部八卷本,缺。沙门须菩提,陈言善现,或云善吉,亦云善业,扶南国人。解悟超群,词彩逸俗,化物无倦,游方届兹,于扬都城内至敬寺,为陈主译《大乘宝雨经》一部。③

这一叙述仅言陈帝,无从知晓更具体的时代。

第四节 真谛的佛典翻译

真谛三藏是中国佛教史上足以与鸠摩罗什并肩而立的来自于异域的佛教大师。在佛典翻译史上,他也被列入四大翻译家之一。真谛所传

---

① 《大正藏》第 8 卷,第 725 页下—726 页上。
② 道宣:《续高僧传》卷一,《大正藏》第 50 卷,第 431 页上。
③ 智昇:《开元释教录》卷七,《大正藏》第 55 卷,第 547 页上—中。

之学广泛,其核心是大乘瑜伽行派的学说。真谛所传译的瑜伽行派典籍的鲜明特色是将如来藏思想融入瑜伽行派体系之中。他所传播的学说和教法被后世称为"唯识古学"。本节拟在陈述真谛生平的基础上,重点考辨其在佛教经典翻译等方面的成就。

一、真谛的生平及其译经活动

现存最早的有关真谛的传记材料来自隋代费长房《历代三宝纪》中的记载,其次是唐代道宣《续高僧传》中的传记。前者由于体例限制,篇幅很短,后者则较长一些。二者均注明其来源是真谛的弟子曹毗所作的《真谛三藏传》。核对二书所记,道宣所记更详尽。凡是费长房所记,大都在道宣所作真谛传记中有较为一致的记载。可以判定,道宣看到了曹毗所作的真谛传记以及真谛翻经目录。

费长房《历代三宝纪》卷一一所附"真谛传"很简短,其文如下:

> 西天竺优禅尼国三藏法师波罗末陀,梁言真谛,远闻萧主菩萨行化,搜选名匠,轨范圣贤,怀宝本邦,来适斯土。所赍经论树叶梵文凡二百四十夹。若具足翻,应得二万余卷,多是震旦先所未传。属梁季崩离,不果宣吐,遇缘所出,略记如前。后之所翻,复显陈录载序。其事多在《曹毗三藏传》文。①

这段文字详细记载了真谛来华所带来的梵文经典的数量。道宣所写的真谛传记,则较为全面,是现存有关真谛传记的最权威的材料。下文主要依据道宣的记载,参照其他相关文献,对于真谛来华过程以及在中土的活动情况,特别是翻译佛典的活动进行考证。

1. 真谛所学及来华经过

真谛(499—569),西印度优禅尼婆罗门族,原名拘那罗陀,汉语为

---

① 《大正藏》第 49 卷,第 99 页上。

"亲依"的意思。少时博访众师,学通内外,尤精于大乘之说。如《大乘起信论序》中说:真谛师"其人少小博采,备览诸经,然于大乘,偏洞深远。"①《摄大乘论序》中也说:"学穷三藏,贯练五部,研究大乘,备尽深极。"②从真谛来华之后翻译的经典看,大小乘兼有,如《十二因缘经》、《广义法门经》、《律二十二明了论》、《俱舍论》、《部异执论》、《四谛论》等属于小乘。印度瑜伽行派的祖师世亲也是早年学习小乘,后期才皈依弘扬大乘瑜伽行派,真谛也是精通小乘的,因而对于世亲早期的著作《俱舍论》相当重视,不遗余力地翻译、弘扬,最终形成了俱舍学派。

真谛以弘道为怀,"历游诸国,随机利见"③,泛海南游,暂居于扶南国。梁武帝于大同年间(535—545),派直后(官名)张汜送扶南国的使者返国,访求名德和大乘诸论、《杂华》等经。扶南国便推荐真谛前往中国,真谛欣然同意,便带着经论梵本240夹,于中大同元年(546)八月十五日到达南海郡(今广东省南部),当时他已48岁了。

究竟是梁武帝派使者到天竺迎请的真谛,还是在扶南国迎请的真谛,由于文献叙述模糊,因而造成一些误解。南朝梁时,扶南遣使来华共有四次,其中最后一次在大同五年(539)秋,所献方物为生犀,"又言其国有佛发,长一丈二尺。诏遣沙门释云宝随使往迎之"④。《续高僧传·真谛传》记载与此基本相同:"梁武皇帝德加四域,盛唱三宝。大同中,敕直后张汜等送扶南献使返国,仍请名德三藏、大乘诸论、杂华经等。真谛远闻行化,仪轨圣贤,搜选名匠,惠益民品。彼国乃屈真谛并赍经论,恭膺帝旨。既素蓄在心,涣然闻命。"⑤然《大乘起信论序》则说,真谛是从天竺国请来的:"故前梁武皇帝,遣聘中天竺摩伽陀国取经并诸法师,遇值三藏拘兰难陀,译名真谛。……时彼国王应即移遣,法师苦辞不免,便就泛

---

① 《大正藏》第32卷,第575页。
② 《大正藏》第31卷,第112页。
③ 道宣:《续高僧传》卷一,《大正藏》第50卷,第429页下。
④ 《南史》卷七八,中华书局校本,第1954页。
⑤ 道宣:《续高僧传》卷一,《大正藏》第50卷,第429页下。

舟,与瞿昙及多侍从并送苏合佛像来朝。"①唐代智昇《开元释教录》杂糅了《续高僧传》的说法。梁译《大乘起信论序》并非僧恺所写,如陈寅恪所说,"伪文"中包含了真史料,而上引关于真谛来华的一段文字则属于假史料,是作者采择传闻而写成。道宣作《真谛传》依据的是当时仍然可看到的真谛弟子曹毗作的真谛传,因而应该以道宣所说为准。

真谛在中土南境未久,随即北上,沿途停留,至太清二年(548)闰八月才到达建业。梁武帝深加敬礼,敕其住于宝云殿。在真谛正要从事翻译的时候,侯景叛乱爆发,十月侯景进入建业,第二年五月梁武帝被困台城。在这种背景下,真谛无奈东行东土②,时间应该是太清二年(548)十月前后。太清三年(549),富春县令陆元哲迎接真谛住于自己的宅第,并且为其招集沙门宝琼等二十余人,布置译场,请其翻译佛典。由此,真谛开始了其颠沛流离的翻译佛典生涯。

2. 富春译场

关于真谛在富春的翻译成果,各种经录以及《续高僧传·真谛传》所记不一致,特别是真谛本传的记载简略而引用更广泛。《续高僧传》卷一记载:

> 又往富春令陆元哲,创奉问津,将事传译。招延英秀沙门宝琼等二十余人,翻《十七地论》,适得五卷,而国难未静,侧附通传。③

此文中所说的《十七地论》即后来玄奘所翻译的《瑜伽师地论》。《历代三宝纪》卷一一记载:

> 《十七地论》五卷,太清四年于富春陆元哲宅,为沙门宝琼等二十余名德译。
>
> 《大乘起信论》一卷,同四年在陆元哲宅出。
>
> 《中论》一卷,《如实论》一卷,《十八部论》一卷,《本有今无论》一

---

① 《大正藏》第32卷,第575页上。
② "东土"在南朝文献中多指会稽郡,也泛指浙东。
③ 道宣:《续高僧传》卷一,《大正藏》第50卷,第429页下。

卷,《三世分别论》一卷。已上并四年同出。①

对于费长房的上述记载,解释颇不一致。在一般的纪年表中太清年号只有三年,《梁书·元帝本纪》中说:"大宝元年,世祖犹称太清四年。"②这是因为梁元帝萧绎不承认由侯景所立的皇帝,因而继续称承圣元年(554)之前数年为太清年。这一点,连智昇也搞不明白,他在《开元释教录》中说,费长房《历代三宝纪》以太清年号记载这几年是错误的。这一错误指责被当今指责费长房的学者所沿袭。至于上述有关《大乘起信论》的记载,由于智昇等未曾采信,而后世大多数学者认其为错误记载。而关于《十七地论》,一般认为其已经佚失,其实,现存的《决定藏论》三卷本即《续高僧传》所说的《十七地论》。《历代三宝纪》无《决定藏论》之名。《开元释教录》则说:"《决定藏论》三卷,梁天竺三藏真谛译单本。右此《决定藏论》,《大周录》中乃云'失译',而不指言何代翻出。今详此《论》文势乃是真谛所翻。《论》中子注乃曰梁,言前代录家遗之不上。今为真谛所译,编于梁代录中。"③至于《中论》一卷,已经佚失,一般认为应该是《中论·观因缘品》。而《如实论》则是世亲的重要因明学著作,原著至少有两千偈④。经录记载真谛译本为一卷,现存本称之为《如实论·反质难品》,一般认为是世亲所著《如实论》的最后一品。《十八部论》一卷现存,估计是残本;《本有今无论》现存本称《涅槃经本有今无偈论》,篇幅很短,最后一部分掺杂了真谛的解释,也是一个残本。

综上所述,真谛这一时期翻译活动有如下特点:其一,尽管部数很多,如不算入《大乘起信论》,也有六部,但总卷数仅十卷。其二,所译《中论》、《十七地论》、《如实论》都属于大部头论典,但都未完成。其三,真谛

---

① 费长房:《历代三宝纪》卷一一,《大正藏》第49卷,第99页上。
② 《梁书》卷五,中华书局校本,第114页。
③ 智昇:《开元释教录》卷一二,《大正藏》第55卷,608页下。
④ 道宣《续高僧传》卷二《达摩笈多传》说:达摩笈多"又为讲《如实论》,亦二千偈。约其文理,乃是世间论义之法"。(《大正藏》第50卷,第435页中)

所译的这些论典,有一些疏释传出,如《中论疏》(二卷)、《如实论疏》(三卷)以及有关《涅槃经本有今无偈论》的疏释等等。这些特点,是与此前的译者大不相同的。真谛为什么不如大多数来华的传译者那样,集中时间精力完整地翻译出一部经典,而是如此将几部大论典都开译呢?仔细琢磨,可能的解释有二:一是真谛华语生疏,传译、笔受等等配合欠佳,因而屡屡撤换经典。二是真谛的目的不仅仅是翻译,更重要的是思想的传播,因此,他所组织的译场更像是研习班。真谛通过翻译的形式将中观、唯识、因明以及涅槃等方面的思想都简要地向参译者作了传授。如此做法,翻译的效率就大打折扣了。更何况,当时国难未已,战乱未宁。

真谛富春译场的起止时间也值得探讨。《历代三宝纪》将《九识义记》二卷标为"太清三年于新吴美业寺出"[①],今证实那是误记。而上述论典的翻译,《历代三宝纪》都未标出月份。而唐道伦则记载:"传闻梁武帝时真谛,太清四年岁次庚午十月,往富春令陆元哲宅,为择琼等二十名德翻《十七地论》,始得五卷。"[②]很多著作将这一时间当做真谛富春译场的开始时间,或作为结束时间。在此略作考辨。

据《梁书》等记载,太清三年(549)三月,侯景攻陷台城,五月梁武帝饿死于台城。汤用彤推测说,大概是在这一年或第二年初,真谛到达富春(今浙江省富阳县)。[③] 关于此时富春的情形,《梁书·侯景传》记载,太清三年"十一月,宋子仙攻钱塘,戴僧易降。景以钱塘为临江郡,富阳为富春郡"[④]。也就是说,此时富春已经归附于侯景控制。如《续高僧传·真谛传》的记载,真谛是先至东土,然后到富春的。如此,他到达富春的时间应该是在富春稳定之后,也就是太清三年十二月或第二年年初。于县令陆元哲私宅设立译场,须待县令征集二十余僧之后,因此,正式从事翻译应该

---

① 费长房:《历代三宝纪》卷一一,《大正藏》第49卷,第99页上。
② 道伦:《瑜伽论记》卷一,《大正藏》第42卷,第311页中。
③ 《汉魏两晋南北朝佛教史》第二十章之一节《真谛之年历》说:太清三年,"当仍在东土,后到富春。(时在本年,或明年)"(第617页,中华书局,1983)
④ 《梁书》卷五六,第853页。

在真谛到达富春月余之后,但绝不会迟至史载"出"《十七地论》的十月。

3. 重归建康设译场

梁大宝三年(552)三月侯景兵败,服从于萧绎的王僧辩、陈霸先军进入建康,王僧辩军士剽掠居民,遗火焚毁了太极殿及东西堂。四月,侯景被杀于海上,曝尸建康城中。五月,南平王萧恪任司空兼扬州刺史,王僧辩任司徒。九月,萧恪卒,王僧辩兼扬州刺史。此年冬十一月,世祖萧绎即皇帝位于江陵,改元为承圣。此后,梁元帝萧绎并未进入建康城。在建康地方秩序逐渐恢复的背景下,真谛迁住于正观寺。此寺原为梁武帝天监年间的译经场所,真谛利用旧有译经条件,抓紧时机,与愿禅师等二十余人翻译《金光明经》等。承圣二年(553)二月二十五日,真谛一行又转至建康县(今江苏江宁县南)长凡里杨雄宅第中,继续译《金光明经》,至三月二十日完成,共得七卷。其后,他大概完成了《金光明经疏》六卷的翻译。

侯景攻占建康三年,称帝120天。惨遭战乱之后的建康,人口凋敝,城邑残破。公侯富人多南下岭南,世家大族遭受沉重打击,建康人口百遗一二。特别是梁元帝不入建康而居江陵,建康中心地位大不如前。也许还有不为人知的原因,也许是真谛在别人怂恿下,想移住元帝统治的核心地带,真谛在重归建康仅仅两年余后,又无奈地离开此地,力图寻找一个略微安定的环境从事翻译活动。

4. 颠沛流离遇萧勃

《续高僧传·真谛传》记载:

> 三年二月,还返豫章。又往新吴、始兴,后随萧太保度岭,至于南康。并随方翻译,栖遑靡托。逮陈武永定二年七月,还返豫章,又止临川、晋安诸郡。①

如上文所叙述,从梁承圣三年(554)二月至陈武帝永定二年(558)短短的四五年间,真谛竟然移住了五个地方。承圣三年二月,真谛抵达豫

---

① 道宣:《续高僧传》卷一,《大正藏》第50卷,第429页下—430页上。

章(今江西省南昌市),住于宝田寺,在此寺翻译出《弥勒下生经》一卷、《仁王般若经》一卷,又出《仁王般若经疏》六卷。

真谛一行接着又到新吴(今江西省奉新县西),住于美业寺,翻译出《九识义记》二卷、《转法轮义记》一卷等。新吴在当时属于豫章郡管辖。真谛一行在这两个地方停留不过数月,就从新吴南下至始兴郡(今广东省韶关市)。在始兴,真谛一行遇到了梁皇室宗亲萧勃。

萧勃为萧景之子,是梁武帝的侄子,原为定州刺史、曲江侯。梁太清三年(549),侯景作乱,时广州刺史元仲景欲回应侯景,为都护陈霸先所杀,陈霸先迎萧勃为广州刺史。其时湘东王萧绎承制,但尚未控制局势,只能承认此事,便于大宝元年(550)以萧勃为镇南将军、广州刺史,后萧绎平灭侯景,天下初定,便以勃为晋州刺史。《资治通鉴》卷一六五于梁承圣三年(554)下记之稍详:

> 广州刺史曲江侯勃,自以非上所授,内不自安,上亦疑之。勃启求入朝。五月,乙巳,上以王琳为广州刺史,勃为晋州刺史。①
>
> (八月)曲江侯勃迁居始兴,王琳使副将孙玚先行据番禺。②
>
> (十一月)帝征广州刺史王琳为湘州刺史,使引兵入援。③

承圣三年(554)十一月,江陵陷落,元帝被俘,十二月元帝被杀。承圣四年(555)二月,敬帝承制,以广州刺史萧勃为司徒。三月,孙玚闻江陵陷,弃广州,曲江侯萧勃又据有广州。太平元年(556)十二月,进太尉、镇南将军萧勃为太保、骠骑将军。太平二年(557)二月,萧勃起兵谋反,三月失败被杀。

上引《续高僧传·真谛传》说,真谛一行在新吴停留一段时间之后又至始兴郡。现存的《大乘起信论序》说,《大乘起信论》是真谛在萧勃的支持下,以大梁承圣三年九月十日于衡州始兴郡建兴寺完成的。④ 从上述

---

① 《资治通鉴》卷一六五,第 5114 页。
② 同上书,第 5117 页。
③ 同上书,第 5119 页。
④ 《大正藏》第 32 卷,第 575 页上。

引文中可以看出,萧勃从承圣三年八月至承圣四年三月驻扎于始兴。《历代三宝纪》卷九记载:"《随相论中十六谛疏》一卷,于始兴郡出。"① 费长房则说:"起陈氏永定元年丙子,至太建初己丑,凡十四年,既怀道游方,随在所便译。"② 此说有误。永定元年(557)并非丙子年,而是丁丑年,丙子年为梁绍泰二年(556),而陈武帝是在此年十月称帝的。从此推测,费长房大概是暗示《随相论中十六谛疏》一卷是真谛于梁绍泰二年底至陈永定元年初完成的。因为永定元年二月③,真谛已经跟随萧勃北上了。这就是上引《续高僧传·真谛传》所说的"后随萧太保度岭,至于南康"的时间。《梁书》等正史记载,梁曲江侯萧勃从广州反陈霸先,举兵北伐,过五岭而最终将统帅部设在南康。三月,萧勃在南康得知欧阳頠等兵败,军中惊慌,带领一部分部将南逃,在始兴被部将陈法武、谭世远所斩杀。

从陈永定元年(557)二月真谛随萧勃至南康算起,直到永定二年七月,真谛一行在南康大概停留了17个月,但翻译并不多,现今所知仅有《无上依经》二卷。这是可以理解的,因为这一时段,战事频仍,境内不宁。

5. 由豫章至晋安设译场

萧勃败死后,真谛在南康停留一年多之后,又回到豫章。如《续高僧传·真谛传》所记载:"陈武永定二年七月,还返豫章,又止临川、晋安诸郡。"④

为何在这么短的时间内,真谛一行奔走三地,路途达一千余里? 如果联系当地的军事形势,即可明了。原来,在萧勃败走之后,南康、豫章、临川被陈霸先的势力所控制,但作为湘、郢二州刺史的司空王琳却并不认同陈霸先的摄政。根据史书记载,永定二年(558)正月,王琳带兵十

---

①② 费长房:《历代三宝纪》卷九,《大正藏》第49卷,第88页上。
③ 这一年以南朝言,有三个年号:即绍泰二年九月,以梁敬帝名义改元太平。而至十月,陈霸先就逼迫梁敬帝禅让,改元为永定。由于这些复杂情况,费长房所记有疏漏。
④ 道宣:《续高僧传》卷一,《大正藏》第50卷,第430页上。

万,至湓城,屯于白水浦。他并且派遣轻车将军樊猛、平南将军李孝钦、平东将军刘广德将兵八千,以李孝钦为总督,屯兵于临川故郡。而此时服从陈霸先的周文育则屯兵于豫章,与王琳形成鼎足之势。七月,周迪等陈军大败王琳军队。至八月,王琳退回湘州,豫章、临川暂得安宁,大致维持到永定三年(559)末——这正是真谛于此年七月重返豫章,后来又至临川的原因或者背景。

关于真谛这次在豫章停留的时日,史无明文可稽。从真谛在本年先至临川郡(治所今江西南城县东南)又到达晋安郡(治所今福建福州市)的经历看,真谛一行这次在豫章停留不过数月。由《续高僧传·真谛传》得知,真谛在陈永定二年(558)七月到达豫章,尔后先至临川郡又到达晋安郡。要确定真谛这次在豫章以及临川郡停留的时间,应先行确定其到达晋安的时间。

关于真谛到达晋安的时间,很难依据目前资料作较为准确的推断。有学者将其到达晋安的时间定在永定二年之内,不但缺乏明确的文献依据,而且于事理上也颇有不易解释之处。

首先,真谛这次重到豫章后做了翻译工作。《历代三宝纪》卷九记载:"《大空论》三卷,于豫章栖隐寺出。"①此后的道宣、智昇都沿袭了这一说法。对此,汤用彤说:"真谛曾至豫章三次。《房录》于此论之译出未记年月。兹姑定在本年。"②汤先生的推测是正确的。原因有二:一是费长房《历代三宝纪》将真谛的译籍分别记于卷九、卷一一,卷九所列入的真谛译籍:"起陈氏永定元年丙子,至太建初己丑,凡十四年,既怀道游方,随在所便译。"③其二,真谛于梁代承圣三年(554)在豫章所住的佛寺是宝田寺,而这一次是栖隐寺。可见,真谛于陈永定二年(558)七月起在豫章翻译出了《大空论》三卷。现存的《十八空论》就是费长房所说的《大空论》。

---

① ③ 费长房:《历代三宝纪》卷九,《大正藏》第49卷,第88页上。
② 汤用彤:《汉魏两晋南北朝佛教史》,第619页。

其次,真谛在临川郡也译出了几部经典。《历代三宝纪》卷九记载:"《中边分别论》三卷,于临川郡出。""《唯识论文义》合一卷,第二出。与元魏般若流支译者小异,在临川郡翻。"①而《开元释教录》卷七记载:"《中边分别论》二卷,婆薮盘豆造,或三卷,于临川郡出。"又"《唯识论》一卷,天亲菩萨造,初云修道不共他,在临川郡译。"②此外,也有《中边分别论疏》三卷本撰述现世。

第三,现存的文献资料未明确揭示真谛到达晋安的时间,许多学者依据道宣所述真谛颠沛流离于豫章、临川、晋安三地的说辞("还返豫章,又止临川、晋安诸郡"),将其到达晋安的时间也系于陈永定二年(558)。有三点理由说明这一判定并不合理:其一是上述叙述已经表明,真谛于七月到达豫章,翻译了《大空论》三卷,然后又到临川郡翻译了二种论典四卷以及三卷本的论疏。这些都需要三四个月的时间吧?其二,豫章距离晋安七八百公里,在那个时代,路途恐怕也需要不少时日。其三,现存经录没有将任何在晋安出的译籍标注为永定二年。《历代三宝纪》卷九记载:"《立世阿毗昙》十卷,永定三年出。"又"《正论释义》五卷,于晋安佛力寺出。"③另外,《广义法门经》一卷是否在晋安佛力寺译出,有不同的记载。从这些迹象推测,真谛到达晋安的时间不会早于永定三年(559)正月。

关于真谛到达晋安的活动,《续高僧传·真谛传》所记稍微详细一些,其文曰:

> 真谛虽传经论,道缺情离,本意不申,更观机壤,遂欲泛舶,往楞伽修国。道俗虔请,结誓留之,不免物议,遂停南越。便与前梁旧齿,重复所翻。其有文旨乖竞者,皆镕冶成范,始末伦通。④

---

① ③ 费长房:《历代三宝纪》卷九,《大正藏》第49卷,第88页上。
② 智昇:《开元释教录》卷七,《大正藏》第55卷,第545页下。
④ 道宣:《续高僧传》卷一,《大正藏》第50卷,第430页上。现存的《续高僧传·真谛传》于此处有错行:"至文帝天嘉四年,扬都建元寺沙门僧宗、法准、僧忍律师等,并建业标领,钦闻新教,故使远浮江表,亲承劳问。谛欣其来意,乃为翻《摄大乘》等论,首尾两载,覆疏宗旨。而飘寓投委,无心宁寄。"这是真谛在广州时翻译的,因此,僧宗、法准、僧忍等不是从晋安跟随真谛三藏的。

陈永定三年(559),真谛已是61岁的老人,僻处在寂寞萧条的晋安,虽然并未终止传译经论的事业,但总感到周围的环境与自己原先设想的相差太远,自己弘扬大乘经论的壮志难酬,他于是萌发了离开中国,另求理想的弘化之地的念头。只是因为道俗的苦苦挽留,他才在晋安又呆了一段时间,并与一批知名于梁代的僧人重新审订旧译的经典。一般以为,文中所说的"南越"应该是指晋安①。

6. 至梁安郡设置译场

《续高僧传·真谛传》叙述说,真谛在晋安为时不长,又动了回国的念头,于是泛舟至梁安郡,在当地太守的请求挽留下,设立译场,翻译出了两部经典。《续高僧传·真谛传》原文如下:

> 而飘寓投委,无心宁寄。又泛小舶,至梁安郡。更装大舶,欲返西国。学徒追逐,相续留连。太守王方奢,述众元情,重申邀请。谛又且修人事,权止海隅。②

上文需要澄清的要点有三:一是梁安郡的地望,二是梁安太守王方奢的情况,三是真谛离开晋安以及到达梁安的时间。以下稍作考辨。

关于梁安郡的地望,有主张在今泉州南安的,有推断是广东惠州的,有认为无可考的,众说纷纭。笔者认为梁安郡应该是指现在的泉州,具体是南安丰州。

经查,南朝有三个梁安郡:一为南朝梁置,隋废,故治在今河南省固始县东北35公里,今为梁安里;另一为南朝梁置,北齐废,故郡治在今湖北黄安县南。此两处梁安郡都在内地,非真谛发舶之港。真谛到达的梁安郡应是南朝的重要港口。从《续高僧传·真谛传》的叙述来看,其位置应该在福州至广州之间。有一种意见认为这是传抄误写,如著名的中西交通史专家冯承钧先生撰的《中国南洋交通史》就是如此,但没有考证是

---

① 参见汤用彤《汉魏两晋南北朝佛教史》,第620页。
② 道宣:《续高僧传》卷一,《大正藏》第50卷,第430页上。

由何郡传写致误。① 又有学者说是梁化郡之误写,如游侠在其为斯里兰卡佛教百科全书撰写的词条上直接将梁安郡注为"今广东省惠阳一带"②。这一批注影响很大,近十年来,几乎所有佛教界、佛学界撰写的著作中,都沿袭了这一说法。不过,且不说历史地理学界以及福建地方志方面的学者,早在1988年就提出了颇有说服力的新说,即便认为梁安应该在广东梁化郡,准确的批注也应该是今惠州惠东县西北梁化镇。据《惠州府志》记载:秦始皇三十三年(188)在南海郡博罗县城设在梁化屯,历时691年;南朝梁武帝天监二年(503)梁化屯设郡,称梁化郡,历时88年;隋开皇十一年(591)废梁化郡置入循州,即现在的惠州。

将梁安郡解释为惠州或惠阳,显得过于曲折,现存经录、僧传中没有一处说真谛到达的是梁化郡。因此,与传抄错误说相比较,有一些学者一直坚持并非抄写错误,而是此地名很特殊而被史著(特别是正史)所遗漏。汤用彤先生认为,梁安郡在海边,但具体地点没有考证出来。③ 章巽先生认为历史上确实存在一个梁安郡,故址在今福建省南安县的丰州,梁安郡存在的时间从梁天监年间到陈天嘉五年(502—564)。④ 廖大珂博士在章巽先生研究的基础上,进一步考定梁安郡设置的时间是南齐中兴二年(502),梁安郡在隋朝改为南安郡。他认为唐初杨炯撰《唐恒州刺史建昌公王公神道碑》中的梁安郡守王方赊与真谛译《金刚般若波罗蜜经后记》中的梁安郡太守王方赊、《续高僧传·真谛传》中的梁安郡太守王方奢,实为一人,应以碑文和真谛《金刚般若波罗蜜经后记》中的王方赊为是。⑤ 核对上述原始资料,笔者认定章巽、廖大珂先生的考证合乎事实,是正确的。

---

① 冯承钧:《中国南洋交通史》,第27页,上海,上海古籍出版社,2005。此书撰写于1936年。
② 游侠《真谛》,中国佛教协会编:《中国佛教》第二辑,第86页,知识出版社,1982。
③ 参见汤用彤《汉魏两晋南北朝佛教史》,第620页。
④ 章巽:《真谛传中之梁安郡——今泉州港作为一个国际海港的最早记载》,载《章巽文集》,海洋出版社,1986年12月。原文载:《福建论坛》,1983年第4期。
⑤ 廖大珂:《梁安郡历史与王氏家族》,《海交史研究》,1997年第2期。

首先,如前所述,目前见于正史的梁安郡都在内陆,不符合《续高僧传·真谛传》的记载。有学者通过对地方志资料的发掘,证实梁朝曾经在福建一度设立过梁安郡。章巽先生《真谛传中之梁安郡》一文指出,梁安郡为梁朝所置,位于晋安与南海之间,其郡治故址在泉州西北十里的丰州。廖大珂也证实了这一结论。

其二,关于真谛在梁安郡设立译场的地点——建造寺,有证据表明在现今的泉州。有证据证实真谛在梁安的"建造寺"翻译出《解节经》和《金刚经》两部经以及述出相应的经疏。

唐圆测《解深密经疏》卷一记载:"若依《真谛翻译目录》云:陈时天嘉二年,于建造寺译《解节经》一卷,《义疏》四卷。"《〈金刚般若经〉后记》中说:

> 西天竺优禅尼国三藏法师,号拘罗那他,此云真谛。梁武皇帝远遣迎接,经游闽、越,暂憩梁安。太守王方赊乃勤心正法,性爱大乘,仍于建造伽蓝,请弘兹典。法师不乖本愿,受三请而默然。寻此旧经甚有脱误。即于壬午年五月一日重翻,天竺定文依婆薮论释,法师善解方言,无劳度语。嘱彼玄文,宣此奥说。对偕宗法师、法虔等并共笔受。至九月二十五日,文义都竟。经本一卷,文义十卷。法虔尔目,仍愿造一百部,流通供养,并讲之十遍。普愿众生因此正说速至涅槃,常流应化。①

壬午年即陈天嘉三年(562)。此中的"建造伽蓝"即"建造寺"。可见,据佛教史籍记载,真谛在梁安从事翻译的地点就是建造寺。泉州地方志资料也与此吻合。

据《南安县志》称,现今丰州附近的九日山仍然存留真谛"翻经石"遗迹,当地人从古相传"天竺高僧拘那罗陀泛海来中国,从泉州上岸,挂锡九日山延福寺时,在此寺将梵文佛经进行翻译,予以传播"。《泉州府志》

---

① 《大正藏》第9卷,第766页中一下。

"九日山翻经石"条说:"梁普通中(此年代错误)僧拘那罗陀尝翻《金刚经》于此。"乾隆时编写的《泉州府志》收集有北宋晋江人曾会所撰《题清源郡武荣州九日山修寺总记》,其中记载:

> 九日山之胜为山川之秀色,闽中之胜绝。闽中为胜者,清源为灵异。东去郡城十五里,南至大海三十里。左则南安属邑,市人之所游集;前则晋江通津,海潮之所吐纳。独其西北,岗阜连络,若虎而踞,若龙而奔,黛滴蓝喷,藏烟泄云。自远而来,豁然屏开,双峰对峙,中垣数里造寺也,始于晋太康九年,在县西南。至唐大历三年,移建于斯。会昌废之,大中复之,五年赐额,庵岩院落,总五十有四,得铭额二十有一。草树阴森,藤萝高盘,檐窗隐映。若在鹫岭沃州之上,虽尘劳俗虑,至而颖脱。

据这段记载,建造寺建于西晋太康九年(288),是闽南最早的寺院,本来在县西南,后来于唐大历三年(768)移建至九日山南麓,唐武宗会昌灭法期间(841—846),寺院一度被废,至大中五年(851)恢复旧观,由朝廷核准赐寺额。隋唐时期,建造寺在闽南非常著名,唐五代经常可见题建造寺的诗,如唐张为的《题建造寺》、周朴的《题九日山建造寺》,唐末五代刘乙的《题建造寺》等。如周朴《题九日山建造寺》一诗写道:"建造上方藤影里,高僧往往似天台。不知名树檐前长,曾问道人岩下来。"刘乙《题建造寺》写道:"曾看书图劳健羡,如今亲见树犹粗。减除天半石初泐,欠却几株松未枯。题像阁人渔浦叟,集生台鸟谢城乌。我来一听支公论,自是吾身幻得吾。"北宋时期也一度称其为建造寺,如吕夏卿《题九日山建造寺精舍》写道:"日暖江空水涨沙,白云平处见人家。独怜此地重阳近,柿叶傲霜菊有花。"建造寺宋代改为延福寺,并且多次扩大寺域,其影响甚至远远超过唐代时期。

鉴于僧传、经录中记载真谛翻译《金刚般若经》、《解节经》的所在是梁安郡的建造寺,而唐宋时期的资料证明,在泉州确实存在一所寺额为建造寺的寺院,而且至宋代时当地还流传这里是真谛三藏翻译佛经的地方,如于北宋端拱年间(988—989)撰的《重修延福寺碑铭》有记载:"古《金刚经》者,昔天竺三藏拘那罗陀,梁普通中泛海来中国,翻经兹寺。因取梵文,译正了义,传授至今,后学赖也。"应该指出,宋代时期当地所传说的真谛来华时间是错误的,应该是梁中大同元年(546)来华,于陈天嘉三年(562)在建造寺翻译出《金刚经》。

僧传、经录所记载的真谛到梁安郡时在任太守的名字写法也有歧义。廖大珂先生证实,唐初杨炯撰《唐恒州刺史建昌公王公神道碑》中所提及的王方赊,应该就是有关真谛的资料中所说的梁安太守"王方奢"。碑文有这样一段话:

> 公讳义童,字符稚,其先琅玡临沂人也。永嘉之末,徙于江外。皇运之始,迁于五陵,今为雍州万年人也。祖僧兴,齐会稽令,梁安郡守南安县开国侯,禄位千石,符五等。营室回于羽仪,山河入于盟誓。父方赊,梁正卜主簿伏波将军梁安郡守,隋上仪同三司。以惠和之性,有文武之才。伏波将军,从征等于马援;仪同三司,开府均于邓骘。

这条资料与现存《金刚般若波罗蜜多经后记》中梁安郡守名字的写法完全一致。尽管《续高僧传·真谛传》写做"王方奢",《开元释教录》写做"王万奢",但上述两条资料互相印证,已经足以支持廖大珂先生的结论了。

综上所述,真谛到达的梁安郡在福建南安丰州。真谛于陈天嘉二年(561)从晋安郡的"南越"乘小舟达到梁安郡(南安丰州),在此地翻译出了《解节经》一卷和《金刚经》。《续高僧传·真谛传》记载,真谛在梁安停留了近两年的时间,但是始终"伺旅束装,未思安堵。至三年九月,发自梁安,泛舶西引,业风赋命,飘还广州"[①]。于天嘉三年(562)九月,真谛又

---

① 道宣:《续高僧传》卷一,《大正藏》第50卷,第430页上。

从梁安郡换乘大船,"欲返西国",其实是准备归国,然后由于洋流作用等原因,在此年的十二月到达广州。

7. 复返广州设译场

根据《续高僧传》以及经录等记载,真谛于陈天嘉三年(562)"十二月中,上南海岸。刺史欧阳穆公頠延住制旨寺,请翻新文,谛顾此业缘,西还无措,乃对沙门慧恺等翻《广义法门经》及《唯识论》等。后穆公薨没,世子纥重为檀越,开传经论,时又许焉"①。真谛受到广州刺史欧阳頠的供养,奉请为菩萨戒师,尽弟子礼甚恭。真谛自来中国,漂泊16年,至此才有了一个比较安定的环境。他被安顿在广州制旨寺,开始了一段比较专心的译经生涯。

真谛在广州的译经活动获得了欧阳頠、欧阳纥父子的支持,译经弘法得以展开。而这时,真谛的名声以及在广州设立译场之事已经在各地流传,有志于佛法之士纷纷南下求法。由于有真谛坐镇,广州一度成为当时南方佛教最引人注目的地方。此时,真谛来华已达17年,围绕其身边的才俊弟子这时最多。

在广州跟从真谛受业并助译经论的僧人,有慧恺、法泰、僧宗、法准、僧忍、智敫、道尼等僧人,还有曹毗等在俗弟子。他们有的从晋安追随真谛来到广州,有的特地从都城翻越南岭前来广州相从,还有一些是从广州附近州县就近前来问学。他们中不少人已经是很有成就、享有盛誉的义学宗匠,慕真谛的道德学问,不惮艰辛,远来相寻。他们的到来,给予真谛很大的精神安慰,对真谛的译经事业有很大的促进作用。他们有的担当真谛译经的笔受职责,有的记录真谛的讲义,整理成义疏、注记、本记、文义等行世。所以真谛在广州的七年时间,译出的经论及义疏等,在数量和质量上都大大超过了前16年。这一时期译出的经论,内容广泛,以《摄大乘论》为中心,大多属于印度佛学大师无著、世亲传下的唯识法

---

① 道宣:《续高僧传》卷一,《大正藏》第50卷,第430页上。

相学系的著作。《摄大乘论》是真谛的专长,也是他远来中国弘化的主要目的。所以他在中国最后几年的翻译和授徒活动,虽不能说是称心如意,却也可说是略申怀抱了。

在译经弘道的共同事业中,真谛与助手兼学生们建立起真挚深厚的感情。例如专程从京城赶到广州投于真谛门下的慧恺,先后与真谛同译《摄论》和《俱舍论》,真谛对他有相见恨晚之慨,曾对他说:"吾早值子,缀缉经论,绲是前翻,不应缺少。今译两论,词理圆备,吾无恨矣。"此处所说"两论"指《摄大乘论》、《俱舍论》。陈光大二年(568),慧恺代真谛为僧宗、法准、惠忍等僧人及成名学士七十多人讲《俱舍论》,讲说未完,"以八月二十日遘疾,自省不救。索纸题诗曰:'千秋本难满,三时理易倾。石火无恒焰,电光非久明。遗文空满笥,徒然昧后生。泉路方幽噎,寒陇向凄清。一朝随露尽,唯有夜松声。'因放笔,与诸名德握手语别,端坐俨思奄然而卒。春秋五十有一"。而"及恺之云亡,谛抚膺哀恸,遂来法准房中,率尼、响敫等十有二人,共传香火,令弘《摄》、《舍》两论,誓无断绝。皆共奉旨,仰无坠失"。① 事后真谛续讲慧恺未讲完的内容,终因哀伤过度,发病停讲。至第二年,即陈太建元年(569)正月十一日午时,真谛圆寂,终年 71 岁。

根据《续高僧传·真谛传》的记载:

> 时宗恺诸僧,欲延还建业,会杨辇硕望,恐夺时荣,乃奏曰:"岭表所译众部,多明无尘唯识,言乖治术,有蔽国风。不隶诸华,可流荒服。"帝然之,故南海新文,有藏陈世。②

陈朝皇帝偏爱《般若》学,尤其推崇《三论》,对于《摄论》不感兴趣。听了京城高僧大德的煽动,把真谛视为异端,加以排斥。所以弟子们想让真谛回京的愿望没有实现。

---

①② 道宣:《续高僧传》卷一,《大正藏》第 50 卷,第 431 页下。

二、真谛翻译的经论以及著述

上文在叙述真谛来华之后的行迹时,也涉及到重要经典的翻译时间、地点等重要事实。下文全面地考证真谛翻译、著述的所有作品的总数,对学界争议较大的几部作品的翻译或形成情况作些考证。在真谛的所有译籍中,《大乘起信论》是在近代最具争议且影响中国佛教最深刻、最广泛的一部经典,将在下一章论述。

1. 真谛翻译经论以及著述总数

有三点原因使得我们很难确切统计出真谛翻译出的经典。一是战乱时期,真谛三藏随翻随行,因此,完整地编制经录困难很大。二是真谛的翻译是经论、批注一同翻译出来,特别是真谛的批注应算做译籍还是著述,历来经录的编写者做法不一,而智昇将其批注从译籍目录中一律删去,今人特别易于相信智昇,更增添了理解的混乱。其三,隋代编写经录者所依据的《曹毗别历》或《真谛翻经目录》是否完整,也是一个大问题。另外,根据道宣《续高僧传》记载,智敷撰集《真谛三藏翻译历》,僧宗撰有《真谛三藏行状》。三者是否完全一致也是一个问题。

费长房在《历代三宝纪》中分两处标示真谛译籍的名目、数量,卷一一说:"右一十六部合四十六卷,武帝末世至承圣年,西天竺优禅尼国三藏法师波罗末陀,梁言真谛"[1]所出,这是指真谛在梁代的翻译情况。而在卷九,费长房则说:"右四十八部合二百三十二卷,周武帝世西天竺优禅尼国三藏法师"[2]真谛所出。这是指真谛在入陈之后所出译籍。二者合计共六十四部二百七十八卷。道宣《续高僧传》则继承了费长房的说法,真谛"始梁武之末,至陈宣即位,凡二十三载,所出经论记传六十四部,合二百七十八卷。"[3]

---

[1] 费长房:《历代三宝纪》卷一一,《大正藏》第 49 卷,第 99 页上。
[2] 费长房:《历代三宝纪》卷九,《大正藏》第 49 卷,第 88 上。
[3] 道宣:《续高僧传》卷一,《大正藏》第 50 卷,第 430 页中。

唐代智昇在《开元释教录》卷六中则说："谛于梁代所出经论总十一部，梁末入陈复出经论如后所述。"①卷七说，入陈之后翻译出"三十八部一百一十八卷，《金七十论》上二十五部八十二卷见在，《金刚论》下一十三部三十六卷缺本。"②总起来，智昇认定真谛翻译出经论四十九部一百四十二卷，另外"自作"义疏十九部一百三十四卷，二者相加比费长房所说还要多。现代学者苏公望考辨出真谛译籍、著述共七十六种三百一十五卷，其中，翻译的经论共五十一部一百六十一卷，自己撰述共二十三部一百五十卷，译或述不明的两部四卷。如果将三者的异同作一比较，即可知确定真谛作品目录分歧之所在。

对照费长房与智昇的著录，可知二者的差异有：其一，《开元释教录》卷六说："长房、《内典》等录，有《十八部论》一卷，亦云谛译。今寻文句，非是谛翻。既与《部执》本同，不合再出。今此删之，如别录中述。"③同书卷七说："《部异执论》一卷，亦名《部异执论》，第二出，与《十八部论》及《宗轮论》同本。"④智昇认为费长房将二论同列是错误的，智昇只列入《部执异论》一卷。其二，《僧伽论》、《金十七地论》费长房著录为二，智昇著录为一。其三，《十八空论》、《大空论》费长房仅著录《大空论》，智昇著录两种。其四，智昇还从当时流通的经典中发现了五种署真谛之名的译论，即《决定藏论》三卷、《显识论》一卷、《转识论》一卷、《无相思尘论》一卷、《解捲论》一卷。智昇所认可的真谛译籍比费长房还多出四部。

经过对勘，除去被智昇吸收和否定的译籍，《历代三宝纪》所著录的真谛作品数刚好是十九部，名目如下：《金光明疏》十三卷、《仁王般若疏》六卷、《起信论疏》、《中论疏》二卷、《九识义记》二卷、《转法轮义记》一卷、《正论释义》五卷、《佛性义》三卷、《禅定义》一卷、《俱舍论疏》六十卷、《金刚般若疏》十一卷、《十八部论疏》十卷、《解节经疏》四卷、《无上依经疏》

---

①③ 智昇：《开元释教录》卷六，《大正藏》第55卷，第538页下。
② 智昇：《开元释教录》卷七，《大正藏》第55卷，第545页中。
④ 同上书，第545页下。

四卷、《如实论疏》三卷、《四谛论疏》三卷、《破我论疏》一卷、《随相论中十六谛疏》一卷、《众经通序》二卷。

苏公望所归纳的七十六种,是将智昇所确认的翻译作品四十九部和费长房确认的注疏十九部相合为六十八种,再加上梁译《大乘起信论序》所提及的三种即《玄文》二十卷、《大品玄文》四卷、《十二因缘经》两卷;另外,作者依据现存的若干资料考证出真谛注疏五种,即《中边分别论疏》三卷、《大乘唯识论义疏》二卷、《大乘唯识论注记》二卷、《摄大乘论义疏》二卷、《明了论疏》五卷。合此数者,总得七十六种。至于卷数的差异,由于涉及到流通时的变化和著录时的抄写错误等等复杂的原因,在此不作统计考辨。

对于上述三种著作关于真谛作品的著录,有五点须强调:

其一,费长房及其后来的沿袭者将真谛的"疏"、"注"、"记"都当做"翻译"看待,未必没有根据,现存的一些文献在引用真谛的这些作品时,有时也标为"译"。之所以如此,很可能是因为真谛的这些作品在成形时是介于"译"和自著之间的,一种可能是真谛还不能以汉语写作,因而其注疏是先出梵文后再行翻译的,另一种可能则是真谛的有些注疏可能是在他来华之前就写成的,因而"译出"也很自然。

其二,智昇将真谛的翻译与自著分开,并被后来的经录所沿袭,也是有道理的。智昇的想法可能是仅仅将真谛当做了"翻译家",而未作为印度瑜伽行派传承中重要的一环。换言之,即便是在印度佛教中,真谛三藏也应是重要的佛学家。在他活跃的时候,印度瑜伽行派的基本面貌就应该是他所呈现出的样态。

其三,玄奘至印度时,瑜伽行派发生变化,与当年真谛所传不大相同,而玄奘回国,仅仅以翻译问题指责真谛。如此一来,印度佛教的历史变化被"旧译"与"新译"的差异所遮蔽,这是很可惜的。

其四,尽管智昇纠正了费长房的若干失误,但他的著录也不是完全没有问题,特别是将真谛的注疏删去,显得轻率,由此也造成一些误解。真谛的这些著述属于"译"还是"撰著",也许不能一概而论。如属于真谛来华之前以梵语撰成,或者尽管是来华之后所撰成,但由于初来乍到,不谙汉语,以汉语写作甚至"口述"也有若干困难,仍然先以梵语撰成。这样的两种情况,都需要再行翻译成汉语。从这个角度说,费长房将真谛翻译的佛典及其著述都列入,应该是忠实于其所见的原始资料的。而智昇的做法似乎很合理,其实是过于拘泥,有以中土人士自身的实践来揣度的嫌疑,反而引起近代学者以此为证据之一抨击费长房的《历代三宝纪》。

其五,苏公望在《真谛三藏译述考》一文中的考证辨析,是目前最完善、最有说服力的研究成果。虽然此文在某些细节方面有若干失误,但苏先生关于真谛作品总数的归纳是最全面的。

2.《佛性论》

关于《佛性论》,近代以来,由日本学者开其端,一直有人认为并非翻译作品,且有学者直接认为是真谛所撰写。正如恒清法师所述:"真谛之所以被认为可能是《佛性论》的作者,其来有自。真谛学的特色在于融合如来藏说和瑜伽学的阿赖耶说。他常在其翻译的瑜伽典籍中,加入如来藏思想的字句。例如,在他翻译世亲造的《摄大乘论释》,如与玄奘译本,或藏本相比较,就可发现真谛确实随自己意思引入如来藏说。而《佛性论》中'显体分',也可以清楚地看出其作者是以'三自性'、'三无性'等瑜伽学理论来解说、比对如来藏学。再者,《大乘起信论》也是一无梵文原典、真谛译的含有会通如来藏和瑜伽思想的重要论书。以上种种难免令人觉得真谛为了阐扬如来藏和瑜伽的融合思想,可能是这些典籍的作者。"对于日本学者的这些说法,恒清法师表示难于同意。她又说:"不过,《佛性论》之中有十七处'释曰'、'记曰',以注解本文。如果真谛是《佛性论》的作者的话,不会有'释曰'、'记曰'的情况出现。较有可能的是真谛在翻译的过程中,加入自己对论文的注解,故有'释曰'等的字样出现。《历代三宝纪》中除了记载真谛的译作之外,亦记有真谛自己的著述二部:《无上依经疏》四卷,《佛性义》三卷,可惜的是二者均已佚失。《佛性义》可能是《佛性论》的注疏,而现存《佛性论》中的'释曰'、'记曰',

很有可能是出自真谛的《佛性义》。"①笔者完全赞同这一评述,但对于其所作的"到目前为止,有关《佛性论》的作者是否为真谛,尚无定论"的结语,持保留态度。

综合怀疑者的"证据"有:其一,此论现今仅有汉译本存世,未发现梵文本,也无藏译本。其二,关于此论的作者问题,有人说:"《佛性论》四卷,原无作者,自《开元释教录》始题为世亲所造。"其三,翻译的具体时间不详。其四,此论的思想与真谛接近而与现今学者所认定的世亲的思想相差较大。② 笔者认为,这些仅仅是猜测,远不足以推翻古代的记载。其中,第一、第三、第四属于悬测,无需论说,第二条则与事实不符,在此略作考辨,以正视听。

查阅现存资料可知,尽管隋代的费长房没有记载此论的撰著者,但至少在唐初中土已经传说此论的作者是世亲。玄奘的门下也是如此说的。玄奘弟子法宝《俱舍论疏》卷一说:

> 世亲论主,意无朋执,依第一时制造此论。同第一时,依第二时造《般若论》,说诸法皆空。同第二时意,依第三时《释摄论》等,旨趣同其《解深密》意。依第四时述《法华论》,明二乘无灭。与前三教别,依《如来藏》、《无上依经》等诸大乘经,述《佛性论》,会经中说一分决定无涅槃法,以为不了。③

同书同卷又说:"世亲菩萨依《方等经》述《佛性论》,破小乘执品破有部等计,顺大乘故。后代读瑜伽者,以声闻地破有性故,《涅槃经》说一切众生悉有佛性,是不了义,《佛性论》伪惑之甚也。而不知瑜伽于菩萨地后五识相应地,立一切众生悉有佛。"④这两条资料说得很明确,《佛性论》是世亲所作,尽管后来瑜伽行派内部确实也有批评的声音,但有一点是

---

① 恒清法师:《佛性思想》,第 146 页,台北,东大图书公司,1997。
② 参见龚隽《佛性论释译》的归纳(台北,佛光出版社,1997)。
③ 法宝:《俱舍论疏》卷一,《大正藏》第 41 卷,第 458 页上。
④ 同上书,第 459 页中。

毫无疑义的,即此论一定是世亲所作。退一步,这一结论至少是玄奘及其门下所一直坚持的。此外,唐代澄观《大方广佛华严经随疏演义钞》卷三一说:"况世亲造《佛性论》。"①

综上所述,《佛性论》是世亲所作,疑点并不像想象的那么多。再退一步,说《佛性论》为翻译作品,无任何问题。至于译者问题,在古代只有一种记载,并且在无古人提出怀疑的情况下,没有理由怀疑此论是真谛所译的事实。

关于《佛性论》的翻译,现存的各种经录都未能记载翻译的具体时间。隋法经《众经目录》卷五记载:"《佛性论》四卷,陈世真谛译。"②费长房《历代三宝纪》卷九在真谛入陈之后的译籍项下列出《佛性论》四卷③。唐智昇《开元释教录》卷一二记载:"《佛性论》四卷,天亲菩萨造,陈天竺三藏真谛译单本。"④如上文的考辨,入陈之后,真谛走过南康、豫章、临川、晋安、梁安、广州等六地从事翻译,而最后的七八年相对稳定一些,出的译籍也多一些。从这个角度看,《佛性论》翻译于广州的可能性最大。日本学者武邑尚邦推测,《佛性论》即在558年前后完成的。⑤ 其根据是《无上依经》的翻译时间。此说虽说不是毫无道理,但理由不充分,仅仅是可能性之一。

3.《遗教经论》

由于现存《遗教经论》中的"经"全部引用的是鸠摩罗什所译,而历史上存在过若干注解《遗教经》的著作,尤其是隋代经录也曾经将其列入"疑惑部",因而近代以来佛学界有很多人都相信现存的这部署名世亲著、真谛译的《遗教经论》为"伪论",借此否定真谛曾经翻译过《遗教经论》。在此有必要对此问题进行澄清。

---

① 澄观:《大方广佛华严经随疏演义钞》卷三一,《大正藏》第36卷,第236页上。
② 法经:《众经目录》卷五,《大正藏》第55卷,第141页中。
③ 费长房:《历代三宝纪》卷九,《大正藏》第49卷,第87页下。
④ 智昇:《开元释教录》卷一二,《大正藏》第55卷,第608页下。
⑤ 法经:《众经目录》卷五,《大正藏》第55卷,第143页下。

此论的分歧是从隋代三部经录的不同记载开始的。隋法经在《众经目录》卷五首先将其列入"众论疑惑"部,其文说:"《遗教论》一卷,人云真谛译,勘《真谛录》无此论,故入疑。"① 法经说,自己看到的真谛译籍目录中没有《遗教论》,因而将其归入"疑惑部"。但是,当时流行的《遗教论》本,已经说这是真谛三藏翻译的。法经的这一说法被后来重新编写经录的彦悰发扬光大,他在《众经目录》卷四中干脆将其列入"五分疑伪"部分,而这一部分的定义是"名虽似正,义涉人造"。② 很明显,彦悰将其当做中土人士所撰看待。这一说法与法经的意思差别已经很大了。编写时间介于法经《众经目录》和彦悰《众经目录》之间的费长房则与二者不同。

费长房在《历代三宝纪》卷九真谛译籍目录中列入了《遗教论》一卷。于《历代三宝纪》卷一三"大乘阿毗昙有译录"中列入《遗教经论》一卷,于同书卷一四"小乘阿毗昙有译录"中列入《遗教论》一卷。对于费长房的这些记载,有人解读说:"则其为两书,极为明显。"③ 如果从隋代三种经录看,这一判断是正确的,因为三经录都有《遗教论》的书名,而且法经还说过,当时有人说这本《遗教论》为真谛所翻译。现在的问题是:费长房著录了两书,而且将《遗教论》列入了"小乘阿毗昙论"书中,而将《遗教经论》则列入"大乘阿毗昙论"书中。而现存的《遗教经论》恰恰属于大乘论书。

唐初道宣在《大唐内典录》卷五真谛译籍目录中列入了《遗教论》,但于同书卷一〇又列入一种《遗教论》,说其为"伪经论。人间经藏往往有之,其本尚多,待见更录。"④ 道宣此语是说,他所列入"历代所出疑伪经论录"之中的文献,并非当时所见的全部,而当时民间这样的本子尚有不少。从他的这一表述看,似乎道宣是经过自己翻检才将此中《遗教论》列

---

① 法经:《众经目录》卷四,《大正藏》第55卷,第172页中。
② 参见武邑尚邦《佛性论研究》,第6页,百华苑,1977。
③ 苏公望:《真谛三藏译述考》,《现代佛教学术丛刊》第38册,第107页,大乘文化出版社,1978。
④ 道宣:《大唐内典录》卷五,《大正藏》第55卷,第336页上。

入"伪经论"之中的①。另外,道宣的《大唐内典录》中没有出现《遗教经论》的名称。

唐智昇《开元释教录》卷一二中说:"《佛垂般涅槃略说教诫经》一卷,亦云《佛临般》,亦名《遗教经》,姚秦三藏鸠摩罗什译,有释论一卷。"②这一条资料说明,鸠摩罗什所翻译的《遗教经》有一部"释论"性质的书,但智昇未交待此书的作者和译者、译时等问题。同书卷七真谛遗籍目录中,智昇写做"《遗教经论》一卷,释《遗教经》。"③同书卷一二又说:"《佛垂般涅槃略说教诫经》一卷,亦云《佛临般》,亦名《遗教经》,姚秦三藏鸠摩罗什译,有释论一卷。右此《遗教经》,旧录所载多在小乘律中,或编小乘经内。今以真谛法师译《遗教论》,彼中解释多约大乘,小宗不显,故移编此。"④由智昇的这些文字可知,他以为《遗教经论》和《遗教论》是一本书,是真谛翻译的。与此相应,他在评论隋代法经所编的经录时明确说:"《遗教论》等并编疑伪者,不然。"⑤而在评论彦悰所编《众经目录》时,智昇明确说:"以《随愿往生经》、《遗教论》等编为疑伪,六误。"⑥

由上引文献可知,智昇的结论是《遗教经论》就是《遗教论》,并且是真谛所翻译,不存在"伪论"的问题。

从引用情形看,现存的《遗教经论》就是唐初流通的《遗教论》。如唐窥基在《大乘法苑义林章》卷六中有文说:"《遗教论》云'增长修行者,世及出世间,我等皆南无'者,二乘圣者名世间修故,一乘者根本一乘所有

---

① 笔者揣摩,这种可能性与下属可能性出现的概率都是对半。经仔细核对,笔者认定道宣的这部书并非精心之作,他其实是将僧祐的《出三藏记集》和隋代的三种经录杂糅在一起,但对于其中的不协调处并无甄别,特别是在主体部分基本照搬了费长房的记载,但却基本上将法经"疑惑"、"疑伪"部分同时照搬过来。费长房则对法经所列"疑惑"、"疑伪"部分作了甄别处理,许多被法经列入"疑惑"、"疑伪"部分的经论,费长房都作了纠正。
② 智昇:《开元释教录》卷一二,《大正藏》第55卷,第607页下。
③ 智昇:《开元释教录》卷七,《大正藏》第55卷,第545页中。
④ 智昇:《开元释教录》卷一二,《大正藏》第55卷,第604页上。
⑤ 智昇:《开元释教录》卷一八,《大正藏》第55卷,第676页下。
⑥ 智昇:《开元释教录》卷一〇,《大正藏》第55卷,第577页上。

三宝。不定种姓方便所修。若法若僧。亦是一乘三宝体摄。"①这一段文字所引的三句偈语在现存的《遗教经论》中能够找到。《遗教经论》起首的偈语就有上述三句:"增长修行者,世及出世间,我等皆南无"。② 另外,道宣《续高僧传》卷二四《释智实传》末附有"普应"的记载。文中说:"初,总持寺有僧普应者,亦烈亮之士也。通《涅槃》、《摄论》,有涯略之致。"③武德四年(621),道士傅奕上书唐高祖建议减省寺塔、僧尼,普应找傅奕当面辩论,傅奕"不答,应退,造《破邪论》两卷,皆负簦篨,径诣朝堂,以陈所述"。而普应的师父为法行,也住于总持寺,在当时被看做"高行"沙门。后来,普应离开长安前往楚地"讲《遗教论》,以毕终矣"。④ 从这一记载看,这位普应精通《大涅槃经》和《摄大乘论》,因而他着力弘扬的《遗教论》很可能就是现存的署名真谛翻译的《遗教经论》。根据这一条资料以及窥基的征引,基本可以证明在唐初有很多人已经将《遗教经论》和《遗教论》看做是同一本书了,智昇的著录只是顺应潮流而已。

宋代文献继续在引用《遗教论》。《净心诫观法发真钞》有两处用例。其书卷一说:"马鸣造《遗教论》亦召凡夫为下地也。"⑤其书卷三说:"马鸣《遗教论》云'示现有色无色解脱功德,皆从此生故',一切种智者佛所证之智也。"此引文在现存的《佛遗教经》中是:"能生诸功德者,示现有色解脱功德、无色解脱功德,彼二相顺相违解脱功德,皆从彼生故。如经依因此戒得生诸禅定及灭苦智慧故,次说劝修戒利益故。"⑥——此中将此《遗教论》的作者说成是马鸣,而这一歧说,在宋元时期颇为流行。后来的文献有纠正,说《遗教论》的作者是世亲,但隋唐的经录都未说及作者,因此,何时题名世亲撰,也是一个谜。

---

① 窥基:《大乘法苑义林章》卷六,《大正藏》,第45卷,第345页上。
②《遗教经论》,《大正藏》第26卷,第283页上。
③ 道宣:《续高僧传》卷二四,《大正藏》第50卷,第636页上。
④ 同上书,第636页中。
⑤ 允堪:《净心诫观法发真钞》卷上本,《续藏经》第59册,第521页中。
⑥ 允堪:《净心诫观法发真钞》卷下本,《续藏经》第59册,第577页上。

综上所述,笔者认为,智昇的结论是正确的,现存的《遗教经论》就是真谛所翻译的《遗教论》,它不存在"伪论"的问题。

4.《决定藏论》、《无相思尘论》、《解捲论》

智昇在著录真谛译籍时增补了五部论,即《决定藏论》三卷、《无相思尘论》一卷、《解捲论》。此三部在费长房《历代三宝纪》中未著录,但在智昇时代仍然在流通,并且署名真谛译。

关于《决定藏论》,玄奘门下说《决定藏论》是《瑜伽师地论》的"抉择分"。如窥基《瑜伽师地论略纂》卷一三说:"前本地分直述义相,今当重问答,决疑择要,故名决择。旧云'决定藏'者,非也。彼言尼也,摩可言决定。既云毗尼生折邪,此言决择,何得称为《决定藏论》?"①遁伦集撰的《瑜伽论记》卷一说:"《决定藏论》是决择分初。"②窥基是反对"决定藏"的译名的,但由此也可见出,玄奘门下是看到过《决定藏论》的。

现存经录中,最早著录《决定藏论》的是《大周刊定众经目录》,此书卷六载:"《决定藏论》一部二卷。《回诤论》一卷,二十五纸,右后魏瞿昙般若留支译,出长房录。"③对于这一条资料,唐清素《瑜伽师地论义演》卷一解读为:"费长房录云:《决定藏论》一部三卷,后魏瞿昙般若留支译,是抉择分之初文。"其实,费长房《历代三宝纪》中并未记载《决定藏论》。对照可知,清素是误解大周录的上述记载所致。早于清素的智昇很清楚这一点。《开元释教录》卷一二说:"《决定藏论》三卷,梁天竺三藏真谛译单本。右此《决定藏论》,大周录中乃云失译,而不指言何代翻出。今详此论文势,乃是真谛所翻,《论》中子注乃曰梁。言前代录家遗之不上,今为真谛所译,编于梁代录中。"④由智昇所说,他是从"文势"以及杂于论中的注解判定为真谛于梁代译出。智昇的看法是正确的。

---

① 《大正藏》第43卷,第168页下。
② 《大正藏》第42卷,第311页中。
③ 《大正藏》第55卷,第407页下。
④ 同上书,第608页下。

《无相思尘论》一卷、《解拳论》(也作《解捲论》)一卷,最早由隋彦悰《众经目录》著录,此书卷一载:"《金七十论》三卷,《思尘论》一卷,《解拳论》一卷,右三论陈世真谛译。"①唐道宣《大唐内典录》卷五则沿袭此说,将《解捲论》、《思尘论》直接列入真谛译籍目录中。② 智昇《开元释教录》卷七则作了总结:"《无相思尘论》一卷,初出,与唐译《观所缘论》同本,见靖迈《经图》及《内典录》。《解捲论》一卷,初出,与唐义净《掌中论》同本,见靖迈《经图》及《内典录》。"③

由上述三论的著录可见,费长房根据所见经录著录真谛译籍是有遗漏的,智昇编写经录不仅关注经录的记载,也注意收集当时流通的经论中的题注。由此反观隋法经编写的《众经目录》,其所收集的真谛录尚且残缺不全,更何况他习惯以经录来否定当时流通经论之题记中的说法呢?

5.《无相论》

如上所述,智昇在真谛译籍目录中还列入了《显识论》和《转识论》两部有关唯识学的重要论典。

《显识论》一卷和《转识论》一卷,最早由《大周录》著录。而《开元释教录》卷七载:"《显识论》一卷,内题云《显识品》,从《无相论》出,题云真谛译,新附此。《转识论》一卷,即出前《显识论》中,题云真谛译,新附此。"④智昇说《转识论》是从《显识论》中"出"的,值得重视。其后又有一语:"出论题单本",似乎说明"此论于古代附于《显识论》中,至唐始单行耳"。⑤

唐代文献记载真谛译有《无相论》,当代学者比较一致的看法是,《无相论》是真谛所翻译的《三无性论》、《显识论》、《转识论》三种论典的总

---

① 《大正藏》第 55 卷,第 153 页下。
② 参见《大正藏》第 55 卷,第 273 页下。
③④ 《大正藏》第 55 卷,第 545 页下。
⑤ 苏公望:《真谛三藏译述考》,《现代佛教学术丛刊》第 38 册,第 105 页。

称。关于《三无性论》,玄奘、窥基门下说过,此论相当于玄奘翻译的《显扬圣教论·无性品》。如《瑜伽论记》卷一引用文备法师的话说:"昔传引《无相论》阿摩罗识证有九识。彼《无相论》即是《显扬论·无性品》。"①而日本学者林彦在其所著《陈唐三十唯识论国译对照》一书中认为,《转识论》为玄奘所译《唯识三十论颂》之异译。从古代文献的引用看,以《无相论》称名的内容在现在单行的《三无性论》、《显识论》、《转识论》中都可以找到,因而可以认定这三部论都属于真谛翻译的《无相论》的内容。现在的问题是,唐人为何会将此三部论总称为一个书名呢?

目前学界对上述问题有三种看法②:第一种是苏公望的主张,"《无相论》或为真谛纂摘各论有裨自家学说之部分而成指一书,并以己意择之者欤?"③第二种是日本学者胜又俊教的观点。他推测,因为三部书思想比较一致,翻译时间、地点相同,而且都是比较小的论书,为了方便流通,真谛及弟子们便称其为《无相论》。第三种是日本学者镰田茂雄的看法。他认为,此三论原来形态是《无相论》的三品,即《显识品》、《转识品》、《三无性品》,所以后世在此书单独流通的情形下仍然称其为《无相论》。笔者认为第三种说法庶几近于历史的真相。

第一种说法和第二种说法有一共同的理据,就是相信《转识论》是解释《唯识三十论颂》的。笔者以为,这一考据根据并不充分,很难作为定论。④ 第二说立论的几点理由不大能成立,所谓方便流通是一句空话,《转识论》仅仅三纸(智昇的记载),而《三无性论》和《显识论》都较长,现今学者将三论合为一璧,方方能够读通,而且翻译时间、地点相同都是现

---

① 《大正藏》第 42 卷,第 318 页上。
② 参见圣凯《摄论学派研究》,第 27—29 页,北京,宗教文化出版社,2006。
③ 苏公望:《真谛三藏译述考》,《现代佛教学术丛刊》第 38 册,第 105 页。
④ 译经师对梵文的不同理解和不同的译经风格也是造成不同译本的重要原因。比如玄奘译《唯识三十颂》,陈真谛译为《转识论》,玄奘译为颂体,最接近梵本,真谛译为散体,把他自己的很多理解都加进去了,字数比玄奘译本多很多。要想说明世亲原典的内容及其真谛的理解,必须依靠梵本。

代人臆测,毫无古代文献依据。更重要的是,现存的《三无性论》的末尾说"《三无性品》究竟"①,《转识论》末尾说"是名《识转品》究竟也"②,而《显识论》末尾无结束句。由此可见,此三论自身是不完整的。再参照经录著录情况,隋代三种经录以及唐道宣《大唐内典录》并未著录《显识论》和《转识论》而仅仅著录《三无性论》。这说明,隋代还能够看到的《真谛录》及其行历中并未单列《显识论》和《转识论》,这两部分当时很可能是与《三无性论》一起流通的③,其总名就叫《无相论》,也许由于《三无性品》在其中篇幅最大,当时编写经录者即以《三无性论》列之。

6. 苏公望补充的八种

苏公望(苏渊雷)在其所撰的《真谛三藏译述考》一文中,于古代各种经录之外又考证出真谛八种译籍和著述。其根据是梁译《大乘起信论序》和几种僧传。

现存署名智恺的《大乘起信论序》有文说:"遂嘱值京邑英贤慧显、智韶、智恺、昙振、慧旻,与假黄钺大将军太保萧公勃,以大梁承圣三年岁次癸酉九月十日,于衡州始兴郡建兴寺,敬请法师敷演大乘,阐扬秘典,示导迷徒,遂翻译斯论一卷,以明论旨。《玄文》二十卷,《大品玄文》四卷,《十二因缘经》两卷,《九识义章》两卷。传语人天竺国月支首那等,执笔人智恺等,首尾二年方讫。"④有不少学者承认此论序中的这一条记载是符合历史事实的。而序文中所记的《九识义章》二卷在隋代经录中已经有著录,而《玄文》二十卷、《大品玄文》四卷、《十二因缘经》两卷三种则隋唐经录都未见记载。但是,日本僧人编的《华严宗章疏并因明录》则记载

---

① 《大正藏》第31卷,第878页中。
② 同上书,第63页下。
③ 这一推理的唯一缺陷是隋代经录著录的《三无性论》的卷数有误,似乎不能涵盖此三论。但隋代三部经录的编写者主要依据收集到的其他经录,未能广泛收集流通的经论抄本进行核对,而这些古经录抄本在卷数方面发生传抄错误的可能性比经论名称更大,因此,对隋经录有关卷数的记载不能太苛求准确。
④ 《大正藏》第32卷,第575页上一中。

说:"《大乘起信论玄文》二十卷,真谛三藏述。《大品玄文》四卷,真谛三藏述。"①此中说,《玄文》二十卷是有关《大乘起信论》的注释,而《大品玄文》是有关《摩诃般若经》的注解。《东域传灯目录》对此译籍也有著录。在《大品般若经》注疏项下有文说:"同经《玄文》四卷,真谛三藏撰。"②又记载说:"《大乘起信论玄文》二十卷,真谛。"③从这两种著作传入日本的情形来看,上引序文所说应该是真实可信的。明朝编的藏经中收入了《大宗地玄文本论》八卷,署名马鸣菩萨造,真谛三藏译。此书晚出,宋元藏经都未收,加之卷数也不合,遂引起现代学者一致的怀疑,反而连带着怀疑《起信论序》的记载。这种株连其实没有根据。

苏公望依据现存的若干资料考证出真谛注疏八种,即《中边分别论疏》三卷、《大乘唯识论义疏》二卷、《大乘唯识论注记》二卷、《摄大乘论义疏》二卷、《律二十二明了论疏》五卷。

关于真谛著有《中边分别论疏》的依据主要有三条:第一是道宣《大唐内典录》卷五记载:"《中边分别论》三卷,于临川郡出,并《疏》三卷。"④第二,唐窥基《成唯识论述记》卷一在讲到《唯识三十颂》的作者问题时说:"九百年间,天亲菩萨出世,造此颂本。真谛法师《中边疏》亦云'九百年中天亲生也'。"⑤第三,圆测法师在《解深密经疏》中也引用了真谛法师《中边分别论疏》中的说法以证其说。由此三者可见,至少在玄奘门下弟子活动的时期,此疏还存在。

关于《大乘唯识论义疏》和《注记》,主要依据是慧恺撰写的《大乘唯识论后记》。其文说:"慧恺以陈天嘉四年岁次癸未正月十六日,于广州制旨寺,请三藏法师拘罗那他重译此论。行翻行讲,至三月五日方竟。

---

① 《大正藏》第55卷,第1133页上。
② 同上书,第1147页中。
③ 同上书,第1148页上。
④ 同上书,第273页中。
⑤ 《大正藏》第43卷,第231页下。

此论外国本有义疏,翻得两卷。三藏法师更释本文,慧恺注记,又得两卷。"①这里说得很清楚,真谛应慧恺请求,翻译出《大乘唯识论》一卷和《大乘唯识论义疏》二卷,另外,真谛自己口释《论》文,慧恺记录下来而成《大乘唯识论注记》二卷。而日本《东域传灯目录》则有文说:"《唯识论疏》一卷,西明疏云'二卷,真谛三藏撰'。案西明云'瞿波论师《义疏》二卷,真谛译,可入论部'。"②这是说,当时东传的《唯识论疏》似乎是一卷。圆测法师认为,《唯识论疏》是印度瞿波论师所撰,真谛三藏所翻译的。由这些材料可知,真谛译籍中应列入《大乘唯识论义疏》二卷,著述中应列入《大乘唯识论注记》二卷。

关于《摄大乘论义疏》,主要依据是慧恺撰写的《摄大乘论后记》。其文说:"与僧忍等同共禀学,夙夜匪懈,无弃寸阴。即以某年树檀之月,文义俱竟,《本论》三卷,《释论》十二卷,《义疏》八卷,合二十三卷。"③可见,真谛确实翻译出了《摄大乘论义疏》八卷。

关于《律二十二明了论疏》,主要依据是附于此论后的"后记"。其文说:"陈光大二年岁次戊子正月二十日,都下定林寺律师法泰于广州南海郡内,请三藏法师俱那罗陀翻出此论。都下阿育王寺慧恺,谨为笔受。翻论本得一卷,《注记》解释得五卷。"④道宣《大唐内典录》卷五也有文说:"《律二十二明了论》,亦云《明了论》并《疏》五卷。"⑤日本僧人编的《新编诸宗教藏总录》卷二也载有"《律二十二明了论义记》五卷,真谛述"⑥。可见,此《律二十二明了论疏》应是真谛所述,其名应是《律二十二明了论义记》,计五卷。

---

① 附于《大乘唯识论》末尾,《大正藏》第31卷,第73页下。
② 《大正藏》第55卷,第1157页下。
③ 《大正藏》第31卷,第113页上。
④ 《大正藏》第24卷,第672页下。
⑤ 《大正藏》第55卷,第273页中。
⑥ 同上书,第117页中。

三、真谛译籍、注疏编年

下文依据《历代三宝纪》、《开元释教录》以及现代学者的考证,以编年的形式罗列真谛的翻译、著述等作品。

梁太清四年(550),译《十七地论》五卷、《中论》一卷、《如实论》一卷、《三世分别论》一卷、《涅槃经本有今无偈论》一卷,出《中论疏》二卷、《如实论疏》三卷。

此年出《大乘起信论》初译稿。

梁太清五年(551),出《金光明疏》十三卷。

梁承圣元年(552)至承圣二年(553),译出《金光明经》七卷。

梁承圣三年(554),译《弥勒下生经》一卷、《仁王般若经》一卷、《九识义记》二卷、《转法轮义记》一卷、《大乘起信论》一卷、《十二因缘经》两卷,出《仁王般若经疏》六卷、《中论疏》二卷。

出《大乘起信论玄文》二十卷、《大品玄文》四卷。

梁绍泰二年(556)末至永定元年(557年)二月,译《求那摩底随相论》一卷,出《随相论中十六谛疏》一卷。

梁绍泰三年(557)至陈永定二年(558),译《无上依经》四卷,出《无上依经疏》四卷。

陈永定二年(558),译《大空论》三卷、《宝行王正论》一卷、《正论道理论》一卷、《中边分别论》三卷,出《中边分别论疏》三卷、《正论释文》五卷。

陈永定三年(559),译《立世阿毗昙》十卷。

陈天嘉二年(561),译《解节经》一卷,出《解节经疏》四卷。

陈天嘉三年(562),译《金刚经》一卷,出《金刚经疏》十卷。

陈天嘉四年(563),译《大乘唯识论》一卷、《摄大乘论》三卷、《广义法门经》一卷,出《大乘唯识论义疏》二卷、《大乘唯识论注记》二卷、《摄大乘论释》十五卷、《摄大乘论义疏》八卷。

陈天嘉五年(564),始译《俱舍论》,始出《俱舍释论》二十二卷、《俱舍论偈》一卷、《俱舍论疏》六十卷。

陈光大二年(568)，译《律二十二明了论》一卷，出《律二十二明了论疏》五卷。

不知译年的典籍如下：《宝行王正论》一卷、《佛性论》四卷、《三无性论》二卷、《显识论》一卷、《金刚般若论》一卷、《转识论》一卷、《无相思尘论》一卷、《十八空论》一卷、《遗教论》一卷、《决定藏论》、《金七十论》三十卷、《婆薮槃豆法师传》一卷等。

第五节　北魏、东魏的佛典翻译

北魏在灭掉北凉之后，将原滞留于河西的大量僧众迁徙至内地。由于政治等方面的原因，北魏的佛教发展一波三折，在遭受了太武帝毁灭佛教的劫难之后，尽管佛教在其统治境内继续兴盛，但佛经翻译一直积弱不振，直至宣武帝时期，勒那摩提、菩提流支先后来到中原，北魏的佛教翻译才异军突起。

关于北魏时期(479—502)、东魏时期(502—550)的佛典翻译，《开元释教录》卷六记述："魏元氏初都恒安，南迁洛阳，后迁邺(亦云后魏)，始从道武帝皇始元年丙申(即东晋太元二十一年也)终东魏孝靖帝武定八年庚午，凡一十三帝一百五十五年(五帝都恒安至孝文帝太和十八年南迁七帝都洛阳一主都邺)缁素一十二人，所译经论传等，总八十三部二百七十四卷，于中七十三部二百五十五卷见在，一十部一十九卷缺本。"①12位译家是：释慧觉、释昙曜、沙门吉迦夜、沙门昙摩流支、释法场、沙门勒那摩提、沙门菩提流支、沙门佛陀扇多、婆罗门瞿昙般若流支、王子月婆首那、沙门毗目智仙、沙门达磨菩提②。其中，释慧觉的翻译已经在北凉部分做过叙述，王子月婆首那的翻译活动已经在梁、陈部分叙述过。在

---

① 智昇：《开元释教录》卷六，《大正藏》第55卷，第539页中。
② 智昇作"磨菩提"。

此,拟将释昙曜、沙门吉迦夜、沙门昙摩流支、释法场、沙门勒那摩提、沙门菩提流支、沙门佛陀扇多、婆罗门瞿昙般若流支、沙门毗目智仙、沙门达磨菩提等十位译家的生平事迹和佛典翻译活动略作考辩。

一、释昙曜、沙门吉迦夜、昙摩流支的佛典翻译

释昙曜是北魏佛教发展中的一位重要人物,在北魏太武帝灭佛之后佛教的恢复方面起了重大推动作用。而由他出面组织佛典翻译,也是文成帝恢复佛教的举措之一。

释昙曜,籍贯不详。"少出家,摄行坚贞,风鉴闲约"[1]。北魏文成帝和平年(460—464),住于北台,任昭玄统。在其位,他"绥缉僧众,妙得其心。住恒安石窟通乐寺,即魏帝之所造也。去恒安西北三十里。武周山谷北面石崖,就而镌之,建立佛寺。名曰灵岩。龛之大者,举高二十余丈,可受三千许人。面别镌像穷诸巧丽,龛别异状,骇动人神,栉比相连三十余里,东头僧寺恒共千人"。

关于昙曜的翻译活动,《续高僧传·释昙曜传》记载:文成帝即位后,"即起塔寺,搜访经典。毁法七载,三宝还兴。曜慨前凌废,欣今重复,故于北台石窟,集诸德僧,对天竺沙门,译《付法藏传》并净土经,流通后贤,意存无绝。"[2]

关于释昙曜的译籍,《历代三宝纪》卷九著录如下:

《净度三昧经》一卷,第二出。与宝云译二卷者同,广略异耳,见道祖《录》。

《付法藏传》四卷,见菩提流支录。

右二部合五卷。……至和平三年,昭玄统沙门释昙曜,慨前凌废,欣今载兴,故于北台石窟寺内集诸僧众,译斯传经,流通后贤,庶

---

[1] 道宣:《续高僧传》卷一,《大正藏》第50卷,第427页下。
[2] 同上书,第428页上。

使法藏住持无绝。①

此文记载的翻译时间是北魏和平三年(462)。智昇在上述两部之外有著录入"《大吉义神咒经》二卷,或四卷,见法上《录》"。"《吉义咒经》一部二卷见在,《净度经》等二部五卷缺本"②。

吉迦夜的生平失载。

关于吉迦夜的译籍,《出三藏记集》卷二著录:"《杂宝藏经》十三卷,缺。《付法藏因缘经》六卷,缺。《方便心论》二卷,缺。右三部,凡二十一卷。宋明帝时,西域三藏吉迦夜,于北国以伪延兴二年,共僧正释昙曜译出,刘孝标笔受。此三经并未至京都。"③

《历代三宝纪》卷九著录如下:

> 《杂宝藏经》十三卷,《付法藏因缘传》六卷,或四卷。《因缘》广,异曜自出者。
>
> 《称扬诸佛功德经》三卷,第三出。一名《集华经》,一名《现在佛名经》,一名《诸佛华经》,凡四名。与秦罗什、宋跋陀罗译者本同出异。
>
> 《大方广菩萨十地经》一卷,第二出,与晋世法护所出《菩萨十地》大同小异,见《始兴录》。
>
> 《方便心论》二卷,或一卷,凡四品。
>
> 右五部合二十五卷。宋明帝世,西域沙门吉迦夜,魏言何事。延兴二年,为沙门统释昙曜于北台重译,刘孝标笔受。见道慧《宋齐录》。④

---

① 费长房:《历代三宝纪》卷九,《大正藏》第50卷,第85页上一中。《大正藏》中的"三部七卷"应为"二部五卷","诏"应为"昭",应以其批注为是。
② 智昇:《开元释教录》卷六,《大正藏》第55卷,第539页下。
③ 《大正藏》第55卷,第13页中。
④ 费长房:《历代三宝纪》卷九,《大正藏》第50卷,第85页中。

《开元释教录》卷六沿袭费长房的著录①。上述五部现存。

昙摩流支的生平失载。

关于昙摩流支的译籍,《历代三宝纪》卷九:

> 《信力入印法门经》五卷,正始元年出。
>
> 《如来入一切佛境界经》二卷,景明二年于白马寺出。一名《如来庄严智慧光明入一切诸佛境界经》。
>
> 《金色王经》一卷,正始四年出。出法上《录》云:菩提流支后更重勘。
>
> 右三部合八卷,齐、梁间,南天竺国三藏法师昙摩流支,魏云法希,于洛阳为宣武帝译,沙门道宝笔受。②

从这些记载可知,昙摩流支是南天竺僧人。而翻译时间是北魏宣武帝时期的景明二年(501)、正始元年(504)、正始四年(507)。上述三部经典,前两部现存。

二、菩提流支的佛典翻译

在唯识经典的早期传播中,菩提流支是一位非常重要的人物。与此前的昙无谶、求那跋摩、求那跋陀罗的"兼学"瑜伽行派不同,菩提流支是一位师承瑜伽行派大师而专门来华弘扬唯识思想的高僧。

菩提流支,也译为"菩提留支",意译"道希",北印度人。深悉三藏,显密兼通。关于菩提流支的师承,《金刚仙论》卷一〇记述说:弥勒——无障碍(无著)——世亲(天亲)——金刚仙——无尽意——圣济——菩提流支。如此,则菩提流支为世亲的嫡传弟子。

根据唐道宣《续高僧传·菩提流支传》记载:菩提流支于北魏永平之初年(508),携大量梵本,经葱岭来洛阳,得到了宣武帝的慰劳礼遇。关

---

① 智昇:《开元释教录》卷六,《大正藏》第55卷,第540页上。
② 费长房:《历代三宝纪》卷九,《大正藏》第50卷,第85页下。

于菩提流支至北魏之初的活动情形,据《洛阳伽蓝记》卷四"融觉寺"条可知,其与一位当时常住融觉寺的僧人昙谟最关系密切:

> 比丘昙谟最善于禅学,讲《涅槃》、《花严》,僧徒千人。天竺国胡沙门菩提流支见而礼之,号为菩萨。流支解佛义,知名西土,诸夷号为罗汉,晓魏言及隶书,翻《十地》、《楞伽》及诸经论二十三部。虽石室之写金言,草堂之传真教,不能过也。流支读昙谟最《大乘义章》,每弹指赞叹,唱言微妙,即为胡书写之,传之于西域。沙门常东向遥礼之,号昙谟最为东方圣人。①

从这一记载看,昙谟最的水平以及影响要超过菩提流支,而且他所撰写的《大乘义章》被菩提流支转写为西域文字,并传播到西域,获得西域人士的称赞。这一说法很有趣味。在当时,中土佛教界的风气是"崇洋媚外",一般的文字中很难看到将天竺来的僧人称为"罗汉"而相对地将中土僧人称之为"菩萨"的。在其他的资料中,一般以"三藏"称呼菩提流支。

关于昙谟最,道宣《续高僧传》有传,不过现存版本大多作"昙无最",而其所记基本来自于《洛阳伽蓝记》。《续高僧传·昙无最传》补充了其籍贯:"昙无最,姓董氏,武安人也。"②同由道宣编集的《广弘明集》卷一《元魏孝明召佛道门人论前后》一文中记载了北魏明帝组织的佛道之间的辩论,昙谟最和菩提流支都是当事人。其文曰:"正光元年,明帝加朝服大赦天下,召佛道二宗门人殿前,斋讫。侍中刘腾宣勅:'请法师等与道士论议,以释弟子疑网。'时清通观道士姜斌与融觉寺僧昙谟最对论。"③辩论的主题是佛陀与老子生卒年,并且涉及到道教方面所说的老子化胡的真伪问题,其结果是道士姜斌失败,一些大臣建议"姜斌罪当惑

---
① 杨衒之:《洛阳伽蓝记》卷四,《大正藏》第51卷,第1017页中。
② 道宣:《续高僧传》卷二三,《大正藏》第50卷,第624页中。
③ 道宣:《广弘明集》卷一,《大正藏》第52卷,第100页中。

众,帝加斌极刑。三藏法师菩提流支苦谏乃止,配徙马邑"①。正光元年七月二十三日,即公元 520 年。道宣的几种著述都未记载月日,而唐初僧人法琳在《破邪论》中则记录了年月:正光元年岁次庚子七月二十三日。② 由此记载可见,昙谟最在当时佛教界的地位颇高,而菩提流支也获得了朝廷的认可。

关于此昙谟最,《洛阳伽蓝记》卷二"崇真寺"条记载:"崇真寺比丘惠凝死,一七日还活。经阎罗王检阅,以错名放免。惠凝具说过去之时,有五比丘同阅。"这是说,惠凝陈述说,自己被小鬼误抓至阎罗殿审查,后来因错名而放还人间。惠凝在京城散布说,当时与他一起接受阎罗王审判的有五位:

> 一比丘云,是宝明寺智圣,坐禅苦行得升天堂。有一比丘,是般若寺道品,以诵四《涅槃》亦升天堂。有一比丘云,是融觉寺昙谟最,讲《涅槃》、《华严》,领众千人。阎罗王云:"讲经者,心怀彼我,以骄凌物,比丘中第一粗行。唯试坐禅诵经,不问讲经。"其昙谟最曰:"贫道立身以来,唯好讲经,实不暗诵。"阎罗王勅付司。即有青衣十人送昙谟最向西北门,屋舍皆黑,似非好处。③

《洛阳伽蓝记》说:"太后闻之,遣黄门侍郎徐纥依惠凝所说,即访宝明寺。城东有宝明寺,城内有般若寺,城西有融觉寺、禅林、灵觉等三寺。问智圣、道品、昙谟最、道弘、宝明等,皆实有之。"④这是说,上述五位僧人确有其人,而依照此故事所暗示的内容,这五位僧人应当是此故事传出之时的前七日圆寂的。由于这一故事借阎罗王的判决贬低了除坐禅之外的包括讲经、财布施等佛教活动,因而"自此以后,京邑比丘悉皆禅诵,不复以讲经为意"⑤。这则故事从来源上颇为神秘,近似"小说家"之言,

---

① 道宣:《广弘明集》卷一,《大正藏》第 52 卷,第 101 页上。
② 法琳:《破邪论》卷上,《大正藏》第 52 卷,第 481 页中。
③ 杨衒之:《洛阳伽蓝记》卷二,《大正藏》第 51 卷,第 1005 页中。
④ 同上书,第 1005 页中一下。
⑤ 同上书,第 1005 页下。

但这一传闻至少说明昙谟最在胡太后于"河阴事变"丧命之前已经圆寂。也就是说,昙谟最圆寂的时间是在正光元年(520)至建义元年(528)之间。

菩提流支来华时北魏已至末期,政局已经不稳,"河阴事变"之后,腥风血雨弥漫整个北魏统治区域。在这样的环境中,菩提流支仍然专心地从事佛教经典的传译事业,确实难能可贵。根据当时的清信士李廓所撰的《众经录》的记载:"三藏流支自洛及邺,爰至天平,二十余年,凡所出经三十九部一百二十七卷。即《佛名》、《楞伽》、《法集》、《深密》等经,《胜思惟》、《大宝积》、《法华》、《涅槃》等论是也。并沙门僧朗、道湛及侍中崔光等笔受。"① 参照《历代三宝纪》等的记载可知,菩提流支从到达北魏的第二年即永平元年(508)开始译经,直至北魏分裂为东魏、西魏的天平二年(535)为止,一直在孜孜不倦地翻译佛典。

关于菩提流支译籍总数,长房录列入三十九部,智昇在《开元释教录》中确认了三十部。其中,将费长房列为菩提流支译籍的五部剔出,列入瞿昙流支译籍中,如《开元释教录》卷六载:"《奋迅王问经》二卷、《不必定入印经》一卷、《一切法高王经》一卷、《第一义法胜经》一卷、《顺中论》二卷,已上五部七卷,长房等录并云菩提留支所译,今按经初本译序记并云瞿昙留支,非菩提也。今移在瞿昙录中。"②此书又说:"《宝髻菩萨四法经论》一卷、《三具足经论》一卷、《转法轮经论》一卷,已上三部三卷房等亦云菩提留支所译,今按序记乃是毗目智仙,故此三部亦移彼录。"③

智昇所说是正确的。因为隋费长房《历代三宝纪》卷九在讲到瞿昙般若流支时就说过:"时菩提流支,虽复前后亦同出经,而众录目相传抄写,去上'菩提'及'般若'字,唯云'流支'译,不知是何'流支'。迄今群录,交涉相参,谬涉相入,难得详定。后贤博采,幸愿讨之。"④这是说,费

---

① 道宣:《续高僧传》卷一,《大正藏》第 50 卷,第 428 页下。
②③《大正藏》第 55 卷,第 542 页上。
④ 同上书,第 87 页上。

长房所看到有些经录著录时仅仅简写为"流支译",而北魏、东魏从事译经的有两位"流支",因而难于分辨。从文中看,费长房未看到译经后记等文字,因而暂时将上述八部经录列入菩提流支译籍录中。至于五部被归入瞿昙流支译籍中,三部被归入毗目智仙译籍中,缘由见下文考释。

此外,费长房列入译籍的《众经论目录》一卷,"是留支所撰,非是梵本别翻",不应列入翻译目录中。

由上述考释可见,依据现存资料,菩提流支译籍以30部为宜。以下依据《历代三宝纪》卷三①、卷九②以及《开元释教录》卷六的记载,对菩提流支所翻译的经典作一编年体说明:

《金刚般若波罗蜜经》一卷,永平二年(509)于胡相国第译,僧朗笔受。

《金刚般若经论》三卷,永平二年(509),于胡相国宅出,僧朗笔受。

《十地经论》十二卷,永平四年(511)完成。

《入楞伽经》十卷,延昌二年(513)译,沙门僧朗、道湛笔受。

《深密解脱经》五卷,延昌三年(514),于洛阳出,僧辩笔受。

《法集经》八卷,延昌四年(515),于雒阳出,僧朗笔受。

《妙法莲华经论》二卷,昙林笔受并制序。

《胜思惟梵天所问经》六卷,神龟元年(518),于洛阳译。

《大萨遮尼乾子受记经》十卷,正光元年(520),于洛阳为司州牧汝南王宅第。

《佛名经》十二卷,正光年出。

《不增不减经》二卷,正光年于洛阳译。

《差摩波帝受记经》一卷,正光年于洛阳出。

《佛语经》一卷,僧朗笔受。

---

① 费长房:《历代三宝纪》卷三,《大正藏》第49卷,第44页上—46页上。
② 费长房:《历代三宝纪》卷九,《大正藏》第49卷,第85页下—86页中。

《无字宝箧经》一卷,僧朗笔受。

《大方等修多罗经》一卷。

《文殊师利巡行经》一卷,觉意笔受。

《护诸童子陀罗尼咒经》一卷。

《宝积经论》四卷。

《谤佛经》一卷。

《胜思惟经论》十卷,普太元年(531),于洛阳元桃阳宅出,僧朗、僧辩笔受。

《无量寿优波提舍经论》一卷,普太元年(531)出,僧辩笔受。

《弥勒菩萨所问经》一卷,于赵欣宅译,觉意笔受。

《弥勒菩萨所问经论》十卷,于洛阳赵欣宅出,僧朗笔受。

《宝性经论》四卷。

《伽耶顶经论》二卷,天平二年(535),在邺城般舟寺出,僧辩、道湛笔受。

《伽耶顶经》一卷[①],僧朗笔受。

《十二因缘论》一卷。

《百字论》一卷。

《破外道四宗论》一卷。

《破外道涅槃论》一卷。

[①] 费长房:《历代三宝纪》卷九记载菩提流支翻译有《文殊问菩提经》一卷和《文殊问菩提经论》二卷,并且在"《伽耶顶经论》二卷"项下注曰:"天平二年,在邺城般舟寺出。一云《文殊师利问菩提心经论》,僧辩、道湛笔受。"(《大正藏》第49卷,第86页上)同书卷三则在梁大同元年(535)、西魏大统元年项下记载:"《文殊问菩提经》二卷,菩提流支出。"(《大正藏》第49卷,第46页上)现存几种经录都记载:《文殊问菩提经》为一卷,现存的罗什译本也是一卷。而从《开元释教录》来看,至智昇时期,菩提流支的译本还存在且标为一卷。因此,菩提流支所翻译的《文殊问菩提经》确实是一卷。在此情况下,《历代三宝纪》卷九的这几条资料仍然有两种可能:一是卷三所记《文殊问菩提经》为《文殊问菩提经论》之误。二是承认卷三所记正确而卷九所记《文殊问菩提经》一卷为二卷之误。由于卷三在出现《文殊问菩提经》之后未再提及《文殊问菩提经论》,因此,笔者怀疑现在流传的版本在此有脱漏,也许应该为:"《文殊问菩提经》一卷、《论》二卷,菩提流支出。"

这是费长房所罗列的菩提流支所翻译的佛教经论的名称、时间、地点等资料。智昇编《开元释教录》的经录大致沿袭了费长房的这些记载。

关于菩提流支译经的场所，道宣《续高僧传·菩提流支传》说："宣武皇帝下勅，引劳，供拟殷华，处之永宁大寺，四事将给，七百梵僧，勅以留支为译经之元匠也。"① 尽管道宣在文中标出几件大事的年代，但这种节略了许多环节的叙述方式，还是容易形成错觉和误解，以为菩提流支一到魏境，就被安排在永宁寺译经，或者也有人将永宁寺作为菩提流支主要的译经场所。其实，菩提流支译经的地点多变，现存的经录中几乎都未明确地标示出哪部经论是在永宁寺翻译的。

根据《洛阳伽蓝记》等文献的记载，洛阳的永宁寺是熙平元年(516)由胡太后所建立的。在永宁寺修成的熙平元年(516)至孝昌三年(527)期间，菩提流支在永宁寺设立译场翻译佛教经典。但是，现今的各种经录，特别是《历代三宝纪》中没有明确指明哪些经典是在永宁寺翻译的。

即便是上述可能的时段中，菩提流支还在另外的译场汝南王宅第翻译过佛典。《历代三宝纪》卷三记载："正光元，《大萨遮尼乾子经》十卷，《佛名经》十二卷，《不增不减经》二卷，《差摩经》二卷等，并菩提流支，为司州牧汝南王于第出。"② 在正光元年(520)一年内翻译出这么多的佛典，几乎是不可能的。可信的说法是，经录所记或者是开始翻译的时间，或者是译竣的时间。

菩提流支翻译佛典的场所可考者有六：其一，洛阳内殿。诸多资料记载说，菩提流支开始翻译《十地经论》就在朝廷内殿。其二，洛阳胡相国宅第。根据《历代三宝纪》的记载，菩提流支于永平二年(509)在此翻译出了《金刚般若波罗蜜经》一卷、《金刚般若经论》三卷。其三，洛阳永宁寺。其四，洛阳元桃阳宅。《历代三宝纪》记载，菩提流支于普太元年

---

① 道宣：《续高僧传》卷一，《大正藏》第50卷，第428页上。
② 费长房：《历代三宝纪》卷三，《大正藏》第49卷，第45页上。

(531)在此译出《胜思惟经论》十卷等。其五,洛阳赵欣宅。《历代三宝纪》记载,菩提流支在此译出《弥勒菩萨所问经》一卷、《弥勒菩萨所问经论》十卷等。其六,邺城般舟寺。《历代三宝纪》记载,菩提流支在此译出《伽耶顶经论》二卷等。

此外,根据唐代若干资料记载,菩提流支和勒那摩提似乎在少林寺也翻译过佛典,现代一些学者甚至相信《十地经论》是在少林寺翻译完成的。唐玄奘于显庆二年(657)九月二十日向高宗上表请求批准入少林寺翻译,文中说少林寺"即后魏三藏菩提留支译经之处也"①。而开元十六年(728)七月十五日立的《皇唐嵩岳少林寺碑》中又说:北魏太和末年,天竺高僧跋陀(即《续高僧传》之佛陀)住少林寺,"法师乃于寺西台造舍利塔,塔后造翻经堂","时有三藏法师勒那,翻译经论,游集刹土。稠禅师探求正法,住持塔庙。虬箭不居,光尘易远,虹梁所指,象设犹存"②。这些记载,不见于经录和译经后记。玄奘表中所说,可能取材于当时的传闻,而开元年间的说法,也可能是同一来源。但是,《历代三宝纪》和《开元释教录》笼统地记做洛阳出的情况很多,唯独不写少林寺,这是很奇怪的。

贯穿于菩提流支所译经典的一条主线是瑜伽行派的典籍。佛经方面,如《入楞伽经》、《深密解脱经》在瑜伽行派中有重要的地位,而之所以翻译出《金刚般若波罗蜜经》、《弥勒菩萨所问经》、《伽耶顶经》,很大程度上是因为世亲分别撰有解释这些佛经的论典,实际上菩提流支确实是配套翻译的,《金刚般若经论》三卷、《弥勒菩萨所问经论》十卷、《伽耶顶经论》二卷即分别是世亲解释上述三经的论典。《十地经论》十二卷、《妙法莲华经论》二卷、《无量寿优波提舍经论》一卷、《十二因缘论》一卷都是世亲的重要著述,《宝积经论》是安慧的著作。此外,也有几部中观派的论典,如《百字论》一卷、《破外道四宗论》一卷、《破外道涅槃论》一卷等,标

---

① 《大唐大慈恩寺三藏法师传》卷九,《大正藏》第 50 卷,第 274 页上。
② 裴漼:《皇唐嵩岳少林寺碑》,《金石萃编》卷七七。

明为提婆所著。

菩提流支翻译的《深密解脱经》是最早的全本,然而关于其翻译时间有两种不同记载。隋代的《历代三宝纪》卷九记载:"《深密解脱经》五卷,延昌三年,于洛阳出,僧辩笔受,见法上录。"①这一说法被后来的经录所继承,如《开元释教录》卷六所说:"《深密解脱经》五卷,全本初译,延昌三年于洛阳出,僧辩笔受。"②但现存此译本之前所附《深密解脱经序》一文有不同的说法:

> 时有北天竺三藏法师菩提留支,魏音道晞,曾为此地之沙门都统也。识性内融,神机外朗,冲文玄藏,罔不该洞。以永熙二年龙次星纪月吕蕤宾,诏命三藏于显阳殿,高升法座,披匣挥麈,口自翻译,义语无滞。皇上尊经祇法,执翰轮首,下笔成句,文义双显,旨包群籍之秘理,含众典之奥。万机渊旷,无容终讫。舍笔之后,转授沙门都法师慧光、昙宁,在永宁上寺,共律师僧辩、居士李廓等,遵承上轨,岁常翻演新经诸论,津悟恒沙,帝亦时纡尊仪,饰兹玄席。同事名儒招玄,大统法师僧、沙门都法师僧泽、律师慧颙等十有余僧,缁俗诜诜,法事隆盛,一言三覆,慕尽穷微,是使深密秘藏,光宣于景运;解脱妙义,永流于遐劫。理教渊廓,罔测其源,旨趣中绝,焉究其宗。所谓鹿苑之唱再兴,祇园之风更显者也。宁虽识昧,忝厕伦末,敢罄庸管,祇记云尔。③

此文署名"沙门都释昙宁造",而《大正藏》的编辑者加注说"此序依宋元明三本及宫本载"。此文还记载了一个重要事实,即"三藏法师菩提留支,魏音道晞,曾为此地之沙门都统也"。而当时参与翻译活动的僧官有"沙门都法师慧光、昙宁"以及"大统法师僧、沙门都法师僧泽"等十余

---

① 《大正藏》第49卷,第85页下。
② 《大正藏》第55卷,第540页下。
③ 《大正藏》第16卷,第665页上—中。

僧。此文署名为"沙门都释昙宁造",应是可信的。"沙门统"是北魏的最高僧官,也称"沙门都统"、"大统"等。此文表明,菩提流支曾经任过北魏的沙门都统,而翻译《深密解脱经》时已经卸任,而文中只说现任沙门大统参加翻译,但未出现僧名。而沙门都法师慧光、沙门都释昙宁、沙门都法师僧泽三位是大统的助手。但从智昇《开元释教录》的著录看,他似乎未看到这篇序文。费长房编经录依靠的是前代遗留的经录,如上引《历代三宝纪》所注此经的译时等资料来源于北齐法上所编经录。现在的问题是,这篇序文是否为后人的伪造?笔者将上述文字中所蕴含的诸多信息作了初步考辨,得出结论,此文是真实可信的。

关于菩提流支翻译《深密解脱经》的具体时间的两种说法,到底哪一种正确呢?应该首先相信《深密解脱经序》中的说法,因为此文是当时参与译经的昙宁所写,而且很是详尽。而费长房的说法则来源于第二手材料,误传误抄的可能性大一些。总体上的解释应是:《深密解脱经》五卷,是菩提流支应当朝皇帝北魏孝武帝所请,于永熙二年(533)于洛阳永宁寺翻译的,孝武帝并且作了笔受,其他的笔受者是沙门都法师慧光、昙宁以及律师僧辩、居士李廓等。

此外,现存《金刚仙论》十卷,有一些史籍标名为菩提流支翻译[1],但费长房《历代三宝纪》并未将其列入菩提流支译籍中,后来的经录也就沿袭其说而不列入。《开元释教录》卷一二在著录《金刚般若波罗蜜经破取著不坏假名论》二卷之翻译后说:"又有《金刚仙论》[2]十卷,寻阅文理,乃是元魏三藏菩提留支所撰,释天亲论,既非梵本翻传,所以此中不载。"智昇的这一说法,也是有线索可寻的。

隋吉藏多次引用《金刚仙论》,但对于此论作者的说法很模糊。如他在《金刚般若疏》卷一中说:"复次,有婆薮槃豆弟子金刚仙论师,菩提流

---

[1] 道宣:《广弘明集》卷二二《金刚般若经集注序》(唐李俨撰)说:"然流支翻者兼带天亲释论三卷,又翻《金刚仙论》十卷。"(《大正藏》第52卷,第260页上)
[2] 《大正藏》第55卷,第607页中。

支之所传述,亦说般若缘起。"①此说暗示,《金刚仙论》是金刚仙所作、菩提流支所传入。而唐窥基《金刚般若经赞述》卷一说:"《论》者,然今唐国有三本流行于世:一谓世亲所制,翻或两卷或三卷成。二、无著所造,或一卷或两卷成。三、金刚仙所造。"②此中明确说,当时流行于印度有关《金刚经》的第三种论典即《金刚仙论》,是金刚仙所造。当然,窥基后文对此论有尖锐的批评,主要是针对南方的地论师而言的。与窥基同时的圆测在《仁王经疏》卷一却有"依菩提留支《金刚仙论》等所说"③等话语。

其实,《金刚仙论》卷一〇对此论的作者是有暗示的。其文说:"弥勒世尊愍此阎浮提人,作《金刚般若经义释》并《地持论》,赘付无障碍比丘,令其流通。然弥勒世尊,但作长行释,论主天亲既从无障碍比丘边学得,复寻此经论之意,更作偈论,广兴疑问,以释此经。凡有八十偈,及作长行论释。复以此论,转教金刚仙论师等。此金刚仙,转教无尽意,无尽意复转教圣济,圣济转教菩提留支,迭相传授,以至于今,始二百年许,未曾断绝故。"④由此可知,《金刚仙论》是金刚仙综合无著、世亲等对《金刚经》的解释而成的,辗转传至菩提流支。因此,说此论为金刚仙所撰并无不妥。或者更确切地说,《金刚仙论》可视为菩提流支祖述金刚仙一派的传统释义的一部论典,其中可能加入了菩提流支自己的解释,因而后来的经录以严格的翻译概念将其排除于菩提流支译品之外。

菩提流支所翻译的瑜伽行派经论,对中国佛教影响最深的是《十地经论》。因为传说是与勒那摩提合译,因而留待后面专门论说。

三、勒那摩提的佛典翻译

现今有关勒那摩提的记载迷雾重重。其中,最大的疑团是,道宣既

---

① 《大正藏》第33卷,第85页上。
② 同上书,第125页下。
③ 《大正藏》第33卷,第378页中。
④ 《大正藏》第25卷,第874页下。

然对勒那摩提评价很高,但为何在其精心撰写的《续高僧传》中未给勒那摩提别立"传记"?《续高僧传》有一篇《勒那漫提传》,其文曰:

  勒那漫提,天竺僧也。住元魏洛京永宁寺,善五明,工道术。时,信州刺史綦母怀文,巧思多知,天情博识。每国家营宫室器械,无所不关,利益公私,一时之最。又勅令修理永宁寺。见提有异术,常送饷祇承冀有闻见。而提视之平平,初无叙接,文心恨之。时洛南玄武馆有一蠕蠕客,曾与提西域旧交,乘马衣皮,时来造寺。二人相得,言笑抵掌,弥日不懈。文旁见夷言,不晓往复。乃谓提曰:"弟子好事人也。比来供承,望师降意,而全不赐一言。此北狄耳,兽心人面,杀生血食,何足可尚?不期对面,遂成彼此。"提曰:"尔勿轻他。纵使读万卷书,用未必相过也。"怀文曰:"此所知当与捔技赌马。"提曰:"尔有何耶?"曰:"算术之能。无问望山临水,县测高深,围圌踏窖,不舛升合。"提笑而言曰:"此小儿戏耳。"庭前有一枣树极大,子实繁满,时七月初,悉已成就。提仰视树曰:"尔知其上可有几许子乎?"文怪而笑曰:"算者所知,必依钩股标候,则天文地理亦可推测。草木繁耗有何形兆?计斯寔漫言也。"提指蠕蠕曰:"此即知之。"文愤气不信,即立契赌马。寺僧老宿,咸来同看,其立旁证。提具告蠕蠕,彼笑而承之。文复要云:"必能知者,几许成核,几许烟死无核。"断许既了,蠕蠕腰间皮袋里出一物,似今秤衡,穿五色线,线别贯白珠。以此约树,或上或下,或旁或侧,抽线映眼。周回良久,向提撼头而笑述其数焉。乃遣人扑子实下尽,一一看阅。疑者文自剖看,校量子数成不。卒无欠剩,因获马而归。

  提每见洛下人远向嵩高少室取薪者,自云:"百姓如许地担负辛苦。我欲暂牵取二山枕洛水头,待人伐足,乃还放去,不以为难。此但数术耳。但无知者诬我为圣,所以不敢。"

  提临欲终语弟子曰:"我更停五三日,往一处行。汝等念修正道,勿怀眷恋。"便寝疾闭户卧。弟子窃于门隙视之,见提身不著床,在虚仰卧。相告同视,一僧忽欤,提还床如旧,遥谓曰:"门外是谁,何不来入?我以床热,故取凉,尔勿怪也。"是后数日,便舍命矣。①

这一传记被列入"感通篇"。笔者赞同"勒那漫提"与勒那摩提是同一位僧人的主张②。费长房说:"中天竺国三藏法师勒那摩提,或云婆提,魏言宝意。"③可见,关于勒那摩提的名字在当时已经有不同写法,道宣以之作传的数条材料,特别是勒那摩提、勒那婆提、勒那漫提是否原本就是一个人呢?道宣以为有关勒那漫提的材料将此僧刻画为具有神通之人,与地论师南道所传不大符合,也许道宣看到的写有上述勒那漫提事迹的材料中也未提及译经之事,因而一贯严谨的道宣也就未敢将三个名字当做对一个僧人的称呼。当然,这一猜测仍然有待证实。但有一点是肯定的,也许正是因为材料的不足,道宣也未能为勒那摩提专门立传。

道宣在《续高僧传·菩提流支传》设立了"勒那摩提附传",其文曰:

> 于时,又有中天竺僧勒那摩提,魏云宝意。博瞻之富,理事兼通,诵一亿偈,偈有三十二字,尤明禅法,意存游化。以正始五年初届洛邑,译《十地》、《宝积论》等大部二十四卷。④

这一段简略的文字,是沿袭了费长房的内容。上述引文之后,道宣则写了他与菩提流支、佛陀扇多合作翻译的情形以及圆寂于讲《华严经》之时的传闻,具体内容见下文的相关论述。

关于勒那摩提圆寂的情况,现存文献中未记载其年月。道宣在《续高僧传·菩提流支传》后的"勒那摩提附传"中说:

> 初,宝意沙门神理标异,领牒魏词,偏尽隅隩。帝每令讲《华严

---

① 道宣:《续高僧传》卷二五,《大正藏》第50卷,第644页上一中。
② 参见任继愈主编《中国佛教史》第三卷,第462页。
③ 费长房:《历代三宝纪》卷九,《大正藏》第49卷,第86页中。
④ 道宣:《续高僧传》卷一,《大正藏》第50卷,第429页上。

经》,披释开悟,精义每发。一日,正处高座,忽有持笏执名者,形如大官,云"奉天帝命来请法师讲《华严经》意。"曰:"今此法席尚未停止,待讫经文,当从来命。虽然,法事所资,独不能建,都讲、香火、维那、梵呗,咸亦须之,可请令定。"使者即如所请见讲诸僧。既而法事将了,又见前使,云:"奉天帝命故来下迎。"意乃含笑熙怡,告众辞诀,奄然卒于法座。都讲等僧,亦同时殒。魏境闻见无不嗟美。①

这里的关键是确立敕令勒那摩提讲《华严经》的皇帝的名字。从勒那摩提的译经及授徒活动考虑,其圆寂时间不可能太早。勒那摩提于宣武帝世来洛阳,如于宣武帝末年圆寂,不到八年,很难奠定崇高地位。从北魏末年的政局考虑,上述记载应该发生在胡太后身亡之后。因为胡太后执政时期的孝明帝6岁登基,18岁被杀,在此期间的政令后世一般记载在胡太后名下,而且不大符合"帝每令讲《华严经》,披释开悟,精义每发"这一描述。胡太后被杀之后,北魏先后有五位皇帝登基,但地位短暂稳固且年稍长者只有孝庄帝(528—530 在位)和孝武帝(532—534)。从这些因素考虑,勒那摩提不是圆寂于 528—530 年就是圆寂于 532—534 年。

考《续高僧传·僧达传》有如下叙述:

释僧达,俗姓李,上谷人。十五出家,游学北代,听习为业。及受具后,宗轨毗尼,进止沉审,非先祖习。年登二夏,为魏孝文所重,邀延庙寺,阐弘四分。而形器异伦,见者惊奉,虎头长耳,双齿过寸,机论适变,时其高美。与徐州龙达,各题称谓。寻复振锡洛都,因遇勒那三藏,奉其新诲。不久,值那迁化,覆述《地论》,声骇伊、谷,令望归信,相次称谒。后听光师《十地》,发明幽旨。②

这一条资料证实勒那摩提是在洛阳圆寂的。因为上文说,勒那摩提

---

① 道宣:《续高僧传》卷一,《大正藏》第 50 卷,第 429 页上。
② 道宣:《续高僧传》卷一六,《大正藏》第 50 卷,第 552 页下—553 页上。

圆寂之后，僧达"覆述《地论》，声骇伊、谷"。而"伊"指伊水，"谷"指"谷水"，都是洛阳周边的河流。古人常常以之指代洛阳。《僧达传》下文又说到僧达南下至梁，北齐时又北上至邺都。

另外，上文所引《深密解脱经序》中说，孝武帝曾经参加了菩提流支翻译《深密解脱经》时的笔受，时间在永熙二年(533)。可见，孝武帝热衷于佛教活动，并且喜好亲自参与。

综合上述几条旁证，基本可以断定勒那摩提是圆寂于北魏末年的。另外，永宁寺是永熙三年(534)烧毁的。上文所引的勒那漫提也是圆寂于永宁寺的，时间上与勒那摩提也是巧合的。这是不是更增加了勒那漫提与勒那摩提为同一人的可能呢？

关于勒那摩提翻译的佛典，《历代三宝纪》仅列出六部：

《毗耶娑问经》二卷。

《龙树菩萨和香方》一卷，凡五十法。

《十地经论》十二卷。

《宝积经论》四卷。

《究竟一乘宝性论》四卷。

《法华经论》一卷。

针对上述六部，费长房说：《十地经论》、《宝积经论》"二论菩提流支并译，且二德争名，不相询访，其间隐没，互有不同，致缀文言，亦有异处，后人始合。见《宝唱录》载"①。在费长房的笔下，为勒那摩提单独翻译的仅仅有《毗耶娑问经》二卷、《龙树菩萨和香方》一卷、《究竟一乘宝性论》四卷、《法华经论》一卷四部。

唐代的智昇又依据流传至今的《毗耶娑问经序》断言，此经不是勒那摩提翻译的。智昇说："《毗耶娑问经》二卷，长房等《录》并云宝意于洛阳

---

① 费长房：《历代三宝纪》卷九，《大正藏》第49卷，第86页中。

译。今按《经序》乃云兴和四年,瞿昙流支于邺都译。今移在瞿昙录中。"①《毗耶娑问经序》,不知何人所撰,其文曰:

> 魏尚书令仪同高公,愍诸错习,示其归,则简集能人善辞义者,在宅上面出此经典。正求法人沙门昙林,婆罗门客瞿昙流支,兴和四年岁次壬戌月建在申朔次乙丑,建初辛巳甲午毕功,凡有一万四千四百五十七字。②

兴和为东魏孝静帝的年号。如此一来,智昇只认可勒那摩提翻译了《妙法莲华经论》、《究竟一乘宝性论》四卷、《宝积经论》四卷等三部九卷,而将《十地经论》看做菩提流支、勒那摩提、佛陀扇多三人合译的作品并且置于菩提流支经录中。至于《龙树菩萨和香方》一卷,"凡五十法。今以非三藏教,故不录之"③。结合费长房、智昇所说,则勒那摩提独立翻译(指作为外国僧人主译)的作品仅仅是《妙法莲华经论》一卷、《龙树菩萨和香方》一卷。关于前者,智昇又说:"亦云《法华经论》,侍中崔光、僧朗等笔受,见《长房录》,初出。与菩提留支译者大同小异,题云《妙法莲华经优波提舍》。"④

综上所述,依据现在的资料,真正属于勒那摩提独立翻译且不与菩提流支重合的作品仅有《龙树菩萨和香方》一卷。这不是很奇怪吗?仔细琢磨,我们以为,这与当时翻译过程的特殊性有关,下文会给出解释。

四、佛陀扇多的佛典翻译

与菩提流支、勒那摩提一同从事翻译活动的还有从天竺来的高僧佛陀扇多。

---

①③ 智昇:《开元释教录》卷六,《大正藏》第55卷,第540页下。
② 《大正藏》第12卷,第223页中—下。
④ 智昇:《开元释教录》卷六,《大正藏》第55卷,第540页中。

关于佛陀扇多,目前所知不多。道宣《续高僧传》卷一在《菩提流支传》中有一附传,其文曰:"又有北天竺僧佛陀扇多,魏言觉定,从正光六年[①]至元象二年,于洛阳白马寺及邺都金华寺,译出《金刚三昧》等经十部。"[②]此前的《历代三宝纪》和此后的《开元释教录》所记都大同小异,没有其他新内容。

根据《历代三宝纪》卷九记载,佛陀扇多的译籍如下:

《金刚三昧陀罗尼经》一卷,《如来师子吼经》一卷。上二经正光六年(525)出。

《阿难多目佉尼诃离陀罗尼经》一卷。

《摄大乘论》二卷,普泰元年(531)出。

《转有经》一卷。《十法经》一卷。《银色女经》一卷。《正法恭敬经》一卷(或无"法"字,亦云《威德陀罗尼中说经》)。《无畏德女经》一卷(与《阿术达菩萨经》同本异出,昙琳笔受)。《无字宝箧经》一卷。右六经,元象二年(539)出。[③]

这一记载,隋唐以来基本没有异议,而《开元释教录》卷六又说:"前九部十卷见在,后一部一卷缺本。"[④]缺本经即《无字宝箧经》一卷。

佛陀扇多翻译佛典的地点主要有两个,一是洛阳白马寺,二是邺都金华寺。前者属于北魏时期,当时的国都是洛阳;后者属于东魏,当时的国都是邺城(今河北临漳县)。北魏分裂为西魏、东魏是在534年。这一年,孝武帝西奔长安,投依宇文泰,当时掌握朝政的高欢令立元善见为帝,是为孝静帝,迁都于邺,史称东魏。智昇《开元释教录》所注的上述经论翻译的地点,与此时间相合。也就是说,佛陀扇多于正光二年(525)、

---

① 现今流通《大正藏》版本作"元年",而费长房《历代三宝纪》和道宣《大唐内典录》卷四均作"六年"。
② 《大正藏》第50卷,第429页上。
③ 《大正藏》第49卷,第86页下。
④ 《大正藏》第55卷,第542页中。

普泰元年(531)是在洛阳白马寺翻译佛典,大概于魏迁都之时移居邺城,于金华寺从事译经活动。

现在的史籍中,都未记载佛陀扇多来华的时间。而上述史料往往使人误以为佛陀扇多迟至正光六年(425)才至中土,实际上,他来华的时间可能与勒那摩提、菩提流支差不多。现存的参与翻译《十地经论》的侍中崔光在其撰写的《序》说,永平元年(508)四月,魏帝命三藏法师菩提流支、勒那摩提、佛陀扇多以及义学缁儒十余人在太极紫庭翻译佛经。从这一记述看,佛陀扇多一定是先参与了菩提流支领衔的译场,其后大概于正光二年(525)在洛阳白马寺自设译场翻译佛典。

值得留意的是,此佛陀扇多绝对不是曾做少林寺寺主的佛陀禅师。关于佛陀禅师,所存资料不多,唯《续高僧传》卷一六有一小传,但未记生卒年。此文说,佛陀禅师从天竺"至魏北台之恒安焉。时值孝文敬隆诚至,别设禅林,凿石为龛,结徒定念,国家资供,倍架余部,而征应潜著,皆异之非常人也。恒安城内康家,赀财百万,崇重佛法,为佛陀造别院,常居室内,自静遵业。"①此中的"恒安"即北魏的首都平城(今山西大同),北齐天保七年(556)改称恒安镇。后来,孝文帝迁都洛阳,佛陀禅师随"帝南迁,定都伊洛,复设静院,勅以处之。而性爱幽栖,林谷是托,屡往嵩岳,高谢人世。有勅就少室山为之造寺,今之少林是也"。② 而这位佛陀禅师其实就是《魏书·释老志》所说的"西域沙门跋陀":"又有西域沙门名跋陀,有道业,深为高祖所敬信。诏于少室山阴立少林寺而居之,公给衣供。"③引起今人误解的是道宣《续高僧传·慧光传》中所说的一句话:"会佛陀任少林寺主。勒那初译《十地》,至后合翻,事在别传,光时预沾其席。"④有学者则依此为据认为少林寺寺主佛陀禅师就是与勒那摩提共

---

① 《大正藏》第 50 卷,第 551 页上一中。
② 同上书,第 551 页中。
③ 《魏书》卷一一四,第 3040 页。
④ 《大正藏》第 50 卷,第 607 页下。

译《十地经论》的佛陀扇多。① 然从上文叙述可知，佛陀扇多迟至东魏元象二年(539)仍然在邺城翻译佛典。而新近发现的碑石证明，慧光已于元象元年(538)圆寂，享年70岁。道宣又说，佛陀禅师度化慧光时，慧光年十二。如果佛陀扇多真的就是少林寺的佛陀禅师，则此时应该至少有90岁高龄。此外，佛陀扇多独立译经地点于北魏时期在洛阳白马寺，东魏时期在邺都金华寺。

总之，佛陀扇多应该是一位精通瑜伽行派的大师，僧传说其长于禅定，应该是指其精通瑜伽派的修行方法。瑜伽行派的"唯识观"实际上也属于"定"。

在瑜伽行派经典的翻译方面，佛陀扇多的最大贡献是翻译出《摄大乘论》二卷。这是此论的第一个汉语译本，分上、下二卷而不分章，现存。

五、瞿昙般若流支的佛典翻译

东魏建都邺城，译经的中心也随之转移到了新国都。菩提流支、佛陀扇多是从洛阳迁移而来的大师。《开元释教录》卷六记载，瞿昙般若流支和毗目智仙以北魏孝明帝熙平元年(516)来到洛阳，其后同至东魏的邺都。现存的史籍中都未有其在洛阳译经的记载，而且至邺都后译经的时间也是从孝静帝元象元年(538)开始的。这跟北魏朝廷对待译经的一贯做法即尽量撮合外来僧人合作翻译有关。

现存的经录中，不仅将菩提流支、勒那摩提、佛陀扇多的译籍放在一起著录，而且对瞿昙般若流支与菩提流支的译籍混淆不清。这一点，正

---

① 汤用彤在《汉魏两晋南北朝佛教史》依据日本境野黄洋《支那佛教史讲话》所说推论说："少林寺寺主之佛陀禅师，固亦地论师之佛陀扇多也"，并且认为，是道宣"误认一人为二也！"（《汉魏两晋南北朝佛教史》，第559页）目前学界大多赞同此说。任继愈主编《中国佛教史》第三卷的两位作者意见不一，在叙述地论师时以《续高僧传·慧光传》为依据，认为跋陀与勒那摩提是一人（第448页），而在另一处叙述禅法时说"跋陀与佛陀扇多应是两人"（第513页）。徐庆束先生在《〈魏书·释老志〉所记僧人略考》（《中原文物》1985年特刊）中对此提出了怀疑。慧光卒年的确定，可以结束这一公案了。由出土的碑文可知，道宣的《慧光传》有严重失误。正

如隋费长房《历代三宝纪》卷九在讲到瞿昙般若流支时所说："时菩提流支,虽复前后亦同出经,而众录目相传抄写,去上'菩提'及'般若'字,唯云'流支'译,不知是何'流支'。迄今群录,交涉相参,谬涉相入,难得详定。后贤博采,幸愿讨之。"①唐代智昇对此有所考辩。下文在叙述瞿昙般若流支于唯识经典传译方面的贡献时,另行解释。

关于瞿昙般若流支的行历,《开元释教录》卷六稍微详细些,文中载有瞿昙般若流支来华的时间。其文说:"婆罗门瞿昙般若流支,魏云智希,中印度波罗奈城净志之种。少学佛法,妙闲经旨,神理标异,领悟方言。以孝明帝熙平元年,游寓洛阳。后京师迁邺,亦与时徙。以孝靖帝元象元年戊午至武定元年癸亥,于邺城内在金华、昌定二寺及尚书令仪同高公第内,译得《无垢女》等经一十八部,沙门僧昉、昙林、居士李希义等笔受。"②此中称他于熙平元年(516)至魏都洛阳,在魏迁都邺城时,也随之至邺。值得注意的是,瞿昙般若流支从事翻译工作的时间,从费长房开始,都称是元象元年(538)至武定元年(543)。也就是说,瞿昙般若流支在洛阳时似乎未曾翻译佛典。

关于瞿昙般若流支翻译佛典的数量,《历代三宝纪》卷九说为十四部八十五卷,《开元释教录》说为十八部九十二卷,二者共同确认的译籍有如下十二部:

《正法念处经》七十卷,兴和元年(539),于邺城大丞相高澄第译,昙林、僧昉等笔受。

《解脱戒本》一卷。

《圣善住意天子所问经》三卷,兴和三年(541),于邺城金华寺出,昙林笔受。

《无垢女经》一卷,兴和三年出(541)。

---

① 《大正藏》第49卷,第87页上。
② 《大正藏》第55卷,第542页下。

《八佛经》一卷,《金色王经》一卷,上二经并兴和四年(542)于金华寺出,昙琳笔受。

《无垢优婆夷经》一卷,兴和四年(542)出。

《宝意猫儿经》一卷,于金华寺为高仲密出。

《菩萨四法经》一卷,金华寺出,昙琳、李义希等笔受。

《犊子道人问论》一卷,于金华寺为高仲蜜出,李义希笔受。

《唯识无境界论》一卷,亦云《唯识论》;《伊迦输卢迦论》一卷,上二论并在金华寺出。①

上述十二部经,在古代经录中一直记载于瞿昙般若流支名下。

唐代智昇之所以对瞿昙般若流支的译籍目录作了修正,是因为他看到了当时仍然保存下来的与六部经典一起流通的《记》,而费长房主要依据的则是经录所记。

第一部《一切法高王经》一卷,经前《一切法高王经翻译之记》说:"魏大丞相渤海国王冥会如来胜典之目,谓《一切法高王经》也。子尚书令仪同高公,能知通法,资福中胜翻译之功,通法之最,敬集梵文,重崇兹业,感佛法力,遇斯妙典,令知法者,翻为魏言。大乘学人沙门昙林、婆罗门客瞿昙流支,在窦大尉定昌寺译。兴和四年岁次壬戌季夏六月朔次乙未二十三日丁巳,创译八千四百四十九字。"②此经于兴和四年(542)六月二十三日在窦太尉定昌寺译。

第二部《毗耶娑问经》二卷,经前《毗耶娑问经翻译之记》说:"此部《毗耶娑问》,魏尚书令仪同高公,憨诸错习,示其归,则简集能人善辞义者,在宅上面出此经典。正求法人沙门昙林、婆罗门客瞿昙流支,兴和四年岁次壬戌,月建在申,朔次乙丑,建初辛巳,甲午毕功。凡有一万四千四百五十七字。"据此可知,此经是兴和四年(542)七月七日于尚书令仪

---

① 《大正藏》第55卷,第86页下—87页上。
② 《大正藏》第17卷,第858页下。

同高公宅第始译,七月三十日完成。①

第三部《奋迅王问经》二卷,经前《奋迅王问经翻译之记》说:"魏尚书令仪同高公,今欲以此四种奋迅,于一切处普奋迅故,置能译人在宅上面,出此四种奋迅法门。沙门昙林、瞿昙流支,兴和四年岁次壬戌月建在申朔次乙丑甲午之日,启夹创笔,凡有一万八千三百四十一字。"②此经于兴和四年(542)七月三十日于尚书令高公宅第内始译。

第四部《第一义法胜经》一卷,经前《第一义法胜经翻译之记》说:"魏尚书令仪同高公,重法心成,生上财想,博采梵文,广崇翻译。且《第一义法胜经》者,诸法门中,此其髓也。公意殷诚,感之题额。沙门昙林、瞿昙流支,兴和四年岁次壬戌九月一日甲子换文,始末四功,质义乃定,五千五百七十六字。"③此经于兴和四年九月一日于尚书令高公宅第内始译。

第五部《不必定入定入印经》一卷,经前《不必定入定入印经翻译之记》说:"魏尚书令仪同高公,深知佛法,出自中天,翻为此典,万未有一,采挟集人,在第更译。沙门昙林、瞿昙流支,兴和四年岁次降娄月建在戌朔次甲子壬午之日,出此如左九千一百九十三字。"④此经于兴和四年九月十九日于尚书令高公宅第内始译。

第六部《顺中论》二卷,经前《顺中论义入大般若波罗蜜经初品法门翻译之记》说:"诸国语言,中天音正,彼言那伽夷离淳那,此云龙胜,名味皆足。上世德人言龙树者,片合一厢,未是全当。龙胜菩萨通法之师,依《大般若》而造《中论》众典,于义包而不悉。大乘论师,名阿僧佉,解未解处,别为此部。魏尚书令仪同高公征国上宾瞿昙流支,在第供养,正通佛法,对释昙林,出斯义论。武定元年岁次癸亥八月十日挥辞丙寅,凡有一万三千七百二十七字。"②此论是无著菩萨造,武定元年(543)八月十日

---

① 《大正藏》第12卷,第223页中—下。
② 《大正藏》第13卷,第935页中。
③ 《大正藏》第17卷,第879页中。
④ 《大正藏》第15卷,第699页中。

于尚书令仪同高公宅第译。

另外,费长房所记的《解脱戒经》翻译时间为兴和二年(540),而现存的《解脱戒经译经缘起》则记载说:"大魏武定癸亥之年,在邺京都,侍中尚书令高澄请为出焉。"①费长房的依据是上述十八部经论,智昇说当时留存十五部,而《菩萨四法经》一卷、《宝意猫儿经》一卷、《犊子道人问论》一卷已经散佚。此十五部译籍中,《顺中论》二卷是无著对于龙树《中论》所作的解释,《唯识无境界论》则是世亲的著作。

费长房列入瞿昙般若流支译籍的《回诤论》一卷、《业成就论》一卷,智昇依据译本序记认定为毗目智仙所翻译——这就涉及到瞿昙般若流支和毗目智仙合作翻译的问题。后文将会说明,现今被智昇所认可的《圣善住意天子所问经》三卷有译经记可证,属于二人合译,而瞿昙流支于金华寺译出的《八佛经》一卷、《金色王经》一卷、《宝意猫儿经》一卷、《菩萨四法经》一卷、《犊子道人问论》一卷、《唯识无境界论》一卷、《伊迦输卢迦论》一卷等七部经论是否为瞿昙流支一人所主译,也是大可怀疑的,特别是标注了"于金华寺为高仲蜜出"字样的几部,基本上可以断定属于二人合译。

六、毗目智仙的佛典翻译

隋代及唐初的几部经录以及其他佛教史籍,都没有出现过毗目智仙的名字,更没有记载毗目智仙的翻译活动。智昇列入毗目智仙名下的五部译籍,两部是从瞿昙流支名下剔出的,三部是从菩提流支名下剔出的。

关于毗目智仙的生平,数《开元释教录》卷六有一段简短的文字:

> 沙门毗目智仙,北印度乌苌国人,刹利王种释迦之苗裔。……智仙法师即斯王种,妙闲三藏,最善毗昙,与瞿昙流支同游魏境,而瞿昙流支尊事为师。以孝靖帝兴和三年辛酉,于邺城内在金华寺,

---

① 《大正藏》第 24 卷,第 659 页上。

共瞿昙流支译《宝髻论》等五部,沙门昙林笔受,骠骑大将军、开府仪同三司、御史中尉勃海高仲密为檀越,启请供养。并见经前序记。①

这段记载表明,瞿昙般若流支和毗目智仙一同来华,并且瞿昙流支以师看待毗目智仙。也许因此缘故,在毗目智仙译场,瞿昙流支充当了助译。

《开元释教录》卷六记载:"《回诤论》一卷、《业成就论》一卷,已上二论长房等录皆云瞿昙流支译,今按经初本译序记,乃云毗目智仙,今依经记为正。"②

关于《回诤论》,《序回诤论翻译之记》说:"此论正本凡有六百,大魏都邺兴和三年岁次大梁建辰之月,朔次癸酉,辛卯之日,乌苌国人刹利王种,三藏法师毗目智仙,共天竺国婆罗门人瞿昙流支,在邺城内金华寺译。时日所费二十余功,大数凡有一万一千九十八字。对译沙门昙林之笔受,骠骑大将军、开府仪同三司、御史中尉勃海高仲密启请供养。"③由此可见,此论是兴和三年(541)三月二十日于金华寺译出。

关于《业成就论》,《业成就论翻译之记》说:"天亲菩萨造《业成就论》,出于今世,以示太平。此乃大魏都邺安固之兆也。法行有时,寄必得人。兴和三年岁次大梁七月辛未朔二十五日,骠骑大将军、开府仪同三司、御史中尉渤海高仲密,众圣加持,法力资发,诚心敬请三藏法师乌苌国人毗目智仙共天竺国婆罗门人瞿昙流支、释昙林等,在邺城内金华寺译,四千八百七十二字。"④由此可见,此论也称《无量寿经论》,兴和三年(541)七月二十五日于金华寺译出。

从菩提流支译籍目录中移入的三部,如《开元释教录》卷六所说:"《宝髻菩萨四法经论》一卷、《三具足经论》一卷、《转法轮经论》一卷,已

---

① 《大正藏》第55卷,第543页中。
② 同上书,第543页上。
③ 《大正藏》第32卷,第13页中。
④ 《大正藏》第31卷,第777页中。

上三部三卷,房等亦云菩提留支所译,今按序记,乃是毗目智仙,故此三部亦移彼录。"①

《转法轮经忧波提舍翻译之记》说:"《转法轮经》,如来初说,忧波提舍义门之名,天亲菩萨之所开示。佛说为谁？憍陈如等,义行此方,必主其人。魏骠骑大将军、开府仪同三司、御史中尉勃海高仲密,善求义方,选真简伪,故请法师毗目智仙并其弟子瞿昙流支,于邺城内在金华寺,出此义门忧波提舍。兴和三年岁次大梁建酉之月朔次庚子十一日译,三千九百四十二言,沙门昙林对译录记。"②由此可知,此经论是兴和三年(541)八月十一日在金华寺所译出的。

《宝髻经四法忧波提舍翻译之记》说:"《宝髻经》者,是大集中之一集也。其宗四法,玄深奥密,天亲菩萨略开其门,是故名为《忧波提舍》,圣自在力行之,彼古时人处会出于此。今兴和三年岁次辛酉九月朔旦庚午之日,乌苌国人刹利王种三藏法师毗目智仙,中天竺国婆罗门人瞿昙流支,护法大士魏骠骑大将军、开府仪同三司、御史中尉勃海高仲密,爱法之人沙门昙林,道俗相假,于邺城内金华寺译,四千九百九十九字。"③由此可知,此经论是兴和三年(541)九月一日在金华寺所译出的。

《三具足经优波提舍翻译之记》说:"昔出中国,今现魏都。三藏法师毗目智仙、婆罗门人瞿昙流支、爱敬法人沙门昙林,于邺城内在金华寺,兴和三年岁次辛酉月建在戌朔次庚午十三日,译千百十言。骠骑大将军、开府仪同三司、御史中尉渤海高仲密启,请供养守护流通。"④由此可知,此经论是兴和三年(541)九月十三日在金华寺译出的。

另外,也许智昇未看到现存的《圣善住意天子所问经翻译之记》,因而认可了费长房的说法,未将《圣善住意天子所问经》一卷列入毗目智仙

---

① 《大正藏》第 55 卷,第 542 页上。
② 《大正藏》第 26 卷,第 355 页下。
③ 同上书,第 273 页下—274 页上。
④ 同上书,第 359 页上。

的译籍中。《圣善住意天子所问经翻译之记》说:"三藏法师毗目智仙,出自乌苌刹利王种,幼履慈踪,长蹋悲迹,摄化群迷,诫恶导善,常为众生不请之友,执此法灯,照彼昏暗。魏皇都邺,崇福以资,兴和二年岁次实沉。佛法加持,出此经典,名《善住意天子所问》,建午闰月朔次丁丑戊寅建功乙巳毕功,助译弟子瞿昙流支,对译沙门昙林之笔。庶俟存道敬法之贤,如实印记,示令不惑耳。"①此经翻译于兴和二年(540)。

从上述引文可知,兴和二年(540)至兴和三年(541)九月十三日,毗目智仙为主译,瞿昙流支为助译,在东魏权臣高仲密的相助下,于邺城金华寺,翻译出了六部经论。其中,《回诤论》一卷、《业成就论》一卷、《宝髻菩萨四法经论》一卷、《三具足经论》一卷、《转法轮经论》都是世亲的著作。

关于菩提流支、勒那摩提、佛陀扇多三位合作翻译佛典的经过已见前文所述。结合瞿昙般若流支和毗目智仙译经的记载可知,在元象元年(538)之前,他们二位可能是在菩提流支或者佛陀扇多译场做助译的。尽管史籍说,瞿昙般若流支从元象元年开始翻译佛典,而佛陀扇多于元象二年(539)在邺都金华寺仍然译出了六部小部头佛典。但现存的史籍关于瞿昙般若流支翻译的记载都是以兴和元年(539)于邺城大丞相高澄宅第译出《正法念处经》七十卷为最早。元象二年十一月,东魏改元为兴和元年。由此推论瞿昙般若流支单独设立译场的缘由很可能是因为佛陀扇多于元象二年圆寂了,因为史籍中记载的佛陀扇多译经的下限正好是此年。

据史料记载,毗目智仙各方面都比瞿昙般若流支要强,因此,后者一度称其为师。但现存史籍中,瞿昙般若流支所翻译的佛典比毗目智仙要多。从遗留的史料看,二人的合作是单向的,瞿昙般若流支曾经充当过毗目智仙译场的助译,而瞿昙般若流支译场中似乎没有毗目智仙参与。毗目智仙的译经地点主要在金华寺,襄助者是高仲密,而瞿昙般若流支

---

① 《大正藏》第12卷,第115页中。

的译经地点除金华寺之外，主要在当时的丞相高澄的宅第。在此，结合高澄、高仲密的生平，可以帮助我们理解现存译经记中对于二人翻译过程的记载。

高澄（521—549）是东魏的实际统治者高洋之子。天平三年（536），高澄以尚书令、京畿大都督身份入邺城辅政，并拥有统辖鲜卑、高车酋庶的权力。兴和二年（540）以后，高澄又兼任大将军、中书监，总掌朝政。瞿昙流支译经的地点主要是在高澄的宅第。而赞助毗目智仙翻译活动的高仲密，也是东魏权臣，时任骠骑大将军、开府仪同三司、御史中尉等，但由于与高澄发生冲突，于东魏武定元年（543）投奔西魏，并且引起一场大规模的战争。毗目智仙是瞿昙流支的师辈，因此，毗目智仙受高仲密之邀在金华寺翻译经典之时，请瞿昙流支参加襄助也在情理之中。而在这几年，高澄也襄助供养瞿昙流支在其宅第翻译佛典。然而，由于高仲密的叛逃，毗目智仙的翻译活动自然受到重大影响，很可能由于高仲密的叛将身分，使得后来编写经录者有意隐瞒了毗目智仙曾经译过佛典的事实。幸亏，当时襄助翻译的中土人士所写的序记跟随经论而流传下来，被唐代中叶的智昇所见，于是才知晓有一位毗目智仙也曾经翻译过数部佛教经论，且其中多为瑜伽行派重要经典。

七、释法场、达摩菩提的佛典翻译

根据经录的记载，北魏宣武帝时期有一位沙门法场也翻译出一部佛经。《历代三宝纪》卷九记载：“《辩意长者子所问经》一卷，一名《长者辩意经》。右一部一卷，梁武帝世，天监年中元魏沙门释法场，于洛阳出。见沙门法上《录》。”[①]不过，智昇持怀疑态度：

《辩意长者子经》一卷，或云《辩意长者子所问经》，一名《长者辩意经》。见法上《录》。

---

① 《大正藏》第 49 卷，第 85 页下。

右一部一卷其本见在。

沙门释法场,未详何许人也。亦以宣武帝时于洛阳译《辩意经》一部。撰录者曰:谨按《高僧》等传并云:晋时道安出家,数载方启师求经,师创付《辩意经》一卷,可五千言,一览便诵。又安公失译复载其名。准此东晋之时,《辨意》已行于世,如何至魏宣武始云法场出也?①

问题是此经是不是第二次翻译?

北魏、东魏还有一位达摩菩提(或称"达磨菩提"),翻译出世亲所著的《涅槃论》。此论由唐道宣首先著录。《大唐内典录》卷四说:"《大涅槃论》一卷。右捡唐前《录》云,达摩菩提译,不显帝代,疑故附此。"②智昇《开元释教录》卷六沿袭此说:"《涅槃论》一卷,或云《大般涅槃经论》,婆薮槃豆菩萨造,略释大经。"③此一论本现在尚存。而智昇又提及一事:"复有《涅槃论》三卷,亦题达磨菩提译,寻文乃释前论,或疑是人造也。"④依此说,此三卷本《涅槃论》可能是中土人士对上述译本的批注。

---

① 智昇:《开元释教录》卷六,《大正藏》第55卷,第540页上一中。
② 《大正藏》第55卷,第27页中。
③ 同上书,第543页中。
④ 同上书,第543页下。

第五章　两晋南北朝时期流行的经典

佛教经典的广泛流通是佛教在中土发展的必要条件。西晋、东晋十六国时期先后有"般若"类、涅槃类、如来藏经典流行中土,南北朝时期更是出现了以某一种或者某一类经典为研习对象的"经师"。依照本书体例,上述经典的内容和影响,将在相关章节分别作介绍,在此仅将不能纳入其他章节叙述的《维摩诘经》、《楞伽经》和《大乘起信论》等三部经论的内容作些叙述分析。

第一节　《维摩诘经》的汉译及其基本内容

作为初期大乘佛教主要经典的《维摩诘经》,自从汉末传入中土之后,就备受中土人士重视和喜爱。特别是经中所展现的维摩诘居士的形象,更是大受士大夫阶层的欢迎。经中所阐述的维摩诘所证之不可思议解脱法门以及唯心净土等等观念,在中国佛教发展史中都留下了永久的印痕。本节拟对此经汉译的情况和基本内容作些论述。

一、《维摩诘经》的汉译本

根据相关佛教经录的记载,《维摩诘经》在中土,先后总别有七译。

第一个译本是东汉严佛调翻译的《古维摩诘经》二卷。

由于此事未见于《出三藏记集》而为隋代费长房《历代三宝纪》所著录，所以今人怀疑者甚多。对此，首先应指出，如本著前文所叙述，严佛调是安玄翻译佛典时的笔受，现存经录单独置于严佛调名下的译籍应看做二人的合译作品。其次，慧皎《高僧传·竺佛调传》特别强调："案释道安《经录》云：'汉灵帝光和中，有沙门严佛调共安玄都尉译出《法镜经》及《十慧》等。'语在《译经传》。"①慧皎这一引文是略早于《高僧传》的《出三藏记集》所没有的。而慧皎特别指出，自己根据的是道安《经录》的相关记载，可见，慧皎是看到过道安《经录》的。这也说明，僧祐并非完全抄录道安《经录》的相关内容。因此，僧祐未曾著录也未必说明安玄未曾翻译此经。其三，西晋末年支敏度将当时《维摩经》诸译本合编为《合维摩诘经》，只提到支谦、竺法护、竺叔兰所译的三本，可见，此译本即便存在，也早已经散失。

第二个译本是三国时期的支谦所出《维摩诘经》，此本尚存。

僧祐《出三藏记集》卷二在罗列支谦译本时列入了《维摩诘经》二卷，但现存《出三藏记集》卷二于此却注曰"阙"。②隋代法经《众经目录》卷一记载："《维摩诘经》三卷，吴黄武年支谦译。"隋代费长房《历代三宝纪》卷五则记载："《维摩诘所说不思议法门经》三卷，亦云《佛说普入道门经》，或二卷，第二出，与后汉严佛调译者小异，见竺道祖《魏吴录》及《三藏记》。"③唐智昇《开元释教录》卷二记载："《维摩诘经》二卷，《维摩诘说不思议法门》之称，一名《佛法普入道门三昧经》，第二出，或三卷，见竺道祖、僧祐二录，与汉佛调等译少异。"④

第三个译本是西晋竺叔兰译《异毗摩罗诘经》三卷。

---
① 慧皎：《高僧传》卷九，《大正藏》第50卷，第388页上。
② 僧祐：《出三藏记集》卷二，《大正藏》第55卷，第6页下。
③ 费长房：《历代三宝纪》卷五，《大正藏》第49卷，第57页上。
④ 智昇：《开元释教录》卷二，《大正藏》第55卷，第488页上。

《出三藏记集》卷二记载:"《异维摩诘经》三卷,……晋惠帝时,竺叔兰,以元康元年译出。"①僧祐记载的元康元年(291)的翻译时间,也是竺叔兰翻译《放光般若经》的时间,因此,这一时间很笼统,不能理解为竺叔兰翻译《异毗摩罗诘经》的准确时间。隋费长房《历代三宝纪》卷六记载:"《异毗摩罗诘经》三卷,元康六年,第五出。与汉世严佛调、吴世支谦、竺法护、罗什等所译本,大同小异。或二卷,见竺道祖录。"②在上引文字后面,费长房说,竺叔兰翻译佛经的地点在洛阳。唐智昇在《开元释教录》卷二中沿袭了费长房的记载,其文说:竺叔兰"以晋惠帝元康元年,与无罗叉出《放光经》。后于洛阳自出《异毗摩诘》等经二部。既学兼梵晋,故译义精允。"③这一叙述,将费长房叙述的模糊之处明晰化了。如此则可知,竺叔兰于元康元年(291)五月十五日至十二月二十四日在陈留与无叉罗翻译出《放光般若经》,然后回到洛阳翻译出《首楞严经》二卷、《异毗摩诘》等经二部,时间应该在元康六年(296)。

第四个译本是西晋竺法护译《维摩诘所说法门经》一卷。

关于竺法护的这一译本,《出三藏记集》卷二著录说:"《维摩鞊经》一卷,一本云《维摩鞊名解》。"④这一译本,僧祐说当时还存在。另外,僧祐说竺法护还有"《删维摩鞊经》一卷,祐意谓先出维摩烦重,护删出逸偈也。"⑤僧祐未列出翻译的具体时间。而费长房则记载说:"《维摩诘所说法门经》一卷,太安二年四月一日译,是第三出,与汉世严佛调、吴世支谦出者大同小异,见《聂道真录》。"⑥

唐智昇在《开元释教录》卷二中沿袭了费长房的记载:"《维摩诘所说法门经》一卷,太安二年四月一日译,第四出,见《聂道真录》,《祐录》直云

---

① 僧祐:《出三藏记集》卷一三,《大正藏》第50卷,第98页下。
② 费长房:《历代三宝纪》卷六,《大正藏》第49卷,第65页中。
③ 智昇:《开元释教录》卷二,《大正藏》第55卷,第498页中。
④ 僧祐:《出三藏记集》卷二,《大正藏》第55卷,第7页下。
⑤ 同上书,第8页上。
⑥ 费长房:《历代三宝纪》卷六,《大正藏》第49卷,第63页下。

《维摩经》,《祐录》又有《删维摩诘经》,祐云意谓先出《维摩》繁重,护删出逸偈也。"①

第五个译本是东晋祇多蜜译《维摩诘经》四卷。

如前文已经论述的,关于祇多蜜的译经,僧祐在《出三藏记集》卷二著录了《普门经》②,而费长房则著录了二十五部合四十六卷,费长房说:"《维摩诘经》四卷,第三出。……已上四部二十四卷,见《南来新录》。"③智昇在《开元释教录》卷三则记载:"《维摩诘经》四卷,与严佛调《古维摩经》等同本,第五出。房云见《南来新录》"④

第六个译本是姚秦鸠摩罗什译《维摩诘所说经》三卷。

关于鸠摩罗什翻译《维摩诘所说经》的过程,僧肇《维摩诘经序》说:

> 以弘始八年岁次,鹑火命大将军常山公、左将军安城侯与义学沙门千二百人,于常安大寺请罗什法师重译正本。什以高世之量,冥心真境,既尽环中,又善方言,时手执胡文,口自宣译,道俗虔虔,一言三复,陶冶精求,务存圣意。其文约而诣,其旨婉而彰,微远之言,于兹显然。⑤

另据僧叡《毗摩罗诘堤经义疏序》说:"罗什法师正玄文,摘幽指,始悟前译之伤本,谬文之乖趣耳。至如以不来相为辱来,不见相为相见,未缘法为始神,缘合法为止心。诸如此比,无品不有,无章不尔。然后知边情险诐,难可以参契真言,厕怀玄悟矣。"⑥从这些记载可知,鸠摩罗什翻译出《维摩诘经》的时间是后秦弘始八年(406),地点是长安大寺。鸠摩罗什译本纠正了前译的缺失,加之文字优美,很受当时以及后世推崇。

---

①④ 智昇:《开元释教录》卷二,《大正藏》第55卷,第495页中。
② 僧祐:《出三藏记集》卷二,《大正藏》第55卷,第14页中一下。
③ 费长房:《历代三宝纪》卷七,《大正藏》第49卷,第71页下。
⑤ 僧祐:《出三藏记集》卷八,《大正藏》第55卷,第58页中。
⑥ 同上书,第58页下—39页上。

如上引僧肇之文所叙述的,罗什在翻译《维摩诘经》时,一边翻译一边讲说,当时参加译场翻译和听讲的人有一千两百余人。《高僧传·鸠摩罗什传》记载:"唯为姚兴著《实相论》二卷,并注《维摩》,出言成章,无所删改,辞喻婉约,莫非玄奥。"①费长房也记载说,《维摩诘经》三卷译出之后,"什自注解,叡制序"②。可见,鸠摩罗什确实曾经亲自批注过《维摩诘经》。此后,罗什弟子竞相注释,如僧肇、道生、道融、僧叡等。僧肇在序文中说:"余以暗短,时豫听次。虽思乏参玄,然麁得文意。辄顺所闻而为注解,略记成言,述而无作,庶将来君子,异世同闻焉。"③后人将此五人注释合为一部,称为《维摩诘所说经注》。

第七个译本是唐玄奘译的《说无垢称经》六卷。

根据史传记载,玄奘大师 11 岁时,即熟习《维摩经》,后来至天竺取佛经,也曾亲自礼拜维摩诘说法处。如《大慈恩寺三藏法师传》卷三说:"至吠舍厘国,国周五千余里,土壤良沃,多庵没罗果茂遮果,都城荒毁,故基周六七十里,居人甚少,宫城西北五六里有一伽蓝,旁有窣堵波,是佛昔说《毗摩罗诘经》处,次东北三四里有窣堵波,是毗摩罗诘故宅,其宅尚多灵异,去此不远有一室,积石所作,是无垢称现疾说法处,其侧亦有宝积故宅、庵摩罗女故宅。"④后来玄奘回到中国,有感于鸠摩罗什译《维摩经》的缺失,遂进行重译《维摩经》的工作。唐高宗永徽元年(650)二月八日至八月一日,玄奘译成《说无垢称经》六卷。对于玄奘的翻译,窥基《说无垢称经疏》也说:

> 所以西靡玉谍,东耀金姿,竞赏一真,已经六译。既而华梵悬隔,音韵所乖。或髣髴于遵文,而糟粕于玄旨。大师皎中宗于行月,镜圆教于情台,维绝纽而裕后昆,缉颓纲以格前范,陶甄得失,商摧

---

① 慧皎:《高僧传》卷二,《大正藏》第 50 卷,第 332 页下。
② 费长房:《历代三宝纪》卷八,《大正藏》第 49 卷,第 77 页下。
③ 僧祐:《出三藏记集》卷八,《大正藏》第 55 卷,第 58 页中。
④ 慧立本、彦悰笺:《大慈恩寺三藏法师传》卷三,《大正藏》第 50 卷,第 235 页下—236 页上。

词义,载译此经。或遵真轨,《说无垢称经》。①

玄奘翻译此经,贯彻了他的翻译主张,在文句上不做任何删节,甚至于语句结构、风格,都能接近梵文,因此使《说无垢称经》以叙事说理为主,玄奘译本除了详尽保留原典中重叠的段落和句语之外,举凡具有梵文色彩的、极尽夸饰的形容词组句、动词性组句,均照译无遗。原文中直接陈述的语调,亦得以大量保留,故对话性较诸旧译为强。

除上述几种译本之外,西晋支敏度将支谦、竺法护、竺叔兰三种译本合成的《合维摩诘经》,也一度在教界流通。支敏度的序文有赖《出三藏记集》保存下来。支敏度《合维摩诘经序》说:

> 然斯经梵本出自维耶离,在昔汉兴始流兹土。于时有优婆塞支恭明,逮及于晋有法护、叔兰,此三贤者并博综稽古,研机极玄,殊方异音,兼通关解。先后译传,别为三经,同本人殊出异。或辞句出入,先后不同;或有无离合,多少各异;或方言训古,字乖趣同;或其文胡越,其趣亦乖;或文义混杂,在疑似之间。若此之比,其涂非一。若其偏执一经,则失兼通之功。广披其三,则文烦难究。余是以合两令相附,以明所出为本。以兰所出为子,分章断句,使事类相从,令寻之者瞻上视下,读彼案此,足以释乖迁之劳,易则易知矣。若能参考挍异,极数通变,则万流同归,百虑一至,庶可以阐大通于未寐,阖同异于均致。若其配不相俦,傥失其类者,俟后明哲君子刊之从正。②

以上诸译,就翻译之缜密、精确言,当推唐玄奘之译本,然而就文笔之顺畅、流传之广泛说,则要算罗什所译的《维摩诘所说经》,后人不论讲解、抑或注疏,多以鸠摩罗什译本为依据。

---

① 窥基:《说无垢称经疏》卷一,《大正藏》第 38 卷,第 993 页上。
② 僧祐:《出三藏记集》卷八,《大正藏》第 55 卷,第 58 页中—下。

二、《维摩诘经》经题的含义及其结构

关于《维摩诘经》的经题，鸠摩罗什译为《维摩诘所说经》和《不可思议解脱经》，而玄奘译为《说无垢称经》，因为中土习惯称维摩诘为净名，也称此经为《净名经》。

关于《维摩诘经》经题含义，唐代窥基总结得最全面。《说无垢称经疏》卷一解释是：

> 除罗什外，或名《维摩诘经》，或云《无垢称经》，或云《说维摩诘经》，或云《说无垢称经》，或云《毗摩罗诘经》。唯罗什法师，独云《维摩诘所说经》，仍云一名《不可思议解脱》。准依梵本，初首题云"阿费摩罗枳里底"，"阿"之言"无"，"摩罗"云"垢"，如云"阿摩罗识"，此云"无垢识"，今既加"费"字，故是"称"也，即云"无垢称"；"枳里底"者，"说"也。梵音多倒，如云衣著饭吃，今云"无垢称边说"也。即此经中，"无垢称"是"所说"，顺唐音，正云《说无垢称经》。什公不依汉译，存其梵音者，意许维摩亦得说经，良以身婴俗妄，久离僧流，恐傍议而多生，所以许其说经。如《鹿女所说经》，经说鹿女事，非鹿女能说经。若对佛前，佛所印可，乃至天魔外道，亦得说经。虽许彼说，仍名佛说经。余人不得说经。①

上述解释的要点有三：其一是"维摩诘"之名的含义。对此，鸠摩罗什取音译，玄奘取意译。其二，鸠摩罗什题名《维摩诘所说经》意许维摩诘可以"说经"。这也是有根据的，窥基的解释是，维摩诘久处俗世，"恐傍议而多生"，因此，允许其说经。而如对佛前，获得佛的印可，即便是天魔也是可以说法的，何况是维摩诘菩萨呢？其三，玄奘翻译成《说无垢称经》，"无垢称"是"所说"，也就是此经宣说的"对象"，而窥基坚持说，此经

---

① 窥基：《说无垢称经疏》卷一（本），《大正藏》第 38 卷，第 1001 页下—1002 页上。

应该翻译成玄奘确定的经题。"师资既别,故知净名妙德,不得说经,亦非彼经上下皆净名说,何得云维摩诘说?"①

关于此经题中的"不思议解脱"的含义,僧肇解释说:

> 《维摩诘不思议经》者,盖是穷微尽化、绝妙之称也。其旨渊玄,非言象所测;道越三空,非二乘所议;超群数之表,绝有心之境。眇莽无为而无不为,罔知所以然而能然者,不思议也。何则?夫圣智无知而万品俱照,法身无象而殊形并应,至韵无言而玄籍弥布,冥权无谋而动与事会,故能统济群方,开物成务,利见天下于我无为,而惑者睹感照因,谓之智,观应形则谓之身,觌玄籍便,谓之言,见变动而谓之权,夫道之极者,岂可以形言权智而语其神域哉?然群生长寝。非言莫晓,道不孤运,弘之由人。是以如来命文殊于异方,召维摩于他土,爰集毗耶,共弘斯道。此经所明,统万行则以权智为主,树德本则以六度为根,济蒙惑则以慈悲为首,语宗极则以不二为门,凡此众说皆不思议之本也。至若借座灯王、请饭香土、手接大千、室包干象,不思议之迹也。然幽关难启,圣应不同,非本无以垂迹,非迹无以显本。本迹虽殊,而不思议一也。故命侍者,标以为名焉。②

僧肇于此以"本"、"迹"关系来论定此经所说法的"不思议"。僧肇以"权智"、"六度"、"慈悲"、"不二"等为"不思议之本",而以"借座灯王、请饭香土、手接大千、室包干象"为"不思议之迹"。

而对于此《不可思议解脱经》经题的由来,窥基解释说:"准依梵本,题在卷末。卷末佛言,此经名为《说无垢称不可思议自在神变解脱法门》。若唯谈人,但云阿费摩罗枳里底。若唯谈法,脚注云亦名不可思议解脱。"③由此解释可知,以"人"、"法"合并谈论此经之标题,则核心为

---

① ③ 窥基:《说无垢称经疏》卷一(本),《大正藏》第38卷,第1002页上。
② 僧肇等:《注维摩诘经》卷一,《大正藏》第38卷,第327页上—中。

"维摩诘"和"不可思议自在神变解脱法门"。

解释了经题之含义后,须对于此经的"处会"作一说明。如唐之前的经疏所记载,关于此经的"处会"有不同理解。而依隋代吉藏所说,本经有二处四会。《净名玄论》卷七解释说:

> 斯经二处四集。言二处者,一庵园处,二方丈处。庵园为佛处,方丈为菩萨处。庵园为出家处,方丈为在家处。庵园他业所起处,方丈自业所起处。他业所起处者,庵罗女园,为佛起精舍;明未曾有室,是居士净业所起也。庵园在城外,方丈在城内。显公《传》云,相去三里。所言四会者,一庵园会,二方丈会,三重集庵园,四再会方丈。以此分经。实为允当也。①

由此可见,此经的"说处"有二:"庵园"即佛的住处和"方丈处"即维摩诘菩萨所居之所,也指世俗之人的居住之地。所谓四会:一指庵园会,二指方丈会,三重集庵园,四再会方丈。

关于"四会"的顺序,吉藏从两个角度作了解释。以"时事次第"而言,顺序是方丈初会、庵园次会、重集方丈、再会庵园。对此,吉藏解释说:

> 五百长者与净名为法城等侣问道参,无时不集。而宝积已至,净名近而不来者,当知有疾。以其疾故,国内近众,皆来问之。因以身疾,略为说法。故无数千人,皆发道心,即《方便品》。故知先有毗耶初会也。但初集之时,人天众小,利益未多,犹未足畅其神慧,称现疾之怀。但佛与净名,既同为化物,故两心相鉴。居士既托疾毗耶,如来庵园说法,为之集众,故遣使问疾。声闻菩萨皆叙不堪,方有庵园会耳。次命文殊,令往激扬,广宣妙法,故有方丈再集。但化事既周,还来佛所,如来印赞,使谈妙法,故有庵园重集。以时事推之,必如此也。②

---

① 吉藏:《净名玄论》卷七,《大正藏》第 38 卷,第 898 页上。
② 同上书,第 898 页中。

依据这一叙述则可知,此经的顺序是:因为五百长者子,愿行相符,为法城等侣,访道参玄,无时不集,而长者宝积已至,净名不来,故知有病。因为有病,所以国内众道友都去问病。净名因为身体有病,只略为说法,于是无数千人都发道心,即是《方便品》,地点在方丈。佛与净名既然共同化导众生,则两心相鉴。居士即托疾方丈,佛在庵园说法,为这件事集众,此即庵园会。其后,文殊受命探望,故有方丈再集。"化事既周,还来佛所",获得如来的印赞,因此而有庵园再会。而从集法前后而言,如果要结集经典,必须先标明"如是我闻,一时佛在某处,与大众聚",如果开始就是净名时处的话,就不能成为"经",所以第一会是"庵园会"。庵园集会之后,佛陀将要遣使声闻和菩萨弟子去问疾,所以有"方丈初会",赞叹净名之法德,使当时之众生敬仰至诚,所以有《方便品》之毗耶初会。后面的两次集会跟前面所说的一样,在此不再赘述。

《维摩诘经》共十四品,依照中土判经的通例,可分为"序分"、"正宗分"(或作"本宗分")和"流通分"三大部分。对此,窥基解释说:

> 科为三。初之一品,说经缘起分。次十一品,正陈本宗分。后之二品,赞授流通分。此经明菩萨权实二益,因果二位,真俗两谛,空有两理。述起所因,故初名序。既陈缘起,次述经宗,故次十一品,名本宗分。经旨既深,恐不能传习,赞过去药王如来等事,劝授末代,故后二品名流通分。①

据此,《维摩诘经》的第一品为全经的"序分",第二品至第十一品为"正宗分",最后两品为"流通分"。

第一品,玄奘的译本称之为《序品》,鸠摩罗什称之为《佛国品》。对此差别,窥基解释说:"第一,今名《序品》,什公云《佛国品》。契经正说维摩诘事,欲明其事,先谈由序,何故不名《序品》,乃名《佛国》? 若以宝性问佛,佛说严净佛土,乃名佛国。直欲别明佛国之义,不是序述说净名之

---

① 窥基:《说无垢称经疏》卷一(本),《大正藏》第38卷,第1002页下。

由序也。如《法花经·序品》明说无量义等七种成熟事,应名《成就品》,何故名《序品》?又诸经皆有《序品》,此何独无?又以后准前,后名《嘱累》,何故初无《序品》?"①窥基此中的语言颇为激烈,认为罗什翻译有误。但其中分析此经的宗旨切入角度很重要,也就是此经的序分是"别明佛国之义",而并非叙述"净明"即维摩诘菩萨之来由。第一品主要叙述释迦牟尼佛在毗耶离城外庵罗树园与众集会,长者子宝积说偈赞佛。佛陀告诉他:"若菩萨欲得净土,当净其心,随其心净,则佛土净。"②此是不思议解脱的根本。

第二《方便品》的内容是:住在毗耶城内的维摩诘长者,曾于过去劫中"已曾供养无量诸佛,深植善本,得无生忍,契入不二平等"③。然而为方便摄化众生,上自王官、大臣、婆罗门、梵天、帝释等,下至酒肆、学堂、淫舍、长者、居士等,广泛介入社会各个阶层。目的为化导众生,后来他"以方便现身有疾"。因此,国王、大臣、长者、居士、婆罗门及诸王子等无数千人皆往问疾,对于问疾之人,维摩诘现身说法:"诸仁者,是身无常,无强无力,无坚,速朽之法……乃至是身不净,秽恶充满,是身虚伪,虽假以澡浴衣食,必归磨灭。"④所以不应心为形役,应常乐佛身,佛身即是法身,此佛身是从无量智慧功德生的,是从慈悲喜舍生的,是从四摄六度生的,所以应以速朽之身,勤修如是胜行,饶益众生,获得佛陀的清净法身,圆满报身,乃至千百亿化身。

第三《弟子品》的主要内容是:佛遣声闻乘中智能第一的大弟子舍利弗前往维摩诘处问疾,舍利弗推辞说不能胜任,遣大迦叶等,也都推辞不能胜任,原因是他们宴坐习禅、解经说法、托钵乞食、解说戒律之时,维摩诘曾向他们提出问难,相与辩别剖析,均为维摩诘所挫败,于是,五百声

---

① 《大正藏》第38卷,第1002页中。
② 鸠摩罗什译:《维摩诘经》卷上,《大正藏》第14卷,第538页下。
③ 同上书,第539页上。
④ 同上书,第539页中。

闻弟子,竟没有一个人敢承担问疾一事。

第四《菩萨品》的主要内容是:佛陀又于菩萨乘弟子中先后遣弥勒、光严、持世、善德前往问疾,他们也同样有如舍利弗等的遭遇,都推辞说不能胜任此事。

第五《文殊师利问疾品》的主要内容是:在声闻及菩萨都不能胜任的情况下,佛陀又遣文殊师利前往问疾,文殊师利深知问疾任重,文殊师利说:"彼上人者,难为酬对。深达实相,善说法要,辩才无滞,智慧无碍;一切菩萨法式悉知,诸佛秘藏无不得入;降伏众魔,游戏神通,其慧方便,皆已得度。虽然,当承佛圣旨,诣彼问疾。"①即时八千菩萨、五百声闻、百千人天,都欣然跟随前往,要大开眼界,维摩诘空其室内一切所有,唯置一床,以疾而卧,对于文殊致问,维摩诘回应说:"从痴有爱,则我病生。以一切众生病,是故我病。若一切众生病灭,则我病灭。所以者何?菩萨为众生故,入生死。有生死,则有病。若众生得离病者,则菩萨无复病。"②如此等等。

第六《不思议品》的主要内容是:舍利弗久立思坐,室内无座位,维摩诘因此向舍利弗开导"夫求法者,不贪躯命,何况床座"以及"法名无为,若行有为,是求有为,非求法也"③诸义,随即由文殊指点,运用神通力向距此东方三十六恒沙国的须弥相国须弥灯王佛那里,借来了三万二千个高达八万四千由旬严饰第一的狮子宝座来入维摩诘室,宣示大小相容。对乐久住世众生,菩萨即演七日以为一劫,使众生以为一劫;对不乐久住众生,菩萨即促一劫为七日,使众生以为七日。如是久暂互摄等等诸佛菩萨不可思议解脱的力用。

第七《观众生品》。维摩诘与文殊辩析"云何观于众生"乃至"从无住本,立一切法",室内出现了天女散花,花散到菩萨身上,随即下落,散到

---

① 鸠摩罗什译:《维摩诘经》卷中,《大正藏》第 14 卷,第 544 页上—中。
②③ 同上书,第 544 页中。

舍利弗等声闻身上,即使运用神力,也不能使花掉落。在此室听闻菩萨不可思议解脱法已有12年的天女,在与舍利弗的对辩过程中,将舍利弗变成了天女,将自己变成了舍利弗,得出诸佛菩萨所证得的智慧功德。

第八《佛道品》的主要内容是:即菩萨契入不二妙理,为摄化众生所起的妙行,如文殊问维摩诘"菩萨云何通达佛道?"摩诘回答:"若菩萨行于非道,是为通达佛道。"[1]这就是示现于地狱道、饿鬼道、畜生道、即名非道;示现行于贪欲道、瞋恚道、愚痴道、即名非道。菩萨若不行于非道,即无法摄化众生,使之转入佛道。现有烦恼之身,无实在自性。如方便摄化,即可转烦恼成菩提,转色身为解脱身,此即是"空有不二"的菩萨行。

第九《入不二法门品》的主要内容是:行心依理而起,非不二之理,不能有不二之行,非不二之理与行,则不能有不可思议解脱法门。所以"不二"实在是贯穿本经的宗旨。本品叙述维摩诘向文殊菩萨等八千菩萨提出"云何菩萨入不二法门"的问题。法自在等菩萨都用言说来表达,维摩诘不置可否,于是,这三十人要文殊菩萨表示看法。最后是文殊菩萨的回答和维摩诘的默然无言。

第十《香积佛品》的主要内容是:维摩诘以其不可思议解脱的神通力,将上方过四十二恒河沙世界的众香国景象,普现于大众之前,随之又化出一菩萨使往上方众香国乞取香饭,化菩萨取回香饭时,众香国随来有九百万菩萨,述说其国以"众香"为佛事,教化众生的种种妙用。维摩诘告以此土佛以"刚强之语"化度刚强难化众生,以调伏之,所以要说明因果有报,以及菩萨须以十事、善法、四摄、八种无疮疣法摄化众生。

第十一《菩萨行品》的主要内容是:"维摩诘即以神力,持诸大众并师子座,置于右掌,往诣佛所,到已著地。"[2]因阿难问佛陀闻香之事,引出佛陀广说香饭能做佛事的功德,乃至诸佛国土有以光明相好、园林台观、卧

---

[1] 《大正藏》第14卷,第549页上。
[2] 鸠摩罗什译:《维摩诘经》卷下,《大正藏》第14卷,第553页中。

具衣服等种种施为,都无非是摄化众生的佛事。其中的原因是:"此四魔八万四千诸烦恼门,而诸众生为之疲劳。诸佛即以此法而作佛事,是名入一切诸佛法门。菩萨入此门者,若见一切净好佛土,不以为喜,不贪不高。若见一切不净佛土,不以为忧,不碍不没。但于诸佛,生清净心,欢喜恭敬,未曾有也。"①接下来众香国诸菩萨诸佛说法,佛于是为诸菩萨说"尽、无尽解脱法门",即菩萨所行必须"不尽有为,不住无为"②。进一步说"入生死而无所谓,于诸荣辱心无忧喜"等,是不尽有为;"观世间苦而不恶生死,观于无我而诲人不倦"③等,是不住无为。

第十二《阿閦佛品》的主要内容是:阿閦译为"无动"即不动。佛问维摩诘:"汝欲见如来,为以何等观如来乎?"④维摩诘说"如自观身实相,观佛亦然,我观如来前际不来,后际不去,今则不住。"接下来,因舍利弗问维摩诘"汝于何没而来生此"⑤,对此,维摩诘就"没"和"生"说明"一切法如幻相"。"菩萨没不尽善本,虽生不长诸恶"⑥。佛向舍利弗介绍维摩诘,原是不动佛的妙喜世界中人,维摩诘说明自己从清净的妙喜世界来生此不净的娑婆国土,是"为化众生故,不与愚暗而共合也,但灭众生烦恼耳"⑦。会中大众想见无动如来,维摩诘不起于坐,以其右手断取妙喜世界,把无动佛及其菩萨、声闻之众,都接到庵罗树园内来了。于是,释迦牟尼佛勉励诸大众:"若菩萨欲得如是清净佛土,当学无动如来所行。"⑧

第十三《法供养品》的主要内容是:释迦牟尼佛为天帝等称说维摩诘经得功德,如说:"若善男子、善女人受持读诵供养是经者,则为供养去来今佛",并且"诸佛菩提皆从此生"。⑨ 佛陀又自述因地之时曾为月盖王子

---

① 鸠摩罗什译:《维摩诘经》卷下,《大正藏》第14卷,第553页下—554页上。
② 同上书,第554页中。
③④ 同上书,第554页下。
⑤ 同上书,第555页上。
⑥⑦ 同上书,第555页中。
⑧ 同上书,第555页下。
⑨ 同上书,第556页上。

时,从药王如来秉受"法供养"之教,所谓:"依于义不依语,依于智不依识,依了义经不依不了义经,依于法不依人等,此可以称是最上法之供养。"① 此中所述就是在中国佛教中影响很大的"四依"。

第十四《嘱累品》的主要内容是:佛以此法咐嘱弥勒菩萨,令其流通广宣,四天王都表示拥护此经,然后,佛告阿难:"是经名为《维摩诘所说》,亦名《不可思议解脱法门》,如是受持。"② 全经结束。

三、《维摩诘经》的核心内容

作为对中国佛教产生过决定性影响的大乘经典,《维摩诘经》的内容丰富,需要叙述的内容很多。鉴于此著的性质,仅仅对此经在中国佛教史上影响较大的几个方面作些论述。

1. 无住为本

在佛教传统上,《维摩诘经》属于"般若类"经典。而《观众生品》所阐述的"从无住本立一切法"的观念,备受重视。《维摩诘所说经·观众生品》的主题是菩萨如何度脱众生。在维摩诘和文殊菩萨一连串且层层递进式的问答中,提出了这一命题。

文殊师利问:"菩萨欲依如来功德之力,当于何住?"维摩诘菩萨回答说:"菩萨欲依如来功德力者,当住度脱一切众生。"文殊又问:"欲度众生当何所除?"维摩诘回答说:"欲度众生,除其烦恼。"文殊菩萨又问:"欲除烦恼,当何所行?"维摩诘回答说:"当行正念。"文殊菩萨又问:"云何行于正念?"维摩诘回答说:"当行不生不灭。"文殊菩萨又问:"何法不生何法不灭?"维摩诘回答说:"不善不生,善法不灭。"此后的问答如下:

> 又问:"善不善孰为本?"答曰:"身为本。"又问:"身孰为本?"答曰:"欲贪为本。"又问:"欲贪孰为本?"答曰:"虚妄分别为本。"又问:

---

① 鸠摩罗什译:《维摩诘经》卷下,《大正藏》第 14 卷,第 556 页下。
② 同上书,第 557 页中。

"虚妄分别,孰为本?"答曰:"颠倒想为本。"又问:"颠倒想,孰为本?"答曰:"无住为本。"又问:"无住孰为本?"答曰:"无住则无本。文殊师利,从无住本立一切法。"①

"无住为本"以及"从无住本立一切法",其实是中观非有非无的另外一种表达,是对于"性空"说的一种解释。这可从罗什、僧肇、道生的解释中看出。

对于"无住为本",罗什解释说:"法无自性,缘感而起。当其未起,莫知所寄。莫知所寄,故无所住。无所住故,则非有无,非有无而为有无之本。无住,则穷其原,更无所出,故曰无本。无本而为物之本,故言立一切法也。"②僧肇则解释说:"心犹水也。静则有照,动则无鉴。痴爱所浊,邪风所扇,涌溢波荡,未始暂住。以此观法,何往不倒?譬如临面涌泉,而责以本状者,未之有也。倒想之兴,本乎不住,义存于此乎?一切法从众缘会而成体。缘未会,则法无寄。无寄,则无住。无住,则无法。以无法为本,故能立一切法也。"道生解释说:"所谓颠倒、正反,实也?为不实矣。苟以不实为体,是自无住也。既不自住,岂他住哉?若有所住,不得为颠倒也。"③上引三者的共同点就是非有非无。

对于"无住则无本",僧肇解释说:"若以心动为本,则因有有相生。理极初动,更无本也。若以无法为本,则有因无生,无不因无,故更无本也。"道生解释为:"无住即是无本之理也。"④此中值得注意的是将"无住"与"心不动"联系起来解释。

对于"从无住本立一切法",僧肇解释说:"无住故想倒,想倒故分别,分别故贪欲,贪欲故有身。既有身也,则善恶并陈。善恶既陈,则万法斯起。自兹以往,言数不能尽也。若善得其本,则众末可除矣。"道生则解释为:"一切诸法莫不皆然,但为理现。于颠倒故,就颠倒取之,为所明矣。以此为观,复得有烦恼乎?"⑤二人的解释都指向的"无住"就是以无

---

① 鸠摩罗什译:《维摩诘经》卷中,《大正藏》第14卷,第547页下。
②③④⑤ 僧肇等:《注维摩诘经》卷六,《大正藏》第38卷,第386页下。

颠倒的方式看待万法。

在宣说完毕上述义理之后,"时维摩诘室有一天女,见诸大人闻所说法,便现其身。即以天华散诸菩萨大弟子上。华至诸菩萨,即皆堕落。至大弟子,便著不堕,一切弟子神力去华,不能令去。尔时,天女问舍利弗:'何故去华?'答曰:'此华不如法,是以去之。'"①此后天女的一番话有很深的意味:

> 勿谓此华为不如法。所以者何?是华无所分别,仁者自生分别想耳。若于佛法出家,有所分别为不如法。若无所分别,是则如法。观诸菩萨华不著者,已断一切分别想故。譬如人畏时,非人得其便。如是,弟子畏生死故,色声香味触得其便也。已离畏者,一切五欲无能为也。结习未尽,华著身耳。结习尽者,华不著也。②

对此中的含义,罗什解释说:"华性本不二,故无分别也。"道生说:"华性无实,岂有如法、不如法之分别哉!"道生又说:"如法、不如法,出惑想之情耳。非华理然也。若于佛法出家,有所分别,为不如法。若无分别,是则如法。"僧肇说:"如法、不如法,在心不在华。"道生说:"若体华理,无好恶者,乃合律之法耳。"③此中的要义在于佛教戒律规定,出家修行者不得著花,因而声闻弟子纷纷想抖落此花,然未能如愿。而花至菩萨身却自然掉落。上述演示及其天女的教诫,核心就是"无分别"。这即是佛教中观学的核心之一。

2. 如来种

所谓"如来种"即成就如来的"种子"问题,也就是一般所说的佛性论问题。《维摩诘经》在《佛道品》中借文殊之口宣说"六十二见及一切烦恼皆是佛种"。这一说法,对中国佛教影响很大。

《佛道品》的起首,文殊师利问维摩诘说:"菩萨云何通达佛道?"维摩诘回答说:"若菩萨行于非道,是为通达佛道。"④对此,《注维摩诘经》卷七

---

① 鸠摩罗什译:《维摩诘经》卷中,《大正藏》第14卷,第547页下。
② 同上书,第547页下—548页上。
③ 僧肇等:《注维摩诘经》卷六,《大正藏》第38卷,第387页中。
④ 鸠摩罗什译:《维摩诘经》卷中,《大正藏》第14卷,第548页下。

记载了罗什的解释:"非道有三种:一者,恶趣果报。二者,恶趣行业。三者,世俗善业及善业果报也。凡非其本实而处之,皆名非道。处非而不失其本,故能因非道以弘道,则通斯通矣。譬如良医触物为药,故医术斯行,遇病斯治,是为通达佛道。"①因为菩萨具有此力,所以"菩萨行五无间而无恼恚,至于地狱无诸罪垢,至于畜生无有无明憍慢等过,至于饿鬼而具足功德,行色无色界道不以为胜,……示行诸烦恼而心常清净,示入于魔而顺佛智慧不随他教。"②此中的要义在于菩萨"内净"与"外染"不相应。如僧肇所说:"烦恼显于外,心净著于内。""外同邪教,内顺正慧也。"③因此,菩萨"示有资生而恒观无常,实无所贪;示有妻妾采女,而常远离五欲淤泥;现于讷钝而成就辩才,总持无失;示入邪济而以正济度诸众生,现遍入诸道而断其因缘,现于涅槃而不断生死。"④

菩萨"示入形残而具诸相、好,以自庄严示入下贱,而生佛种姓中,具诸功德"⑤。对于经文中所说的佛种性,鸠摩罗什解释说:"佛种姓即是无生忍,得是深忍,名曰法生,则已超出下贱入佛境也。"⑥僧肇解释说:"得无生忍必继佛种,名生佛种姓中也。"⑦

在上述对话之后,维摩诘问文殊师利:"何等为如来种?"文殊师利回答说:

> 有身为种,无明有爱为种,贪恚痴为种,四颠倒为种,五盖为种,六入为种,七识处为种,八邪法为种,九恼处为种,十不善道为种。以要言之,六十二见及一切烦恼皆是佛种。⑧

对于此中所说的"如来种",罗什师徒的解释很有意味。罗什解释说:"种、根本、因缘,一义耳。因上大士随类化物,通达佛道,固知积恶众

---

① 僧肇等:《注维摩诘经》卷七,《大正藏》第38卷,第390页中。
②④⑤ 鸠摩罗什译:《维摩诘经》卷中,《大正藏》第14卷,第549页上。
③ 僧肇等:《注维摩诘经》卷七,《大正藏》第38卷,第391页上。
⑥ 同上书,第391页上—中。
⑦ 同上书,第391页中。
⑧ 鸠摩罗什译:《维摩诘经》卷中,《大正藏》第14卷,第549页上—中。

生能发道心。能发道心,则是佛道因缘,故问佛种也。亦云,新学欲得佛而未知佛因,故问其因也。①道生解释说:"如来种是拟谷种为言也。向以示众恶为佛,今明实恶为种,故次反问焉。"②这些解释很明确,此中所说的"如来种"仅仅是说,十二因缘、三毒、四颠倒、五盖、六入、七识处、八邪法、九恼处、十不善道等等都是成就如来的"因缘",即能发道心的机缘,而这些种种"恶法"本身并非是如来所应包含。关于"有身"为如来种,罗什解释说:"有身谓有漏五受阴也。义云:有身应是身见,身见三有之原结累根本,故直言身见。身见计我,欲令得乐,则能行善,故为佛种也。"僧肇解释说:"有身,身见。夫心无定所,随物而变。在邪而邪,在正而正,邪、正虽殊,其种不异也。何则?变邪而正,改恶而善,岂别有异邪之正,异恶之善,超然无因,忽尔自得乎?然则正由邪起,善因恶生,故曰众结烦恼为如来种也。"③

对上述说法,文殊菩萨解释说:"若见无为入正位者,不能复发阿耨多罗三藐三菩提心,譬如高原陆地不生莲华,卑湿淤泥乃生此华。如是见无为法入正位者,终不复能生于佛法。"④对于此,罗什解释说:"苦法忍至罗汉无生至佛,皆名正位也。言'无为而入'者,由取相见,故入正位而取证。又言'见无为无为'者,尽谛。尽谛是其证法,决定分明。见前二谛时,虽无反势,未决定分明。言据其决定取证处,不能复发阿耨多罗三藐三菩提心。"⑤以现代人的思维方式言之,入"正位"即已经证得"尽谛",因此没有必要发阿耨多罗三藐三菩提心。而凡夫处于"卑湿淤泥"中,"烦恼泥中乃有众生,起佛法耳。又如殖种于空,终不得生;粪壤之地,乃能滋茂。如是入无为正位者,不生佛法。起于我见如须弥山,犹能发于阿耨多罗三藐三菩提心,生佛法矣。是故当知一切烦恼为如来种。譬如

---

① 僧肇等:《注维摩诘经》卷七,《大正藏》第38卷,第391页中—下。
②③ 同上书,第391页下。
④ 鸠摩罗什译:《维摩诘经》卷中,《大正藏》第14卷,第549页中。
⑤ 僧肇等:《注维摩诘经》卷七,《大正藏》第38卷,第392页上—中。

不下巨海,不能得无价宝珠,如是不入烦恼大海,则不能得一切智宝。"①对此,罗什解释说:"谓为众生无鞅数劫以烦恼受身深入生死,广积善本,兼济众生,然后得成佛道,所以为'种'也。"②可见,不是烦恼本身为如来,而是众生身处烦恼而因修行而可成佛,故称烦恼为如来种。

尔时,大迦叶叹言:"善哉!善哉!文殊师利,快说此语,诚如所言,尘劳之畴为如来种。我等今者不复堪任发阿耨多罗三藐三菩提心,乃至五无间罪,犹能发意生于佛法,而今我等永不能发,譬如根败之士其于五欲不能复利,如是声闻诸结断者,于佛法中无所复益,永不志愿,是故文殊师利,凡夫于佛法有返复,而声闻无也。所以者何?凡夫闻佛法能起无上道,心不断三宝。正使声闻终身闻佛法、力、无畏等,永不能发无上道意。"③此中说"尘劳之畴为如来种",如僧肇解释说:"凡夫闻法能续佛种,则报恩,有反复也。声闻独善其身,不弘三宝,于佛法为无反复也。"④

此品为反复成就佛果指出的道路是:"智度菩萨母,方便以为父。一切众导师,无不由是生。法喜以为妻,慈悲心为女。善心诚实男,毕竟空寂舍。弟子众尘劳,随意之所转。道品善知识,由是成正觉。"⑤

3. 不二法门

《维摩诘经》以提倡"入不二法门"著称,其《不二法门品》有由三十三位菩萨举例或示意对"入不二法门"做出的解释。所谓"不二法门"是把事物对立的两个方面说成是同一的,但又不是合一的,所谓"不一不二","相即不二",如生灭不二,色即是空,烦恼即菩提,世出世不二,等等。将此原则贯彻到修行中,就不应着力考虑何为烦恼,何为菩提,何为善,何谓恶,以及无明与明,色与空,罪与福,佛与众生……,也不应计较出家还是在家,持戒还是不持戒,坐禅还是不坐禅等等,而应当看到它们是相即

---

①③ 鸠摩罗什译:《维摩诘经》卷中,《大正藏》第14卷,第549页中。
② 僧肇等:《注维摩诘经》卷七,《大正藏》第38卷,第392页中。
④ 同上书,第392页下。
⑤ 鸠摩罗什译:《维摩诘经》卷中,《大正藏》第14卷,第549页下。

不二的。之所以如此,是因为它们的"真性"是一样的。

《维摩诘经·不二法门品》中,前三十一位菩萨将自己"入不二法门"宣说完毕后,接着众菩萨请文殊菩萨谈"入不二法门"的方法。文殊菩萨说:"如我意者,于一切法无言无说,无示无识,离诸问答,是为入不二法门。"①对此,僧肇解释说:

> 上诸人所明虽同,而所因各异。且直辩法相,不明无言。今文殊总众家之说,以开不二之门,直言法相不可言。不措言于法相,斯之为言,言之至也。而方于静默,犹亦后焉。②

道生解释说:"前诸菩萨,各说不二之义,似有不二可说也。若有不二可说者,即复是对二为不二也。是以文殊明无可说乃为不二矣。"③综合二说,则可知,真正的"不二"是"无说可说"。

此品结尾是:"于是文殊师利问维摩诘:'我等各自说已,仁者当说,何等是菩萨入不二法门。'时,维摩诘默然无言。文殊师利叹曰:'善哉!善哉!乃至无有文字语言,是真入不二法门。'说是《入不二法门品》时,于此众中五千菩萨皆入不二法门,得无生法忍。"④对此,罗什解释说:"有言于无言,未若无言于无言。故默然之论,论之妙也。"⑤僧肇解释说:"上诸菩萨措言于法相,文殊有言于无言,净名无言于无言。此三,明宗虽同,而迹有深浅,所以言后于无言,知后于无知,信矣哉!"道生解释说:"文殊虽明无可说,而未明说为无说也。是以维摩默然,无言以表言之不实。言若果实,岂可默哉?"⑥

此处讲的"不二"落实在修行层面,即如《弟子品》中对"宴坐"解释:

> 不舍道法而现凡夫事,是为宴坐。心不住内,亦不在外,是为宴

---

①④ 鸠摩罗什译:《维摩诘经》卷中,《大正藏》第14卷,第551页下。
② 僧肇等:《注维摩诘经》卷八,《大正藏》第38卷,第399页上。
③ 同上书,第399页上—中。
⑤ 同上书,第399页中。
⑥ 同上书,第399页下。

坐。于诸见不动而修行三十七品,是为宴坐。不断烦恼而入涅槃,是为宴坐。若能如是坐者,佛所印可。"①

对上述经文,罗什解释说:"烦恼即涅槃,故不待断而后入也。"僧肇解释说:"七使九结,恼乱群生,故名为烦恼。烦恼真性即是涅槃,慧力强者观烦恼即是入涅槃,不待断而后入也。"道生解释说:"既观理得性,便应缚尽泥洹。若必以泥洹为贵而欲取之,即复为泥洹所缚。若不断烦恼即是入泥洹者,是则不见泥洹异于烦恼则无缚矣。"②

在解释"不断淫怒痴,亦不与俱"的含义时,罗什说:"得其真性,则有而无。有而无,则无所断,亦无所有,故能不断而不俱也。"僧肇更是明确说:"断淫怒痴,声闻也。淫怒痴俱,凡夫也。大士观淫怒痴即是涅槃,故不断不俱。若能如是者,乃可取食也。"③真性就是空性,诸法性空,平等不二,故世俗烦恼即是菩提,不必断烦恼而后修菩提,入涅槃。这与不待分析色空,灭空,而后得出色是空的结论是一致的。这是后来主张顿悟论的重要理论根据之一。这就是此经所阐述的"入不二法门"的根本方法。

4. 唯心净土

"唯心净土"是大乘佛教的一个基本思想,许多经典都曾不同程度地语及它,但唯有《维摩诘经》谈得最直截了当、生动透彻,对中国佛教的天台、华严、禅宗的影响也最大。经中通过对舍利弗等小乘众执著于外境外法、怀疑此土污秽不净的弹斥,指出只要"深心清净,依佛智慧,则能见此佛土清净"。中国佛教自天台之后,逐渐出现一种"唯心"的倾向,就其思想渊源说,则主要来自《维摩诘经》。

《维摩诘经》阐述净土意义的地方主要有三处,分别在《佛国品》、《香积佛品》和《阿閦佛品》中。用吉藏的话说,也就是"庵园明释迦佛土,方

---

① 鸠摩罗什译:《维摩诘经》卷上,《大正藏》第14卷,第539页下。
② 僧肇等:《注维摩诘经》卷二,《大正藏》第38卷,第345页中。
③ 同上书,第350页上。

丈辨香积佛土,后会明无动佛土"①。

《维摩诘经·佛国品》中,佛告诉大众说:"众生之类是菩萨佛土。所以者何?菩萨随所化众生而取佛土,随所调伏众生而取佛土,随诸众生应以何国入佛智慧而取佛土,随诸众生应以何国起菩萨根而取佛土。所以者何?菩萨取于净国,皆为饶益诸众生故。"②这里,明确说菩萨"为成就众生故,愿取佛国。愿取佛国者,非于空也",首先肯定,众生之所在就是菩萨佛土。

《维摩诘经》说:"宝积,当知:直心是菩萨净土,菩萨成佛时不谄众生来生其国。深心是菩萨净土,菩萨成佛时具足功德众生来生其国。菩提心是菩萨净土,菩萨成佛时,大乘众生来生其国。布施是菩萨净土,菩萨成佛时一切能舍众生来生其国。持戒是菩萨净土,菩萨成佛时,行十善道满愿众生来生其国。忍辱是菩萨净土,菩萨成佛时,三十二相庄严众生来生其国。精进是菩萨净土,菩萨成佛时勤修一切功德众生来生其国。禅定是菩萨净土,菩萨成佛时,摄心不乱众生来生其国。智慧是菩萨净土,菩萨成佛时正定众生来生其国。四无量心是菩萨净土,菩萨成佛时成就慈悲喜舍众生来生其国。四摄法是菩萨净土,菩萨成佛时解脱所摄众生来生其国。方便是菩萨净土,菩萨成佛时于一切法方便无碍众生来生其国。三十七道品是菩萨净土……。"③如此等等,佛教所有的修行法门都是净土,心净则国土自然清净。其文说:

> 菩萨随其直心,则能发行。随其发行,则得深心。随其深心,则意调伏。随意调伏,则如说行。随如说行,则能回向。随其回向,则有方便。随其方便,则成就众生。随成就众生,则佛土净。随佛土净,则说法净。随说法净,则智慧净。随智慧净,则其心净。随其心净,则一切功德净。是故,宝积,若菩萨欲得净土,当净其心。随其

---

① 吉藏:《净名玄论》卷七,《大正藏》第38卷,第902页下。
② 鸠摩罗什译:《维摩诘经》卷上,《大正藏》第14卷,第538页上。
③ 同上书,第538页上—中。

心净,则佛土净。①

"心净,则佛土净"便是中土"唯心净土"观念的源头之一。

《维摩诘经》也载有这样一段记述:据说作为小乘代表人物的舍利弗当时对于心净则佛土净的思想不甚理解,便于私下作如是念:若菩萨心净则佛土净者,那么,当佛为菩萨时,其意难道不净吗?而当时之国土何以"丘陵坑坎,荆棘沙砾,土石诸山,秽恶充满?"②佛看出了舍利弗的心思,便对舍利弗说:日月难道不干净吗?但盲者不见,佛土亦然,本自清净,而汝不见。其时在旁的一位梵志插话说:人心有高下,不依佛意,所以见此土不净,若依佛智慧,则能见此佛土清净。随后佛为大众当场显现清净佛土,并对舍利弗说:

> 我佛国土常净若此。为欲度斯下劣人故,示是众恶不净土耳。譬如诸天共宝器,食随其福德,饭色有异。如是舍利弗,若人心净,便见此土功德庄严。③

如此,国土的清净与否,完全在于"心净"还是"不净"。

早在东晋时期,僧肇在其《维摩经注》中,就明确地把"土之净秽系于众生"④,指出"众生则佛土也。佛土者,即众生之影响耳"⑤。进而把众生净归结于"行净",曰:"夫行净则众生净,众生净则佛土净,此必然之数,不可差也。"⑥最后又把众生净、行净与佛土净归结于心直、心净,认为"欲弘大道,要先直其心。心既真直,然后入行能深,入行既深,则能广运无涯"⑦,"心既净,则无德不净"⑧。最后的结论是"净土盖心之影

---

① 鸠摩罗什译:《维摩诘经》卷上,《大正藏》第14卷,第538页中一下。
②③ 同上书,第538页下。
④ 僧肇等:《注维摩诘经》卷一,《大正藏》第38卷,第334页中。
⑤ 同上书,第334页下。
⑥ 同上书,第335页中。
⑦ 同上书,第335页下。
⑧ 同上书,第337页上一中。

495

响耳"①。

晋宋之际的竺道生在《注维摩诘经》中也阐明了同样的思想。在《维摩诘经》之"菩萨于一切众生悉皆平等,深心清净,依佛智慧则能见此佛土清净"②文下,道生注曰:"心有高下,据石沙致疑,则就众生之优劣也。又是不依佛慧为应之趣在乎必悟之处,故唯见不净耳。若取出恶之理,则石沙众生与夫净之人等无有异。"③道生此说值得注意的地方,是他把"悟"与"理"的范畴引入净土论。后来禅宗以迷悟说净土之远近,当与道生此举不无关系。

第二节 《楞伽经》的汉译及其基本内容

在佛教思想发展史上,《楞伽经》是中期如来藏思想与后期如来藏思想的一个分界。这部经大量而较为系统地涉及到唯识思想,属于笔者所竭力主张的如来藏思想被融会进入早期唯识思想之中而不具备独立系统的直接证据。从中国佛教而言,《楞伽经》一方面产生了重大而深远的影响,另一方面在近代以来受到许多学者的质疑,特别是对南北朝时期的两种汉译本的批评一直持续不断。本节暂时将这些质疑和批评搁置一边,主要从汉译经典本身来阐述分析此经的思想。

一、《楞伽经》的汉译本

根据古代经录的记载,从 420 年至 704 年之间,《楞伽经》出现过四种汉语译本,现存三种。以下依照时间顺序略作说明考辨。

第一种译本是北凉时期的昙无谶(385—433)翻译的。而关于翻译《楞伽经》的记载,今人的理解有分歧。如前所叙述,昙无谶所译的经,依

---

① 僧肇等:《注维摩诘经》卷一,《大正藏》第38卷,第337页中。
② 鸠摩罗什译:《维摩诘经》卷上,《大正藏》第14卷,第538页下。
③ 僧肇等:《注维摩诘经》卷一,《大正藏》第38卷,第338页上。

据《出三藏记集》为十二部一百一十七卷,《历代三宝纪》记载二十四部一百五十一卷,《开元释教录》刊定为十九部一百三十一卷。《出三藏记集》所列的十二部未包含《楞伽经》,但在同书卷一四的《昙无谶传》中,却说其翻译的总数是二十部。《历代三宝纪》列出昙无谶二十四部译籍,其中包含《楞伽经》四卷①。而《开元释教录》卷四则罗列了十九部一百三十五卷,《楞伽经》四卷也包含其中。由上述记载看,昙无谶曾经翻译过《楞伽经》应该是可信的。不过此译本早已失传。

第二种译本是刘宋元嘉二十年(443)由印度僧人求那跋陀罗于道场寺译出,慧观笔受,全称为《楞伽阿跋多罗宝经》四卷,四品,但品名均为"一切佛语心品"。

第三种译本是延昌二年(513)由印度僧人菩提流支译出,沙门僧朗、道湛笔受,经名为《入楞伽经》,十卷,共十八品。

第四种是唐实叉难陀翻译,全名为《大乘入楞伽经》,七卷。关于翻译此经的过程,从武则天御制《大乘入楞伽经序》可窥见一斑:

> 朕虔思付嘱,情切绍隆。以久视元年岁次庚子,林钟纪律,炎帝司辰。于时避暑箕峰,观风颍水,三阳宫内,重出斯经。讨三本之要诠,成七卷之了教。三藏沙门于阗国僧实叉难陀大德,大福先寺僧复礼等,并名追安远,德契腾兰,袭龙树之芳猷,探马鸣之秘府,戒香与觉花齐馥,意珠共性月同圆,故能了达冲微,发挥奥赜。以长安四年正月十五日,缮写云毕。②

从此文可知,此本的翻译是武周久视元年(700)开始的,文中未记载具体月份,经录又记载:"《大乘入楞伽经》七卷,第四出,与宋功德贤等出者同本。久视元年五月五日,于东都三阳宫内初出,至长安四年缮写功毕。"③

---

① 费长房:《历代三宝纪》卷九,《大正藏》第49卷,第84页中。
② 《大正藏》第16卷,第587页上一中。
③ 智昇:《开元释教录》卷九,《大正藏》第55卷,第565页下。

值得注意的是,上文记载译竣抄写完毕的时间迟至长安四年(704),起始长达四年。

七卷本《大乘入楞伽经》翻译的时间如此长,一种可能表明其严谨,而更大的可能是上述"缮写云毕"时间属于最终上报朝廷的时间。如僧传记载,这一年实叉难陀申请回国。如《开元释教录》卷九记载:"至长安四年,实叉缘母年老,请归觐省,表书再上,方蒙允许,勅御史霍嗣光送至于阗。"①而法藏《入楞伽心玄义》中说:

> 于神都佛授记寺译《华严》了,寻奉勅令再译《楞伽》。文犹未毕,陀驾入京,令近朝安置清禅寺,俺译毕,犹未再勘,三藏奉勅归蕃。至长安二年有吐火罗三藏弥陀山,其初曾历天竺廿五年,备穷三藏,尤善《楞伽》,奉勅令共翻经沙门复礼、法藏等,再更勘译。复礼缀文,御制《经序》,赞述云尔。②

参照二者所说可知,实叉难陀于长安二年(702)之前已经将《楞伽经》初步翻译出来,但没有修订,而弥陀山来中土之后,与复礼、法藏等一起修订完成,而完成之后上报朝廷的时间即为长安四年(704)。

关于弥陀山,留存的资料很少。《开元释教录》卷九记载:

> 沙门弥陀山,唐言寂友,睹货逻国人也。幼小出家,游诸印度,遍学经论,于《楞伽》、《俱舍》最为精妙。志弘像法,无恡乡邦,杖锡而游,来臻皇阙。于天后代,共实叉难陀译《大乘入楞伽经》。后于天后末年,共沙门法藏等译《无垢净光陀罗尼经》一部。译毕进内,辞帝归邦。天后厚遗,任归本国。③

---

① 智昇:《开元释教录》卷九,《大正藏》第 55 卷,第 566 页上。
② 法藏:《入楞伽心玄义》,《大正藏》第 39 卷,第 430 页中。法藏此说易引起误解的是关于实叉难陀归国的说法。也许会有人解读出实叉难陀于长安二年之前归国。而参照其他记载,则可知法藏此说大概是因言简而致误解。
③ 智昇:《开元释教录》卷九,《大正藏》第 55 卷,第 566 页中—下。

上文中"天后末年"语义模糊,后世或理解为长安四年(704),或理解为神龙元年(705)。根据史书记载,神龙元年正月,武则天病危,宰相张柬之等联络文武官员多人率领禁军入宫,逼迫武则天退位,拥戴中宗复位,恢复国号为唐,上太后尊号为则天大圣皇帝,徙居上阳宫。是年十一月,武则天病逝。从上文记叙"天后"赏赐弥陀山之语来看,弥陀山似应该是在长安四年回国的。由上述考辨可知,弥陀山于长安二年(702)至长安城,与实叉难陀一起修订《大乘入楞伽经》,完成之后,大概于长安四年与法藏等一起翻译出《无垢净光陀罗尼经》,翻译完毕,当年回国。

上述现存的三种《楞伽经》汉译本,一般认为刘宋译四卷本文体比较深奥,代表《楞伽经》的古貌,译者多采用直译;北魏菩提流支十卷本文字较繁复而意义隐晦,唐译七卷本文字练达明畅,易于研读。不过,从影响上来说,刘宋译本直接启发了禅宗的形成,其影响一直绵延不绝,而近代批评"本觉"思想的学者对于北魏译本给予了相当的关注。本著限于篇幅,暂时仅仅以四卷本为主适当地引用其余译本来分析说明《楞伽经》的思想。

二、《楞伽经》经题的含义及其结构

现存的三种汉译本经题,四卷本为《楞伽阿跋多罗宝经》,十卷本为《入楞伽经》,七卷本为《大乘入楞伽经》,而古代经家从词语本身的含义及其象征含义等几方面对其做了解释。

关于经题"楞伽"的译名,可先引唐代法藏的解释作为根据:"梵言'楞伽',此云'难入',亦云'险绝',复云'可畏',亦曰'庄严'。阿伐哆陀罗,此云'下入'。以梵语中'下入'、'上入'悉有别名。唯从上,'下入'别有此名,如入菩萨等。"[①]法藏这一解释,针对的是唐代七卷本的译名。法藏特别指出,"楞伽"为"难入"之义,而"难入"之"入"的梵文原词取的是

---

① 法藏:《入楞伽心玄义》,《大正藏》第 39 卷,第 429 页下。

"上入",即从上进入的意思。而梵音"阿伐哆陀罗"的意思就是"下入"的意思。七卷本经题偏取"上入"。

古人一致认为,此经是以佛说法的场所为核心语词命名的,七卷本《入楞伽经》的起首就说:"一时,佛住大海滨摩罗耶山顶楞伽城中"①,即是此说的证明。如上所说,"楞伽"为梵文音译,意译为"难入",这是指摩罗耶山陡削险绝,为常人所难到。如法藏说:"有二义:此摩罗耶山居南海中,孤峙削成,故名'险绝'。二、山顶有城,回无门户,名为'难入'。非直山无入路,亦乃城绝户扉,唯有神通者飞空下入,方预其中。故名此城以为'难入'。佛及大众应机降迹,故名为'入'。即从天及处用以题名。罗刹居中,复名'可畏'。众宝校饰,复曰'庄严'。"②可见,"楞伽"是"难入"之城的意思。

至于四卷本经题中的"阿跋多罗宝"的含义,古来一直有争议。四卷本的解释是"无上宝"的意思。如唐澄观解释说:"经题云《楞伽阿跋多罗宝经》,'阿'言'无','跋多罗'云'上宝',即此方之言。又'多罗'亦是'宝'义,则译人双存。"③这是说,"阿跋多罗"是"无上宝"的意思,而四卷本的译者既取音译又取意译,因而成"阿跋多罗宝"一语。然而,法藏已经指出:"四卷者,翻为'无上',此甚讹也。勘诸梵本及十卷中,都无'宝'字。十卷中翻为'入'者,当名也。"④这是说,四卷本经中说"阿跋多罗"为"无上宝"是错讹所致。法藏说"阿伐哆陀罗"(即宋译本"阿跋多罗")是从"下入"的意思。而且梵本原文没有"宝"字。如果信从法藏的解释,即四卷本经题中,"楞伽"是"难从上入"的意思,而"阿跋多罗"是"难从下入"的意思。不过,许多佛经都描述,楞伽山多宝,被当做宝山,因而古今以来大多数都沿袭了"无上宝"的解释。

关于此经题的象征意义,仍然以法藏的解释为依据给予说明。法藏在解释了经题的字面含义之后,又分五个方面解释其象征含义:

---

① 实叉难陀译:《大乘入楞伽经》卷一,《大正藏》第16卷,第587页中。
②④ 法藏:《入楞伽心玄义》,《大正藏》第39卷,第429页下。
③ 澄观:《华严经随疏演义抄》卷八五,《大正藏》第36卷,第668页下。

三显用者,有二义:一、城为难入,佛能入之。二、罗刹难化,入中化之,果用垂降。至此二难,故云入难入也。

四显德者,谓一心真性,周绝四句,迥超情表,犹崖城绝户,故云难入;垂言巧辨,宣示悟入,故云能入。此即教入义而义现也。

五表法者,有三义:一、城表理玄。二、罗刹表障重。三、入显行成。行成离罗刹之障,证难入之城。对法论中,转依略有三义:一转成,谓行成也。二转离,谓灭障也。三转显,谓证理也。此中三义当知亦尔。

六辨行者,谓真理性融,掩绝图度,圣智玄悟,妙证相应,故云入难入也。此则以智入理也。

七表玄者,自觉圣智,举体是真,更无余智,能证此真,故名难入。还令即真之智证此即智之真,此即无入入,入而即无入,名难入也。[①]

将法藏上述解释综合起来可知,此经题蕴含了此经所言义理深微难入的意义,而唯有佛能入而化度居于此的罗刹,使其悟入"一心真性"。

《楞伽经》三种译本,四卷本只有一品,名为《一切佛语心品》,魏译有十八品,唐译有十品。魏译《入楞伽经》的品题为:第一《请佛品》、第二《问答品》、第三《集一切佛法品》、第四《佛心品》、第五《卢迦耶陀品》、第六《涅槃品》、第七《法身品》、第八《无常品》、第九《入道品》、第十《问如来常无常品》、第十一《佛性品》、第十二《五法门品》、第十三《恒河沙品》、第十四《刹那品》、第十五《化品》、第十六《遮食肉品》、第十七《陀罗尼品》、第十八《总品》。唐译《大乘入楞伽经》的品题是:第一《罗婆那王劝请品》、第二《集一切法品》、第三《无常品》、第四《现证品》、第五《如来常无常品》、第六《刹那品》、第七《变化品》、第八《断食肉品》、第九《陀罗尼品》、第十《偈颂品》。

---

① 法藏:《入楞伽心玄义》,《大正藏》第39卷,第429页下—430页上。

关于上述三种译本与梵本的关系,古来记载不一,今人因此而有不同说法,印顺法师说:

> 传说"楞伽经"有大本,凡十万颂,虽确否难知,而现存"楞伽经",则似为残本。大慧发一百八问,而所答不多;经末无流通分;题"一切佛语心品第一"而无余品;多氏传系火后之一品,皆足为残阙不全之证。唐、魏二译,前有罗婆那王"请佛品",后有"陀罗尼品"、"偈颂品",亦不足以言足本。就中唐译"偈颂品",非本经制断肉章以前所有。而魏译作"总品",则制断肉章以前重颂,除百八句颂以外,亦全部含摄在中。此"总品",应为总集"楞伽"重颂而别行者。所有偈颂,应并有长行问答。虽长行有所阙佚,而以总颂别行,犹得传诵不失,乃附于残本之后。唐译见部分偈颂重出,乃删去之,改名为偈颂。此虽无古本可勘实,以理论之,其演变当如是。①

印顺法师依据西藏多罗那他《印度佛教史》的记载以及对于内容的判定,认为现存的三种汉译本都不完整。而大略对照,则可知魏译、唐译比宋译多出几品,但仍然不完整。这是一种看法。也有日本学者认为,宋本所依据的梵文本早出,不一定就不完整,而魏译、唐译本所依据的梵文本可能要晚出一些。

关于四卷《楞伽经》"一切佛语心"品名的含义,古来一直有不同理解。如唐代法藏说过:"何故四卷都名'佛语心品'者?准下文,此经一部俱是楞伽心也。'佛语'者,准梵语正翻名为佛教。于佛教楞伽中,此为中心要妙之说,非是缘虑等心,如般若心等。此是满部之都名,非别品目。"②而后世楞伽宗等也都是这样理解的。

四卷《楞伽经》的结构,古代经疏家将本经经前108句作为一段,这是提问部分。其后则为39门或41门的回答。武则天所撰《经序》有言

---

① 印顺:《楞伽阿跋多罗宝经释题》,《华雨集》第1册,第160—161页。
② 法藏:《入楞伽心玄义》,《大正藏》第39卷,第430页上—中。

曰:"一百八义,应实相而离世间。三十九门,破邪见而宣正法。"①而现存的藏译本经疏也有 39 章的划分。由此可见,至少在武周时期已有将这部分内容分为 39 门的做法。追至后代,又有 41 门的科判,如清代的续法有《〈楞伽经〉乘性宗顿教四十一法门》文,将其又分为 41 门。然而古代的注家也未完全将答文与前述 108 问完全对应起来。近代佛学家欧阳竟无《楞伽疏决》说:"雅颂失所,琴瑟不调,增安繁芜,安能纯绎!读杂乱书,倍阻机颖。"以为本经杂乱无序,索性将本经割裂拆散,问与答放在一处,类为六聚,而使前后连贯一起。太虚大师《楞伽义记》则将经后 41 门判分为境、行、果三类,"果"中又分"共果"、"不共果"。

而印顺法师则另有一科判。他说,《楞伽经》正宗分有两大部分,第一是"总问略答直示佛心",此即大慧菩萨所提的问题。第二是"随问广答渐入自心",也即古代注家所说的 41 门或 39 门。在第二部分随问广答中,印顺法师又将其分为四门:第一,入胜解行地。此与唯识宗"资粮位"、"加行位"相似,属于地前菩萨阶段,对于诸法有殊胜了解。第二,入心量地。相当于唯识宗的"通达位"及"修道位",从初地至七地,证悟一切唯心所现,此为"有心地"。第三,入无所有地。于此,不但了解一切唯心所现而能使心寂灭不生,相当于八、九二地,得根本无分别智。第四,入最胜地。此包括十地与佛地,唯识五位中之修习位后分与究竟位之全分。②从此一逐门分析,可以看出《楞伽经》的基本内容其实是全面揭示唯识观行的经典,尽管在中土从古以来关注的是如来藏、佛性思想,但《楞伽经》的这一属性确实是不可忽视的。

此经的发起序之后,大慧菩萨以偈赞佛后对佛说:"我名为大慧,通达于大乘;今以百八义,仰谘尊中上。"③此后,大慧菩萨连续提出 108 个问题。以下依照所提问题的类别作一罗列。

---

① 实叉难陀译:《大乘入楞伽经》卷一,《大正藏》第 16 卷,第 587 页上。
② 印顺:《楞伽阿跋多罗宝经释题》,《华雨集》第 1 册,第 162—163 页。
③ 求那跋陀罗译:《楞伽阿跋多罗宝经》卷一,《大正藏》第 16 卷,第 480 页中。

应该指出,《楞伽经》文中一直强调"百八句",但现存的版本都不足此数。梵本、藏译本为 104 句,宋译、魏译仅 105 句,唐译为 106 句。至于其中的内容之分疏,古今说法甚多。此处仅依照太虚大师的分析为据作上述说明。

上述 108 问涵盖了"五法"、"三自性"、"八识"、"二无我"等等如来藏及唯识学的基本问题。

三、《楞伽经》的唯识思想

"八识"、"五法"、"三自性"、"二无我"等都是唯识学的核心教义。《楞伽经》自然有这一部分内容,而且相当显著。

1. 诸识生灭

此一部分所涉及到的问题是大慧菩萨提出的:"世尊!诸识有几种生住灭?"①此中所问的是具有"生住灭"特性的众生之心的具体分类问题,也就是一般所说的"八识"。如来其后的回答分为七层次。

第一,解释"生灭"。经文说:"诸识有二种生住灭,非思量所知。诸识有二种生,谓流注生及相生。有二种住,谓流注住及相住。有二种灭,谓流注灭及相灭。"②此中所说的"流注",魏译、唐译均作"相续",即连续不断的意思,"相"为"相状"的含义。

第二,回答诸识,经文说:"诸识有三种相,谓:转相、业相、真相。大慧!略说有三种识,广说有八相。何等为三?谓真识、现识及分别事识。大慧!譬如明镜,持诸色像,现识处现,亦复如是。"③此中的关键是将唯识学所言的"诸识"分为三个层次还是两个层次。魏译、唐译则仅分为两个层次,如唐译为:"大慧,诸识有二种生住灭,非臆度者之所能知。所谓相续生及相生,相续住及相住,相续灭及相灭。诸识有三相,谓转相、业相、真相。大慧,识广说有八,略则唯二,谓现识及分别事识。大慧,如明

---

①②③ 求那跋陀罗译:《楞伽阿跋多罗宝经》卷一,《大正藏》第 16 卷,第 483 页上。

镜中现诸色像，现识亦尔。现识与分别事识，此二识无异相互为因。"①尽管如此，唐译仍然说"诸识有三相"。

宋译《楞伽经》的这一段经文在当时引出了各种不同的解释，其分歧一致延续到了现代。如明代《楞伽阿跋多罗宝经注解》说："据后经文，即合上真识、现识为一藏识，开上分别事识为七识，谓意根意识、眼识、耳识、鼻识、舌识、身识也。然此诸识广略、开合不同者，良以如来藏是善不善因，随染净缘熏变不同，众生无始恶习所熏，唯逐染缘故。如来藏转名识藏，次第转生诸识。此全真成妄，全理成事也。若能随于净缘，了达诸识皆即真智，如来藏无复转名，则即事而理，反妄归真矣。镜喻现识者，以现识是能生诸法之本，造因招果，如镜之照物，妍丑不差也。"②然而这样的解释，遭到近代佛学家的批评。于是有一新解释：在坚持"八识"说的背景下，便应该将宋译本中的"真识"及其"真相"理解为转依之后与所得的"四智"相应的清净无漏识及其"相"。

总之，"现识"便是阿赖耶识的异名，鉴于一切诸法都依阿赖耶识而现起，故名之"现识"。"分别事识"便是指前七识，即眼识、耳识、鼻识、舌识、身识、意识、末那识，鉴于这七种识与色、声、香、味、触、法诸境相对而起虚妄分别，故名之"分别事识"。"转相"、"业相"分别是前七识和第八识之相。由以前所造之业，引此八识受此业报，第八识为果报之主体，因而称之为"业报识"；第七识依凭第八识转转而生并且系缚执第八识为真实存在的"我"，而六识则依凭第七识而存在，此七识之相统称为"转相"。

第三，回答"识"的生灭。经文说："现识及分别事识，此二坏不坏相展转因。大慧！不思议熏及不思议变，是现识因。大慧！取种种尘及无始妄想熏，是分别事识因。大慧！若覆彼真识种种不实诸虚妄灭，则一切根识灭，是名相灭。大慧！相续灭者，相续所因灭则相续灭，所从灭及

---

① 实叉难陀译：《大乘入楞伽经》卷一，《大正藏》第16卷，第593页中。
② 宗泐、如玘：《楞伽阿跋多罗宝经注解》卷一，《大正藏》第39卷，第350页中。

所缘灭则相续灭。大慧！所以者何？是其所依故。依者，谓无始妄想熏；缘者，谓自心见等识境妄想。"①此中的"坏不坏相"是指识的变化与"转移"。如宋代的正受解释说："五识'坏不坏相'者，眼等识一念得尘即灭名'坏色'，习气转入六识名'不坏'。七识'坏不坏相'者，七识缘六识，造善恶业，念念生灭，名'坏业'；习依如来藏得未来生死，名'不坏'。"②而第八"现识"与前七"分别事识"二者无异，相互为因。"现识"以不思议熏变为因；"分别事识"以虚妄分别境界及各种戏论、习气为因。而阿赖耶识虚妄分别各种习气灭，即一切根识皆灭，此为"相灭"；所谓相续灭者，即所依之因、缘皆灭，此为"相续灭"。所依之因者，如无始戏论、虚妄习气等等；而所缘者，即自心所见之虚妄分别境界。

第四，辨析"识"不灭义。经文说："譬如泥团微尘，非异非不异，金庄严具亦复如是。大慧！若泥团、微尘异者，非彼所成，而实彼成。是故不异。若不异者，则泥团、微尘应无分别？如是，大慧！转识、藏识真相若异者，藏识非因；若不异者，转识灭，藏识亦应灭，而自真相实不灭。是故大慧！非自真相识灭，但业相灭。若自真相识灭者，藏识则灭。大慧！藏识灭者，不异外道断见论议。"③此是以譬喻来说明"真识"④与藏识、转识的关系的，文中出现了"藏识真相"以及"自真相识灭者，藏识则灭"等语词、文句，也印证了此段文字的核心在于讨论此议题。

如此理解，"泥团"喻"分别事识"，"微尘"则譬喻"藏识"及其"真相"。同泥团与微尘既非异又非不异，也如金与各种由金做成的器具非异又非不异，"藏识"与分别事识若异，则藏识则非是彼七转识之因；若不异者，

---

① 求那跋陀罗译：《楞伽阿跋多罗宝经》卷一，《大正藏》第16卷，第483页上。
② 正受：《楞伽经集注》卷一，《续藏经》第37卷，第234页上。
③ 求那跋陀罗译：《楞伽阿跋多罗宝经》卷一，《大正藏》第16卷，第483页上一中。
④ 关于此句是说明"真识"与八识的关系，还是说明第八识与前七识之间的关系，历来有不同解释。在此之前有一句经文："若覆彼真识种种不实诸虚妄灭，则一切根识灭，是名相灭"，此处使用了"真识"的概念，而在前述经文中三种译本都出现了"诸识"之"三相"的说法。综合这些证据，本著以为此处是对于"真识"与"藏识"的关系的说明。

转识灭后,藏识也应灭,但实际上,"藏识之真实相"是不灭的。"藏识之真相"不灭,而其业相则有生灭。如果藏识真相灭,此则与外道之断灭论无异。

第五,破外道。在此部分有一重要内容,即"七种自性"。四卷本经文说:"有七种性自性,所谓集性、自性性、自性相性、自性大种性、自性因性、自性缘性、自性成性自性。"①而七卷本译为:"有七种自性:所谓集自性、性自性、相自性、大种自性、因自性、缘自性、成自性。"②《注大乘入楞伽经》解释说:"自下重明染净二缘真妄识体。此七自性,成上妄识生灭身也。谓烦恼体性,能集善恶等业,故名烦恼为'集自性'。既有集因,必有未来苦果性,故言'性自性'。既有苦果,必有形相,故言'相自性'。既有形相,即从四大种生,故言'大种自性'。既有四大,即从因缘所成,故言'因自性'、'缘自性'、'成自性'。然妄无别体,随所执得名。"③这是说,此"七种自性"主要是阐明染、净两种缘起,也就是真识、妄识之"体"的。

其后,四卷本经文说:"大慧,有七种第一义,所谓心境界、慧境界、智境界、见境界、超二见境界、超子地境界、如来自到境界。"④七卷本经文说:"大慧,有七种第一义:所谓心所行、智所行、二见所行、超二见所行、超子地所行、如来所行、如来自证圣智所行。"⑤对此,古代解释分歧。如宋代宝臣等解释说:"第一义谛道理无二,为人不同,证有优劣。此七成上真识不生不灭法身也。'所行',一本作'境界',即'所行境界'也。谓发心菩萨缘第一义法性如来藏心,故名'心所行胜解行地菩萨'等。各起十种智慧,缘于真如,故名'智所行初地菩萨'。正证真如,见二种无我,故名'二见所行'。八地菩萨起二乘,超七地,故名'超二见所行'。十地超九地,九地名'一子地',后二所行即佛地也。"⑥这是从菩萨"十地"修行

---

① ④ 求那跋陀罗译:《楞伽阿跋多罗宝经》卷一,《大正藏》第 16 卷,第 483 页中。
② ⑤ 实叉难陀译:《大乘入楞伽经》卷一,《大正藏》第 16 卷,第 593 页下。
③ 宝臣:《注大乘入楞伽经》卷二,《大正藏》第 39 卷,第 445 页下。
⑥ 同上书,第 446 页上。

解释的。

对于上述经文,吕澂先生有一解释,颇为精辟。他认为,这一段经文是阐述"境之有无义"。他说:"境随事随心而有分别,随事有七种自性。……随心区别,亦有七种,泛泛言之,则有心所行(虚妄分别、不定正确)、智所行(正分别)、慧所行(超分别),此三为一类也。其次为二见所行与超二见所行,此二又一类也。再次为超子地所行、如来自证圣智所行;子谓佛子,超子地者,意谓邻圣,即将成佛也;如来自证,即佛境也。境依事判,乃世俗说;随心而言,乃胜义说,究竟说也。合此十四种心相以观境之有无,乃三世诸佛说法之心要。"①此正如经中所说:"此是过去、未来、现在诸如来应供等正觉,性自性第一义心。以性自性第一义心,成就如来世间出世间、出世间上上法,圣慧眼入自共相建立。如所建立,不与外道论恶见共。"②此中是说,"佛以圣慧眼观见真俗境之自共相,随应安立种种差别,所谓世间安立,即世俗说,出世安立……。此之安立不与外道相共,外道有种种恶见,不境界自心现,妄起有无等见,佛知境由现识所现,不离于心,故无有无可执。……而外道谓境有实质,离心存在,分别其有无,以是与佛说大相扞格也。"③

第六,判迷悟。经文说:"妄想三有苦灭,无知、爱、业缘灭,自心所现幻境随见;今当说。"④此句,文义倒装,晦涩难解。唐译则谓:"我今当说:若了境如幻自心所现,则灭妄想三有苦及无知爱业缘。"⑤可见,了达唯心,妄想不起,三界生死之苦及无明、爱、业缘等等随即灭除。这就是迷悟之转换。

第七,明修正观。经文说:"是故欲得如来随入身者,当远离阴、界、

---

① 吕澂:《吕澂佛学论著选》(二),第1242—1243页,济南,齐鲁书社,1990。似有整理错误,标点酌有改动。
②④ 求那跋陀罗译:《楞伽阿跋多罗宝经》卷一,《大正藏》第16卷,第483页中。
③ 吕澂:《吕澂佛学论著选》(二),第1243页。第一个略号内省略的文字似乎有整理错误,不能读通。引文标点稍有调整。
⑤ 实叉难陀译:《大乘入楞伽经》卷一,《大正藏》第16卷,第593页下。

入心,因缘所作方便,生住灭妄想虚伪,唯心直进。观察无始虚伪过妄想习气因,三有;思惟无所有,佛地无生,到自觉圣趣。自心自在,到无开发行,如随众色摩尼,随入众生微细之心,而以化身随心量度,诸地渐次,相续建立。是故大慧!自悉檀善,应当修学。"①佛告诉大慧,大菩萨欲得佛身,应当远离蕴界处诸法,远离心因缘所生之各种生灭法,远离各种戏论及种种虚妄分别,但住于远离一切能缘所缘如来真证心量,观察三界无始以来为妄习所熏而起生死种种分别,思维无相无生之佛境界,自证圣法,得心自在无碍之功用,犹如如意宝珠,随宜现身,达于唯心之境,渐渐入于佛地。因此一切大菩萨于此法应当善于修学。

2. 藏识境界

接续前文对于八识的分疏,大慧菩萨又请求佛说:"世尊!所说心意意识、五法、自性、相,一切诸佛菩萨所行,自心见等所缘境界不和合,显示一切说成真实相,一切佛语心。为楞伽国摩罗耶山海中住处诸大菩萨,说如来所叹海浪藏识境界法身。"②此中所提出的请求佛宣说"藏识境界法身",其实就是请教诸识缘起。一般以为,四卷本《楞伽经》题"一切佛语心品",正指此段文义,此经所示四种法门,皆荟萃于此。

佛对此问题的回答分为两大层次,先是直接回答,其后大慧又有追问,佛再答。直接回答部分内容如下:

第一,明转识缘起。

世尊告大慧菩萨言:"四因缘故眼识转。何等为四?谓自心现摄受不觉,无始虚伪过色习气,计著识性自性,欲见种种色相。大慧!是名四种因缘。水流处,藏识转识浪生。大慧!如眼识,一切诸根、微尘、毛孔俱生,随次境界生,亦复如是。譬如明镜现众色像;大慧!犹如猛风吹大海水。外境界风飘荡心海,识浪不断;因所作相异不异。合业生相,深入

---

① 求那跋陀罗译:《楞伽阿跋多罗宝经》卷一,《大正藏》第16卷,第483页下—484页上。
② 同上书,第484页上。

计著,不能了知色等自性,故五识身转。大慧!即彼五识身俱,因差别分段相知,当知是意识因。彼身转,彼不作是念:我展转相因。自心现,妄想计著转,而彼各各坏相俱转,分别境界,分段差别,谓彼转。"①此中是以"眼识转"来类推说明其他"转识"。

上述"四缘"是:第一,不觉知外境是自心之所显现,而虚妄分别执著。第二,从无始以来,为色之妄想所迷惑熏习。第三,识之自性即在于思量、了别。第四,喜乐见诸色相。正是由此四缘的缘故,藏识大海生眼识等诸识浪。眼识是这样,耳、鼻、舌、身诸识也是如此,于一切根尘毛孔,眼等诸转识顿生,譬如明镜一照,众色像顿时显现;或渐生,如风吹大海,波浪随着生起。如来藏心海也是如此,外境风吹,诸转识则起,造业受报,生死不绝。

第二,显藏识深细。

第八藏识深微,在修行时除灭也难。佛就此对大慧等说:"如修行者入禅三昧,微细习气转而不觉知,而作是念:识灭,然后入禅正受。实不识灭而入正受,以习气种子不灭故不灭,以境界转、摄受不具故灭。大慧!如是微细藏识究竟边际,除诸如来及住地菩萨,诸声闻、缘觉、外道、修行所得三昧智慧之力,一切不能测量决了。"②这是说,除大菩萨之外,那些浅智修行者,其第六识视其浅深而伏灭,但第七末那及阿赖耶仍持种不灭。在圣位"灭尽定"时污染的末那虽然不现起,而净末那仍然现起,因此,那些持邪见邪定执著身心断灭的,都是错误的。在禅定中,不但有微细的六识,无想灭受想定仍然有七、八二识的活动,并且不但第七、第八识不灭,第六及前五识的习气种子仍旧含藏于识中。修行者出定之后,这些遇缘又能起现行;不过,前六识如未缘取境界,暂能伏住,此即"摄受不具"的含义。

上文强调说,"藏识"生住异灭的四相,甚微甚细,唯佛与住地菩萨方能了知。而修二乘及诸外道之禅定、智慧者,都不能了知。那么,如何才

---

①② 求那跋陀罗译:《楞伽阿跋多罗宝经》卷一,《大正藏》第16卷,第484页上。

能达至了知的境界呢？下文有回答。

佛继续对大慧等说："余地相智慧，巧便分别，决断句义，最胜无边善根成熟，离自心现妄想虚伪，宴坐山林，下中上修，能见自心妄想流注。无量刹土诸佛灌顶，得自在力神通三昧，诸善知识佛子眷属；彼心意意识自心所现自性境界虚妄之想。生死有海，业爱无知，如是等因悉已超度。是故大慧！诸修行者，应当亲近最胜知识。"①此中，"余地相智慧"指住地菩萨。如实了达诸法大修行者，以智慧善巧方便力，了诸地相，依最胜处修诸善根，离自心之妄想，宴处山林，渐经诸修行位，由"资粮"至"加行"，逐次修习圆满，能见种现流注生灭；遍入诸佛大集会中，蒙佛为之灌顶，菩萨为其眷属，知心识等唯心境界。以了知故，无明爱业诸有悉空，超生死海。在此，佛激励学者当亲近诸菩萨等如实修行的大善知识，不可与二乘、外道为伍。

佛在直接回答了大慧的上述提问之后，大慧菩萨又进一步提问。佛的回答则构成对上述内容的补充。

第三，问答见相分。

大慧菩萨以偈问佛说："青赤诸色像，众生发诸识，如浪种种法，云何唯愿说！"②这是问，为何青赤等色像是由眼等诸识所显现的？依照唯识学的术语言之，则可以"见分"和"相分"的关系来诠释。

世尊则以偈回答说："青赤诸杂色，波浪悉无有；采集业说心，开悟诸凡夫。彼业悉无有，自心所摄离；所摄无所摄，与彼波浪同。受用、建立、身，是众生现识；于彼现诸业，譬如水波浪。"③这是说，青赤诸色像等都是"相分"，且是识的"自证分"所变现出来的"见分"所参与勾画和了别的。犹如海中的波浪，均空无自性。心因采集业的缘故，变缘根身器界，实际上其当体即空，八识是自取自离而已，实则本无所取，岂有所离？无能摄

---

① ② 求那跋陀罗译：《楞伽阿跋多罗宝经》卷一，《大正藏》第16卷，第484页中。
③ 同上书，第484页下。

心,无所摄法,唯是一心,如同海浪。"受用"、"建立"是指资财及器界,"身"即"根身"。"众生识"即"藏识","能现"为"业","所现"为"相",这些都是"识"所妄现。

其后又有一问一答,说明凡夫不能通达了解心相本如幻并无境界可得等等道理。从略。

第四,开示观行。

凡夫不能了知上述道理,是由于缺乏相应的智慧。因而,佛于此向大慧等开示"观行"。

第一,根本慧。经文说:"若菩萨摩诃萨欲知自心现量,摄受及摄受者妄想境界,当离群聚、习俗、睡眠,初中后夜常自觉悟,修行方便;当离恶见经论言说,及诸声闻、缘觉乘相,当通达自心现妄想之相。"①"观行"先须得"根本慧",大心菩萨若欲了知能摄取及所摄取之见相皆唯心所现者,当离嚣俗昏散诸过,于夜间也须修行。更须远离外道言论及二乘之法执,破虚妄,显自心,如此方可获得根本慧。

第二,上圣智。经文说:"菩萨摩诃萨建立智慧相住已,于上圣智三相,当勤修学。何等为圣智三相当勤修学?所谓无所有相,一切诸佛自愿处相,自觉圣智究竟之相。修行得此已,能舍跋驴心智慧相,得最胜子第八之地,则于彼上三相修生。大慧!无所有相者,谓声闻、缘觉及外道相,彼修习生。大慧!自愿处相者,谓诸先佛自愿处修生。大慧!自觉圣智究竟相者,一切法相无所计著,得如幻三昧身,诸佛地处进趣行生。大慧!是名圣智三相。若成就此圣智三相者,能到自觉圣智究竟境界。是故大慧!圣智三相,当勤修学。"②菩萨修习唯心观且获得根本智慧之后,需继续修学上圣智"三相":其一,无所有相,谓初地离去虚妄分别人法我执,空无形像之二空智。其二,自愿处相,即八地由诸佛加持圆成大悲本愿。其三,自觉圣智相,即十地进趣究竟佛地之自觉圣智境界。修

---

①② 求那跋陀罗译:《楞伽阿跋多罗宝经》卷一,《大正藏》第16卷,第485页上。

此三相,即舍懈怠心及二乘偏空智,进入菩萨地。至第八地增长慧,不计著一切法,得如幻三昧,直趋向佛地。如此修行,即可得究竟圆满无上菩提。

3. 五法差别

此章的主题是辨明"五法"、"自性"、"识"、"二种无我究竟分别相"等"四法"的内涵。大慧菩萨问佛说:"世尊!惟愿为说五法、自性、识、二种无我究竟分别相,我及余菩萨摩诃萨于一切地次第相续,分别此法入一切佛法。入一切佛法者,乃至如来自觉地。"①对此问题的简要答案是:"五法、自性、识、二种无我分别趣相者,谓名、相、妄想、正智、如如。若修行者修行,入如来自觉圣趣,离于断常、有无等见,现法乐正受住现在前。大慧!不觉彼五法、自性、识、二无我,自心现外性,凡夫妄想作诸圣贤。"②这是说,善能观察"名"、"相"、"妄想"、"正智"、"如如",则能进入自觉圣趣而离于二见,现证法乐。如不觉知五法、自性、诸识、无我,法皆唯心所现,则非圣智,而是凡夫的妄想。

第一,"五法"及其关系。

关于"相"与"名",经中解释说:"愚夫计著俗数名相,随心流散。流散已,种种相像貌,堕我、我所见,希望计著妙色。计著已,无知覆障,故生染著。染著已,贪、恚、痴所生业积集。积集已,妄想自缠,如蚕作茧,堕生死海、诸趣旷野,如汲井轮。以愚痴故,不能知如幻、野马、水月,自性离我我所,起于一切不实妄想。离相所相及生住灭,从自心妄想生,非自在、时节、微尘、胜妙生,愚痴凡夫随名相流。"③由此可见,"相"、"名"来源于凡夫的计著妄想,文中描述了"相"、"名"形成的过程。愚痴凡夫不知"名"是假立,心随流动见有诸法,计著我及我所,执著于色等外法,覆障圣智,起贪、瞋、痴各种烦恼,造作诸业,如蚕作茧以自缚,堕于六道生

---

① 求那跋陀罗译:《楞伽阿跋多罗宝经》卷四,《大正藏》第16卷,第510页下。
② 同上书,第510页下—511页上。
③ 同上书,第511页上。

死轮回之中,如汲水轮,循环不息;不知诸法如幻、如焰、如水中月,自心所现,而虚妄分别,不知离于能取、所取及生住灭,而妄心外缘,随顺自在,时、微尘、我等而生,随名相而流转。

关于"相"、"名"、"妄想",经中还解释说:"彼相者,眼识所照名为色,耳、鼻、舌、身、意、意识所照,名为声、香、味、触、法,是名为相。大慧!彼妄想者,施设众名,显示诸相,如此不异象、马、车、步、男、女等名,是名妄想。"①据此中所说,所谓"相"包括:眼识所见名之为"色",耳、鼻、舌、身所得名为声、香、味、触、法。所谓"妄想",也即施设种种名号,显示种种差别相,称之为象、马、男、女等,因有此等名称,即有象、马、男、女等性相起,说此是象、马,那是男、女,计著如此种种名相,是名"妄想"(唐译本作"分别")。

关于"正智"和"如如",经中解释说:"正智者,彼名相不可得,犹如过客,诸识不生,不断不常,不堕一切外道、声闻、缘觉之地。复次,大慧!菩萨摩诃萨以此正智,不立名相,非不立名相,舍离二见——建立及诽谤,知名相不生,是名如如。"②所谓"正智"者,亦即以正智观察,物无当名之实;名无得物之功,自性本无,故俱互为客,如此观察,则不起分别心识,亦即不堕常断等外道二乘境界,这就是"正智"。而大菩萨以其正智观察名相,非有非无,远离二边恶见,名相及识,相自不起,此法即名"如如"。

而"菩萨摩诃萨住如如者,得无所有境界故,得菩萨欢喜地。得菩萨欢喜地已,永离一切外道恶趣,正住出世间趣,法相成熟,分别幻等一切法,自觉法趣相,离诸妄想,见性异相。次第乃至法云地,于其中间,三昧、力、自在、神通开敷。得如来地已,种种变化圆照示现,成熟众生,如水中月,善究竟满足十无尽句,为种种意解众生分别说法。法身离意所作,是名菩萨入如如所得。"③大菩萨亲证真如,一切相无所有,是为初地

---

①②③ 求那跋陀罗译:《楞伽阿跋多罗宝经》卷四,《大正藏》第16卷,第511页上。

菩萨。于是离一切所应证,离一切所能证,次第而至十地,神通功德,究竟圆满,而仍不违本愿,成熟众生,普应普现,不假造作,如如不动,圆成一切佛事。这就是"菩萨入如如所得"。

第二,通摄三性。

大慧菩萨又问佛说:"世尊!云何世尊为三种自性入于五法?为各有自相宗?"①这是询问"五法"和"三性"之间的关系。佛告诉大慧说:"三种自性及八识、二种无我,悉入五法。"

首先是"五法"与"三性",经中说:"彼名及相,是妄想自性。大慧!若依彼妄想生心心法,名俱时生,如日光俱,种种相各别分别持,是名缘起自性。大慧!正智、如如者,不可坏故,名成自性。"②文中说,"三自性"、八识及二种无我都入于此五法中。"名"与"相"是"妄想自性"即一般所说的"遍计所执自性"。若以依彼分别心、心所法,必带名相一并生起,如日与光,同时而有,是名"缘起自性"即一般所说的"依他起自性"。"正智"、"如如",非是作法,不可坏灭,是"成自性"即一般所说的"圆成实性"。

其次,关于"八识"与"五法",经中解释说:"自心现妄想八种分别,谓识藏、意、意识及五识身相者,不实相妄想故。"③这是说,执著于自心所现分别法,即有八种分别,即藏识、意、意识以及眼、耳、鼻、舌、身五识,而其实八识都是虚妄不实,只是虚妄计著而已。

最后,此章指出:"我我所二摄受灭,二无我生。是故大慧,此五法者,声闻、缘觉、菩萨、如来、自觉圣智,诸地相续次第,一切佛法悉入其中。"④自心妄想现八识之名相,起八识之分别,然皆不实妄想,远离我、我所,得二无我正智。声闻、缘觉、菩萨、如来自证圣智诸境界,一切佛法也都摄入此五法中。

---

①②③④ 求那跋陀罗译:《楞伽阿跋多罗宝经》卷四,《大正藏》第16卷,第511页中。

4. 就五法相辨三自性

此后所说是从"名"、"相"、"觉想"、"正智"、"如如"五法的角度来说明唯识三性的含义。佛直接告诉大慧等说："菩萨摩诃萨当善三自性。云何三自性？谓妄想自性、缘起自性、成自性。大慧！妄想自性从相生。"①此中的"妄想自性"即一般所说的遍计所执自性，"缘起自性"即依他起自性，"成自性"即圆成实自性。

大慧在此提问说："云何妄想自性从相生？"佛告大慧："缘起自性事相相，行显现事相相，计著有二种妄想自性，如来应供等正觉之所建立，谓名相计著相及事相计著相。名相计著相者，谓内外法计著。事相计著相者，谓即彼如是内外自共相计著。是名二种妄想自性相。若依若缘生，是名缘起。云何成自性？谓离名相事相妄想，圣智所得及自觉圣智趣所行境界，是名成自性如来藏心。"②此段经文非常重要，因为涉及到"三性"与唯识三性的关系问题。

因缘所生法各有"自相"，又有在生灭迁流行上所显差别之相（"行显现事相相"），于此起计著，则有二种妄计性生，即"名相计著相"及"事相计著相"，前者是在"名言"上起执，后者是在"事相"上起执。至于对二者的解释，四卷《楞伽经》有一误置，将二者的解释颠倒了。如唐译为："事计著相者，谓计著内外法相。计著相者，谓即彼内外法中计著自、共相。是名二种妄计自性相。"③此中的"自相"、"共相"较难解释。明代《楞伽阿跋多罗宝经注解》解释为："自相者，自证之法也。共相者，化他之法也。"④不过这一解释不是针对此中的经文。太虚大师则解释说："离言说为自相，有言说为共相，今非此之自共相。此中如言色、受、想、行、识为相，则五阴一名为共相。除意根之五根及六尘为自相，则色法亦名为共相。"这一解释针对的是宋译本的经文。综上所述，简言

---

① ② 求那跋陀罗译：《楞伽阿跋多罗宝经》卷一，《大正藏》第16卷，第487页下。
③ 实叉难陀译：《大乘入楞伽经》卷二，《大正藏》第16卷，第597页下—598页上。
④ 宗泐、如玘：《楞伽阿跋多罗宝经注解》卷一，《大正藏》第39卷，第351页中。

之,"事相计著相"是指执著内法和外法之相,而"名相计著相"则是指执著内法、外法之自相和共相——这是此经对于"遍计所执自性"的说明。

关于"依他起性"、"圆成实性",四卷本《楞伽经》翻译为:"大慧,诸法从因缘而生,此即名缘起自性。何谓圆成实性?谓离名相事相一切分别,自证圣智所行之真如境界,此即如来藏自性清净心。"①七卷本《楞伽经》说:"从所依所缘起,是缘起性。何者圆成自性?谓离名相事相一切分别,自证圣智所行真如。大慧,此是圆成自性如来藏心。"②此中以缘生解释"缘起性"即"依他起性",如以唯识学来解释,即是依"种子"作为亲因从众缘而起。而"圆成实性"则是依缘起法上远离名相事相上的计著妄想,也即正智所得的真如境界,也称之为"圆成自性如来藏心"或曰"如来藏自性清净心"。

此后,世尊又以偈颂总结这些道理:"名、相、觉想,自性二相;正智、如如,是则成相。"③——这就是唯识学中重要的"五法"说。"名"为能诠之言,"相"为所诠之法,都是依他缘起自性。"觉想"则属于妄想,因为凡夫都以"觉想"为分别的缘故。前文说"妄想从相生",是因为"相"属于缘起自性,而计著其"名"且执其为实有,则"名"及"觉想"皆摄入遍计所执自性。"正智"及"如如"都是圆成实自性,"正智"是"有为无","如如"是"无为无漏",都属于"无为法"。

5.就阴界入辨二无我

《楞伽经》在这一部分中,以"五蕴"、"十二处"、"十八界"的角度说明"人无我"和"法无我"。

关于"人无我",经中解释说:"云何人无我?谓离我、我所,阴、界、入聚无知业爱生。眼、色等摄受,计著生识,一切诸根,自心现器身藏,自妄

---

①③ 求那跋陀罗译:《楞伽阿跋多罗宝经》卷一,《大正藏》第 16 卷,第 487 页下。
② 实叉难陀译:《大乘入楞伽经》卷二,《大正藏》第 16 卷,第 598 页上。

想相施设显示。如河流、如种子、如灯、如风、如云,刹那展转坏,躁动如猿猴,乐不净处如飞蝇,无厌足如风火。无始虚伪习气因,如汲水轮生死趣有轮,种种身色如幻术、神咒、机发像起。善彼相知,是名人无我智。"①这是说,五蕴、十二处、十八界一切诸法都无其主宰、实在之性。一切无知爱业之所生起,眼等诸识取著于色而虚妄执著,乃至一切可见之国土世间,都是如来藏自性清净心之所显现,刹那相续,念念不住。众生由六识思量计较施设名相,生灭之种子,乃至如虚假变幻之机发像动,总显刹那转坏,虚伪无实,躁动不静。修行者应该知晓并无"我"及"我所",应该善观察五阴幻质及所缘之幻境悉空,即可获得"人无我智"。

关于"法无我",经中说:"云何法无我智?谓觉阴界入妄想相自性。如阴界入离我我所,阴界入积聚因业爱绳缚,展转相缘生,无动摇;诸法亦尔,离自共相,不实妄想相,妄想力,是凡夫生,非圣贤也;心意识、五法、自性离故。大慧!菩萨摩诃萨当善分别一切法无我。"②知晓蕴、界、处诸法都是遍计所执,仅仅积集烦恼业,此业由因缘辗转相生,实在是"无我"、"无作者",一切诸法都是由虚妄分别而显现的。这样观察一切诸法,远离一切心意识以及"五法",即可获得"法无我智"。获得此智慧,知人、我皆妄,即入"初地",由之次第渐进乃至十地。住此地后,有大宝宫殿莲花王座,菩萨成就如幻三昧,坐其上而受佛位,同行菩萨前后围绕,一切诸佛从十方来,以手摩顶授予佛位,如转轮王授太子王位,超菩萨地,获如来身。

四、《楞伽经》的如来藏思想

《楞伽经》的重要性在于,一方面以"五法"、"三性"、"八识"、"二无我"为纲要,构成唯识学的体系,另一方面则以倡第八识与如来藏之同一将如来藏思想融入唯识思想之中。由于南北朝时期的中国佛教,非常重

---

①② 求那跋陀罗译:《楞伽阿跋多罗宝经》卷一,《大正藏》第16卷,第487页下。

视佛性思想的探讨,所以此经一译出就受到中土僧众的高度重视和欢迎,不但对于南北朝时期的佛学发展起了重要的推动作用,更重要的是对于隋唐及其以后的中国佛教也产生了巨大的影响。此经的唯识思想在前文已经作了诠释,在此将此经有关如来藏思想的若干重要论题略作归纳。

1. 立如来藏的因由

《楞伽经》卷一"如来藏心门"中,大慧菩萨问佛说:"云何世尊同外道说我,言有如来藏耶?"[1]世尊分三层次来解释立如来藏的必要性:

第一,断无我畏故说如来藏。

佛告诉大慧菩萨说:"我说如来藏,不同外道所说之我。大慧!有时说空、无相、无愿、如、实际、法性、法身、涅槃、离自性、不生不灭、本来寂静、自性涅槃,如是等句说如来藏已,如来应供等正觉为断愚夫畏无我句,故说离妄想无所有境界如来藏门。"[2]由此可知,大乘佛教所立之如来藏与外道所言的"神我"不同,"如来藏"是佛智自证之第一义心,也即经中所说的"无所有境界"。与如来藏处于同一层面的概念则有"空"、"无相"、"无愿"等"三解脱门"以及"如"、"实际"、"法性"、法身、自性涅槃等句。佛之所以如此说如来藏,是为了消解凡夫闻"无我"句之后以之作为"断灭义"而妄生的恐怖畏惧。

第二,方便善巧故说如来藏。

此经中又说:"未来现在菩萨摩诃萨,不应作我见计著。譬如陶家,于一泥聚,以人工、水、木、轮绳方便,作种种器。如来亦复如是,于法无我离一切妄想相,以种种智慧善巧方便,或说如来藏,或说无我。以是因缘故,说如来藏不同外道所说之我;是名说如来藏。"[3]此中,佛告诫大慧等菩萨,对于如来藏法门,一定不应该以"我见"来计著。就如陶工以聚

---

[1] 求那跋陀罗译:《楞伽阿跋多罗宝经》卷二,《大正藏》第 16 卷,第 489 页上。
[2][3] 同上书,第 489 页中。

泥及种种器具为方便因缘制成种种器具。佛也是依于种种方便悉檀因缘,应种种机,立种种名,或说"如来藏",或说"无我",如此等等,无非破其妄执。简言之,佛立如来藏法门是为修行者产生"正智"确立一个方便而已。此不能理解为如同外道所说的存在于"心"之外的"实体性"的"我"。

第三,令离我见故说如来藏。

此经又说:"开引计我诸外道故,说如来藏,令离不实我见妄想,入三解脱门境界,希望疾得阿耨多罗三藐三菩提,是故如来应供等正觉作如是说如来之藏。若不如是,则同外道。是故大慧!为离外道见故,当依无我如来之藏。"①此中说,佛说如来藏,正为开导指引"执我"、"执法"的外道,使其能够远离于"我见"的妄想。

2. 五性差别

在佛性论方面,《楞伽经》也同样具有融摄、调和之特点。此特点之主要表现有二:一是融会各宗、各种经典关于一阐提有无佛性的说法。在这个问题上,各个佛教宗派、各种佛教经典说法不一,因之导致佛教界在这个问题上长期争论不休。

大而言之,相宗及其所依据的佛教经典,如《瑜伽师地论》、《佛地经论》、《显扬圣教论》、《大乘庄严经论》等,把众生种性分为五类,即声闻乘种性、缘觉种性、如来乘种性、不定、无出世功德种性,认为有一类众生不具佛性,永远不能成佛,如断尽善根之一阐提;反之,另一类大乘经典,如《华严经》、《法华经》、《大般涅槃经》等,则主张一切众生包括断尽善根之一阐提,悉有佛性,都能成佛。

《楞伽经》在佛性问题上的说法十分圆通,它不但语及"五种种性说",而且直接谈到一阐提能否成佛问题,但是其观点与相宗却迥然异趣:《楞伽经》首先分一阐提为二,指出一阐提有两种,即"菩萨一阐提"

---

① 求那跋陀罗译:《楞伽阿跋多罗宝经》卷二,《大正藏》第16卷,第489页中。

(亦即平常所说的"大悲一阐提")和"舍善根一阐提",当大慧菩萨问及"此中何者毕竟不入涅槃"时,佛说:是菩萨一阐提毕竟不入涅槃,非舍善根一阐提。为什么这么说呢?经中解释说:"舍善根一阐提,以佛威力故,或时善根生,所以者何?佛于一切众生无舍时故。"①明确地主张一阐提也具有佛性,也能成佛。

在宣说了如来显"常不思议",唯修大乘行、证如来智者可得证成,非凡夫、外道及二乘所有。其原因就在于初发心修行者有五性差别。于是,就有关于五种性的说明。这是如来藏佛性思想的重要文献。经中有长行和重颂两部分,在此仅对长行部分的内容作些说明分析。

经中指出:"有五无间种性。云何为五?谓声闻乘无间种性,缘觉乘无间种性,如来乘无间种性,不定种性,各别种性。"②此中所说的"无间"是契证的意思。这是总说,以下则逐次说明。

第一,声闻乘种性。

经文说:"云何知声闻乘无间种性?若闻说得阴界入自共相断知时,举身毛孔熙怡欣悦,及乐修相智,不修缘起发悟之相,是名声闻乘无间种性。"这是说,若修行者于五阴、十八界、十二入、自共相如实能证知,而断诸法颠倒分别,一旦闻佛所说法,则全身获得法喜,知乐修习,对缘起法不发悟不起修,是名"声闻乘无间种性"。这一种性,如果在悟后继续修行,"无间见第八地,起烦恼断,习烦恼不断,不度不思议变易死,度分段死,正师子吼:我生已尽,梵行已立,不受后有,如实知。修习人无我,乃至得般涅槃觉。"③一般说,阿罗汉初果为"二地",乃至得"四果"为"八地"。阿罗汉果,能断烦恼但不能断无明习气;虽已度过分段生死,而变易生死未度。度"分段生死",也即超越了三界内的生死;而"变易生死"为出世三乘所有,依声闻乘种性所证,本可不受此死,然由大悲愿力的资

---

① 求那跋陀罗译:《楞伽阿跋多罗宝经》卷二,《大正藏》第 16 卷,第 597 页下。
②③ 求那跋陀罗译:《楞伽阿跋多罗宝经》卷一,《大正藏》第 16 卷,第 487 页上。

助,先存能受生死的"业种",受身上求下化,非业力所缚之业系苦相。若成佛时,此"业识"转为清净识,不受熏、不变。正因为如此,文中说可作师子吼。

第二,各别种性。

经文说:"各别无间者,我、人、众生、寿命、长养、士夫,彼诸众生作如是觉,求般涅槃。复有异外道说:悉由作者,见一切性已,言此是般涅槃。作如是觉,法无我见非分,彼无解脱。大慧!此诸声闻乘无间外道种性,不出出觉,为转彼恶见故,应当修学。"①这是指"声闻乘无间外道种性"。此有两种情况,第一有一类众生求证涅槃,妄计觉知我、人、众生、寿者等各各差别,谓此是涅槃;另有一类众生说言一切诸法,因神我而有,谓此即是涅槃。这两类众生不得解脱,因为都未能通达法无我,未出离苦海而自以为已超脱生死。然这类众生应勤修习,舍此种种恶见,以期趣入如来种性。

第三,缘觉乘种性。

经文说:"缘觉乘无间种性者,若闻说各别缘无间,举身毛竖,悲泣流泪。不相近缘,所有不著,种种自身,种种神通,若离若合种种变化,闻说是时,其心随入。若知彼缘觉乘无间种性已,随顺为说缘觉之乘,是名缘觉乘无间种性相。"②缘觉乘无间种性的基本特征是听闻缘起诸法,喜乐修学,无所染著,并且于闻说时现种种身,或一身分为多身,或多身合为一身,神通变化,无碍自在。当知此即是缘觉乘种性,应为其说缘觉乘法。

第四,如来乘种性。

经文说:"彼如来乘无间种性,有四种:谓自性法无间种性、离自性法无间种性、得自觉圣无间种性、外刹殊胜无间种性。大慧!若闻此四事一一说时,及说自心现身、财、建立不思议境界时,心不惊怖者,是名如来

---

①② 求那跋陀罗译:《楞伽阿跋多罗宝经》卷一,《大正藏》第16卷,第487页上。

乘无间种性相。"①入如来乘种性有四种所证法:其一,证法相三自性法("妄计自性"、"缘起自性"、"成自性")而能悟入。其二,证法性三无自性(无自性、生无自性、胜义无自性)而能悟入。其三,由证得佛自觉圣智,即一切种智。其四,证了等虚空器世界无量无边佛刹广大之相。趣证此四及闻观内外法一切唯心,顿入无畏,是名如来乘无间种性相。

第五,不定性。

经文说:"不定种性者,谓说彼三种时,随说而入,随彼而成。"②又有一类众生,若闻三乘法,随说生信,欢喜证入。可见,"不定性"是说三乘不定。

经中特别强调:"此是初治地者,谓种性建立,为超入无所有地故,作是建立。彼自觉藏者,自烦恼习净,见法无我,得三昧乐住声闻,当得如来最胜之身。"③如来之所以说三乘五种性差别,乃是为初发心者能够逐渐证入一切法毕竟无所有之诸法"实相"而假施设建立的。声闻、缘觉等众,如果能从耽著三昧乐而起,遇佛胜缘,见法无我,仍当发心成佛。

3. 别辨一阐提

首先是一阐提的定义:"一阐提,有二种:一者,舍一切善根,及于无始众生发愿;云何舍一切善根?谓谤菩萨藏,及作恶言:此非随顺修多罗、毗尼解脱之说。舍一切善根故,不般涅槃。二者,菩萨本自愿方便故,非不般涅槃一切众生而般涅槃。大慧!彼般涅槃,是名不般涅槃法相,此亦到一阐提趣。"④此中特别列出的是"无信一阐提",即不信世间有此解脱,毁谤三宝不顺法戒舍善根者。此外,也有一种是因悲悯无始众生本愿力故,如菩萨永远在生死流转中度众生,众生度尽方证菩提。于此可知,善根之舍,由于谤菩萨藏而作恶言,更不顺从经律之说,一切出世善根均皆断绝,不得解脱。至于菩萨本愿方便,悯众生故不取涅槃,

---

① 求那跋陀罗译:《楞伽阿跋多罗宝经》卷一,《大正藏》第16卷,第487页上一中。
②③④ 同上书,第487页中。

若一众生未入涅槃者,终不先入也。然众生无尽,而此类菩萨亦永不得涅槃,故入一阐提趣,是名不涅槃法相。

顺次思路,大慧问佛说:"世尊!此中云何毕竟不般涅槃?"佛告诉大慧等说:"菩萨一阐提者,知一切法本来般涅槃已,毕竟不般涅槃,而非舍一切善根一阐提也。大慧!舍一切善根一阐提者,复以如来神力故,或时善根生。所以者何?谓如来不舍一切众生故。以是故,菩萨一阐提不般涅槃。"①大慧问此二种一阐提,何种"毕竟不般涅槃"。佛答以菩萨一阐提达一切法空,本来即涅槃相,别无涅槃可得,故此菩萨"毕竟不般涅槃"。此中又指出,舍善根之阐提,如果遇到诸佛菩萨慈悲神力的加被,仍可熏发佛种,因为佛永不舍弃众生的缘故。

《楞伽经》对于一阐提的这一说法,对于中国佛教的佛性理论影响至深至广,以致可以这么说,"一切众生悉有佛性"的佛性理论之所以会成为中国佛教佛性理论的主流,与《楞伽经》的这一思想有着密切的关系。就连盛倡"一分无性"说的法相唯识宗创始人玄奘,也差点因为《楞伽经》的这一说法而放弃其"一分无性"说,只是因为其师戒贤的坚决反对而未果。

4. 如来藏与八识

"蕴处生灭门"这一章的主题是有为法生灭的承担者或"主体"为何的问题。大慧菩萨又问佛说:"世尊!惟愿世尊更为我说阴、界、入生灭,彼无有我,谁生谁灭?愚夫者依于生灭,不觉苦尽,不识涅槃。"②此中首先须明确,所谓"我"是恒常、统一、主宰的含义。既然有情众生"无我",则此色身已无有恒常、统一、主宰,那究竟谁生谁灭,又是谁相续不绝呢?这一章的内容是《楞伽经》的核心所在。

第一,关于第八识与如来藏的关系,经中说:"如来之藏是善不善因,能遍兴造一切趣生,譬如伎儿,变现诸趣,离我、我所,不觉彼故,三缘和

---

① 求那跋陀罗译:《楞伽阿跋多罗宝经》卷一,《大正藏》第16卷,第487页中—下。
② 求那跋陀罗译:《楞伽阿跋多罗宝经》卷四,《大正藏》第16卷,第510页上—中。

合,方便而生。外道不觉,计著作者,为无始虚伪恶习所熏,名为识藏。生无明住地,与七识俱,如海浪身,常生不断。离无常过,离于我论,自性无垢,毕竟清净。"①此中所说是早期如来藏思想与唯识思想结合的显著例证。依照古德讲法,如来藏是第八识之自体,其性无覆,并无烦恼心所与之相应。然无始来前七识所造惑业,都存于此"藏识"中,即是有漏习气种子,逐业受报。"受报"者,即是第八之自体,持有漏业,因而经中称之为"善"或"不善"报之因,也为"善"或"不善业"之果,且兴造诸趣。尽管从究极意义上说,八识远离"我"、"我所",凡夫不觉,取内根、外尘而与"识"三者和合,如此则成发业润种、招生死流转之果。此第八识转生七识无明住地(即无明起之始),"从此根本乃生枝末无明,故喻之曰'如海浪身,常生不断'。此随染缘,从细至粗也。若能一念回光,能随净缘,则离无常之过、二我之执,自性清净,所谓性德如来则究显矣。"②

第二,关于前七识:"其余诸识,有生有灭。意、意识等念念有七,因不实妄想,取诸境界、种种形处,计著名相,不觉自心所现色相,不觉苦乐,不至解脱,名相诸缠,贪生生贪,若因、若攀缘,彼诸受根灭,次第不生。余自心妄想,不知苦乐,入灭受想正受、第四禅。"③这是说,其余七识,念念生灭,妄想为因,境相为缘,而生三界生死法。不了知色等一切诸法,乃自心所现,执著名相,起诸烦恼,造善恶业,感苦乐报,既从贪生,生后又生贪欲,如因及缘,流转生死,无解脱期。若爱取诸根灭,不相续生,除自心妄想分别,不生苦乐受,这种修行者,或得心和心所不起之"灭定",或得能离欲界惑障之四禅定,或入于四谛解脱。

第三,"善真谛解脱,修行者作解脱想,不离不转名如来藏识藏,七识流转不灭。所以者何?彼因、攀缘诸识生故,非声闻、缘觉修行境界,不

---

①③ 求那跋陀罗译:《楞伽阿跋多罗宝经》卷四,《大正藏》第16卷,第510页中。
② 宗泐、如玘:《楞伽阿跋多罗宝经注解》卷四,《大正藏》第39卷,第415页中。

觉无我,自共相摄受生阴、界、入;见如来藏五法、自性、人法无我则灭。"①关于此,《楞伽阿跋多罗宝经注解》卷四解释说:"'善真谛解脱'等,即声闻所修。于此'灭定'作解脱想,非究竟灭也。"②因为此时尚未舍弃虚伪习气,未能转识成智,非真解脱。若无藏识,七识无依,习气亦灭,此乃真解脱。因为藏识是所依、所缘,其余诸识方得生。当然,此非外道二乘等修行者之境界,因为他们只见人无我,不达法无我,执苦于蕴界处诸法之自、共相。

第四,关于入"地"之后的修行:"地次第相续转进,余外道见不能倾动,是名住菩萨不动地。得十昧道门乐,三昧觉所持,观察不思议佛法,自愿不受三昧门乐及实际,向自觉圣趣,不共一切声闻、缘觉及诸外道所修行道,得十贤圣种性道及身智意生,离三昧行。是故大慧!菩萨摩诃萨欲求胜进者,当净如来藏及识藏名。"③对此,《楞伽阿跋多罗宝经注解》解释说:"由前悟入,得预'初地'次第增进,位深德著,不为外道邪见所动。至第八不动地,于此得十种三昧乐门,为诸佛三昧力所持。'觉'即佛也,即能观察诸佛之法及本愿力,不同小乘著三昧乐及不住实际,则起化利物也。获自证智,岂与凡、小所修行同?'得十贤圣种性道'者,即十地圣种性也。十地皆圣,兼言贤者对极位而言也。'及身智意生'者,谓由十地至于佛地。'身'即法身,'智'即报身,'意生'即化身。既得三身,离于三昧因行,故诫劝云'欲胜进'。至如来地者,当净如来藏识藏之名,如来之藏本无可净,净其垢者耳。识藏以名言者,由迷如来藏转成妄识,无有别体故但有名。若无识藏之名,则转妄识为如来藏也。"④

第五,关于如来藏:"大慧!若无识藏名如来藏者,则无生灭。大慧!然诸凡圣悉有生灭。修行者自觉圣趣,现法乐住,不舍方便。大慧!此如来藏、识藏,一切声闻、缘觉心想所见,虽自性清净,客尘所覆故犹见不

---

①③ 求那跋陀罗译:《楞伽阿跋多罗宝经》卷四,《大正藏》第 16 卷,第 510 页中。
② 《大正藏》第 39 卷,第 415 页下。
④ 宗泐、如玘:《楞伽阿跋多罗宝经注解》卷四,《大正藏》第 39 卷,第 415 页下—416 页上。

净,非诸如来。大慧!如来者,现前境界,犹如掌中视阿摩勒果。"①若无藏识之名,则无生灭,然而诸凡夫及圣人悉有生灭,所以一切修行者,虽见自住境地,住现法乐三昧,但不舍方便进趣佛地。此如来藏藏识本性清净,为客尘所染,而为不净,一切二乘及诸外道,妄意起见,不能现证;如来现见此清净如来藏,如视掌中阿勒。

五、《楞伽经》的涅槃思想

如来藏、佛性与涅槃义联系紧密,但也有细微的差别。《楞伽经》虽不属于专论涅槃的经典,但对于涅槃思想的论述也颇为细密,在中土也有显著影响。在此作简要论述。

1. 涅槃差别

《楞伽经》卷二有较长文字专论涅槃的含义。分为四层次:

第一,如来涅槃。

佛告诉大慧说:"一切自性习气,藏意意识见习转变,名为涅槃。诸佛及我,涅槃自性空事境界。复次,大慧!涅槃者,圣智自觉境界,离断常妄想性非性。云何非常?谓自相共相妄想断,故非常。云何非断?谓一切圣去来现在得自觉,故非断。大慧!涅槃不坏不死:若涅槃死者,复应受生相续;若坏者,应堕有为相。是故涅槃离坏、离死,是故修行者之所归依。复次、大慧!涅槃非舍非得,非断非常,非一义非种种义,是名涅槃。"②

关于大涅槃,在《大涅槃经》中有几种叙述,但此经在此的解释很独特,因为其是以唯识学的角度来解释的。在上述引文中,"一切自性习气,藏意意识见习转变,名为涅槃"即充分表明了其特质。此中,"藏、意、意识"分别指第八识、第七识和前六识。"见习"指"我见习气"和"法见习

---

① 求那跋陀罗译:《楞伽阿跋多罗宝经》卷四,《大正藏》第16卷,第510页中—下。
② 求那跋陀罗译:《楞伽阿跋多罗宝经》卷二,《大正藏》第16卷,第492页中。

气",须将此"我执习气"及"有支习气"转舍为清净无漏,即成就大涅槃。佛"圣智自觉境界"非常非断,非有性非无性。因为断绝了对于自相、共相的妄想的,因而"非常";因为远离妄想而为圣智能亲证第一义,因而"非断"。涅槃"不坏不死",因为其无生死相续,非有为相,所以无成住坏空。

第二,二乘涅槃。

与如来大涅槃不同,有声闻、缘觉涅槃。经中说:"声闻、缘觉涅槃者,觉自相共相,不习近境界,不颠倒见,妄想不生,彼等于彼作涅槃觉。复次,大慧!二种自性相,云何为二?谓言说自性相计著,事自性相计著。言说自性相计著者,从无始言说虚伪习气计著生。事自性相计著者,从不觉自心现分齐生。"①此中,二乘觉知诸法的自相、共相,远离而不习近六尘境,不生倒见,不生妄想,他们以此为"涅槃觉"。但是,二乘仍然有两种自性相计著,即"名相计著"及"事相计著",前者属于对语言概念的计著,后者则属于对诸法的相状的计著。

第三,辨涅槃相。

在此,佛又指出:"诸外道有四种涅槃。云何为四?谓性自性非性涅槃,种种相性非性涅槃,自相自性非性觉涅槃,诸阴自共相相续流注断涅槃;是名诸外道四种涅槃,非我所说法。大慧!我所说者,妄想识灭名为涅槃。"此中外道所计的"性自性非性涅槃"是指计先"本无"后灭"无"为涅槃。"种种相性非性涅槃"是指诸法实有种种法体而绝灭之,计无色界涅槃。"自相自性非性觉涅槃"是指觉心心所悉皆断灭,计无想定涅槃。"诸阴自共相相续流注断涅槃"是指五阴自共灭,三界灭,此小乘之所计。此中强调,佛所说的涅槃,乃虚妄分别之识灭。在此指第六识虚妄境界分别灭,说断有漏六识称为涅槃。

第四,大慧问佛,在立八识的背景下,为何只强调离意识而非七识

---

① 求那跋陀罗译:《楞伽阿跋多罗宝经》卷二,《大正藏》第16卷,第492页中。

呢？唯识学中的遍计所执通于第六、第七识,佛立八识,修行成佛时遍计执的第六、七识皆断,所以大慧才会有此问。

佛告诉大慧说:"彼因及彼攀缘故,七识不生。意识者,境界分段计著生,习气长养藏识,意俱我我所计著,思惟因缘生,不坏身相,藏识因攀缘自心现境界计著心聚生,展转相因。譬如海浪,自心现境界风吹,若生若灭,亦如是。是故意识灭,七识亦灭。"①这是说,因第六种种计著熏习长养藏识中之我执种子,第七我执由此相续不断,执有不坏我相,故第七识又以藏识中我执种为因,而藏识现行又为第七之所缘。八识心聚展转相生,重要关系,仍在第六。初地后,六、七同转,藏识内习气渐渐除灭,入于如来智境。下以喻显,海流喻染第八,浪喻染前七识;言诸境皆由自心现,不了知即是无明,喻为境界风吹起种种识浪。无明者,即第六不明一切境界皆自心现,第六如悟境唯心现,所以浪灭海平。故染第六识灭,染识尽灭。因此,佛说妄想识灭即涅槃。

2. 驳外道涅槃

《楞伽阿跋多罗宝经》卷三又就菩萨化他悟他而作说明。此中较多地涉及到对外道相关观念的破斥。

此中先罗列了21种外道的"涅槃"观念:第一,"或有外道:阴、界、入灭,境界离欲,见法无常,心心法品不生,不念去、来、现在境界,诸受阴尽,如灯火灭,如种子坏,妄想不生。斯等于此,作涅槃想。"②此是计如火灭种坏以为涅槃。第二,计从生方至于灭方,以为涅槃。境界想息,犹如风止。第三,以不见能觉之心、所觉之境的变化计为涅槃。第四,"见常无常作解脱想"。第五,以相起想,想能招苦,计无相为涅槃,即无相外道。第六,以一切法之各各自共相,历经三世不作坏想以为涅槃。第七,以一切法皆坏,唯我人相不坏,计我永存以为涅槃。第八,以恶慧取数论

---

① 求那跋陀罗译:《楞伽阿跋多罗宝经》卷二,《大正藏》第16卷,第496页上。
② 求那跋陀罗译:《楞伽阿跋多罗宝经》卷三,《大正藏》第16卷,第503页下。

二十五谛第一之冥性、与二十五之神我,转变作一切物以为涅槃。第九,以烦恼及福非福业自然会尽,不须智慧而得解脱,以为涅槃。第十,以能见到大自在天造作者为涅槃。第十一,以祖、父、孙展转相生,父母、子孙世代流传,别无异因以为涅槃。第十二,以得见十六谛或二十五谛为涅槃。第十三,以见诸德所起和合之一异义为涅槃。第十四,以见事事物物显色自然如此为涅槃。第十五,以"觉真实谛"为涅槃。第十六,以礼拜六方受六德护国为涅槃。第十七,以时为涅槃。第十八,以见有物为涅槃。第十九,以见无物为涅槃。第二十,以见有物无物为涅槃。第二十一,以见有涅槃之觉与涅槃有别为涅槃。

对于上述涅槃观,经中批驳说:"有如是比种种妄想,外道所说,不成所成,智者所弃。大慧!如是一切悉堕二边,作涅槃想。如是等外道涅槃妄想,彼中都无若生若灭。大慧!彼一一外道涅槃,彼等自论;智慧观察,都无所立。如彼妄想,心意来去,漂驰流动,一切无有得涅槃者。"①

在列举并批驳了上述外道(有几项也包含了小乘佛教)的涅槃观之后,佛告诉大慧菩萨等说:"如我所说涅槃者,谓善觉知自心现量,不著外性,离于四句,见如实处,不堕自心现妄想二边,摄所摄不可得,一切度量不见所成。愚于真实不应摄受,弃舍彼已,得自觉圣法,知二无我,离二烦恼,净除二障,永离二死。上上地,如来地,如影幻等诸深三昧,离心意意识,说名涅槃。"②此中的要点是:于四句,住如实见,乃能离一切外道之所堕,进修于诸佛菩萨之所行,得大三昧。文中"离心意意识",即指远离"八识",知一切唯心,不生妄想。

3. 如来"非常非无常"

佛告诉大慧说:"如来应供等正觉非常非无常,谓二俱有过。若常者,有作主过。常者,一切外道说,作者无所作,是故如来常非常,非作常,有过故。若如来无常者,有作无常过。阴所相相无性,阴坏则应断,

---

①② 求那跋陀罗译:《楞伽阿跋多罗宝经》卷三,《大正藏》第 16 卷,第 505 页上。

而如来不断。大慧！一切所作皆无常，如瓶、衣等，一切皆无常过。一切智众具方便，应无义，以所作故。一切所作，皆应是如来，无差别因性故。是故大慧！如来非常非无常。"①此中所言的核心是，说如来"常"或者说如来"无常"都是有过错的。如果说"常"，则同外道计执的常住造作的"神我"难于区分；如果说"无常"，则有所作无常的过患。因此，如来是"非常非无常"的。

关于如来"非常"，经中解释说："如来非如虚空常，如虚空常者，自觉圣智众具无义过。大慧！譬如虚空非常非无常，离常无常、一异、俱不俱。常无常过故，不可说，是故如来非常。复次、大慧！若如来无生常者，如兔、马等角；以无生常故，方便无义。以无生常过故，如来非常。"②此以虚空作譬喻来说明。如来"常"，虚空也是常，如来岂同于顽空？虚空也离于四句，如来岂在四句？如来若以无生为"常"，如兔、马等也是"无生"，又怎么能以之等同如来呢？

关于如来"常"，经中解释说："更有余事知如来常。所以者何？谓无间所得智常，故如来常。大慧！若如来出世，若不出世，法毕定住。声闻、缘觉、诸佛如来、无间住，不住虚空，亦非愚夫之所觉知。大慧！如来所得智，是般若所熏；非心意意识，彼诸阴、界、入处所熏。大慧！一切三有，皆是不实妄想所生，如来不从不实虚妄想生。"③然而，从如来自觉圣智所亲证的清净法性言之，如来可以说是"常"。如来出世与否，法性常住，所谓诸法本来面目，离言说思虑等，证时不证时都是本来如此，所证之理是"常"，能证之智是"常"，因此，说如来"常"。

关于如来"非常非无常"，经中解释说："以二法故有常、无常，非不二。不二者，寂静，一切法无二生相故，是故如来应供等正觉非常非无常。大慧！乃至言说分别生，则有常无常过。分别觉灭者，则离愚夫常

---

① 求那跋陀罗译：《楞伽阿跋多罗宝经》卷四，《大正藏》第 16 卷，第 509 页下—510 页上。
②③ 同上书，第 510 页上。

无常见不寂静慧者,永离常、无常,非常无常熏。"①佛法不二,有二即有动作,不二故,不说常无常,以一切法皆寂静故。如来者,即诸法如义,应除二分别觉,以寂静慧离言说、离分别、离愚夫见。

第三节 《大乘起信论》的翻译及其基本内容

《大乘起信论》确实是印度论典,根本不存在近代以来学术界所指"中土伪撰"的事实。在所有如来藏经典中,对于中国佛教影响最巨大的自然数《大乘起信论》。《大乘起信论》以"一心开二门"模式将本体之性与主体之心合于"一心",以本体论原理与主体性原理的融贯,为中国佛教心性论的发展创出了一条新路。在此,依据前述研究方法,对《大乘起信论》思想作一申论,以见其对中国佛学之影响与贡献。

一、《大乘起信论》的翻译

隋代以来除《法经录》之外的各种经录都在真谛的译籍项下列入《大乘起信论》,但是由于资料欠缺等原因,数种资料的记载有一些差异,再加之唐代玄奘所传唯识学与真谛系统的不同,近代以来遵奉玄奘所传的学者,使用严格的文献考据方法,对于真谛翻译《大乘起信论》的真实性产生怀疑,并且力主其为"中土撰述"。而一些过分崇奉佛教本土化者也随之认同这种"中土撰述"说。总体言之,近代以来,关于《大乘起信论》的争论是在两个层面展开的:一是"文献考据"层面,集中在梁译本是否真的是真谛所译还是中土人士所伪托撰写以及唐译是否为"译本"等问题上。二是在义理层面,主要围绕由此论所推动的"本觉"思想是否是"合法"的佛教思想的问题。本节先从第一层面入手来清理围绕真谛翻译《大乘起信论》所产生的争论。

---

① 求那跋陀罗译:《楞伽阿跋多罗宝经》卷四,《大正藏》第16卷,第510页上。

综合归纳《大乘起信论》"疑伪说"的文献依据有三方面：一是隋唐时期的经录关于其翻译者及其时间的不同记载。二是"伪托"惠恺的《〈大乘起信论〉序》成为此论为伪的反证。三是在日本流传的关于《大乘起信论》为地论师所撰写的传言。下文则拟逐一对这些论证进行考辨与反驳。

1. 隋唐经录关于《大乘起信论》译者的记载考辨

翻开《大乘起信论》"疑伪说"的起源史，一个鲜明的事实是隋唐时期并不存在时人怀疑其是印度撰述、中国人翻译的身世。近代学人对于《大乘起信论》的怀疑首先或者主要导源于古代经录对其记载的分歧。

隋代法经编写的《众经目录》的记载是这一纷争的总根源。法经将此论编入"众经疑惑部"，其文曰："《大乘起信论》一卷，人云真谛译，勘《真谛录》无此论，故入疑。"①《法经目录》是隋开皇十四年(594)编的。而三年之后费长房编撰《历代三宝纪》十五卷。在这一经录中，费长房在卷一一记载："《十七地论》五卷，太清四年于富春陆元哲宅为沙门宝琼等二十余名德译。《大乘起信论》一卷，同四年在陆元哲宅出。……《起信论疏》二卷，太清四年出。"②

脱胎于费长房《历代三宝纪》的《大唐内典录》卷四，却如此记载："《十七地论》五卷，太清四年于富春陆元哲宅为沙门宝琼等二十名德译。《大乘起信论》，大同四年在陆元哲宅出。……《起信论疏》二卷，太清四年出。"③依照费长房的记载，《大乘起信论》是真谛于梁太清四年(550)在富春陆元哲的宅第翻译出来的，而《大唐内典录》的记载却变成了大同四年(538)译出，而众所周知，此时真谛尚未来到中土。那么，道宣《大唐内典录》的这一说法是如何形成的呢？是否也属于某些当代学者所说的有意作伪而露出"破绽"之例证呢？非也。仔细阅读费长房的表述即可知

---

① 法经：《众经目录》卷五，《大正藏》第55卷，第142页上。
② 费长房：《历代三宝纪》卷一一，《大正藏》第49卷，第99页上。
③ 道宣：《大唐内典录》卷四，《大正藏》第49卷，第266页上—中。

晓,《历代三宝纪》说"同四年"是同于前述《十七地论》的翻译时间太清四年(550),而《大唐内典录》的"大同四年"的形成原因是什么呢?再仔细揣摩上引《大唐内典录》的表述,《大乘起信论疏》的翻译时间与费长房所说一致,都是太清四年。如此一来,就形成一个明显的矛盾,即论典本身未出而论疏先行出现。如此差错,作为一个以严谨著称于世的佛教史家,这样的差错,他怎么能够看不出来呢?从这一角度观之,我们断定,《大唐内典录》的"大同四年"是"同四年"的误写,而且这一误写很大程度上并非道宣所犯,而是后来传抄之误所致。

在当代学者关于早期经录对《大乘起信论》著录文句的理解上,还有两个细节需要澄清:一是是否有经录将《大乘起信论》的译出时间"转到陈世"的问题,二是有无"太清四年"的纪年问题。

先辨析第一个问题。引起这一问题的是隋代彦悰《众经目录》卷一的记载,其书卷一记载:"《大乘起信论》一卷。《三无性论》一卷。右二论陈世真谛译。"①对于这一问题,有前辈学者评说说:"又过五年,隋仁寿二年(602)彦悰等重订《众经目录》卷一,谓《大乘起信论》一卷,'陈真谛译',不载有疏两卷,并将译出时间模糊,由梁世转到陈世。"②这一解释沿用者甚众,有些说得更为直白,如"随后仁寿(公元六〇二年)彦悰等重订隋开皇十四年的《众经目录》时,再次肯定真谛是《大乘起信论》译者,不过将译书时间改为陈代"③。这一解释暗示的是编定于费长房之后的彦悰《众经目录》关于《大乘起信论》的记载更加离谱:其一,否定了费长房的说法。其二,也许是无根据的乱改,力图掩盖什么,如将译时改为陈代。对于这一问题的疏解,有如下几点:首先,彦悰等重订《众经目录》,并非针对的是费长房的《历代三宝纪》,而是对于法经《众经目录》的修订,而从内容

---

① 彦悰:《众经目录》卷一,《大正藏》第55卷,第153页下。
② 杜继文:《〈大乘起信论〉述评》,《中国佛教与中国文化》,第300页,北京,宗教文化出版社,2003。本文原为:《〈大乘起信论〉全译·导读》(成都,巴蜀书社,1992)。
③ 龚隽:《〈大乘起信论〉与佛教中国化》,《中国佛教学术论典》第31册,第210页,台北,佛光出版社,2001。

看,既无针对费长房的意思,也似乎没有参考《长房录》。最重要的是,"陈世真谛译"五个字的意思并非说上列诸经论就是陈代所译的。

在隋唐经录中,朝代、年号等历史概念运用最"专业"的是《长房录》和《开元录》。而《开元录》之后的《贞元录》则基本沿袭了智昇的说法。此外的几部经录,如隋代的《法经录》、《彦悰录》以及唐代的《静泰录》、《大周录》等等,对于跨朝代的译者、著者一般以"静态"的方式注出,并不针对具体的译籍译出时的朝代来注出译者的时代归属。具体到真谛,费长房、智昇都将真谛于梁代、陈代的译籍分别罗列,而《法经录》、《彦悰录》则并非如此。如《法经录》卷五:"《如实论》二卷,陈世真谛译。"卷一则记载:"《金光明经》七卷,北凉世昙无谶译。后三卷,陈时真谛译。"如前所考辨,各家都公认,这两本经论毫无疑问都是真谛在梁代所翻译。经过检索《法经录》和《彦悰录》,只有"陈真谛"的说法,而无一处写做"梁真谛"。

至于说彦悰有意模糊《大乘起信论》的译出时间是针对费长房的错误,这一猜测也很难成立。因为《法经录》、《彦悰录》记载的真谛译籍都无具体时间,对于其他人的译籍,譬如鸠摩罗什,列出具体时间的也不多。因此,即便是法经、彦悰知晓《大乘起信论》的译出时间而不列出,也是符合其编写凡例的。

而《大唐内典录》基本综合了几部隋代经录的资料,因此,在真谛的记载上显得无所适从,疏于照应。如《大唐内典录》卷六记载:"《大乘起信论》,二十三纸,陈真谛译。《知(如)实论》,二十三纸,陈真谛译。"而对于《金光明经》的翻译,如《大唐内典录》卷四所记载:"《金光明经》七卷,承圣元年于正观寺及杨雄宅出,是第二译。"《大唐内典录》卷五:"《金光明经嘱累品银主品》,凉世昙无谶出四卷,梁世真谛出。"而《大唐内典录》卷六则是另一番描述:"《金光明经》,六卷或七卷、八卷,一百一十五纸。北凉昙无谶译前四卷,后三卷者陈时真谛译。"由此可见,正如不能因为道宣卷六中所说《金光明经》为陈真谛译就认定道宣以为《金光明经》就是真谛入陈之后所翻译一样,也不能因为彦悰、道宣等在《大乘起信论》项下注明"陈真谛译",就推定他们认为此论翻译于陈代。

关于太清四年的纪年问题,确实在一般的纪年表中太清年号只有三年,但《梁书·元帝本纪》中说:"大宝元年,世祖犹称太清四年。"又有如此的说法:"大宝二年,世祖犹称太清五年。"又"大宝三年,世祖犹称太清六年。"此中的"大宝"为梁简文帝的年号,而简文帝是被侯景所控制的傀儡。仍然为藩王的萧绎不承认由侯景所立的皇帝,因而继续称承圣元年(554)之前数年为太清年,直至他于太清六年十一月做了皇帝,时为梁元帝,才改年号为承圣元年。这一点,连智昇也搞不明白,他在《开元释教录》卷六中说:"《涅槃经本有今无偈论》一卷,房云'太清四年出'。检诸年历,太清不至四年。已下并同。"他在《开元释教录》中说,费长房《历代三宝纪》以太清年号记载这一年是错误的。这一错误指责被当今指责费长房的学者所沿袭,并且成为费长房"伪造翻译时间"的证据。

经过检索,在《大正藏》所收的文献中,除《历代三宝纪》之外,涉及到"太清四年"的有十六次(也包括智昇就此问题批评费长房的几处用例在内),仅有一次与真谛译籍无关,而与真谛译籍有关者,经过核对基本可以肯定都源出于《历代三宝纪》。例外的一次是《弘赞法华传》卷六的记载:

> 梁太清四年,湘东王号为承圣。遣大尉王僧辩征侯景。次南陵,僧辩遣冯法慧至江北督军资。法慧暴亡,经五日便稣,说云:"至阎罗王所阶下,见一僧。王先唤僧。上问:'生时何业?'答云:'诵《法华经》。'王遣人取高座,座至精妙。僧升座,诵得四纸许。王起到座前,顶礼三拜,遣人送之上生天道。"

耐人寻味的是,这一个例外,也与梁元帝萧绎直接有关。

这里显示出一个重要问题:透过太清四年这一年号的使用,我们似乎可以从中见出费长房关于真谛的记载确实是有所本的,而且这个"本"

(依据)确实有可能是法经所没有收集到的。因为真谛后来遇到的广州太守萧勃是受命于梁元帝的,而且,如前文所考辨的,真谛太清四年在富春的译经活动是在侯景控制下的县令的襄助下进行的。所以,真谛译经目录的编者后来在追叙这一译经过程时,特意使用了梁元帝在其治下的纪年方法。这说明,作为费长房编排真谛译经目录之依据的材料是相当原始的。而费长房在编写时是忠实于原始表述的,这才有后来智昇的疑问和批评。

这里需要探讨一下费长房编订真谛译经目录的原始依据。如前所引,法经在《众经目录》中说自己看到的真谛译经录中并无《大乘起信论》,而费长房则列入了此论。这就有一个问题,法经所见的真谛录与费长房所见是否为同一经录?

我们先考察费长房的依据。《历代三宝纪》卷九:

> 右四十八部,合二百三十二卷,周武帝世,西天竺优禅尼国三藏法师拘那罗陀,陈言亲依,又别云真谛,起陈氏永定元年丙子,至太建初己丑,凡十四年,既怀道游方,随在所便译,并见曹毗《三藏历》、《传》云。

同书卷一一则记载:

> 右一十六部,合四十六卷。武帝末世,至承圣年,西天竺优禅尼国三藏法师波罗末陀,梁言真谛,远闻萧主菩萨行化,搜选名匠,轨范圣贤,怀宝本邦,来适斯土。所赍经论树叶梵文凡二百四十夹,若具足翻应得二万余卷,多是震旦先所未传。属梁季崩离,不果宣吐,遇缘所出,略记如前,后之所翻,复显陈录载序。其事多在曹毗《三藏传》文。

由上可见,费长房所记是依据曹毗所撰《真谛三藏历》、《真谛三藏传》而作出的。而唐初道宣在《续高僧传·真谛传》中说:

> 今总历二代,共通数之。故始梁武之末,至陈宣即位,凡二十三

载,所出经论记传六十四部,合二百七十八卷。微附华饰,盛显隋唐。见曹毗《别历》及唐贞观《内典录》。

而道宣在《大唐内典录》中基本沿袭了费长房的做法,分别在卷四记录真谛在梁朝的译籍,在卷五记载真谛入陈之后的译籍。由此可见,费长房与道宣在《续高僧传·真谛传》、《大唐内典录》所记载的真谛译籍的数字完全一致。而且道宣二书的依据是一致的,不存在"道宣对《大乘起信论》的记载则没有注明来自《别历》"①的问题,因为道宣在《大唐内典录》卷五罗列了真谛在梁代的译籍(包括《大乘起信论》在内)之后,明确说"并见曹毗《三藏历》、《传》云"②。

再来分析一下法经编订的《众经目录》。此著仅仅在涉及到《大乘起信论》和《遗教论》两部论时,才提到其依据是《真谛录》。如此书卷五:"《遗教论》一卷,人云真谛译,勘《真谛录》无此论,故入疑。"③《法经录》虽由此将此书列入"众论疑惑"部,但并未以伪论看待它。《法经录》的体裁,是将"疑惑"与"伪妄"分为两类的。关于"疑惑"部,法经自己订有体例:"多以题注参差,众录疑,文理复杂,真伪未分,事须更详,且附疑录。"依照这个标准,《大乘起信论》"可疑"的是译者,而不是论本身,因此不能列入"伪妄"部。但法经又不将其列入"失译"部,这是因为当时的人以为此论的译者是真谛,因而不能将其列入"失译"部。法经的谨慎是对的,但其收集资料的不完整,也是造成近代以来围绕《大乘起信论》屡起纷争的源头之一。

经过笔者的统计,法经在《众经目录》各卷中仅列出真谛译籍二十五部,共七十八卷或八十卷,列入疑惑部二部二卷。这一数字与现存的真谛作品三十部九十卷的数字也有较大的差距,而后代包括近代以来无争议的真谛译籍也共有七十六部三百一十五卷。这说明,《法经录》对于真

---

① 杜继文:《大乘起信论述评》,《中国佛教与中国文化》,第300页。
② 道宣:《大唐内典录》卷五,《大正藏》第55卷,第273页下。
③ 法经:《众经目录》卷五,《大正藏》第55卷,第143页下。

谛译籍的记录是不完整的。而从《法经录》编定的原则看,他是忠实于原始依据的,这样只能说明法经看到的《真谛录》肯定不是后来费长房以及道宣所看到的曹毗《别历》。如前文所论列,真谛弟子智敫、僧宗也编撰有《真谛行状》、《翻译历》。不知法经所依据的是哪一种?

《法经录》的拘泥不通,例子很多。就真谛而言,不知是其看到的《真谛录》原本就未曾列出,还是法经做了删减,《法经录》中很少列出真谛的义疏、义记。另外,法经对材料的辨别也有些问题,正如智昇《开元释教录》卷一〇所批评的:"余检寻此录,非无差错。即如昙摩罗刹,晋言法护,总是一人,《录》中分二,云'各出《须真天子经》二卷',编为重译。不识梵晋之言,一误也。如《律二十二明了论》,总是一经,《录》中分为二部。《律》二十二卷,编在《律》中,《明了论》一卷在于是论录。一经之题分二上录,二误也。其《律二十二》乃是《明了论》半题,今云'二十二卷',误之甚也。真谛《摄论》十二卷与十五卷者,二本不殊,存其二部而言重译,三误也。以《仁王经》、《大乘起信论》等编在疑录,四误也。不能备陈,略述如此。"①智昇所举的"四误","三误"都与真谛译籍有关。

从道宣特别是智昇的看法言之,《法经录》的问题失误很多,而《历代三宝纪》所受的指责和苛评,可以说在隋唐经录中是最严重的。有很多当代学者多次用"伪造历史"这样的严重的字眼来评论费长房。这样的看法,也是近代以来,关于《大乘起信论》的真伪屡起纷争的原因之一。

我们首先应该承认,正如古人以及当代学者所言,《历代三宝纪》在某些方面有不完善之处。譬如唐初佛教史学家道宣就说过:"至于入藏,瓦玉相谬,得在繁富,失在核通,非无凭准,未可偏削。"②但是,同时我们也应该看到,并不能因为这样的一些缺点就否定此书中关于《大乘起信论》的记载。人们相信法经的怀疑,而否定费长房所记《大乘起信论》的

---

① 《大正藏》第55卷,第575页下。
② 道宣:《大唐内典录》卷五,《大正藏》第55卷,第279页下。

译者、译时、译地,这一看法,与前文道宣的评语多少有些关系。其实,如前所论,《法经录》的问题,特别是在真谛译籍的登录上,漏洞很多。在编写《众经目录》时,如法经自己所说,掌握的资料不是很全面。法经在编撰完毕之后,上隋文帝的表中说:"僧众既未获尽见三国本,校验异同,今唯且据诸家目录,删简可否,总标纲纪,位为九录,区别品类。"①也正因为如此,在法经编完经录三年之后,隋文帝又命人编写新的经录。而在实际上,《历代三宝纪》所引用的史料要比法经的《众经目录》多得多。具体到《大乘起信论》上,费长房所据的曹毗《别历》就比法经所依据的《真谛录》要详尽些。

2.《大乘起信论序》的真伪

对于费长房《历代三宝纪》中关于《大乘起信论》的译者、译时、译地的记载,构成一定冲击的是标明智恺撰的《大乘起信论序》。而近世以来,屡屡有学者称此序为"伪作",并有学者直截了当地断言此序是为了掩盖"中土撰述"的真相而有意作伪的重要证据②。笔者经过慎重考证,认为此序是后人依据当时遗留下来的材料加工而成的。正如陈寅恪先生所考据的,此文中所蕴含的真史料是后人伪造不了的,因此,此文所说的《大乘起信论》的译者、译时、译地一定是有所本的,因而是可靠的。

经过归纳,《大乘起信论序》存在的疑问有:其一,翻译《大乘起信论》的过程。其二,关于真谛的名字以及来华路径。其三,"扬州僧智恺作"的署名。下文依次作些考辨。

《大乘起信论序》这样叙述《大乘起信论》翻译的过程:

> 遂嘱值京邑英贤慧显、智韶、智恺、昙振、慧旻,与假黄钺大将军

---

① 法经:《众经目录》卷七,《大正藏》第 55 卷,第 149 页上。
② 上世纪 20 年代起,凡是声称《大乘起信论》为中土撰述的日本学者一直以"有意作伪"来论说此序,较新的秉此观点的有杜继文先生和徐文明兄。如徐文明兄即在《梁译〈大乘起信论序〉考证》一文中断言:"然学者多以此文为伪序,并非只由其是伪托智恺之作,更重要的是它提供了伪证,其伪的目的就是为了证明真谛确实译过此论,为此作者煞费苦心,有意篡改历史,以达到其目的。"(《国学研究》第 4 卷,1997 年)

太保萧公勃,以大梁承圣三年岁次癸酉九月十日,于衡州始兴郡建兴寺,敬请法师敷演大乘,阐扬秘典,示导迷徒,遂翻译斯论一卷,以明论旨。《玄文》二十卷,《大品玄文》四卷,《十二因缘经》两卷,《九识义章》两卷。传语人天竺国月支首那等,执笔人智恺等,首尾二年方讫。①

关于上述引文,解释得最透彻的是陈寅恪。陈先生在《梁译大乘起信论伪智恺序中之真史料》一文②中指出其中包含真实史实,具体言之,主要有:其一,萧勃的"新"(其他史籍所未见)名号。其二,真谛与萧勃在始兴的时间重合。其三,慧显等确实曾为真谛的弟子。

陈寅恪以为,《大乘起信论序》中称萧勃为"假黄钺大将军",此当为萧勃后来举兵反抗时自立之名号,以此号令群下。而这一称号是依晋武陵王遵承制故事,据《晋书》,东晋元兴三年(404)安帝为桓玄所逼,不能处理朝政,便密令武陵王遵代摄朝政,总理百官,文称制书,谓之"承制"。因而"承制"实际是摄理朝政、代行皇帝的职事,非同一般。梁武帝、元帝、敬帝未即位之前,皆称"承制",可见"承制"往往也是登上帝王之位的必要准备。然而据此序,萧勃唯称"假黄钺大将军",未称"承制","假黄钺"也是一种难得的殊荣和特殊权力的象征,"黄钺"本为皇帝专用之仪仗,有权借用皇帝之仪仗也非一般大臣所能具。"假黄钺"或与"承制"并加于一身,如《梁书·世祖纪》载太清"三年三月侯景寇没京师。四月,太子舍人萧韶至江陵宣密诏,以世祖为侍中、假黄钺、大都督中外诸军事、司徒承制,余如故"③;或为单独的称号,如《梁书》卷五载承圣元年"四月乙巳,益州刺史、新除假黄钺、太尉武陵王纪窃位于蜀,改号天正元年"④。

---

① 《大正藏》第32卷,第575页上。
② 载陈寅恪:《金明馆丛稿二编》,第147—152页,北京,三联书店,2001。此文原载1948年12月《燕京学报》第35期。
③ 《梁书》卷五,第113页。
④ 同上书,第127页。

萧勃起兵时远在岭南,未用"承制"之号亦合情理。而其所谓"假黄钺大将军"之号也只能解释为其自立之号。据《梁书·元帝纪》、《梁书·敬帝纪》和《南史·萧勃传》,萧勃未有"假黄钺大将军"之职。若《论序》所言非虚,也只能是萧勃自立名号。陈氏以为,后世不涉政事之僧徒不可能如此了解南朝政事官制掌故,因此可以证明此段所述为真史料。

又据《历代三宝纪》卷一一的记载,"《弥勒下生经》一卷,梁承圣三年,于豫章宝田寺,第二译,为沙门慧显等名德十余僧出"①。可见,梁承圣三年(554)二月慧显等人确实追随真谛至豫章(江西南昌)译经。此处所说的慧显与《论序》所说的慧显应是同一人。而名不见经传的智韶②、昙振、慧文等或许即是与慧显共同追随真谛的"名德十余僧"之辈。由此可见,慧显、智恺等人助真谛于始兴译经一事或非杜撰。

总之,陈寅恪先生所说:"值京邑英贤慧显、智宠、智恺、昙振、慧旻与假黄钺大将军萧公勃以大梁承圣三年岁次癸酉九月十日于衡州始兴郡建兴寺敬请法师敷演大乘,阐扬秘典,示导迷途,遂翻译斯论一卷",一节"乃实录,非后人所能伪造者也"。③ 这是不易之论。现在的问题是究竟如何看待这一段话与《论序》全文的关系。

正如徐文明的解读:依陈氏原意,只谓伪序中包含真史料,"至此序为托名智恺之作,则不待论"。而日本学者镰田茂雄则进一步认为"现存的智恺序中,此部分必为智恺所写,其他部分或有增补或修改,始成现存的序"④。对于力图将此序的作者归之于智恺名下的观点,本人也不大认同。因为纵观此序全文,确实也有几处无法辩解的错误。

《大乘起信论序》在叙述真谛简历时说:

---

① 费长房:《历代三宝纪》卷一一,《大正藏》第49卷,第98页下。
② 此处所说的"智韶",也许是指仅警韶。根据道宣《续高僧传·警韶传》的记载,警韶符合上述条件。
③ 陈寅恪:《金明馆丛稿二编》,第148页。
④ [日]镰田茂雄:《中国佛教通史》第4卷,第78页。

> 故前梁武皇帝,遣聘中天竺摩伽陀国取经,并诸法师,遇值三藏拘兰难陀,译名真谛。其人少小博采,备览诸经,然于大乘偏洞深远。时彼国王应即移遣,法师苦辞不免,便就泛舟,与瞿昙及多侍从,并送苏合佛像来朝。①

短短数语,三大错误相当醒目:其一,说"梁武皇帝遣聘中天竺国摩伽陀国取经并诸法师",依照史传,梁武帝遣使送扶南国(今柬埔寨)贡使回国,并请诸名德及经论等,此序说成遣使中天竺,与其他史籍所说严重不一致。顺便指出,此文只说真谛是从中天竺摩伽陀国派至中土的,没有说真谛是此国人。其二,史传均说,真谛有两个名字,一个汉语译名为"亲依",一个汉语译名为"真谛",而此序文所说"三藏拘兰那陀,译名真谛"是错误的,拘兰那陀的意译应为"亲依"。其三,说真谛"与瞿昙及多侍从"一起来华,也缺乏其他文献支持,可能是作者听信传闻的结果,而非当时人的陈述。这样的几条错误相加,确实很难使人相信此文是跟随真谛多年的高足所写。

还需要讨论的问题是,上文记载的《大乘起信论》的"传语人"月婆首那是否真的参与了翻译。道宣在《续高僧传·真谛传》中附有其简历:

> 时有中天竺优禅尼国王子月婆首那,陈言高空,游化东魏。生知俊朗,体悟幽微,专学佛经,尤精义理,洞晓音韵,兼善方言。译《僧伽咤经》等三部七卷。以魏元象年中,于邺城司徒公孙腾第出,沙门僧昉笔受。属齐受魏禅,蕃客任情,那请还乡,事流博观,承金陵弘法,道声远肃,以梁武大同年辞齐南度。既达彼国,仍被留住。因译《大乘顶王经》一部,有勅令那总监外国往还使命。至太清二年,忽遇阗僧求那跋陀,陈言德贤,赍《胜天王般若》梵本,那因期请,乞愿弘通。嘉其雅操,豁然授与。那得保持,用为希遇。属侯景作乱,未暇翻传。携负东西,讽持供养。至陈天嘉乙酉之岁,始于江

---

① 《大正藏》第 32 卷,第 575 页上。

州兴业寺译之。沙门智昕笔受陈文,凡六十日,覆疏陶练,勘阅俱了。江州刺史黄法氍为檀越,僧正释惠恭等监掌,具经《后序》。那后不知所终。①

上述文字未曾涉及与真谛合作的问题,但从月婆首那的简历看,二者的合作是极有可能的:其一,二者都是优禅尼国人,如在中土相逢自然有亲切感,相随行走也是可能的。其二,更重要的是从上述文字中推理,二人有见面的时空条件。根据上文以及《胜天王般若波罗蜜经序》所言:"太清二年六月,于阗沙门求那跋陀,陈言德贤,赍一部梵文,凡十六品,始顿京师。时中天竺优禅尼国王子月首那,生知后朗,世传释学,无精义味,兼善方言,避难本邦,登仕梁室,被勅总知外国使命。"②此中有很重要的两个关节:一是真谛于太清二年(548)八月到建业面见梁武帝,而求那跋陀是此年六月到达建业的。二是首那受梁武帝之命专门负责接待外国使者包括来华僧人,而他也正好利用了这一便利,"忽见德贤有此经典,敬恋宜怀,如对真佛,因从祈请,毕命弘宣。德贤嘉雅操灵心,授与首那。"③可见,首那的这一职责便利,完全可以在两月后真谛至建业之时,发挥效用。因此,这一年八月之后,首那与真谛在建业见面是不可避免的。而首那"即又祗勅,求使顾表,奉迎《杂华经》。辞阙甫尔,便值侯量称丘寇乱,顶戴逃亡,未暇翻译。"④这年十月,侯景围困建业。与真谛一样,首那也慌忙逃离建业。史传记载,真谛后来逃到了富春,其后在侯景邀请下回到建业。侯景败亡,真谛又逃离建业至豫章、新吴,再至始兴。上引文字说,首那"携负东西,讽持供养",是指在流离各地的时候,一直随身携带从求那跋陀处获得的《胜天王般若经》的梵本。史籍未曾有首那流离各地的具体路线之记载,但从他与真谛一定相识且应有交往的背景考虑,此论序说他参与了《大乘起信论》的翻译,应该是有一定可信度的。

---

① 道宣:《续高僧传》卷一,《大正藏》第50卷,第430页下—431页上。
② 《大正藏》第8卷,第725页下—726页上。
③④ 同上书,第726页上。

至于有些学者所说,在始兴时期,真谛是否需要一个"传语人"的问题①,参照《续高僧传·真谛传》即可明了:

>三年二月,还返豫章,又往新吴、始兴。后隋萧太保度岭,至于南康。并随方翻译,栖遑靡托。逮陈武永定二年七月,还返豫章,又止临川、晋安诸郡。真谛虽传经论,道缺情离,本意不申,更观机壤,遂欲泛舶往楞伽修国。道俗虔请,结誓留之。不免物议,遂停南越。便与前梁旧齿,重复所翻。其有文旨乖竞者,皆镕冶成范,始末伦通。②

这段文字中叙述的是真谛于梁承圣三年(554)二月至陈天嘉二年(561)之间的活动,而《起信论序》所讲的翻译时间为承圣三年九月。上引文中说,真谛到达晋安之后,在"前梁旧齿"的襄助下,将先前所翻译的经论重新作了核定,使其"镕冶成范,始末伦通",在一定程度上才成为定本。而慧恺在《阿毗达磨俱舍释论序》所说是指真谛翻译的最后一个阶段所达到的境界。慧恺说:

>仍事徙居于南海郡内,续更敷说。法师游方既久,精解此土音义。凡所翻译,不须度语,但梵音所目,于义易彰。今既改变梵音,词理难卒符会。故于一句之中,循环辩释,翻覆郑重,乃得相应。慧恺谨即领受,随定随书,日夜相系,无懈晷刻。③

慧恺说,真谛至此时(564)来华日久,翻译时候不需要"度语"。这是不是有可能暗示,真谛早期翻译时候,在条件具备的时候是有"度语"的,至此才无有"度语"呢?——很有可能是如此。

---

① 如杜继文先生就根据慧恺的《俱舍释论序》来证明真谛于此时已经不需要"度语人",因此,"《起信论序》强加一'传语人',更显虚假。"(《〈大乘起信论〉述评》,《中国佛教与中国文化》,第301页)
② 道宣:《续高僧传》卷一,《大正藏》第50卷,第429页下—430页上。
③ 《大正藏》第29卷,第161页中。

最后,我们来辨析此论序的作者。现存的真谛译《大乘起信论》前所录的序文都标明"梁扬州僧智恺作",正如当今学者所公认的,此署名是假托的。"智恺",史籍中也作"慧恺",道宣《续高僧传·真谛传》时作"慧恺",时作"智恺",二者是指一人。而关于其昔日住寺,《续高僧传》卷一记载:"智恺,俗姓曹氏,住扬都寺。初与法泰等前后异发,同往岭表,奉祈真谛。"①而此扬都寺是指位于扬都之寺。"扬州"这个地名最早出现在儒家经典《尚书·禹贡》中,其中的扬州大约包括今天中国的东南一带,而今日的扬州属于古徐州地域。扬州正式成为行政区域是在西汉。西晋以后,扬州的治所长期设在南京(建邺、金陵)。南朝时,还数度从扬州析置出东扬州(治所在今浙江绍兴)。据《隋书·地理志》,隋开皇九年(589),始以"扬州"名江都郡,并置总管府。② 唐高祖武德九年(626),"省江宁县之扬州,改邗州为扬州,置大都督"③。此后,"扬州"之名才比较稳定地用于指称今日所指的这片区域。因此,"梁扬州僧智恺"的说法没有错误,文中以"京邑英贤"来称呼智恺也没有问题。

如此论序不是智恺本人所作。那么,又是何人所作呢?其实,此文的结尾已经作了交代,不知为何没有引起学者的充分注意。

《大乘起信论序》最后一段说:

> 马鸣冲旨,更曜于时,邪见之流,伏从正化,余虽慨不见圣,庆遇玄旨,美其幽宗,恋爱无已。不揆无闻,聊由题记,傥遇智者,赐垂改作。④

上文画线的四句,如果逐字逐句推敲解读,会得出什么结论呢?此中的关键词是"题记"。什么"题记"呢?是否是写于《大乘起信论》抄本上的有关翻译过程的"题记"呢?更进一步说,是否是陈寅恪所认定的一

---

① 《大正藏》第 50 卷,第 431 页中。
② 《隋书》卷三一,第 873 页。
③ 《旧唐书》卷四〇,第 1571 页。
④ 《大正藏》第 32 卷,第 525 页上—中。

定为"真"的哪一长句呢？如果将上述画线的四句话连起来解释，其意思是：我没有揣度自己的狭隘见闻，仅仅凭借题记（就写了此文），倘若遇到智者，希望能够改作。

如果本人对这一段话的解读不谬的话，其结论就是清楚的：其一，现今序文上的署名并不是此文最初流通时就有，而是后人不知何时想当然地加上去的。也不排除此署名出现于智昇之后。其二，此文产生的时代已经难于准确断定。有两种可能。其一，产生于陈隋之际。这里边有两个问题：一是费长房看没看到此文？二是法经所说的"人云"是暗示自己看到了《大乘起信论》上的题记呢？还是看到了此论序？从隋代以及唐初，包括道宣编写《大唐内典录》时都未提及此文来看，此论序也可能产生较晚——这是第二种可能。现存文献中，最早接受此说的是唐代法藏的《大乘起信论义记》，因而可以猜测此序论也可能产生于道宣编订《大唐内典录》之后至法藏撰述《起信论义记》之间的几十年。然而，这样的推断不是全无根据，但也只是概然性的。因为其立论依据奠定在编写经录者未曾看见此论序，而不是经录编写者虽看到了此论序，但都喜好以"真谛译经目录"类文献为依据编经录，因而将其有意忽略。而智昇则依据《论序》作记载。上述两种可能都不能遽然排除，因此说，《论序》的产生时间难于断定。

此外，还需要辨析的一个问题是，现存的《大乘起信论序》在纪年上有一个错误。这就是梁承圣三年的干支并非癸酉，而是甲戌。如上文考辨，承圣二年真谛还未至衡州始兴，因此正确的应该是梁承圣三年岁次甲戌。值得注意的是，智昇注意到了这个错误，但他却改错了。《开元释教录》卷六记载："《大乘起信论》一卷，初出，与唐实叉难陀出者同本。承圣二年癸酉九月十日，于衡州始兴郡建兴寺出，月婆首那等传语，沙门智恺等执笔并制序，见《论序》。"[1]反倒是法藏所记是正确的。《大乘起信论

---

[1]《大正藏》第55卷，第538页中。

义记》卷一记载：

> 即以太清二年,讫承圣三年岁次甲戌,于正观寺等,译《金光明经》、《弥勒下生经》、《大乘起信论》等,总一十一部合二十卷。此论乃是其年九月十日,与京邑英贤慧显、智恺、昙振、慧旻等,并黄钺大将军太保萧公勃等,于衡州建兴寺所译,沙门智恺笔授,月婆首那等译语。①

上引法藏原文之上还有根据《译经纪》等字样,经核对《古今译经图记》原文,发现"此论乃是其年九月十日"之前的文句是由《古今译经图记》卷四的文字改作的。因此,不能确定此干支是法藏所改还是沿袭《译经图记》的,或者是法藏所见《大乘起信论序》的干支是正确的,现在的错误是法藏之后至智昇之间不幸发生传抄错误所致。

综上所述,我们的新发现是,现存的《大乘起信论序》是唐代法藏之前的某个时候,某人凭借当时流通的《大乘起信论》抄本上的一个"题记"敷衍成文的。这一发现,正好解释了何以如陈寅恪先生所揭示出的,错误甚多的序文中为什么会包含非当时人所不能伪造的真史料的问题。

然而,如此也带来了一个新问题,如果认同这一"题记"的正确,那费长房所记载的太清四年翻译出《大乘起信论》岂不就是错误的了？本著认为二者从表面看是有矛盾的,但如前所说,对于真谛的翻译活动,特别是记录其翻译活动的经录的记载,不能过分拘泥。因为：其一,战乱中的资料的遗失；其二,真谛时常是经论本文与自己的疏解都"译"的；其三,真谛后期曾经修改过自己前期的部分译本。这三方面的原因叠加,便会出现四个可用之描述真谛译经过程的时间段：一是开始翻译的时间,二是结束的时间,三是翻译经或论的时间,四是确定《本记》或《义疏》的时间,甚至还会有第五——最终修订的时间。从如此复杂的情况考虑,关于真谛翻译《大乘起信论》的记载,出现两个不同的时间,也并不十分奇

---

① 法藏：《大乘起信论义记》卷一,《大正藏》第44卷,第246页上。

怪。因而,在笔者看来,费长房等依据曹毗《别历》的记载,而此文依据当时抄本上的"题记",二者不存在谁对谁错的问题。也许正因为如此,智昇在编定《开元释教录》时虽然未采用费长房的说法,但也没有指责费长房搞错了。

3. 转引《四论玄义》之说质疑

依照我们的分析,在近代以前的中国根本不存在对于《大乘起信论》的真正的"怀疑",备受学者所重视的隋代法经将其列入"疑惑"部,怀疑的是译者是否为真谛,而不是暗示其为中土撰述。而费长房与智昇所提供的也只是关于此论翻译的具体时间的不同说法而已。真正说《大乘起信论》为中土撰述的是风传出自于唐代均正《四论玄义》的一段文字。

关于慧均及其所撰《四论玄义》,中国方面没有任何资料可资参考。而《东域传灯目录》卷一则记载:"《四论玄义记》十二卷,均正又云均僧正,十四卷。又云《无依无得大乘四论玄义记》。"①而《三论宗章疏》卷一也记载说:"《四论玄义》十二卷,均正述。"②可见,均正确实写过这样的著述,并且传入了日本。而中土散佚此著的原因可能是会昌法难或者唐末五代的战乱。

"均正"又云"均僧正"、"惠均僧正"。如此,则其可能是唐代中期(安史之乱)之后的僧人。因为僧正是唐代地方僧官的名称,现存最早例证出现于大历二年(767)。根据《宋高僧传·严峻传》记载:释严峻"大历元年思往清凉山。……二年春,宜春太守俾僧正驰疏请召。"③这是唐代僧正首次见于史籍。传中提到的僧正应为袁州僧正。从此文义看,该僧正之职,在大历二年之前已经设立,严峻只是其继任者。唐代的州级僧正是在安史之乱以后,中央权力下降,方镇位高权重的情况下,由方镇牧伯(节度使、州刺史)自行任命产生的。除上述材料所作的暗示外,还有许

---

① 《大正藏》第 55 卷,第 1159 页下。
② 同上书,第 1138 页上。
③ 《大正藏》第 50 卷,第 798 页上。

多材料可以予以证实。

不过可惜的是，均正此著现今在日本也已经散佚不全，仅有残本。12世纪的日本僧人珍海所撰《三论玄疏文义要》，在提到《大乘起信论》时，引用了均正《四论玄义》之说。其文曰：

> 《四论玄义》第五卷：《起信》是虏鲁人作，借马鸣菩萨名。
>
> 《四论玄义》第十详《大乘起信论》云：北地诸论师云非马鸣造。昔日地论师造（论），借菩萨名目之故。寻觅翻经论目录中无有也。未知定是不也？

这一引文日本贤宝《宝册钞》卷八及湛叡《起信论决疑钞》、快道的《起信论义记悬谈》都作了引用。但是，珍海等人引用的文句，在现存《续藏经》所收《大乘四论玄义》十卷之中并未出现。另外，据14世纪的日本僧人杲宝所口述而由弟子贤宝增订的《宝册抄》（1350）所记载，新罗珍嵩在他的《探玄记私记》中说道："马鸣《大乘起信论》一卷，依《渐刹经》二卷造此论。而道迹师《目录》中云'此经是伪经'。故依此经造《大乘起信论》，是伪论也。"现《私记》已佚，此文仅见于《宝册钞》所引，《渐刹经》在经录上也无记载。后来日本另一真言宗学僧快道猜测"渐刹"音近"占察"，《渐刹经》恐系《占察经》之误。

以上几种资料是引起近代以来怀疑《大乘起信论》为"伪论"或"中土撰述"的主要根据，也可以说是《大乘起信论》真伪之争的导火索。论者以为均正为唐代僧人，《四论玄义》为日本从唐代取回的撰述，由此推理，在隋唐僧人中已经展开了对于《大乘起信论》真伪的争论。

其实，日本学者也已经有人看到上述资料的不可靠，如东北帝国大学教授铃木宗忠的评述[①]就是如此。1928年，铃木宗忠就认为，《四论

[①] [日]铃木宗忠：《就起信论的成立有关的史料》一文原刊于《宗教研究》新五卷十二号。本段采纳了吕澂先生对此文的概括，见吕澂《大乘起信论考证》，《吕澂佛学论著选集》（一），第326—327页，济南，齐鲁书社，1990。

玄义》的史料是由日本三论家珍海所引,既属于他本宗的著作,当然不会错误。但现存的《四论玄义》并无上述这几句,用来作史料就不免减低价值了。再说那一段文字的内容,只讲到寻觅经录没有马鸣作此论的记载,这只可作为消极的证据,并不能积极地证明究为何人所作。就说是地论师作的吧,他们为什么要假造此书? 象论者说的是用来调和当时地论南北派之争,这也不失为一种解释,但与传说的本身就不是一回事了。所以《四论玄义》的说法,不能成为《大乘起信论》是中国撰述的史料。其次,青丘珍嵩的《探玄记私记》亦属这一类的史料。它说《大乘起信论》是依着《渐刹经》二卷写的。据引用其文的《宝册钞》增订者贤宝的意见,《渐刹经》就是《起世经》,而《起世经》却不是伪经,所以珍嵩说依伪经造伪论的话就靠不住。要说《渐刹经》是《占察经》,那么它与《大乘起信论》的关系,尚待讨论。所以即使认为珍嵩的话不错,也只可作为关于《大乘起信论》成立的一个意见,并无史料价值。真正的史料应当表明时间的关系,这里只泛说《占察经》同《大乘起信论》有关,完全是一种超时间的说法,所以不成为史料。

　　对于以上资料的应用,近代以来学者在"自由研究"的风气①影响下,以"疑古"的精神,优先采信了在日本传播的"二手资料"的说法。但是,无论是与法经的说法相比,还是与费长房、智昇的说法相比,均正的说法都只能算一个在私下流传的小道消息,或者说属于古代所谓的"小说家"之言。但是,就这一"小说家"言竟然取得了决定性证据的地位,连国学大师陈寅恪自己都已经考证出来《大乘起信论序》关于《大乘起信论》翻译情况的陈述中有非当事人无法知晓的"真史料",陈先生却仍然抱定《大乘起信论序》为伪托的观念不放。由于这种顽固的"疑古"心理以及民族主义情怀,人们甚至相信出自于"均正"著作的这一"小说家"之言竟

---

① 吕澂语。参见吕澂《大乘起信论考证》,《吕澂佛学论著选集》(一),第305页。

然是隋唐时期佛教界的共同秘密,而丝毫不注意连对于真谛唯识学大力抨击的玄奘门下弟子也未曾提出《大乘起信论》为中土伪撰来打倒对方,从而为自己宗派张目。这样的现象,如果不将其纳入"自由研究"的风气和弥漫于近代中国的"疑古"甚至民族主义精神,确实是难于解释清楚的。而对于实叉难陀翻译《大乘起信论》的否定,如果抛开上述背景,确实会使人莫名其妙。

综上所述,本著的鲜明观点是:《大乘起信论》确实是真谛所翻译的,绝对不可能是中土人士的撰述。至于具体的翻译时间、地点,古代经录的记载有两说。从上文的考证结果看,二说都有依据,因此,笔者认为,太清四年(550)是真谛最初翻译《大乘起信论》的时间,而承圣三年(554)九月是真谛重译《大乘起信论》的时间。此外,需要强调一点:那种仅仅依据日本晚近的"二手资料"就大胆断言隋初的地论师知晓"伪造"《大乘起信论》的所谓"秘密",以及唐代佛教界曾经展开过此论为"伪撰"或"译籍"的争论,是缺乏文献依据的以讹传讹。

二、《大乘起信论》的结构

《大乘起信论》结构严谨,符合印度佛教论典的一般格式。全论共分"因缘分"、"立义分"、"解释分"、"修行信心分"、"劝修利益分"五部分,其中"解释分"和"修行信心分"为论点的核心,占据篇幅也最大。

"因缘分"说明撰写本论的八种因缘,也可称之为"序分"。论中说有八种因缘而造此论。"一者,因缘总相,所谓为令众生离一切苦,得究竟乐,非求世间名利恭敬故;二者,为欲解释如来根本之义,令诸众生正解不谬故;三者,为令善根成熟众生,于摩诃衍法堪任不退信故;四者,为令善根微少众生修习信心故;五者,为示方便,消恶业障,善护其心,远离痴慢,出邪网故;六者,为示修习止观,对治凡夫、二乘心过故;七者,为示专念方便,生于佛前,必定不退信心故;八者,为示利益劝修行故。"①而且尽管佛经中已经有这些法义的说明,但由于"以众生根行不等,受解缘别"等等原因,理解接受不同,因而"为欲总摄如来广大深法无边义故,应说此论"②。

"立义分"列出了此论的大纲,提示大乘佛法一心、二门、三大的要义。"解释分"则对其进行详细解释。而"解释分"又分为三部分:"一者,显示正义;二者,对治邪执;三者,分别发趣道相。"③其中,"显示正义"部分详细论述"一心"、"二门"、"三大"的义理;"对治邪执"部分发挥真正的义理,"分别发趣道相"则说明进趣的相状。关于"立义分"和"解释分"的具体内容下文专门分析说明,此从略。

"修行信心分"的内容,如论中所说"是中依未入正定众生故,说修行信心"④,目的是以此激发未进入正法的众生相信大乘佛教的道理,如法修行。

论中讲了四种"信心":"一者,信根本,所谓乐念真如法故;二者,信佛有无量功德,常念亲近,供养恭敬,发起善根,愿求一切智故;三者,信法有大利益,常念修行诸波罗蜜故;四者,信僧能正修行自利利他,常乐亲近诸菩萨众,求学如实行故。"简言之,就是信仰"真如"和三宝。

关于"如何修行",论中讲了五门:"一者施门,二者戒门,三者忍门,四者进门,五者止观门。"⑤其中,"施门"即布施,"戒门"则是指持戒,"忍门"则是指忍辱,"进门"是指精进。

关于"修行止观门","止"指禅定,"观"则指智慧波罗蜜。论中着重强调的是"一行三昧"。论中说:"依如是三昧故,则知法界一相。谓一切诸佛法身与众生身平等无二,即名一行三昧,当知真如是三昧根本。若

---

① 真谛译:《大乘起信论》,《大正藏》第32卷,第575页中一下。
② 同上书,第575页下。
③ 同上书,第576页上。
④⑤ 同上书,第581页下。

人修行,渐渐能生无量三昧。"① 而且"应知外道所有三昧,皆不离见、爱、我慢之心,贪著世间名利恭敬故。真如三昧者,不住见相,不住得相,乃至出定,亦无懈慢。所有烦恼,渐渐微薄。若诸凡夫不习此三昧法,得入如来种性,无有是处。以修世间诸禅三昧,多起味著,依于我见,系属三界,与外道共。若离善知识所护,则起外道见故。"② 在此强调"一行三昧"是对于"真如"的契悟。论中又说"精勤专心修学此三昧者,现世当得十种利益。云何为十?一者常为十方诸佛、菩萨之所护念;二者不为诸魔、恶鬼所能恐怖;三者不为九十五种外道鬼神之所惑乱;四者远离诽谤甚深之法,重罪业障渐渐微薄;五者灭一切疑诸恶觉观;六者于如来境界信得增长;七者远离忧悔,于生死中勇猛不怯;八者其心柔和,舍于骄慢,不为他人所恼;九者虽未得定,于一切时、一切境界处则能减损烦恼,不乐世间;十者若得三昧,不为外缘一切音声之所惊动。"③

上述"五门"相当于大乘佛教的六波罗蜜。

上述四部分内容属于三分说的"正宗分"。而最后一部分"劝修利益分"则属于"流通分"。

论最后说:"如是摩诃衍诸佛秘藏,我已总说。若有众生,欲于如来甚深境界得生正信,远离诽谤,入大乘道,当持此论,思量修习,究竟能至无上之道。若人闻是法已,不生怯弱,当知此人定绍佛种,必为诸佛之所授记。……"④ 如此等等,从略。

三、一心·二门·三大

《大乘起信论》的核心是"一心二门"说,而成立一心二门的理论基础则是体、相、用相即不离的"三大"说,用此论的术语讲则是"法"与"义"的

---

① 真谛译:《大乘起信论》,《大正藏》第32卷,第582页中。
② 同上书,第582页中—下。
③ 同上书,第582页下。
④ 同上书,第583页上。

统一构成大乘法。

《大乘起信论》在"立义分"说:

> 摩诃衍者,总说有二种。云何为二?一者法,二者义。所言法者,谓众生心。是心则摄一切世间法、出世间法,依于此心显示摩诃衍义。何以故?是心真如相,即示摩诃衍体故。是心生灭因缘相,能示摩诃衍自体相、用故。所言义,则有三种。云何为三?一者体大,谓一切法真如平等不增减故。二者相大,谓如来藏具足无量性功德故。三者用大,能生一切世间、出世间善因果故,一切诸佛本所乘故,一切菩萨皆乘此法到如来地故。①

此中"摩诃衍"即"大乘佛法"之义。此段落是全论的纲领,用图表示就是:

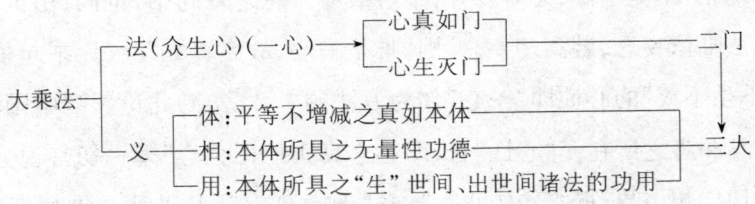

此中,"众生心"泛指众生所涵摄的不变的法体及众生的心性,诸如实相、真如、法性、如来藏自性清净心等等。从其作为世间、出世间诸法的绝对本体而言,"众生心"又可称为"一心"。此中之"一",并不是和二、三相连并提的数目字,它乃唯一、绝对之义。此中之"心"亦非如唯识学所言之集起心或思虑、知觉、了别之识,此"心"乃真如心、本体心。这一本体乃绝对平等而非相对差别,故称"一心"。《大乘起信论》从"二门"即心真如门、心生灭门两方面说明"一心"的本体性质和现象界之所以生成的本体论根据,然后再依体、相、用三大相即不离来说明本体与现象的关系。经过这样的演绎,"众生心"或"一心"便既是世间法的所依,也是出

---

① 真谛译:《大乘起信论》,《大正藏》第32卷,第575页下—576页上。

世间法的本体。心真如门总摄一切清净无漏之佛法,是为众生成佛的本体论根据;心生灭门则总摄一切烦恼有为有漏之染法,是为世间及现象界的总貌。

所谓"心真如者,即是一法界大总相法门体,所谓心性不生不灭"①。"一法界"指一切现象得以产生的共因;"大总相"指遍一切现象的共性;"心真如"即不生不灭的心性,也即真如心。此真如心是一切现象得以产生的根本,亦是一切现象的共相。因为依照佛学的见解,世间的真相是平等而无差别的真如空理,由于众生之心的起妄功能而使万物有了差别之相。正如《大乘起信论》所说:"一切诸法唯依妄念而有差别。若离心念,则无一切境界之相。"由于众生之心的起念造意功能,使得森罗万象的现象世界得以生成,实际上,"一切法从本已来,离言说相,离名字相,离心缘相,毕竟平等,无有变异,不可破坏。"总之一句话,世间、出世间一切诸法唯依妄念,若离却妄念,则"唯是一心,故名真如"。《大乘起信论》以"不生不灭"的心性即"一心"作为万法的本体,实乃此论影响中国佛学之大且深者之所在。"心性"者,即心之真实性,此"心"离一切言说分别,离一切妄想境界,既"无有可遣",亦"无有可立",乃湛然常净的圆明心体。它既是作为众生本体的心体,又是佛界、法界及众生界的真如理体,是心体与理体的合一。这就是《大乘起信论》贡献于中国佛学的本体之性与主体之心合一,亦即心性合一的理论模式。

真如心既是"一法界大总相法门体",因此有空与不空两义。"所言空者,从本已来,一切染法不相应故。谓离一切法差别之相,以无虚妄心念故"②。这就是说,真如心体从来是与三界所有的一切染法相离相异的,因为真如不具有任何虚妄心念,因而断离一切法的差别相即可证得清净常一的真如空理。真如理体是平等一味,超越有、无、非有非无、亦

---

① 真谛译:《大乘起信论》,《大正藏》第32卷,第575页下—576页上。
② 同上书,第576页上。

有亦无四句四相的,因而心真如"依一切众生,以有妄心,念念分别,皆不相应,故说为空"①。众生若离妄心,则真如心湛然自显,故说"实无可空"。由"如实空"故而有"如实不空"。"所言如实不空者,已显法体空无妄故,即是真心;常恒不变,净法满足,则名不空"。因显法体无虚妄杂染而证得真如心,因为此真心又是常恒不变,具足无漏性功德,故说"净法满足,名为不空"。合此空与不空二义,则此真如心实乃真如之体与主体所具功德相的统一,是为"三大"之前"二大"。

《大乘起信论》是这样说明心生灭门的:"心生灭者,依如来藏,故有生灭心。所谓不生不灭与生灭和合,非一非异,名为阿黎耶识。"②此处有两层含义:其一,生灭心依存于如来藏真如心;其二,生灭心的自体为蕴含真如理体(不生不灭)与妄念心识(生灭)的阿黎耶识。合此二义,则可得出一个结论:阿黎耶识由于生起无明功用从而生起世间诸法,这是真如心体的功能之一,此下当详论。至于真如心体的另一功能,《大乘起信论》言:"真如用者,所谓诸佛如来,本在因地,发大兹悲,修诸波罗蜜,摄化众生,立大誓愿,尽欲度脱等众生界。亦不限劫数,尽于未来,以取一切众生如己身故,而亦不取众生相。"③《大乘起信论》在此所讲的真如之"用"指成功佛果的如来复至因地即三界,发大慈悲,应机对根摄化众生,发大誓愿而尽欲度脱众生。当此之"用",如来"取一切众生如己身",以众生的痛苦为自己的痛苦,但却并不著众生相,因为如来"如实知一切众生及与己身,真如平等无别异故"。如来"以有如是大方便智,除灭无明,见本法身,自然而有不思议业种种之用,即与真如等遍一切处。"真如有如此之用,但"亦无有用相可得。何以故?谓诸佛如来,唯是法身智相之身。"也就是说,以真如起业用的如来佛身唯有"第一义谛,无有世谛境界,离于施作,但随众生见闻得益,故说为用"④。《大乘起信论》通过这

---

①② 真谛译:《大乘起信论》,《大正藏》第32卷,第576页中。
③④ 同上书,第579页中。

样一套理论统一了法身、应身、报身的如来"三身说"。

在《大乘起信论》中,体、相、用的"三大"是为称颂、论证"一心"的本体地位及其作用、功能而提出的,因而其"立义分"明确地以"法"——"一心二门"与"义"——"三大"相统一来概括全论。经上述引证分析,可将上图简化如下:

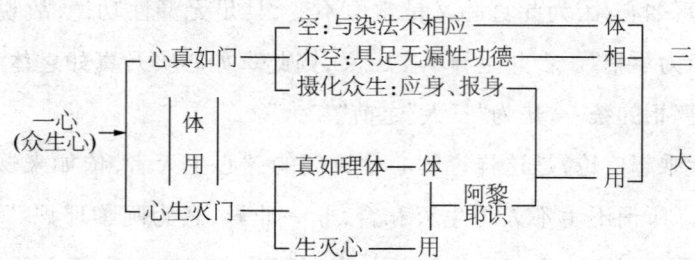

如图所示,可有三层体、相、用关系。第一层为二门中,心真如门与心生灭门之体、用关系;第二层为心真如门内部之体、相、用关系;第三层为心生灭门内部之体、相、用关系。这里,第二层论证了法身佛、应身佛、报身佛三佛之间的关系,阐明如来于三界应机摄化众生的功德相、用;第三层是用"一心"之不生不灭与生灭和合构成阿黎耶识说明世间染法生起与还灭的依据和过程。此处先就"二门"之体用合一稍作申论,至于第三层含义留待下文再分析。

《大乘起信论》由"众生心"开出"二门"以说明一切法。所谓"众生心",从本体而言则为"一心";从本体与现象两分角度而言,则开为"二门",即心真如门和心生灭门。这是将"一心"开为体、用(包含相)两方面来说明的。心真如门是"一心"之体,是从绝对的、无限的本体方面来说明"一心";心生灭门是"一心"的用,是从相对差别的现象方面来说明"一心"。心真如门之本体界,无染、净之别,无真、妄之分,无佛、凡之别,亦无心、物之分,它是平等而无差别的;心生灭门之现象界,截然地具染净、真妄、佛凡、心物的差别。然而,此二门又不是截然分开的,二门的相即相入方可统一标立"一心"之本体地位。这可从三方面去诠释:其一,"一心"为本体,为真实法,心真如门亦然,而此真如心乃众生之本性、本质;

心生灭门则为众生之现象存在,是虚假的存在,是妄法。从前者言之,"众生心"就等同、约化于"一心"。其二,依体、用而论,真如心为生灭心之体,生灭心为真如心之用或相,二者相互随顺而不相离。"相"相当于"功能"、"属性"之义,一方面它是绝对本体真如心的功能和属性,因而具有本体意义;另一方面它又表现于心的生灭变化之中,已不完全是绝对静止的本体存在了,因而亦可属于"生灭心"范围。"用"则是"效果"、"结果",《大乘起信论》在阐述"心生灭门"时大量使用这一概念,下文当再论。其三,本论之所以安立此"二门",并不完全在于理论之辨析,更重要的是为了其宗教实践。因此之故,"二门"亦可于修习解脱中求得动态的统一,如《大乘起信论》所言"显示从生灭门即入真如门,所谓推求五阴、色之与心、六尘境界,毕竟无念","若能观察知心无念,即得随顺入真如门故"。① 如此等等,就是此义。

《大乘起信论》以体、相、用的"三大"说作为其本体论原理的核心内容,确立了"众生心"即"一心"的本体论地位。然而,这一本体论原理仍然未能圆满解释世间有漏法如何可能依止于"一心"而"生"的问题。"一心"即如来藏自性清净心,它作为本体是无漏、清净的。但是,由这一无漏、清净的本体如何"生"出异质的有漏的世间法,遂成一个问题。因为依照唯识学的"种子生现行"之说,所谓无漏种子只能"生"无漏法,并不能"生"有漏法。由此看来,此本体论原理尚需寻找另外的理论以补充。这一理论便是"心生灭门"部分所隐含的"主体性"原理。

四、本觉与本不觉

《大乘起信论》将不生不灭的真如理体与无明妄念的和合叫阿黎耶识。真如理体是净,是不生不灭的;无明是染,是有生有灭的。生灭之心依从不生不灭的真如心而起;不生不灭之心则不能离开生灭的现象而独

---

① 真谛译:《大乘起信论》,《大正藏》第32卷,第579页下。

存。由此可以说在不生不灭的真如之外没有生灭变化的现象,换言之,生灭变化的现象之外也没有不生不灭的真如。或者可以直接言之,不生不灭的真如就是生灭变化的现象,生灭变化的现象就是不生不灭的真如,两者"不异"。另一方面,真如虽起动而为生灭的现象,但其真性不变,所以不生不灭的真如与有生有灭的现象,划然有别,两者"不一"。总而言之,不生不灭的真如理体与有生有灭的妄识是"不一不异"的关系,相顺不离而又有区别。这也就是上文所言的第三层"体"、"用"关系。《大乘起信论》正是通过对这一层体、用关系的论述来说明心生灭门的。这样,在《大乘起信论》中,阿黎耶识就有不生不灭和有生有灭两方面的性质,前者的状态为"觉",后者的状态则为"不觉"。

《大乘起信论》这样定义"觉":"所言觉义者,谓心体离念。离念相者,等虚空界,无所不遍,法界一相,即是如来平等法身。"①"觉"为"觉照"、"觉明"之义,也就是能照见万事万物的真理,觉解了悟真如自体的智能(觉性)。"觉"的状态就是心体离念,不与妄染法相应。这种离念的心体如同虚空境界,无所不包,无处不周遍,这便是遍满法界的如来平等法身。《大乘起信论》认为此净镜"觉体"具有四种性质:其一,"如实空镜,远离一切心境界相,无法可现,非觉照义故"②。此即心真如门中的"如实空"义,即心体离所有妄念染法。其二,"因熏习镜,谓如实不空。一切世间境界,悉于中现,不出不入,不失不坏,常住一心,以一切法即真实性故"。这是说,觉体如镜,世界一切无不显现于内,因为世间一切无不以"一心"为其本性。正因为这一原由,"一切染法所不能染,智体不动,具足无漏,熏众生故"。此觉体虽然不动唯静,却具足一切无漏法,成为众生成佛的内在根据。众生之所以厌生死、乐涅槃,就在于它对众生自身起内因熏习的作用。其三,"法出离镜,谓不空法,出烦恼碍、智碍,

---

① 真谛译:《大乘起信论》,《大正藏》第32卷,第576页中。
② 同上书,第576页下。

离和合相,淳净明故"。这即是说,真如觉体是不空之法,它出离一切"烦恼障"和"智障",远离一切生灭不生灭和合之相,因而是无限的清净相。其四,"缘熏习镜,谓依法出离故,遍照众生之心,令修善根,随念示现故"①。这是说,觉体不再受障碍,亦即自身的出离会成为其他众生解脱的一种外缘之力,使其他众生发心修习而显现清净相。上述状如净镜的觉性心体的四种性质,第一从"如实空"义言之,后三从"如实不空"义言之,合之则与真如门所言"一心"的二种属性相当。概括四种性质释觉性心体,则可以说,此心体既能寂然不动地蕴含一切世间法,又是出离生死,由染转净的全部因与缘。这种作用,在心真如门中已经存在,但只有作为"觉性"而存在,于生灭之心相中才具有现实的品格和修行的实践意义。

"觉"的反面则为"不觉"。所谓"不觉义者,谓不如实知真如法一故。不觉心起,而有其念,念无自相,不离本觉"②。所谓"不觉",亦即心的迷妄状态,指众生因不了解真如自体的清净唯静而忽生妄念。此"念"之起便成无明,它由细转粗,千变万化,显现出世间一切妄染的境界。在此,《大乘起信论》特别强调不觉依于"觉"而现,其根本原因在于"迷","犹如迷人,依方故迷。若离于方,则无有迷。众生亦尔,依觉故迷。若离觉性,则无不觉。以有不觉,妄想心故,能知名义,为说真觉。若离不觉之心,则无真觉之自相可说"。"真觉"即众生觉悟之心体,是无形无相、无动无静的,但众生却误其为真实的实体存在而去修证,这也是一种迷妄,因有此"迷"而有"不觉",是故离却不觉之心,真觉也就无有自相可说。这就是"不觉"依于"觉"而有的原因。相对于"不觉",此"觉"可称为"本觉"。《大乘起信论》以为,众生是本来觉悟的,但由于众生不知其体性的"本觉"而显现"不觉"状态。虽从现象存在看,众生是"不觉"的,但其实质

---

① 真谛译:《大乘起信论》,《大正藏》第 32 卷,第 576 页下。
② 同上书,第 577 页上。

仍是"觉"的。

欲阐明"觉"与"不觉"的关系,《大乘起信论》又说"觉与不觉有二种相",即同相、异相。所谓"同相"是指"如是无漏、无明种种业幻,皆同真如性相"①。这是说,无漏之觉与无明之不觉,一真一妄,虽然表面看是有差别的,但这不过是在生灭门可如此言之,若从真如起用的角度看,二者都是以真如为体性的。无漏法当体是真如性;虚妄分别相,也不离真如性。真如是绝对的,在真如界内,一切无差别。从此角度言之,以真如性为体的众生虽未离弃"不觉",但从本体言之,众生本来是佛,与佛无二。所谓异相是指"如是无漏、无明,随染幻差别,性染幻差别故"②。这是说,再从生灭门言之,无漏与无明,虽本体无别,但众生具体情况不同,其所具无漏净法的相状自然各别,同时,其所生的无明染法自然也是千差万别的。从此角度言之,众生本性是佛而毕竟未是佛。

"不觉"又可分为根本不觉和枝末不觉。前者指无明之体,即对真如清净的迷执。所谓枝末无明是指无明之相,是对虚妄现象的执著。《大乘起信论》将枝末无明分为九相言之,即"三细"及"六粗"。所谓"三细"为:

> 一者,无明业相,以依不觉故心动,说名为业。觉则不动,动则有苦,果不离因故。二者,能见相,以依动故能见,不动则无见。三者,境界相,以依能见故境界妄现,离见则无境界。③

此中,"业相"是指真如初依不觉无明而动心的相状,已开始形成生灭,但主、客仍然未分,状极微细,又因它是众生之心依于真如理体而起不觉之动的最初一念,故亦可称之为"业识"。第二位之"能见相"指依前一位业识的起动,转展而起能见之相,此相主、客稍分,其状渐显。妄心既起,转而生起了主观的见照分别一切现象的作用,故亦可称之为"转

---

①③ 真谛译:《大乘起信论》,《大正藏》第32卷,第577页上。
② 同上书,第577页中。

识"。第三位是境界相,指依前转识之见,起此能见之客观境界,因其能"妄现"境界,故亦可称之为"现识"。《大乘起信论》所言之"六粗相"①是指接续于"境界相"而起的显现妄染世间的意识活动:第一"智相"指心的分别作用,即感觉、知觉活动;第二"相续相"指对感觉、知觉所生之喜乐忧惧等感情活动的现起接续;第三"执取相"指对于情感等意识活动的执取执著;第四"计名字相"是指心的感受、思维活动的符号化、概念化;第五"起业相"是指对前述诸"相"的更深执著贪恋;第六"业系苦相"指所造之业招来的果报。上述"三细"、"六粗"涵盖了一切妄染境界。

《大乘起信论》关于"不觉"的生成有其独特的说法。此论认为,真如不守自性,忽然起念而使众生之心生起动相,由动而起妄,由妄而有主、客之分立及染法之生起。《大乘起信论》这样说:

> 一切心识之相皆是无明。无明之相不离觉性,非可坏,非不可坏。如大海水,因风波动,水相风相不相舍离,而水非动性;若风止灭,动相则灭,湿性不坏故。如是众生自性清净心,因无明风动,心与无明俱无形相,不相舍离。而心非动性;若无明灭,相续则灭,智性不坏故。②

心之本体是不动的,因为"智性"即觉性是永恒的。心之所以由不动到动,是由于无明风动的结果。《大乘起信论》说:"心性常无念故,名为不变。以不达一法界故,心不相应,忽然念起,名为无明。"③据此,《大乘起信论》把"离念"和"有念"同"觉则不动"和"不觉故心动"联系起来,突出地强调"无念"是"觉"的本质属性,"妄念"则是"不觉"的一般表现。由"不觉"到生诸"相",等于是由心动起念而生世界。这是一条由净到染的妄染生起之路。反之,由"不觉"经"始觉"到"究竟觉",这是一条解脱还灭之路。

---

① 参见高振农校释《大乘起信论》,第 48 页。
②③ 真谛译:《大乘起信论》,《大正藏》第 32 卷,第 576 页下。

《大乘起信论》这样说:"如二乘观智,初发意菩萨等,觉与念异,念无异相,以舍粗分别执著相故,名相似觉。如法身菩萨等,觉于念住,念无住相,以离分别粗念相故,名随分觉。如菩萨地尽,满足方便,一念相应觉心初起,心无初相,以远离微细念故,得见心性,心即常住,名究竟觉。"①这样,从"动心"到"不动心",从妄念诸相到念无异相、念无住相,再至"远离微细念"而得显"究竟觉",众生便可循顺此修习历程而由染转净,达到解脱成佛的目的。《大乘起信论》在此将"心动"作为世间染法之所以生起的原因,"动"之所以产生是因为"无明风"吹的结果。那么,"无明风"是由何推动而起的呢?对此,《大乘起信论》未能明确地予以说明。不过,细致考究此论对"一心"与"众生心"两个范畴的使用,便可略见其奥妙所在。论者向来均以"一心"与真如为同义范畴,实际上《大乘起信论》又将"一心"等同于"众生心",这样,"一心"与"众生心"是否严格等同便是此中关键。其实,作为本体的"众生心"为"一心",但作为主体的"众生心"则包含真如心与生灭心两方面,《大乘起信论》在文中的巧妙置换使其近于阿黎耶识。这样。"众生心"的主体性方面便可合理地予以强调。由此出发,《大乘起信论》便形成了由两条原则组成的主体性原理:其一,染法之所以生起与还灭,成佛之所以可能,主要在于心之本觉与不觉两方面间的依存、消亡状态如何;其二,由于作为主体的众生心所具有的觉知功能,真如与无明便可互熏互成。

五、真如无明互熏与体用合一

《大乘起信论》最具争议性的是,真如与无明的相互熏习义及由众生"本觉"的判断而导致的不同于法相唯识宗的修行解脱之道——返本还源。近代以来的佛学界,尽管以印度佛教为正统者纷纷将批评的矛头指向《大乘起信论》,但是,不可否认,此论正是影响中国佛学最为巨大而且

---

① 真谛译:《大乘起信论》,《大正藏》第 32 卷,第 576 页中。

最为深刻的经典。在我们看来,单单以唯识学,特别是玄奘所传护法系的唯识学来判定《大乘起信论》的是非,有失客观和公允。与其将它看做唯识系经典而批评其不纯粹①,毋宁将其看作一个独创性的思想系统。这样的思路,或许有助于公正地评价《大乘起信论》以及受其深刻影响的天台、华严、禅宗等中国佛学宗派。

所谓"熏习"是指通过一种事物的连续熏发习染的影响作用,而使另一事物的性质发生某些变化。这正如"世间衣服,实无于香;若人以香而熏习故,则有香气"②。真如与无明之间亦可如此而相互熏习使对方发生变化。《大乘起信论》言:"真如净法,实无于染,但以无明而熏习故,则有染相;无明染法,实无净业,但以真如而熏习故,则有净用。"③净的真如受无明熏习而有染法,无明则因真如熏习而有净业,前者是众生流转三界的原因,后者是众生解脱出离的原因。《大乘起信论》详细分析了真如与无明互熏的各种相状。它先将"互熏"分为两种情况——染法熏习与净法熏习,再将二者各各分类而加以辨析。此中"染法熏习"有三种情况:无明熏习、妄心熏习、妄境界熏习;净法熏习又分两种:真如熏习和妄心熏习。由于这些熏习的相互作用,才使得染法和净法相续不断。由于无明对真如的熏习,才使得有漏世间法得以生成;由于真如对无明的熏习,同样也使得解脱成佛有了内在的、超越的根据。

真如与无明互熏何以可能?依照唯识学的正统教义,真如理体不但不能受到无明之熏,而且真如理体亦不具备熏习无明的条件。也就是说,真如非能熏,亦非所熏,能所不备,熏习义实难成立。这里,唯识宗以

---

① 唐君毅在《中国哲学原论·原性篇》中将此种批评归结为四点,颇为简明,录之以供参考:"近人宗唯识宗之说者,则谓《大乘起信论》之误,首在将真如与正智不分;不知真如之不生。并谓此以真如能生万法者,乃同于外道之梵天自性能化生万物之论。更谓依《大乘起信论》之说,则本觉即可以不觉而有无明,则在其始觉之后,应亦可更不觉,再起无明,则人生永无觉期。再或谓依《大乘起信论》言本觉之不觉,与由自觉成始觉,皆由自不由他,即皆无因缘,而悖缘生之正理。再或复谓《大乘起信论》由本觉之不觉而起无明,更能与其真如相熏,即为染净相熏,淆乱法相,非熏习正义。"(香港:新亚研究所 1974 年修订版第 234 页)
②③ 真谛译:《大乘起信论》,《大正藏》第 32 卷,第 578 页上。

无漏种子解释佛性,而无漏种子作为净种只能以法界为所缘,此种子尽管暂时存在于阿赖耶识内,但并不与其中的有漏种子相混杂。唯识宗严格遵循同类种方可相"生"、相互为缘的逻辑规则。因此《大乘起信论》讲真如与无明之染净、觉与不觉之互熏,自然难于得到此宗的认可。其实,《大乘起信论》使用的是另外一套思维规则,这是其一;其二,《大乘起信论》所言之真如已非般若空性之理体,而是已经落定于众生心中并且与其合为一体的"一心"。正是这些不同,使得真如与无明之互熏成为可能。第一条即本体论原理,第二条即主体性原理。此二原理合一,为真如与无明互熏提供了可能。由于主体性原理的补充,"一心"即众生心便兼具本体之性与主体之心而为一,此"真如"便包含于"正智"之内。正如印顺法师所论,《大乘起信论》之心——"众生心",不但含摄了色,而且统有理性与事象,即无为与有为。① 这样的"一心"便具可入性和能动性。由于可入性而可能被无明熏染,由于能动性便可以熏习无明而使之转染成净。

---

① 印顺:《大乘起信论讲记》第 21 页,《妙云集》上编之七,台北,正闻出版社,1992。

人名索引

安世高 290
安玄 473
宝唱 111,113,119,125,186,239,354,356,364,365,367,368,371,374,375,379,399—404,458
宝亮 117,118,133,138—142
宝云 113,156,180,198,202,203,205,210,213,215,217,220—225,352,354,368,369,380,442
帛尸梨蜜多罗 13
帛远 309
道安 12,13,60,102,156,161,167,183,187—189,193,201,253,255—257,278,279,281,310—315,317,320,390,471,473
道恒 260,261,265,278,279,311,314,320
道猛 21,22,168
道融 17,262,263,278,279,476
道生(竺道生) 13,16,17,19,127,130,132—134,137—139,150,161,162,170,193,194,210,213,278—280,310,333,359,476,487,488,490,492,493,496
道盛 28,163
道猷 16,19,34
道渊 14,16
道祖 224,364,442,473,474
法和 44
法护 32,175,224,354,443,539
法朗 51,54,60,65,180—184
法上 66,87,88,244,354,387,390,391,399,443,444,452,453,470
法泰 423,439,546
法显 163,180,181,186,195—218,220—222,224—227,234,245,359,386
法勇 227,234,236
法云 39,46,111,117—120,124,150,152,154,403,404
佛护 254,255
佛图澄 16,59,60,183,310
佛陀扇多 441,442,456,459—462,469
佛陀耶舍 192,259,290

傅大士 46,179

慧持 149

慧达 161,180,198,204,205,213—215,224—227,312,314,321,325,326

慧光 73,84,91,452,453,461,462

慧皎 155,174,181—186,190—195,197—200,211,214,217—219,222,223,225—243,354—357,359—362,366,368,370—373,375—382,384,387,389,400,402,473,476

慧琳 14,15,24,156,159,161

慧叡 24,162,180,181,193,194,211,280

慧远 10,16,20,25,26,130—132,149,150,156,158,159,165,166,190,192,193,222,265,283,311,314,320,326,333,383

畺良耶舍 13,160,352,354,370—375

鸠摩罗什、罗什 10,13,36,62,72,73,132,160,164,165,170,192—194,213,224,252,253,256,258—284,286,288—290,304,310,314,324—326,340,346—348,383,407,430,432,443,449,474—478,481—496,535

沮渠京声 352,354,356—358

康僧会 254

康僧铠 224

康僧渊 320

勒那摩提 75,441,442,451,454—459,461,462,469

雷次宗 16,26,159,175

刘遗民 159,191—193,311,325,326,333,334,336

刘义庆 23,150,161,375

菩提达摩、达摩 118,240,241

菩提流支 100,304,441,442,444—454,456,458—463,466,467,469,497,499

求那跋摩 13,352,354,355,360—368,444

求那跋陀罗 13,19,21,24,48,156,167,352,354,379—389,402,444,497,503,504,506—532

僧辩 34,448,449,452,453

僧稠 86,89,102

僧伽跋摩 24,352,354,356,360,362,366—369

僧伽婆罗 43,48,111,112,118,400—405

僧果 356,367,406

僧朗 60,64,117,279,447—449,459,497

僧旻 32,36,39,43,113,114,117—119,152,153,157,158,166—169,172,173

僧诠 51,166,167

僧柔 30—32,176

僧叡 256,261—264,278—289,310,313,325,475,476

僧祐 29,32,33,35,36,48,119,126,163,177,186—189,192,194,195,197,199,210—212,223—225,227—232,235,236,242,243,264,353,355—359,361—366,368—371,376—379,383,385—387,389,390,392—398,400,403,473—477

僧肇 17,138,176,191—193,252,263,265—271,273—276,278—280,310,311,313,314,317,322,324—349,475,476,479,487—493,495,496

沈约 32,37,41,105,108,109,114,146,147,151,152,154

孙绰 15,98,182,183,185,186,322

昙摩耶舍 192

昙迁 18,24

昙无谶 13,63,160,163,236,239,241,279,353,356,363,365,444,496,497,535

昙无竭 227,234—236,352,354

昙无最 445

昙延 102,178,179

昙曜 66—68,70,71,441—443

昙影 262—264,278,279,348

萧衍、梁武帝 4,6,30,33,37,38,40,41,45—49,80,84,85,87,103—127,130—148,152—154,157,163,164,168,173,174,177,178,323,400—403,405,409,410,412—414,419,470,541,543,544

萧子良 5,25,28—37,50,106,108,116,133—135,138,143,148,150—151,152,169,171,175,176,392

谢灵运 14,16,150,158—163,194,279,372,373

许询 15,155

严佛调 473—475

颜延之 14,15,17,150,158,159,165,167,170,379,387

于道邃 180,181,184—186,311,322

于法开 136,137,156,311,322,323

于法兰 180,181,184—186,322

真谛 304,400,405,407—440,532—549,551—557,559—565

支谶 253,254,262,309

支遁、支道林 17,149,155,156,161,186,311,315—319,322

支娄迦谶 252,254

支愍度、支敏度 311,320,321,473,477

支谦 224,254,262,309,473,474,477

智藏 29,32,33,43,113,114,118,119,150,153,163,169,243

智猛 180,181,227—233,240,242

智严 62,180,198,203,213,214,217—225,352,354

周颙 21,32,147,150,152,169,171,172,174—177

朱士行 180,256,257

竺道潜 314—315,321

竺道壹 149

竺法护 180,181,184,185,187,255,256,261,262,290,309,320,322,355,391,473,474,477

竺法汰 149,167,187—189,311,314,320,323

竺法雅 183,310

竺佛念 180,181,184,186—190,222,254,255

竺佛朔 253

宗炳 15,159,166,323